职务犯罪
侦查文书填制要领（第二版）

ZHIWU FANZUI
ZHENCHA WENSHU TIANZHI YAOLING

薛伟宏／著

中国检察出版社

图书在版编目（CIP）数据

职务犯罪侦查文书填制要领/薛伟宏著．—2版．—北京：中国检察出版社，2014.1

ISBN 978-7-5102-1056-3

Ⅰ.①职… Ⅱ.①薛… Ⅲ.①职务犯罪-刑事侦查-法律文书-基本知识-中国
Ⅳ.①D926.13

中国版本图书馆CIP数据核字（2013）第279074号

职务犯罪侦查文书填制要领（第二版）

薛伟宏 著

出版发行：中国检察出版社
社　　址：北京市石景山区香山南路111号（100144）
网　　址：中国检察出版社（www.zgjccbs.com）
电　　话：(010)88960622(编辑)　68650016(发行)　68636518(门市)
经　　销：新华书店
印　　刷：三河市西华印务有限公司
开　　本：720 mm×960 mm　16开
印　　张：49.25印张
字　　数：909千字
版　　次：2014年1月第二版　　2014年1月第三次印刷
书　　号：ISBN 978-7-5102-1056-3
定　　价：128.00元

目　录

上篇·总　论

下　篇·分　论

上　篇·总　论

第一章　职务犯罪侦查文书概述

第一节　职务犯罪侦查文书

一、相关概念

研究职务犯罪侦查文书，必然涉及职务犯罪，职务犯罪侦查，以及文书、公文和法律、司法、诉讼、侦查、检察文书等相关概念。

（一）职务犯罪

在我国，何谓职务犯罪？众说纷纭。例如，职务犯罪是指“承担一定职务的人员，在进行相应的管理活动中，利用职务上的便利，违背依法应当承担的义务，依照刑法规定应当承担刑事责任的行为”，① 是指“具有一定职务身份的人员实施的与其职务有必然联系的犯罪行为”，② 是指“具有某种职权或职责的公务人员，滥用职权或者不履行职责，侵害国家机关的正常活动，致使国家、集体和人民利益遭受严重损失的行为所构成的犯罪”，③ 是指“国家工作人员和依法从事公务的人员利用职务上的便利，或者对工作严重不负责任，不履行或不正确履行职责，破坏国家对职务活动的管理职能，致使国家和人民利益遭受重大损失依照刑事法律应当受到刑罚处罚的行为”，④ 是指“负有国家管理职能的国家工作人员或国家机关工作人员滥用职权或亵渎职责，破坏国家管理职能的应当受到刑罚处罚的行为”。⑤ 本书认为，职务犯罪有广义和狭义两种类型。广义的亦称非纯正职务犯罪，是指单位或其工作人员利用职务或职权上的便利，故意或过失违背法定职责，贪污贿赂、渎职侵权，侵害单位或

① 参见曹建明等主编：《大辞海·法学卷》，上海辞书出版社 2003 年版，第 43 页。

② 参见张思卿主编：《检察大辞典》，上海辞书出版社 1996 年版，第 419 页。

③ 参见曾龙跃主编：《中国检察百科辞典》，黑龙江人民出版社 1993 年版，第 108 页。

④ 参见刘佑生主编：《职务犯罪研究综述》，法律出版社 1996 年版，第 4 页。

⑤ 参见朱孝清主编：《职务犯罪侦查学》，中国检察出版社 2004 年版，第 14 页。

国家的正常管理活动，依照刑法应受到刑罚处罚的行为；狭义的亦称纯正职务犯罪，是指国家工作人员、现役军人或国家机构利用职务或职权上的便利，故意或过失违背法定职责，贪污贿赂、渎职侵权，侵害国家的正常管理活动，依照刑法应当受到刑罚处罚的行为。狭义或纯正职务犯罪案件，即通称的自侦案件，既是检方（检察机关及其检察人员）应当依法直接受理立案侦查的案件总称，[①] 是本书研究的重点。

当然，从严格意义上说，“职务犯罪”并非法律术语，[②] 只是“理论界和实务界对检察机关自侦案件管辖范围的一种通俗界定，由于这种界定非常形象地表达出了检察机关所侦查管辖犯罪的特点，所以得到了理论界和实务界的普遍认同，现在已成为一个约定俗成的认同概念”；[③] 换言之，“职务犯罪”只是一个法学概念，并非法律术语，而较早现于最高人民检察院检察长张鼎丞所作《关于1956年以来检察工作情况的报告——1957年7月1日在第一届全国人民代表大会第四次会议上》——“根据上述情况，各级人民检察院除对残余反革命分子进行斗争外，还协同有关部门加强了同其他各种刑事犯罪活动的

① 关于检察权的主体问题，有的主张由检察机关享有并行使，有的主张由检察人员享有并行使。而本书认为，人民是检察权的原始主体，国家是检察权的基本主体，检察机关是检察权的职能主体，检察人员是检察权的执行主体。因此，检方是检察权的核心主体。

② 因为，法律术语是指由法律直接规定的术语。根据《中华人民共和国立法法》（2000年3月15日，以下简称《立法法》）第8条规定，犯罪只能由法律、基本法律和宪法规定，而我国目前含“职务犯罪”的法律，仅限于诸如最高人民检察院（以下简称“高检院”）《关于办理当事人达成和解的轻微刑事案件的若干意见》（2011年1月29日）等检察解释，诸如最高人民法院（以下简称“高法院”）《关于充分发挥刑事审判职能作用深入推进社会矛盾化解的若干意见》（2010年12月31日）等审判解释，诸如最高人民法院、最高人民检察院（以下简称“两高”）《关于办理职务犯罪案件认定自首、立功等量刑情节若干问题的意见》（2009年3月12日）、最高人民法院、最高人民检察院、公安部、国家安全部、司法部（以下简称“两高三部”）《关于对司法工作人员在诉讼活动中的渎职行为加强法律监督的若干规定（试行）》（2010年7月26日）等司法解释，诸如财政部《财政监督检查案件移送办法》（2008年12月16日）等行政规章，诸如河北省人大常委会《关于加强人民检察院法律监督工作的决议》（2011年5月26日）、江苏省南京市人大常委会《南京市预防职务犯罪条例》（2003年12月30日）、辽宁省宽甸满族自治县人大常委会《宽甸满族自治县预防职务犯罪工作规定》（2005年8月19日）等地方性法规，诸如广东省珠海市人民政府《珠海市建设工程招标投标管理办法》（2005年3月16日）等地方性行政规章。

③ 参见王晓霞著：《职务犯罪侦查制度比较研究》，中国检察出版社2008年版，第2页。

斗争，依法惩治了盗窃、诈骗、强奸、凶杀等危害社会治安的犯罪分子。例如，上海市人民检察院从1956年至1957年第一季度批准逮捕的各种刑事犯罪分子中，盗窃犯占59.69%，强奸犯占9.47%，诈骗犯占8.07%，凶杀、纵火、放毒犯占3.39%，其他刑事犯占19.38%。同时，各级人民检察院进行了对职务犯罪案件，经济犯罪案件和侵犯人权犯罪案件的侦查工作。根据1956年的不完全统计，检察机关侦查的刑事案件中贪污公共财产的案件占41%，妨害社会经济秩序的案件占10.8%，侵犯人身权利的案件占37.6%，其他案件占10.6%"。①

另外，与一般犯罪相比，职务犯罪除具有犯罪的共性外，还有以下个性或特征②：（1）主体的特殊性；（2）与职务的相关性；（3）类型的法定性；③（4）危害结果的严重性；（5）主观内容和犯罪客体的复杂性；（6）高度的隐蔽性、智能化、行业性和国际性。

此外，根据划分标注的不同，可将职务犯罪分为许多种类。除广狭义或非纯正与纯正两种外，根据职务犯罪罪过形成的不同，可将其分为故意与过失职务犯罪两种；根据国家工作人员执行职务的特点，可将其分为一般与特别职务犯罪两种；根据职务犯罪主体的不同，可将其分为自然人与单位职务犯罪两种，等等。

（二）职务犯罪侦查

在我国，何谓职务犯罪侦查？莫衷一是。例如，职务犯罪侦查，是指"检察机关在办理职务犯罪案件过程中，进行查明犯罪嫌疑人、收集证据、确

---

① 参见高检院办公厅编：《最高人民检察院工作报告集》，中国检察出版社1999年版，第22页。

② 值得说明的，本书所称的特征，是指广义的特征，包括：特点、特色、特性、特征、本质、性质和属性。

③ 由于根据《中华人民共和国刑事诉讼法》（2012年3月14日修正，以下简称《刑事诉讼法》）第18条第2款规定："贪污贿赂犯罪，国家工作人员的渎职犯罪，国家机关工作人员利用职权实施的非法拘禁、刑讯逼供、报复陷害、非法搜查的侵犯公民人身权利的犯罪以及侵犯公民民主权利的犯罪，由人民检察院立案侦查。对于国家机关工作人员利用职权实施的其他重大的犯罪案件，需要由人民检察院直接受理的时候，经省级以上人民检察院决定，可以由人民检察院立案侦查。"因此，职务犯罪（案件）包括：贪污贿赂犯罪（案件），国家工作人员的渎职犯罪（案件），国家机关工作人员利用职权实施的非法拘禁、刑讯逼供、报复陷害、非法搜查的侵犯公民人身权利的犯罪（案件）以及侵犯公民民主权利的犯罪（案件），国家机关工作人员利用职权实施的其他犯罪（案件）。

定犯罪事实和采取强制措施的活动”,[①] 是指“人民检察院在办理职务犯罪案件中，依照法律进行的专门调查工作和有关的强制性措施”。[②] 本书认为，作为一个偏正词组，职务犯罪侦查也有广狭两义：广义的是指侦查机关和检察机关依法对广义或非纯正职务犯罪案件所进行的侦查，狭义的仅是指检方依法对狭义或纯正职务犯罪案件所进行的侦查；而何谓侦查，根据《刑事诉讼法》第106条第1项规定：“‘侦查’是指公安机关、人民检察院在办理案件过程中，依照法律进行的专门调查工作和有关的强制性措施”。因此，本书所称的职务犯罪侦查，是指检方在办理狭义或纯正职务犯罪案件过程中，依照法律规定所进行的专门调查工作（亦即本书所称的侦查措施）和有关的强制性措施的总和。因此，职务犯罪侦查除具有侦查的共性之外，还有以下个性或特征：(1) 侦查主体的法定性——检方（含检察机关及其检察人员，检察人员又包括检察官、司法警察、书记员等）；(2) 侦查对象的特定性——狭义或纯正职务犯罪案件；(3) 多实行由人到事和职权式或类职权式侦查模式或程序；(4) 侦查线索来源的隐蔽性；(5) 侦查行为的复杂性；(6) 书证、物证等证据收集任务重；(7) 侦查主体与被侦查对象双方矛盾的激烈对抗性，犯罪分子反侦查能力强；(8) 侦查活动受干扰多，阻力大。

另外，与“职务犯罪”一样，“职务犯罪侦查”也只是一个法学概念，非法律术语。因为，目前只有诸如高检院《关于进一步加强对诉讼活动法律监督工作的意见》(2009年12月29日)，高检院、审计署《关于进一步加强检察机关与审计机关在反腐败工作中协作配合的通知》(2004年11月19日) 等检察解释，以及诸如广东省人大常委会《关于加强人民检察院对诉讼活动的法律监督工作的决定》(2010年9月29日)、云南省人大常委会《关于进一步加强全省各级人民检察院对诉讼活动法律监督的决议》(2010年9月30日) 等地方性法规中，有“职务犯罪侦查”存在。

此外，职务犯罪侦查究竟涉及哪些内容或问题？观点不一。例如，《职务犯罪侦查教程》(朱孝清著，中国检察出版社2006年版) 将职务犯罪侦查所涉及的内容概分为以下六个方面：(1) 概论，包括职务犯罪侦查学概述、职务犯罪侦查概述、职务犯罪侦查的基本理论；(2) 程序论，包括：立案（立案的概念和意义、立案的条件和方式、受案、初查）、侦查（侦查谋划、调查取证、审查证据）、侦查终结（侦查终结概述、侦查终结的条件和程序、补充侦查）；(3) 措施论，包括：侦查强制措施、侦查措施；(4) 谋略、机制论，

---

① 参见詹复亮著：《职务犯罪诉讼新论》，中国方正出版社1999年版，第116页。

② 参见朱孝清主编：《职务犯罪侦查学》，中国检察出版社2004年版，第14页。

包括：侦查谋略、侦查机制（案件发现机制、整体作战机制、侦查监督制约机制、侦查队伍激励约束机制）；（5）方法论，包括：贪污贿赂案件的侦查、渎职案件的侦查、侵权案件的侦查；（6）附论，包括职务犯罪侦查的若干前沿问题：技术侦查问题、测谎仪问题、诱惑侦查问题、沉默权问题、侦查讯问时律师在场问题、侦查措施完善问题。《渎职侵权犯罪侦查教程（送审稿）》（中国检察出版社 2003 编印）则将职务犯罪侦查所涉及的内容概分为以下 7 方面：（1）绪论；（2）受案与初查；[①]（3）侦查程序（包括立案，讯问犯罪嫌疑人，询问证人、被害人，其他侦查措施，强制措施，侦查终结）；（4）证据；（5）侦查对策；（6）侦查运行机制，包括：侦查一体化机制、侦查协作配合机制、侦查监督制约机制；（7）渎职侵权犯罪案件侦查。根据高检院《检察机关执法工作基本规范》（2013 年 2 月 1 日，以下简称《检察规范》）规定，职务犯罪侦查包括的主要内容有六：（1）管辖；（2）强制措施，包括：拘传、取保候审、监视居住、拘留、逮捕以及强制措施解除与变更；（3）初查和立案；（4）侦查（措施），包括：讯问犯罪嫌疑人，全程同步录音、录像，询问证人、被害人，勘验、检查，搜查，查询、调取、查封、扣押、冻结，鉴定，辨认以及申办特殊侦查措施、侦查终结；（5）侦查指挥与协作，包括：侦查指挥、侦查协作、涉港澳刑事个案协查、涉外刑事司法协助；（6）安全防范，包括：办案人员安全防范、司法警察看管与押解。本书认为，职务犯罪侦查除包括《检察规范》所涉及的上述 6 项内容外，还应包括回避，辩护与代理，证据，案件受理，审查逮捕（含审查批准逮捕、审查决定逮捕、核准追诉），未成年人刑事案件诉讼程序，犯罪嫌疑人、被告人逃匿、死亡案件违法所得的没收程序，依法不负刑事责任的精神病人的强制医疗程序，刑事立案监督，侦查活动监督，羁押期限监督，看守所执法活动监督，案件管理活动等内容。

（三）文书、公文以及法律、司法、诉讼、侦查、检察文书

1. 文书

（1）作为人的劳动成果和语言、文字、书写工具（亦即文具，主要是指传统的笔墨纸砚与现代的打字机、计算机、速录机、打印机、复印机等广义的

---

① 根据高检院《人民检察院直接受理侦查案件初查工作规定（试行）》（2005 年 11 月 1 日）第 2、3 条规定，初查是指人民检察院对直接受理侦查案件的线索材料在立案前进行的审查和调查；初查应查明以下情况：被查对象的主体身份等个人情况及所在单位的基本情况；被查对象是否涉嫌犯罪，是否需要追究刑事责任；其他需要在初查阶段查明的情况。

文具）出现之后的产物、载体，[①] 现代汉语意义上的文书有两层含义：一指“公文、书信、契约等”；二指“某些机关或部队中从事公文、信件工作的人”。因此，文书不同于文本、文牍、文稿、文告、文件、文墨、文章。其中，文本指“文件的某种本子（多就文字、修辞而言），也指某种文件”；文牍指“公文、书信的总称”；文稿指“文章或公文的草稿”；文稿指“机关或团体发布的文件”；文件指“公文、信件等”；文墨指“写文章”；文章指“篇幅不很长的单篇作品”。[②] 而本书所称的“文书”，是针对其“公文、书信、契约等”含义而言的。

我国文书的历史悠久。早在夏朝（公元前 2070 ~ 前 1600 年）就应运而生了。例如，《尚书·多士篇》“为殷先人，有册有典”中的“册”、“典”，便是较早的文书。[③] 至于“文书”一词的最早出处，观点至少有三：（1）它最早见于东汉史学家、文学家班固（32 ~ 92 年）所著《汉书·刑法志》，并引“文书盈于几阁，典者不能偏睹”为据；（2）它最早见于司马迁所著《史记》。[④] 例如，《史记·秦始皇本纪》：“秦王怀贪鄙之心，行自奋之智，不信

① 正是：“文书离不开文字，文字的出现是文书起源的先决条件。……在原始社会里，人们在共同劳动和生活中，由于协同动作、交流思想和表达情感的需要，‘已经到了彼此有些什么非说必可的地步了’（《马克思恩格斯选集》第 3 卷，第 511 页），于是就产生并逐步发展了语言。但是，语言受到时空的制约，不能远传，也难以持久。为了适应生产和生活的需要，便创造出‘结绳’、‘刻契’、‘绘图’等记事表意的方法，作为记录一定语言的符号。这样，又经过多少年的发展演变，有人把这些符号加以研究整理成象形文字，在更大范围内通行起来，且日益丰富和发展”（参见熊先觉著：《中国司法文书学》，中国法制出版社 2006 年版，第11 页）。

② 参见中国社会科学院语言研究所词典编辑室编：《现代汉语词典》修订本，商务印书馆 1998 年版，第 1318 ~ 1320 页。

③《尚书》原称《书》，到汉代改称《尚书》，意为上代之书，相传它由孔子编撰而成。它所录为虞、夏、商、周各代典、谟、训、诰、誓、命等文献。其中虞、夏及商代部分文献是据传闻而写成，不尽可靠；“典”是重要史实或专题史实的记载；“谟”是记君臣谋略的；“训”是臣开导君主的话；“诰”是勉励的文告；“誓”是君主训诫士众的誓词；“命”是君主的命令。因此，用今天的标准来看，《尚书》绝大部分应属于当时官府处理国家大事的公文。准确地讲，它应是一部体例比较完备的公文总集。

④《史记》是我国西汉时期的历史学家司马迁（公元前 145 ~ 前 90 年）撰写的史学名著，列二十四史之首，记载了从传说中的黄帝开始一直到汉武帝元狩元年（公元前 122 年）3000 年左右的历史，并与后来的《汉书》、《后汉书》、《三国志》合称“前四史”。其中，《汉书》是我国第一部纪传体断代史，东汉班固（公元 32 ~ 92 年）撰，主要记述汉高祖元年（公元前 206 年）至王莽地皇四年（公元 23 年）共 230 年的史事。

功臣，不亲士民，废王道，立私权，禁文书而酷刑法，先诈力而仁义，以暴力为天下始”。(3) 它最早见于西汉政治家、文学家贾谊（公元前200～前168年）所著《过秦论·中篇》：“秦王怀贪鄙之心，行自奋之志，不信功臣，不亲士民，废王道而立私权，禁文书而酷刑法，先诈力而后仁义，以暴虐为天下始”。而10年后，司马迁则在《史记·秦始皇本纪》中援引了这段文字，随后《史记》中多处出现“文书”二字。因此，“文书”一词最早见于《过奏沦》，而“‘文书’一词，最早见于《汉书·刑法志》云：‘文书盈于几阁，典者不能编（遍）睹’”等观点，① 值得商榷。

根据文书用途、效力、范围的不同，可将其分为通用（普通）和专用（特种）文书两类；专用文书是指在一定机关、部门或一定范围内专门使用的文书，特征有三：（1）由特定机关、部门在特殊情况下填制并使用；②（2）有特定的格式（或样式、样本）、③ 项目和内容；（3）有特殊的填制程序、术语和签发方式等。

专用文书种类繁多。例如，“公检法司”机关在诉讼活动中所使用的司法文书；侦查机关使用的立案报告、破案报告、讯问笔录等侦查文书；检察机关使用的批准逮捕决定书、起诉书等检察文书等；审判机关使用的开庭通知书、判决书、调解书、裁定书等审判文书。

基于文书特别是专用文书对特定活动的专门记载，因而文书特别是专用文书为法律所规范、保护。例如，在我国，截止到2013年6月底，直接以“文书”为规范、保护对象或其中含有“文书”的现行法律有：《中华人民共和国

---

① 参见熊先觉著：《中国司法文书学》，中国法制出版社2006年版，第12页。而《汉书》又称前汉书，我国第一部纪传体断代史，东汉班固（公元32～92年）撰，主要记述汉高祖元年（公元前206年）至王莽地皇四年（公元23年）共230年的史事，是继《史记》之后我国古代又一部重要史书。

② 所谓填制，即填充（写）、填制、制作的总称。本书之所以采用“填制”而不采用“写作”、“制作”、“创作”或“标注”、“标识”法律（含职务犯罪侦查）文书等提法，关键在于绝大多数的法律（含职务犯罪侦查）文书都属于填充式法律文书。因此，“填制”既照顾了职务犯罪侦查法律文书填制，也照顾了职务犯罪侦查工作文书、侦查笔录和侦查公文的填制。所以，“填制”较“制作”、“标注”、“标识”更客观、形象，较“写作”、“创作”更科学。

③ 其中，格式、样式、样本并不相同：所谓格式，是指“一定的规格式样”；样式亦称样子或式样，样子是指“形状”，式样是指“人造的物体的形状”，样本是指“①商品图样的印本或剪帖纸张、织物而成的本子；②出版物的作为样品的本子”（参见中国社会科学院语言研究所词典编辑室编：《现代汉语词典》修订本，商务印书馆1999年版，第1460、1152、424、1460页）。

行政诉讼法》（1989 年 4 月 4 日，以下简称《行政诉讼法》）、《中华人民共和国引渡法》（2000 年 12 月 28 日，以下简称《引渡法》）、《中华人民共和国民族区域自治法》（2001 年 2 月 28 日修正，以下简称《民族区域自治法》）、《中华人民共和国宪法》（2004 年 3 月 14 日修正，以下简称《宪法》）、《中华人民共和国民事诉讼法》（2012 年 8 月 31 日修正，以下简称《民事诉讼法》）、《中华人民共和国律师法》（2012 年 10 月 26 日修正，以下简称《律师法》）、《中华人民共和国国家赔偿法》（2012 年 10 月 26 日修正，以下简称《国家赔偿法》）等 46 部。① 再如，2005 年 5 月 10 日，为了逃避惩罚撕碎笔录吞下肚子，结果不仅没有逃脱法网，反而被从重处罚的浙江温岭市石塘镇包新华，因复吸毒品被浙江省台州市劳动教养委员会批准劳动教养 3 年。② 因此，文书既是一个法学名词，也是一个法律术语。

基于上下述分析不难看出，职务犯罪侦查文书是一种特殊的专用文书。

2. 公文

作为专用文书的一种特殊类型，公文即“公务文书”的简称，是“机关、团体或部队中用来向上呈报、向下布置或向外联系事物的正式文件”。③ 在我国，“公文”一词较早见于西晋陈寿（233～297 年）所著的《三国志·魏·赵俨传》：“（荀）报曰：‘辄白曹公，公文下郡，绵绢悉以还民’”；《元史·刑法志》也有“诸内外百司公移，尊卑有序，各守定制，惟执政出典外郡，申部公文，书姓不书名”的记载。

“公文”一词出现的时间并不能反映公文本身产生的时间。事实上，作为管理公务、临民治事的工具，公文是伴随着文字的出现而产生的。从最原始的彩陶文字和甲骨文书，到大批秦简、汉简的出现，莫不验证了公文的较早出现及其成熟。进言之，公文与国与法俱来。

与其他文书尤其是专用文书相比，公文有以下特征：（1）填制者是依法成立的国家机关、组织——机关团体法人，抑或享有国家执法权的执法方（亦即执法机关及其执法人员的统称）；（2）具有特定效力，并用于处理特定公务；（3）具有规范的结构、格式、签发方式等。例如，中共中央办公厅、国务院办公厅《党政机关公文处理工作条例》（2013 年 2 月 22 日）、高检院《公文处理办法》（2005 年 10 月 28 日）就对公文的种类、格式、行文规则、

① 其中，含有被修正、废止的法律，下同。

② 参见行云：《撕碎笔录吞肚里 聪明过头从重罚》，载《检察日报》2005 年 5 月 16 日。

③ 参见商务印书馆辞书研究中心修订：《新华词典》2001 年修订本，商务印书馆 2001 年版，第 326 页。

发文办理、收文办理、立卷、归档等，作了明确规定。

作为公务活动的附带品和书面载体，公文为法律所规范、保护。例如，在我国，截止到2013年6月底，直接以“公文”为规范、保护对象或者其中含有“公文”的现行法律有：《中华人民共和国治安管理处罚法》（2012年10月26日修正，以下简称《治安管理处罚法》）、《中华人民共和国刑法》（1997年3月14日，以下简称《刑法》）等12部。再如，据《正义网》2012年9月26日报道，2011年10月至2012年3月期间，被告人宫某为获取蚌埠市怀远县禹王路路边护栏广告牌经营资格及顺利解决与他人之间产生的纠纷，共伪造了《关于怀远县人民武装部国防教育宣传栏选址方案的回复意见》（怀政办〔2011〕127号）、《关于禹王路护栏广告经营权限及相关争议、纠纷解决的通知》、《关于协助处理破坏禹王路国防教育宣传栏的函》（怀武办〔2012〕3号）、《关于县科技富民强县领导小组科技成果展示宣传栏的回复意见》、《关于协助中国人民解放军安徽省怀远县人民武装部国防教育宣传栏施工的通知》、《关于督促办理禹王路宣传栏破坏案的通知》、《关于办理科技成果展示宣传栏审批备案的函》（怀政办〔2011〕29号）等文件，以及怀远县人民政府办公室、怀远县人民政府、中国人民解放军安徽省怀远县人民武装部、怀远县科技富民强县工作协调领导小组办公室等印章。随后，安徽省蚌埠市禹会区检察院以宫某涉嫌伪造国家机关公文、印章罪向法院提起公诉。2012年8月27日，此案经法院审理，宫某被判处伪造国家机关公文、印章罪，获有期徒刑10个月。因此，公文既是一个法学名词，也是一个法律术语。

基于上下述分析不难看出，职务犯罪侦查文书是一种特殊的公文。

3. 法律文书

作为专用文书及其公文的一种特殊形态，法律文书有广狭两义，广义上是指立法、执法、用法活动结果的书面表现形式；狭义是指执法机关执法和公民、法人用法活动结果的书面表现形式。而现代汉语意义的法律文书，则是指侦查、检察、审判、监狱、劳改劳教等国家机关和公证、仲裁等中介机构依法填制的处理各类诉讼和非诉讼案件的公文，以及案件当事人、律师事务所及其律师自书或者代书的具有法律效力或意义的文书的总称。①

至于法律文书产生的具体年代，一方面，由于《左传·昭公六年》中就

① 而根据我国现行法律规定，我国的侦查机关包括：公安机关（含各级公安机关以及铁道、交通、林业、民航、证券等系统的公安机关）、国家安全机关、军队（含武装警察部队）保卫部门、监狱、海关走私缉私局。当然，检察机关也依法享有职务犯罪侦查权，主要由其内设的反贪污贿赂局、反渎职侵权局、监所检察、民事行政检察等业务部门具体承担。

有“夏有乱政，而作禹刑”的记载，[①] 因而我国的立法文书最迟也应在夏产生。另一方面，由于《周礼·天官·小宰》中就有“小宰之职，以官府之八成，经治邦”的记载，[②] 因而我国的执法和用法文书最迟也应在西周（公元前1046～前771年）出现。而这些，亦为1975年陕西岐山出土的青铜器上所铸的《朕匜铭》所证实——“惟三月既死霸，甲申，王才丰上宫。白扬父乃成概曰：‘牧牛！徂乃可湛。女敢以乃师讼。女上挺先誓。今女亦既又御誓，尃、Z、啬、睦、训造。亦兹五夫，亦既御乃誓，汝亦既从辞从誓。初可，吾义鞭女千，幭剭女。今吾赦女，义鞭汝千，黜剭女。今大赦女鞭女五百，罚女三百寽。’白扬父乃或吏牧牛誓曰：‘自今余敢扰乃小大史。’‘乃师或以女告，则到，乃鞭千，幭剭。’牧牛则誓。乃以告吏邦吏曶于会。牧牛辞誓成，罚金。训用乍旅盉”[③]。由此可见，《朕匜铭》也是我国较早的“判决书”。但“法律文书”一词，最早出现于清末维新变法引进西方法制之后。

另外，在广义上，法律文书分为立法、执法和用法文书3类；在狭义上，它仅分为执法和用法文书两类。（1）根据执法主体的不同，还可将执法文书分为行政、司法、公证和仲裁法律文书4类；而据此，还可将司法文书进一步分为侦查（或公安、警察）、检察、审判（或法院、诉讼）、司法行政（含监狱、劳改劳教）、公证、仲裁和律师实务法律文书7种。（2）根据写作和表达方法的不同，可将执法文书分为叙述式、填充（空）式、表格式和笔录式4种。（3）根据文种的不同，可将执法文书分为报告、通知、判决、裁定、决定、建议、纠正类，等等。

此外，与其他文书及其公文相比，法律文书有以下特征：（1）填制主体包括执法方和执法活动的相对人；[④]（2）其内容是国家的立法活动、执法活动

---

① 《左传》是《春秋左氏传》的简称，又名《左氏春秋》，是配合《春秋》的编年史。其作者，司马迁和班固都证明是左丘明（公元前556～前451年）。

② 《周礼》是儒家经典，西周时期的著名政治家、思想家、文学家、军事家周公旦所著。《周礼》所涉及之内容极为丰富。大至天下九州，天文历象；小至沟洫道路，草木虫鱼。凡邦国建制，政法文教，礼乐兵刑，赋税度支，膳食衣饰，寝庙车马，农商医卜，工艺制作，各种名物、典章、制度，无所不包。堪称为上古文化史之宝库。

③ 《朕匜铭》，载秦永龙著：《西周金文选注》，北京师范大学出版社1992年版。

④ 所谓执法活动的相对人，类似于行政相对人；而行政相对人是指在行政管理法律关系中与行政主体（行政机关）相对应的另一方当事人，即行政主体的行政行为影响其权益的个人、组织。同理，本书所称的“检察活动相对人”（以下简称“相对人”），是指在检察管理法律关系中与检方（即检方的统称）相对应的另一方当事人，即检方的检察行为影响其权益的个人、单位或组织。因此，它也是司法活动相对人之一，而其他司法活动相对人包括：侦查、看守、审判、执行、监管活动相对人。

和社会成员用法活动过程和结果的书面反映；（3）填制有特定的要求；（4）具有强制的法律效力或意义；（5）填制的合法性；（6）形式的程序性——结构固定化和用语成文化；（7）语言的精确性；（8）使用的实效性。

作为法律活动的附带品和书面载体，法律文书为法律所规范、保护。例如，在我国，截止到2013年6月底，直接以“法律文书”为规范、保护对象或其中含有“法律文书”的现行法律有：《国家赔偿法》、《刑事诉讼法》、《律师法》等19部。再如，2009年3月10日，江苏省东台市检察院对公安机关提请逮捕的一律师事务所法律工作者王林根作出批准逮捕决定。经查：犯罪嫌疑人王林根，男，38岁，本科文化，江苏省东台市人，原盐城市文峰法律事务所法律工作者。2005年12月，王接受交通肇事当事人黄某某的委托代为诉讼，并接受当事人交给的6000元诉讼费和相关的代理费。后王未将该款向东台市人民法院缴纳诉讼费，而是用于偿还自己的债务。其后，在当事人黄某某多次催促下，王为掩盖事实真相，在自己的电脑上伪造了文号分别为（〔2006〕东民一初字第1407号）和（〔2006〕东民一初字第1408号）民事判决书，并用扫描仪将真实的东台市人民法院的判决书尾页上的该院公章复制到其伪造的两份民事判决书的尾页上。王将这两份判决书交当事人企图蒙混过关。根据该两份判决书，当事人黄某某参与的两起诉讼案均“胜诉”。2006年9月，黄某某持该两份判决书到东台市人民法院申请执行，被法官发现有假并扣留。[①] 因此，法律文书既是一个法学名词，也是一个法律术语。

基于上下述分析不难看出，一方面，法律文书与法律文件、司法文书、诉讼文书不尽相同，后两者只是其中一种。另一方面，职务犯罪侦查文书是一种特殊的法律文书。

4. 司法文书

无疑，司法文书就是“司法”与“文书”的合称。其中，司法是指“法律赋予司法权的国家机关适用法律的活动，依法处理诉讼案件和非讼事件”[②]。因此，它与“诉讼”不同。诉讼是“司法机关在当事人和其他诉讼参与人参加下，依法解决讼争的活动”[③]。基于此，本书所称的“司法”、“司法机关”、“司法人员”，都是针对广义的司法、司法方（亦即司法机关及其司法人员的统称）而言的。其中，司法方包括：羁押方（亦即羁押机关及其羁押人员的

① 参见琳娜：《依法批捕一伪造法法律文书的法律工作者》，载《正义网》2009年3月13日。

② 参见信春鹰主编：《法律词典》，法律出版社2003年版，第1330页。

③ 参见张思卿主编：《检察大辞典》，上海辞书出版社1996年版，第419页。

统称，如看守所及其看守）、侦查方（亦即侦查机关及其侦查人员）、检方、审判方（亦即审判机关及其审判人员）、执行（亦即执行机关及其执行人员）、监管（亦即监管机关及其监管人员）。

而作为文书及其公文及其法律文书的一种特殊形态，司法文书是指司法方为处理诉讼案件或与诉讼有紧密联系的非诉讼事件而制作的具有法律效力或意义的文书的总称。[①] 它随着国家及其法律、司法方、司法活动的出现而产生。就我国而言，“古代有关司法官吏的传说甚多，但多不足信。其中公认有一定可信度的为《尚书·舜典》关于尧命皋陶作士的记载。尧曰：‘皋陶，蛮夷滑夏，寇贼奸宄，汝作士，五刑有服。’关于士，东汉经学家马融释为：‘士，察也，主狱法之事。’……‘士’又有记为‘大理’者。……郑玄注曰：‘理，治狱官也。’有虞氏曰：‘士，夏曰大理，周曰大司寇。’……夏以前史籍，均难稽考，郑玄等所作之解释，是否与当时事实一致，亦难断定。但郑说相传已久，后世也很少有人质疑，因而‘士’作为古代最早的司法官吏，已为学界所接受。……周朝的典章制度有《周礼》为据。……根据《周礼》，天官之大宰、小宰，均有掌管司法之职能。……《周礼》秋官之司寇则是专职掌管司法刑狱的机构。……司寇有亲自审理民事和刑事案件的职权。……大司寇的属官有小司寇、士师、乡士、遂士、县士、方士、讶士、朝士、司民、司刑、司刺、司约、司盟、职金、司厉、司圜、掌囚、掌戮、司吏、布宪、禁杀戮、禁暴氏、雍氏、萍氏等。……小司寇审理案件，依据刑条，用情理审讯，十天之内必须断案，然后向当案人宣判（读鞫）。另外，在审讯犯人时，要用察颜观色的方法帮助辨别口供的真实性。……司约的主要职责是协助司寇管理天下契约卷书。司盟的主要职责是协助司寇掌官会盟、盟书之事。……布宪的主要职责是协助司寇掌官对邦国、边远四方刑书宣布之事”；[②] 与此同时，《周礼》中还有“史掌官书以赞治”，“掌万民之判”，“凡有责者，有判书以治，则听”等记载。因此，汉代扬雄根据综判取士，以原告与被告之词判其曲直；梁刘勰在《文心雕龙·书记》篇中所列举的“律者”、“契者”、“券者”，[③] 均属司法文书的范畴。所以，退一步讲，我国的法律文书及其司法文书最迟也应在周时出现。而“司法文书”一词，最早出现于清末维新变法引进西方法制之后。

---

① 参见张思卿主编：《检察大辞典》，上海辞书出版社 1996 年版，第 151 页。

② 参见张兆凯主编：《中国古代司法制度史》，岳麓书社 2005 年版，第 1～12 页。

③ 《文心雕龙》，古代文学理论著作，刘勰（约公元 465～520 年）撰。成书于南朝齐和帝中兴元、二年（501～502 年）间。

根据诉讼性质的不同，可将司法文书分为刑事、民事和行政诉讼司法文书3类；根据司法机关性质的不同，可将刑事司法文书分为羁押、侦查、检察、审判、监管和执行文书6种；而根据刑事诉讼阶段、环节的不同，还可将（刑事）诉讼文书分为立案、侦查、起诉、审判和执行文书等。

与文书或其公文或其法律文书相比，司法文书还有以下特征：（1）具有统一、固定的行文格式，目的在于明确反映诉讼参与人的身份事项、案由、案件的事实、证据、理由、结论；（2）体现法律程序要求的特定项目，因而具有合法性、完整性、准确性和有效性；（3）具有实事求是、严肃庄重、准确精练、逻辑严密的语体风格；①（4）内容主要包括叙事、举证、说理和结论等，因而要求符合哲理、事理、法理、文理四者统一的原则；（5）结构相对固定，除标题、首部、尾部外，正文多按照事实、理由、结论的顺序排列。因此，司法文书是一种具有填制合法性、内容法律性、形式规范性、表述准确性和效力稳定性的文书、公文或法律文书。

作为司法活动的附带品和书面载体，司法文书为法律所规范、保护。例如，在我国，截止到2013年6月底，直接以“司法文书”为规范、保护对象或其中含有“司法文书”的现行法律只有全国人大常委会《关于批准加入〈关于向国外送达民事或商事司法文书和司法外文书公约〉的决定》（1991年3月2日）和《中华人民共和国票据法》（2004年8月28日修正）两部。再如，2004年，被告人黄某某以个人身份代理江苏顺天纺织有限公司诉北京晴菲服装服饰有限公司债务纠纷一案，多次起诉均未胜诉。2007年10月底，在顺天公司相关负责人询问其案件处理情况时，黄某某谎称案件已经胜诉并作出了民事判决，后顺天公司法定代表人黄先生多次向黄催要判决书原件，黄某某以种种借口推脱并称原件已经丢失。2008年3月，黄某某将其伪造的一份北京市朝阳区人民法院民事判决书传真给顺天公司，该伪造的判决书中认定顺天公司胜诉。2008年4月，顺天公司要求朝阳法院对黄某某提供的该份判决书出具生效证明，朝阳法院经核查认定该份判决书系伪造。2008年8月，黄某某被北京市朝阳区人民法院以伪造公文罪判处有期徒刑1年。② 因此，司法文

① 所谓语体，是指人们在各种社会活动领域，针对不同对象、不同环境，使用语言文字进行交际时所形成的常用词汇、句式结构、修辞手法等一系列运用语言文字的惯常做法。它包括口头和书面语体两类：前者又包括谈话语体和演讲语体，后者又分为法律语体、事务语体、科技语体，政论语体、文艺语体、新闻语体、网络语体7种。

② 参见刘妍：《一代理人伪造民事判决书 触犯刑律领刑一年》，载《中国法院网》，2008年9月17日。

书既是一个法学名词，也是一个法律术语。

基于上下述分析不难看出，侦查文书是一种特殊的司法文书。

5. 诉讼文书

作为文书或其公文或其法律文书或其司法文书的一种常见类型，诉讼文书是指“司法机关和诉讼当事人为进行诉讼活动，依照法定诉讼程序制作的，具有法律意义的或法律效力的文书的总称”①。

基于司法与诉讼的血肉联系，因而我国的诉讼文书最迟也应在周时出现，并绵延至今。其间，《尚书·吕刑》中有“士制百姓于刑之中，以教抵德”；《左传》中有“叔向断狱”；《国语·邵公谏厉王弭谤》中有“得卫巫，使监谤者。以告，则杀之”；《史记·酷吏列传》中有“故曰‘听讼，吾犹人也，必也使无讼乎’”；《汉书·刑法志》中有“即位十三年齐太仓令淳于公有罪当刑，诏狱逮系长安”；《晋书·刑法志》中有“至惠帝之世，政出群下，每有疑狱，各立私情，刑法不定，狱讼繁滋”；《魏书·刑罚志》中有“熙平中，有冀州妖贼延陵王买，负罪逃亡，赦书断限之后，不自归首”；《隋书·刑法志》中有“狱成将杀者，书其姓名及其罪于拳而杀之市”；《旧唐书·刑法志》中有“其赦书颁诸州，用绢写行下”；《新唐书·刑法志》中有“盗贼起而狱讼繁矣”；《旧五代史·刑法志》中有“天下系囚，请委长吏逐旬亲自引问，质其罪状真虚，然后论之以法，庶无枉滥”；《宋史·刑法志》中有“汾州进士智浃上书讼飞冤，决杖、编管袁州”；《辽史·刑法志》中有“至于枉法受赇，诈敕走递，伪学御书，盗外国贡物者，例皆免死”；《金史·刑法志》中有“上以法寺断狱，以汉字译女直字，会法又复出情见，妄生穿凿，徒致稽缓，遂诏罢情见”；《元史·刑法志》中有“主意写匿名文书者，杖一百七，流远”；《新元史·刑法志》中有“自今部曲犯重罪，鞫问得实，必先奏闻，然后置于法”；《明史·刑法志》中有“宁海人郑士利上书讼其冤，复杖戍之”；《清史稿·刑法志》中有“关于伪造文书及印文之罪”的记载。② 而“诉讼文书”一词，最早出现于清末维新变法引进西方法制之后。

根据文种的不同，可将诉讼文书分为通知、命令决定、裁判、证票和笔录类诉讼文书5种；根据诉讼性质的不同，可将诉讼文书分为民事、刑事和行政诉讼文书3种；而根据填制主体的不同，还可将刑事诉讼文书分为羁押、侦查、检察、审判、执行和监管文书6种。

---

① 参见张思卿主编：《检察大辞典》，上海辞书出版社1996年版，第420页。

② 参见高潮、马建石主编：《中国历代法学文选》，法律出版社1983年版；高潮、马建石主编：《中国历代刑法志注释》，吉林人民出版社1994年版。

诉讼文书的主要作用[①]：（1）适用法律的重要手段；（2）进行法治宣传的重要材料；（3）能够真实、完整地反映诉讼活动的全部过程和整个案件的处理情况，是彰显司法公正与否的重要载体。

作为诉讼活动的附带品和书面载体，诉讼文书为法律所规范、保护。例如，在我国，截止到2013年6月底，直接以“诉讼文书”为规范、保护对象或其中含有“诉讼文书”的现行法律有《刑事诉讼法》、《民事诉讼法》和《律师法》等10部。再如，2005年10月18日上午11时，云南省昆明市中级人民法院的法官在依法向上诉人李某宣布二审判决结果时，李某因不愿接受准予离婚的判决结果，公然撕毁诉讼卷宗材料，并无理污辱、诽谤在场法官。当天下午，昆明中院对李某作出了拘留10天的处罚决定。[②]

基于上下述分析不难看出，职务犯罪侦查文书是一种特殊的诉讼文书。

6. 侦查文书

它是“侦查”与“文书”的合称。根据《刑事诉讼法》第106条第1项规定精神，一方面，所谓侦查文书，就是产生于“公安机关、人民检察院在办理案件过程中，依照法律进行的专门调查工作和有关的强制性措施”时的文书。细言之，作为文书或其公文或其法律文书或其司法文书或其诉讼文书的一种特殊类型，[③] 侦查文书是指侦查方在刑事诉讼特别是其中的侦查活动过程中，依法填制的具有法律效力或意义的文书的总称。

与文书或其公文或其法律文书或其司法文书或其诉讼文书一样，我国的侦查文书最迟也应在周时出现；而“侦查文书”一词，最早出现于清末维新变法引进西方法制之后。

根据填制主体的不同，可将侦查文书分为侦查方与检方侦查文书两类。其中，侦查方侦查文书是指公安机关、国家安全机关、军队保卫部门、监狱、海关走私缉私局、证券犯罪侦查（分）局等侦查机关及其侦查人员，侦查一般犯罪过程中，而依法填制的侦查文书，亦称“一般犯罪侦查文书”；而检方侦

① 值得说明的是，本书所称的作用，是指作用、功能、功用的统称。

② 参见王翁阳、魏文静：《不愿离婚撕毁卷宗 当事人被拘10天》，载《中国法院网》2005年10月18日。

③ 当然，关于法律、司法与诉讼文书三者的关系，还有如下3种观点：一是诉讼文书包括司法文书，司法文书又包括法律文书；二是法律文书包括诉讼文书，诉讼文书又包括司法文书；三是法律文书包括司法和诉讼文书，司法与诉讼文书又互相交叉（参见高检院编写组编：《检察文书通论》，吉林人民出版社1988年版，第1～5页）。而本书认为，职务犯罪侦查文书包含于侦查文书包含于诉讼文书包含于司法文书包含于法律文书包含于公文包含于专用文书包含于文书，而职务犯罪侦查文书包含于检察文书。

查文书是指检方，侦查职务犯罪过程中，而依法填制的侦查文书，亦称“职务犯罪侦查文书”，以下简称“侦查文书”。

作为侦查活动的附带品和书面载体，侦查文书为法律所规范、保护。当然，在我国，直接以“侦查文书”为规范、保护对象或其中含有“侦查文书”的现行法律鲜见。换言之，截止到2013年6月底，侦查文书只是一个法学术语，并非法律名词。

基于上下述分析不难看出，职务犯罪侦查文书是一种特殊的侦查文书，也是侦查文书的“一翼”。

7. 检察文书

(1) 检察文书的概念和特征。何谓检察文书，众说纷纭。例如，检察文书亦称检察法律文书、检察司法文书，是指“检察机关为履行法律监督职能，依法制作的具有法律意义或法律效力的文书的总称”①，是指“各级人民检察院为实现检察职能，在诉讼活动中依法制作的具有法律效力或其他法律意义的公文”②，是指“我国的检察机关为实现检察职能依法制作的，具有法律效力或法律意义的国家公文”③，是指“检察机关为实现法律监督职能所依法制作的具有法律效力的司法公文”④，是指“人民检察院为实现法律监督职能，依据法律规定制作的具有法律效力的司法公文”⑤。而本书认为，检察文书是指检方履行检察职能或行使检察职权时，而依法填制的文书。

另外，检方的检察职能或检察职权有哪些？①根据《中华人民共和国人民检察院组织法》（1983年9月2日修正，以下简称《人民检察院组织法》）第5条规定，各级检察院行使下列职权：A. 对于叛国案、分裂国家案以及严重破坏国家的政策、法律、法令、政令统一实施的重大犯罪案件，行使检察权。B. 对于直接受理的刑事案件，进行侦查。C. 对于公安机关侦查的案件，进行审查，决定是否逮捕、起诉或者免予起诉；⑥ 对于公安机关的侦查活动是否合法，实行监督。D. 对于刑事案件提起公诉，支持公诉；对于人民法院的审判活动是否合法，实行监督。E. 对于刑事案件判决、裁定的执行和监狱、看守所、劳动改造机关的活动是否合法，实行监督。②根据《检察规范》第

① 参见张思卿主编：《检察大辞典》，上海辞书出版社1996年版，第674页。

② 参见高检院编写组编：《检察文书通论》，吉林人民出版社1988年版，第7页。

③ 参见严文贤编著：《人民检察院司法文书手册》，湖北省检察学校1988年编印，第1页。

④ 参见张弥恩主编：《检察实用法律文书概论》，中国检察出版社1993年版，第1页。

⑤ 参见赵汝琨主编：《检察文书教程》，中国检察出版社1999年版，第6页。

⑥ 其中，免予起诉职权，已被现行《刑事诉讼法》取消。

1·3条规定："人民检察院依法行使下列职权：（一）对于叛国案、分裂国家案以及严重破坏国家的政策、法律、法令、政令统一实施的重大犯罪案件行使检察权；（二）对于直接受理的刑事案件进行侦查；（三）对于公安机关侦查的刑事案件进行审查，决定是否批准逮捕、起诉；对公安机关的立案活动、侦查活动是否合法实行监督；（四）对于刑事案件提起公诉，支持公诉；对人民法院的刑事审判活动是否合法实行监督；（五）对于刑事案件判决、裁定的执行和监狱、看守所、劳动改造机关的活动是否合法实行监督；（六）对于民事诉讼和行政诉讼是否合法实行监督；（七）法律规定的其他职权。"③根据高检院《人民检察院刑事诉讼规则》（2012 年 10 月 16 日修正，以下简称《检诉规则》）规定，检方参与刑事诉讼的职能或涉及事项包括：管辖、回避、辩护与代理、证据、强制措施、案件受理、初查和立案、侦查措施、审查逮捕（包括：审查批准逮捕、审查决定逮捕、核准追诉）、审查起诉、出席法庭（包括：出席第一审法庭、简易程序、出席第二审法庭、出席再审法庭）、特别程序（包括：未成年人刑事案件诉讼程序，当事人和解的公诉案件诉讼程序，犯罪嫌疑人、被告人逃匿、死亡案件违法所得的没收程序，依法不负刑事责任的精神病人的强制医疗程序）、刑事诉讼法律监督（包括：刑事立案监督，侦查活动监督，审判活动监督，刑事判决、裁定监督，死刑复核法律监督，羁押和办案期限监督，看守所执法活动监督，刑事判决、裁定执行监督，强制医疗执行监督）、案件管理、刑事司法协助等 16 项。而与职务犯罪侦查直接相关的刑事检察职能或事项包括：管辖，回避，辩护与代理，证据，强制措施（包括：拘传、取保候审、监视居住、拘留、逮捕、强制措施解除与变更），案件受理，初查和立案，侦查措施（包括：讯问犯罪嫌疑人，询问证人、被害人，勘验、检查，搜查，调取、查封、扣押物证、书证和视听资料、电子数据，查询、冻结，鉴定，辨认，技术侦查措施，通缉，侦查终结），审查逮捕（包括：审查批准逮捕、审查决定逮捕、核准追诉），未成年人刑事案件诉讼程序，犯罪嫌疑人、被告人逃匿、死亡案件违法所得的没收程序，依法不负刑事责任的精神病人的强制医疗程序，刑事立案监督，侦查活动监督，羁押期限监督，看守所执法活动监督，案件管理，① 刑事司法协助（包括：检察

① 另据 2012 年 1 月 6 日出版的《检察日报》报道，当日，高检院案件管理办公室案件流程管理处的工作人员开具了实行集中管理以来的首份法律文书。这是一件吉林省检察院申请延长侦查羁押期限的案件，按照以往的工作程序，此类案件所有的登记、办理、法律文书制作等项工作都由侦查监督厅完成。案件实行集中管理后，案件的受理、登记、分流及法律文书开具等部分程序性工作都由案件管理办公室统一办理。

院提供司法协助，检察院向外国提出司法协助请求）18 项。易言之，检方在依法从事这 18 项工作时，都有填制侦查文书的可能。

作为实现检察职权的伴生结果、载体，检察文书除具有文书或其公文或其法律文书或其司法文书或其诉讼文书的上述特征之外，还有以下特征：[①] 一是填制主体的专门、唯一性——检方；它既是检方依法履行法律监督职能的重要保证，也是检方依据现行法律规定、检察工作惯例和实际需要填制的活动结果；二是它具有法律效力或意义和普遍的约束力，并为法律所保护；三是它必须依法填制，而不能随心所欲。检方填制检察文书必须有法律依据，填制的主体、程序、手续等必须符合实体法和程序法。例如，一个合格的检察文书，通常要履行下列手续：[②] 拟稿（办案人员）→核准（部门负责人）→审查批准或决定（检察长或检察委员会）→签发（检察长）→用印→送达（司法警察）等环节；四是形式的程序性——格式或结构、称谓、用语和事项固定。因此，检察文书具有法定性、强制性、规范性、解释的单一性、实施的有效性等特性。

作为侦查活动的附带品和书面载体，侦查文书为法律所规范和保护。当然，在我国，直接以“检察文书”为规范、保护对象或其中含有“检察文书”的现行法律鲜见。换言之，截止到 2013 年 6 月底，侦查文书只是一个法学术语，并非法律名词。当然，高检院《人民检察院办理民事行政抗诉案件公开审查程序试行规则》（1999 年 5 月 10 日）、《人民检察院民事行政抗诉案件办案规则》（2001 年 10 月 11 日）、《关于进一步加强对诉讼活动法律监督工作的意见》（2009 年 12 月 29 日）等检察解释中，则存有“检察文书”；高检院《检察改革三年实施意见》（2000 年 2 月 15 日）等检察解释中，还存有“检察法律文书”。

---

① 当然，实践中也有人认为，检察文书的特征有七：一是法定的强制性；二是内容的规范性；三是形式的程式性；四是制作的合法性；五是论理的充分性；六是使用的对应性；七是语义的单一性。参见张思卿主编：《检察大辞典》，上海辞书出版社 1996 年版，第 16～26 页。

② 为此，高检院《人民检察院制作刑事检察文书规定（修改稿）》（1993 年，以下简称《文书规定》）第 25 条还明确规定：“制作重要文书承办人起草后，应由主管科、处、厅长审核，检察长（包括副检察长）签发。”

检察文书是检察法、检方和检察制度确立之后的产物。① 毋庸讳言，检察法及检方的客观存在，是检察制度得以生成的不可或缺因素；而检察制度的建立与否，则标志着检察文书的存在与否。因此，从这个意义上说，正是基于我国检察制度诞生何时何地的众说纷纭，才导致我国检察文书诞生何时何地的莫衷：第一种观点，“御史即（就）是说”认为，中国历史上的御史制度，即（就）是我国古代的检察制度；中国古代的御史，即（就）是近现代的检察官。因此，御史执法文书便是最早的检察文书。第二种观点，“前身御史说”认为，御史制度是我国检察制度的前身，御史亦是检察官的前身。因此，御史执法文书便是最早的检察文书。第三种观点，“司直即（就）是或其前身说”认为，我国历史上的司直制度，即（就）是我国古代的检察制度或其前身，司直即（就）是我国古代的检察官或其前身。因此，司直执法文书便是最早的检察文书。第四种观点，“西方引进说”认为，中国检察制度是由西方尤其是日本引进的，其起源应以清光绪三十二年（1906 年）为始，并以《大理院审判编制法》（光绪三十二年十月二十七日奉旨依议）的颁行为标志。因此，我国最早的检察文书诞生于 1906 年。第五种观点，“殖民侵入”说认为，中国检察制度萌生于 19 世纪末外国列强在华殖民地，并最早诞生于 1843 年 5 月 4 日英殖民者统治的香港，且以英国殖民者制定并适用于我国香港地区的《英皇制诰》（1843 年）、《皇室训令》（1843 年）和《香港高等法院条例》（1844 年）的颁行为标志。因此，我国最早的检察文书，诞生于 1843 年的香港。而本书认为，在我国，不论检察学（或检察理论）还是检察法律文本和检察实践（亦即检察文书）文献产生的时间都较晚，并最早诞生于 1843 年前后的香港；而“检察文书”一词，最早出现于清末维新变法引进西方法制之后。

（2）检察文书作用。无疑，检察文书在整个司法文书体系和诉讼活动中具有举足轻重作用。它既可保证检察职权的依法行使，也可保证诉讼活动的依法进行；既是反映检察活动的忠实记录，也是衡量检察工作公正与否的“晴雨表”；既是进行法治宣传的生动教材，也是彰显检察工作重要性的重要依据；既是考察检察机关工作成效的重要内容，也是考核检察人员工作成绩的重要尺度，更是检察人员工作能力的展示途径。因此，从这个意义上说，没有检

① 所谓检察法，亦即检察法律的简称，就是旨在规范检方权力或行为之行为规范的总和。它除包括检察法律（亦即专门性检察法律，包括检察法典和其他专门性检察法律）与检察法律规范（亦即附属性检察法律）之外，还包括国内与国际检察法律两类；而国内与国际检察法律又包括附属与专门性、实体与程序性、全局与局部性、一般与特殊性、成文与不成文检察法律等多种形态。

察文书，检察工作就无法开展；检察文书的填制成效的高低，直接影响检察工作的成败。

而高检院《文书规定》第2条还明确规定："它（即刑事检察文书，包括其他检察文书，下同）是人民检察院行使检察权的重要表现形式，是保证法律正确实施的工具，是办理案件的客观记录，是办案质量的反应，是考核检察干部的尺度。准确制作和使用刑事检察文书，对于依法惩罚犯罪分子，保护无罪的人不受刑事追究，维护法制，具有重要意义。"

（3）检察文书种类。根据划分标准的不同，可将检察文书分为许多种类。

①根据检察工作性质的不同，可将其分为检察诉讼监督文书与检察非诉讼监督文书两类；而检察诉讼监督文书又分为检察刑事、民事、行政诉讼监督文书3种。其中，检察刑事诉讼监督文书，亦称刑事诉讼检察文书，简称刑事检察文书，是指检方在刑事诉讼过程中，依法填制的检察文书，[①] 并包括以下6种：A. 刑事法律（或诉讼）检察文书，包括：a. 侦查文书，包括指定管辖决定书等；b. 公诉文书，包括派员出席法庭通知书、起诉书等。c. 执行法律文书，包括纠正不当减刑裁定意见书等；d. 刑事申诉法律文书，包括刑事申诉不立案复查通知书等；e. 其他法律文书，包括驳回申请决定书等。B. 刑事检察证据文书。即检方在刑事诉讼活动中，依法收集、调取的证据材料的载体，包括调取证据通知书、调取证据清单等；C. 刑事检察工作文书，包括：a. 侦查工作文书，包括自首笔录等；b. 审查批捕工作文书，包括逮捕案件审批表等；c. 审查起诉工作文书，包括交办案件通知书等；d. 执行工作文书，包括停止执行死刑意见书等；e. 控告申诉工作文书，包括来信来访登记表等。D. 人民监督员工作文书，包括拟维持原逮捕决定书、延长监督期限审批表等。E. 刑事检察监督文书，包括办案告知卡（被讯问人）、办案告知卡（被询问人）等。F. 刑事赔偿文书，包括刑事确认书等。

②根据填制部门及其人员的不同，可将其分为：由侦查监督、公诉、侦查（含反贪污贿赂局、反渎职侵权局）、控告检察、申诉检察、监所检察、民事行政检察、铁路运输检察、职务犯罪预防、案件管理等部门及其人员所填制的检察文书。

③根据性质、内容的不同，可将其分为检察诉讼、证据、工作文书以及检察笔录和公文5种。其中，检察诉讼文书是检方在诉讼过程中，依法填制的检

① 为此，高检院《人民检察院制作刑事检察文书规定（修改稿）》（1993年）第2条还规定："刑事检察文书是人民检察院为实现刑事检察职能，依法制作的具有法律效力或者其他法律意义的司法公文……"。

察文书；检察证据文书，是检方在收集、固定和采信证据过程中，依法填制的检察文书；检察工作文书是指检方在检察工作中，依法填制的检察文书；检察笔录是指检方依法履行职责过程中所形成笔录总和；检察公文则是检方依法履行职责过程中所形成公文总和。

④根据填制要领的不同，[①] 可将其分为以下 4 种：A. 填充式检察文书（或检察诉讼或法律文书）。即固定项目并以统一的标准格式印制，使用时根据具体案件的情况填写有关内容的检察文书。它一般用于履行法律规定的一定手续、程序，不需要详细叙述案情的情形，如适用法律规定的侦查措施、强制措施，法律要求必须出示相应法律文书，否则法律行为归于无效。填充式检察文书均采用联单的形式，由存根、副本、正本等联组成，固定项目已印制妥当，使用时填写案件中有关诉讼当事人、参与人情况，送达单位或个人，填制单位名称、文号并加盖相应印章即可。例如，答复举报人通知书、回避决定书、询问通知书和逮捕决定书等。B. 叙述式检察文书。即根据法律规定汇总案件情况包括当事人情况、办案情况、案件事实、证据、法律依据和结论等，对案件作出相应处理决定时使用的检察文书。它不需印制固定格式，每一文书的项目、内容框架是固定的，一般由首部、正文、尾部 3 部分构成，每部分的内容应根据案情分别撰写，每个案件的文书所包含的案情不同、文书长短也不同，必须一书一稿，一书一印制。例如，起诉书、不起诉决定书、抗诉书、复查决定书等，都属于叙述式的文书。C. 检察笔录。D. 检察公文。

总之，基于上下述分析不难看出，侦查文书既是一种文书，也是一种专用文书或其公文；既是一种法律文书，也是一种司法和诉讼文书；既是一种侦查文书，也是一种检察文书；既是一种特殊的检察文书，也是一种特殊的刑事检察文书。

二、概念和特征

（一）概念

无疑，职务犯罪侦查文书是“职务犯罪”与“侦查文书”的合称，就是有关狭义或纯正职务犯罪抑或检方侦查的职务犯罪案件的侦查文书。细言之，职务侦查文书是指检方在职务犯罪侦查过程中，或者检方在履行职务犯罪侦查

① 所谓要领，是指“①要点……②体育和军事操练中某项动作的基本要求”。参见：中国社会科学院语言研究所词典编辑室编：《现代汉语词典》修订本，商务印书馆 1998 年版，第 1466 页。

职责（或职能）过程中，或者检方行使职务犯罪侦查权过程中，依法填制或认可的具有法律效力或意义的文书的总和。它既是文书或其专用文书或其公文的子集，也是法律文书或其司法文书或其诉讼文书的子集；既是侦查文书的子集，也是检察文书或其刑事检察文书的子集。

因此，作为刑事检察文书的一种，职务犯罪侦查文书，也是检方“为实现刑事检察职能，依法制作的具有法律效力或者其他法律意义的司法公文。它是人民检察院行使检察权的重要表现形式，是保证法律正确实施的工具，是办理案件的客观记录，是办案质量的反应，是考核检察干部的尺度。准确制作和使用刑事检察文书，对于依法惩罚犯罪分子，保护无罪的人不受刑事追究，维护法制，具有重要意义”①。所以，它为法律特别是刑法所保护。为此，我国《刑法》第280条第1款规定：“伪造、变造、买卖或者盗窃、抢夺、毁灭国家机关的公文（含职务犯罪侦查文书）、证件、印章的，处三年以下有期徒刑、拘役、管制或者剥夺政治权利；情节严重的，处三年以上十年以下有期徒刑。”例如，据2003年7月31日出版的《沈阳晚报》报道，2003年6月6日，沈阳市大东区检察院公诉科的办案人员对涉嫌收购赃物的犯罪嫌疑人关某进行讯问时，关对自己在对方没有任何手续情况下，收买他人盗窃的三轮摩托车一事百般狡辩。讯问结束时，办案人员要求关观看笔录无误后签字，关签字后离去（关某被公安机关取保候审）。10分钟后，关带着儿子返回，称其儿子要看一下笔录。办案人员告知关的儿子无权看检察机关的讯问笔录；关又要求对笔录进行核对，没想到关竟将笔录撕毁，扬长而去。大东区检察院鉴于关的行为构成收购赃物罪，且无悔罪表现，公然撕毁司法文书，主观恶性较深，对其取保候审的强制措施不足以防止其社会危害性的发生，故对关作出了批准逮捕的决定。

（二）特征

基于递进归属性或多子集性，侦查文书除具有文书、公文、法律文书、司法文书、诉讼文书、侦查文书、检察文书和刑事检察文书的特征之外，还有以下特征：

1. 产生的时间较晚，出现于检察法、检方和检察制度之后；而并不像文书、公文、法律文书、司法文书、诉讼文书或侦查文书那样，与国与法俱来。

2. 由于它为近代中外法律尤其是刑事诉讼法明确规定，因而它具有填制的合法性。一方面，这种规定并非以“职务犯罪侦查文书”为对象、内容的，

① 参见：《人民检察院制作刑事检察文书规定（修改稿）》第2条。

而多以有关职务犯罪侦查的文书、公文、法律文书、司法文书、诉讼文书、检察文书或刑事检察文书，尤其是以其中有关职务犯罪侦查的书类、证类、笔录类侦查文书最为常见。而就我国目前而言，规范侦查文书的法律有宪法、基本法律、法律、行政法规、司法解释、行政规章和地方性法规等。但据《立法法》第8条规定精神，本书认为，可成为侦查文书依据的法律，应限于宪法、基本法律和法律及其法律解释、司法解释，而不能是行政法规、行政规章和地方性法规等低位阶的法律。另一方面，填制的合法性主要包括3层含义：(1) 填制主体合法，只能是检方或相对人；(2) 适用程序合法。即在职务犯罪侦查过程中，先适用填制哪种侦查文书，后适用填制哪种侦查文书，都必须依法定的程序进行；(3) 侦查文书的内容合法。

3. 它主要由检察机关侦查部门（包括反贪污贿赂局、反渎职侵权局）的侦查人员特别是其中的书记员填制，并以高检院《人民检察院刑事诉讼法律文书格式样本》（2012年12月27日，以下简称《文书样本》）等为填制范本；在具体填制过程中，必须体现"人民检察院办理案件，由检察人员承办，办案部门负责人审核，检察长或者检察委员会决定"、"人民检察院按照法律规定，在刑事诉讼中实行案件受理、立案侦查、侦查监督、公诉、控告、申诉、监所检察等业务分工，各司其职，互相制约，保证办案质量"、"最高人民检察院领导地方各级人民检察院和专门人民检察院的工作，上级人民检察院领导下级人民检察院的工作。检察长统一领导检察院的工作"的制约、监督原则。①

4. 它具有法定的强制性。一方面，签发后即具有约束力。有的（如逮捕决定书）一经发出相对人必须接受，不得抗拒。另一方面，执行具有效用性。它既是填制者发布指令、传达意图的重要手段，也是侦查部门内部或侦查部门与各类各层次机关、部门以及当事人之间进行联系的基本形式。因此，它在职务犯罪侦查活动中发挥着传达意旨、承上启下、协调配合、传递信息等效用。

5. 它具有实施的排他性。在实体方面，它不具有规范性法律文书（如《刑法》等法律文本）那样的普遍约束力，而只对具体案件和相对人有效；在程序方面，每一种侦查文书都只适用于特定的侦查环节、阶段并具有特定的任务。例如，立案决定书只能在立案时使用，而不能在初查、侦查终结等其他阶段使用；在逻辑证明方面，它必须具有高度的严密性和准确性，排除其他任何可能性。而这些，同时也是对侦查文书填制质量的内在要求。

6. 结构的程序化。例如，叙述类、报告类和笔录类侦查文书，一般都由

① 参见：《检察规范》第1·9~1·11条。

首部、正文和尾部3部分组成，而其中每一部分内容所包含的结构层次也比较固定。

7. 填制的程序和规范化。一方面，填制的程序化要求，填制侦查文书时，先填制后填制哪种，先填制后填制哪一部分，都必须按照法定程序依次进行，而不得随意更改，颠倒顺序。例如，不能先捺指印，而后进行讯问；也不能时间倒签笔录。另一方面，填制的规范化要求：（1）格式规范化。为保证侦查文书尤其是侦查法律文书在全国范围内统一实施，对其名称、形式、字体、字号、用纸、大小等方面必须执行统一标准，不能别出心裁、各行其是。为此，高检院《文书样本》就作了相应规定；（2）语言文字、内容表述、签发时间等必须做到真实、准确、庄重、简洁、严肃、严谨，而不能有歧义、故弄玄虚、卖弄辞藻或使用艺术性的描述、比喻等。为此，《文书规定》作了详尽规定。

8. 应用的整体关联性。（1）侦查活动各环节的文书有共同的填制目的，就是追究犯罪嫌疑人的刑事责任和保障无罪的人不受刑事追究；（2）每一侦查环节中不同种类的文书构成有机的整体，缺少其中任何一类，相应的程序就无法进行。而任何一类或一种侦查文书的质量都会影响其他种类侦查文书的质量，也影响着侦查文书系统的整体质量；（3）侦查文书以案卷形式作为整体诉讼单位，参与各个环节的诉讼活动。因此，在各个环节的侦查活动中，不允许用单个或若干零散的侦查文书去完成特定职务犯罪侦查任务。例如，《检察规范》第2·7条第1款就规定："信访人采用走访形式提出信访事项的，应当填写《来访登记表》，负责接待的检察人员应当认真审核，并提出处理意见，对涉检信访案件应当制作接谈笔录。对信访人提供的控告、举报、申诉及其他申请材料认为内容不清的，应当要求信访人补充。"

9. 种类繁多。例如，在薄熙来案中，关于侦查文书的种类，就有如下记载："公诉人向法庭出示一组综合证据：1. 公诉人出示最高人民检察院反贪污贿赂总局于2013年5月27日出具的《发破案经过说明》，证实案件侦破情况。最高人民检察院于2012年9月28日对薄熙来以涉嫌受贿罪立案侦查，同年9月29日，经最高人民检察院决定，由北京市公安局对其执行逮捕。2. 公诉人出示最高人民检察院《立案决定书》、《逮捕决定书》、《逮捕通知书》、《指定管辖的通知》、北京市公安局《逮捕证》，以及最高人民检察院反贪污贿赂总局于2013年5月18日出具的《关于执行逮捕情况说明》，证实案件立案、对被告人采取强制措施、案件指定管辖的情况。3. 公诉人出示办案机关、办案人出具的《情况说明》、《办案说明》，证实在案证据均依法调取，被告人没有自首、坦白、检举揭发等情节。4. 公诉人出示赃款赃物扣押、冻结法律文书，证实追缴被告人薄熙来受贿、贪污犯罪所得2680.6708万元。5. 公诉人出示被告人薄熙来的户籍证明，证实被告人薄熙来身份。”①

总之，侦查文书既是检方依法行使职务犯罪侦查权的重要表现形式，也是检方办理职务犯罪侦查案件的客观记录。

三、种类②

（一）填充、叙述、笔录和公文式侦查文书

根据性质和填制要领的不同，可将其分为填充式、叙述式、笔录式和公文式侦查文书4类：

1. 填充式侦查文书。即固定项目以统一的标准格式印制，检方使用时根据具体案件和侦查活动情况，依法填制有关内容的侦查文书。它又包括以下7类133种：

（1）立案文书中的：立案决定书，补充立案决定书，不立案通知书，要求说明立案理由通知书，要求说明不立案理由通知书，不立案理由审查意见通知书，立案理由审查意见通知书，移送案件通知书，指定管辖决定书，交办案件决定书，提请批准直接受理书，批准直接受理决定书，不批准直接受理决定书13种。

（2）回避文书中的：回避决定书，回避复议决定书2种。

（3）辩护与代理文书中的：侦查阶段委托辩护人、申请法律援助告知书，审查起诉阶段委托辩护人、申请法律援助告知书，提供法律援助通知书，辩护律师会见犯罪嫌疑人应当经过许可通知书，辩护律师可以不经许可会见犯罪嫌疑人通知书，许可会见犯罪嫌疑人决定书，不许可会见犯罪嫌疑人决定书，批准律师以外的辩护人与犯罪嫌疑人会见和通信/查阅案卷材料决定书，不批准

---

① 参见《薄熙来案8月24日庭审实录》，载人民网，访问日期：2013年8月24日。2013年7月25日，薄熙来涉嫌受贿、贪污、滥用职权犯罪一案经最高人民检察院依法指定管辖，由山东省济南市人民检察院向济南市中级人民法院提起公诉；2013年8月22日，济南市中级人民法院一审公开开庭审理被告人薄熙来受贿、贪污、滥用职权案；2013年9月22日，法庭一审判决，对被告人薄熙来以受贿罪、贪污罪、滥用职权罪依法判处刑罚，数罪并罚，决定执行无期徒刑，剥夺政治权利终身。薄熙来不服一审判决提出上诉，2013年10月8日山东省高级人民法院受理；2013年10月25日，山东省高级人民法院对薄熙来受贿、贪污、滥用职权案二审公开宣判，裁定驳回上诉，维持一审无期徒刑判决。

② 而《文书规定》第23条则规定：“刑事检察文书的基本格式有文字叙述类、填空表格类及笔录类3种。”

律师以外的辩护人与犯罪嫌疑人会见和通信/查阅材料决定书，调取证据通知书，不予收集、调取证据决定书，许可辩护律师收集案件材料决定书，不许可辩护律师收集案件材料决定书，委托诉讼代理人告知书，纠正阻碍辩护人/诉讼代理人依法行使权利通知书，辩护人/诉讼代理人申诉、控告答复书16种。

（4）强制措施文书中的：拘传证，取保候审决定书、执行通知书，被取保候审人义务告知书，保证书，解除取保候审决定书、通知书，监视居住决定书、执行通知书（含指定居所监视居住），指定居所监视居住通知书，被监视居住人义务告知书，解除监视居住决定书、通知书，拘留决定书，拘留通知书，拘留人大代表报告书，报请许可采取强制措施报告书，逮捕通知书，批准逮捕决定书，逮捕决定书，逮捕决定书（上提），逮捕决定书（追捕），撤销强制措施决定、通知书，撤销逮捕决定书、通知书，不批准逮捕决定书，撤销不批准逮捕决定书，不予逮捕决定书，不予逮捕决定书（上提），撤销不予逮捕决定书，维持不予逮捕决定通知书，撤销不批准逮捕决定通知书，提请批准延长侦查羁押期限报告书，批准延长侦查羁押期限决定书，延长侦查羁押期限决定、通知书，不批准延长侦查羁押期限决定书，重新计算侦查羁押期限决定、通知书，撤销纠正违法意见决定书33种。

（5）侦查措施文书中的：传唤通知书，提讯、提解证，提讯情况、提解情况记载，犯罪嫌疑人诉讼权利义务告知书，证人诉讼权利义务告知书，询问通知书，调取证据通知书，调取证据清单，勘查证，解剖尸体通知书，搜查证，登记保存清单，查封通知书，查封/扣押财物、文件清单，协助查封通知书，解除查封通知书，扣押通知书，解除扣押通知书，退还、返还查封/扣押/调取财物、文件通知书，退还、返还查封/扣押/调取财物、文件清单，处理查封/扣押财物、文件决定书，处理查封/扣押财物、文件清单，移送查封/扣押、冻结财物、文件决定书，移送查封/扣押、冻结财物、文件清单，扣押邮件、电报通知书，解除扣押邮件、电报通知书，查询犯罪嫌疑人存款/汇款/股票/债券/基金份额款通知书，协助查询存款/汇款/股票/债券/基金份额通知书，冻结犯罪嫌疑人存款/汇款/股票/债券/基金份额通知书，解除冻结犯罪嫌疑人存款/汇款/股票/债券/基金份额通知书，协助冻结存款/汇款/股票/债券/基金份额通知书，鉴定聘请书，委托勘检书，委托鉴定书，鉴定意见通知书，复验、复查通知书，销毁清单，侦查终结财物、文件处理清单，终止对犯罪嫌疑人侦查决定书，撤销案件决定书，决定释放通知书，采取技术侦查措施申请书，采取技术侦查措施决定书，采取技术侦查措施通知书，解除技术侦查措施决定书，解除技术侦查措施通知书，延长技术侦查措施申请书，延长技术侦查措施通知书，调取技术侦查证据材料通知书，技术侦查证据材料移送清单，通缉通知书51种。

（6）特别程序文书中的：未成年人法定代理人到场通知书，未成年人成年亲属、有关组织代表到场通知书，附条件不起诉决定书，移送附条件不起诉案件材料通知书，撤销附条件不起诉决定书，许可查询犯罪（不起诉）记录决定书，不许可查询犯罪（不起诉）记录决定书，终止审查决定书，启动违法所得没收程序决定书，启动强制医疗程序决定书10种。

（7）通用侦查文书中的：复议决定书，复核决定书，纠正案件决定错误通知书，纠正违法通知书，检察意见书，检察建议书，送达回证，驳回申请决定书，调阅案卷通知书9种。

2. 叙述式侦查文书。即根据法律规定汇总案件情况后，检方对案件作出相应处理决定时，而依法填制的侦查文书。它又包括以下6类34种：

（1）立案文书中的：通知撤销案件书、通知立案书、答复举报人通知书3种。

（2）证据文书中的：纠正非法取证意见书、提供证据收集合法性说明通知书2种。

（3）强制措施文书中的：报请逮捕书、报请重新审查逮捕意见书、应当逮捕犯罪嫌疑人建议书、应当逮捕犯罪嫌疑人通知书、羁押必要性审查建议书、核准追诉决定书、不予核准追诉决定书7种。

（4）侦查措施文书中的：起诉意见书、不起诉意见书2种。

（5）特别程序文书中的：附条件不起诉决定书、附条件不起诉考察意见书、不起诉决定书、和解协议书、补充证据通知书（犯罪嫌疑人、被告人逃匿、死亡案件违法所得的没收程序适用）、要求说明不启动违法所得没收程序理由通知书、要求启动违法所得没收程序通知书、没收违法所得意见书、没收违法所得申请书、不提出没收违法所得申请决定书、补充证据通知书（依法不负刑事责任的精神病人的强制医疗程序适用）、要求说明不启动强制医疗程序理由通知书、要求启动强制医疗程序通知书、采取临时保护性约束措施建议书、强制医疗申请书、不提出强制医疗申请决定书、纠正强制医疗案件不当决定意见书17种。

（6）通用侦查文书中的：复议决定书、复核决定书、纠正案件决定错误通知书3种。

3. 笔录式侦查文书。即检方在职务犯罪侦查过程中，而依法制作的检察笔录。包括：接谈涉检信访案件笔录，接受报案、控告、举报、自首笔录，答复实名举报人笔录，（首次）讯问笔录，传唤讯问笔录，讯问翻译笔录，（首次）询问笔录，勘验、检查笔录，侦查实验笔录，搜查笔录，辨认笔录，查封、扣押笔录，查账笔录，辩护律师要求当面听取其意见笔录，撤销案件而告知并听取控告人、举报人意见笔录，提供司法协助笔录，侦查监督笔录，人民监督员监督案件笔录，未成年人刑事案件检察笔录，调查笔录，阅卷笔录，案件讨论笔录，告知笔录，宣布笔录，听取意见笔录等25种。

而值得注意的是，《文书样本》除规定有勘验检查笔录、侦查实验两种检察笔录的格式样本外，并未规定绝大多数检察笔录（含侦查笔录）的格式样本。

4. 公文式侦查文书。即检方在职务犯罪侦查过程中，而依法制作的检察公文。它又包括有关职务犯罪侦查的：

（1）议案。例如，徐晓阳等30名代表："关于修改刑事诉讼法的议案"（第245号）。①

（2）报告。例如，师梦雄："关于全区检察机关开展法律监督工作情况的报告——2006年5月9日在宁夏回族自治区第九届人大常委会第二十二次会议上"。

（3）决定。例如，高检院《关于检察机关反贪污贿赂工作若干问题的决定》（1999年9月17日）。

（4）公告。例如，两高《关于不再追诉去台人员在中华人民共和国成立前的犯罪行为的公告》。

（5）通告。例如，两高《关于贪污受贿投机倒把等犯罪分子必须在限期内自首坦白的通告》（1989年8月15日）。

（6）条例。例如，高检院《人民检察院监察工作条例》（2000年5月25日）。

（7）规则。例如，高检院公诉厅《人民检察院办理不起诉案件公开审查规则（试行）》（2001年3月5日，共18条）。

（8）规定。例如，高检院《人民检察院办理行政执法机关移送涉嫌犯罪案件的规定》（2001年9月10日）。

（9）细则。例如，高检院《人民检察院侦查贪污贿赂犯罪案件工作细则（试行）》（1991年4月8日）。

（10）意见。例如，高检院《关于进一步加强检察机关办案安全防范工作的意见》（2004年8月20日）。

---

① 参见盛华仁：《关于第十届全国人民代表大会第二次会议代表提出议案处理意见的报告——2004年3月13日第十届全国人民代表大会第二次会议主席团第三次会议通过》，载《中国人大网》2004年3月14日。

（11）办法。例如，高检院《对违法办案，渎职失职若干行为的纪律处分办法》（1998 年 5 月 25 日）。

（12）通知。例如，高检院《关于进一步清理和纠正案件超期羁押问题的通知》（2001 年 1 月 21 日）。

（13）通报。例如，高检院《关于认真查处玩忽职守和重大责任事故案件的情况通报》（1992 年 8 月 7 日）。

（14）请示。例如，新疆维吾尔自治区人民检察院法纪检察处《关于执行立案标准的请示》（1990 年 2 月 6 日）。

（15）批复。例如，高检院《关于对涉嫌盗窃的不满 16 周岁未成年人采取刑事拘留强制措施是否违法问题的批复》（2011 年 1 月 10 日）。

（16）函。例如，高检院《关于已满十四周岁不满十六周岁的人承担刑事责任范围问题的复函》（2002 年 8 月 9 日）。

（17）会议纪要。例如，高检院、国家税务总局《关于加强检察机关税务机关在开展集中查办破坏社会主义市场经济秩序渎职犯罪专项工作中协作配合的联席会议纪要》（2005 年 12 月 30 日）。

而侦查文书的具体格式样本，可参照高检院《公文处理办法》及其《实施细则》（2005 年 10 月 28 日）规定。

（二）书、证、清单、笔录和其他类侦查文书

根据名称称谓的不同，可将侦查文书分为以下 5 类：

1. 书类侦查文书。即名称中含有“××书”的侦查文书，并包括以下 9 种：

（1）决定书类侦查文书。例如，立案决定书，回避决定书，许可会见犯罪嫌疑人决定书，处理查封/扣押财物、文件决定书，附条件不起诉决定书，不起诉决定书。

（2）通知书类侦查文书。例如，不立案通知书，提供法律援助通知书，解剖尸体通知书，未成年人法定代理人到场通知书，要求说明不启动违法所得没收程序理由通知书。

（3）决定（书）、通知书类侦查文书。例如，解除取保候审决定书、通知书，延长侦查羁押期限决定、通知书。

（4）告知书类侦查文书。例如，侦查阶段委托辩护人、申请法律援助告知书，被取保候审人义务告知书，犯罪嫌疑人诉讼权利义务告知书。

（5）意见书类侦查文书。例如，提请有关人员出庭意见书，检察意见书，纠正非法取证意见书，报请重新审查逮捕意见书，起诉意见书，附条件不起诉

考察意见书，没收违法所得意见书。

（6）建议书类侦查文书。例如，检察建议书，应当逮捕犯罪嫌疑人建议书，采取临时保护性约束措施建议书。

（7）报告书类侦查文书。例如，拘留人大代表报告书，报请许可采取强制措施报告书。

（8）申请书类侦查文书。例如，采取技术侦查措施申请书，强制医疗申请书。

（9）其他书类侦查文书。例如，提请批准直接受理书，辩护人/诉讼代理人申诉、控告答复书，保证书，鉴定聘请书，委托鉴定书，通知撤销案件书，通知立案书，报请逮捕书，和解协议书。

2. 证类侦查文书。即名称中含有“××证”的侦查文书。例如，拘传证，提讯证、提解证，搜查证，送达回证。

3. 清单类侦查文书。即名称中含有“××清单”的侦查文书。例如，调取证据清单，登记保存清单。

4. 笔录类侦查文书。即名称中含有“××笔录”的侦查文书。例如，勘验、检查笔录，侦查实验笔录，辨认笔录。

5. 其他侦查文书。即名称中除含有“××书”、“××证”、“××清单”、“××笔录”之外的侦查文书。例如，提讯情况、提解情况记载。

（三）立案、回避、辩护与代理、强制措施、侦查措施和通用侦查文书

根据职务犯罪侦查活动进程、环节的不同，可将侦查文书分为以下6类：

1. 立案文书。例如，立案决定书，不立案理由审查意见通知书。

2. 回避文书。例如，回避决定书，回避复议决定书。

3. 辩护与代理文书。例如，提供法律援助通知书，不许可辩护律师收集案件材料决定书。

4. 强制措施文书。例如，指定居所监视居住通知书，重新计算侦查羁押期限决定书、通知书。

5. 侦查措施文书。例如，询问通知书，解除技术侦查措施通知书。

6. 通用侦查文书。例如，纠正案件决定错误通知书，调阅案卷通知书。

（四）侦查法律与侦查工作文书

根据性质、内容等不同，可将其分为侦查法律文书和侦查工作文书两类。而所谓侦查法律文书，是指检方在履行职务犯罪侦查职权过程中，而依法填制

的具有法律效力的侦查文书；所谓侦查工作文书，是指检方在履行职务犯罪侦查职权过程中，而依法填制的不具有法律效力或者正式格式样本的侦查文书，并包括侦查笔录、侦查公文等形态。

因此，侦查法律文书与侦查工作文书不尽相同：1. 填制依据不同。前者依据《刑事诉讼法》等基本法律填制，后者依据《检察规范》、《检诉规则》、《文书样本》和《文书规则》等检察解释填制；2. 适用的稳定性不同。前者比后者适用成熟、稳定；3. 性质和实施后果不同。前者属国家公文，对外使用时具有法律效力或产生法律意义，任何单位和个人必须无条件服从或执行；而后者属检察系统内部的工作文书，仅供侦查部门使用，不对外公开，也不对外发生效力。

（五）纸质、电子数据、视听资料和混合材质侦查文书

根据载体材质的不同，可将侦查文书分为以下4类：

1. 纸质侦查文书。即以纸质为载体材质的侦查文书。而尽管高检院《关于〈人民检察院刑事诉讼法律文书格式样本〉电子模板的使用说明》（2012年12月27日）第7条规定："本文书可由各级人民检察院自行打印。建议在windows XP系统office word 2003下使用。高检院统一发布的案件管理软件正式运行后，可使用案件管理软件打印相应文书。"但当前，纸质侦查文书仍是形形色色侦查文书之主导。

2. 电子数据侦查文书。即以电子数据为载体材质的侦查文书。其中，电子数据，是指基于计算机应用、通信和现代管理技术等电子化技术手段形成包括文字、图形符号、数字、字母等的客观资料。

例如，据2012年9月6日出版的《检察日报》报道，2012年2月，河南省西峡县检察院投资12万余元、历时4个多月，与软件开发公司共同研发的法律文书网上管理系统软件正式投入使用。系统按照法律文书格式的要求，集检察机关各类法律文书的制作、填写、存贮、查询、分析于一身，实现法律文书的网上传输、审批、盖章、打印，帮助单位领导对执法活动情况进行监督管理和指挥决策，使检察机关执法活动更加规范、案件卷宗更加整洁，促进办案人员正确制作、使用法律文书，提高案件办理的效率和质量。系统运行以来，西峡县检察院业管中心通过网上打印法律文书，强化了对全院各部门办理案件全过程的有效监控。目前一份法律文书的开具时间由原来的平均2小时缩短为10分钟，查询方便快捷，大大提高了工作效率。再如，据《正义网》2012年8月15日报道，8月13日上午9时30分，刘灿敏刚刚起草完一份审理报告，就打开"检察院文书智能校对系统"点击"导入"，对这篇文档进行例行"体

检”，一分钟左右，系统提出了7处修改建议。刘灿敏是河南省郑州市金水区检察院批捕科主办检察官，他所使用的“文书智能校对系统”是该院今年年初刚刚自主研发的一个法律文书智能纠错系统，是专门用来给法律文书“挑错”的，被检察官称为法律文书“啄木鸟”。

3. 视听资料侦查文书。即以视听资料为载体材质的侦查文书。其中，视听资料亦称声像资料或直感资料，是指以音响、图像等方式记录有知识信息内容的载体。一般可分为3类：（1）视觉资料，亦称无声录像资料，包括图片、摄影胶卷、幻灯片、投影片、无声录像带、无声影片、视听资料无声机读件等；（2）听觉资料，亦称录音资料，包括唱片、录音带等；（3）声像资料，亦称音像资料或音形资料，包括电影片、电视片、录音录像片、声像光盘等。因此，视听资料既能使文字记载的文献再现，又能脱离文字形式而直接记录各种声音与图像；既能反映静态的书面文献，又有充分发挥其动态的特殊效果，具有以声传情、形像逼真、声像并茂的特色；尤其是可运用放大或缩小、加速或减慢、剪辑合成等手法，其作用为一般传统印刷型出版物所无法比拟。例如，据《正义网》2013年6月4日报道，湖北麻阳检察院反贪局自2008年实行同步录音录像工作以来，在所办理的22件贪污贿赂案件中，均进行了同步录音录像，录制讯（询）问次数达73人次，录制总时长约321个小时，创造了庭审期间零翻供。

4. 混合材质侦查文书。即纸质、电子数据、视听资料混用形成的侦查文书。例如，根据高检院《人民检察院讯问职务犯罪嫌疑人实行全程同步录音录像的规定（试行）》（2005年11月1日）规定，而制作的全程同步录音录像讯（询）问笔录，就属于典型的混合材质侦查文书。

（六）自然人和单位侦查文书

根据侦查文书相对人性质的不同，可将其分为针对自然人和单位职务犯罪的侦查文书两类；抑或相对人自然人或单位的侦查文书两类。

例如，“陈良宇涉嫌受贿、滥用职权案”中的侦查文书,[①] 就属于自然人侦查文书；“玉环县教育局基础教育科等单位受贿案”中的侦查文书,[②] 就属于单位侦查文书。

---

① 参见《陈良宇涉嫌受贿、滥用职权案判决书》，载《陕西法制网》2012年4月15日。

② 参见《被告单位玉环县教育局基础教育科等单位受贿罪刑事判决书》，载《法律图书馆网》2013年7月2日。

再如，在薄熙来案中，就有如下记载："（一）为大连国际发展有限公司接收大连市驻深圳办事处从而利用该办事处在深圳的土地进行开发建设提供了帮助的事实，向法庭出示三组证据。公诉人向法庭出示第一组证据，该组证据由证人唐肖林、时任大连市政府秘书长陈立新、原大连市政府驻深圳办事处负责人黄子茂、深圳市华明辉置业有限公司董事长张文胜、大连国际公司驻深圳办事处主任宋振军、时任深圳市市长于幼军、深圳市规划和国土资源委员会调研员吕迪、深圳市规划和国土资源委员会副主任郭仁忠的证言组成……公诉人向法庭出示第二组证据，该组证据主要由书证组成。1. 出示大连国际发展有限公司2011年4月出具的《大连国际发展有限公司简介》见补充侦查卷第3卷，第57～58页。2. 侦查部门在大连市档案馆提取的，大连市人民政府任免通知……"① 其中，"第一组证据"就属于自然人侦查文书，"第二组证据"就属于单位侦查文书。

第二节　职务犯罪侦查文书的性质与作用

一、性质

（一）法定性

由于文书与特定活动、公文与公务活动、法律文书与法律活动、司法文书与司法活动、诉讼文书与诉讼活动、侦查文书与侦查活动、检察文书与检察活动、刑事检察文书与刑事检察活动之间，就像程序法与实体法的关系那样血肉相连、唇齿相依。

1. 侦查文书内容与形式多为中外法律尤其是刑事诉讼法、刑法所规定、保护。例如，《德国刑事诉讼法典》第114条［逮捕令］规定："（一）决定待审羁押时，法官签发书面逮捕令。（二）逮捕令应当写明：1. 被指控人；2. 被指控人有重大嫌疑的行为，实施行为的时间与地点，犯罪行为的法定要件和适用的刑罚规定；3. 逮捕理由；4. 重大行为嫌疑和逮捕理由所依据的事实，以及国家安全不由此受到危险为限。（三）让人容易想到适用第一百一十二条第一款第二句规定或者被指控人援引这条规定的时候，要阐明为何不适用

① 参见《薄熙来案8月23日庭审实录》，载《新华网》2013年8月23日。

的理由”[①]；《加拿大刑事诉讼法典》第849条专门规定了《申请搜查令的控告书》（格式）、《控告书》（格式）、《公诉书标题》（格式）和《搜查令》（格式）；[②]《苏俄刑事诉讼法典》第151条第1款规定：“侦查员每一次讯问刑事被告人，都应当依照本法典第一百四十一条和第一百四十二条的规定制作笔录。在讯问笔录中应记明刑事被告人的身份材料，包括：姓、名、父名、出生地和时间、国籍、民族、文化程度、家庭状况、工作地点、职业或职务、住所、有无前科以及根据案情所必需的其他材料”[③]；而我国1979年《刑事诉讼法》第66条规定：“讯问笔录应当交被告人核对，对于没有阅读能力的，应当向他宣读。如果记载有遗漏或者差错，被告人可以提出补充或者改正。被告人承认笔录没有错误后，应当签名或者盖章。侦查人员也应当在笔录上签名。被告人请求自行书写供述的，应当准许。必要的时候，侦查人员也可以要被告人亲笔书写供词”。

再如，《德国刑法典》第269条第1款规定：“为在法律事务交往中进行欺骗，储存或变更具有证据价值的数据，以至于在使用时提供不真实的或伪造的文书，或者使用此等储存的或变更的数据的，处五年以下自由刑或罚金刑”[④]；《俄罗斯联邦刑法典》第303条第2款规定：“调查人员、侦查员、检察长或辩护人制造刑事案件伪证的，处三年以下的剥夺自由，并处三年以下剥夺担任一定职务或从事某种活动的权利”[⑤]；《英国1911年伪证法》第1条第1款规定，如果一个人在诉讼过程中作为证人或翻译人员进行了合法的宣誓，而又故意在本案的实质性问题上作了虚假的或其他不相信其为真实的陈述，那么，他就犯了伪证罪；[⑥] 而我国1979年《刑法》第167条规定：“伪造、变造或者盗窃、抢夺、毁灭国家机关、企业、事业单位、人民团体的公文、证件、印章的，处三年以下有期徒刑、拘役、管制或者剥夺政治权利；情节严重的，处三年以上十年以下有期徒刑”。

2. 没有侦查文书，职务犯罪侦查活动就无法进行，惩罚犯罪与保障人权

---

① 参见李昌珂译：《德国刑事诉讼法典》，中国政法大学出版社1995年版，第50页。

② 参见罗文波等译：《加拿大刑事法典》，北京大学出版社2008年版，第570~572页。

③ 参见张仲麟等译：《苏俄刑事诉讼法典》，中国政法大学出版社1989年版，第63页。

④ 参见徐久生等译：《德国刑法典》，中国方正出版社2004年版，第134页。

⑤ 参见黄道秀译：《俄罗斯联邦刑法典》，中国法制出版社2004年版，第163~164页。

⑥ 参见赵秉志等译：《英国刑法导论》，中国人民大学出版社1991年版，第290页。

并重、实体正义与程序正义并重的刑事诉讼目的就无法实现。为此，《文书规定》第 3 条还明确规定，制作刑事检察文书（含侦查文书）以法律为准绳。

（二）真实、客观和全面性

无疑，侦查文书是检方履行职务犯罪侦查职责的真实、客观和全面文字记载结果。侦查文书是检方出现之后的产物，并与职务犯罪侦查活动俱来。因此，从某种意义上说，侦查文书既是国家依法履行职务犯罪侦查权力的客观记载、书面展示和文字凭证结果，也是证据材料或其证据的载体；[①] 既是职务犯罪案件信息的客观记载和真实体现，也是法律适用的结果展示。为此，《文书规定》第 3 条明确规定，制作刑事检察文书（含侦查文书）必须以事实为根据。例如，在侦查“韩桂芝受贿案”的下列表述，则反映了侦查文书的这一特征：

韩桂芝，女，1942 年 12 月 15 日出生，汉族，黑龙江省哈尔滨市人，大学文化，原系政协黑龙江省第九届委员会主席，曾任中共黑龙江省委组织部副部长、部长、省委常委、省委副书记。2004 年 11 月 15 日，其因涉嫌受贿犯罪，被北京市公安局刑事拘留（应填制拘留决定书和拘留通知书——引者注，下同），同年 11 月 29 日，经最高人民检察院决定（应填制立案决定书），由北京市公安局依法对其执行逮捕（应填制逮捕决定书、逮捕通知书）。韩桂芝涉嫌受贿犯罪一案，由最高人民检察院侦查终结后（应填制侦查终结报告），经北京市人民检察院依法移交北京市人民检察院第一分院审查起诉（应填制起诉意见书）。北京市人民检察院第一分院受理此案后，在法定期限内告知了被告人有权委托辩护人等在审查起诉阶段的权利（应填制告知笔录），依法讯问了被告人（应填制讯问笔录），审查了全部案件材料（应填制阅卷笔录）。2005 年 11 月 10 日，北京市人民检察院第一分院向北京市第一中级人民法院

---

① 其实，证据材料与证据不尽相同：一是证据材料只是为了证明目的而提到的各种材料，它要成为诉讼证据，需要经过质证和法庭的审核、认定，只有符合证据条件的证据材料才能作为证据加以使用。因而证据在未经法院通过法庭查证属实之前，仅仅是证据材料。二是证据材料在诉讼中出现的时间较早，在起诉与答辩时或在法庭审理初期，当事人便向法庭提出各种证据材料，而证据形成于诉讼中较后的阶段，到法庭调查终结或法庭评议阶段，才能确定哪些证据材料可以作为案件的证据。三是证据只是证据材料的一种或子集，而证据材料既有成为证据的可能，也有不能成为证据的可能。当然，虽然证据和证明材料之间存在着很大的差别，但我国“三大诉讼法”在使用证据这一概念时均未对它们作出区分，因而在证据这一概念下包含了证据和证据材料两种情形，理论和实践中已习惯于不加区分地使用证据一词。

提起公诉（应填制起诉意见书、起诉书）。被告人韩桂芝犯罪事实如下：

被告人韩桂芝于1993年至2003年间，分别利用担任中共黑龙江省委组织部副部长、部长、省委常委、省委副书记、黑龙江省换届领导小组成员及下设办公室主任的职务便利，先后为曹某某等63人或其亲属在职务晋升、职务调整等方面谋取利益，在其家中、办公室等处收受上述人员给予的贿赂款人民币397.07万元、港币3.3万元（折合人民币3.5万元）、美元36.35万元（折合人民币300.7万元）及电动按摩椅1台（价值人民币1.28万元），上述款、物折合人民币共计702万余元（应填制询问通知书，询问笔录，调取证据通知书，调取证据清单，搜查证，扣押物品、文件清单，扣押决定书，协助查询存款通知书，冻结犯罪嫌疑人存款、汇款通知书，提押证等侦查文书）。

北京市第一中级人民法院依法组成合议庭，公开审理了此案。法庭经审理认为：被告人韩桂芝身为国家工作人员，利用职务上的便利，为他人谋取利益，非法收受他人财物，其行为已构成受贿罪。北京市人民检察院第一分院指控被告人韩桂芝犯受贿罪的定性准确，指控罪名成立。韩桂芝所犯受贿罪，数额特别巨大，其行为破坏了国家机关正常工作秩序，严重侵害了国家工作人员职务行为的廉洁性，情节特别严重，论罪应当判处死刑，鉴于韩桂芝因涉嫌受贿被审查后，坦白了有关部门未掌握的大部分受贿犯罪事实（应填制讯问笔录），认罪悔罪，赃款、赃物已全部追缴，对其判处死刑，可不立即执行。根据被告人韩桂芝犯罪的事实、犯罪的性质、情节和对社会的危害程度，2005年12月25日，北京市第一中级人民法院依照《中华人民共和国刑法》第385条第1款、第386条、第383条第1款第1项、第48条、第57条第1款、第64条及最高人民法院《关于处理自首和立功具体应用法律若干问题的解释》第4条之规定，作出如下判决：一、被告人韩桂芝犯受贿罪，判处死刑，缓期两年执行，剥夺政治权利终身，并处没收个人全部财产。二、追缴的赃款及电动按摩椅一台的变价款，上缴国库。

一审宣判后，在法定期限内，被告人韩桂芝没有提出上诉，原公诉机关北京市人民检察院第一分院没有提出抗诉。北京市第一中级人民法院依法报送北京市高级人民法院核准。

北京市高级人民法院经依法复核后认为：北京市第一中级人民法院根据被告人韩桂芝犯罪的事实、性质、情节和对于社会的危害程度依法所作的判决，事实清楚，证据确实、充分，定罪及适用法律正确，量刑适当，审判程序合法，应予核准。据此，2006年1月28日，北京市高级人民法院依照《中华人民共和国刑事诉讼法》第201条之规定，作出刑事终审裁定：核准北京市第一中级人民法院以受贿罪判处被告人韩桂芝死刑，缓期2年执行，剥夺政治权利终身，并处没收个人全部财产的刑事判决。①

而所谓案件信息，就是反映职务犯罪案件事实的一切信息的总和。案发过程中在场的人、案件相关的物以及相关人、物所存在的时间、空间，是案件形成必不可少的四要素，案件就是人、物、时、空相互作用的结果，产生于人、物、时、空相互联系、相互作用的原生态信息是案件最一般意义上的信息，也是刑事法律文书记载的有关案件的实质内容。②

（三）法律效力和规范性

1. 它有法定的强制性。一方面，侦查文书一经填制并签发，任何机关（包括其他公检法机关）、单位和个人（包括案件当事人）都必须认可、执行，而不得变更、撤销、违抗、伪造、变造、损毁等。③ 否则，将承担相应的法律责任。

例如，据《正义网》2013 年 2 月 19 日报道，近日，四川省成都市青白江区检察院依法及时批捕了一名涉嫌通过伪造检察机关文件实施诈骗的犯罪嫌疑人黄某。经查，2012 年 6 月初至 8 月底期间，犯罪嫌疑人黄某以能帮被害人陈某某找关系将其儿子陈某（因涉嫌贩毒罪于 2012 年 6 月 28 日被批准逮捕）放出来为由，多次诈骗被害人陈某某现金共计 90900 元。其间，由于犯罪嫌疑人明知自己并无能力将陈某从看守所放出，为获得被害人信任，两次伪造了以“青白江人民检察院”称呼开头的虚假文件和标题为“成都市人民检察院致青白江区检察院公函（内部科级传阅）”的虚假公函（均无红头、落款和公章）。后因被害人得知其子陈某已被判刑并交付执行（2012 年 9 月 18 日，被青白江院起诉至青白江区法院，9 月 26 日一审作出有罪判决，10 月 17 日被交付执行），才明白自己上当受骗，遂报案。另一方面，它对职务犯罪侦查活动具有双重约束力：（1）它的填制受法律的制约。例如，填制侦查文书必须遵循《刑事诉讼法》、《检诉规则》和《文书样本》等法律规定。（2）它又对职务犯罪侦查活动起着规范、制约作用。例如，拘传证填制完毕后，应立即对犯罪嫌疑人执行拘传，而被拘传人必须服从，不得违抗。

---

① 参见：《最高人民检察院公报》2006 年第 3 期。

② 参见刘永红：《刑事法律文书中的案件信息解析》，载《山西高等学校社会科学学报》2010 年第 1 期。

③ 为此，《文书规定》第 4 条第 1 款明确规定：“人民检察院履行刑事检察职责，进行刑事诉讼活动时，应当依法制作和使用相应的文书。刑事检察文书生效以后，未经法定程序，不得擅自撤销或改变。”

2. 它的实施具有排他性。

（1）它不具有规范性法律文件（如《刑法》文本）的普遍约束力，而只对具体案件、具体人和具体事有效。

（2）每一种侦查文书都只适用于特定的程序环节、阶段，并具有特定的任务。

3. 填制的合法和规范性。

（1）它通常只能由检方和相对人填制，除此之外的任何机关、团体、单位、部门和个人都无权填制。否则，所填制的侦查文书不仅无效、违法，也要追究相关人员的责任。① 因此，侦查文书的填制主体，只能是承办具体案件的检察人员；②

（2）检方填制侦查文书必须有法律依据，符合检察工作惯例。否则，所填制的侦查文书无效、违法；

（3）检方填制侦查文书的程序、内容、时间等必须合法。

4. 形式或格式的程序和规范性。

（1）格式划一。侦查文书的格式、名称、文号、内容要素、文字表述、适用对象等必须规范、统一、标准化，而不能随意填制。同时，一个检察机关的侦查文书不能今天一个样，明天又一个样；各检察机关的侦查文书之间也不能此一样，彼一样，而必须要有统一的格式。为此，高检院《文书样本》和《文本规定》对绝大多数侦查文书的内容、格式作了统一规定。换言之，侦查文书特别是其中的侦查法律文书，必须符合《文书样本》和《文本规定》要求。否则，也是一种违法。例如，高检院《检察人员纪律处分条例（试行）》（2007 年 5 月 14 日修正）第 84 条就规定："不正确履行职责或者严重不负责任，致使发生重大责任事故，给国家、集体资财和人民群众生命财产造成较大损失的，对主要责任者和其他直接责任人员，给予记过或者记大过处分；造成重大损失的，给予降级、撤职或者开除处分"。

（2）结构固定。绝大部分侦查文书之结构，都由首部、正文、尾部 3 部

① 例如，据法制网 2012 年 4 月 11 日报道，今年以来，陕西省榆林市在高新区道路绿化工程招标过程中，严格实行工程建设领域廉洁准入制度，要求投标企业提供检察机关出具的行贿犯罪档案查询回复，其中 14 家园林企业分别提供的西安市检察院、西安市碑林区检察院、杨凌示范区检察院查询回复函，被查验出是伪造的虚假文件。日前，榆林市相关部门做出决定，取消 14 家园林企业本次投标资格，并在 3 年内不得进入榆林高新区项目招投标市场，由公安部门对相关人员是否构成刑事犯罪进行调查。

② 其中，检察人员包括：正副检察长、检察员、助理检察员、书记员和其他干部，而不包括检察机关的工勤人员。

分组成。其中，首部一般包括：填制机关、文书名称、文书编号、当事人（单位）的基本情况、事由和来源等事项；正文一般包括：事实和证据、认定的理由和法律依据、认定结论和处理意见等事项；尾部一般包括：送达对象、签署日期、印鉴、附注说明事项等事项。①

（3）语言文字规范，必须符合《中华人民共和国国家通用语言文字法》（2000 年 10 月 31 日，以下简称《国家通用语言文字法》）第 9 条规定——“国家机关以普通话和规范汉字为公务用语用字。法律另有规定的除外”。为此，才能显示我国法制的统一，执法的统一和严肃。因此，《文书规定》第 3 条也明确规定，制作刑事检察文书（含侦查文书）必须严肃认真，准确运用语言文字、制作合乎规范。

5. 内容的规范性。侦查文书的填制内容有明确的规范，每部分内容要求具备一定的要素。只有把应具备的要素填制清楚，才符合各种侦查文书的法定要求，并使之在诉讼活动中发挥应有的作用。例如，关于犯罪嫌疑人的身份情况，就应填制清楚其姓名（含曾用名）、性别、年龄、国籍、民族、籍贯、文化程度、工作单位及职务、住址、身份证号码、联系电话等法定要素；有前科的要求具体说明前科的情况；被羁押的，应写明其拘留、逮捕的年、月、日。为此，《文书规定》第 8 条明确规定：“刑事检察文书（含侦查文书）需要写明人犯或被告人身份基本情况的，应当逐一写清其姓名性别、年龄、国籍、民族、籍贯、文化程度、职业（工作单位、职务）和住址；属于又聋又哑的人或者盲人，应予注明；外国人或无国籍的人，可以省略民族、籍贯、文化程度 3 项，但应写明滞留中国的身份及原因；被告人是企业、事业单位、机关、团体的，应当写明该单位全称、所在地址、法定代表人的姓名、性别和职务；对同时应追究其他责任人的，可另起一行，按照本条第一款的要求，分别写明同案其他应当追究刑事责任的人的身份基本情况。”

6. 使用的对应和规范性。有的是有关司法机关要求检察机关必须依法作出答复的，有的是检察机关要求对方作出回应的，这是侦查文书的对应性特征。

（四）国家秘密性

根据《中华人民共和国保守国家秘密法》（2010 年 4 月 19 日修正，以下

① 为此，《文书规定》第 5 条还明确规定：“各种主要刑事检察文书（含侦查文书），一般由首部、正文、结尾 3 部分组成。首部包括：人民检察院名称、文书名称、文书编号、主送单位、被告人身份事项、案由和案件来源；正文包括：事实、证据、结论、决定（建议）事项；结尾包括：制作单位名称、负责人或承办人职务、姓名、发出年月日及公章、附项（即附注事项和需要附送事项的说明）等。”

简称《保守国家秘密法》）第9条第1款第6项规定，“追查刑事犯罪中的秘密事项”属于国家秘密；而高检院《关于确定检察机关工作秘密的意见》（2005年10月28日）第1条进一步规定，检察机关工作秘密的范围包括：“在一定时间内不宜公开案件的法律文书（含侦查文书）”。因此，有些侦查文书（如询问笔录、讯问笔录等侦查工作文书）则属于国家秘密的载体，而不能泄露。为此，《文书规定》第9条第2款还规定：“应当注意保守国家秘密，保护检举人的安全、被害人的名誉和未成年人的身心健康”。

因此，侦查人员尤其是书记员在填制侦查文书过程中，要增强保守国家和检察工作秘密的意识。其中关键，是将上述规定落到实处。

二、作用

一个国家不能没有法律；而从实施法律的手段上说，司法或诉讼文书是不可替代的载体、工具。例如，办理一起职务犯罪案件，其间要经过立案、侦查、批捕、起诉、判决、执行等环节或阶段，而在每一个环节或阶段，办案人均须填制相应的立案、侦查（含强制措施和侦查措施）、批准或决定逮捕、起诉、判决、执行等文书。因此，司法或诉讼文书自身的真实性、完整性、客观性、规范性就显得格外重要了，其作用也不言自明了。

无疑，侦查文书是检方依法履行职务犯罪侦查职权的工具、路径、载体、书面表现形式和结果，也是增强检察人员综合素质尤其是职务犯罪侦查能力的重要内容。因此，《中华人民共和国检察官法》（2001年6月30日修正，以下简称《检察官法》）和《中华人民共和国公务员法》（2005年4月27日，以下简称《公务员法》）规定，担任检察官或者检察人员必须具备良好的政治、业务素质和品行。其中，业务素质就包括填制侦查文书的素质和能力。为此，一方面，高检院《关于2009—2012年大规模推进检察教育培训工作的实施意见》（2009年3月26日）提出：“认真组织岗位通用技能和综合知识培训。适应网上办公办案需要，开展电子检务培训。广泛组织司法语言、公文写作与文书处理和外语等岗位通用技能培训。积极开展综合知识培训，引导检察人员努力学习哲学、社会学、经济学、历史学及其他社会科学理论和自然科学知识，不断改善知识结构”。另一方面，中政委《关于深化司法体制和工作机制改革若干问题的意见》（2008年12月5日）也要求，加强业务培训，提高政法干警的司法能力，包括侦查文书的填制能力。而之所以要提高侦查文书的填制能力，关键在于侦查文书有以下作用：

第一，它是查办和惩处职务犯罪的不可或缺内容、证据材料或其证据。没有侦查文书，就无法查办职务犯罪案件；不健全、不规范、不合法的侦查文书，直接影响职务犯罪侦查工作的顺利进行和成效。

第二，它是保证检察职权或其职务犯罪侦查权正确行使的圭臬。倘若没有相应的侦查文书，职务犯罪侦查活动、行为乃至诉讼决定都会无效，也无法予以执行。

第三，它是职务犯罪侦查活动的忠实记录、载体和文字凭证。一是通过查阅侦查文书不仅可以了解检方参与职务犯罪侦查活动的整个过程，也可从中发现问题，并可作为检查工作、总结经验教训的文字依据；二是它是职务犯罪嫌疑人维护自身合法权益的证据材料。例如，针对回避决定书，职务犯罪嫌疑人才可就回避申请决定再主张复议、复核权利；三是它是进行某些职务犯罪侦查活动的有效凭证。例如，逮捕通知书、逮捕证，就是执行逮捕的法定凭证。否则，被捕者有理由拒绝甚至不服从、反抗所谓的“逮捕”。

4. 它是考核检方职务犯罪侦查工作成效的重要内容、尺度，甚至是追究相关侦查人员责任的重要依据、证据材料或其证据。

例如，高检院《人民检察院职务犯罪侦查部门办案质量考评办法》（2002年10月27日）第12条就规定：“依法进行勘验、搜查，依法调取、扣押物证、书证和视听资料，在鉴定、查询等侦查活动中，手续完备，未发生违反规定使用技术侦查手段的情形”;① 再如，据《正义网》2013年5月24日报道，昨天，黄山市徽州区检察院开展了首届法律文书（含侦查文书）评比活动。为此，制定《徽州区人民检察院法律文书评比实施办法（试行）》规定，法律文书评比活动每年开展一次，参评法律文书范围为上年度一年中办案所形成的法律文书，以高检院院法律文书制作标准为评比标准，按照每个业务科室筛选、分管领导梳理和提出修改意见并点评，院法律文书评选工作领导小组初评，再邀请市院领导、业务部门领导及兄弟县区院业务骨干组成评选委员会予以评选，最后将参评法律文书及点评上传内网共干警学习交流。

5. 它是进行法制宣传的生动教材。一是对犯罪嫌疑人本人有惩戒、教育作用；二是对社会公众教育其遵纪守法，并激发其勇于向职务犯罪行为作斗争的勇气；三是告诫有关单位、人员汲取经验教训，亡羊补牢和防患于未然。

6. 它既是反映国家惩治职务犯罪的一面镜子，也是国家重要的专业档案。为此，《中华人民共和国档案法》（1996年7月5日，以下简称《档案法》）第2条规定：“本法所称的档案，是指过去和现在的国家机构、社会组织以及个人从事政治、军事、经济、科学、技术、文化、宗教等活动直接形成的对国

---

① 其中，“手续完备”包括：填发扣押物品、文件清单，扣押决定书，扣押、冻结物品、文件决定书等侦查文书的手续完备。

家和社会有保存价值的各种文字、图表、声像等不同形式的历史记录”，包括侦查文书。为此，高检院《人民检察院诉讼文书立卷归档办法》（2000 年 11 月 2 日）第 2 条进一步规定：“人民检察院的诉讼文书（含侦查文书），是国家重要专业文书的一部分，是人民检察院检察活动的真实记录。它反映人民检察院在办案中贯彻执行党和国家的有关方针、政策、法律、法令和履行法律监督职能的情况，是检察机关开展工作、总结经验和进行检察理论研究的重要依据和必要条件。各级人民检察院必须做好诉讼文书的立卷归档工作，加强科学管理。”

总之，侦查文书既是检方为实现职务犯罪侦查职能，依法填制的具有法律效力或意义的司法或其诉讼或其检察文书，也是检方行使职务犯罪侦查权的重要形式；既是保证法律正确实施的工具，也是职务犯罪侦查的客观记录；既是职务犯罪侦查质量的反应，也是考核侦查人员办案质量的尺度。因此，准确填制和使用侦查文书，对于依法惩罚职务犯罪分子，保护无罪的人不受刑事追究，维护法制，具有重要意义。所以从这个意义上说，侦查文书填制的优劣，既是检方赢得社会公信力的手段、路径，也与检方实现检察公正成正比。

第三节　职务犯罪侦查文书的沿革与完善

一、沿革

与司法或其诉讼文书不同，侦查文书并不与国与法俱来，而产生于检察制度确立之后。在我国，按理它最早生成于 1843 年的香港，特别是《大理院审判编制法》（1906 年 12 月 12 日）、《高等以下各级审判厅试办章程》（1907 年 12 月 14 日）颁行之后。随后，经历了清末、中华民国和新中国 3 个发展时期。

在清末，不仅有“检察官受犯罪人之自首时，当速具文书，将其人送交审判厅提起公诉”（《检察官服务规则》第 4 条）、“文书程序照别定章程办理”（《京外各级审判厅及检察厅办事章程》第 57 条）等有关检察文书或其侦查文书的法律规定，也有“侦查讯问之际，使检察厅书记会合，令录嫌疑人之口供是，曰：‘预审调节书’”的检察实践做法。[①]

① 参见［日］刚天朝太郎等口授，郑言笔述，蒋仕宜编纂：《检察制度》，中国图书公司宣统三年五月二十一日，第 56 页。

在民国，不仅有“勘验应作笔录，记明实施之年、月、日、处所及其他必要之事项。笔录应由勘验之检察官或推事署名、盖章”（《中华民国刑事诉讼法》第163条）等有关检察文书或其侦查文书的法律规定，也有侦查面卷、目录纸、传票和传票回证、拘票和拘票报告书、通缉书、押票和押票回证、提票和提票回证、换收票和换收票回证、释票和释票回证、搜索票、搜索报告书、讯问笔录、搜索笔录、证人鉴定人结文、一般声请书、延长羁押期间声请书、保证书、责付证书、指挥司法警察令、勘验笔录、伤单、验断书等侦查文书格式样本。①

新中国成立后，一方面，为规范检察文书或其侦查文书的填制，高检院等单位制定颁布了如下司法解释或规范性文件：② 1953年，下发《关于侦查工作中常用的七种文书格式》（1955年对其作了某些修改并另外增加了17种文书格式；1955年7月14日，两高下发《关于刑事案件卷宗归档的问题的批复》；1956年2月20日，两高、公安部下发《关于反革命和其他刑事案件卷宗归档保管问题的通知》（1956年8月25日）；1979年12月，下发《批捕、起诉的法律文书格式（样本）》（17种）和《自行侦查的法律文书格式（样本）》；1980年7月18日，下发《关于请示、答复问题的通知》；1980年12月25日，下发《关于重申执行〈关于建立报告请示制度的规定〉的通知》；1983年3月，下发《刑事检察文书（样本）》（57种）和《直接受理案件文书（样本）》（45种）；1986年8月2日，高检院、国家档案局下发《人民检察院诉讼档案管理办法》、《人民检察院诉讼文书立卷归档办法》和《关于人民检察院诉讼档案保管期限的规定》（2000年11月2日进行修正）；1986年9月，下发《人民检察院制作刑事检察文书的试行规定（征求意见稿）》；1986

① 参见毛家骐编著：《检察官办案实务》，文通书局1942年版，第159～219页。而张跃鸾编《检察实务讲义》（冀察县司法审判官训练所1936年编印）包括：起诉书格式、不起诉处分书格式、声请再议格式、上诉声明书格式、上诉理由书格式、答辩书格式、抗告理由书格式、声请再审理由书格式、非常上诉理由书格式、覆判意见书格式等检察文书外，下册——“附用纸格式”则包括：验断书（附尸图）、检断书（附骨图）、伤单、某某地方法院检察处搜索票、某某地方法院检察处押票、某某地方法院检察处提票、某某地方法院检察处还押票、某某地方法院检察处拘票、某某地方法院检察处传票、扣押目录、通缉公函、定期报到证、某某地方法院检察处证人传票、某某地方法院检察处证人通知书、某某地方法院检察处鉴定人传票、某某地方法院检察处鉴定人通知书、某某地方法院检察处通译通知书、结文（讯问前、讯问后）、保证书、责付证书、延长羁押期间声请书、许可声请停止羁押令、驳回声请停止羁押令等侦查文书样式。

② 除特殊注明者外，均为高检院下发。

年12月，下发《控告申诉检察文书格式（样本）》；1987年7月，下发《关于下发几种刑事技术文书样表的通知》和《刑事技术文书样表》；1987年10月，高检院办公厅下发《监所检察文书格式（样本）》；1991年6月，下发《人民检察院填制刑事检察文书的规定》；1991年11月30日，高检院办公厅下发《关于如何处理诉讼档案备案材料的答复》；1992年3月，下发《直接受理自行侦查刑事案件法律文书格式（样本）》；1992年3月7日，高检院办公厅下发《关于诉讼档案管理问题的答复》；1992年5月15日，高检院办公厅下发《检察机关诉讼档案案卷格式标准》和《检察技术档案立卷归档管理办法》；1992年8月25日，高检院办公厅下发《关于检察档案是否移交问题的答复》；1993年，下发《人民检察院制作刑事检察文书规定（修改稿）》；1993年12月6日，高检院办公厅下发《最高人民检察院机关档案检查评比办法》；1996年12月16日，下发《人民检察院刑事诉讼法律文书格式（样本）》（109种）；① 1997年12月12日，下发《人民检察院刑事赔偿诉讼文书样式》；2002年1月1日，《人民检察院法律文书格式（样本）》（159种）；② 2004年9月9日，高检院法律政策研究室下发《人民监督员工作文书格式（样本·试行）》；2005年10月28日，下发《公文处理办法》、《公文处理实施细则》、《公文处理办法》和《公文审核办法》；2011年8月9日，下发《关于加强检察法律文书说理工作的意见（试行）》；2012年1月9日，高检院侦查监督厅下发《关于加强侦查监督说理工作的指导意见（试行）》；2012年12月27日，下发《人民检察院刑事诉讼法律文书格式样本》（共223种）。

另一方面，新中国成立至今，法学和检察理论界也十分关注检察文书或其侦查文书的填制。代表性的著作有：《人民检察院司法文书手册（检察人员专用工具书）》，严文贤编著，湖北省检察学校1988年编印；③《检察文书通论》

---

① 而此《格式（样本）》，不仅存在“四疑”，即“细而全”与“权威性”之疑、《格式》的概念（名称）之疑、文书归类之疑、某些文书设立的法律依据之疑，而且内容也存在项目与有关司法解释不一致、项目内容缺乏一致性、概括情况写法示例不当等问题。此后，高检院有关业务厅局又制发了审查批准逮捕、审查起诉、侦查直接受理案件的内部工作文书的格式样本印发执行。

② 而此《格式（样本）》，也至少存在3点不足：一是制作标准欠规范。例如，在印制说明上缺少明确的文书字体规范要求；二是格式不完备。例如，刑事法律所规定的一些法定事由和法定程序，缺少相应的法律文书；填充式法律文书设计不合理，一式多联的填充式法律文书使用过多；部分法律文书适用范围过于单一，缺乏通用性。三是名称与内容不规范。

③ 1989年，该书由法律出版社《人民检察院司法文书教程》名称，公开出版发行。

最高人民检察院编写组编，新中国最早的检察丛书——检察官手册之一，吉林人民出版社 1988 年版；《检察实用法律文书概论》，张弥恩主编，中国检察出版社 1993 年版；《检察诉讼档案讲义》，李向京主编，中国检察出版社 1996 年版；《检察机关刑事诉讼法律文书适用》，赵汝琨主编，法律出版社 1997 年版；《人民检察院法律文书格式（样本)》，高检院法律政策研究室编，中国法制出版社 1997 年版；《人民检察院刑事诉讼法律文书格式审查逮捕审查起诉工作文书（样本)》，河南省检察院 1997 年编印；《检察法律文书样式与制作》，中国法律文书样式与制作编纂委员会编，人民法院出版社 1998 年版；《检察文书教程》，赵汝琨主编，中国检察出版社 1999 年版；《〈人民检察刑事诉讼规则〉释义与法律文书适用指南》，李忠诚主编，中国检察出版社 1999 年版；《检察法律文书格式与实例》，陈国庆主编，警官教育出版社 1999 年版；《检察文书制作与范例》，陈国庆主编，中国人民公安大学出版社 2002 年版；《检察法律文书制作与适用》，戴玉忠主编，中国法制出版社 2002 年版；《人民检察院法律文书格式（样本)》，中国法制出版社 2002 年版；《检察业务文书制作方法与范例》，毛建平主编，中国检察出版社 2008 年版；《人民检察院刑事诉讼程序与文书制作》，陈国庆主编，中国人民公安大学出版社 2012 年版等。而迄今针对职务犯罪侦查文书的专著，仅限于下图 1 所示 3 本：

图 1 左起：《检察—侦查主要文件示例》（〔苏〕列别金斯基编、陈莱棣等译，法律出版社 1956 年版，其中有“侦查部分”——侦查文书样式 73 种，“未成年人案件部分”——侦查文书样式 3 种，系新中国第一部职务犯罪侦查文书专著）封面，《职务犯罪侦查文书制作与适用》（葛晓燕主编，中国检察出版社 2007 年版）封面，《职务犯罪侦查文书填制要领》（薛伟宏著，中国检察出版社 2009 年版）封面。

二、完善

当前，侦查文书的最大不足，就是缺少专门法律规定。当然，尽管早在 1986 年 9 月高检院就下发《人民检察院制作刑事检察文书的试行规定（征求意见稿)》，1993 年出台了《人民检察院制作刑事检察文书规定（修改稿)》，但迄今仍未出台全面规定侦查文书的专门检察解释。而为了弥补这一缺憾，一方面，各级地方检察院便纷纷出台旨在规范侦查文书的规范性文件。例如，2006年6月12日，黑龙江省检察院反贪污贿赂局颁行《法律文书规范化管理实施意见（试行）》规定，1. 各院反贪部门在制作各类法律文书时，应充分阐明犯罪构成及证据链条体系等方面的问题，从而有利于快速、准确地认定案件性质、事实及依据，推动案件的诉讼进程顺利进展。应注意从犯罪主体方面应阐明犯罪嫌疑人的主体身份、职务职责及其法律依据；应注意从主观方面应阐明是否故意，是否明知违反规定等；应注意从客观方面阐明犯罪嫌疑人如何利用职务行为或者职责违背哪些法律、法规、制度的规定实施犯罪行为，犯罪的时间、地点、方法、手段，犯罪所造成的后果特别是与其行为的内在的本质的联系。对“造成恶劣社会影响”、“情节严重”、“情节恶劣”等主观认识性较强的后果应特别注意尽量阐述得具体明确，并引用证据说明。2. 制作侦查用法律文书必须做到形式统一。3. 设置通用文书模板，实现资源共享。4. 严格印章管理，严把文书出口关。再如，2013年以来，4月11日，江西德安县检察院出台了《关于规范德安县人民检察院侦查监督科刑事诉讼法律文书说理工作的意见》；5月23日，河南邓州市检察院出台了《法律文书网上管理系统》；6月24日广西天等县检察院出台了《法律文书管理暂行办法》……①

另一方面，规范侦查文书填制的各种措施也层出不穷。例如，2007年2月，福建省龙海市检察院出台5条措施，对立案、侦查终结、批准（决定）逮捕、起诉、检察建议、答复函等环节的相关法律文书进行进一步规范：1. 文前负责制。法律文书起草前，要求起草人员认真负责，斟字酌句，案前必备法律、法规、字词典等工具书，在法言法语、引用法律条文等方面严谨再严谨。2. 文书分校制。文书起草后，主诉（办）检察官自行决定的，主诉（办）检察官校对签发；集体研究决定的案件，由主诉（办）检察官校对，科局长审查签发；重大、疑难、复杂的案件且经检委会讨论决定的案件，检察长签发时校对。3. 签名登记制。根据谁校对谁负责的原则，每次校对程序的起草人、审核人、签发人都要在法律文书校对登记上签名。4. 文书评查制。该院检务督察、纪检等部门联手负责每月从各业务科局室已归档的案件中，抽取一定比例的案件对法律文书进行督查，法律文书分优秀、合格、不合格3种情况，并将督查情况进行书面通报。5. 文书公示制。除法律规定依法不能公开的案件外，不定期从已生效的判决案件中，挑选出具有一定影响力和社会教育意义的案件的法律文书，对内予以公示，实施公开监督，达到互帮互学，共同

---

① 参见《正义网》2013年2月27日、5月23日、6月24日。

提高的目的。①

此外，目前有关规范法律文书（含侦查文书）的立法建议，主要有三:②①明确立体化的法律文书制度规范思路，对法律文书制度进行整体设计；②通过国家立法确立法律文书规则，进而规范、统一和完善法律文书的形式和内容；③在法律文书的立法规范中，必须体现和反映当前我国法学发展的特点，并应通过法律文书的制作，对典型案件进行学理分析，从中发现立法的成功与不足，进而针对法律漏洞寻求填补办法，探求立法体系的完善。同时，立法中应切实重视并体现法律文书和诉讼法的密切联系，统一立法思路，进行全局性规划，保证法律文书立法内容的统一性和权威性。

而本书认为，当务之急，高检院应尽快立项并出台诸如《人民检察院制作刑事检察文书规定（修改稿)》式的全面规定检察文书（含侦查文书）的专门检察解释规定——《人民检察院诉讼文书制作规范》（包括总则和分则两部分)，使检察文书（含侦查文书）的填制有法可依。同时，可将《人民检察院刑事诉讼法律文书格式样本》的现行内容，列入《人民检察院诉讼文书制作规范》分则。

---

① 参见黄建明:《“五制”确保法律文书质量》，载《正义网》2007 年 12 月 21 日。

② 参见中国法学会法律文书学研究会:《中国法学会法律文书学研究会 2008 年年会暨理论研讨会综述》，载《中国法学会官方网站》2008 年 11 月 10 日。

第二章　职务犯罪侦查文书的常见错误、结构与填制要领

第一节　职务犯罪侦查文书的常见错误、成因与矫治

一、常见错误

法国大文豪雨果在其《悲惨世界》中曾说："尽量少犯错误，这是人的准则；不犯错误，那是天使的梦想。"因此，填制侦查文书过程中出现错误，在所难免。

第一，诉讼文书或其检察文书（含侦查文书）的错误由来已久。例如，早在1961年5月18日，高法院就在《关于改进审判文书质量问题的通知》（1961年5月18日）中指出："有的判决书或裁定书，事实和理由叙述不清，写得也文理不通，不容易使人看得懂；在上诉案件的判决书或裁定书上批驳上诉人的上诉理由时，有的没有针对上诉人提出的理由有理有据地去批驳，只是把一审判决书上判决的理由再重复一遍，显得软弱无力，不能说服当事人；有的在审判文书发出之前，不认真校对，对错字、漏字，不加补正，有的甚至发生了把'母猪'错写成'母亲'，'判处三年管制'错写为'判处三年徒刑'这类严重的错误，影响很不好；在作审判笔录时，有的字写得很草率，使人无法辨认，对不易理解的方言土语，没有加上必要的注解，使人看不懂。装订卷宗也有一些缺点，如卷首没有目录，或者材料装订的顺序很错乱，不系统、不完整，这就难以全面的反映案件的审理过程"；再如，2000年，"河南省人大常委会组织各级人大代表4万多人，对全省检察机关1997年以来执法执纪情况进行全面检查评议，共检查各类案件10万多件，发现存在执法过错、违反办案纪律或法律文书不规范等问题925件"；2003年，全国检察机关"共复查各类案件41万多件，对6643件存在办案程序不严格、法律文书不规范等质量

问题的案件进行了纠正”。①

第二，实践中所存填制检察文书（含侦查文书）的错误认识，也增加了其出错概率：第一种错误认为，“写作”与“制作”、“填制”相同，其实不同。从主旨看，任何侦查文书都是为了解决一定法律问题而制作或填制的，自然必须具备明确的目的。从材料内容看，侦查文书中所使用的材料必须是客观真实的材料，不能进行所谓合理的想象、描写，这一点有别于文学作品所使用材料。从形式看，侦查文书形式上有着明显的程序性，它的内容结构（事实、理由、结论）和形式结构（首部、正文、尾部）都是固定的；用字、用词、用语、用句来不得有半点含混、模棱两可。因此，对制作侦查文书只能说“填制”，不能说“写作”或“创作”；第二种错误认为，填制侦查文书只是职务犯罪侦查过程中的一个微不足道环节，填制的好坏并不影响侦查质量；第3种错误认为，填制好侦查文书只要抓好两头——事实和法律就够了；第4种错误认为，填制好侦查文书主要是语言文字运用问题，照猫画虎就行；第5种错误认为，会写字就能填制好侦查文书，而无需专门学习、培养、历练。

第三，因诉讼文书或其检察文书（含侦查文书）错误而付出的代价以及它对司法公正的直间接影响，则是无法估量的。否则，高检院也不会在《检察人员纪律处分条例（试行）》第45条中明确规定：“伪造、隐瞒、涂改、调换、故意损毁证据材料、诉讼文书的，给予开除处分；情节较轻的，给予撤职处分”；第87条规定：“丢失案卷、案件材料、档案或者机密文件的，给予警告、记过或者记大过处分；情节严重的，给予降级或者撤职处分”。与此同时，当我们推崇“司法是社会正义的最后一道防线”理念的同时，既隐含着实体与程序正义并重，抑或“没有程序的正义就没有实体的正义”的内在要求，也隐含着对记录司法活动的“摄影胶片”——司法文书或其侦查文书之作用的赞美。

第四，基于职务犯罪侦查文书与专用文书或其公文或其法律文书或其刑事司法文书或其刑事诉讼文书或其侦查文书、检察文书及其刑事检察文书的递进种属关系不难推断，职务犯罪侦查文书的常见错误既包括专用文书或其公文的常见错误，也包括法律文书或其司法文书或其刑事司法文书的常见错误；既包括诉讼文书或其刑事诉讼文书或其侦查文书的常见错误，也包括检察文书或其刑事检察文书的常见错误。那么，它们的常见问题究竟有哪些？可谓信手拈

① 参见韩杼滨：《最高人民检察院工作报告——2001年3月10日在第九届全国人民代表大会第四次会议上》；贾春旺：《最高人民检察院工作报告——2004年3月10日在第十届全国人民代表大会第二次会议上》，载《最高人民检察院官方网站》2013年7月8日。

来，举不胜举。否则，既不会有诸如《常见公文错误实例解析》[①] 等著述的出现，也不会有如下实例佐证：

实例一：浙江省奉化市村民单某向新闻媒体反映，2001 年 2 月 20 日晚，他的母亲俞某某在一次交通事故中不幸身亡。3 月 8 日，他接到一份奉化市公安局交巡警大队寄送的交通事故责任认定书。这份不到 600 字的认定书，多处出现常识性的文字谬误。例如，第一段文字叙述事故事实时称“从北往南步行通过交叉路口的俞某某”，但在第 3 段中，却称“俞某某从南往北通过交叉路口”，南北混淆。再如，俞某某的住所为奉化市班溪镇班溪村，但认定书却写成“奉化市班溪镇居民三村”，而实际该镇并无“居民三村”。还有第 3 段文字中的“疏忽大意”一词被误写成“疏铁大意”。[②]

实例二：“一份判决书上竟有 20 来处错误，实在让人困惑”。2005 年 11 月 2 日下午 4 时许，手持一份由郑州市中级人民法院下发的民事判决书（〔2005〕郑民二终字第 1154 号）的孙某某，向记者一一指出了其中的“低级错误”。该判决书的第 1 页，竟将上诉人孙某某的名字写成“梁燕”，“梁燕”何许人恐怕只有写这份判决书的人知道。该判决书在陈述上诉人的上诉请求时，不知何故又漏掉了一项，将“原告”写成“被告”、将“管城区人（事）劳（动）局”写成“管城区人（事）老（局）”、将“合同制”写成“回头制”、将“贯彻落实”写成“贯切落实”。行文当中，一句话有时会重复两次，其他诸如标点之类的错误更多。[③]

实例三：当前，重庆市各级检察院制作和适用填充式检察法律文书存在的问题包括：日期、法律条文、文书编号、罪名、汉字等填写文书不规范，与填写法律文书缺项漏项、引用法律条文不准确、适用对象和范围不正确等填写文书不完整两方面问题；而制作和适用叙述式检察法律文书则存在：地方口语书面化、标准称谓惯称化、叙述语言感情化、叙述详略不当、案件处理部分无论

① 邓启权编著：中国民主与法制出版社 2007 年版。

② 参见王明洋：《法律文书怎能满纸荒唐》，载《消费者导报》2001 年 6 月 15 日。

③ 《一份判决书错误二十处》，载《大河网》2005 年 11 月 3 日。另据《新华每日电讯》2009 年 1 月 26 日报道，河南省高级人民法院已从今年元旦开始，将生效裁判文书在互联网上公布，接受社会各界监督。据河南省高级人民法院院长张立勇介绍，实行裁判文书上网在某种程度上说是被逼出来的。由于个别法官违法乱纪、违背道德良知，造成的枉法裁判问题是客观存在的。要解决这一问题，必须建立“倒逼”机制。张立勇说，裁判文书上网，裁判文书上审判长、审判员是谁，署名一目了然。谁要是枉法裁判，心里有鬼，就会忐忑不安。裁判文书里如果有错误，网友也会很快发现，并可能会在网上评论。法官被抨击，反馈到法院，他的先进评不上，想提拔也难。

无据等问题。[①] 而归纳起来，目前侦查文书的常见错误、问题，主要包括以下4个方面：

（一）形式常见错误

1. 设计不妥。例如，没有按照高检院《关于〈人民检察院刑事诉讼法律文书格式样本〉电子模板的使用说明》、《公文处理办法》及其《实施细则》等规定要求，设计、印制侦查文书。例如，纸张克度、尺寸不一，字体、字号、行距不一，甚至缺少相应的内容项目。

2. 结构不当。例如，结构层次序数使用不规范——未按下列顺序使用次序数：第一层为“一、”，第二层为“（一）”，第三层为“1.”，第四层为“（1）”，第五层为“①”，第六层为“A”。再如，侦查文书文号书写不规范：有的用汉字，有的用阿拉伯数字，甚至有的编错号；正页、副页及存根（亦即各联）的编号不统一。

3. 格式及其内容填写不对。例如，有的排版规格不当；有的犯罪嫌疑人姓名（名称）不统一；有的缺漏项，最多的是侦查文书存根联。例如，仅填写案由或犯罪嫌疑人姓名，其他完全空白；不填写骑缝线编号等。

4. 签名不妥。例如，有的询（讯）问笔录，有办案人员签名，却没有被询（讯）问人签名；有的有被询（讯）问人签名，却没有办案人员签名；有的有被询（讯）问人和记录人员签名，却没有讯（询）问人签名，甚至讯（询）问人、记录人和被讯（询）问人3者的签名都没有。

5. 捺指印不当。例如，布局不合理，修改处不捺指印。

6. 用印不对。例如，盖印歪斜、不清晰，甚至遗忘盖章。

7. 签发不妥。例如，有的逮捕证不是由检察长签发的，而是由侦查部门负责人直接签发的。

8. 填制时间不当。例如，阿拉伯数字与汉字混用，正页、副页不填写日期等。

9. 填制份数不对。例如，有的不按《文书样本》规定联数填制侦查文书，且各联所填内容统一，甚至矛盾。

10. 书写工具不妥。例如，用圆珠笔、铅笔甚至是红墨水填制侦查文书。

11. 书写不当。例如，模糊不清、字迹潦草、使用繁体字、异体字和作废的简化字，个别的甚至以拼音代替不会写的字。

---

① 参见夏思扬、严文志：《当前基层检察院制作与适用检察文书存在的问题及对策》，载《正义网》2005年8月16日。

12. 文种不对。例如，适用对象和范围不正确——文不对事、文不对人、询问与讯问笔录、检察意见书与检察建议书、请示与报告混用。

13. 文本不妥。例如，有的一式侦查文书，但正本和副本及其各联内容不一致。

14. 附件不当。例如，附件和正文之间的间隔或大或小不等。

（二）内容常见错误

1. 文风不好。例如，叙述、说理过于八股化、文学化，缺少必要的法言法语。

2. 文辞（或文词）不妥。突出表现为，语言表达模糊、不明确。例如，有的是语言叙述不清，有的使用了“基本上”、“等”、“大概”、“那天晚上”等模糊、不确定的词语。

（1）用字错误。突出表现为，错字、别字、漏字、赘字、作废简化字、繁体字、异体字连篇。例如，“作”与“做”不分，而正确的用法：抽象意义词语、书面词语多写作“作”，如作文、作对、作罢、作怪、作战；具体东西的制造写成“做”，如做桌子、做衣服、做饭。因而，“作为一名检察官”，不能写作“做为一名检察官”；“做贼心虚”不能写作“作贼心虚”。而“作贡献”和“做贡献”这两种用法，目前并行于各种文字场合，国家语委的汉语规范化专家们倾向于推荐使用“做贡献”。但实践中很难规范，建议在同一篇文章中使用统一的用法。

（2）用词错误。例如，词不达意；使用计量单位不统一，甚至自创计量单位——“一片土地”、“一兜子钱”等。

（3）用句错误。例如，病句、错句、省略句突出。

（4）用语错误。突出表现为地方口语书面化。例如，将“乘坐出租车”称为“打的（车）”，将参加“喜宴”称为“喝喜酒”，将公司“承包人”、“董事长”、“经理”称为“老板”，将“汽车驾驶员”称为“司机”，将“移动电话”称为“手机”，将“妻子”称为“老婆”、“媳妇”、“小孩他妈”。

（5）概念、称谓错误，突出表现为概念上的逻辑错误。例如，种属混淆——“张三受贿钱物和美元折合人民币230万元”，而这种钱物和美元并列写法是不对的；标准称谓惯称化——将“厘米”称为“公分”，将“千瓦”称为“度”，将人民币的“元”称为“块”；书写罪名不规范——有的没有严格按照高检院《关于适用刑法分则规定的犯罪的罪名的意见》（1997年12月25日）或者最高院《关于执行〈中华人民共和国刑法〉确定罪名的规定（一）～（五）》（1997年12月16日、2002年3月15日、2003年8月15日、

2007 年 10 月 25 日、2009 年 10 月 14 日、2011 年 4 月 27 日）等规定确定的罪名填写侦查文书，个别的随意使用罪名简称，特别是副页较为突出。

3. 文饰、文笔错误。例如，在填制叙述式侦查文书时，过于文学化，夸张、比喻、拟人等写法过多，而缺乏对法言法语的运用。

4. 文摘错误。例如，总结、概括和综述的不准确，甚至本末倒置。

5. 证明或说理错误。突出表现为不会说理和案件处理部分无论无据。有的虽有论证，但论证的理由不充分，或论证的理由与引用的法律条文出现矛盾；有的逻辑、条理不清晰，说服、证明力不强。

6. 叙述错误。一方面，叙述语言感情化。“以事实为依据，以法律为准绳”是检方办案指导原则。这一原则要求侦查文书应尽量客观、真实地叙述案件事实，不容艺术加工。然而，有的办案人员在书面叙述案件事实时，往往融入个人感情色彩，而不同程度地以“胆大妄为”、“目无法纪”、“贪婪”、“卑鄙”等词语来形容那些行为极其严重的犯罪嫌疑人或被告人，而没有严格按照法言法语进行表述。

另一方面，叙述详略不当。例如，将简单明了的问题叙述得繁杂冗长，将复杂的问题叙述得过于简洁，关键问题一笔代过；甚至把听见的、作为探讨的、而证据不确实的一些意见、看法写入案件事实部分。

7. 引文、注释错误。一方面，引用法律明显不当，引用法律条文不完整、不具体，引用文号格式不对；有的错引、漏引法律条文或者司法解释，有的甚至把失效的法律、司法解释等引用在报告结论中，致使侦查文书缺少相应的法律依据等。例如，侦查文书引用法律只说根据某法第 × 条，而不引用具体条文；书引用法律文件不用全称，而是运用习惯的简称，如刑诉法。

另一方面，书写法律条文不规范。按规定，在书写法律条文时应用汉字填写而不能用阿拉伯数字，但实践中却恰恰相反，甚至汉字与阿拉伯数字混用。

8. 标点等符号使用错误。一方面，突出表现为逗、顿号不分，“一逗到底”普遍。例如，标序号时，不能“一顿到底”；而是“第一”或“其次”后面，用逗号（,）；“一”、“二”后面，用顿号（、）；“1”等阿拉伯数字或“A”等外语字母后面用齐线墨点（.）；序号如加括号，后面不加逗号、顿号。

另一方面，以不规范的符号代替文字的现象普遍。例如，以“:”、“?”、“W”代替“问”。

9. 制图、制表错误。例如，未按照“上北下南，左西右东”制图，随意用箭头表示方向。

（三）管理常见错误

实践中，侦查文书管理常见错误，主要是没有严格按照中办、国办《党政机关公文处理工作条例》以及高检院、国家档案局《人民检察院诉讼档案管理办法》、《人民检察院诉讼文书立卷归档办法》、《关于人民检察院诉讼档案保管期限的规定》等规定，收集、接收、整理、装订、归档、鉴定、保管、移交、借阅各类侦查文书。

1. 空白侦查法律文书管理不严。为方便各业务部门填制和适用侦查文书，提高办案效率，每个业务科室都留存一定数量的空白侦查法律文书。按理说，这些空白侦查法律文书均应由内勤统一保管发放。然而，有些科室为了图省事，却采用开放式管理的方式，谁用谁拿，自己顺延编号，这样就出现了编号混乱、使用混乱的局面。

2. 侦查文书把关不严。侦查法律文书的审查、审核程序缺乏硬性规定，以致层层“把关”的侦查文书照样出现不规范内容。

3. 填制和适用侦查文书的责任不明确，存在谁都负责谁都不负责的现象。

4. 对侦查文书管理，缺乏切实可行的奖惩机制。

（四）篡改、变造、伪造侦查文书时有发生

例如，浙江省泰顺县检察院原检察长高建山、刑一科原副科长王毅，在办理一起强奸案过程中，收受贿赂，为犯罪嫌疑人亲友伪造证据出谋划策，使犯罪分子逃避法律制裁。上级检察机关依法查办并提起公诉后，高、王二人已被判刑。①

再如，2009 年 6 月 15 日，原天津市检察院第二分院反渎职侵权局干部陈某为徇私情，给自己和朋友捞好处，在未经院检委会和院领导批准的情况下，利用主管领导出差机会，向负责管理院章的同志谎称“已向领导请示，可以先盖院章，后办理审批手续”，骗过负责管理院章的工作人员，将院章盖在有个人起草的对某专案不起诉意见的报告上，并以第二分院的名义上报市院。2009 年 10 月陈某被开除党籍和公职。②

---

① 参见张思卿：《最高人民检察院工作报告——1997 年 3 月 11 日在第八届全国人民代表大会第五次会议上》，载《最高人民检察院官方网站》2013 年 7 月 8 日。

② 参见中央纪委驻高检院纪检组、高检院监察局：《警示与镜戒——检察人员违纪违法典型案例剖析》，中国检察出版社 2013 年版，第 137 ~ 138 页。

二、成因

侦查人员特别是书记员，填制侦查文书之所以出现上述错误，无外乎主观和客观或者立法和司法两方面原因；但归根结底，是填制人员的责任心不强和综合素质不高所致。当然，实践中，也有人认为，检察文书（含侦查文书）不规范的原因是多方面的，有上级有关业务部门对检察法律文书的填制经常调整，造成下级院的无所适从；有基层院因办案任务重，没有充足时间学习而沿用旧文书模式所带来的问题；有部分检察官注重办案忽视文书的观念原因等等，是多因一果。①

（一）认识错位

1. 侦查文书出现错误在所难免论。由于工作多、任务重、时间紧，一些同志甚至领导认为只要形式准确无误，内容不错，文理结构符合逻辑，其余表述内容的语言出点“小毛病”不足为奇。再说，检察院内部干警的文化水平参差不齐，差错在所难免。

2. 追求办案指标。为了达标超标，过分追求办案数。因此，为了把工作搞好，一些干警不舍花时间去检查侦查文书的细枝末节，认为这样小心翼翼就会影响办案的速度；只要不出原则问题，就算完成工作任务，导致检查、核对工作被弱化。

3. 对填制侦查文书工作的重要性认识不够。有些检察人员只注重办案，对侦查文书的重要性缺乏认识，不熟悉和掌握侦查文书的填制要领，因而填制出来的侦查文书很难规范。有的检察人员甚至错误地认为，侦查文书格式只不过是形式而已，只要内容正确，格式规范不规范无关紧要。

（二）综合素质不高

侦查文书的填制人员，有的语言文字表达能力不高，学习语言文字表达能力的自觉性不强，没有从理性上去认识语言文字表达对侦查文书填制的重要性；有的缺乏与时俱进的敬业精神和责任意识，工作上敷衍了事，得过且过，平时热衷于事务应酬，很少主动系统深入地钻研业务知识，照葫芦画瓢，随心所欲，敷衍了事。

---

① 参见中国法学会法律文书学研究会：《中国法学会法律文书学研究会2008年年会暨理论研讨会综述》，载《中国法学会官方网站》2008年11月10日。

（三）现行立法不完善

1. 有人针对现行《刑事诉讼法》用语研究显示，有如下不足：①

（1）用词不当。例如，第131条中“勘验、检查的情况应当写成笔录”和第138条中的“搜查的情况应当写成笔录”，两句中的“写成笔录”均应改为“制作笔录”，因为勘验、检查、搜查的情况，有些需要画图和标注，并非全能“写”出来。

（2）遗漏。第103条中规定的“期间以时、日、月计算”，应改为“期间以时、日、月、年计算”。

（3）用词不统一。例如，第106条第2项规定：“‘当事人’是指被害人、自诉人、犯罪嫌疑人、被告人、附带民事诉讼的原告人和被告人”，第80条中却出现了“现行犯”、“重大嫌疑分子”。

（4）介词位置不当。例如，第193条第3款中“审判长在宣布辩论终结后，被告人有最后陈述的权利”，“在”字位置不对，应放在“审判长”之前。

（5）副词位置不当。例如，第252条第4款规定：“指挥执行的审判人员，对罪犯应当验明正身，讯问有无遗言、信札，然后交付执行人员执行死刑”，“应当”应放在“对罪犯”之前，因为“应当”不单是限制“验明正身”的，还限制“讯问有无遗言、信札”。

（6）用语不简洁，过于口语化。例如，第164条规定：“人民检察院对直接受理的案件中被拘留的人，应当在拘留后的二十四小时以内进行讯问。在发现不应当拘留的时候，必须立即释放，发给释放证明”。

2. 有人针对《文书样本》研究认为，至少存在4点不足：

（1）缺少必要的侦查法律文书格式样本。根据2002年10月23日高检院反贪总局、渎检厅联合下发的《关于检察机关职务犯罪侦查部门以犯罪事实立案的暂行规定》，各地自侦部门印发了专门的《以事立案决定书》样本以区别于通用的以人立案的《立案决定书》，但《文书样本》并没有将该文书格式样本列入其中。同时，《文书样本》增加了勘验检查笔录、侦查实验笔录格式样本，却没有搜查笔录格式样本。

（2）有些文书格式样本设计的工作程序过于烦琐。例如，检方在采取技术侦查措施时，要分别制作采取技术侦查措施决定书和采取技术侦查措施通知书，均一式三联。其中，前者一联统一保存、一联附卷、一联交技术侦查执行

① 参见王书生：《新刑诉法用语不当处分析》，载《河南省政法管理干部学院学报》1997年第4期。

机关；后者一联统一保存、一联交技术侦查执行机关、一联由执行机关退回后附卷。但两者交技术侦查执行机关的一联，内容基本一致。而解除技术侦查措施时，也是如此。如果参照《文书样本》有关文书设计，将决定/解除技术侦查措施的文书合并为一式四联的一种文书，即决定、通知书，一联统一保存，一联附卷，一联交技术侦查执行机关，一联由执行机关填写后退回并附卷，工作将更为简洁高效。

（3）有些新文书格式样本制作说明不详细。例如，提讯、提解证应由原来的提押证演变而来，只是要求更加严格，拘留转捕、依法延长或重新计算羁押期限以及更换办案人员时，都要重新办理。而新文书格式样本新增的提讯（提解）情况记载，制作说明语义模糊，和提讯、提解证一样，都是记录提讯、提解犯罪嫌疑人的起止时间，同样要求办案人与监管人员分别签名，侦查终结后附卷。而过去提押时，看守所有类似的两种内部提讯记录表，都要求办案人员和监管人员分别签名。新增的《提讯（提解）情况记载》到底是提讯、提解证的续表，还是把原公安看守所的内部记录升格为检察机关的法律文书，从说明看不出来。再如，鉴定聘请书与委托鉴定书，法律依据完全相同，对比制作说明，从字面上看，两者在适用范围上存在重合，同样导致使用上的困惑。

（4）有些文书的内容设计没有体现新《刑事诉讼法》要求。对于取保候审，新《刑事诉讼法》明确规定，提供保证金的人应将保证金存入执行机关指定银行的专门账户，取保候审结束时，如没有违反有关规定，即可凭解除取保候审的通知或有关法律文书到银行领取退还的保证金。但《文书样本》有关取保候审的文书都没有体现这一法律的重大变化，不利于保护犯罪嫌疑人的诉讼权益。再如，新《刑事诉讼法》缩减了拘留后不通知家属的案件范围，对于逮捕后通知家属作了更加严格的规定。拘留通知书在附卷一联增加了家属签收的内容，而逮捕通知书却完全沿用旧文书的格式，附卷联并未体现家属签收的内容，应予修改。① 除此之外，《文书样本》的最大不足，就是缺少针对刑事诉讼法律文书（含侦查文书）的“总则”性规定，出现立法“跛脚”——有“分则”，无“总则”。

（四）缺乏监督、检查、考评、奖惩和责任追究机制

一方面，有的填制者草拟侦查文书时自由发挥，不守规则；复核人原则性

① 参见王会丽：《准确掌握侦查文书制作新要求》，载《检察日报》2013 年 3 月 10 日。

不强，不负责任；领导签发时，或碍于情面，或忙于事务，常常忽视对侦查文书格式和内容的审核把关和督查，这就不可避免地导致侦查文书填制出现了很多不合规范的问题，甚至伪造、变造、篡改侦查文书等违纪违法情形。

另一方面，对侦查文书填制工作，既缺乏切实可行的监督、检查、考评、奖惩和责任追究机制，也缺乏强有力的外部监督制约机制，导致填制好坏一个样。

三、矫治

从宏观上说，避免并矫正侦查文书的常见错误，应从提高检察人员特别是书记员自身的责任心和综合素质，以及侦查文书填制的应用理论和要领着手；既要掌握侦查文书的填制规则，也要掌握侦查文书的特定格式、内容要求和思维逻辑；既要掌握侦查文书的语体特点、规律和技巧，[①] 也要掌握侦查文书的管理规则。

从微观上讲，避免并矫正侦查文书的常见错误，应做到“十注意”：一注意体现出侦查文书的填制主体和目的性；二注意与部门之间执法文书的协调和衔接；三注意侦查文书格式和内容的统一性和实际应用性；四注意不断增加新的侦查文书文种、改造和更新旧的侦查文书文种；五注意为建立完整的检察文书学科体系打基础；六注意借鉴古今中外司法、诉讼文书格式设计方面的长处和研究成果，特别是侦查机关和法院文书填制的经验、成果；七注意与党和国家有关公文样式的规定、原则相一致，尤其是在侦查公文的填制方面；八注意吸收一般应用文体的构造技巧和写作规律、技巧；九注意提高侦查文书质量自觉性的养成；十注意填制侦查文书的依法性和违法惩罚性。

而职务犯罪侦查实践证明，填制出一份合格、上乘的侦查文书，应做好以下 5 点：

（一）要强化重要性认识

1. 要彻底摒弃侦查文书出现错误在所难免、“写作”与“填制”混同、侦查文书填制的好坏并不影响案件质量等错误认识。[②] 关于法律文书（含侦查

① 根据《文书规定》第 13 条规定：“刑事检察文书（含侦查文书）应当使用公文语体。要求做到：文意赅备，理由充分，语言精练，语句通顺，语义单一，褒贬得当，繁简适宜，表达贴切，符合逻辑，标点正确，准确严谨，朴实庄重”。

② 例如，米公昌：《公安机关司法文书写作占有和选择材料的特殊性》一文中，不仅“写作”提法不妥，而“公安机关司法文书”提法也值得商榷。

文书）与司法公正的关系，早有人一针见血地指出：治本就该先治法律文书之“标”。进言之，宽容法律文书上的错误？

一方面，案件质量当然包括司法文书质量是司法公正的生命线，但司法人员素质不高的现状，给这条生命线带来的无疑是“贫血”的困境，包括司法文书错误所造成的“贫血”。

另一方面，法律文书（含侦查文书）不是新闻出版物，不能“写作”，而是正义天平上凝聚成法律尊严的精神产品，对其质量更应严格要求。当然，对法律文书（含侦查文书）中出现的个别错字、病句可不必求全责备，但对那些明显缺乏办案素质、缺乏责任感的司法人员，过度地宽容就是对法律尊严的亵渎。因此，从这个意义上说，只要不矫枉过正，只要坚持通识标准，只要站在司法公正的高度要求，就应当对法律文书（含侦查文书）中的错误，哪怕是错别字说“不”，甚至视为错案或重大责任过失。例如，2004 年 3 月重庆市合川市人民法院出台规定，带有错别字或者语法错误的法律文书一旦发放到当事人手上，就算一件错案。一名法官一年发生一件错案，法院给予通报批评，并扣发岗位目标津贴；发生两件错案，离岗学习，取消评优资格；发生三件错案，取消审判资格。这项制度实施至今，合川市人民法院共有 6 名法官因为判决书或者裁定书中出现错别字、语法错误等原因，受到通报批评并扣发了岗位目标津贴；[①] 另据《正义网》2008 年 11 月 17 日报道，为规范执法行为，着力提高案件质量，徐州泉山区检察院近日出台了卷宗月评查制度——由案件监督管理科评查人员在每月评查卷宗时，评选出质量较好的法律文书；同时，该院案件考评委员会还定期举行优秀法律文书评比活动，由案件承办人员向考评委员会提交已结案件的立案决定书、结案审批表、起诉书等法律文书。评查组对照优秀法律文书评查标准进行打分，对存有问题的法律文书责令有关人员予以整改，对确定优秀法律文书进行通报表扬、奖励，记入检察官业绩档案。

2. 要加强责任心、职业道德和使命感教育。侦查文书既是检方的“脸面”，也是检方侦破职务犯罪活动的真实、客观、全面记载。因此，其质量的高低，直接影响检方依法履行职务犯罪侦查职能的法律和社会效果，也直接影响检方的形象、权威和公信力。

为此，高检院《十二五时期全国检察教育培训规划》（2011 年 10 月 25 日）第 4 条提出：“推进职业纪律教育培训，着重提高职业道德素质。”高检院《关于加强和改进新形势下检察队伍建设的意见》（2013 年 5 月 15 日）则进一步指出：“把职业道德教育作为经常性思想教育的重要内容，深入学习、

① 参见《北京娱乐信报》2004 年 3 月 12 日。

践行检察官职业道德基本准则、职业行为基本规范。开展职业精神、职业信仰教育，强化职业素质培育，建立和完善检察机关树立良好执法形象和加强执法公信力建设的措施制度。完善检察职业道德教育培训、监督制约、考核评价等长效机制，推动检察职业道德建设制度化、常态化、实效化。”

（二）要提高填制者综合素质

填制侦查文书看似简单，但要填制一份合格、上乘的侦查文书，却不是一件容易的事。因为，填制和适用侦查文书，不但需要检察人员特别是书记员具有丰富的法律知识，而且还应有较强的综合分析、逻辑思维、驾驭语言文字甚至记录能力。因此，从这个意义上说，填制和适用侦查文书，是检察人员综合素质的体现。

古人云：德能正其身，才能胜其职，笔能成其文，言能明其义。因此，也要从这4个方面提高填制者的综合素质。为此，《关于加强和改进新形势下检察队伍建设的意见》提出，新时期检察队伍建设的指导思想是：高举中国特色社会主义伟大旗帜，以邓小平理论、“三个代表”重要思想、科学发展观为指导，深入学习贯彻党的十八大精神，顺应人民群众对公共安全、司法公正、权益保障的新期待，紧紧围绕“三大建设”总任务，牢牢把握“三个强化”总要求，以法律监督能力建设、先进性和纯洁性建设为主线，以执法公信建设为主题，以专业化、职业化建设为方向，以改革创新为动力，全面强化队伍的思想政治、领导班子、人才队伍、专业化、职业化、纪律作风建设，努力建设忠诚可靠、执法为民、务实进取、公正廉洁的高素质检察队伍，为全力推进平安中国、法治中国建设和检察事业科学发展提供坚实的思想保证、组织人才支撑和纪律作风保障；基本要求是“五个坚持”——坚持政治建检、坚持服务大局、坚持党建带队建、坚持以人为本、坚持务实创新；而高检院《关于加快推进检察人才六项重点工程的意见》（2013年7月20日）则要求以专业化、职业化为方向，大力推进“铸才、聚才、育才、扶才、优才、引才”6项重点工程，培养造就一支数量充足、结构优化、布局合理、素质精良的检察人才队伍。

1. 要提高填制主体——检察人员的综合素质。除工勤人员外，检察机关的所有人员——检察人员都有从事填制侦查文书的可能，并以书记员、主办（诉）检察官为主。因此。从这个意义上说，检察人员综合素质的高低直接影响侦查文书填制的优劣，也直接影响职务犯罪侦查活动的成败。而实践证明，要填制一份合格、上乘的侦查文书，抑或担负侦查文书填制工作，检察人员应具备以下7个方面的素质、能力：

（1）要有良好的政治素质。一要始终坚持正确的政治方向，坚持走中国特色社会主义政治发展、法治建设道路，坚持检察机关的宪法定位；二要始终坚持检察工作正确发展理念和执法理念，把充分体现科学发展观和社会主义法治理念要求的“六观”、“六个有机统一”和“四个必须”等检察工作正确发展理念和执法理念落实到各项体制机制建设中；三要始终坚持人民主体地位，积极回应人民群众期待，依法公正对待人民群众的诉求，自觉接受人民群众的监督评判。始终坚持统筹谋划和顶层设计，更加注重改革的系统性、整体性、协同性，统筹推进重大问题和关键环节的改革，坚持积极稳妥推进，坚持以宪法和法律为依据。

为此，做好新形势下的检察工作（包括侦查文书的填制工作），一要正确处理坚持党的领导与依法独立公正行使检察权的关系。既要完善检察机关接受党的领导的制度机制，又要立足法律监督工作的司法属性，真正把坚持中国特色社会主义政治发展和法治建设道路落实到检察工作中。二要正确处理依法独立公正行使检察权与遵循司法规律的关系。既要进一步强化检察机关法律监督职能，又要正确认识法律监督的地位、作用及程序的正当性，科学定位法律监督在司法制度中的功能，增强法律监督的公正性和有效性。三要正确处理完善政法机关职权配置及相互关系与建立健全司法权运行制约和监督体系的关系，注重发挥检察机关在制约和监督司法权运行方面不可替代重要作用，切实维护司法公正和廉洁。四要正确处理强化法律监督与强化自身监督的关系，既要强化法律监督职能，又要重视自身监督制约，坚决防止和纠正检察权滥用，切实保障检察权依法正确行使。五要正确处理立足国情与吸收借鉴的关系，在不脱离我国基本国情和经济社会发展实际基础上，积极借鉴人类法治文明的优秀成果，充分吸收各国检察制度的有益经验。①

（2）要有良好的职业道德。高检院《检察官职业道德规范》（2002 年 3 月 6 日）和《中华人民共和国检察官职业道德基本准则（试行）》（2009 年 9 月 3 日）规定，检察人员在填制侦查文书过程中，也应遵循并做到忠诚、公正、清廉、文明。

（3）要模范遵守职业纪律。检察人员在填制侦查文书过程中，要自觉遵守高检院《检察人员纪律处分条例（试行）》、《检察人员纪律》、《关于严禁检察人员违规驾车的四项规定》（2005 年 5 月 13 日）等职业规范。

（4）要培养良好的心理素质。实践表明，检察人员应具备以下基本的心

① 参见曹建明：《坚定不移地坚持和完善中国特色社会主义检察制度》，载《检察日报》2013 年 7 月 10 日。

理素质：

①要有良好的气质。其具体表现为，无私无畏、不骄不躁、有慎多思、好学上进、自省自控等。

②要有高尚的品德。其主要表现为，高度的责任感、坚实的求实感、鲜明的是非感、强烈的正义感、严肃的楷模感等。

③要有坚强、扎实的意志能力。其主要表现为，敏锐的观察力、驾驭语言文字的速记能力、准确的语言表达能力、迅速的反应能力、较强的记忆能力、严密的逻辑思维能力、自觉的自控能力、良好的注意力等。

与此同时，在检察工作（含填制侦查文书）中，检察人员要尽量克服偏见、迟钝或错觉、注意力分散、思维品质障碍、急躁、畏难、对立、惰性、懦弱、冲动、固执、焦虑、挫折、定式、失衡等消极心理和情绪。而实践证明，开展理想、信念、世界观教育，加强业务知识、心理学知识培训，积极参与实践，选准楷模、效仿行为以及培养并提高直觉判别能力，也有利于检察人员良好心理素质的培养和提高。

（5）要有良好的法律知识和检察业务素质。

①要有社会主义法治理念。包括依法治国、执法为民、公平正义、服务大局、党的领导、法律监督等理念。

②要树立正确的执法观念——“立检为公，执法为民”；“强化法律监督，维护公平正义”。

③要全面掌握法治、公正、依法独立行使检察权、检察一体化、无罪推定、公益、公开、合理性、诉讼经济等检察机关的组织活动原则。

④要培养良好的填制侦查文书工作作风，做到精心准备、严肃认真、实事求是、机警果断、沉着冷静、积极主动而不越位。

⑤要了解并掌握侦查文书的填制要领。其中关键在于，正确掌握并适用法律，特别是要正确掌握并适用职务犯罪侦查规则，尤其是《刑事诉讼法》、《检诉规则》、《检察规范》所规定的、有关侦查文书填制的下列规则：侦查组织、领导和决策规则，侦查指挥和协作规则，侦查谋略、对策和方法规则，侦查技术和技术侦查规则，侦查监督规则，侦查证据的收集、审查、固定和排除规则，侦查立案管辖规则，受案、线索筛选和初查规则，强制措施适用规则，侦查措施适用规则，贪污贿赂犯罪案件侦查规则，渎职犯罪案件侦查规则，侵犯公民人身、民主权利案件侦查规则。

⑥要了解并掌握广博的法律业务知识。填制侦查文书所涉及的知识相当广泛，几乎涵盖自然、社会科学以及哲学的方方面面。与此同时，影响侦查文书填制成效的科学及其新兴学科、理论还有：A. 诸如新兴的跨学科学、系统论、

信息论、控制论、协同学、突变论、时间学、战略学、领导科学、决策科学、人才学、人学、价值学、青年学、知识工程、人工智能、软科学、符号学、色彩学、痕迹学、传播学、全球学、技术学、工效学、运筹学、社会生物学、认识生物学、微电子学、遗传工程学等综合性学科；B. 诸如新兴的比较法学、比较政治学、比较伦理学、比较行政学、比较社会学、比较管理学、比较经济学、比较情报学等比较学；C. 诸如新兴的管理预测学、预测法学、预测经济学、国际关系未来学等未来学；D. 诸如新兴的认知科学、科学哲学、医学哲学、生物学哲学、紊乱学等哲学；E. 诸如新兴的辩证逻辑学、数理逻辑、概率逻辑、时态逻辑学、模态逻辑学、规模逻辑学、知道逻辑学、法律逻辑学、语言逻辑学、问题逻辑学等逻辑学；F. 诸如新兴的职业伦理学、医学伦理学等伦理学；G. 诸如新兴的暗示学、测谎技术、心理暗示、始思维学、创造思维学、形象思维学、社会思维学、灵感思维学、思维生理学等思维学；H. 诸如新兴的个性心理学、生理心理学、性别差异心理学、变态心理学、发展心理学、青年心理学、老年心理学、妇女心理学、知觉心理学、思维心理学、认知心理学、社会心理学、应用心理学、政治心理学、法制心理学、司法心理学、犯罪心理学、管理心理学等心理学；① I. 诸如新兴的犯罪社会学、职业社会学、异性行为社会学等社会学；J. 诸如新兴的行为科学、行政学等管理学；K. 诸如新兴的系统工程法学、信息法学、国际刑法学、社会法学、行政法学、刑事侦查学、司法精神病学、科技法学等法学；L. 诸如新兴的应用语言学、对比语言学、话语语言学、心理语言学、社会语言学、法律语言学、术语学、模糊语言学等语言文字学；M. 诸如新兴的信息学、情报学、情报心理学、文书学等图书情报学。

（6）要有良好的科学技术知识和技能。职务犯罪侦查实践表明，在填制侦查文书过程中，常见的科学技术知识、设备、技能包括：

①记录技术知识、设备、技能。通常，它是指对特定客体的位置、状态及特点等予以客观、准确地记录、固定的专门技术，包括笔录、照相、录像、录音、登记、监视、监听等技术知识、设备、技能。但需说明的是，实践中通常不能用速记方法进行笔录。所谓速记，是指“用一种简便的记音符号迅速地

① 同时，心理学知识在职务犯罪侦查工作中的广泛使用。例如，在讯问犯罪嫌疑人、询问证人、调查取证等环节，通过对被调查对象的肢体动作、面部表情、微表情及言语内容的洞悉，分析其心理状况，掌握其心理活动的特点及规律，有针对性地采取心理战术，把握和控制讯问、询问的进程和方向，驾驭对方的心理活动，抓住机会突破其心理防线，以达致取证目的。

把话记录下来”。①

②勘验技术知识、设备、技能。它是指对特定客体状态、形成的原因及其与犯罪的关系等进行勘验的专门技术知识、设备、技能，含痕迹与文书勘验、犯罪遗留物勘验等方面的技术知识、设备、技能。

③鉴定技术知识、设备、技能。通常，它是指对某些专门性问题进行鉴别和认定的技术知识、设备、技能。例如，同一鉴定、种属鉴定、事实鉴定等技术知识、设备、技能。而根据司法部《司法鉴定执业分类规定（试行）》（2000 年 11 月 29 日）规定，作为鉴定重要组成部分的司法鉴定技术知识、设备、技能，同样也可分为以下 9 类：A. 法医鉴定技术知识、设备、技能。它又分为法医病理、法医临床、法医精神病、法医物证、法医毒物鉴定技术知识、设备、技能。B. 司法会计鉴定技术知识、设备、技能。其中，司法会计鉴定技术是指运用司法会计学的原理和方法，通过检查、计算、验证和鉴证对会计凭证、会计账簿、会计报表和其他会计资料等财务状况进行鉴定。C. 文书司法鉴定技术知识、设备、技能。其中，文书司法鉴定亦即文书鉴定或者检验，是指运用文件检验学的原理和技术，对文书的笔迹、印章、印文、文书的填制及工具、文书形成时间等问题进行鉴定。因此，文书鉴定技术包括：笔迹、印章、印文、文书的填制及工具、文书形成时间等鉴定技术。D. 痕迹司法鉴定技术知识、设备、技能。其中，痕迹司法鉴定是指运用痕迹学的原理和技术，对有关人体、物体形成痕迹的同一性及分离痕迹与原整体相关性等问题进行鉴定。运用枪械学、弹药学、弹道学的理论和技术，对枪弹及射击后残留物、残留物形成的痕迹、自制枪支和弹药及杀伤力进行鉴定。E. 微量物证鉴定技术知识、设备、技能。其中，微量物证鉴定是指运用物理学、化学和仪器分析等方法，通过对有关物质材料的成分及其结构进行定性、定量分析，对检材的种类、检材和嫌疑样本的同类性和同一性进行鉴定。F. 计算机司法鉴定技术知识、设备、技能。其中，计算机司法鉴定是指运用计算机理论和技术，对通过非法手段使计算机系统内数据的安全性、完整性或系统正常运行造成的危害行为及其程度等进行鉴定。G. 建筑工程司法鉴定技术知识、设备、技能。其中，建筑工程司法鉴定是指运用建筑学理论和技术，对与建筑工程相关的问题进行鉴定。其主要内容包括：建筑工程质量评定、工程质量事故鉴定、工程造价纠纷鉴定等。H. 声像资料司法鉴定技术知识、设备、技能。其中，声像资料司法鉴定是指运用物理学和计算机学的原理和技术，对录音带、录像带、

① 参见中国社会科学院语言研究所词典编辑室编：《现代汉语词典》修订本，商务印书馆 1998 年版，第 1205 页。

磁盘、光盘、图片等载体上记录的声音、图像信息的真实性、完整性及其所反映的情况过程进行鉴定；并对记录的声音、图像中的语言、人体、物体作出种类或同一认定。I. 知识产权司法鉴定技术知识、设备、技能。其中，知识产权司法鉴定根据技术专家对本领域公知技术及相关专业技术的了解，并运用必要的检测、化验、分析手段，对被侵权的技术和相关技术的特征是否相同或者等同进行认定；对技术转让合同标的是否成熟、实用，是否符合合同约定标准进行认定；对技术开发合同履行失败是否属于风险责任进行认定；对技术咨询、技术服务以及其他各种技术合同履行结果是否符合合同约定，或者有关法定标准进行认定；对技术秘密是否构成法定技术条件进行认定；对其他知识产权诉讼中的技术争议进行鉴定。

（7）要有良好的语言文字表达、听说读写能力。诚然，“因制作法律文书不守规矩，引发当事人不满，造成不良影响的，相关人员将被视情追究直接或间接责任。”这是记者在山东沂南县检察院了解到一桩新鲜事。据了解，2005年初春，沂南县检察院出台了《关于进一步规范法律文书制作及管理办法的意见》规定：“办案人员在制作立案决定书、批准逮捕决定书、移送审查起诉意见书、起诉书和询问笔录以及检察建议书等法律文书时，必须严格按照相关规定和式样操作，力求用字规范、语言通顺，结构严谨，表述恰当，层次分明，引用法条准确；法律文书应装订规范，页面整洁，不得随意涂改，一经发现错误应立即补正，并重新制作，禁止使用‘校对’章，或让当事人‘捺指印’；实行法律文书逐级签批制度，凡不合格的法律文书流入社会，产生歧义，引发当事人不满，造成不良影响的，将视情追究相关人员的责任，即每次给予法律文书制作人和签批人各50元至100元的经济处罚，并将法律文书制作情况列入案件质量考评和案件承办人年终绩效考核奖惩时的重要内容。”①而当赞许这种用重拳规范并打造侦查文书质量的同时，也为检察人员的语言文字表达和听说读写能力感到担忧。因为，任何侦查文书都是依靠语言文字、笔墨纸等文具以及填制者的听、说、读、写（包括书写和录入）等因素完成的。因此，填制者运用语言文字和文具，以及听说读写能力的高低，直接影响侦查文书的填制质量，并成正比。

然而，如何提高检察人员的综合素质、技能，抑或如何培养德才兼备的检察人才？实践证明，素质的优劣也好，技能的高低也罢，这些人才的内在要素，大都是依靠当事人后天参与“三大斗争”所获取、积累的知识来支撑。

---

① 参见卢金增、高松峰：《规范法律文书制作和管理》，载《正义网》2005年9月8日。

而知识从何而来？唯教育。当然，“盖教育有广狭二义，自狭义言之，乃学校师弟之所授受；自广义言之，凡伟人大哲之所遗传，书籍报章之所论列，家庭之所教导，交游娱乐之所观感，皆教育也。”① 而现在看来，狭义之教育、培训仍是不可或缺，也是猎取知识的主要路径。正所谓：“人才为政事之本，而学校尤为人才之本也。”② 而做好检察教育、培训的关键，是将《检察官法》、高检院《检察官培训条例》（2007 年 1 月 8 日）、《十二五时期全国检察教育培训规划》等有关检察教育、培训的规定落到实处。

2. 要提高填制主体——书记员（官）的综合素质。实践中，书记员（官）是侦查文书的起草、填制主力。

（1）书记员（官）制度沿革。书记员（官）制度，随着“书记”、“书记员”或“书记官”的产生、发展而生成。据《周礼》、《礼记》等史籍记载，西周称法官为“秋官”。中央司法机关设高法院官——大司寇卿一人，为秋官之正；设小司寇中大夫两人，为秋官之副。一般法官称“士”，“士”下面还有“府”、“史”、“胥”、“徒”等僚属，而他们就相当于现在的秘书、书记员、法警之类。

另外，1975 年陕西岐山出土的青铜器所铸的《朕匜铭》上，就有关于诉讼庭审记录的记载——“白扬父乃或吏牧牛誓曰：‘自今余敢扰乃小大史。’‘乃师或以女告，则到，乃鞭千，幭剧’。”随后，从汉、唐、宋等朝代的“司法掾吏”、“参军”、“佐吏”等“胥吏”，到清朝吏、户、礼、兵、刑、工六部的“六房办事”，他们都负责与司法审判工作有关的事务——收受呈词、登记挂号、安排堂审、录写堂供、缮定文稿、整理和保管档案等。但不可否认的是，这些“胥吏”、“六房办事”却兼有“书记员”和“秘书”的双重职责，并不专司司法记录工作。

此外，作为“官府中掌管文书、记录的官吏”之义的“书记”，《后汉书·仲长统传》中就有“少好学，博涉书记”（意为“若好学努力，便可在官府中作文书、记录工作”）；《新唐书·高适传》中也有“河西节度使哥舒翰表为左骁卫兵曹参军，掌书记”的记载。

再者，“书记”与“官”的联合，是清末变法维新特别是中华民国成立之后的事情——官名，北洋政府时期为大理院、高等审判厅和检察厅、地方审判

① 参见黄兴：《在中国同盟会上海支部夏季常务会上的演讲》中语，载郭东斌主编：《格言大辞典》修订版，辽宁人民出版社 1992 年版，第 470 页。

② 颜元：《颜习斋先生年谱》，载郭东斌主编：《格言大辞典》修订版，辽宁人民出版社 1992 年版，第 471 页。

厅和检察厅所设；国民党政府时期高法院、高等法院、地主法院以及各级检察院均设，为推事、检察官的辅助人员。例如，录供、编案、总务等工作。同时，他多系委任官，大理院和高等审判、检察厅的书记官长为荐任官。而“书记”与“员”的联合，则是新中国成立之后迄今的事情，并具有了“中国各级人民法院和各级人民检察院内，担任记录工作并办理其他有关事项的工作人员”的属性。①

（2）检察书记员制度。它是随着检察法律及其检察制度、检方的出现而产生、发展起来的。仅就新中国检察系统的书记员而言，从中央人民政府《最高人民检察署试行组织条例》（1949 年 12 月 2 日）、《最高人民检察署暂行组织条例》和《各级地方人民检察署组织通则》（1951 年 9 月 3 日），到 1954 年《检察院组织法》、1979 年《检察院组织法》、现行《检察院组织法》和《检察官法》，再到 1979 年《刑事诉讼法》、1997 年《刑事诉讼法》和现行《刑事诉讼法》的颁布施行，② 书记员基本上始终处于被视同检察人员以及“书记员办理案件的记录工作和有关事项”的地位。③ 而据有关资料统计显示，截止到 2008 年 12 月 31 日，在全国 3634 个检察院中，共有书记员 26782 人，占全国检察人员总数（227453 人）的 11.77%，平均每个检察院有书记员 7 名。④

另外，基于书记员与检察官的混同、检察官由书记员产生等认识和实践误区，导致现行检察书记员管理模式存在如下弊端：①书记员的定位、职责、任职条件、权利、义务等缺乏必要的法律规范；②传统的行政化管理，导致书记员与检察官之间的服务与保障、辅助与主导关系扭曲，甚至出现书记员→助理检察员→检察员晋升、流失情形；③用人与管人的脱节；④缺乏对书记员的评价体系；⑤技能培训偏离方向；⑥人员缺额，队伍不稳定；⑦业务不熟，工作能力差；⑧职责不明，机构不健全等。因此，2005 年 9 月 12 日，高检院在

---

① 参见信春鹰主编：《法律词典》，法律出版社 2003 年版，第 1315 页。

② 当然，1954 年《检察院组织法》仅有书记员的间接规定——第 22 条规定“各级人民检察院的人员编制和办公机构由最高人民检察院另行规定”；但 1954 年《人民法院组织法》第 39 条却明确规定：“各级人民法院设书记员，担任审判庭的记录工作并管理其他有关事务。”

③ 当然，随着《检察官法》第 2 条规定“检察官是依法行使国家检察权的检察人员，包括最高人民检察院、地方各级人民检察院和军事检察院等专门人民检察院的检察长、副检察长、检察委员会委员、检察员和助理检察员”的出台，将书记员等同于检察官（员）的情形，将有所改观。当然，实践中也存在“建议取消助理检察员的设置”的主张。

④ 参见《中国检察年鉴》2009 年，中国检察出版社 2009 年版。

《关于进一步深化检察改革的三年实施意见》中进一步强调："推行检察人员分类改革，对检察人员实行分类管理。"与此同时，中央司法体制改革领导小组《关于司法体制和工作机制改革的初步意见》（2004 年 12 月 28 日）和中政委《关于深化司法体制和工作机制改革若干问题的意见》（2008 年 12 月 5 日）都明确提出，建立和完善法官、检察官及其辅助人员分类管理制度。

此外，值得关注的是，2003 年 10 月 20 日，中组部、人事部、高法院联合颁布施行的《人民法院书记员管理办法（试行）》第 1、2 条规定："书记员是审判工作的事务性辅助人员，在法官指导下工作。书记员实行单独序列管理"；"书记员履行以下职责：（一）办理庭前准备过程中的事务性工作；（二）检查开庭时诉讼参与人的出庭情况，宣布法庭纪律；（三）担任案件审理过程中的记录工作；（四）整理、装订、归档案卷材料；（五）完成法官交办的其他事务性工作。"

再者，书记员的职责到底有哪些？除《人民检察院组织法》第 27 条规定外，实践中，有独立担负询问、讯问工作的，有独立担负阅卷的，有独立担负勘验、检查、搜查的，有独立担负接受报案、控告、举报的，也有接待来访、自首、权利告知、辨认、调查、侦查实验、宣布不起诉的，不一而足。因此，可毫不夸张地说，凡是检察官依法可为的检察活动，书记员也是可替代为之。但从严格的法律意义上说，这种检察官职责与书记员职责混同、不分的状况、现象，是不符合法律规定的，也是影响检察机关办案质量的。而需要强调的是，凡是《刑事诉讼法》和《检诉规则》等明确规定应由检察官（或检察员）完成的检察活动事项，就只能由其完成，而不能由书记员代替完成。例如，在填制取保候审决定书时，就应遵循《检诉规则》第 91 条规定："对犯罪嫌疑人取保候审，应当由办案人员提出意见，部门负责人审核，检察长决定。"

（3）书记员的综合素质要求。作为检察人员的一种，书记员也须具备良好的政治素质、职业道德、心理素质、法律知识和检察业务素质、科学技术知识和技能、语言文字表达和听说读写能力；而作为专门"办理案件的记录工作和有关事项"的检察工作的事务性辅助人员，书记员还必须掌握记录、书写、速录和电脑、速录机使用等专门技能。否则，有些院校（如国家检察官学院）也不会设立书记员专业，更不会开设：法理学、宪法学、刑法学、刑事诉讼法、行政法与行政法学、民法学、民事诉讼法、合同法学、经济法学、公司法学、国际法学、国际私法学、国际经济法学、应用写作、书记员技能、法律文书、书记官工作概论、文献检索、模拟法庭、书记官业务综合实训、商法概论等课程。

另外，根据《刑事诉讼法》、《检察院组织法》和《检诉规则》等规定，书记员还须掌握如下规则：①《检诉规则》关于回避的规定,[①] 适用于书记员；书记员回避由检察长决定。②公诉人应由检察长、检察员或者经检察长批准代行检察员职务的助理检察员一人至数人担任，并配备书记员担任记录。③出庭的书记员应当将庭审情况写成笔录，详细记载庭审的时间、地点、参加人员、公诉人出庭执行任务情况和法庭调查、法庭辩论的主要内容以及法庭判决结果，由公诉人和书记员签名。④执行死刑临场监督，由检察人员担任，并配备书记员担任记录。而实践中，也有人主张，起诉书落款书记员应署名：当事人申请回避的需要；正式法律文书的公示、公信力使然；基于诉讼程序的公正性考虑；对于检察工作者的尊重和监督。⑤借鉴其他国家、地区成熟的经验。[②]

此外，特别需要强调的是，书记员必须明确自己的身份、职责，而不能代行应由检察员（官）履行的职责。根据《检察官法》第6条规定："检察官的职责：（一）依法进行法律监督工作；（二）代表国家进行公诉；（三）对法律规定由人民检察院直接受理的犯罪案件进行侦查；（四）法律规定的其他职责。"换言之，这些职责的主角应当是检察官（员），配角才是书记员。例如，2004年8月18日，侯飞林起诉了郭林俊。2004年10月18日，该案在山西定襄县人民法院民一庭开庭。但法庭的桌子上面没有审判长、审判员和书记员的座签，只有一位名叫梁斌的书记员人坐在台上。"下午的开庭依然是梁斌一人审理，他边问边记"，侯明亮回忆着庭审的情形。2004年11月22日，定襄县人民法院下发了判决书驳回原告的诉讼请求，诉讼费300元由原告承担。"我们那里的基层法庭由于具备审判员资格的人太少，常常出现不具审判员资格的法院人员审案子的情况"，定襄县法院一位不愿透露姓名的人说。[③] 再如，2007年年初，公安机关向盐城市亭湖区检察院移送一起销售假冒注册商标商品案件，犯罪嫌疑人胡某请该院公诉科书记员朱某给予关照并允诺其好处。而后，朱某先后8次收受胡某及其家人人民币4.5万元、购物卡6000元以及烟酒等物。作为回报，朱某利用内勤职务便利，将案件退回公安机关的补充侦查

---

① 这主要是指《检诉规则》第20～30条所规定的内容。另据2004年12月25日出版的《检察日报》报道，叔叔因为盗窃而受审，侄女竟然出庭担任书记员。这一严重违反法定程序的审判，经安徽省宿州市人民检察院抗诉，12月15日，宿州市中级法院依法作出裁定：撤销原审判决，发回重新审判。

② 参见张树青：《起诉书落款书记员应署名》，载《检察日报》2008年12月28日。

③ 参见曲子荣、宋广辉：《无视司法程序 山西一书记员充法官"独任"判案》，载《中国青年报》2005年4月5日。

提纲、向上级检察院请示内容以及上级院的批复等与案件有关的情况泄露给了朱某。2010 年 10 月，法院以受贿罪判处朱某有期徒刑 3 年，缓刑 5 年。①

再者，书记员素质的培养和提高，除自身学习、修养外，关键还靠单位的教育、培训。例如，据《正义网》2008 年 4 月 8 日报道，江西省金溪县检察院采取 3 条措施加强对书记员的培训工作：一是以老带新，一教一，一帮一；二是业务部门负责人每月轮流就重要检察职能工作作专题讲座；三是由办案能手针对本院办理的案件笔录存在的问题进行个案点评。再据该网 2008 年 7 月 28 日报道，7 月 25 日，四川省剑阁县检察院组织书记员到县法院刑事审判庭开展庭审记录技能考核。在考核中，该院紧密结合检察工作实际和办案需要，充分贯彻科学组织、规范测试、公平评比的原则，着重考察书记员集中精力听、归纳重点记、快速准确写的技能，从记录的格式、记录内容的完整性和卷面的整洁度等三个方面对书记员的业务技能进行了测评。

3. 要提高填制主体——秘书的综合素质。实践中，秘书是侦查公文的起草、填制主体。

（1）秘书制度。何谓秘书？《古代汉语词典》曰："宫廷藏书、谶纬图篆等书、官名"；②《新华词典》云："管理文书并协助领导人处理工作的人员"。③ 因此，作为具有官名的人员，秘书不同于书记员、文书（或文员："某些机关或部队中从事公文、信件工作的人员"）和文秘（"文书和秘书的合称"）。④

而作为官名，并从事"管理文书并协助领导人处理工作的人员"的秘书，究竟出现于何时？我国秘书工作的历史源远流长，甚至毫不夸张地说，有国家、政府便有了秘书一职；而《颜氏家训·勉学》中就有"上车不落则著作，体中何如则秘书"的记载。⑤ 在我国古代，作为掌管典籍或起草文书的官员，自从汉代以来，便设有秘书监、秘书郎、秘书令、秘书丞、秘书长等。而早在

① 参见中央纪委驻高检院纪检组、高检院监察局编：《警示与镜戒——检察人员违纪违法典型案例剖析》，中国检察出版社 2013 年版，第 132～133 页。

② 参见《古代汉语词典》编写组编：《古代汉语词典》，商务印书馆 2006 年版，第 1051 页。

③ 参见商务印书馆辞书研究中心修订：《新华词典》，商务印书馆 2001 年版，第 682 页。

④ 参见商务印书馆辞书研究中心修订：《新华词典》，商务印书馆 2001 年版，第 1028 页。

⑤《颜氏家训》系南北朝（420～589 年）时期记述个人经历、思想、学识以告诫子孙的著作，颜之推撰，共 2 卷 20 篇。

魏晋南北朝时，秘书写作就已发展为一门专业性很强的技艺。时至明清，尽管不设此秘书省等官署，也没有“秘书”的官名，但秘书的工作职责却未消失。例如，清朝各衙署设“文案”，一般称“师爷”不称“秘书”。[①] 直至中华民国成立之后，大多数的国家机关开始广设秘书一职，绵延至今。

而仅就新中国检察机关秘书的设置而言，中央人民政府《最高人民检察署试行组织条例》第6条规定：“最高人民检察署设秘书长一人，协助检察长、副检察长处理署务，联系各处工作，督促本署决议事项之执行并领导办公厅工作”；第9条规定：“最高人民检察署办公厅设主任一人、秘书若干人，下设各科分掌文书、会计、出纳、庶务、统计、档案、人事等事务，有必要时，并得于办公厅内或另设编译、资料或资料研究等室”；《最高人民检察署暂行组织条例》第7条规定：“最高人民检察院设秘书长一人，副秘书长一人，在检察长、副检察长领导下处理日常署务，并督促办公厅及各处、室进行工作”；第8条规定：“最高人民检察署设办公厅，厅设主任一人，副主任一人或二人，下设秘书若干人，并设各科，分掌文书、收发、档案、会计、出纳、庶务等事务，必要时并得设秘书室”；《各级地方人民检察署组织通则》第3条规定：“各级地方人民检察署之组织如下：（一）中央人民政府最高人民检察署得在大行政区或其他区域设分署，分署设检察长、副检察长，其下设秘书长，办公厅及……（四）县（市）设人民检察署，署设检察长、副检察长，其下设检察员、助理检察员、秘书、书记员等，……”1954年《检察院组织法》第22条规定：“各级人民检察院的人员编制和办公机构由最高人民检察院另行规定”；而1979年《检察院组织法》和现行《检察院组织法》都规定“各级人民检察院的人员编制由最高人民检察院另行规定”。而2005年10月28日，高检院办公厅还专门颁布施行了《最高人民检察院秘书工作暂行规定》。由此可见，秘书在检察工作尤其是检察公文（含侦查公文）的填制过程中，是不可或缺的。当然，目前检察机关的秘书工作，主要由检察机关内设办公厅（室）统筹。例如，高检院办公厅的职责包括：协助院领导处理检察政务，组织协调院重要工作部署、重大决策的贯彻实施，组织安排机关重要会议和重大活动；负责文件起草；管理秘书事务；处理检察信息，编发内部刊物；处理机要文电；负责人大代表联络工作和特约检察员的联系工作；负责领

---

① 文案亦称“文按”，一指官衙中掌管档案、负责起草文书的幕友；二指官署中的公文、书信等；三指管理文案的人员。而古代将帅出征，治无常处，以幕为府，故称幕府，而其佐治人员则统称幕僚。以后相沿成习，幕府成为各级军政官署之代称，应聘帮助军政大员办理各类事务之文人学士，也就获得幕僚、幕宾、幕友等称谓，而至清朝多称师爷。

导同志批办事项的督查工作；负责机关办公秩序管理和机关日常值班及保卫工作；负责检察统计、档案管理、保密工作；负责对检察技术信息研究工作的指导；对下级检察院的相关业务进行指导。下设检察长办公室、综合处、信息处、秘书处、人民监督工作办公室、机要处、统计处、档案处、保卫处。①

（2）秘书职责。根据中办、国办《关于加强县以上领导机关秘书工作人员管理的规定》（1986 年 7 月 24 日）、《最高人民检察院秘书工作暂行规定》等规定，秘书的岗位职责是：收发登记文件，起草文稿，收集、综合相关信息，督办，协调、安排院领导活动，协助领导处理有关工作，完成领导交办的其他工作。

与此同时，还应做到：①遵守检察院有关机要文件收发及保管等规定，保证文件及时、准确转递；②及时将领导的批示文件送承办部门，并及时向领导反馈有关工作的办理和进展情况；③对呈报领导的办件进行初核，文件中有明显不妥之处的，应及时与承办部门沟通后再呈报；④根据工作需要，可参与领导讲话稿、调研报告和其他文稿起草及审核工作；⑤对内部信息刊物一律报领导阅，对有关报送、抄送的文件或信息材料应当进行筛选，择要呈报；⑥拓宽信息渠道，注意从互联网、电视、报刊等媒体中收集相关工作信息，及时综合后报领导参阅；⑦提请领导及时审批有关特提件、特急件、急件和重要文件，并及时送机要室报送其他院导或速交有关部门办理，必要时要督办落实情况并及时反馈；⑧根据领导的要求和有关规定妥善处理来信、来电、来访；⑨及时了解、安排或协助安排领导的会议、休假、离岗学习或其他活动。而实践中，秘书主要负责侦查公文的填制。

（3）秘书的素质要求。实践表明，秘书除应具备检察人员上述良好的政治素质、职业道德、心理素质、法律和检察业务素质、科学技术知识和技能、语言文字表达和听说读写能力外，还应注意以下问题：

①坚持正确的政治方向，在思想政治上同党中央保持高度一致；遵守工作纪律，全心全意为人民服务。经领导授意起草的文稿和对信函、文件的批示，必须经领导同志本人审阅并按照规定的程序签署以后，才能发出。任何情况下都不允许仿照领导笔迹书写批示；树立谦虚谨慎的优良作风。对待工作，要勇于负责，勤奋努力，虚心好学，讲究效率，多办实事，以优良的思想作风和工作作风，保证各项任务的完成；严守党和国家的机密。对机要文件必须认真登记，严格保管，不得私自带出办公室或擅自复印、摘抄。不允许将机密文件和内部机密情况向家属、亲友以及其他无关人员泄露；严格秘书工作人员的调配

① 参见《最高人民检察院官方网站》2009 年 2 月 14 日。

制度；加强对秘书工作人员的领导和管理。

②机要秘书工作是一项极为重要的政治性工作，必须挑选成分好，政治历史清白，社会关系单纯，政治上绝对可靠，作风正派，身体健康，具有一定工作经验和一定政治、文化水平的党员干部担任。对机要秘书的基本要求是：立场坚定，忠诚老实；服从组织，遵守纪律；热爱工作，努力学习；埋头苦干，艰苦朴素；细心耐烦，准确迅速；谦虚谨慎，严守秘密；坚持原则，执行制度。机要秘书应当熟悉领导同志的工作习惯，努力领会领导同志的工作意图，准确、及时地做好工作；每天将收到的文电、通知、资料、信函、请柬等，分别轻重缓急，及时送阅处理，不得积压；对较长的文件、电报，如有可能和需要，应当摘要后连同原文一起送阅；对领导同志阅办完毕的文件，应当认真细致的查看，如有批示，要及时处理；对收进的一切秘密文件和内部材料，要按规定妥善保管；对所保管的文件，应当按规定定期清理。

③秘书应当遵守以下行为规范：一是政治坚定，坚持原则。二是加强学习，忠于职守。不得擅自处理应由领导本人处理的公务，不得擅自批示或答复问题；不得在传达领导指示时夹杂个人意见和弄虚作假。三是保守秘密，慎言慎行。四是谦虚谨慎，甘于奉献。五是遵纪守法，廉洁自律。六是服从管理，接受监督。

总之，检察机关的秘书，就像1952年4月，毛泽东同志为中共中央办公厅工作人员题词那样——“一面工作，一面学习，注意业务，又注意政治”。

（三）要完善相关法律

立法是规范并提高侦查文书质量的最便捷、最有效、最治本方式。而关于侦查文书规则的法典化问题，两大法系国家有如下共识：

1. 规范侦查文书规则的法律位阶高。

例如，无论是以英美为代表的英美法系国家，以德法为代表大陆法系国家，还是以意大利、日本、俄罗斯为代表的法治改良国家，通常都用刑事诉讼法典对刑事法律文书（含侦查文书）特别是对其的填制程序规则、内容和格式，加以列举式的明确规定。

2. 侦查文书填制的程序规则明确和具体。

例如，《俄罗斯联邦刑事诉讼法典》第189条（进行询问的一般规则）规定：“1. 询问前侦查人员应完成本法典第一百六十四条第四款规定的要求。如果侦查人员怀疑被询问人是否通晓刑事诉讼使用的语言则应该查明被询问人希望用何种语言作陈述。2. 禁止提出诱导性的问题。在其他情况下侦查人员有选择询问策略的自由。3. 被询问人有权利用文件和记录。4. 在询问过程中，由侦查员主动提出或根据被询问人的请求可以进行拍照、录音和（或）摄像、电影拍摄，照片、录音和（或）录像、电影胶片等材料应归入案卷并在侦查结束后封存。5. 如果证人到案接受询问时有他聘请来提供法律帮助的律师一同前来，则询问时律师应在场，但他无权向证人提问和对证人的回答作任何说明。在询问结束后，律师有权提出关于侵犯证人权利和合法利益的说明。上述声明应计入询问笔录”；第190条（询问笔录）规定：“1. 询问的过程和结果均应在依照本法典第166条和第167条填制的笔录中予以反映。① 2. 被询问人的陈述用第一人称，并尽可能逐字逐句地记录。问题和对问题的回答应按询问过程中的先后顺序记录。笔录应记录所有问题，包括侦查员驳斥的问题和被询问人拒绝问答的问题，同时还要指出驳斥或拒绝问答的理由。3. 如果在询问过程中向被询问人出示物证和文件，宣读其他侦查行为的笔录，重放录音和（或）录像、电影拍摄，则这些事项均应记入笔录。笔录中还应该反映被询问人对之所作的陈述。4. 如果询问过程进行了拍照、录音和（或）录像、电影拍摄，则笔录还应包括以下内容：（1）关于拍照、录音和（或）录像、电影拍摄情况的记录；（2）关于拍照、录音和（或）录像、电影拍摄所使用的技术手段以及拍照、录音和（或）录像、电影拍摄的条件，以及中止拍照、录音和（或）录像、电影拍摄的事实、原因和中止时间的长短；（3）被询问人对进行拍照、录音和（或）录像、电影拍摄所作的声明；（4）被询问人和侦查人员证明笔录正确性的签字。5. 被询问人在询问过程中可以填制图表、图纸、示图，它们应归入笔录，对此应在笔录中作相应的记载。6. 询问结束后，应交给被询问人阅读或根据他的请求由证人宣读，对此应在笔录中作相应的记载。被询问人关于补充和修改笔录的请求必须予以满足。7. 笔录中应写明所有参加询问的人。每个参加询问的人均必须在笔录和对笔录所作的所有补充和修改上签字。8. 被询问人对已经了解陈述内容的事实和记录的正确性在笔录末尾签字予以证实。被询问人还应在笔录的每一页上签字。9. 参加询问的人拒绝在笔录上签字或者不能签字，应依照本法典第一百六十七条的规定进行证明。”②

3. 侦查文书规则细致、具体、合理。

例如，《德国刑事诉讼法典》第114条（逮捕令）规定：“（一）决定待审羁押时，法官签发书面逮捕令。（二）逮捕令应当写明：1. 被指控人，2.

① 该法典第166条规定了“侦查行为的笔录”填制要领，第167条规定了“证明侦查行为笔录拒绝签字或不能签字的事实”问题。

② 参见黄风译：《俄罗斯联邦刑事诉讼法典》，中国政法大学出版社2002年版，第131页、第148～150页。

被指控人有重大嫌疑的行为，实施行为的时间与地点，犯罪行为的法定要件和适用的刑罚规定，3. 逮捕理由，4. 重大行为嫌疑和逮捕理由所依据的事实，以国家安全不由此受到危险为限。（三）让人容易想到适用第一百一十二条第一款第二句规定或者被指控人援引这条规定的时候，要阐明为何不适用的理由"；①《韩国刑事诉讼法》第七十五条（羁押票的方式）规定："①羁押票应当记载被告人的姓名、住居、案由、公诉事实的要旨、拘提、拘禁的场所、签发年月日、其有效期间和经过期间而不能着手执行时应当缴回的主旨，并由裁判长或受命法官签字盖章。②被告人的姓名不明时，可以以其相貌、体格、其他足以辨别被告人的事项，表示被告人。③被告人的住居不明时，可以省略其住居的记载。"②

4. 对无理、错误侦查文书的救济规则明确。

例如，《日本刑事诉讼法》第51条（对公审笔录的记载提出异议）规定："检察官、被告人或者辩护人，可以对公审笔录记载的正确性提出异议。在提出异议时，应当将其意旨记入笔录。前款的异议，至迟应当在该审级最后的公审日期后十四日以内提出。但对宣判判决的公审期日的笔录声明异议，可以自笔录整理完毕之日起十四日以内提出。"③

但比较而言，我国法律文书（含侦查文书）规则的法典化则有如下不足：一是法律位阶的低级化——主要由司法解释特别是检察解释细化、规范；二是内容、形式的剥离化——填制规则由法律和司法解释共同规范，而格式样本则由专门检察解释细化、规范；三是内容的概括化；四是填制主体的多元化；五是结构的形式化；六是对于错误的侦查文书缺乏必要的监督、检查、考评和奖惩机制。为此，本书建议，应以成文法——刑事诉讼法为主，检察解释为辅，使司法或诉讼文书（含侦查文书，包括侦查法律文书、侦查工作文书、侦查笔录和侦查公文）的内容与形式规则法典化，即以立法的形式，建立健全侦查法律文书的原则性规定、填制程序规则、填制的内容和格式要求，并确立侦查法律文书的无效、救济和保管等配套制度；以检察解释的方式，建立健全侦查工作文书、侦查笔录和侦查公文的原则性规定、填制程序规则、填制的内容和格式要求，并确立它们的无效、救济和保管等配套机制，从而使侦查文书工作法治化。同时，在立法中注意"总则"与"分则"的平衡——既有原则性规定，也有具体、可操作的规范内容。而当务之急，是将《文书规定》、《文

① 参见李昌珂译：《德国刑事诉讼法典》，中国政法大学出版社1995年版，第50页。

② 参见马相哲译：《韩国刑事诉讼法》，中国政法大学出版社2000年版，第26页。

③ 参见宋英辉译：《日本刑事诉讼法》，中国政法大学出版社2000年版，第14页。

书样本》等有关侦查文书的现行规定落到实处。

（四）要建立健全培训、督查、考评和奖惩机制

1. 建立健全有关侦查文书填制的学习、培训机制。为此，《十二五时期全国检察教育培训规划》第8条提出："加强各类专业知识培训，着重提升岗位通用技能。广泛开展电子检务和网络管理知识培训。多渠道组织司法语言、公文写作、公文处理和外语等岗位通用技能培训。积极开展与检察工作密切相关的其他业务领域知识的短期培训，不断优化检察人员执法办案所必需的知识结构。"第9条规定："广泛开展岗位练兵，着重提升业务技能。深入推进长效机制建设，2012年年底前最高人民检察院牵头并指导各省级院制定完善全员岗位素能训练活动指导标准、业务竞赛活动纲要，大力开展岗位练兵、业务竞赛活动。各省级院加强组织协调，充分发挥分州市院的主力军作用和领导干部、业务骨干的引领示范作用，实现全员参与和全面提高。尊重和发挥基层院首创精神，大力推广岗位练兵成熟经验和可行模式。"

例如，2007年5月，广西桂林市象山区检察院开展了规范各种文书格式点评活动，不断增强干警责任心、事业心：一是摆问题，不遮丑。在查摆中，不论是科长、副科长、还是普通干警，或是部门领导，坚持以质量建设为出发点，以规范化办案为目标，不遮丑，不推卸责任，并对所有存在的问题进行了认真归纳和疏理。二是剖根源，找对策。针对各种文书格式存在的问题，采取了3条对策："学一学"，即认真组织干警学习自治区院关于法律文书书写的有关规定和要求，凡是有明确规定的，要按规定和要求办事，没有做出明确规定的，结合工作中的实际，进行统一规范；"讲一讲"，就是请书写比较规范的同志谈经验和体会；"带一带"，在工作中，进行合理分组，对书写文书格式问题较多的同志重点帮助，做到各种文书格式统一规范。三是定制度，明责任，实行"三挂钩"，即规范文书格式与办案目标奖挂钩、与个人及科室的"双争"（争优创先）挂钩、与干警的提拔使用挂钩；实行"四项制度"，即定期培训学习、定人定责、定时与不定时检查和责任通报制度。① 再如，江苏省徐州市九里区检察院从2008年开始，采取4项措施，规范法律文书（含侦查文书）制作，取得良好效果：一是成立专门机构，强化内部监督；二是精心制作模板，统一文书标准；三是定期进行检查，及时点评整改。坚持每月进行一次案件督查，特别注重检查文书制作，根据评比标准，对于存在的瑕疵，

① 参见侯俊富、江明初：《开展"规范各种文书格式"活动》，载《正义网》2007年5月22日。

以每案一卡的形式下发到办案人员手中，加强沟通，督促尽快整改；四是重视专项培训，提高制作技能。针对在文书检查中经常出现的问题，有针对性地开展培训，查漏补缺，巩固提高干警制作法律文书的能力。①

2. 建立健全有关侦查文书填制的管理、指导、督查机制。其中关键，在于案件管理部门（亦即案管中心）应真正担负起法律文书质量的管理、指导和督查职责。② 当然，其他业务部门也应支持、配合案件管理部门工作。一方面，要加强管理。对填充式侦查文书亦即侦查法律文书，要以部门为单位，设立专门保管人员。保管人员既要保管、发放侦查法律文书，又要负责编写文书编号、审核空白文书。对叙述式侦查文书，应坚持谁办案谁填制的原则以及"具体办案人员负责填制→侦查部门负责人负责审核→检察长或检委会负责审批→检察长负责签发→司法警察负责送达"的监督制约规则。另一方面，要加强起草、审核和签发工作。为此，实践中，也可通过"五招"保证侦查文书的起草、审核和签发工作质量:③ 完善签发、加强校对、建立督查、制定评比和实行讲评制度。

---

① 参见花纯芬、李娜：《四项措施 保障法律文书制作规范化》，载《正义网》2009年2月4日。

② 诚然，"根据高检院党组决定，高检院案件管理办公室自2012年1月1日起对本院办理的案件履行集中管理职责。按照要求，属于高检院管辖的侦查监督案件、公诉案件、省院提请高检院抗诉的案件等，均由案件管理办公室统一受理。同时，案件管理办公室还负责案件流程监控、法律文书监管、涉案款物监管、案件质量评查和案件统计等项工作"（参见《检察日报》2012年1月6日）。另据《正义网》2013年5月23日报道，去年9月28日，河南邓州市检察院启用《邓州市检察院法律文书网上管理系统》。该系统集检察机关各类法律文书的制作、填写、存贮、查询、分析于一身。截至目前，该院已通过该系统打印法律文书260余份。与以往的法律文书制作相比，通过该系统出具的文书具有3个特点：一是制作过程网络化。法律文书制作必须在局域网上进行，改变了以往手工填写、人工盖章、保留存根的文书样式；二是制作流程程序化。各部门文书制作之后，按照部门负责人审核、主管领导签批、加盖电子签章的步骤逐一办理，否则文书无法完成；三是制作样式规范化。系统制作的法律文书，版面整洁美观，格式统一规范。据邓州市检察院案管部门负责人介绍，通过该系统，全市的检察文书真正做到了：审批流程不清楚的不放过、相关手续不清楚的不放过、案件结果不清楚的不放过，每一份经案管部门备案审查的法律文书都程序规范、内容合法、处理得当。再据该网2010年8月26日报道，该院案管部门坚持做到"三关审查"：对文书报备关进行审查、对文书形式要件关进行审查、对文书实体内容关进行审查，从而使各类报备法律文书存在的问题能够被及时发现和纠正，有效防止了法律文书"带病"出门。

③ 参见董晶晶：《金湖法院"五招"力保裁判文书质量》，载《中国法院网》2008年8月29日。

例如，据《正义网》2008年11月19日报道，为确保法律文书（含侦查文书）使用正确规范，近日，陕西省宝鸡市陈仓区检察院对本院今年以来的近300份法律文书进行了集中评比，评比内容包括法律文书是否符合规范化格式、内容表述是否清楚、认定事实是否完整、是否因校对不认真而出现错别字、不完整或不盖章的情况等；再据该网2012年7月4日报道，海门市检察院案管部门利用“一查二核三问”3招切实做好法律文书监督工作：一查，即查文书开具审批手续；二核，即核文书开具时间；三问，即问文书开具理由；又据该网2012年8月31日报道，“决不让‘带病’的法律文书出门”这不仅仅是一句口号，潍城区检察院采取了4项措施防范文书制作出现差错问题：一是严格规范文书格式。按照高检院法律文书制作要求，对文书的文号、字间距、格式、印刷标准等进行统一规范；二是建立文书校对制度。要求承办检察官将法律文书统一发至文印室打印样本，送科室负责人、分管检察长审查，分别签名确认后方可正式打印，并留一份报送检务督察室，做到实时监控；三是公开“晒”瑕疵文书。在专线网主页设置“公开展示栏”，将无瑕疵规范的文书和有瑕疵不规范的文书同时“晒”，形成鲜明对比，激发干警改正的内在动力，达到警示、纠错的作用；四是将文书差错纳入检务督察“问题库”。每月召开一次案件质量评查会，在会上由检务督察委员会的委员们审核当月法律文书，对出现的错误汇总后纳入“问题库”，并予以通报，与年底个人评先评优相挂钩。

3. 建立健全有关侦查文书填制的考评机制。其中关键，是将高检院《关于进一步建立健全检察机关执法办案考评机制的指导意见》（2011年11月9日）落到实处。与此同时，根据高检院《考评各省、自治区、直辖市检察机关查办职务犯罪案件工作办法（试行）》（2004年2月13日）规定：“考评内容为办案力度、办案质量（含侦查文书的填制质量）和办案安全，具体考评项目包括立案数、起诉数、起诉比例、有罪判决数、有罪判决比例、起诉大案要案数、刑事赔偿案件数和违法违规办案致使涉案人员自杀死亡人数”；“考评结果作为最高人民检察院评价各省级人民检察院工作的依据之一。”同时，高检院《基层人民检察院规范化建设考核基本标准》（2006年11月28日）也明确提出：“基层人民检察院规范化建设，主要围绕履行和保障履行法律监督职能，从以下5个方面进行考核：检察业务建设；检察队伍建设；检务保障及信息化建设；检察管理机制建设；检察形象建设。”其中，检察业务规范化建设就包括：“……2. 举报线索统一管理，严格按照有关规定登记、分流、备案、初查，初查程序合法。无瞒案不报、压案不查或以侦查代初查、违法采取强制措施等情形；3. 按照案件管辖和立案标准，依法对贪污贿赂、侵权渎职等职务犯罪案件立案侦查。无有案不立、违法办案、越权办案等情形；4. 适用侦查措施、强制措施法律手续完备，程序合法。无违法适用侦查措施、强制措施等情形；文明办案，依法取证。无刑讯逼供和以威胁、诱供、欺骗以及其他非法方法取证等情形；5. 查办职务犯罪案件的数量和质量达到上级人民检察院要求，撤案率、不起诉率和无罪判决率低，起诉率、有罪判决率和大要案比例高；6. 审查批捕、审查起诉和提起公诉，批准、决定逮捕和起诉准确率达到上级院要求，出庭公诉质量高。无错捕、错诉、漏捕、漏诉等情形；7. 结合职务犯罪查处工作，认真开展个案、系统和专项预防，并及时提出检察建议。……11. 严格执行实体法和程序法的规定，坚持实体公正和程序公正。在任何诉讼环节，无超期羁押、超时限办案和变相延长羁押期限、办案时限的现象，无冤、假、错案。12. 行诉讼权利告知制度和保障律师职业权利等规定，无侵犯诉讼参与人合法权利的情形；13. 行办案安全、保密等有关规定严格，防范措施严密。无涉案人员脱逃、自杀、行凶，枪支弹药、案卷丢失、被盗以及失密、泄密等事故发生；14. 律文书制作规范，案卷归档符合要求，业务台账健全明晰，各项业务数据统计准确，按时上报。无弄虚作假、拖延上报等情形……”

另据2010年7月26日出版的《检察日报》报道，重庆市城口县检察院日前开展了评选“最差公诉文书”亮短活动，以进一步提高干警规范办案的意识。通过评比，共查找出文书制作不规范、法律用语不严密、犯罪事实表述不清楚等各类问题11项，选出“最差公诉文书”3份；再据《正义网》2010年5月28日报道，近日，一份特殊的通报在扬州市广陵区检察院的干警中引起强烈反响，原来在该院《2010年第一季度法律文书质量专项检查通报》中，20份存有瑕疵的法律文书和案件承办人被“曝光”。

4. 建立健全有关侦查文书填制的奖惩机制。

例如，2005年，山东省沂南县检察院出台《关于进一步规范法律文书制作及管理办法的意见》规定，凡不合格的法律文书流入社会，产生歧义，引发当事人不满，造成不良影响的，将视情追究相关人员的责任——每次给予法律文书制作人和签批人各50～100元的经济处罚，并将法律文书制作情况列入案件质量考评和案件承办人年终绩效考核奖惩时的重要内容。① 再如，2008年8月，陕西西安市碑林区人民法院出台的《法律文书管理补充规定》规定：一是凡当事人发现或该院案件评查中发现法律文书中有文字、格式错误的，每发

① 参见卢金增、高松峰：《规范法律文书制作和管理》，载《正义网》2005年9月8日。

现一处错误，扣主审法官目标考评分1分，一年内出现10处错误的，扣10分，并免去审判职务；二是在一份法律文书中（以主审法官手拟稿为准），因书记员校对不认真出现两处错误的，除对主审法官扣分外，对聘用书记员予以辞退，正式书记员依目标考评双倍扣分；三是因法律文书质量不高，被西安市中院通报的，一律取消主审法官当年各种评优评先资格；情节严重或被媒体曝光的，建议免去或直接撤销审判职务。①

（五）要建立健全责任追究机制

该不该追究伪造、变造、买卖或者盗窃、抢夺、毁灭司法文书或其诉讼文书或其侦查文书者的法律责任？该不该追究质量不合格司法文书或其诉讼文书或其侦查文书填制者的法律责任？回答是肯定的。

1. 有法律依据。总的来说，违法填制侦查文书的责任，主要包括：单位内部责任、党纪责任、政纪责任、刑事法律责任、国家赔偿后的补偿责任。而这些责任，由以下法律直接或间接支撑：

（1）针对违法填制侦查文书行为的检察机关内部责任规定。例如，高检院《基层人民检察院规范化建设考核基本标准》将“法律文书制作规范，案卷归档符合要求，业务台账健全明晰，各项业务数据统计准确，按时上报。无弄虚作假、拖延上报等情形”，作为基层检察院检察业务建设的考核内容之一。

再如，高检院《关于切实履行检察职能防止和纠正冤假错案的若干意见》(2013年9月5日）明确要求，建立健全办案质量终身负责制。

（2）针对违法填制侦查文书行为的党纪责任规定。例如，《中国共产党纪律处分条例》（2004年2月28日）第134条规定：“在执纪、行政执法和司法工作（含职务犯罪侦查工作）中违反有关规定或者不负责任，有下列情形之一的，对负有直接责任者，给予警告或者严重警告处分。情节较重的，对负有直接责任者，给予撤销党内职务或者留党察看处分；负有主要领导责任者，给予警告或者严重警告处分。情节严重的，对负有直接责任者，给予开除党籍处分；负有主要领导责任者，给予撤销党内职务或者留党察看处分：（一）在查处违纪违法案件中，瞒案不报、压案不办的；（二）对他人要求保护合法权益的申请，无正当理由不予答复和办理的；（三）违法采取保全措施或者不履行法定执行职责的；（四）对依照规定应当移交其他机关或者组织的案件不移交的；（五）在办案工作中因违反有关规定或者不负责任导致有关人员伤亡等事件的。在行政裁决或者案件侦查（含职务犯罪侦查）、起诉、审理、审判活动

① 参见台建林：《法律文书质量太差法官免职》，载《法制日报》2008年8月7日。

中徇私舞弊或者枉法裁判的，或者刑讯逼供、暴力取证的，或者经查证确属冤假错案而不予纠正的，对负有直接责任者，给予严重警告或者撤销党内职务处分；负有主要领导责任者，给予警告或者严重警告处分。情节严重的，对负有直接责任者，给予留党察看或者开除党籍处分；负有主要领导责任者，给予撤销党内职务或者留党察看处分。”①

（3）针对违法填制侦查文书行为的政纪责任规定。主要包括：①由《检察官法》所规定的政纪责任。例如，第36条：“检察官有本法第三十五条所列行为之一的，应当给予处分；构成犯罪的，依法追究刑事责任”；第37条：“处分分为：警告、记过、记大过、降级、撤职、开除”。②由《检察人员纪律处分条例（试行）》所规定的政纪责任。例如，第87条：“丢失案卷、案件材料、档案或者机密文件的，给予警告、记过或者记大过处分；情节严重的，给予降级或者撤职处分”。③由《检察人员执法过错责任追究条例》所规定的政纪责任。例如，第8条：“检察人员在执法办案活动中不履行、不正确履行或放弃履行职责，造成下列后果之一的，应当追究执法过错责任：（一）认定事实、适用法律错误，或者案件被错误处理的；（二）重要犯罪嫌疑人或者重大罪行遗漏的；（三）错误或者超期羁押犯罪嫌疑人、被告人的；（四）涉案人员自杀、自伤、行凶的；（五）犯罪嫌疑人、被告人串供、毁证、逃跑的；（六）举报控告材料或者其他案件材料、扣押款物遗失、损毁的；（七）举报控告材料内容或者其他案件秘密泄露的；（八）矛盾激化，引起涉检信访人多次上访、越级上访的；（九）其他严重后果或者恶劣影响的”。④由其他检察解释所规定的政纪责任。例如，高检院《对违法办案、渎职失职若干行为的纪律处分办法》（1998年6月8日）等。

（4）针对违法填制侦查文书行为的刑事责任规定，主要是《刑法》及其《修正案》。而值得关注的是，2013年8月，中央政法委出台《关于切实防止冤假错案的指导意见》，就法官、检察官、人民警察对办案质量终身负责提出明确要求。其中强调，一是犯罪嫌疑人被送交看守所羁押后，讯问应当在看守所讯问室进行并全程同步录音或者录像；二是侦查机关移交案件时，应当移交证明犯罪嫌疑人、被告人有罪或者无罪、犯罪情节轻重的全部证据；三是在侦查、审查起诉、审判时发现有应当排除的证据的，应当依法予以排除，不得作为提请批准逮捕、批准或决定逮捕、移送审查起诉、作出起诉决定和判决的依据；四是切实保障律师会见、阅卷、调查取证和庭审中发问、质证、辩论等辩

① 该条例第10条规定：“对党员的纪律处分种类：（一）警告；（二）严重警告；（三）撤销党内职务；（四）留党察看；（五）开除党籍。”

护权利；五是对罪犯提出的申诉、控告、检举材料，监狱或其他刑罚执行机关不得扣压，应当及时转送或者提请有关机关处理，有关机关应当认真审查、及时处理，并将处理结果通知监狱或其他刑罚执行机关；六是建立健全合议庭、独任法官、检察官、人民警察权责一致的办案责任制，法官、检察官、人民警察在职责范围内对办案质量终身负责。明确冤假错案标准、纠错启动主体和程序，建立健全冤假错案的责任追究机制。对于刑讯逼供、暴力取证、隐匿伪造证据等行为，依法严肃查处。建立健全科学合理、符合司法规律的办案绩效考评制度，不能片面追求破案率、批捕率、起诉率、定罪率等指标。①

2. 实践中，有追究实例可参考、佐证：

案例一：按照重庆合川市人民法院的规定，带有错别字或语法错误的法律文书一旦发放到当事人手上，就算一件错案。这项制度实施至今，该院共有6名法官因为判决书、裁定书中出现错别字、语法错误等原因，而受到通报批评并扣发了岗位目标津贴。②

案例二：2006年3月22日，经福建漳州市芗城区检察院提起公诉，漳州龙海市一公安干警陈某因受贿罪被一审法院判处有期徒刑1年5个月，缓刑3年，并追缴赃款人民币1万元。经查，2004年3月，陈某在担任龙海市公安局经济侦查大队侦查员期间，负责一起职务侵占案件的侦查工作。在侦查期间，该案的嫌疑人找到案件经办人陈某，要求给予关照。在其被抓获归案后，陈某对其进行第一次审讯。之后，陈某擅自将笔录中的关键字涂抹，并于2004年6月22日出具该犯罪嫌疑人投案自首的虚假证明。为感谢陈某，该犯罪嫌疑人于2004年7月间将人民币1万元送给陈某。③

案例三："从2000年4月至8月，熟悉案情的（原辽宁省沈阳市检察长）刘实不仅通过于海洋向章亚非（马向东妻子）通报案件办理的情况，④ 甚至连有关部门开会讨论案情的内容也悉数告诉章亚非……2000年4月，有关部门召开马向东涉嫌犯罪案件协调会，刘实也参加了会议。在会议召开前，章亚非就得知了开会的消息。会后，刘实又多次将协调会的主要内容、马向东案件的

---

① 参见蒋皓：《中央政法委严格遵守法律程序坚守防止冤假错案底线》，载《法制网》2013年8月12日。

② 参见《判决书上写错字算错案 发生3起将取消法官审判资格》，载《北京娱乐信报》2004年3月12日。

③ 参见洪忠华、王洁：《公安干警篡改笔录 帮人脱罪被判刑》，载《正义网》2006年4月3日。

④ 其中"案件"，是指"辽宁沈阳市原常务副市长马向东贪污、受贿、挪用公款、巨额财产来源不明案"（2001年）。

关键证人、所处的诉讼阶段以及对马向东的律师所写材料的意见通过于海洋告知章亚非……2000 年 11 月 21 日，正在北京参加检察长会议的刘实因‘故意泄露国家秘密罪’被刑事拘留……2001 年 10 月 9 日，经法院审理后裁定，刘实犯故意泄露国家秘密罪，判处有期徒刑二年；犯贪污罪判处有期徒刑十二年，并处没收财产人民币十万元；犯受贿罪，判处有期徒刑十五年，并处没收财产人民币四十万元（刘实所犯贪污罪与受贿罪本文不作具体交代）。决定执行有期徒刑二十年，并处没收财产人民币五十万元。”①

案例四：据《中国青年报》2013 年 4 月 18 日报道，广东省东源县法院副院长刘伟华经县政府授意，伪造了 8 份判决书“依法核销”了被 4 家单位企业挤占挪用的社保基金 130 多万元的“烂账”，让有关当事人逃避了责任追究。目前，刘因涉嫌渎职侵权已被取保候审。

为防患于未然和防止检察人员违纪违法，高检院《关于加强和改进新形势下检察队伍建设的意见》明确提出：“紧密结合法律监督实践和队伍建设实际，认真开展以为民务实清廉为主要内容的党的群众路线教育实践活动，大力践行立检为公、执法为民宗旨，深入解决思想不纯、执法不公、为检不廉、作风不正、损害群众利益的突出问题；创新教育实践活动载体、方式，增强针对性、实效性，坚决防止走形式、走过场；深化社会主义核心价值观、社会主义法治理念、政法干警核心价值观主题教育实践活动，牢固树立正确的发展理念和执法理念，自觉践行‘六观’、‘六个有机统一’、‘四个必须’；完善检察队伍思想动态定期分析、通报制度，建立和落实思想教育主题化长效机制，巩固和深化主题教育实践活动成果。”②

（六）要学会总结借鉴成功经验③

1. 建章立制规范侦查文书填制工作。例如，2005 年初春，山东沂南县检

---

① 参见《原沈阳市检察院检察长刘实故意泄露国家秘密罪》，载《宿迁市国家保密局网》2008 年 6 月 2 日。

② 另据 2013 年 7 月 31 日出版的《法制日报》报道，近日从重庆市四届人大常委会第四次会议上获悉，为了增强案件质量的“终身责任意识”，重庆市检察机关全面施行检察官执法档案制度，严格检察官办案责任制。

③ 例如，据《检察日报》2013 年 1 月 23 日报道，新疆生产建设兵团农六师奇台垦区检察院，近日采取 4 项措施以提高法律文书的写作水平和写作质量：一是落实《检察机关法律文书格式》要求，严格文书制作标准；二是采取科室负责人、办公室主任、主管副检察长三级审核制，严把文书审核关；三是增强文书说理能力，通过加强学习、相互交流、领导授课的方式使制作的法律文书以法、以理服人；四是加大文书评查力度，通过日常抽查、集中评查、年底复查的方式，规范法律文书在管理和制作方面存在的问题。

察院出台《关于进一步规范法律文书制作及管理办法的意见》规定：一是办案人员在制作立案决定书、批准逮捕决定书、移送审查起诉意见书、起诉书和询问笔录以及检察建议书等法律文书时，必须严格按照相关规定和式样操作，力求用字规范、语言通顺，结构严谨，表述恰当，层次分明，引用法条准确；二是法律文书应装订规范，页面整洁，不得随意涂改，一经发现错误应立即补正，并重新制作，禁止使用“校对章”，或让当事人“捺指印”；三是实行法律文书逐级签批制度，凡不合格的法律文书流入社会，产生歧义，引发当事人不满，造成不良影响的，将视情追究相关人员的责任，即每次给予法律文书制作人和签批人各50～100元经济处罚，并将法律文书制作情况列入案件质量考评和案件承办人年终绩效考核奖惩时的重要内容。①

2. 开展侦查文书质量评比和点评活动。例如，针对目前一些起诉书存在的说理不透彻、层次不清晰、语言不流畅等问题，江苏省南通市崇川区检察院2004年以来建立了一套较为完善的“法律文书点评制度”，旨在从整体上提高起诉书的制作质量，以促进干警公诉业务水平的迅速提高。这项制度规定，每月月底由公诉科组织全科人员对当月结案的所有起诉书进行评析，从证据运用、法律分析、逻辑结构、法理水平等方面，既评出比较好的文书，又点出存在问题，然后对若干较好的起诉书上传至该院局域网专门开辟的文书点评栏目。② 当然，实践中，在以评比和点评的方式提高侦查文书质量时，一方面，要以实现司法公正为旨归。另一方面，要确立科学而公正的评判标准及其内容：一看检察文书（含侦查文书）的形式是否符合规定：绝大部分检察文书（含侦查文书）不属于文件类公文，不应用红头文件格式；文书名称是否符合要求；文书编号是否规范；格式要求的要素、项目是否体现完整；是否仍用已作废的文书格式。二看检察文书（含侦查文书）内容是否符合要求。例如，叙述式文书的内容是否符合下列要求：一是案件来源叙述的是否规范，既不能过于烦琐，也不能简单而没有受理案件日期；二是对未决犯的作案过程交代的是否清楚，亦即“七何”（即何事、何时、何地、何情、何故、何物、何人）交代的是否清楚；三是阐明的理由是否充分规范。事实根据应切中要害，突出个性；法律根据应正确引用法条，具体到条款，同时引用条文应保持科学的顺序，一般先引用定罪条款，后引用量刑条款；有重罪的，应先重后轻。四是证据的列举是否具体；五是语言文字的表达是否规范，包括标点符号的正确使用，指代要清，称谓要准，无错、漏、别字现象。三看制发检察文书程序是否

---

① 参见卢金增、高松峰：《规范法律文书制作和管理》，载《正义网》2005年9月8日。

② 参见徐德高：《“品头论足”创精品文书》，载《检察日报》2004年3月31日。

规范，其中关键，看是否符合“具体办案人员负责填制→侦查部门负责人负责审核→检察长或检委会负责审批→检察长负责签发→司法警察负责送达”的制发侦规则。再据，2010 年 1 月 9 日出版的《检察日报》报道，近日，黑龙江省绥化市北林区检察院推出了法律文书盲评制度，即随机抽取该院公诉科已审结案件的法律文书，将审查报告和起诉书密封及现场抽签后，由检委会委员组成评委，从各方面进行评审和点评，取得良好效果。

3. 聘请专家对侦查文书所存不足把脉、会诊。例如，据2011 年5 月25 日出版的《检察日报》报道，昨天，上海市闵行区检察院举行“法律文书制作语言文字顾问”聘任仪式，聘用语言文字专家仇忠海以规范法律文书制作。再如，据《正义网》2012 年6 月4 日的内容，5 月 30 日，山东省枣庄市市中区检察院邀请枣庄学院和区委党校的专家、教授参加“十佳法律文书”评选现场点评会，并当场选出“十佳法律文书”。

4. 加强侦查文书填制各环节之间的督查制约。一方面，要贯彻落实《检察规范》第 1 · 9 条“人民检察院办理案件，由检察人员承办，办案部门负责人审核，检察长或者检察委员会决定”的内部人员制约机制。另一方面，也要贯彻落实《检察规范》第 1 · 10 条“人民检察院按照法律规定，在刑事诉讼中实行案件受理、立案侦查、侦查监督、公诉、控告、申诉、监所检察等业务分工，各司其职，互相制约，保证办案质量”的内部机构制约机制。其中关键，是将“具体办案人员负责填制→侦查部门负责人负责审核→检察长或检委会负责审批→检察长负责签发→司法警察负责送达”的制发侦查文书的监督制约规则落到实处。另据2009 年1 月19 日出版的《检察日报》报道，江苏省宝应县检察院不断强化对案件的过程监督和流程管理，结合自身实际情况出台了“七书”——《安全防范责任书》、《案件侦查终结报告书》、《征求发案单位意见书》、《征求人大代表意见书》、《征求案件审查部门意见书》、《征求法院意见书》、《案件跟踪监督情况通知书》，把监督的范围覆盖到从案件受理到办结的全过程，此举有效推动了该院执法规范化建设。

5. 借助计算机、速录机、打印机和录音录像等先进设备、技术、机制提高侦查文书填制质量。例如，2008 年 12 月，天津市北辰区检察院成功研发了电子笔录系统，改变了过去传统落后的手记笔录模式，提高了办案质量和办案效率。该系统事先将要讯问和询问的问题以模板形式保存到数据库，在提讯或询问时录入嫌疑人、证人回答的内容，最后生成统一格式的笔录文书，还可即时打印，并将笔录文书导入检察业务动态管理系统软件里随案件电子卷流转；① 另据《正义网》2012 年 7 月 24 日的内容，20 日下午，睢宁县检察院举

① 参见朱建军等：《办案提讯实行电子笔录》，载《检察日报》2008 年 12 月 9 日。

办了一场书记员速录技能竞赛，来自公诉、预防、控申、监所等业务科室的数十名干警参加了此次竞赛。

总之，提高并加强侦查文书的填制能力，是提高并完善检方法律监督能力的题中应有之义。而值得关注的是，高检院《2009～2012年基层人民检察院建设规划》（2009年2月27日）明确提出，今后5年，基层检察院建设的基本目标是：推进执法规范化建设，推进队伍专业化建设，推进管理科学化建设，推进保障现代化建设；基层检察院建设的主要任务：加强思想政治建设，坚定正确的政治方向；加强检察业务建设，维护社会和谐稳定和公平正义；加强领导班子建设，提高领导检察工作科学发展的能力和水平；加强检察队伍建设，提高整体素质和专业化水平；加强检务保障建设，夯实检察工作发展的物质基础。为此，要加强基层检察院建设的考核、表彰和奖励机制建设。其中，就包括侦查文书的规范化建设问题。

第二节　职务犯罪侦查文书的结构

一、概述

所谓侦查文书的结构，是指侦查文书形式和内容的各个组成部分的搭配形式，包括侦查文书的形式和内容结构两部分；而两者呈唇亡齿寒、不可分割关系，并应达到完美、和谐、统一。

一方面，侦查文书的形式结构由首部、正文和尾部3部分构成，缺一不可；侦查文书的内容（亦即正文）结构则由事实、理由和结论3部分组成，不可或缺。

另一方面，形式结构是侦查文书的形式、外壳，内容结构则是侦查文书的内核、灵魂，并决定着侦查文书的形式结构。同时，没有无形式的内容，也没有无内容的形式；内容和形式的区别是相对的，在一定条件下可互相转化，形式和内容是相互作用的；内容决定形式，形式必须适合内容。有什么样的内容，就必须有什么样的形式；内容发生了变化，形式或迟或早也要相应地发生变化；形式对内容的反作用，有两种基本情况：凡是适合内容的形式，对内容的发展起积极的推动作用；反之，就起消极的阻碍作用。但不论何种侦查文书，其内容与形式结构，均为相应的格式样本所承载。易言之，侦查文书的形式与内容结构项目，统一、记载于相应的格式样本之上。例如，下图2所示：

________人民检察院
勘验检查笔录

检技堪〔　〕　号

一、基本情况

堪检事由：________堪检起始时间：________堪检结束时间：________

堪检地点：________堪检环境情况：(天气、光线、温度、风向等)

现场指挥人：________________到场时间：____________

堪检人：______到场时间：______堪检人：______到场时间：________

见证人：________证件名称/号码：________见证人：________证件名称/号码：________

其他人员：(包括笔录人、制图人、照相人、录像人、录音人、全程录音录像人等)

堪检设备和软件工具的名称、型号、版本号：____________

二、堪检过程：勘验/检查情况：(发现、提取、分析、固定证据形式、方法和步骤)

三、堪检结果：(提取固定痕迹、物证情况，制图和照相的数量，录像、录音的时间)

附件：(现场照片、物证照片、设备照片、现场图、录音录像、物品制表)

现场指挥人（亲笔签名）：__________堪检人（亲笔签名）：________

见　证　人（亲笔签名）：__________记录人（亲笔签名）：________

年　月　日

第　页

图 2：勘验检查笔录格式样本

另外，诚如本书第一章第三节所云，自我国检察制度确立以来，无论旧中国还是新中国，都有关于侦查文书的规定和格式样本。当然，目前引领、规范我国侦查文书填制的规范和格式样本，主要是《刑事诉讼法》以及高检院《检诉规则》、《文书规定》和《文书样本》等。

此外，侦查文书除包括形式与内容外，根据侦查文书类型、性质的不同，还可将其分为侦查法律文书、侦查工作文书、侦查笔录和侦查公文结构 4 种；根据填制方式的不同，还可将其分为填充式与叙述式侦查文书结构两种。

二、填制要领

所谓侦查文书结构的基本要求，是指填制侦查文书形式与内容结构项目内容时的基本做法或填制方法。因此，它通常由法律所规定，并包括两部分：一部分是“总则”式的规范。例如，高检院《文书规定》和《文书样本》中的《关于〈人民检察院刑事诉讼法律文书格式样本〉电子模板的使用说明》，以及《公文处理办法》之“总则”。

另一部分则是“分则”式的规范。例如，《文书样本》中每种侦查文书的“制作说明”和《公文处理实施细则》。如《文书样本》中的“立案决定书制作说明”的下列内容：“一、本文书依据《中华人民共和国刑事诉讼法》第十八条第二款、第一百零七条、第一百一十条的规定制作。为检察长、检察委员会决定对案件立案侦查时使用。二、使用本文书时，对于贪污贿赂犯罪，国家机关工作人员的渎职犯罪，国家机关工作人员利用职权实施的非法拘禁、刑讯逼供、报复陷害、非法搜查的侵犯公民人身权利的犯罪以及侵犯公民民主权利的犯罪的案件，引用《中华人民共和国刑事诉讼法》第一百零七条、第一百一十条。对于国家机关工作人员利用职权实施其他重大犯罪案件，省级以上人民检察院决定直接由本院受理的，引用《中华人民共和国刑事诉讼法》第十八条第二款、第一百零七条、第一百一十条。三、共同犯罪的案件，应当填写全部犯罪嫌疑人的姓名。以事立案的案件，不填写犯罪嫌疑人基本情况一栏。制作时由检察长签名或盖章，并加盖立案的人民检察院印章。四、本文书以案为单位制作。五、本文书共两联，第一联统一保存备查，第二联附卷。”

而基于侦查文书性质、类型的不同，还可将侦查文书结构的基本要求概分为以下 4 大种类：

（一）填充式结构填制要领

由于填充式侦查文书，是以统一的法定格式印制的侦查文书格式样本，有固定的内容项目、要素。因此，在填制时，只需根据不同的案件或职务犯罪侦查活动，在侦查文书的空格处填上填制单位、文号、犯罪嫌疑人或被告人基本情况、案由、送达单位或个人、签章等事项，就可以完成。所以，其特点是简捷、统一、标准化。

另外，填充式侦查文书结构通常正本、副本、存根 3 个文书联构成。其中，正本的结构内容通常包括：首部、正文和尾部（如下图 3 所示）。而首部的结构项目又包括：填制文书的人民检察院名称，文书的名称，文书文号等；

正文的结构项目又包括：侦查文书送达的单位或个人的名称，犯罪嫌疑人或被告人的姓名，案由，作出法律决定的原因，作出法律决定所依据的法律及条文，作出法律决定的事项；尾部的结构项目又包括：填制文书的时间，填制人员姓名，院印或检察长印等。

因此，填制此类侦查法律文书时，一要逐项认真、仔细和全面填制；二要做到副本与正本完全相同，准确无误；三要使存根所包括的下了事项准确无误。存根首部包括：填制侦查文书的人民检察院名称、文书名称、文书文号；存根的正文包括：案由、犯罪嫌疑人或者被告人姓名、性别、年龄、工作单位、住址、决定事项、批准人、承办人、填发人和填发时间等事项。

______人民检察院
不立案通知书
（存根）

检　不立〔　〕　号

控告单位或控告人：____
被控告人基本情况（姓名、性别、年龄、身份证号码、工作单位、住址、是否人大代表、政协委员）：__________
不立案原因：__________
批　准　人：__________
承　办　人：__________
办案单位：__________
填发时间：__________
填　发　人：__________

______人民检察院
不立案通知书
（副本）

检　不立〔　〕　号

________：

你（单位）控告________涉嫌________一案，经本院审查认为，________。根据《中华人民共和国刑事诉讼法》第　条的规定，决定不予立案。

特此通知。如果不服本决定，可以在收到本通知书后十日以内向本院申请复议。

（××人民检察院名章）
年　月　日

______人民检察院
不立案通知书
（正本）

检　不立〔　〕　号

________：

你（单位）控告________涉嫌________一案，经本院审查认为，________。根据《中华人民共和国刑事诉讼法》第　条的规定，决定不予立案。

特此通知。如果不服本决定，可以在收到本通知书后十日以内向本院申请复议。

（××人民检察院名章）
年　月　日

图3 左起：不立案决定书第一联——存根、第二联副本、第三联正本的格式样本

（二）叙述式结构填制要领

叙述式侦查文书是需对不同案件的事实、证据、结论等分别说明的侦查文书。因此，其特点是总体上有统一格式，具体上所叙述的法律事实各异。所以，填制时，每一份都要分别草拟、印制。同时，它通常也包括首部、正文和尾部3部分构成（如下图4所示）。当然，填制此类侦查文书时，也要逐项认真、仔细和全面填制。

________人民检察院

通知立案书

检　通立〔　〕　号

（以上属于首部，以下属于正文）

一、发往单位

二、写明发出《说明不立案理由通知书》的时间与文号，侦查机关回复的时间与文书的文号。

三、写明侦查机关关于不立案理由不能成立的原因和应当立案的事实根据和法律根据。

四、写明通知侦查机关立案的法律依据（刑事诉讼法第一百一十一条）和要求（收到立案通知书后十五日以内立案并将立案决定书副本送达我院）。

（以上属于正文，以下属于尾部）

年　月　日

（院印）

图4：通知立案书格式样本

（三）笔录式结构填制要领

笔录式侦查文书，亦称侦查笔录，是指检方在职务犯罪侦查过程中，依法制作的检察笔录。它通常也包括首部、正文和尾部3部分构成（如下图5所示），但除勘验检查笔录、侦查实验笔录之外的绝大多数，并没有统一的印制格式样本。当然，填制此类侦查文书时，也要逐项认真、仔细和全面填制。

侦查实验笔录

时间：____年____月____日____时____分至____年____月____日____时____分

地点：________________________________

侦查人员姓名、单位：________________________

（以上属于首部，以下属于正文）

侦查实验目的：__________________________

____

过程及结果：____________________________

____

（以上属于正文，以下属于尾部）

侦查人员（亲笔签名）：__________记录人员（亲笔签名）：__________

图5：侦查实验笔录格式样本

（四）公文式结构填制要领

公文式侦查文书，亦称侦查公文，是指检方在职务犯罪侦查过程中，依法制作的公文。它通常也包括首部、正文和尾部3部分构成（如下图6所示）。当然，填制此类侦查文书时，可参照高检院《公文处理办法》及其《实施细则》及其附件《公文版头样式》、《发文字号规范》、《公文用纸标准样式》，认真、仔细和全面填制。

秘密★2年（三号黑体）

高检院办公厅通报

第×期（三号宋体）

最高人民检察院办公厅　　　　20××年×月×日

（三号宋体）　　　　（三号楷体）

（编者注：以上属于首部，以下属于正文）

标　题

（二号宋体）

正文

（三号仿宋体）

（编者注：以上属于正文，以下属于尾部）

（共印220份）

最高人民检察院办公厅　　　　20××年×月×日印发

（四号仿宋体）

图6：通报格式样本

第三节　职务犯罪侦查文书的填制要领

一、观点综述

所谓侦查文书的填制要求，是指填制出一份合格的侦查文书，应符合或具备的根本条件或基本因素。换言之，一份合格的侦查文书应具备或符合哪些基本条件。对此，有不同认识。

有的认为，法律文书（含侦查文书）填制的基本要求有五：①遵循格式，写全事项；②主旨鲜明，阐述精当；③叙事清楚，材料真实；④依法说理，折服有力；⑤语言精确，朴实庄重。①

有的认为，填制司法文书（含侦查文书）的基本要求，一方面，应遵循严格依法填制、注重客观事实和坚持公正公开的填制基本原则。另一方面，应遵循内容合法正确、形式合乎规范和手续完备齐全的填制基本要求。②

有的认为，一份合格的诉讼文书（含侦查文书）应符合以下要求：①文书样式应当规范；②文书案由应当规范；③文书内容要用语规范，修辞严谨，行文简洁，语句流畅；④文书引用法律应当规范；⑤填充式文书要求内容完备，字迹清晰，各份副本格式一致，填写要求笔迹相同；六是文书要求卷面整洁，无错字、别字、漏字等语病，标点符号使用正确。③

有的认为，制作一份高质量的公安文书（含公安机关侦查文书），应掌握如下制作基本要求：①熟悉政策方针和法律法规；②实事求是，尊重客观事实；③内容完整，格式规范；④叙事明晰，论理透彻；⑤雷厉风行，提高效率。④

有人认为，检察文书（含侦查文书）的质量要求是合法、实用、规范、标准。⑤

也有的认为，检察文书（含侦查文书）的制作要求，应包括 6 个方面：

---

① 参见《自学考试〈法律文书写作〉听课笔记》，载《湖北自考网》2009 年 1 月 6 日。

② 参见熊先觉著：《中国司法文书学》，中国法制出版社 2006 年版，第 82～84 页。

③ 参见《天津市河西人民法院诉讼文书质量管理的暂行规定》（2005 年），载天津法院网，访问日期：2005 年 10 月 26 日。

④ 参见《公安文书》，载《百度百科网》2009 年 2 月 11 日。

⑤ 参见赵汝琨主编：《检察文书教程》导言，中国检察出版社 1999 年版，第 5 页。

①文书格式的基本要求：规定的文书格式必须遵守，法定的要素项目必须写清；②叙述案件事实的基本要求：如实反映客观事实，围绕主旨选择材料，准确写清事实要素，注意区别罪与非罪、主罪与次罪、此罪与彼罪、当写与不当写、文书的内与外界限，明确交代因果关系，恰当选用记叙方法；③写明证据的基本要求：必须写明主要证据，列举证据力求具体，注意证据的证明力和连锁性；④阐明理由的基本要求：突出个性、概括事实根据，切中要害、分析危害结果，依法定罪、准确引用法律；⑤语言文字的基本要求：公文语体、朴实庄重，符合语法、标点正确，文字简介、文意赅备，用语确切、褒贬适度，文意贯通、合乎逻辑，注意修辞、表达有力，称谓无误、数量确切，力戒诸弊、语言规范，民族语言、依法适用，借鉴传统、发扬光大；⑥其他要求：制作与撤销问题、文书编号等技术问题、正确用印问题、审核保管问题。①

还有的认为，一方面，加强侦查文书的阐述性，是充分发挥其法律作用的有效途径。一要阐明犯罪构成及其证据链条体系，以便快速、准确地认定案件性质、事实及依据，推动案件的诉讼进展；二要阐明犯罪主体，特别是犯罪嫌疑人的主体身份、职务职责及其法律依据；三要阐明犯罪主观方面，罪过如何，是否明知违反规定；四要阐明犯罪客观方面，犯罪嫌疑人如何利用职务行为或者职责违背哪些法律、法规、制度的规定实施犯罪行为，犯罪的时间、地点、方法、手段，犯罪所造成的后果特别是与其行为的内在的本质的联系等。另一方面，制作侦查文书必须做到形式统一：一要做到格式统一；二要做到结构固定；三要做到语言表述规范。②

但本书认为，上述诸说均有可取之处。因此，诸说之长之综合，便是填制侦查文书的基本要求。同时，还应注意以下问题：

1. 填制侦查文书必须以事实为根据，以法律为准绳，严肃认真，准确运用语言文字，做到结构、形式和内容合乎规范。其中关键，就是要符合《文书规定》、《文书样本》等侦查文书规定。

2. 基本要求既包括针对侦查法律文书、工作文书、笔录和公文基本要求，也包括填制各种侦查文书之结构、形式、内容和管理上的基本要求。其中，结构上的基本要求包括：首部、正文、尾部和附件等方面的要求；形式上的基本要求包括：设计、结构、格式、正副本、联数、名称、文号、笔墨纸等书写工

---

① 参见张弥恩主编：《检察实用法律文书概论》，中国检察出版社1993年版，第35~70页。

② 参见《黑龙江省人民检察院反贪污贿赂局法律文书规范化管理实施意见》（2006年6月12日）。

具及其书写、电脑及其模板、印制等方面的要求；内容上的基本要求包括：文风、叙述、论证、说理、事实材料、用字用词用语用句、符号图表、引用、附件、签名、捺指印、印章、时间等方面的要求；管理上的基本要求包括：文体（种）选择、公开、保密、移交、接收、整理、鉴定、保管、保管期限、借阅、销毁、立卷、归档等方面的要求。

3. 填制侦查文书的关键，是要全面、系统地掌握各种侦查文书的填制规则、要领。其中，填制规则主要由《刑事诉讼法》等法律，《检诉规则》、《检察规范》等检察解释以及诸如《文书样本》、《文书规定》等直接针对侦查文书填制的规范性文件组成。

4. 要正确把握侦查文书的填制理念、原则、思路和要领；要依法规范、准确地填制各种侦查文书；要善于学习、借鉴和日积月累，并高度重视填制侦查文书的重要性。

二、填制要领

毋庸讳言，填制一份合格、上乘的侦查文书，除应采用恰当的矫治措施，避免侦查文书的常见问题发生之外，还应遵循以下填制要领：

（一）要了解并掌握正确的填制理念、原则和思路

1. 填制理念。它包括：对侦查文书重要性、内容和形式、主题和材料、语言文字特点、格式等问题的基本认识。因此，作为检察工作的一项主要内容，在填制侦查文书过程中，也要遵循新时期检察工作理念：

（1）要充分认识检方树立正确发展理念和执法理念的极端重要性。为此，一要更新司法理念。只有在正确的司法理念指引下，严格遵守法律程序，把犯罪嫌疑人、被告人作为人来看待，心存忠诚、公正和良知，身怀应有的职业素养和技能，才能避免司法悲剧的发生；二要强化法治思维。用司法职业独特的思维方式观察事物、思考问题、处理案件，尊重司法规律，秉持司法理性，信守司法规则；三要提升司法品质。高品质的司法是司法公信力的基础，要确保司法公正，倡导平和司法，增强司法人文关怀，加强司法伦理建设。

（2）牢牢把握检方树立正确发展理念和执法理念的核心要求。一方面，树立正确的发展理念，最核心的就是要把科学发展观作为长期坚持的重要指导方针，以此解决检察工作（包括侦查文书填制）实现什么样的发展、怎样发展的重大问题。另一方面，树立正确的执法理念，最核心的就是要坚持社会主义法治理念，进一步统一执法思想，端正执法观念，规范执法行为，实现执法

公正。

（3）以大力弘扬“忠诚、为民、公正、廉洁”核心价值观为主线，牢固树立、自觉践行正确的发展理念和执法理念。一方面，要准确把握、牢固树立“六观”；另一方面，要准确把握、自觉坚持“六个有机统一”。

（4）在了解、掌握并坚持填制侦查文书正确理念的同时，还应注意：①填制理念以侦查文书的基本填制要领和规律的形式出现，成为法律精神的表现形式；②每一侦查文书因其案件的复杂程度、性质等不同，会呈现出各自不同的特点。即便是同一案件同一种侦查文书，不同的填制者也会有各自不同的表述方法，这反映出填制理念中的个性色彩；③基于侦查文书与职务犯罪侦查活动的程序与实体关系，填制时也应遵循打击（或惩治犯罪）与保护（或保障人权）并重、程序与实体并重、公正与效率并重、侦查技术与技术侦查并重、物证与言词证据并重、独立行使检察权与协作侦查并重的职务犯罪侦查理念。

2. 填制原则。它是指填制侦查文书时所遵循的基本准则，包括：

（1）合法、规范原则。①侦查文书所反映的职务犯罪侦查活动，必须合法、规范。否则，质量再高的侦查文书也只能作为这种非法侦查行为的“帮凶”；②侦查文书的内容，必须合法、规范。即用于记录的书面语言文字、标点符号等，必须合法、规范；③侦查文书的形式，必须真实、客观、合法、规范。例如，所使用的笔墨纸张等书写材料必须合法、规范；④填制的依据、程序和对侦查文书的的管理，也必须合法、规范。

（2）以事实为根据，以法律为准绳原则。①必须以事实为根据，尊重客观事实。无论是在程序上还是在实体方面，侦查文书都应以案件的客观事实为立论和适用法律的根据，坚持实事求是，从实际存在的客观事实出发。实践证明，只有尊重客观事实，严格依法办事，才能保证侦查文书的质量和作用，才能使之真正成为具有合法性、公正性、正确性、严肃性和权威性的证据材料或者证据。②必须以法律为准绳，严格依法办事，既要符合程序法，也要符合实体法。

（3）客观真实（或准确无误）原则。为此，在填制内容上，要做到客观真实，而不夸大，不缩小，不掺假，不失真；在填制事项上，要做到填制齐全，存根、副本、正本诸联都应按要求填写，不得遗漏；在叙事说理上既要体现合法、必要、讲究方法、注重效果等检察文书说理原则，也要符合明确事实、阐明法理、讲明情理、针对争议焦点重点说明等检察文书说理基本要求；在语言表述上，要做到用字用词用语用句规范、文字精练、繁简得当、褒贬适度、明确易懂，切忌主观臆断、烘托渲染、隐晦曲折。在制作检察笔录上，还应做到如实记录，即现即记、即记即成，从而确保侦查文书形式、格式、内容、语言文字、文理结构填制的准确无误。

（4）格式统一原则。即侦查文书格式样本必须统一协调、上下一致，并在时间上具有相对稳定性和可操作性。一方面，在格式样本上，包括文书的版面、尺寸、字号、字体、名称、文号、正文、落款、纸张等，必须做到全国范围内规范统一，不得各自为政、各行其是。而在没有统一规范的情况下，也应做到本省、本地、本院侦查文书格式样本的相对统一，而不能今天一个样，明天有一个样。另一方面，在侦查文书结构上，也必须做到首部、正文和尾部的相对固定。其中，首部主要包括：制作机关名称、文书名称、文号等项目；正文主要包括：事实、证据、理由、法律依据、结论和处理意见等项目；尾部主要包括落款日期、签名、印章和附注事项等项目。对此，《文书规定》第5条也作了详尽规定。

另外，为保证上述填制原则的贯彻落实，《文书规定》第3条还明确规定："制作刑事检察文书（含侦查文书）必须以事实为根据，以法律为准绳；严肃认真；准确运用语言文字、制作合乎规范"。而只有这样，侦查文书既能成为国家重要专业文书的一部分，也能成为检察活动的真实记录；既能反映检方在职务犯罪侦查过程中贯彻执行党和国家的有关方针、政策、法律、法令和履行法律监督职能的情况，也是检方开展工作、总结经验和进行检察理论研究的重要依据和必要条件。

此外，实践中，也有人认为，制作检察文书原则有四：①忠实于社会主义和人民整体利益的原则；②忠实于事实真相的原则；③忠实于法律的原则；④遵循对于任何公民在适用法律上一律平等的原则；[①] 而填制侦查文书应遵循依法、格式统一、客观准确原则。[②]

3. 填制思路。它是指填制侦查文书的总体考虑、布局。

为此，既要熟悉材料，确定文种，合理布局，也要严肃态度，精密语言，规范行文；既要立足单个，前后照应，结合整体，也要建立健全违法侦查文书的依法排除机制以及对擅自修改、篡改、伪造、变造侦查文书等违纪违法行为的查处力度，使侦查文书的填制工作合法、规范运作。

---

① 参见张弥恩主编：《检察实用法律文书概论》，中国检察出版社1993年版，第4～7页。

② 参见葛晓燕主编：《职务犯罪侦查文书制作与适用》，中国检察出版社2007年版，第12～13页。

（二）要合法、规范、准确填制

无疑，合法、规范和准确填制侦查文书的关键，一方面，要了解并掌握当前有关侦查文书的法律规定和填制规范。而后，既要保证填制侦查文书所用文具、记录、录音录像等形式要素的合法、规范和准确，也有保证填制侦查文书所用事实材料、表达方式、说理要求，以及用字用词用语用句和签名或盖章、捺指印、填制时间等内容要素的合法、规范和准确，还要保证侦查文书收集、装订、整理、立卷、归档等管理活动的合法、规范和准确。

另一方面，要会适用《文书样本》等规定：首先，要认真阅读其中的填制说明。它既有总体说明，在每种文书后还附有专门的填制说明，需要认真把握：一是文书中的选择项，应用斜线（\）划去不用的选择项；二是文书中的数字，除年号、序号、专用术语（如身份证号码、机械型号）、百分比、街道牌号、正文中日期和其他需要用阿拉伯数字表示外，一般应以汉字数目表示；三是大量填充式文书中诉讼活动的法律依据一栏系空白，办案人员在填写法律依据时，一定要找准应当适用的法律条款。例如，立案类文书格式依旧，但对于自行发现的案件线索，立案依据由原来《刑事诉讼法》的第 83 条变为现行《刑事诉讼法》的第 107 条。其次，要严格按照《文书样本》的要求填制法律文书。在新增《查封通知书》、《协助查封通知书》的同时，要求使用统一的《犯罪嫌疑人诉讼权利义务告知书》、《证人诉讼权利义务告知书》、《被取保候审人义务告知书》、《被监视居住人义务告知书》和《侦查阶段委托辩护人、申请法律援助告知书》以及《勘验、检查笔录》和《侦查笔录》。再次，既要注意《文书样本》中同类侦查文书之间的细微差别，也要注意确保职务犯罪侦查活动中文书用得精准，整理卷宗时文书要装全。例如，侦查活动中需要采取技术侦查措施，就应填制采取技术侦查措施的申请书、决定书和通知书，需要解除时则应填制解除技术侦查措施的决定书、通知书。

1. 合法填制

（1）要保证填制依据合法

所依的法律既包括程序法，也包括实体法，而具体包括宪法、基本法律、法律、行政法规、地方性法规、自治条例和单行条例、规章和司法解释等。

但两高 2012 年 1 月 18 日《关于地方人民法院人民检察院不得制定司法解释性质文件的通知》第 1 条规定："根据全国人大常委会《关于加强法律解释工作的决议》的有关规定，人民法院在审判工作中具体应用法律的问题，由最高人民法院作出解释；人民检察院在检察工作中具体应用法律的问题，由最高人民检察院作出解释。自本通知下发之日起，地方人民法院、人民检察院一律不得制定在本辖区普遍适用的、涉及具体应用法律问题的‘指导意见’、‘规定’等司法解释性质文件，制定的其他规范性文件不得在法律文书中援引。”① 因此，由地方法院、检察院制定的“指导意见”、“规定”等司法解释性质文件，既不能成为填制侦查文书的法律依据，也不能在填制侦查文书时援引。所以，基于侦查文书与职务犯罪侦查活动的血肉联系，以及侦查文书的重要性和我国《立法法》第8条规定，② 本书认为，可成为侦查文书依据的法律，应限于宪法、基本法律和法律、法律解释和司法解释，③ 而不能以行政法规、行政规章和地方性法规等低位阶的法律规定侦查文书问题。所以，实践中，填制侦查文书主要依据或可援引以下法律：

①《刑事诉讼法》、《检诉规则》、《检察规范》等程序法律条文内容，决定着某些侦查文书的具体内容设置。例如，《刑事诉讼法》第140条规定：“对查封、扣押的财物、文件，应当会同在场见证人和被查封、扣押财物、文件持有人查点清楚，当场开列清单一式两份，由侦查人员、见证人和持有人签名或者盖章，一份交给持有人，另一份附卷备查。”因此，这一规定就是填制《查封通知书》、《查封/扣押财物、文件清单》、《协助查封通知书》的法律依据。再如，《检诉规则》第557条规定：“人民检察院要求公安机关说明不立案或者立案理由，应当制作要求说明不立案理由通知书或者要求说明立案理由通知书，及时送达公安机关，并且告知公安机关在收到要求说明不立案理由通知书或者要求说明立案理由通知书后七日以内，书面说明不立案或者立案的情况、依据和理由，连同有关证据材料回复人民检察院。”因此，这一规定就是填制《要求说明立案理由通知书》的法律依据。而随着《刑事诉讼法》对取

---

① 而高法院1987年3月31日《关于地方各级法院不宜制定司法解释性质文件问题的批复》中，也有类似规定。

② 该法第8条规定：“下列事项只能制定法律：（一）国家主权的事项；（二）各级人民代表大会、人民政府、人民法院和人民检察院的产生、组织和职权；（三）民族区域自治制度、特别行政区制度、基层群众自治制度；（四）犯罪和刑罚；（五）对公民政治权利的剥夺、限制人身自由的强制措施和处罚；（六）对非国有财产的征收；（七）民事基本制度；（八）基本经济制度以及财政、税收、海关、金融和外贸的基本制度；（九）诉讼和仲裁制度；（十）必须由全国人民代表大会及其常务委员会制定法律的其他事项。”

③ 而高检院2006年5月10日《司法解释工作规定》第5条规定：“最高人民检察院制定并发布的司法解释具有法律效力。人民检察院在起诉书、抗诉书等法律文书中，可以引用司法解释的规定”；高法院2007年3月9日《关于司法解释工作的规定》第27条规定：“司法解释施行后，人民法院作为裁判依据的，应当在司法文书中援引。人民法院同时引用法律和司法解释作为裁判依据的，应当先援引法律，后援引司法解释。”

消免予起诉制度的取消，《免予起诉意见书》、《免予起诉决定书》也随之失去存在意义；随着1997年《刑事诉讼法》的再修正，填制侦查文书就应依据现行《刑事诉讼法》的相关规定。当然，基于《检诉规则》与《检察规范》内容特别是两者有关侦查文书规定的雷同性，本书认为，在填制侦查文书时直接援引《检诉规则》即可，而没有必要再援引《检察规范》条文内容。

②《刑法》及其修正案等实体法律条文内容，也决定着侦查文书的主要内容。一方面，侦查文书中，对案件的定性必须以相应的《刑法》条文作为依据，在理由部分必须引用相关的《刑法》条文。否则，侦查文书的内容就不完整、不合法。另一方面，《刑法》条文以间接的方式作用于侦查文书，并蕴含在侦查文书的事实、理由之中，构成事实和理由的灵魂。同时，《刑法》还对非法填制侦查文书的行为予以严惩。

③《文书规定》、《文书样本》等检察解释规范，则直接引领各种侦查文书的具体填制。

（2）要保证填制内在因素合法

①要保证填制主体合法。从宏观上说，侦查文书通常只能由承办该案件的检察人员尤其是其中的书记员填制，除此之外的其他任何机关、团体和个人甚至非承办本案的检方，都无权填制。从微观上讲，侦查文书的承办人，只能是自然人。即具体办案人员尤其是书记员负责填制，侦查部门负责人负责审核，检察长或检委会负责审批，检察长负责签发，司法警察负责送达。

②要保证填制格式合法。即所填制的侦查文书特别是侦查法律文书的格式，符合《文书样本》、《文书规定》等规定的格式要求。

③要保证填制内容合法。一方面，填制内容结构须合法。一种侦查文书之所以区别于另一种类型的侦查文书，不仅在于其实体内容的差异性，也表现在其结构的不同安排上。例如，都是证类侦查文书，但《逮捕证》与《拘传证》的格式、内容就不完全相同。另一方面，表达方式须合法。即语言文字、符号、文具等运用，必须遵循“以事实为根据，以法律为准绳”的原则。例如，忌乱用司法用语；要讲求严肃准确，不可模糊其词；应保持书面语的风格，排斥方言土语；应严格区分同义词、近义词等。

④要保证填制程序合法。一方面，各种侦查文书之间要体现填制的先后顺序。另一方面，一种侦查文书的内容之间，也要体现操作流程的先后顺序。例如，在现场勘查时，根据《刑事诉讼法》第210条规定，就应先填制、签发勘查证，而后进行现场勘查并制作勘查笔录；而不能先勘查并制作勘查笔录，而后填制、签发勘查证。因为，勘查证是证明勘查活动合法的前提和书面凭证。

2. 规范填制。除应依法填制侦查文书外，还应依侦查工作惯例填制。为此，应注意以下3点：

（1）要保证填制程序规范。侦查文书作为实施法律的重要工具，其文种直接来源于法律的规定，尤其是程序法。即在什么时候使用什么文书或需要使用的侦查文书的名称等，均在法律中明确规定。与此同时，其起草、审核、审批、签发、印发、生效、送达、保管等，都需严格按照法律规定办。

（2）要保证填制格式样式规范。这一点，在侦查法律文书身上体现得尤为突出。

（3）要保证侦查文书标题、案号、法条的援引、字体、标点符号、计量单位的使用、数字的书写、用纸、用笔、用墨、印制版式以及印章的使用等技术因素规范。

3. 准确填制：

（1）要保证立意准确。①侦查文书标题中的“文种”、“事由”要与内容吻合，并且全标题的语法结构正确、规范；②填制侦查文书的目的要明确，内容要紧扣中心，让阅读者一看就明白；③立场、观点要符合国家法律、政策和侦查工作惯例，褒贬适度。

（2）要保证语言文字准确。一方面，与其他文章相比，侦查文书应具有特殊性——通俗、明确、简练。另一方面，准确的内容，必须通过准确的语言文字来表达；而准确地运用语言文字，是一个复杂的问题。为此，①必须准确地使用法言法语。例如，不能把“贪污”写成“贪赃”、“未遂”写成“未逞”、“拘留”写成“拘捕”、“逮捕”写成“拘捕”等。那么，实践中常用的法律术语、法言法语究竟有多少？由信春鹰主编的《法律辞典》（法律出版社2003年版）共收条目（亦即词语或词汇）7300余条，由张思卿主编的《检察大辞典》（上海辞书出版社1996年版）共收词2855个；而实践中最常见的法律术语、法言法语，就是诸如最高人民法院《人民法院公文主题词表》（1996年4月9日）、《国务院公文主题词表》（1997年12月1日）中所规定的词语。②必须正确选用词语，作到词义要确切，正确使用褒义词和贬义词。③必须准确使用数量词，而不能使用“大约”、“可能”等词语。④必须正确使用标点符号，否则，会产生歧义，造成不良后果。

（3）要保证辨析准确。即抓问题、分析和解决问题要准。

（4）要保证文体（种）使用准确。例如，询问笔录与调查笔录、通告与通知、报告与请示等不能互用。

（5）要保证格式准确。侦查文书格式包括外在和内在两个方面。其中，外在方面包括“通常标项”与“非通常标项”。“非通常标项”通常在特殊情况下才使用，一般是会特别引起注意的；而平时要对“通常标项”加以重视，注意其“一前一后”，“前”指标题和“台头”（受文者）所置位置要正确，受文者如果是单位，则应写明单位全称；“后”指结尾用语、“落款”，要求位置恰当，单位要用全称，年、月、日要齐全，并且要用中文数码书写。内在方面则要段落分明，起、承、转、合，井然有序。

（三）要客观、真实、全面地反映案件信息①

无疑，侦查文书是记载职务犯罪案件事实的原生态信息的载体。因此，侦查文书必须以客观、真实、全面地记载职务犯罪案件的下列信息为己任：

1. 言词信息。它是指人的感受、记忆通过思维以语言、文字形式表现出来的信息。例如，口头报案、犯罪嫌疑人供述、证人、被害人的陈述等。因此，其实质是有关人员就直接或间接感知的与案件有关的事实所做出言语陈述，包括其对案件事实的意见与判断。所以，这就要求侦查文书记载言词信息时，应注意它的动态再现性、较强传递性、不易灭失性、易失真性特点。

2. 实物信息。它是指与职务犯罪案件有关的物所反映的信息。因此，这就要求侦查文书记载实物信息时，应注意它的客观性、稳定性、证明的片断性和作用的双联性。其中，作用的双联性是指实物不会说话，是通过其呈现的信息反映着与事物的联系；而这种联系一般表现为连接两个事实要素的桥梁，而且往往一方面连接已知案件事实，一方面连接嫌疑客体或未知客体。

3. 时空信息。它是指任何案件都是在一定时间、空间内发生的，因而时空是案件事实存在的基本特征。所以，这就要求侦查文书应客观、真实、全面地记载职务犯罪案件的时间信息、天气信息、空间信息。

4. 行为信息。它主要包括办案人员、相对人的行为信息。因此，这就要求侦查文书记载行为信息时，应保证它的有序性、直观性、多面性。

（四）要保证填制主体合法、适格

有职务犯罪侦查活动，就势必有侦查文书；有侦查文书，就势必有职务犯罪侦查活动。侦查文书是从哪里来的？不是从天上掉下来的，而是检方在查办职务犯罪过程中，由特定人员依法填制出来的。而所谓侦查文书填制主体，是指在职务犯罪侦查过程中，依法有权或参与填制侦查文书的人员总和，包括：

1. 书记员是填制侦查文书的主力军，但并非唯一。《人民检察院组织法》

---

① 参见刘永红：《刑事法律文书中的案件信息解析》，载《山西高等学校社会科学学报》2010年第1期。

第 27 条规定："书记员办理案件的记录工作和有关事项"；而《检诉规则》第 426 条第 2 款规定："公诉人应当由检察长、检察员或者经检察长批准代行检察员职务的助理检察员 1 人至数人担任，并配备书记员担任记录。"① 第 635 条第 3 款："执行死刑临场监督，由检察人员担任，并配备书记员担任记录。"因此，侦查文书的主要制作者，是高检院和地方各级检察院的书记员。

2.《刑事诉讼法》第 120 条规定："讯问笔录应当交犯罪嫌疑人核对，对于没有阅读能力的，应当向他宣读。如果记载有遗漏或者差错，犯罪嫌疑人可以提出补充或者改正。犯罪嫌疑人承认笔录没有错误后，应当签名或者盖章。侦查人员也应当在笔录上签名。犯罪嫌疑人请求自行书写供述的，应当准许。必要的时候，侦查人员也可以要犯罪嫌疑人亲笔书写供词。"因此，讯问笔录等侦查文书，还需被讯问人等相对人参与。

3. 根据《文书规定》第 25 条规定："各级刑事检察部门制作文书（含侦查文书），应建立必要的审核、复查和向上级检察院备案审查的制度。制作重要文书承办人起草后，应由主管科、处、厅长审核，检察长（包括副检察长）签发。"因此，填制侦查文书不仅需承办人参与起草、填制，还需主管科、处、厅长审核，检察长（包括副检察长）签发。为此，《检诉规则》不仅有诸如第 91 条："对犯罪嫌疑人取保候审，应当由办案人员提出意见，部门负责人审核，检察长决定"、第 111 条第 1 款："对犯罪嫌疑人采取监视居住，应当由办案人员提出意见，部门负责人审核，检察长决定"等规定，也有诸如第 121 条第 2 款："拘传应当经检察长批准，签发拘传证"、第 121 条第 2 款："搜查证由检察长签发"等规定。所以，任何检察官等检察人员也都有填制侦查文书的可能；而根据高检院编辑的《中国检察年鉴》规定，检察人员包括检察机关内除工勤人员之外的检察长、副检察长、检察委员会委员、检察员、助理检察员、书记员、司法警察和其他干部（如秘书）；② 而根据《检察官法》第 2 条规定："检察官是依法行使国家检察权的检察人员，包括最高人民检察院、地方各级人民检察院和军事检察院等专门人民检察院的检察长、副检

① 而 1986 年 11 月 7 日高法院《关于应当允许检察院派书记员随检察长或检察员出庭支持公诉的通知》早已规定："近接最高人民检察院转来湖北省人民检察院刑事检察处和远安县人民检察院两位同志的信，反映有的法院拒绝检察院派书记员随检察长或检察员出庭办理记录工作一事。经我们研究认为，虽然刑事诉讼法、人民法院组织法和人民检察院组织法对检察院可否派书记员随检察长或检察员出庭支持公诉问题未作明确规定，但从审判实践来看，检察院派书记员随检察长或检察员出庭有利于工作，应当允许。"

② 例如，高检院《中国检察年鉴》编辑部编：《全国检察机关人员统计表》，载《2003 年中国检察年鉴》，中国检察出版社 2004 年版，第 603 页。

察长、检察委员会委员、检察员和助理检察员。”

4. 根据2007年12月高检院《关于各级人民检察院检察长、副检察长直接办理案件的意见》（2007年12月）规定，各级检察机关检察长、副检察长应当在职务犯罪侦查、审查逮捕、审查起诉、诉讼监督和控告申诉检察等环节，抓住重点，有选择地直接办理5类案件：在当地有重大影响的案件；疑难、复杂案件；新类型案件；对于履行法律监督职能具有重大创新意义的案件；由检察长、副检察长直接办理更为适宜的其他重大案件。与此同时，还应当采取以下方式直接办理案件：讯问重要犯罪嫌疑人，询问关键证人，主持对重大职务犯罪案件的侦查突破，主办审查逮捕或者审查起诉案件，通过阅卷审查等。因此，检察长、副检察长在办案过程中也难免承担侦查文书的填制工作。

5. 根据2000年5月15日高检院办公厅《关于在检察机关侦查部门开展主办检察官办案责任制试点工作的意见》和2000年1月10日《关于在审查起诉部门全面推行主诉检察官办案责任制的工作方案》规定，主诉检察官承办案件应从实际出发配备助手和书记员。而实践中，主诉（办）检察官办案组通常由主诉（办）检察官1人、主诉（办）检察官助手（包括助理检察官）1人和书记员1人组成。其中，书记员主要承担记录，整理、装订、归档案卷材料，完成检察官交办的其他事务性工作；但也不排除主诉检察官及其助手直接填制侦查文书的可能。

总之，基于上述规定和分析不难看出，①填制侦查文书的职能和执行主体只能是依法履行检察职权的检方，而不能是其他任何机关、团体和个人以及检察机关的工勤人员；②基于职务犯罪侦查行为的级别、地域管辖限制，通常，甲检察院的侦查人员，只能依法填制本院管辖案件的侦查文书，而不能填制乙检察院的侦查文书；本案侦查人员，只能依法填制本案侦查文书，而不能制作他案的侦查文书；非本案的办案人员，不得参与本案侦查文书填制；③倘若将填制侦查文书也视为职务犯罪侦查权内容之一的话，那么，填制侦查文书的原始、基本、职能、执行主体，应分别是人民、国家、检察机关和检察人员。其中，尤以检方为要；④有些侦查文书（如绝大多数侦查笔录）的填制，还必须有相对人的参与；⑤侦查文书的填制活动，也离不开检察机关司法警察的依法参与。

（五）要保证司法警察依法协助填制（附相关侦查文书格式样本）

根据《中华人民共和国人民警察法》（2012年10月26日修正，以下简称《人民警察法》）第18条规定：“国家安全机关、监狱、劳动教养管理机关的人民警察和人民法院、人民检察院的司法警察，分别依照有关法律、行政法规的规定履行职权。为此，高检院《人民检察院司法警察条例》（2013 年 5 月 8 日）第 2 条规定："检察院司法警察是中华人民共和国人民警察的警种之一，依法参与检察活动。"第 3 条规定："人民检察院司法警察的任务是通过行使职权，维护社会主义法制，维护检察工作秩序，预防、制止妨碍检察活动的违法犯罪行为，保障检察工作的顺利进行。"第 7 条规定："人民检察院司法警察依法履行下列职责：（一）保护检察院直接立案侦查案件的犯罪现场；（二）执行传唤、拘传；（三）协助执行监视居住、拘留、逮捕，协助追捕在逃或者脱逃的犯罪嫌疑人；（四）参与搜查；（五）提押、看管犯罪嫌疑人、被告人和罪犯；（六）送达有关法律文书；（七）保护出席法庭、执行死刑临场监督检察人员的安全；（八）协助维护检察机关接待群众来访场所的秩序和安全，参与处置突发事件；（九）法律、法规规定的其他职责。"第 9 条："对以暴力、威胁或者其他方法阻碍检察人员依法执行职务的，检察院司法警察应当及时予以控制，并依法采取强行带离现场或者采取法律规定的其他措施。"第 11 条："对严重危害检察院工作人员人身安全及检察机关财产安全的，检察院司法警察应当采取制止、控制等处置措施。对涉嫌违法犯罪的，及时移送公安机关。"第 12 条："遇有拒捕、拦劫囚车、抢夺枪支或者其他暴力行为的紧急情况，检察院司法警察可以依照国家有关规定使用警械。"第 13 条："对检察官或者其他办案人员在一定场所的讯问、询问活动中的违法违规行为，检察院司法警察应当及时提醒，必要时可以向分管检察长报告。"而细言之，司法警察在依法参与职务犯罪侦查活动并协助填制侦查文书时，应遵循以下规定：

1. 根据《检诉规则》第 33 条第 2 款规定，司法警察的回避由检察长决定；第 196 条第 2 款：因侦查工作需要，需要提押犯罪嫌疑人出所辨认或者追缴犯罪有关财物的，经检察长批准，可以提押犯罪嫌疑人出所，并应当由两名以上司法警察押解；第 223 条第 1 款：搜查应当在检察人员的主持下进行，可以有司法警察参加；第 226 条：对以暴力、威胁方法阻碍搜查的，应当予以制止，或者由司法警察将其带离现场。

2. 根据《检察规范》第 4 · 365 条规定，因侦查工作需要，需要提押犯罪嫌疑人出所辨认或者追缴犯罪有关财物的，经检察长批准，可以提押犯罪嫌疑人出所，并应当由两名以上司法警察押解；第 4 · 367 条规定：传唤、拘传、提押、看管等工作应当交由司法警察负责；同时，《检察规范》第 6 章第 2 节第 4 · 371 ~ 4 · 403 条专门规定了司法警察的看管与押解规则。

3. 根据 2008 年 2 月 19 日高检院《关于转办〈福建省人民检察院关于检察机关司法警察协助检察官开展职务犯罪侦查工作的若干规定（试行）〉的通

知》，并参照上海市检察院2004年9月17日《上海市检察机关司法警察参与查办职务犯罪案件工作规则（试行）》、2008年7月12日湖北省检察院《湖北省检察机关司法警察参与协助保障办案办法》等规定，司法警察在协助填制侦查文书时，还应注意以下问题：

（1）侦查部门需要使用警力时，应填制派警单（如下样式1所示）；司法警察部门接到派警任务后，应立即组织警力，持执行警务令（如下样式2所示）迅速出警。

________人民检察院
派警单

用警部门		案件承办人	
执行警务种类		执行警务时间	
执行警务地点		执行警务人数	
对携带武器及警械具的要求			
申请用警部门领导意见			
院分管领导意见			
备　注	用警部门需要使用警力时，应先了解法警总队的现行警力情况，再填制派警单		

（本文书一式两份，一份送交司法警察部门，一份侦查部门附卷备查）

样式1：派警单格式样本

（2）侦查部门向司法警察部门移送追逃、追赃任务时，承办检察官应填制移送追逃、追赃线索材料通知书（如下样式3所示），并将案件的相关线索材料（亦即移送追逃线索材料清单、移送抓捕到案犯罪嫌疑人通知书及其清单，如下样式4、样式5、样式6所示）及采取强制措施手续原件等相关法律文书移交司法警察部门。

________人民检察院
司法警察执行警务令

检警务令字〔　〕　号

用警部门：________________

案件承办人：________________

执行警务种类：________________

执行警务时间：________________

执行警务地点：________________

执行警务人员：________________

携带枪支____支，子弹______发手铐____副，警棍________根

批准人：________________

填发人：________________

填发时间：　年　月　日

……检警务令字〔　〕……

________人民检察院
司法警察执行警务

检警务令字〔　〕号

________：

根据你局（处、室）的要求，现派司法警察×××、×××、×××同志前往执行任务。

××××人民检察院司法警察总（支、大）队（盖章）

年　月　日

……检警务令字〔　〕……

________人民检察院
司法警察在执行任务时的表现

检警务令字〔　〕号

司法警察________在执行任务时的表现：________________

____

承办人（亲自签名）：________

年　月　日

用警部门领导（亲自签名）：________

年　月　日

（第一联、第三联司法警察部门附卷备查，第二联送交侦查部门）

样式2：司法警察执行警务令格式样本

________人民检察院
反贪（渎）局
移送追逃、追赃线索通知书
（存根）

反贪（渎）追线移〔　〕号

案由：________________
在逃犯罪嫌疑人基本情况（姓名、性别、年龄、民族、住址、单位、职务、身份证号码、是否人大代表、政协委员），或所需追赃款物情况：________
发往单位：________________
移送________接受人：________
局领导：________________
分管检察长：________________
移送时间：____年____月____日

第一联反贪（渎）局附卷备查

……检警务令字〔　〕……

________人民检察院
反贪（渎）局
移送追逃、追赃线索通知书

反贪（渎）追线移〔　〕号

司法警察总（支、大）队：
根据________________规定，现将犯罪嫌疑人在逃（赃款赃物）情况的线索材料移送给你们，请组织警力追捕（追赃）。

××××人民检察院
反贪（渎）局
（盖章）
年　月　日

附件：移送线索材料清单

第二联 送司法警察部门

……检警务令字〔　〕……

________人民检察院
反贪（渎）局
移送追逃、追赃线索通知书
（回执）

反贪（渎）局：
你局____年____月____日以________号移送的追逃（追赃）案件线索材料及清单收悉。
此复

××××人民检察院司法警察总（支、大）队
（盖章）
年　月　日

第三联　退回后附卷

样式3：移送追逃、追赃线索通知书格式样本

________人民检察院
移送线索材料清单

编号：

编号	线索材料名称	数量	单位	备注

接收单位：________________移送单位：________________________________

接 收 人：________________接 收 人：________________________________

年 月 日

注：本清单一式两份，接受单位和移送单位各执一份

样式4：移送线索材料清单

________人民检察院
移送抓捕到案犯罪嫌疑人通知书

________人民检察院司法警察总（支、大）队
移送抓捕到案犯罪嫌疑人通知书
（存根）

法警移〔　〕号

根据反贪（渎）局追线移〔　〕号移送的执行追逃任务的通知，法警部门即组织警力实施抓捕，已于______年______月______日将犯罪嫌疑人________抓捕到案，现将该犯罪嫌疑人及法律文书、线索材料移送反贪（渎）局。

移送人：________接收人：________

接收时间：　　年　　月　　日

附件：

1. 线索材料____份；
2. 法律文书____份。

第一联司法警察部门附卷备查

……法警移〔　〕号……

________人民检察院司法警察总（支、大）队
移送抓捕到案犯罪嫌疑人通知书

法警移〔　〕号

________：

根据你局反贪（渎）局追线移〔　〕号移送的执行追逃任务的通知，法警部门即组织警力实施抓捕，已于______年______月______日将犯罪嫌疑人抓捕到案，现将该犯罪嫌疑人及法律文书、线索材料移送你局，请查收。

移送人：________接收人：________________

接收时间：________________________

××××人民检察院司法
警察总（支、大）队（盖章）
年　月　日

附件：1. 线索材料____份；2. 法律文书____份。

第二联送反贪（渎）局

样式5：移送抓捕到案犯罪嫌疑人通知书

________人民检察院
移送追逃线索材料、抓获的犯罪嫌疑人清单

编号：

编号	线索材料名称	数量	单位	备注

接收单位：________________ 移送单位：________________

接 收 人：________________ 接 收 人：________________

××××人民检察院司法警察总（支、大）队

（盖章）

年 月 日

（注：本清单一式两份，接受单位和移送单位各执一份）

样式6：移送追逃线索材料、抓获的犯罪嫌疑人清单

（3）司法警察部门完成侦查部门移送的追逃或追赃任务后，主办司法警察应当立即填制犯罪嫌疑人移交表（如上样式6所示）或赃款、赃物移交表（如下样式7所示），将已抓获的犯罪嫌疑人，或已追回的赃款、赃物移交侦查部门，由侦查部门负责办理犯罪嫌疑人羁押或赃款、赃物入库手续。

（4）追逃或追赃案件办结后，主办司法警察应当将追逃或追赃的线索及交接手续材料、法律措施手续复印件、追逃或追赃方案及追逃或追赃过程中收集的相关材料归档，并填制移交追赃线索材料、追回赃款赃物清单（如下样式8所示）。

________人民检察院司法警察总（支、大）队移交赃款、赃物通知书

（存根）

法警移〔　〕号

根据反贪（渎）局追线移〔　〕号移送的执行追赃任务的通知，法警部门即组织警力实施抓捕，已于______年____月____日追回赃款________，赃物________。现将该赃款、赃物及法律文书、线索材料移送反贪（渎）局。

移送人：________接收人：________

接收时间：________年____月____日

附件：

1. 线索材料____份；
2. 法律文书____份。

第一联 司法警察部门附卷备查

……法警移〔　〕号……

________人民检察院司法警察总（支、大）队移交赃款、赃物通知书

（正本）

法警移〔　〕号

________：

根据你局反贪（渎）局追线移〔　〕号移送的执行追赃任务的通知，法警部门即组织警力实施抓捕，已于________年____月____日追回赃款________、赃物________。现将该赃款、赃物及法律文书、线索材料移送你局，请查收。

移送人：________接收人：________

接收时间：________________________________

××××人民检察院司法警察总（支、大）队

（盖章）

年　月　日

附件：

1. 线索材料____份；
2. 法律文书____份。

第二联　送反贪（渎）局

样式7：移交赃款、赃物通知书

________人民检察院
移送追赃线索材料、追回赃款赃物清单

编号：

编号	线索材料追回赃款赃物名称	数量	单位	备注

接收单位：________________ 移送单位：________________

接 收 人：________________ 接 收 人：________________

××××人民检察院司法警察总（支、大）队

（盖章）

年 月 日

注：本清单一式两份，接受单位和移送单位各执一份

样式8：移送追赃线索材料、追回赃款赃物清单

（六）要遵守检察工作秘密

根据高检院《人民检察院办案工作中的保密规定》、《检察工作中国家秘密范围的规定》、《关于确定检察机关工作秘密的意见》（2005年10月28日）和《检察规范》等规定，检察人员在填制侦查文书过程中，也应遵守以下保密规定：

1. 根据《人民检察院办案工作中的保密规定》第5条规定："各级人民检察院在办案过程中，应当正确处理好检务公开与国家秘密、工作秘密之间的关系，依法维护当事人的诉讼权利，严格依照法律规定和工作纪律，切实保守国家秘密。"而《检察规范》第1·5条则规定："人民检察院在工作中必须依靠群众，接受群众监督，必须以事实为根据，以法律为准绳。人民检察院对与检察职权有关且不涉及国家秘密和个人隐私的活动和事项，应当依法向社会和诉讼参与人公开。"

（1）在受理举报、控告申诉和初查过程中填制侦查文书尤其是侦查笔录时，应遵循以下保密规定：①受理举报和控告申诉，应在固定或有利于保密的场所进行，有专人接待，设专用电话，无关人员不得接待、旁听、处理和询

问；②举报和控告、申诉材料的收发、拆阅、登记、转办、保管，当面或电话举报的接待、接听、记录、录音等工作，应有专人负责。开通网上举报应设专用举报网站，由专门的计算机进行处理，专人负责登录；③举报人的姓名、工作单位、住址和举报内容应严格保密，严禁向被控告、举报单位和个人及其他无关单位、人员泄露；[①] ④不准私自摘抄和复制、扣押、销毁举报和控告申诉材料；⑤需要向被举报单位或举报人核实情况的，应在不暴露举报人、控告人的情况下进行。讯问犯罪嫌疑人，不得出示举报材料原件或复印件；⑥对匿名举报，除侦查工作需要并经主管检察长批准外，不准鉴定笔迹；⑦举报材料不得直接作为刑事诉讼证据；⑧初查以秘密调查为主，不得向被调查人和其他无关人员暴露初查意图；⑨宣传报道和奖励举报有功人员，未征得举报人同意，不得公开举报人姓名、身份、住址和工作单位。

（2）在立案侦查过程中填制侦查文书特别是检察笔录时，应遵循以下保密规定：①立案侦查工作中的有关请示、报告、法律文书及其他有关侦查材料，应指定专人保管；②制订案件侦查工作计划，要有具体保密措施。侦查大案要案要有具体保密方案；③依法使用技侦手段或采取各种侦查措施，以及建立和使用多媒体示证系统等，应严格控制知情面；通过技侦手段获取的证据材料不准公开使用；不得向侦查对象暴露侦查意图和侦查手段；严禁泄露其他当事人的证言、供词等；④采取强制措施，搜查、扣押邮件、电报，查询银行存款和冻结银行账户等侦查措施的具体实施时间、方法，在实施前应严格保密；[②] ⑤外出调查不准携带案卷。如确需携带案卷，应通过机要寄出；如情况十分紧急，必须两人专管，严防丢失；⑥不准在公共场所谈论正在侦查案件的内容，禁止携带案卷和调查材料探亲访友、游览、购物等；⑦不得向案件当事人和非办案人员泄露案情，不得为犯罪嫌疑人及其亲属以及受其委托的人打听案情、通风报信；⑧用于办案工作的计算机，没有安装保密设备的不得与内部局域网联接，更不得与公共网络联接，涉密存储介质要按规定严格管理；⑨出

① 但违背者却不少。例如，在报道“上海法官集体招嫖”时间中，却有如下描写：“2013 年 8 月 7 日晚，在上海闸北区延长中路 775 号如家快捷酒店 5 楼的办公室里，他接受了本报专访。之前他接受采访时自称倪培国。在接受华商报采访时，他坦承自己姓陈，生于 1959 年，祖籍四川达县。不过对自己的名字却仍然含糊其词。他向记者展示四川地震灾区金花镇赠予他的荣誉证书时，无意中露出上面的名字是陈玉献，与楼下柜台后的工商资料上企业法人代表名字相符。经保安和服务员证实，接受采访的爆料人就是陈玉献。”参见王楠：《陈玉献“上海风格”的举报者》，载《华商报》2013 年 8 月 10 日。

② 另据《检察日报》2013 年 4 月 10 日报道，近日，内蒙古自治区检察院与中国建设银行内蒙古分行、光大银行呼和浩特支行正式建立并开始运行信息查询通道。

境调查案件携带材料，严格按国家保密局、海关总署《关于国家秘密文件、资料和其他物品出境的管理规定》执行；⑩通过国际刑警组织及香港、澳门特别行政区有关组织进行案件协查，不得泄露相关案件侦查的总体方案和手段。

（3）在审查批捕、审查起诉过程中填制侦查文书尤其是检察笔录时，应遵循以下保密规定：①受理审查批捕、审查起诉、抗诉案件移送的案卷材料，要严格登记和履行交接手续。阅卷笔录、补充侦查材料、答辩提纲、检察委员会会议和集体讨论记录等应严格保密，未经批准，不得向他人提供。在审查办理阶段，案卷材料由承办人负责保管，案件审查结束后，按规定订卷归档；②检察院作出的批捕或不批捕决定，在公安机关执行前应严格保密。上级检察院在备案审查中发现批捕、起诉或不捕、不诉有错误的案件，在做出撤销原决定的决定前应当保密；③检察院退回公安机关、国家安全机关、监狱补充侦查或自行补充侦查的案件，检察院内部由公诉部门向侦查部门退查或自行补充侦查的案件，退查、补查的原因和结果，不得向无关人员泄露；④检察院介入刑事案件侦查活动情况，应遵守公安部门的保密规定；⑤公安机关、安全机关、监狱、走私犯罪侦查机关或检察院侦查部门提请复议、复核案件的情况，应当保密。

（4）正在办理的案件，需汇报案情及有关情况时，不得使用平信、明码电报、有线或无线电话及国际互联网。有密级的材料的传输应使用加密传真或机要通道；正在办理的案件，一般不对外宣传报道；需要报道的，必须经主管业务部门同意并报经检察长或副检察长批准，但不得公布举报人、侦查措施及新发现的线索等情况；办案中发生失泄密事件，要及时向领导报告，采取有效措施补救，认真追查，严肃处理，并应同时向上一级检察院报告。

2. 根据《检诉规则》规定：

（1）对于律师以外的辩护人申请查阅、摘抄、复制案卷材料或者申请同在押、被监视居住的犯罪嫌疑人会见和通信，具有下列情形之一的，检察院可不予许可：同案犯罪嫌疑人在逃的；案件事实不清，证据不足，或者遗漏罪行、遗漏同案犯罪嫌疑人需要补充侦查的；涉及国家秘密或者商业秘密的；有事实表明存在串供、毁灭、伪造证据或者危害证人人身安全可能的。（第48条第3款）

（2）需要播放的讯问录音、录像中涉及国家秘密、商业秘密、个人隐私或者含有其他不宜公开的内容的，公诉人应当建议在法庭组成人员、公诉人、侦查人员、被告人及其辩护人范围内播放。因涉及国家秘密、商业秘密、个人隐私或者其他犯罪线索等内容，检察院对讯问录音、录像的相关内容作技术处

理的，公诉人应当向法庭作出说明。（第 75 条第 2 款）

（3）检察院办理直接受理立案侦查的案件，应当对侦查过程中知悉的国家秘密、商业秘密及个人隐私保密。（第 190 条）

（4）检察院应保证一切与案件有关或了解案情的公民，有客观充分地提供证据的条件，并为他们保守秘密。除特殊情况外，检察院可以吸收证人协助调查。（第 203 条第 2 款）

（5）对犯罪嫌疑人的辨认，辨认人不愿公开进行时，可以在不暴露辨认人的情况下进行，并应当为其保守秘密。（第 260 条第 3 款）

（6）对于使用技术侦查措施获取的证据材料，如果可能危及特定人员的人身安全、涉及国家秘密或者公开后可能暴露侦查秘密或者严重损害商业秘密、个人隐私的，应当采取不暴露有关人员身份、技术方法等保护措施。在必要的时候，可以建议不在法庭上质证，由审判人员在庭外对证据进行核实。采取技术侦查措施获取的证据、线索及其他有关材料，只能用于对犯罪的侦查、起诉和审判，不得用于其他用途。（第 266 条、第 267 条第 2 款）

（7）检察人员对采取技术侦查措施过程中知悉的国家秘密、商业秘密和个人隐私，应当保密；对采取技术侦查措施获取的与案件无关的材料，应当及时销毁，并对销毁情况制作记录。（第 267 条第 1 款）

3.《检察规范》除有《检诉规则》的上述规定外，还规定：

（1）对于案件事实、适用法律存在较大争议，或者有较大社会影响等刑事申诉案件，人民检察院可以适用公开审查程序，但下列情形除外：案件涉及国家秘密、商业秘密或者个人隐私的；申诉人不愿意进行公开审查的；未成年人犯罪的；具有其他不适合进行公开审查情形的。（第 3·53 条）

（2）侦查协作应遵循依法配合、快速有效、保守秘密、各负其责的原则。（第 4·313 条）

（3）协作方依照协作请求履行协作事宜，其引起的法律后果由请求方承担；协作方实施超越协作请求范围的行为所产生的法律后果，由协作方承担。对不履行侦查协作职责或者阻碍侦查协作进行，给办案工作造成严重影响或者其他严重后果的，应当对有关单位予以通报批评，并责令改正；对直接负责的主管人员和其他直接责任人员，应当依照有关规定给予党纪政纪处分；玩忽职守、滥用职权、泄露秘密、通风报信构成犯罪的，依法追究其刑事责任。（第 4·325 条）

（4）对存在较大争议并且在当地有较大社会影响的，经检察院审查后准备作不起诉处理的案件，可公开审查。但对下列案件不进行公开审查：案情简单，没有争议的案件；涉及国家秘密或者个人隐私的案件；当事人申请不公开

审查的涉及商业秘密的案件；犯罪嫌疑人不满18周岁的案件；其他没有必要进行公开审查的案件。（第6·108条）

（5）检察院在执法办案内部监督中，应当重点防止和纠正下列行为：……（十）为案件当事人及其亲友、代理人打探案情、通风报信，或者泄露案件秘密的……”（第12·39条）；“检察人员在执法办案活动中不履行、不正确履行或放弃履行职责，造成下列后果之一的，应当追究执法过错责任：……（七）举报控告材料内容或者其他案件秘密泄露的……”（第12·60条）

4. 据《关于确定检察机关工作秘密的意见》第2条规定：“查处泄漏检察工作秘密的依据：（一）泄漏检察工作秘密，依照《检察官法》第十一章的有关规定进行查处；（二）泄漏检察工作秘密的报告制度，参照泄漏国家秘密的报告制度执行”；《检察官法》第十一章第35条规定：“检察官不得有下列行为：……（六）泄露国家秘密或者检察工作秘密……”第36条规定：“检察官有本法第三十五条所列行为之一的，应当给予处分；构成犯罪的，依法追究刑事责任。”① 第37条：“处分分为：警告、记过、记大过、降级、撤职、开除。受撤职处分的，同时降低工资和等级。”同时，《检察人员纪律处分条例（试行）》第41条规定：“泄露国家秘密、检察工作秘密，或者为案件当事人及其代理人和亲友打探案情、通风报信的，给予记过或者记大过处分；造成严重后果的，给予降级、撤职或者开除处分。”

综上所述，一份合格、上乘的侦查文书，既要体现国家的法治水准和文明程度，也要体现检方履行职务犯罪侦查职能的客观性、统一性、权威性；既要体现检察队伍的整体水平，也要展示填制者——检察人员特别是书记员个人法律素养和综合素质。为此，侦查文书才无愧为国家重要专业文书的一部分，无愧为职务犯罪侦查活动的真实记录，也无愧为国家档案的重要组成部分。

---

① 而《刑法》第398条规定：“国家机关工作人员违反保守国家秘密法的规定，故意或者过失泄露国家秘密，情节严重的，处三年以下有期徒刑或者拘役；情节特别严重的，处三年以上七年以下有期徒刑。非国家机关工作人员犯前款罪的，依照前款的规定酌情处罚。”

第三章　职务犯罪侦查文书形式的填制要领

第一节　职务犯罪侦查文书的形式

一、概述

所谓侦查文书的形式，就是指侦查文书的形状、形式结构、格式、样本，以及印制所用墨色、字体字号、版心、纸型等，抑或除侦查文书内容之外的因素（亦即需填制的内容）的总和，多属印制好的内容。它包括侦查文书的设计，首部、正文、尾部等形式结构，格式、样式，正副本（或联数），笔、墨、纸，字体字号，印制，记录等。

与其他语言文字作品相比，侦查文书的最大特点，一是构成侦查文书内容信息的笔墨纸砚、格式、印制诸要素，都属于形式范畴；二是侦查文书形式具有鲜明的程序化特点，抑或它有相对固定的格式样本可参照。因此，就形式而言，侦查文书属于合法的“八股文”。

就我国来讲，自清末检察制度确立以来，不论旧中国还是新中国都依法制定有相应的侦查文书格式样本。而当前，引领并规范侦查文书形式的规范性文件或其格式样本，则是高检院《文书规定》、《文书样本》、《公文处理办法》及其《实施细则》或其附件等。

二、填制要领

从宏观上说，在填制或印制侦查文书形式时，既要了解并掌握正确的填制理念、原则和思路，也要做到合法、规范、准确填制；既要保证填制主体合法、适格，也要遵守检察工作秘密和惯例。

从微观上讲，填制侦查文书形式的填制要领，就是要求填制者依法、认真、客观、全面填制，并将高检院《文书规定》、《文书样本》、《公文处理办法》及其《实施细则》等侦查文书填制规范及其样本规范落到实处。其中关键，要事先将侦查文书首部、正文和尾部所包括的内容事项印制齐全，为随后内容的填制指明路径。为此，《文书规定》第5条明确指出：“各种主要刑事检察文书（含侦查文书），一般由首部、正文、结尾3部分组成。首部包括：

人民检察院名称、文书名称、文书编号、主送单位、被告人身份事项、案由和案件来源；正文包括：事实、证据、结论、决定（建议）事项；结尾包括：制作单位名称、负责人或承办人职务、姓名、发出年月日及公章、附项（即附注事项和需要附送事项的说明）等。”第6条指出：“刑事检察文书的名称、编号的写法，规定的项目和内容的顺序、段落的划分、主送单位的确定，应当符合《刑事检察文书格式（样本）》（亦即现行的《文书样本》）和本规定的要求。”

第二节　职务犯罪侦查文书的格式与样本

一、格式、样本及其意义、常见问题

（一）格式、样本及其意义

1. 格式、样本概述。所谓侦查文书的格式，是指侦查文书的规格、样式。它往往通过事先印制好的侦查文书样本所承载、展示（如下图7所示的“人民检察院立案决定书”、“　检　立［　］　号”等事项）。其中，侦查文书样本，是指印制侦查文书可参照的样品本子。例如，《文书样本》；印制是指印制侦查文书样本，包括印制所选择的字体字号、墨色、板式、版心、纸张大小和薄厚等。

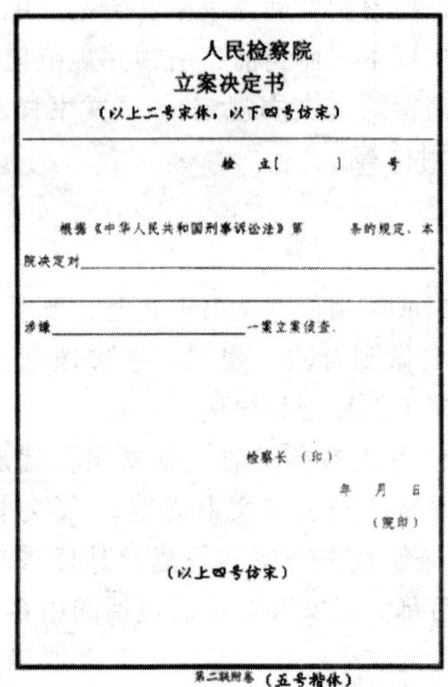
人民检察院
立案决定书
（以上二号宋体，以下四号仿宋）

检　立［　　］　号

根据《中华人民共和国刑事诉讼法》第　　条的规定，本院决定对______________________________

涉嫌______________一案立案侦查。

检察长（印）

年　月　日

（院印）

（以上四号仿宋）

第二联附卷（五号楷体）

图7：立案决定书格式样本

所谓字体，是指“同一种文字的各种不同形体，如汉字手书的楷书、行书、草书，印刷的宋体、黑体”①。通常，侦查文书格式样本的印刷字体有：宋体——用于侦查文书名称；仿宋体——用于正文和填制说明；楷体——用于各联用途说明（如上图7所示）。

所谓字号，是指印刷用活字的大小，是从活字的字背到字腹的距离。它有两种计算方法：一种是点数制。它又叫磅数制，是英文point的音译，缩写为P，既不是公制也不是英制，是印刷中专用的尺度。我国大都使用英美点数制，1英寸=72磅，1磅=0.35mm。另一种是号数制，即是以互不成倍数的几种活字为标准，加倍或减半自成体系。通常包括：一是四号序列：一号、四号、小六号；二是五号序列：初号、二号、五号、七号；三是小五号序列：小初号、小二号、小五号、八号；四是六号序列：三号、六号。而通常，侦查文书的名称用二号宋体，正文用四号仿宋体，各联用途说明则用五号楷体（如上图7所示）。

所谓墨色，是指侦查文书格式样本的印制颜色。除侦查公文名称常为红色外，其他侦查文书通常均用黑色印制、填制（如上图7所示）。

所谓版心，是指“书刊等每面排印文字、图画的部分”，板式是指“版面的格式”（如上图7所示）。② 因此，侦查文书版心就是侦查文书格式样本中可填制文字的范围，侦查文书板式则是指侦查文书事先排印好的样本格式。

而纸张的质量受其定量、水分、厚度、透气度、光学性质不透明度、白度、颜色等和机械强度、耐破度、耐折度、裂断长、撕裂度等因素影响。而实践中，用作侦查文书的纸张有两种：一种是以记录书写为主的侦查文书。例如，叙述式侦查文书、侦查笔录、侦查公文多用A4、60g书写纸；另一种以打印为主的侦查文书，例如，填充式侦查文书、侦查法律文书，多用A4、60g复印纸或打印纸。

2. 格式、样本的法律意义。诚然，“法律文书是否遵照法定格式制作或加以补正，是该文书是否有效的形式要件，也是该文书所代表的法律行为是否有效的必要条件。换句话说，法律文书所代表的法律行为的成立，需要以符合法

① 参见中国社会科学院语言研究所词典编辑室编：《现代汉语词典》修订本，商务印书馆1999年版，第1671页。

② 参见中国社会科学院语言研究所词典编辑室编：《现代汉语词典》修订本，商务印书馆1999年版，第34页。

定格式为生效要件。”①

（1）作为侦查文书形式要素的格式、样本和印制所需诸要素（亦即事先印制好的部分），都是为侦查文书的内容（亦即需填制的部分）服务的；没有无形式的内容，也没有无内容的形式，形式对内容有时还起反作用。例如，倘若事先印制的格式样本事项不齐全，那么，所填制的侦查文书内容也不会完备。法律不仅追求实质正义，也追求形式正义。正是：“法律文书其实就是实质正义与形式正义的混合体。其内容的合法与否及决定的公正与否属于实质正义的范畴；在什么情况下用何种法律文书，文书格式是否符合规定的样式，是否记载了规定的项目，用印是否符合规范等格式要求，则是形式正义的表现。其中，法律文书格式不仅有保障和促进文书内容及决定的公正作用，更有自己独立的价值。”②

（2）与其他法律文书或其司法文书或其诉讼文书或其检察文书一样，侦查文书格式样本，既是讲求（司法或其检察或其职务犯罪侦查）效率的结果，③ 也是法律理性的产物。④ 易言之，侦查文书格式、样本既有助于职务犯罪侦查活动程序正义的实现，也有助于职务犯罪侦查活动实体正义的实现。

（3）作为职务犯罪侦查活动的客观、真实记载，侦查文书的内容和形式不仅要和谐统一，其形式也应穿上庄重的外衣。为此，既能体现法律的神圣不可侵犯，也能提升检方的司法权威和社会公信力；既能强化检察人员的责任感，也能激发其自豪感和捍卫司法公正的历史使命；既有利于提醒当事人和社会公众对司法程序特殊性和侦查文书严肃性的认识，也有利于提升侦查文书的

① 参见杨鸿雁：《对法律文书格式的法理学思考》，载《天津大学学报（社会科学版）》2012 年第 5 期。

② 参见马宏俊著：《法律文书价值研究》，中国检察出版社 2009 年版。

③ 因为，对于这类大量存在的类型化法律事件包括职务犯罪，格式、样本的正当性在于，它们制订之初就是根据法律规定，结合这类文书的实际功能进行设计的，融入了合法性及合理性的考虑。经过格式化的处理过后，每一种（侦查）文书的重点突出了，填制者可以心无旁骛，不用去考虑格式、样本以外哪些项目是需要写入（侦查）文书的，有无遗漏，哪些是这份（侦查）文书应当重点论证的等问题。在制作时可以直奔主题，有利于文书主旨的顺利实现，进而提高司法各环节的效率。

④ 因为，格式、样本意味着填制者选择的唯一。现代法治背景下，具有大陆法系传统的国家不可能出现法律文书的填制者可以无视已有的格式、样本，而随意地选择、创造。相反，填制者只能在给定的文书格式、样本框架范围内填制。因此，从这个意义上说，格式、样本实际上是由理性搭建起来的模子，因此它营造了一种理性氛围，有助于对文书填制者自我感情的抑制。

权威性、强制性和不容侵犯性。同时，统一侦查文书尤其是保证侦查法律文书、工作文书、笔录和公文的格式、纸型、字体字号等形式要素的统一，既是司法统一的需要，也是检察档案管理的客观需要。

总之，侦查文书格式、样本既具有独立的价值——理性、效率，又具有目的价值——程序正义，是实现实体正义的必要前提。然而，除高检院《文书样本》对侦查法律文书和勘验检查、侦查实验笔录、《公文处理实施细则》对侦查公文的格式样本有所规范之外，目前，并没有侦查工作文书和其他侦查笔录的格式样本。因此，建议高检院出台相应的检察解释对其格式样本加以规范，以保证职务犯罪侦查活动程序与实体正义的最终实现。

（二）常见问题

目前，除缺少针对侦查工作文书、侦查笔录格式样本规定外，实践中，有关侦查文书格式、样本和印制的常见问题有四：

1. 没有按照现有规定要求，印制侦查文书。有的纸张大小不合格，有的纸张克度不够、厚度过低或过高，有的排版规格不当、字体字号不规范，存在错别字及漏字、多字现象，甚至有的缺少相应的内容项目。

2. 由于上级检察机关对侦查文书格式样本没有统一明确的要求，因此，在侦查工作文书、笔录和公文的格式设计和印制方面，各行其是普遍。有的用B5纸，有的用A4纸，字体、字号不统一。为此有人建议，由“中政委有关部门出面协调，对司法文书（含检察文书或其侦查文书）使用国际标准A4纸型尽快做出明确统一规定。”①

3. 有的不按《文书样本》规定联数，填制侦查文书，且各联所填内容不统一，甚至矛盾、缺项漏项。

4. 印刷粗糙，用印不规范。有的排版不美观，不符合要求、惯例，标点在行头，一个数据转行或转页，印刷不规正，文书装订混乱，出现漏装、倒装，印章斜盖、倒盖，随意加盖校对章，等等。

二、格式、样本的印制要领

除避免并克服侦查文书格式样本的上述常见问题之外，在印制时，还应注意以下要领：

1. 根据高检院《关于〈人民检察院刑事诉讼法律文书格式样本〉电子模

---

① 参见李世忠：《应尽快统一司法文书纸型》，载《检察实践》2002年第3期。

板的使用说明》和《关于印发〈人民监督员工作文书格式〉（样本·试行）的通知》、《公文处理实施细则》等规定，印制侦查文书特别是侦查法律文书格式时，除应原原本本地按照上述规定的联数、内容、格式印制之外，还应注意以下问题：①正式印制各种法律文书（含侦查文书）格式时，案卷的封面及封底用牛皮纸印制；[①] 各种侦查法律文书内文用A4纸打印，其成品幅面尺寸为210mm×297mm，天头（上白边）为37mm±1mm，订口（左白边）28mm±1mm，版心尺寸为156mm×225mm（不含页码）。②正式印制时，可根据办案需要填写填充式文书的内容，调整模板空格字符数、文档字体、字符大小和段落磅数。通常，采用三号仿宋体字，文中如有小标题可用三号宋体字或黑体字，一般每页排22行，每行排28个字。③正式印制时，填充式文书样本中标明的“样式”、“印”、“院印”以及注明应含内容和文书制作说明不要印出。内容不固定的叙述式文书，如起诉书等，按照格式样本中注明的名称、文号、格式，在拟稿后打印，正文中的小标题是样本内容的说明，填制时不打印。

2. 印制侦查公文时，可参照《最高人民检察院公文处理办法》及其《实施细则》及其附件规定印制。

3. 参照《文书规定》第23条、第24条规定，①各种侦查文书格式应按《文书样本》的规定式样、尺寸，用黑色油墨（粉）、三号宋体字印制人民检察院名称及文书名称；②填制时使用黑色或蓝黑色或碳素墨水在指定的空格内填写或记录有关内容，字迹应清楚、工整；③制作多联式填空表格类文书，其正本、副本、存根联的有关内容相同时，应注意各联的文字保持一致；④侦查文书格式纸张尺寸，除多联式文书已分别在该格式的左上角予以标明外，其余均为A4型纸；排印和书写时，要在纸面左侧留出装订线2.5厘米，留出空白的眉头3厘米，底边要留出2厘米，纸面右侧（即书口）要留出1.5厘米；为了便于整理装订、保管和阅读，保持案卷的寿命，在装订线外严禁写字、打字和排版。

4. 需要注意的是，填制并印制侦查文书，还须遵循1992年4月13日国家技术监督局《文字条目通用排序规则》等国家标准。

---

① 所谓牛皮纸，是指“质地坚韧、拉力强的纸，黄褐色，用硫酸盐木浆制成，多用于包装。”参见中国社会科学院语言研究所词典编辑室编：《现代汉语词典》修订本，商务印书馆1999年版，第933页。

第三节 职务犯罪侦查文书的字迹与填制文具

一、字迹及其受制因素

因为字迹是指“字的笔画和形体”，由此推论，作为侦查文书形式要素之一的字迹，就是指填制侦查文书所用字的笔画和形体。其中，笔画是指“组成汉字的点、横、直、竖、捺等”，而字的形体是指字的“形状和结构”①，亦即字体。当然，侦查文书的字迹，还有填制或印制侦查文书所用字的痕迹之意。

侦查文书是从哪里来的？不是从天上掉下来的，是检察法律、检察制度和检方出现之后的产物，也是检察人员或相对人凭借笔、墨、纸、砚等文具填制出来的。其中，文具亦称书写工具，是指“笔、墨、纸、砚等用品”②，以及橡皮、涂改液、复写纸、印台、印油等书写、印刷用品，这是针对传统或狭义的文具而言的；而现代或广义的文具，除包括上述传统或狭义的文具之外，还包括：计算机、打字机、速录机、打印机、复印机等。③

另外，计算机打印件字迹，主要有3种：第1种针式打印件字迹，其耐久性与打印色带关系十分密切。黑色打印色带是用炭黑、油溶黑为色素，蓝色打印色带用吲哚啉为色素。但由于针式打印件字迹的色素成分是颜料，字迹的转移固定方式属吸收和粘附相结合的方式，字迹易扩散，因而不耐久。第2种是喷墨打印件字迹是利用一定数量极细微的喷嘴，以不同的方式形成高速墨水束喷到纸上，形成墨水字迹。其字迹材料是喷墨墨水，黑色或彩色喷墨打印机的色素多为染料，因而它们的字迹是不耐久的。第3种是激光打印件字迹是电子照相技术和激光扫描技术相结合的产物，激光打印件字迹的墨粉主要成分是颜料和染料；粉墨的转移方式为粉附，固定方式为结膜，但因为没有渗透吸收，色素与纸张的结合还不够牢固。因此，激光打印字迹的耐久性主要取决于墨粉：以炭黑为色素的打印字迹，属于较耐久的字迹；以颜料为色素成分的彩色

---

① 参见中国社会科学院语言研究所词典编辑室编：《现代汉语词典》修订本，商务印书馆1998年版，第1671、66、1410页。

② 参见中国社会科学院语言研究所词典编辑室编：《现代汉语词典》修订本，商务印书馆1998年版，第1319页。

③ 其中，打字机是用于书写的一种机械的，电机的或电子的设备。使用时，通过敲击键盘上的某一个按键，该按键对应的字符的字模会打击到色带上，从而在纸或其他媒介上打出该字符。每一次字符的敲打，打字机都回把纸向左移动，以备打印下一个字符。但由于计算机、速录机和打印机的出现，打字机正逐渐退出历史舞台。

激光打印字迹，为较耐久的字迹；以染料为色素成分的彩色激光打印字迹，则不耐久。

此外，普通纸静电复印字迹的载体是复印纸，它的性能与静电复印字迹的耐久有较密切的关系。复印纸有足够的密度，复印质量就有一定的保证；复印纸的电性能好，复印出来的字迹清晰、饱满；复印纸的平滑度可以影响字迹的清晰度和牢固度。因此，保存复印件应注意防止高温、摩擦、接触丙酮和多次折叠。

再者，传真记录的方法决定传真字迹的耐久性，而常用的方法有三：一是喷墨记录字迹，即利用静电喷墨原理将图像信号记录在普通纸上，是单路真迹传真机常采用的记录方法。而其使用墨水的主要成分是油墨和染料，因此这种字迹不耐光，耐久性差；二是静电记录字迹，其色素成分是炭黑，与纸张结合方式是部分干燥结膜，是比较耐久的字迹材料；三是感热记录字迹，其色素是由无色染料和生色剂发生化合反应而生成的带有颜色的化合物，属于染料，不耐光、不耐酸碱、耐热性差、稳定性差，因而不利于长久保存。

最后，能够使文献字迹保存时间相对较长的填制方式是用手书写，而打印保存字迹时间较长的依次为：激光打印件、喷墨打印件、针式打印件。进言之，打印、复印、传真记录字迹保存时间的长短，主要取决于打印机、复印机和传真机所用墨粉、墨油质量的好坏。当然，实践中是用书写还是用打印方式填制侦查文书，要因地制宜，并选用其中最恰当的填制方式。

总之，实践证明，形形色色的文具和填制方式，是影响侦查文书字迹的关键因素，而绝对因素则是填制主体。因为，影响侦查文书字迹清楚、工整与否以及保存时间长短的文具、填制方式不足以自行，均须填制者操纵。为此，《文书规定》第23条明确规定："各种文书格式应按《刑事检察文书格式（样本)》的规定式样、尺寸，用黑色油墨、大号字体铅印人民检察院名称及文书名称。文字叙述类文书制作时打印其他内容；填空表格类及笔录类文书，制作时使用黑色或蓝黑色墨水在指定的空格内填写或记录有关内容。字迹应清楚、工整。"进言之，要保证侦查文书字迹清楚、工整，除填制人员要认真、规范地填制之外，还应了解并掌握影响侦查文书字迹质量的下列因素：①

① 除笔、墨、纸和填制方式外，填制侦查文书所用字体字号、印台、印油、填制方式，也影响其字迹的清楚、工整和寿命。例如，大字号黑体字、宋体字的字迹，要比小字号的楷体字、行楷字、草体字的字迹寿命长；而印台及其印油质量的高低，直接影响侦查文书印章的质量；而以书写方式填制的侦查文书字迹，要比以录入、打印方式填制的侦查文书的字迹保存时间长。至于填制方式、电子数据侦查文书的字迹等问题，还可参见本书本章第4、5节的相关论述。

（一）笔

目前，填制侦查文书的笔有广狭两义：广义的不仅包括传统或狭义的笔，即“写字画图的用具，毛笔、铅笔、钢笔、粉笔等”①，也包括现代或广义的笔——打字、录入、扫描、打印、复印、传真等工具。例如，打字机、计算机、速录机、扫描仪、印刷机、复印机、打印机、传真机等。

而传统书写所用的笔，主要包括软笔（如毛笔、橡皮头的软笔、水粉笔）和硬笔两类。其中，硬笔又包括钢笔、圆珠笔、签字笔、铅笔、美工笔等笔尖为硬质材料的笔。相对于毛笔等传统的书写工具而言，钢笔、签字笔、圆珠笔、铅笔、美工笔虽缺乏丰富的表现力，但不乏书写灵活、方便、快捷等优点。因此，除书法、绘画外，毛笔已不为人们日常书写、记录使用。也就是说，用毛笔填制侦查文书的情形目前已十分罕见。②

所谓毛笔，是指“用羊毛、鼬毛等制成的笔，供写字画画等用”③。而用毛笔和墨汁在纸张上书写而形成的字迹，寿命长久。

所谓钢笔，是指“笔头用金属制成的笔。一种是用笔尖蘸墨水写字，也叫蘸水笔。另一种有存贮墨水的装置，写字时墨水流到笔尖，也叫自来水笔”④。而据自来水笔尖成分的不同，还可将其分为金笔、铱金笔2种。金笔的笔尖含金量高，笔尖较软，弹性较小，书写时笔尖流畅，手感舒适；铱金笔尖含金量少，笔尖较硬，弹性好，经久耐用，而且物美价廉。

所谓签字笔，是指专门用于签字或者签样的笔。它包括水性、油性和中性签字笔3种。其中，水性签字笔一般用于纸张上签字，如果用于白板或样品上则很容易被擦拭掉；油性签字笔一般用于样品签样或其他永久性的记号，并很难拭擦，但可用酒精等物清洗；中性签字笔所使用的油墨介于水性和油性之间。而签字笔油墨之颜料、染料、连接料、填料、附加料的好坏，直接影响其

---

① 参见中国社会科学院语言研究所词典编辑室编：《现代汉语词典》修订本，商务印书馆1998年版，第66页。

② 另据新华网报道，在我们已经习惯了用电脑“写字”的时代，绝大多数高校的高考录取通知书都是用电脑打印出来的，而陕西师范大学却回归传统，由学校的老教授用毛笔，一笔一画地给学生填写录取通知书。这饱蘸浓墨、别出心裁的录取通知书也成了近日网友热议的话题，访问日期：2013年7月16日。

③ 参见中国社会科学院语言研究所词典编辑室编：《现代汉语词典》修订本，商务印书馆1998年版，第854页。

④ 参见中国社会科学院语言研究所词典编辑室编：《现代汉语词典》修订本，商务印书馆1998年版，第413页。

笔迹的耐久程度。当然，签字笔还有以下不足：一是不透明的签字笔笔芯都不会按 GB/T4306—92 国标标准注足油墨；有些透明的签字笔笔芯靠近笔尖的 1 厘米左右是可写的油墨，其余不能写；二是劣质的油墨不能在 0 ~ 40^{0}C 的国际标准要求的环境温度范围内使用，天气热了会流墨；天气冷了又写不出来；三是签字笔的保质期国际标准要求为 2 年，劣质的油墨几个月就干枯了；四是签字笔的标准书写角国标要求为 47°，劣质的笔尖或劣质的油墨只有在垂直时能书写，稍将笔杆握斜一点就难写或写不出来了；五是中性签字笔暂时无国家标准，因技术及生产工艺未成熟，容易出现油墨凝聚、返粗、结晶等现象，且大多数产品都会在 3 ~ 5 个月之后就写不出来；六是用劣质油墨的签字笔，不但书写不流畅或写不来，而且还会有吐墨或渗水现象；七是劣质的签字笔除了油墨的问题外，还有球珠选用劣质材料、笔尖的管道内腔粗糙、尾塞油不能跟随、笔尖的封口腊球弹性与密封不好等，而这些都会在储存时间长了或运输或使用过程中出现问题。

所谓圆珠笔，是由一种具有黏性液体的油墨，利用笔头的球珠在书写中与纸面接触产生摩擦、滚动带出油墨，形成字迹。其油墨由色素、溶剂及添加剂等成分组成，圆珠笔油墨的色素是染料，属于不耐久的字迹材料，主要有蓝、红、黑 3 种颜色。其中，蓝色圆珠笔油墨中使用了铜酞菁蓝，耐水、耐油、不易溶解；黑色圆珠笔使用的是苯胺黑和中性黑，耐晒、耐水，但不耐热、酸、碱；红色圆珠笔油墨的色素成分主要是曙红，溶剂为三乙醇胺，苯甲醇为快干剂，不耐光、热，不耐酸碱，耐久性差。

所谓铅笔，是指“用石墨或加染料的黏土做笔芯的笔”①。其中，黑色铅笔是由石墨、粘结剂、蜡或油脂组成，虽然色素成分耐久，但与纸张结合方式是粘附方式，因而属于不耐久的字迹材料；彩色铅笔是由色料、填料、胶粘剂、蜡和油脂组成，粘附力比黑色铅笔强。但总的来说，由于铅笔字迹与纸张的结合方式是填充方式或是粘附在纸上，容易被摩擦掉，因而属于不耐久字迹。

（二）墨、墨汁、墨水、油墨

1. 墨。它亦称墨锭、墨块，是我国使用最广的字迹材料，主要成分是炭黑、动物胶和防腐剂。其中，炭黑的理化性质很稳定，不溶于水、油和一般溶剂，耐热、耐酸碱，能吸收可见光而显黑色，遇光不褪色。因此，以炭黑作为

① 参见中国社会科学院语言研究所词典编辑室编：《现代汉语词典》修订本，商务印书馆 1998 年版，第 1008 页。

色素的字迹材料经久不退，是最耐久的色素成分。换言之，含有炭黑的墨汁、墨水、墨油，能保证字迹经久不退；动物胶是由动物皮和骨熬成的，它可把碳素微细颗粒调和粘合一起而制成块墨，还有结膜作用，使炭黑固定在纸上，字迹牢固耐久；防腐剂能去除动物胶胶臭，具有杀菌防腐作用，并增加墨的渗透力，使字迹牢固地结合在纸上。常用的防腐剂有麝香、樟脑、冰片等。

2. 墨汁。它由墨、砚台加水研磨而成。其色素成分是炭黑，由虫胶做粘合剂，硼砂做防腐剂加入适量的水配制而成。因此，用墨汁和毛笔写成字的字迹能长久保存。

3. 墨水。它是用钢笔书写字迹液体的总称，常见类型有四：

（1）蓝黑墨水，亦称鞣酸铁墨水，主要成分有色素、着色剂、稳定剂、阻蚀剂、润湿剂、防腐剂、渗透剂和水等；① 其变黑成分是蓝黑墨水特有的成分，由鞣酸、没食子酸和硫酸亚铁3种化学物质组成，而鞣酸和没食子酸分别与硫酸亚铁发生反应，生成无色的鞣酸亚铁和没食子酸亚铁，然后经过氧化，鞣酸亚铁和没食子酸亚铁变成黑色、耐水的鞣酸铁和黑色耐光的没食子酸铁沉淀物。它们都是有机颜料，色素成分与纸张的结合方式是吸收，耐久性好。

（2）纯蓝墨水，主要色素成分有二：一是酸性墨水蓝，易溶于水，耐晒性、耐水性差，不耐酸碱，易褪色，是不耐久的字迹；二是直接湖蓝，水溶性好、耐酸碱，与纸张亲和力较好，不耐晒。

（3）红墨水，其色素成分是酸性大红G，易溶于水，不溶于有机溶剂，耐水性差；还有曙光红A，耐光、耐水性差。

（4）碳素墨水，色素成分是炭黑。碳素墨水的黑度、着色力、遮盖力都很高，耐晒、耐水性好，是最耐久的字迹材料。

4. 油墨。它是打字、打印、印刷等用的字迹材料，由色料、粘结剂、填充料和辅助剂等物质组成。

（1）色料有黑色、蓝色和红色3种，是比较耐久的色素成分。其中，黑

---

① 其中，着色剂：鞣酸亚铁和没食子酸亚铁都是无色或浅色的，因此需使用着色剂，以便在书写时就能看出字迹；稳定剂：在蓝黑墨水中加入硫酸作为稳定剂，可使其在容器内不产生沉淀，避免书写时出现堵笔和断水现象，以利于书写流畅；阻蚀剂：其作用是防止无机酸对金属笔尖的腐蚀；润湿剂：墨水中的润湿剂是甘油、乙二醇等，具有较强的吸湿性，不易蒸发；防腐剂：蓝黑墨水中含鞣酸、胶体物质和糖类，容易滋生真菌，从而使墨水变色。因此加入防腐剂以防止墨水长霉。一般使用的防腐剂有甲醛（福尔马林）、石炭酸（苯酚）等；渗透剂：蓝黑墨水中的渗透剂是拉开粉，易溶于水，吸潮，在硬水、盐水、酸和弱碱液中不起变化，具有渗透性，可提高墨水的书写流利性，有助于墨水的稳定性。

色油墨颜料主要是炭黑，黑度高、吸油量低，耐光、耐热，化学性质稳定；蓝色油墨颜料是铁蓝，又称普鲁士蓝，着色力强、耐光、微溶于水和油，不耐热，不耐强酸，遇碱褪色；红色油墨颜料有金光粉，属于有机偶氮颜料，耐酸碱、不耐热，着色力较强，不溶于水和油；还有立索尔红粉也属于有机偶氮颜料，有耐酸、耐热、耐油渗的特点，但不耐碱，稍有水渗现象。

（2）粘结剂主要起转移、固定字迹及结膜作用。它能把油墨中的色素粘结在被印刷材料的表面，形成墨膜来显示文字。它主要有油型粘结料、树脂型粘结剂、水型粘结剂和溶剂型粘结剂 4 种。

（3）填充料主要是为了淡化油墨，增加其拉力。一般选择颜色白、比重小、易分散、不含杂质和游离碱的物质作填充料，均匀分散在粘结剂中。填充剂一般有碳酸钙、氢氧化铝、硫酸钡等。

（4）辅助剂主要是为了适应多变的印刷条件而加入。

（三）纸

无疑，侦查文书与纸张产生后出现的检察制度相伴而来。换言之，最早记录侦查文书内容的用纸，就是纸张；随后，也可将现代的录音录像带、胶片、电子数据（如计算机软盘、硬盘）等介质，视为广义的纸。常用的纸张包括以下 19 种：

（1）新闻纸，亦称白报纸，其优点是松软多孔、有一定强度、吸收性好、能使油墨在很短时间内渗透固着、折叠时不会粘脏；缺点在于日晒后容易变黄发脆、不宜长期保存。因此，它多用于在高速轮转机上印刷报纸、期刊和一般书籍。

（2）铜板纸，亦称涂料纸，是在原纸上涂布一层由碳酸钙或白陶土等与粘合剂配成的白色涂料，烘干后压光制成的高级印刷用纸。其优点是细腻洁白、平滑和光泽度高，而缺点在于吸收性差、价格高。因此，它多用于铜板印刷、胶印、印制彩色或单色的画报、图片、挂历、地图和书刊。

（3）胶版纸，亦称道林纸，是指供胶印机使用的书刊用纸，多用于印制单色或多色的书刊封面、正文、插页、画报、地图、宣传画、彩色商标和各种包装品。

（4）凸版纸，是一种适用于凸版印刷机印刷各种书籍、文体用品和杂志正文的纸张。定量为 $52g/m^2$ 和 $60g/m^2$，有卷筒纸和平板纸 2 种。

（5）草纸板，亦称黄纸板或马粪纸，主要用于商品的包装、制纸盒和书箱账册的封面衬里。

（6）白纸板，亦称马尼拉纸，是白色的比较高级的包装纸板。它用于印制儿童教育图片和文具用品、化妆品、药品的商标。

（7）装订纸板，是书籍装帧的重要材料，有白纸板、黄纸板箱纸板等，主要用于制作精装书壳和封套。

（8）玻璃纸，亦称透明纸，是像玻璃一样透明的高级包装和装饰用纸，用于包裹粮果、食品、衬衫、卷烟、化装品以及其他商品。

（9）邮封纸，是一种极薄的单面光书写类纸张，主要用于邮票衬纸、保价信件的封口用纸以及化妆品、水果和食品的包装和卷烟衬里。

（10）国画用纸，是供用毛笔书写和作画用的纸张，有元书纸、宣纸、毛边纸等。

（11）有光纸，是供书写、办公和宣传标语用的单面光纸张。

（12）凹版纸，用于印刷各种彩色印刷品、期刊、连环画、画册、邮票和有价证券的纸张。

（13）铸涂纸，亦称玻璃粉纸，是一种表面特别光滑的高级涂布印刷纸，主要用于印刷挂历和名片等。

（14）复写纸，是在薄韧的厚纸上涂上一层有色浆料制成的。常用来复制抄写用的一种纸张，有打字复写纸和手写复写纸2种。复写纸的色层浆料主要由色料、蜡和油3种原料组成，打字复写纸色素以颜料为主，手写复写纸以染料为主；黑色打字复写纸的色料是墨黑，主要成分为碳素，其化学性质稳定、耐光、耐酸碱、色纯黑、吸油量高，字迹比彩色复写纸字迹耐久性好；蓝色打字复写纸的色料铁蓝，是颜料，也是比较耐久的色素成分；手写复写纸以染料为主，有油溶黑、碱性品蓝和碱5BN等成分，油溶黑能溶于热油酸中，耐光坚牢度高，而碱性品蓝等染料不耐热、不耐酸碱。

（15）打字纸，是供打字和复写用的薄型纸张，用来印刷单据、票证或信笺。

（16）牛皮纸，是坚韧耐水的包装用纸，呈棕黄色，用途很广，常用于制作纸袋、信封、唱片套、卷宗和砂纸等。

（17）书写纸，是一种消费量很大的文化用纸，适用于表格、练习簿、账簿、记录本等，供书写用，分特号、1号、2号、3号和4号五个等级，定量为$45g/m^2$至$80g/m^2$；质量要求：色泽洁白、两面平滑、质地紧密、书写时不洇水。

（18）复印纸，一般未经涂布，用于静电复印机、喷墨打印机以及其他类型复印和打印设备上的纸。虽然它是复印机专用纸，但应用范围最广，可广泛的应用在复印机、针式打印机、激光打印机、喷墨打印机等对输出效果要求不是很高的时候，尤其在针式打印机与激光打印机上的使用更为广泛。其常用型号有：B5、A4、B4、A3、16K、8K 六种型号。

（19）打印纸，是指打印文件以及复印文件所用的一种纸张。按长度的不同，可将其分为 A0、A1、A2、B1、B2、A4、A5 等规格；按宽度的不同，可将其分为 A3、A4、A5、A6 和 B4、B5、B6 等规格；按照重量或厚度的不同，可将其分为60g、70g、75g、80g、85g、90g、100g、120g 等规格。因此，选购普通打印机时，需考虑纸的厚度、密度、挺度、表面光度、干燥程度等因素。

（四）橡皮、修正液

填制文献包括侦查文书也有出现错误的可能。这时就需用橡皮、修正液的涂改修正。

所谓橡皮，即硫化橡胶通称。它是用橡胶制成的文具，能擦掉铅笔、石墨和墨水痕迹。橡皮的种类繁多，形状和色彩各异，有普通的香橡皮，也有绘画用 2B、4B、6B 等型号的美术专用橡皮以及可塑橡皮等。

所谓修正液，亦称涂改液、立可白，是一种白色不透明颜料，涂在纸上以遮盖错字，干涸后可于其上重新书写。由于修正液挥发性极高，未用完的修正液留在瓶里容易变得太浓稠而难以使用。因此，修正液制造商通常也会附带售卖稀释剂。修正液不像胶条一样容易把纸撕破，也不像橡皮那样对钢笔、圆珠笔束手无策，它方便、快捷、干净、覆盖力强。但是，涂改液确实是有害的，因为它是一种化学的合成物。

而实践表明，侦查文书填制错误往往不用橡皮、修正液涂改修正，而是直接用笔勾画修正；而橡皮、修正液涂改修正或用笔直接勾画修正时，须要求相对人在修正处捺指印。

二、填制文具的常见错误

总的来说，目前适用各种文具填制侦查文书尤其是制作侦查笔录时，存在许多问题。譬如，造成侦查文书字迹不清楚、不工整的主要原因，就有如下5点：

1. 用笔不规范。例如，用圆珠笔甚至铅笔填制侦查文书。

2. 用墨不规范。例如，用红色或蓝色墨水笔填制侦查文书。究其原因，是对毛笔所用墨汁，钢笔所用墨水，打印机所用墨油（粉），以及打印机和复印机所用墨粉、碳粉，缺乏统一型号规定，致使有些侦查文书经过较长一段时间保存，发生了字迹扩散、退色、模糊等现象，从而影响侦查文书的文字保存时间。

3. 用纸不规范。例如，A4 与 B5 型纸混用，甚至用铜版纸、牛皮纸、报纸、烟盒等异形纸张记录；有的用52g、60g、70g或80g书写纸、复印纸或打印纸。

4. 书写、录入、打印等填制方式不规范。有的书写字迹潦草，有的电子侦查文书的模板、版式、样本格式、页面设置不规范、统一。

5. 用橡皮或涂改液对填制内容进行涂改，而不在涂改、修正处捺指印，等等。

三、填制文具的选用要领

（一）笔的选用要领

基于上述分析不难看出，能够使文献含侦查文书字迹保存时间相对较长的笔，依次为毛笔、钢笔、签字笔、圆珠笔、铅笔等。其中关键在于，笔所使用的墨汁、墨水、墨油质量。因此，在填制侦查文书时，除应选用毛笔、钢笔或签字笔外，[①] 还应注意以下问题：

1. 根据高检院、国家档案局《人民检察院诉讼档案管理办法》规定，填制侦查文书只能用毛笔、钢笔，而不能用圆珠笔、铅笔以及红蓝铅笔等。

2. 根据高检院《检察规范》第12·25条规定："诉讼案卷材料一律用毛笔或钢笔（使用蓝黑或碳素墨水）书写、签发"。

3. 参照国务院秘书厅、国家档案局《关于请勿使用圆珠笔、铅笔拟写文件的通知》（1964年1月24日）规定，为了利于档案的长期保存，今后在起草、修改文件或者批注时一律要使用毛笔或钢笔，同时要用质量较好的墨水，不要使用圆珠笔，一般也不要使用铅笔。如果有的领导同志习惯于用铅笔，则应为他们准备质量较好的铅笔，并注意保护真迹文件。

4. 参照高法院《关于抢救字迹发生变化的档案的问题的批复》（1981年5月20日）规定精神："据了解，对文件字迹发生扩散、退色、模糊等现象，目前还没有理想的解决办法。对字迹有变化尚能辨认的文件，区别不同情况，可以采用复印、抄写，或通过红外线照像、紫外线照像、滤色照像等办法进行复制。你院可以根据需要和可能，采取适当的办法，首先应该注意对那些具有重大历史价值和典型意义、需要永久保存的档案进行抢救，然后扩展到其他档案。加强诉讼文书档案的科学管理和注意改善诉讼档案的保管条件，是健全人民法院工作的重要内容之一。诉讼档案所以发生字迹变化，除库房潮湿或温度

① 而之所以不选择圆珠笔、铅笔、红蓝铅笔等填制侦查文书，关键在于其笔迹易涂改，不易长期保存。

过高等原因以外，书写材料（纸、笔、墨水等）的优劣，也影响诉讼文书档案的保存年代。要宣传和教育人民法院工作人员，在拟写、签发文件，作重要会议记录，填写诉讼文书时，应使用毛笔或用蓝黑墨水钢笔；需要打印的重要文件，不要用复写纸，而要在打字后用油印，以利于档案的长期保存。”

另外，实践中能否使用签字笔填制侦查文书？相关规定既没有肯定，也没有否定禁止。因此，本书认为，可使用签字笔填制侦查文书，但应选择质量较好的水性、油性和中性签字笔，而油性签字笔的油墨应符合符合 GB/T4306—92 国标标准。

此外，尽管《关于请勿使用圆珠笔、铅笔拟写文件的通知》规定，“如果有的领导同志习惯于用铅笔，则应为他们准备质量较好的铅笔，并注意保护真迹文件”，但在填制侦查文书时，不仅要禁用铅笔也要禁用圆珠笔。

（二）墨的选用要领

基于上述分析不难看出，能够使文献包括侦查文书字迹保存时间相对较长的墨，依次为墨汁，碳素墨水、蓝黑墨水、纯蓝墨水和红墨水，黑色墨油、蓝色墨油和红色墨油。因此，在填制侦查文书时，还应注意以下问题：

1. 根据高检院《检察规范》第 12 · 25 条规定：“诉讼案卷材料一律用毛笔或钢笔（使用蓝黑或碳素墨水）书写、签发。”

2. 要首选耐久的字迹材料，禁选不耐久字迹材料。所谓字迹材料，是指在侦查文书形成过程中，用于在纸上书写、印刷的材料——墨的总称。而字迹材料的质量，则是构成侦查文书尤其是诉讼档案耐久性的必要条件。实践表明，字迹材料能否耐久，取决于两个因素：一个是字迹材料色素成分的耐久性；另一个是字迹色素与纸张结合的牢固程度。而字迹材料的耐久性，直接影响侦查文书乃至诉讼档案的寿命。因此，在填制侦查文书时，应首选耐久的字迹材料，次选较耐久的字迹材料，而禁用不耐久的字迹材料。

（1）耐久的字迹材料，其特点是以炭黑为色素，以结膜的形式与纸张结合，有以下 3 种：①墨；②墨汁；③黑色油墨。它们的主要成分有色素、粘结剂和填充剂。一方面，色素主要是无机颜料墨灰（炭黑），粘结剂的作用是使墨油被纸张吸附，并固定形成结膜，填充剂可增加油墨的拉力，故黑色油墨字迹牢固、耐久。另一方面，由于墨、墨汁、黑色油墨的主要成分都是碳素，故写成的字迹材料也都耐水、耐光和耐热，字迹不易褪色，适于长期保存。

（2）较耐久的字迹材料，其特点是以颜料为色素，以结膜或被吸收的方式同纸张结合，有以下 4 种：①炭素墨水。因其主要成分为炭素，故具有耐晒、耐水、耐多种药品及不易褪色等特点；②蓝黑墨水。由于其成分含有铁质或鞣酸铁，故耐水性好，防止渗化、耐光、不易褪色，用其书写文件，字迹较耐久；③印泥。其主要原料是朱砂、艾绒、蓖麻油和冰片，一般称为朱砂印泥。而朱砂是红色无机颜料，质量稳定，故印章的耐久性较好；四是蓝色油墨。其成分与黑色油墨相似，耐光，粘结性较好，使色素被纸张吸收并结膜，故字迹比较牢固耐久。

（3）不耐久字迹材料，其特点是色素成分为有机染料，它无论以哪种方式与纸张结合，字迹均不耐久，因而不能用以填制侦查文书，并有以下 4 种：①纯蓝和红墨水；②铅笔；③圆珠笔；④印台油。

因此，填制侦查文书而选墨时，应选用耐久和较耐久的墨，而禁用不耐久的墨。细言之，用毛笔记录时，应选用质量合格，耐久或较耐久的黑色墨汁；用钢笔记录时，应选用质量合格，耐久或较耐久的黑色、蓝黑色、碳素墨水；用签字笔记录时，应选用质量合格，耐久或较耐久的黑色、蓝黑色笔芯（墨油）；切记用纯蓝和红墨水、铅笔（含红蓝铅笔）、圆珠笔、印台油等不耐久的字迹材料填制侦查文书；切忌用橡皮或修正液对侦查文书进行涂改；用钢笔进行涂改时，涂改处必须有相对人用红色印泥捺的指印。

（三）纸的选用要领

基于上述分析不难看出，能够使文献包括侦查文书字迹保存时间相对较长，且便于书写、打印的纸，依次为书写纸、胶版纸、复印纸、打印纸。因此，在填制侦查文书时，还应注意以下问题：

1. 在选择书写纸、胶版纸、复印纸、打印纸作为填制侦查文书用纸时，还应考虑该纸的密度（即纸的纤维的疏密和粗细的程度）、挺度（即纸的质地坚挺程度）、表面光度（即纸表面的光亮程度）、吸收性（即纸张对油墨中的连结料及其溶剂的吸收能力）、抗张强度（即纸所承受的张力）、伸长率（即纸受到一定的张力后至裂断时的伸长对原试样长度的百分率）、撕裂度（即撕裂预先切口的试样至一定长度时所需的力）、耐折度（即纸在一定张力下所能经受 180°的往复折叠次数）、紧度（即每立方厘米的纸的重量）、平滑度、白度、干燥程度等因素。

2. 根据《关于〈人民检察院刑事诉讼法律文书格式样本〉电子模板的使用说明》第 2 条规定："正式印制各种法律文书格式时，案卷的封面及封底用牛皮纸印制。各种法律文书用 A4 纸打印。"

3. 参照《文书规定》等规定，选择侦查文书用纸格式时，一方面，要使用 60g 胶版普通白纸印制。另一方面，一律用国际标准 A4（297mm × 210mm）纸，上空 37mm，下空 35mm，左空（订口）28mm，右空（翻空）26mm。同时，填制电子侦查文书时，既不能用彩色纸、铜版纸、废纸、60g 以上或以下等非 60g 胶版普通白纸打印，也不能用尺寸不符合规格的大纸（如 A3）、小纸（B5）打印；填制时不能侦查文书纸双面记录，也不能不留上下、左右的合理边距整页记录，更不能在装订线外记录相关内容。

第四节　职务犯罪侦查文书的填制方式

一、填制方式及其常见问题

所谓侦查文书的填制方式，是指填制侦查文书的具体方法和形式。其中，方法是指“关于解决思想、说话、行动等问题的门路、程序等”，形式是指“事物的形状、结构等”。[①] 因此，侦查文书的填制方法，主要针对侦查文书的内容来说的，并常以书写的方式完成；侦查文书的填制形式，只要是针对侦查文书的格式来讲的，并常以事先印制的方式完成。

另外，侦查文书的填制方式可概分为两类：一类是由填制人员利用笔、墨、纸等传统文具，用手书写的方式填制侦查文书，即书写侦查文书，包括：记录、书写以及用笔、用墨、用纸等事宜。另一类则是填制人员利用打字机、计算机、速录机、扫描议、复印机、打印机等现代文具，以录入、扫描、打印、复印等方式填制侦查文书，即打印侦查文书，包括：录入、打印、复制等事宜。

此外，一般来说，侦查文书的形式，即格式样本为事先打印而成，侦查文书的内容为事后书写而成；抑或侦查法律文书、填充式侦查文书的主要内容为事先打印而成，侦查笔录、侦查公文或叙述式侦查文书的主要内容则为事后书写而成。比较而言，书写侦查文书字迹的保存时间，要长于打印侦查文书字迹。

再者，侦查文书填制方式的现存问题，主要包括两方面：一方面，是借助钢笔、碳素墨水、纸张等传统文具书写时，存在字迹潦草、不易辨认、涂涂改改、书面不清洁、用笔用墨用纸不规范等问题。另一方面，是借助电脑、速录机、打印机、扫描议、复印机等现代文具填制侦查文书时，存在没有统一格式或模板，字迹保存时间短，字体字号、纸张规格、版心不统一等

① 参见中国社会科学院语言研究所词典编辑室编：《现代汉语词典》修订本，商务印书馆 1999 年版，第 353、1410 页。

问题。

二、填制方式要领

（一）要保证填制用笔用墨用纸规范

这就要求，填制侦查文书所用的笔、墨、纸等书写材料，要符合高检院《文书规定》、《文书样本》、《检察规范》、《人民检察院诉讼档案管理办法》、《公文处理办法》及其《实施细则》等规定。具体要求，可参见本书第三章第三节的相关内容，不赘述。

（二）要保证填制所用字体字号、方法规范

这就要求，一方面，填制侦查文书而选择所用字体字号时，要符合高检院《文书规定》、《文书样本》、《公文处理办法》及其《实施细则》等规定。具体要求，可参见本书第三章第二节的相关内容，不赘述。另一方面，填制方法规范，主要是指书写、录入的方法规范，应注意以下3点：

1. 不论是用钢笔、毛笔、签字笔书写，还是用电脑、速录机录入，字体不宜选草书或行书，[①] 而宜选容易辨认的宋体、仿宋体、黑体、楷体字和隶书；[②] 字号既不能过大，也不能过小；录入以三四号字为宜，书写则以二号至初号字为宜。

2. 在录入侦查文书时，还可参照文化部《关于书籍、杂志使用字体的原则规定》（1955年12月12日）的下列规定：一般书籍排印正文所使用的字体，应不小于老五号字；在书籍上，小五号字和五号长仿宋只限于用在引文、说明、目录、图表等处，但仅供查考的工具书如辞书、字典、手册、资料索

---

① 其中，草书特点是结构简省、笔画连绵，形成于汉代，是为了书写简便在隶书基础上演变出来的。有章草、今草、狂草之分；行书是介于楷书与草书之间的一种书体，它较楷书简易便捷，较草书实用易识，它用简、连、便的方法，使汉字书写起来更方便实用。

② 其中，宋体是宋朝发明的一种汉字印刷字体，笔画有粗细变化，而且一般是横细竖粗，末端有装饰部分，点、撇、捺、钩等笔画有尖端，属于白体，常用于书籍、杂志、报纸印刷的正文排版；仿宋体是一种采用宋体结构、楷书笔画的较为清秀挺拔的字体，笔画横竖粗细均匀，常用于排印副标题、诗词短文、批注、引文等，在一些读物中也用来排印正文部分。它被国家指定为机械制图使用的标准字体、中文打字机所采用的字模及电脑中使用的主要字体；楷体是现在通行的汉字手写正体字，由隶书演变来的，也叫正楷、真书；黑体字又称方体或等线体，没有衬线装饰，字形端庄，笔画横平竖直，笔迹全部一样粗细；隶书亦称汉隶，是汉字中常见的一种庄重的字体，书写效果略微宽扁，横画长而直画短，呈长方形状。

引、书目、图表等，可用小五号字或五号长仿宋排印正文；六号字一般不在书籍中使用，只有在书籍的注解、说明、图表等处及少数工具书中可以酌量使用。

3. 提高汉字的书写水平，需要从基本功做起。一方面，写字姿势要端正，人要坐直，纸要放正，按照正确的执笔方法使用书写工具。另一方面，注意点、横、竖、撇、捺、钩、折等基本笔画的写法，依照笔画顺序书写以提高书写的准确性和速度。当然，在不影响书写速度的情况下，将侦查文书当书法作品来完成，则是填制侦查文书的较高境界。例如，据2007年7月18日的《检察日报》报道：7月9日，记者在河北省正定县检察院采访时，被干警们一幅幅漂亮的硬笔书法作品所吸引。“一次法律文书讲评，激发了干警们对硬笔书法的热情”，该院一位负责人告诉记者。4月，该院开展了一次法律文书讲评活动，由院检委会委员、侦查监督科和公诉科业务骨干组成的讲评小组，对职务犯罪侦查部门查办案件时制作的法律文书以及讯问和询问笔录等进行审查，并组织干警听取讲评。讲评小组在讲评中指出，个别干警在制作法律文书和笔录时存在书写不规范、不整齐、不美观等问题。对此，院党组决定从今年6月中旬开始，举办为期3个月的硬笔书法培训班。

4. 书写汉字还应遵循国家语委、新闻出版署《现代汉语通用字笔顺规范》（1997年4月7日）以及国家语委《GB13000.1字符集汉字折笔规范》（2001年12月19日）、《GB13000.1字符集汉字折笔规范》（2002年3月31日）、《GB13000.1字符集汉字部件规范》（2003年4月14日），教育部、国家语委发布《汉字部首表》和《GB13000.1字符集汉字部首归部规范》（2009年5月1日）等汉字书写规范。

5. 填制侦查文书时，要用规范化的书面语言，使用标准的法言法语，慎用方言土语，忌用口头语、“黑话”，还要使用规范的简化字，忌用非规范的简化字、异体字、繁体字。

（三）要保证一定的填制速度

1. 要保证一定的书写速度

在以书写方式填制侦查文书时，书写速度要求是“又快又好”、“不快不慢要写好”，而切忌“慢而好”、“快而草”、“慢快都潦草”。当然，也不能运用速记方式填制侦查文书。① 因为，能懂会用速记的人极少。

---

① 所谓速记，是一门用特殊符号系统记录语音的快速书写实用技术。它于1888年由美国人John Robot Gregg发明，共有20个基本速记符号。速记是从记音入手，以记录语言、思维的意义为目的。因此，它的特点有三：一是书写迅速；二是符号系统简单；三是从记音入手，达到记意的目的。

而基于书写的重要性，检察机关才将书写能力作为检察人员的素质、能力之一，加以考核、教育和培训。例如，《十二五时期全国检察教育培训规划》明确提出："多渠道组织司法语言、公文写作、公文处理和外语等岗位通用技能培训"；《正义网》2008 年 7 月 28 日报道，25 日，四川省剑阁县检察院组织书记员到县法院刑事审判庭开展庭审记录技能考核，着重考察书记员集中精力听、归纳重点记、快速准确写的技能，从记录的格式、记录内容的完整性和卷面的整洁度等方面对书记员的业务技能进行了测评。

2. 要保持一定的录入速度

（1）要保持一定的电脑录入速度。例如，《正义网》2007 年 6 月 27 日报道：6 月 26 日大连市检察院组织了一次计算机技能竞赛活动，全市检察机关的 50 余名选手分 3 个年龄组参加了比赛。经过看打和听打两个部分比赛，胜出的 3 名选手将代表大连市院参加近期全省检察系统组织的计算机速录竞赛。

（2）要保持一定的速录机录入速度。而速录机的录入方式重要有三：①听打（220 字/分钟以上）。即速录员将听到的语言信息，用亚伟码录入到速录机，速录机立即将亚伟码传送给电脑，通过译码、编校系统译成汉字，储存起来变成磁盘信息或通过打印机打印出来就变成文字信息；②看打。即由专业速录员将看到的原始文字稿件中的信息用亚伟中文速录机输入电脑，经过编校，或通过打印机打印或通过通讯线路传送出去；③想打。即由掌握速录技术的普通人员将头脑中正在思考的信息，用速录机记录下来。因此，速录机录入的优势是快而准，并为有些检察机关所采用。例如，中共湖南省委组织部、湖南省高级人民法院、湖南省检察院《湖南省考试录用法院、检察院工作人员公告》（2008 年 3 月 20 日）要求："法院、检察院聘任制书记员职业技能测试主要测试考生用普通电脑或亚伟速录机打字的速度，包括定时看文章打字、听录音打字两部分，测试时间均为 15 分钟，测试成绩各占 50%；要求电脑打字速度 80 字/分钟以上，亚伟速录 120 字/分钟以上，职业技能测试按标准折算为百分制，80 分以上为合格"；另据《正义网》2013 年 7 月 17 日报道：为帮助检察书记员、辅助文员全面掌握、熟练运用电子记录的技巧和方法，有效加快笔录制作、会议记录、文稿打印速度，昨天，上海浦东检察院举办专题培训，邀请上海速录人才服务有限公司教育培训部主任沙申开展速录方法、技巧的演示与讲解，该院 70 名检察书记员和辅助文员参加培训。

此外，利用电脑填制侦查文书时，还须遵循国家语委《汉语拼音方案的通用键盘表示规范》（2001 年 2 月 23 日）等有关汉字的电脑录入规范。

三、记录要领

如上所述，记录是用手书写和用手录入的重要内容；记录速度的快慢，与书写、录入速度的快慢成正比。因此，从这个意义上说，掌握侦查文书的记录要领，是掌握侦查文书尤其是侦查笔录制作要领的关键。因为，侦查笔录制作的好坏，往往取决于记录的快慢。

（一）记录及其常见错误

1. 记录概述。记录包括书写和录入两方面，是填制侦查文书或其侦查的核心内容。没有保质保量的记录活动，就不会有高质量的侦查文书及或其侦查笔录；没有高质量的侦查文书或其侦查笔录，就不能客观、忠实地再现接受报案、控告、举报，接待来访、自首，勘验，检查，辨认，调查，搜查，侦查实验，讯问，权利告知，询问等职务犯罪侦查活动的具体情况。因此，从这个意义上说，保质保量的记录活动，既是依法进行职务犯罪侦查活动的内在要求，也是检方保证并提高职务犯罪侦查工作质量的题中应有之义。

而不规范的书写或录入，会导致侦查文书或其侦查笔录的形式出错，也会导致侦查文书或其侦查笔录的内容出错。那么，侦查文书记录的常见错误又有哪些？一方面，就是利用钢笔、签字笔以书写的方式填制侦查文书或其侦查笔录时，存在字迹潦草、不易辨认、涂涂改改、书面不清洁、用纸用墨不规范等问题。另一方面，就是利用电脑、速录机、打印机填制侦查文书或其侦查笔录时，存在格式样本或模板、字体字号、纸张规格等不统一，字迹保存时间短等问题。

另外，记录活动的正常运作，是以上述特定的职务犯罪侦查活动的启动为起点的，并贯穿其始终。同时，记录活动的开展不仅需要特定的检察人员（主要由书记员）和相对人（如犯罪嫌疑人、证人、被害人）承担，也需要特定的设备（如计算机、速录机、打印机）、材料（如笔、墨、纸）。但实践中却经常出现这样的现象：同样的文具、同样的设备、同样的材料，只因记录人员的不同，却出现质量大相径庭的侦查文书或其侦查笔录。其中关键，就是记录人员的记录能力不同。而记录能力不是与生俱来的，而在于后天培养。因此，培养并提高记录人员的综合素质和记录能力，是保证侦查文书或其侦查笔录质量的根本和关键路径。

此外，任何工作、活动都有其内在规律、方法和技巧。记录工作，也不例外。实践证明，书记员综合素质和记录能力的提高，是其正确把握职务犯罪侦查活动规律，科学选择记录方法、技巧的前提；而科学记录方法、技巧的选择和运用，则能达到事倍功半的效果。这样，也就有了形成高质量侦查文书或其侦查笔录的可能。具体来说，做好侦查文书或其侦查笔录的记录工作，还应注意以下问题：

（1）所谓记录，就是“把听到的话或发生的事写下来”①。它包括书写（亦即用笔写）和录入（亦即把文字等输入到电脑或速录机）两种记录方式，也是产生侦查文书或其侦查笔录的过程。就书写或者纸质侦查文书或其侦查笔录而言，其产生过程包括：问—记（用笔记）→答—记（用笔记）→问—记（用笔记）→答—记（用笔记）……办案人员与相对人签名认可后并最终形成书写的纸质侦查文书或其侦查笔录→装订归档；就录入或者电子侦查文书或其侦查笔录来说，其产生过程包括：问—录（用电脑或速录机录入）→答—录（用电脑或速录机录入）→问—录（用电脑或速录机录入）→答—录（用电脑或速录机录入）……形成侦查文书或其侦查笔录的电子文本→打印（即借助打印机使侦查文书或其侦查笔录的电子文本变成有形的纸质文本）→办案人员与相对人签名认可后并最终形成打印的纸质侦查文书或其侦查笔录→装订归档侦查笔录的电子和纸质文本。因此，要做好记录工作就必须了解并掌握书写、录入和打印技术的特点、规律。例如，在选择书写、录入、打印工具材料时，就要选用经济适用和耐久或较耐久的字迹材料，不选那些昂贵和不耐久字迹材料。

（2）书写、录入的字号不能太小，也不能太大，以 3 号字为宜；而字体一般选择仿宋、宋体、隶书、黑体，而禁用草书、行书，关键在于让阅者能读并读懂其中含义。

（3）提高汉字的书写、录入水平，需要从基本功做起。一方面，写字姿势要端正，人要坐直，纸要放正，按照正确的执笔方法使用书写工具。注意点、横、竖、撇、捺、钩、折等基本笔划的写法，依照笔划顺序书写以提高书写的准确性和速度。另一方面，要掌握并熟练电脑或速录机的录入技巧，提高录入速度和质量。

（4）填制侦查文书而书写汉字时，还应遵循国家语委、新闻出版署《现代汉语通用字笔顺规范》（1997 年 4 月 7 日）以及国家语委《GB13000.1 字符集汉字折笔规范》（2001 年 12 月 19 日）、《GB13000.1 字符集汉字折笔规范》（2002 年 3 月 31 日）、《GB13000.1 字符集汉字部件规范》（2003 年 4 月 14 日）、教育部、国家语委发布《汉字部首表》和《GB13000.1 字符集汉字部首

① 参见中国社会科学院语言研究所词典编辑室编：《现代汉语词典》（修订本），商务印书馆 1998 年版，第 596 页。

归部规范》（2009 年 5 月 1 日）等汉字书写规范。

（5）填制侦查文书而录入汉字时，还应遵循国家标准 GB18030 - 2000《信息交换用汉字编码字符集基本集的扩充》等国家标准。该标准是我国继 GB2312 - 1980 和 GB13000 - 1993 之后最重要的汉字编码标准，是我国计算机系统必须遵循的基础性标准之一。它由信息产业部和国家质量技术监督局在 2000 年 3 月 17 日联合发布的，并且将作为一项国家标准在 2001 年的 1 月正式强制执行。它是我国自主研制的以汉字为主并包含多种我国少数民族文字（如藏、蒙古、傣、彝、朝鲜、维吾尔文等）的超大型中文编码字符集强制性标准，其中收入汉字 70000 余个。

（6）填制侦查文书或其侦查笔录时，记录速度要求是又快又好、不快不慢要写好，而切忌慢而好、快而草、慢快都潦草。

（7）要依法规范书记员的记录、录入行为，建立健全必要的评比、奖惩和责任追究机制。

总之，只要职务犯罪侦查人员特别是其中的书记员具有良好的政治素质、职业道德、心理素质、法律业务素质、科学技术知识和技能，就能找到科学的记录方法和技巧；在此基础之上，严格地按照侦查文书填制的形式（亦即事先印制好的格式样本）和内容（亦即需填制的内容）要求行事，就一定能够产生并形成高质量的侦查文书。

（二）记录要领

1. 应了解并掌握主诉（办）检察官问话、相对人答话的规律、特点，使记录工作有的放矢

（1）职务犯罪侦查活动至少需 2 名或 2 名以上的办案人员和相对人共同参与。通常，1 名是书记员，1 名是主诉（办）检察官，1 名是相对人。因此，这就要求作为办案人员的书记员与主诉（办）检察官之间既要密切配合，尊重、协助对方，也要相互取长补短，共同完成针对相对人的讯（询）问等侦查活动。其中关键在于，书记员必须以主诉（办）检察官的言行活动为记录的重点，并掌握其行为、问话的规律、特点，做到记录的有的放矢。为此，书记员要事先了解主诉（办）检察官的问话腹稿、提纲，以及问话目的、策略，等等。

（2）由于讯（询）问等侦查活动也是在相对人的参与下进行的。因此，书记员还必须关注其说话能力、言行活动规律，尤其是他的回答特点，并将其言行全面、准确、规范地记录于侦查笔录之中。而这，也恰是侦查笔录记录工

作的重中之重。[1]

（3）在职务犯罪侦查过程中，由于主诉（办）检察官或相对人的言行活动，都必须按照特定的程序法律规定进行，而不能违反、增减、逾越。因此，从这个意义上说，只要书记员正确、全面地了解并掌握有关职务犯罪侦查活动的程序法律规定及其特点，便可将主诉（办）检察官和相对人的问答言行活动，成竹于胸。

（4）为了保质保量完成侦查文书特别是侦查笔录的记录活动，书记员与主诉（办）检察官之间，必须密切配合并相互监督制约。实践证明，只要两者关系正常、协调、心有灵犀，既有利于记录工作的完成，也有利于侦查活动的实现；既有利于相互取长补短和提醒，也有利于减少办案中违纪违法，进而保证侦查活动的依法进行。

2. 应了解并提高“听话”能力

毋庸讳言，填制侦查文书尤其是侦查笔录的重点或难点之一，就是如何全面、客观、高效地记录主诉（办）检察官、相对人的问答内容。为此，书记员须练就良好的“听话”能力、本领——听得准、听得全。

一方面，要了解并培养耐心、专注的听话态度。一要克服偏见，保持谦虚、平和、专注、耐心的听话态度；二要集中注意力；三要善于实现注意力或话题的转移；四要善于分配注意力，以兼顾一个听话过程中的若干要素；五要善于排除干扰。

另一方面，要了解并培养自己的听话能力。其中关键在于，要了解并培养自己的语音辨识能力、记忆能力、理解能力和语感。

3. 应了解并掌握记录过程中的用字用词用句技巧

（1）要了解并掌握记录过程中的用字技巧。从某种意义上说，记录工作的实质，就是将特定的侦查活动或者相对人和主诉（办）检察官的言行记录并转化为书面语言的过程。而这一过程除需使用规范的汉字之外，还需注意以下问题：一要端正用字态度；二要自觉扩大识字范围，并正确了解并掌握姓名、地点、少数民族名称、方言土语、口语、货币、计量单位、房屋和人体结构名称、法言法语的常用字；三要自觉提高听、读、写能力，并要搞清字义、写准字形、书写工整和迅速；四要明确用字依据。由于检察工作用字广泛、严格。因此，应当了解使用汉字的依据或案头备有供查阅汉字的材料。例如，最

① 说话能力是一种综合能力。它包括说话本身的技能、技巧，也反映说话者的心智水平。一个人的知识储备、文化素养、思想品德涵养、个性心理特征以及观察、记忆、思维、联想、想象力等，都对人的说话能力的形成，产生深刻影响。

新出版的字典、词典以及已发布的语言文字规范标准。

（2）要了解并掌握记录过程中的用词技巧。为此，除需使用规范的汉字、词语——法言法语外，用词时，还需注意以下问题：一要了解法律语言的词语体系，它主要由法律专业术语、法律工作常用词语和民族共同语言中其他基本词与非基本词组成；二要掌握记录的用词原则。即符合民族共同语的用词规范、符合法律规范、符合法律语言的语体特征以及客观、规范、准确；三要掌握记录时的词语选用技巧，正确、规范、合法地使用法律专业术语、一般词语、模糊词语、简缩词语，并注意保持词义在特定环境中的单一性。

（3）要了解并掌握记录过程中的用句技巧。一方面，记录用句应遵循以下原则：①符合民族共同语的句法规范；②符合逻辑规范；③符合语义的单一规范性。另一方面，记录用句有以下技巧：①忠于事实，忠于原意；②保持叙述角度的一致；③注意语序的合理安排；④注意标点符号的恰当使用。

4. 应了解并掌握记录工作的一般规律、特点和技巧：

（1）要培养练就识字广泛、快速书写和录入的基本功。

（2）要有一定的方言词汇、语法知识，并结合本地区方言的特点，熟悉方言的语音及用字。

（3）要充分做好记录前的准备工作。

（4）要了解并掌握书写和录入技巧，尽量做到“录音、录相、剪辑”。其中，“录音”是指如实记载，不改变原意、原话；“录相”是指要记录现场状况，包括相对人的喜怒哀乐、肢体语言等与检察活动进程有关的情态动作；“剪辑”是指去粗取精而不是字字句句不漏。

（5）要提高记录速度，保证记录的又快又好。为此，可采取以下方法：①不打无准备之仗；②善于取舍，抓住重点，“多（繁）记答，少（简）记问”；③学会合并法、归纳概括法、名词简约法、取答舍问法、求实舍虚法、取新舍旧法等记录方法；④学会留“空白”事后补记。

5. 要学会并抓住记录的重点。如上所述，侦查文书特别是侦查笔录的记录，主要是围绕相对人与主诉（办）检察官的言行活动展开的。因此，两者的言行活动便是记录的重点，并应做到“简记问，繁记答”。

通常，主诉（办）检察官的言行重点包括：一是再现犯罪发生时的场景；二是捕捉犯罪嫌疑人在实施犯罪过程中的心理活动、行为过程、特点，以及与此相关的证据材料、证据等；三是掌握犯罪嫌疑人犯罪后的心理特点、认罪态度等；四是依法指控犯罪的客观存在，并主张追究犯罪嫌疑人、被告人的法律责任。而与主诉（办）检察官言行相反，犯罪嫌疑人等相对人言行的重点在于，隐瞒犯罪事实，否认或者减轻犯罪责任等。

一般来说，主诉（办）检察官和相对人之间，存在明显的“智斗”情形。一方想尽一切办法，想了解并掌握案件的真实情况和证据，另一方也想尽一切办法，不让对方了解、掌握或者尽量少了解、掌握案件的真实情况和证据。因此，双方势必形成“此消彼涨”的对立态势。而实践证明，无论相对人还是主诉（办）检察官的言行活动，作为一对相互依存的活动，势必围绕刑法所规定的犯罪构成要件和刑事诉讼法所规定的司法（检察）证明对象展开。所以从这个意义上说，凡是与犯罪构成要件相关的内容，凡是与司法（检察）证明对象或者客体相关的内容，都是主诉（办）检察官“问”的重点，也都是相对人尽量避免的回答的重点。故而，这也是书记员记录的重点。进言之，有关犯罪构成要件（即犯罪主体和主观方面、犯罪客体和客观方面）以及针对犯罪行为的“七何”（亦称“七个要素”或 7 个“W”，即 Who、Why、When、Where、What、How、Which）问题，都是书记员须记录的重点问题。

6. 应学会对记录内容的适当取舍。在抓住记录重点的同时，要学会对记录内容的适当取舍，而不是每言必录。毋庸讳言，在记录实践中，无论是书写还是录入，都无法做到每言必记必录。因此，对记录内容势必存在适当取舍、繁简得当。

那么，应如何做好对记录内容的适当取舍、繁简得当？总的来说，与案件有关的内容，要做到取、繁——详细记，原汁原味；与案件无关的内容，要做到舍、简——简单记或不记，一带而过；对问，要做到舍、简；对答，要做到取、繁。

而实践表明，对于以下内容可适当地进行取舍：①根据对案件的了解，可明确判断、肯定是与案件无关或者没有价值的内容；②在先前问话和本次问话已经清楚记录下来的内容；③填补停顿的思考性内容；④补充说明性内容；⑤不良语言习惯造成的内容。

7. 要学会记录对话。对话也称会话，包括直接与间接对话两种。而记录好对话，一要选用恰当的句式。为此，为了突出侦查文书特别是侦查笔录的实录和客观性，记录时应尽量选用与口头句式相近的短句来表述。只有这样，才能做到既符合相对人原意，又容易理解。二要合理使用直接和间接对话。通常，涉案人数在 3 人以上的使用直接对话，3 人以下的使用间接对话。当然，也可根据对话内容的重要程度，而选择直接或间接对话方式。三要搞清记清对话中的人称关系。

8. 要学会记录口头语言。侦查文书特别是侦查笔录多反映的是办案人员与相对人问话和答话内容，而所使用的多为口头语言。而口头语言具有粗略、零乱、芜杂，缺乏条理性和逻辑性等特点，加上问答时口语表达的速度较快，正常语速为每分钟 150 个字左右，而书写速度为每分钟 30～40 个字。因此，不可能也没有必要一字不落地都记录下来，而应有所选择和加工，使对话简明扼要，重点突出。所以，记录好口头语言，一方面，要学会舍去。而常见需要舍去的内容主要有：填补停顿、补充说明、不良语言习惯所造成的内容。另一方面，要学会概括。但概括不能歪曲原意，既要简明、清楚，又要保证语言通顺、规范。

9. 要学会记录关键性语言。填制侦查文书尤其是制作侦查笔录时，对案件事实的基本要素（即犯罪构成要件或“七何”）要记清。但同时也要特别注意把其中的关键要素记清。

所谓关键要素，主要是指相对人回答话语中的关键性语言。而关键性语言所针对的内容，主要是犯罪构成的“四要件”或者检察证明的对象或者客体——“七何”。因此，对关键性语言必须记全、记准、记详，力求每言必记，实答实录。一方面，记录回答原话，反映问答的原始状态；原汁原味、原原本本、一字一句地记录相对人回答内容。另一方面，摘取出关键性语言，并对相对人回答的其他内容加以压缩、合并或者省略，使长句变为短句，从而突出相对人所回答内容的主旨。同时，对摘取的关键性语言，进行归纳、概括，重新组合，但既要保持相对人回答的原意和关键性的字、词语，也要避免因归纳、概括，重新组合而使本来表达不清的关键性语言显得更加模糊不清。

因此，从某种意义上说，记录的重点、对象，就是涉及案件实质内容的关键性语言。

10. 要学会记录方言土语。《国家通用语言文字法》第 16 条第 1 项规定，国家机关的工作人员执行公务时确需使用的，可以使用方言。因此，国家不禁止用方言土语进行诉讼活动，甚至用方言土语填制侦查文书或制作侦查笔录。为此，高检院《检察机关文明用语规则》（2010 年 6 月 9 日）第 15 条还明确规定：“各级人民检察院结合本地实际，特别是当地语言风俗习惯和各岗位、各环节的具体情况，依据基本规范和基础文本，制定具体的文明用语。”

另外，方言是语言的变体。根据性质不同，可将其分为地域和社会方言两类。其中，地域方言是语言因地域方面的差别而形成的变体，也是语言发展不平衡性而在地域上的反映。其产生原因，主要是移民、发展变异、民族融合等。而目前我国的地域方言可分为“八大方言区”，即北方方言区、吴方言区、闽北方言区、闽南方言区、粤方言区、湘方言区、赣方言区和客家方言区。而社会方言是同一地域的社会成员因为在职业、阶层、年龄、性别、文化教养等方面的社会差异而形成不同的社会变体。因此，它与地域方言不尽相同：前者是由社会群体的不同性质而形成的语言变体，后者则是语言因地域方面的差别而形成的语言变体。

此外，方言土语（亦即广义的方言）与普通话的主要区别在于语音、词汇、词义方面，而语法则大同小异。因此，记录方言土语时，一方面，要弄懂说者所说方言土语的真正意思。另一方面，在不改变方言土语基本意思的前提下，可采用以下方法记录：（1）用现代汉语句式匡正方言土语句式；（2）用现代汉语词汇表达不常用的方言土语的词汇意思；（3）保留方言土语，而用现代汉语词语做注释。与此同时，既要注意方言土语的写法，也要注意解决方言土语的有音有义但却无形（既无相应的汉字可表示）的问题。遇到这种情况，最简便的方法就是用普通话中的同音字、谐音字代替，但在后面应注明这一方言土语的意思。与此同时，填制侦查文书尤其是制作检察笔录而记录方言时，还可以采取以下方法：

（1）要规范记录所用方言的字、词、句。①了解并掌握规范的方言难字，主要包括规范的方言字、口语字、犯罪隐语字和冷僻字；②了解并掌握方言的词义；③准确转化方言句式。

（2）可利用现代汉语词汇表达不常用的方言词汇。

（3）为了能真实反映出地方语言特色和行为人的语言特征，记录人员可在记录原话后进行补充询问。例如，问“你这句话是什么意思，指的是什么”等，借说话人之口回答并说明情况，消除歧义，让阅读笔录者能够清楚明了地掌握相关信息。

（4）准确转换方言土语。根据现行的做法，记录人员在填制侦查文书尤其是制作侦查笔录时，可以将谈话对象的口头陈述进行综合归纳，将其核心信息予以记录，这是由口语向书面语转化的过程。一般来说，在制作侦查笔录过程时，应该严格遵循当地语言习惯，用语尽量符合谈话对象的身份、知识背景及语言风格，不能把谈话对象的语言随意修饰增减、渲染夸张。因为，原话被改变后，难以反映出谈话对象的真实意思表示，而且在日后质证时，谈话对象也容易推翻笔录中的内容。这就要求记录人员在制作侦查笔录时，既要保持说话人的口语特点，又要准确无误地再现其意思表达。因此，为符合法律语言的要求，遵循法律语言的运用规律，在体现侦查笔录客观性的同时，需要对一些方言句式进行必要的转化，要克服语病等现象，力求词、句简洁精练，层次清楚。同时，对一些低俗的方言词汇，不宜原封不动地照录，要熟练掌握方言与普通话、方言口语与普通话口语的对应关系，在保持方言词汇原意的前提下进行转化，以保持侦查笔录的严肃性。

11. 要学会记录犯罪隐语。记录中，经常会遇到犯罪隐语、黑话，即“帮会、流氓、盗匪等所用的秘密话”①。通常，对于与案件无关的犯罪隐语可不记。但对某些涉及违法犯罪性质、情节等与案件直接相关的犯罪隐语，必须记录。

实践中，可用以下方法进行记录：一是转换法。即将犯罪隐语转换成规范的现代汉语。二是加注释法。即保留犯罪隐语，而后在括号内加必要的注释。同样，对犯罪隐语的上述处理，既要不失原意，也要选择同义词或者最近的近义词。

12. 要学会记录肢体语言。所谓肢体语言，是人类用面部表情和身体动作来表达思想、情感、传递信息、内心奥秘的一种本能外部表现。它主要包括单一和复杂的肢体语言两种。总的来说，肢体语言毕竟不是有声语言，只能起到辅助和参考作用。因此，并非所有的肢体语言都需要记录，要有取舍问题。而实践证明，取舍肢体语言时，应遵循以下原则：一是与案件有关；二是有助于审查侦查笔录内容的真假；三是有助于办案人员了解相对人的心理活动、态度等肢体语言，要取要记，而其他肢体语言可舍弃不记。实践中，在记录肢体语言时，还可采取以下方法：

（1）文字转换法（或直录法）。即在忠实说者本意的前提下，直接将其肢体语言转化为书面语言文字。它通常适用于记录能传达某一信息、交流某一思想的肢体语言。

（2）加注法。即在括号内把肢体语言记录下来。一方面，用简单的语言描绘肢体语言的主要特征。例如，沉默、痛哭流涕、脸红等。另一方面，直接指出肢体语言所表达的心理特征。例如，叹息、愤怒、暴跳如雷等。例如，问：“你听清问话没有？”答：“听清了。”（开始沉默，头上开始出汗，声音弱）其中，“开始沉默，头上开始出汗，声音弱”就属于对肢体语言的记录。

（3）翻译法或者解释法。这种翻译不同于语言翻译，主要是用于询问、讯问聋哑人或者丧失说话能力的人的肢体语言。这通常需要通晓聋哑手语的人翻译，并将其翻译的话记录下来。同时，还应在笔录中注明翻译人员的姓名、单位、职业等。

总之，记录人员要善于把握相对人的言行举止，并从中“望、闻、切、问”到相对人的内心活动，并用书面语言文字准确地表达出来。

13. 书记员要学会记录相对人心理活动情形：

（1）心理活动概述。所谓心理活动，是指人们在进行语言、行为、表情等活动前所进行的思维。它有很多种，在不同的环境下每个人各自的心理活动也是不一样的。而影响人的心理活动强度的因素包括：认识水平、生活经验、

① 参见商务印书馆辞书研究中心修订：《新华词典》2001年修订版，商务印书馆2001年版，第394页。

周围环境和性格特征等。其中，性格特征亦称个性心理特征，是指人个体在其心理活动中经常地、稳定地表现出来的特征，包括人的能力、气质和性格。

所谓能力，即“能够胜任某项任务的主观条件”①，也是制约人们完成某种活动的质量和数量水平的个性心理特征。

所谓气质，即“人的相当稳定的个性特点”②。它由古希腊医生希波克拉底提出来，后来罗马医生盖仑作了整理。他们认为，人有4种体液——血液、粘液、黄胆汁和黑胆汁，而这4种体液在每个体内所占比例不同，从而确定了胆汁质（黄胆汁占优势）、多血质（血液占优势）、粘液质（粘液占优势）、抑郁质（黑胆汁占优势）4种气质类型。其中，胆汁质的人，是以情感发生的迅速、强烈、持久动作的发生也是迅速、强烈、有力为特征的。属于这一类型的人都热情，直爽，精力旺盛，脾气急躁，心境变化剧烈，易动感情，具有外倾性；多血质的人，是以情感发生迅速、微弱、易变，动作发生也迅速、敏捷、易变为特征的。偏于这一类型的人，大都活泼好动，敏感，反应速度快，热情，喜与人交往，注意力易转移，志趣易变，具有外倾性；粘液质的人，是以情感发生缓慢、内蕴、平静，动作迟缓、稳重易于抑制为特征。偏于这一类型的人大都安静，稳重，反应缓慢，情感不易外露，沉默寡言，善于忍耐，注意力不易转移，具有内倾性；抑郁质的人，是以情感体验深而持久、动作迟缓无力为特征的。属于这一类型的人大都反应迟缓，善于觉察他人不易觉察的秋毫细末，具有内倾性。

所谓性格，即“在对人、对事的态度和行为方式上所表现出来的心理特点”③，也是个性当中最突出的方面。因此，它与气质紧密联系在一起，互相渗透，互相影响，互相制约。

（2）如何记录心理活动。诚然，“通过办案实践证明，在职务犯罪案件查办中，推行制作被审讯对象心理活动笔录的做法是很有必要的。心理活动笔录不仅揭示了被审讯对象犯罪心理的过程及其变化，描画出被审讯对象堕落直至走上腐败的过程，有助于检察机关此后职务犯罪预防工作的开展，还能在一定程度上遏制被审讯对象翻供，有助于法官对检察机关证据采信”。④ 那么，在

---

① 参见中国社会科学院语言研究所词典编辑室编：《现代汉语词典》修订本，商务印书馆1998年版，第921页。

② 参见中国社会科学院语言研究所词典编辑室编：《现代汉语词典》修订本，商务印书馆1998年版，第1003页。

③ 参见中国社会科学院语言研究所词典编辑室编：《现代汉语词典》修订本，商务印书馆1998年版，第1412页。

④ 参见杜泽明：《应重视心理活动笔录在职务犯罪案件查办中的作用》，载《人民检察》2009年第14期。

填制侦查文书时，应如何记录相对人的心理活动？

①要了解并掌握描写心理活动的常用词语，主要有：大喜过望、心平气和、平心静气、暴跳如雷、心有余悸、惊魂未定、心安理得、心如刀割、心如死灰、心驰神往、心旷神怡、心乱如麻、心胆俱裂、心神不定、心神恍惚、心悦诚服、心惊肉跳、心花怒放、心慌意乱、心烦意乱、心惊胆战、心猿意马、心潮澎湃、乐不可支、乐以忘忧、百感交集、感慨万端、欢天喜地、欢欣鼓舞、悲痛欲绝、忧心如焚、忧心忡忡、闷闷不乐、欣喜若狂、怏怏不乐、胆战心惊、柔肠寸断、悔恨交加、惊喜交集、喜不自胜、喜出望外、愤愤不平、悲喜交集、提心吊胆、悲不自胜、悲愤填膺、痛不欲生、痛心疾首、痛快淋漓、痛哭流涕、七上八下、忐忑不安、胆颤心惊、惊恐万状、惊慌失措、不寒而栗、魂不附体、失魂落魄，等等。

②要注意观察相对人的言谈举止、眼神、动作等肢体语言，并从中悟出相对人的心理活动。

③填制侦查文书尤其是制作检察笔录时，要符合相对人的人格特性，记录尽量接近于原话，叙述方式应符合相对人自身特点，用他的原话。同时，要注意把握记录时机。例如，在讯问过程中，记录心理活动的时机，通常选择在犯罪嫌疑人如实交代自己的问题之后。选择此时，对犯罪嫌疑人而言，既是对自己的心路历程做一次概括总结，也是对自己犯罪行为的反思。因为，在记录心理活动之前就已经交代了犯罪事实，因而在这个时间里犯罪嫌疑人的精神状态是放松的；而对于记录人员而言，经过讯问，看到案件突破后，精神上也处于一种轻松的状态。在双方都处于轻松的状态下所记录的心理活动，能真实地体现被讯问对象，即犯罪嫌疑人的真实意愿。

总之，记录好相对人心理活动的关键，既要“望、闻、切、问”相对人的言行举止，为记录其心理活动准备素材，也要了解并掌握记录的基本要求和技巧。

14. 应保证记录所用字、用词、用语、用句的合法、规范、准确无误。其中关键在于，加强对所记内容的校对、修正、审核。例如，据 2012 年 8 月 15 出版的《检察日报》报道：为了彻底消除错别字等法律文书纯技术性错误，今年年初，河南省郑州市金水区检察院率先启用由该院检察官刘灿敏自主研发的“法律文书智能纠错系统”。经过半年试行，检察官们反映智能校对系统在很大程度上解决了文书差错问题，既统一了法律文书的格式，也易于操作。

第五节　电子数据职务犯罪侦查文书及其填制器材与要领

一、概念、利弊和常见错误

（一）概念

所谓电子数据侦查文书，亦称电子、电脑、电子介质侦查文书或者非纸质侦查文书，是指以计算机硬盘、软盘、光盘、U 盘等电子数据介质承载，并通过计算机显示屏展示记录内容的侦查文书（以下简称“电子文书”）。因此，电子文书只有转换（亦即打印）成纸质的侦查文书后，才能发挥作用。因为，电子文书的有些事项（如犯罪嫌疑人签名、捺指印）是不能在计算机上完成的，而必须通过相对人的亲笔书写。

而在职务犯罪侦查过程中能否使用电子文书？回答是肯定的。一方面，有相应的法律规定支撑。例如，高检院《关于〈人民检察院刑事诉讼法律文书格式样本〉电子模板的使用说明》第 7 条规定：“本文书可由各级人民检察院自行打印。建议在 windows XP 系统 office word 2003 下使用。高检院统一发布的案件管理软件正式运行后，可使用案件管理软件打印相应文书。”另一方面，实践中，有运用电子文书的实例佐证。例如，据《正义网》2007 年 7 月 18 日报道，自 2004 年起，山东泰安市岱岳区检察院先后用 10 余万元，给侦查人员配备了笔记本电脑和便携式打印机，对侦查人员进行了统一培训，为每台电脑安装了规范的笔录模板，保证了电脑笔录的顺利实现；再据《正义网》2013 年 7 月 17 日报道，近日，南通市检察院要求，所有法律文书必须用电脑录入。

因此，电子侦查文书是计算机、打印、录入等技术，运用于侦查文书填制过程的产物。而根据《刑事诉讼法》、《检诉规则》的规定，一方面，有些侦查文书制作（如侦查笔录）完成后应交给相对人核对，确认无误后签名、捺指印，办案人员也应在其上签名；另一方面，对于侦查文书的载体，法律并没有强制要求必须是手写记录。相反，只要文字字迹能长期保存，清晰易辨，不易涂改，使用何种填制工具都可以包括录入、打印。而电子文书尤其是电子笔录是通过计算机录入，打印机打印出来，并交给相对人核对、签名、捺指印的文字版本，是可长期保存的。所以，用计算机、打印机等填制侦查文书具有合法性。

（二）利弊

检方在职务犯罪侦查中所做的大量工作之一，就是依法填制各类侦查文书特别是侦查笔录。而随着计算机、互联网、速录机、打印机、扫描仪、复印机、传真机等现代办公设备、技术的普及和办公自动化的推进，利用这些现代化设备制作检察文书（含侦查文书）也逐渐普及。

而实践证明，任何事物都是利弊交融的，用计算机、互联网、速录机、打印机等现代化办公设备填制侦查文书也是一样。其中的“利”包括：①录入和传递速度快；②书写规范、字体清晰、整洁、美观、易辨认；③格式相对固定，规格整齐划一，便于阅读，避免翻供翻证；④便于及时补充、修正；⑤在打印并经相对人确认签名后，有利于保持侦查文书原貌，不易篡改；⑥可由多人操作；⑦能更好地保障相对人的权益；⑧检察案卷（含侦查文书）档案材料制作质量得到明显提升，也便于检索；⑨稳定，便于长期保存。

而电子文书的弊包括：①存在较高泄密和计算机病毒侵害风险；②一定程度上影响思维活动和提笔忘字的“电脑失写症”；[①] ③虽录入速度较快，但其未经书写形成，讯（询）问人员等相对人对已录内容的记忆不如传统侦查文书深刻；④经费、培训不足；⑤录入记录的客观全面性仍有不足；⑥计算机、速录机、打印机等所需器械携带不方便。

（三）常见错误

基于填制者综合素质的参差不齐，与书写填制纸质侦查文书一样，实践中，电子文书既有错误填制文书名称（或标题）、相对人基本情况以及错误用墨、用纸等形式错误，也有错误用字、用词、用语、用句等内容错误，并突出表现为：

1. 由于相关规定不明确，导致电子文书存在填制的随意性。例如，电子文书的文本格式、字体、字号、页面设置、行距、字距、下划线、左侧装订线位置以及打印纸型等格式不够规范、随意性大；没有统一的电子文书软件。

---

① 譬如，常常听一些办公族抱怨：“你看我这笨样儿，离开电脑就不会写字了!”；还有的人：“有些字认得，就是写不出。”这种提笔忘字的现象与我们这个使用电脑的“无笔”时代有关。随着电脑输入法功能的日益强大，许多年轻人在键盘上敲字的速度也“飞”了起来。比如，“罄竹难书”、“鳞次栉比”、“沆瀣一气”、“鳏寡孤独”等成语，通过智能ABC输入法输入，只需敲四个字母，不用一秒钟即可显示，甚至连前后鼻音、是否卷舌都不必考虑。但真要在纸上写，恐怕就有不少人不知如何落笔了。会打字，但不会写字，或者是“提笔忘字”，这成了当今年轻“电脑一族”的一个“通病”。就连原本字迹优美的人也发现，自己的书法水平现在大打折扣了。有关专家指出，这些人患上了“电脑失写症”。而电脑失写症是暂时性障碍，是由于过多在电脑上打字而缺少笔迹书写感和印痕感，对大脑的语言中枢难以产生刺激作用，从而造成失写的现象。

2. 有的是电子文书特别是电子笔录修改过多，经常出现“技术笔录”或“孪生笔录”情形，不利于全面、客观地反映职务犯罪侦查过程。侦查文书不仅仅反映案件的事实，也反映办案的过程和犯罪嫌疑人思想的转化，并展现案件真相被逐步揭露的过程。但是，有的办案人员为求方便，一步到位，经常对侦查文书进行修改。这样看起来侦查文书很流畅，但无法全面反映整个讯（询）问等侦查过程，无从全面反映犯罪嫌疑人的思想转变。有的轻率使用计算机的复制、剪切、粘贴功能，使侦查文书出现雷同，有损电子文书的证明力。例如，在办理杨某贪污、受贿一案中，李某就反复向审查起诉人员强调，侦查人员制作的某份电子讯问笔录根本就不是现场记录下来的，而是事先在电脑里准备好的，主问人员是看着电脑屏幕在问，而记录人也是在键盘上随便点击几下来掩饰，即使是回答的内容不同，笔录却没有进行变更。①

3. 综合侦查文书完成过于简单、粗糙。例如，在办理周某受贿一案时发现，周某涉嫌受贿多笔，就出现了讯问时间太短而笔录太长之间的矛盾；② 在办理犯罪嫌疑人黄某受贿一案时发现，黄某涉嫌受贿近 40 笔，侦查人员制作的电子综合笔录长达近 50 页约 3 万字，但该笔录反映出来的讯问时间却只有不到 3 个小时。③

4. 侦查文书过于整齐、干净，未反映出相对人已阅看的事实。例如，有些讯（询）问人员为了追求笔录形式上的美观，当被讯（询）问人提出要修改时，往往要按照他们的意见重新打印一张。这样虽然形式上整洁了，但作为电子侦查文书从头至尾除了被讯（询）问人或者证人的签名、所捺指印外，几乎没有字句上的任何手写涂改。

5. 打印用纸用墨不规范统一。在纸张的大小上：有的用 A4、有的用 B5；在纸的类型上：有的用 52g、有的用 60g、有的用 70g 胶版普通白纸；在用墨上：有的墨重，有的墨轻。

6. 所用字的字体、字号不统一。例如，有的用 3 号宋体字，有的用小 3 号仿宋字，有的用 4 号黑体字，有的用 5 号楷体字。

7. 页面设置不统一。上、下、内、外、装订线、页边距不一；在格式上，字符距离、段落、行距不统一；版心不统一。

---

① 参见宋志鹏：《电子笔录在检察业务中的得失分析及完善对策》，载《中国电力教育》2009 年管理论丛与技术研究专刊。

② 参见宋志鹏：《电子笔录在检察业务中的得失分析及完善对策》，载《中国电力教育》2009 年管理论丛与技术研究专刊。

③ 参见刘斌：《如何规范自侦案件电子笔录制作》，载《正义网》2009 年 9 月 27 日。

二、填制器材

通常，填制电子文书所需的器材包括：计算机、速录机、打印机、扫描仪（笔）、复印机、墨油（粉）、纸张、互联网等。

（一）计算机及其软硬件、病毒、模板

1. 计算机

计算机即电子计算机的简称，俗称电脑。世界公认的第1台电子数字电脑是1946年面世的“ENIAC”；1956年，第2代电脑——晶体管电子电脑诞生；1959年，第3代电脑——集成电路电脑诞生；到1976年，由大规模集成电路和超大规模集成电路制成的“克雷一号”，使电脑进入了第4代。进入21世纪，电脑更是便携式笔记本化、微型化和专业化，每秒运算速度超过100万次，不但操作简易、价格便宜，而且可代替人们的部分脑力劳动，甚至在某些方面扩展了人的智能。

另外，生活中常用的电脑包括台式和便携式笔记本电脑两种。但无论何种电脑，都由软件和硬件两部分构成。其中，硬件是电脑系统中所有实体部件和设备的统称，包括运算器、存储器、控制器、输入设备、输出设备等；软件则是一系列按照特定顺序组织的计算机数据和指令的集合，包括系统、应用、管理、行业、安全防护、多媒体、游戏软件等。

此外，没有电脑，就不可能有电子文书。因而选择经济、实用、功能齐全的电脑，是填制电子文书的前提和物质基础。

再者，实践表明，既可选用国产中档的台式电脑，也可选用国产中档便携式笔记本电脑填制电子文书，最好两者均备。例如，据《正义网》2009年8月17日报道，今年年初，湖北安化县检察院决定在自侦案件的侦查工作中实行电子笔录制度，投入20万元，统一采购了电子笔录系统软件、15台笔记本电脑、6台台式电脑、8台便携式打印机、2台数码摄像机等电子设备，并全部装配到反贪、反渎部门，保证软件、硬件配置。截至目前，该院共立案查办贪污贿赂、渎职类职务犯罪案件13件18人，运用电子笔录收集犯罪嫌疑人口供、相关证人证言近300余份，为国家和人民群众挽回经济损失200余万元。

最后，使用计算机填制电子文书时，还应遵循国务院《计算机软件保护条例》（2011年1月8日修正）、公安部《计算机信息网络国际联网安全保护管理办法》（2011年1月8日修正）、两高《关于办理危害计算机信息系统安全刑事案件应用法律若干问题的解释》（2011年6月20日）等计算机管理规定。

2. 计算机软硬件管理：

（1）根据国务院《中华人民共和国计算机信息系统安全保护条例》（1994年2月18日）规定，①计算机信息系统的安全保护，应当保障计算机及其相关的和配套的设备、设施（含网络）的安全，运行环境的安全，保障信息的安全，保障计算机功能的正常发挥，以维护计算机信息系统的安全运行。②任何组织或者个人，不得利用计算机信息系统从事危害国家利益、集体利益和公民合法利益的活动，不得危害计算机信息系统的安全。③计算机信息系统的建设和应用，应当遵守法律、行政法规和国家其他有关规定。④运输、携带、邮寄计算机信息媒体进出境的，应当如实向海关申报。⑤计算机信息系统的使用单位应当建立健全安全管理制度，负责本单位计算机信息系统的安全保护工作。对计算机信息系统中发生的案件，有关使用单位应当在24小时内向当地县级以上人民政府公安机关报告。

（2）根据国务院《计算机软件保护条例》（2001年12月20日）规定，软件著作权人享有下列各项权利：①发表权，即决定软件是否公之于众的权利；②署名权，即表明开发者身份，在软件上署名的权利；③修改权，即对软件进行增补、删节，或者改变指令、语句顺序的权利；④复制权，即将软件制作一份或者多份的权利；⑤发行权，即以出售或者赠予方式向公众提供软件的原件或者复制件的权利；⑥出租权，即有偿许可他人临时使用软件的权利，但是软件不是出租的主要标的的除外；⑦信息网络传播权，即以有线或者无线方式向公众提供软件，使公众可以在其个人选定的时间和地点获得软件的权利；⑧翻译权，即将原软件从一种自然语言文字转换成另一种自然语言文字的权利；⑨应当由软件著作权人享有的其他权利。

（3）参照公安部办公厅转发《解放军总后保密委员会〈关于加强计算机软盘管理工作的暂行规定〉的通知》（1986年10月21日）规定，①凡储有秘密的软盘（含U盘等移动硬盘）应区分密级，造册登记。秘密以上的软盘要存放在保险柜内，绝密的软盘要指定专人保管。严格软盘的发放、借用、复制和清洗手续，防止失控。计算机操作人员工作调动时，必须对软盘彻底清理，并办理移交。②秘密以上软盘的转送和投递应通过机要交通部门。外出人员一般不准携带机密以上的软盘，必须携带的要经单位领导批准，并采取相应的安全措施。严禁携带秘密以上的软盘游览公共场所或探亲访友。③计算机软盘硬拷贝（即打印在纸上的数据和程序）的密级与其软盘相同，凡秘密以上的必须与文件一样纳入保密渠道运转，由本单位分管文件的人员进行登记、编号、分发和清退，个人不得随意处理。打印的废纸应统一保存和销毁。

3. 计算机病毒

它俗称电脑病毒，根据《中华人民共和国计算机信息系统安全保护条例》

第28条规定，是指编制或者在计算机程序中插入的破坏计算机功能或者毁坏数据，影响计算机使用，并能自我复制的一组计算机指令或者程序代码。因此，它是人为故意编写的小程序，大多数病毒都能找到制作者信息，具有传染性、隐蔽性、破坏性、潜伏性、寄生性和条件性。其中，破毁性表现：①硬盘无法启动，数据丢失；②系统文件丢失或被破坏；③文件目录发生混乱；④部分文档丢失或被破坏；⑤部分文档自动加密码；⑥网络瘫痪，无法提供正常的服务，等等。

另外，实践中，以下现象可作为判断电脑是否感染病毒的依据：①运行速度明显变慢；②程序装入的时间比平时长，运行异常；③以前能正常运行的软件经常发生内存不足的错误；④有规律地发现异常信息，如异常死机而后又重新启动；⑤提示一些不相干的话；⑥访问设备时发现异常情况，如打印机不能联机或打印时出现怪字符；⑦产生特定的图像；⑧磁盘可用空间突然变小，或者不识别磁盘设备；⑨未做什么操作，硬盘灯不断闪烁；⑩程序和数据神秘丢失，文件名不能辨认；⑪Windows 桌面图标发生变化；⑫显示器上经常出现一些莫名其妙的信息，或者异常显示；⑬自动发送电子函件；⑭可执行文件的大小发生变化；⑮鼠标自动处于繁忙状态；⑯发现不知来源的隐含文件或电子邮件；⑰异常要求输入口令；⑱电脑发出怪叫声，等等。而如果发现电脑染上了病毒，那么，必须立即予以清除：一是人工清除如，格式化；二是使用反病毒软件清除。

此外，实践中常见病毒：①宏病毒，它主要感染文档和文档模板；②CIH病毒。它是第一个直接攻击和破坏电脑硬件系统的病毒，是迄今为止破坏最严重的病毒；③蠕虫病毒。它是通过 Internet 传播的病毒；④其他病毒。例如，冲击波、恶鹰、网络天空病毒等。

再者，实践中，可采取以下方法预防电脑病毒：①有规律地定期备份电脑中的重要数据，如系统文件和重要的数据文件等；②制作一个干净的确认没有病毒的系统应急启动盘，并复制一个反病毒软件和有用的其他工具软件到该盘上；③使用软盘和光盘前检查病毒，尽量不要使用软盘和光盘启动系统。不要执行未经检验的文件，包括网上下载的文件。使用前，最好先进行查毒处理；④限制使用电脑的人的数量。尽量不要让别人使用自己的电脑；（5）经常升级反病毒软件，这可以从反病毒厂商的网站去下载；⑥注意电脑有没有奇怪的现象，如速度变慢、出现奇怪的文件、文件变大、内存减少等，这些奇怪现象的出现意味着电脑感染了病毒、电脑中存在有问题的软件或出现了硬件故障；⑦使用从正规渠道买到的正版软件；⑧对于系统软件应予以写保护；⑨对于电脑系统中的程序，要定期进行比较测试和检查，以检测是否有病毒侵入；⑩要谨慎使用公共软件，防止电脑病毒传播和扩散。

最后，根据公安部《计算机病毒防治管理办法》（2000 年 4 月 26 日）规定，①公安部公共信息网络安全监察部门主管全国的计算机病毒防治管理工作。②任何单位和个人不得制作计算机病毒，不得有下列传播计算机病毒的行为：A. 故意输入计算机病毒，危害计算机信息系统安全；B. 向他人提供含有计算机病毒的文件、软件、媒体；C. 销售、出租、附赠含有计算机病毒的媒体；D. 其他传播计算机病毒的行为。③计算机信息系统的使用单位在计算机病毒防治工作中应当履行下列职责：A. 建立本单位的计算机病毒防治管理制度；B. 采取计算机病毒安全技术防治措施；C. 对本单位计算机信息系统使用人员进行计算机病毒防治教育和培训；D. 及时检测、清除计算机信息系统中的计算机病毒，并备有检测、清除的记录；E. 使用具有计算机信息系统安全专用产品销售许可证的计算机病毒防治产品；F. 对因计算机病毒引起的计算机信息系统瘫痪、程序和数据严重破坏等重大事故及时向公安机关报告，并保护现场。④任何单位和个人在从计算机信息网络上下载程序、数据或者购置、维修、借入计算机设备时，应当进行计算机病毒检测。

4. 计算机模板

它亦称电脑模板①、电子样本，是传统纸制样本电子化，是传统纸质样本的升级版本。它不仅环保，而且还不受时间、空间、地域的限制，可通过互联网在线浏览和下载后观看，通过网络进行传播，并以更新颖、更直观的形式展现在读者面前。它包括了静态和动态两种形式，前者以图文为主，后者融合了视频、音频以及动画等效果。在形态上，分为文档形式和网络形式，前者如 PDF 格式的电子样本，后者如虚拟印务所提供的在线翻阅格式。

另外，电脑模板具有传统纸质样本、视频以及电视广告所不具备的超文本性、互动性、多媒体性等优势。同时，信息容量大、易于传播、可扩充性强，易于升级修改、填制成本低，投放成本可控、互动性强，可实现与客户实时交流、表现力丰富，表现手法多样化、环保节能、保存时间长，不易损坏。正基于此，2003 年，公安部与山东宏达公司联合开发了《公安机关刑事法律文书管理系统》，严格按照公安部《公安机关办理刑事案件程序规定》（2003 年 5 月 1 日）的要求，将《公安机关刑事法律文书（2002 版）》所规定的 90 多种刑事法律文书模板化，集公安机关刑事法律文书的填制、填写、存贮、查询、

① 其中，模版是指一个开源的内容管理系统平台，用于构造提供多种功能和服务的动态网站，这些功能包括用户管理、发布工作流、讨论、新闻聚合、元数据操作和用于内容共享的 XML 发布等。

分析于一身。

此外，高检院《关于〈人民检察院刑事诉讼法律文书格式样本〉电子模板的使用说明》第7条提出："高检院统一发布的案件管理软件正式运行后，可使用案件管理软件打印相应文书"，而"案件管理软件"中就包括《人民检察院刑事诉讼法律文书格式样本》之电子模板。

再者，高检院《全国检察机关统一业务应用系统使用管理办法（试行）》(2013年10月22日，以下简称《应用系统》）第76条第1项规定："全国检察机关统一业务应用系统，是指由最高人民检察院按照'统一规划、统一标准、统一设计、统一实施'的总体要求组织开发，适用于全国检察业务工作，融业务办理、管理、监督、统计、查询于一体，在各级人民检察院互联互通，及时、全面、实时、动态地交换数据的计算机信息系统"；而该系统的任务在于，"实现业务信息网上录入、业务流程网上管理、业务活动网上监督、业务质量网上考评，以加强对执法办案的全面、实时、动态监督管理，加强信息共享和协作配合，规范执法行为，增强法律监督能力，提高检察工作质量和效率，推动检察工作科学发展"（第2条）。

最后，以浙江省宁波市北仑区检察院陈旺同志自主编程研制的《侦查文书系统》（如下图8）为例，它作为全国检察机关首款自主研发并全功能全免费发布的电子笔录系统，除实现了当前所有类型笔录系统应有的基本功能外，还首创实现了如下四大功能：①保密性更强。首创基于MD5加密的Jer笔录文档格式定义，保障笔录存储安全；②输入更便捷。首创回车即可智能判断当前光标处自动输入"问"或"答"，使笔录的制作更加方便、快捷；③强化笔录检查功能。实现笔录内容的可视化问答逻辑检查功能，使笔录记录人可实时、直观、清晰的检查笔录的问答逻辑，能有效避免长时间制作笔录时出现的逻辑混乱、重复提问等问题；④强化笔录模板功能。支持类罪笔录以模板方式导入，首创实现鼠标单击类罪模板问答语即可光标处直观提示，双击执行可视化插入。①

① 而随着《检察笔录系统》在网络上的传播，注册使用的检察院越来越多（已达600余个），反馈的问题和建议也越来越集中。突出表现为，电子笔录格式标准的缺失。因此，亟待解决的问题是高检尽快出台统一的电子检察笔录模板。模板的核心要素应包括：各类检察笔录的首部（或抬头）内容，笔录每页多少行、每行多少字，笔录正文的字体、字号以及下划线的表现形式，等等。

图 8：陈旺研制《侦查文书系统》（www. QunFun. cn）首页截面图

（二）速录机

以实践中常见的亚伟中文速录机为例（如下图 9 所示），它是一种全新的高科技产品，是专门解决中文信息快速记录问题的。这是一种经特殊设计的符合人类双手十个手指的运动规律的专用键盘，它充分考虑了人们双手的普遍灵活性，使得一般人都能够掌握并自如地使用；同时又为使用者提供了充分施展其天才的可能性，使得速录员有能力适应包括口语记录在内的任何场合下的汉语信息记录工作。

图 9：亚伟速录机二型（YW－Ⅱ）

另外，从亚伟中文速录机 1993 年发明之后，速记的概念便有了两重性，即手写与机械速记。为了区分其功能，通常把速记称为手写速记；因为机械（指电脑）速记具有向电脑录入文字的功能，通常把机械速记（电脑速记）称之为电脑速录或速录。实质上说，手写速记和电脑速录都是速记，二者结合应用，更具传统与时代感，更能显示出速记的品格。

此外，亚伟中文速录机的特点：①高速度，可达 200 字/分以上；②多功能，既能速记，又能速录；③高效率，可以即打即显（汉字）、投影屏幕也可以快速编辑，立即印刷出版；④新型式，便于携带，键盘小巧，便于操作；⑤可与电脑匹配。

再者，速录与传统的打字有什么不同呢？传统的五笔输入法，每分钟最快可打百字以上，而专职速录师的录入速度至少可达180字，而且不需要烦琐的程序，只需借助一台小小的中文速录机就可完成。速录师的录入方式是通过一种专门设计的中文速录机来进行汉字输入的。几个指头同时按键，输出来的都是一组一组的词，最快可达每分钟三四百个字，有时甚至比说话的速度还快。正基于此，利用速录机记录已被许多司法机关采用。例如，据《中国速记网》2007年3月18日报道，为贯彻落实高检院《人民检察院讯问职务犯罪嫌疑人实行全程同步录音录像的规定》规定，解决讯问过程中计算机制作笔录速度与讯问节奏不同步问题，北京通州区检察院决定采用亚伟中文速录机作为实现讯问笔录的计算机高速同步录入的突破口，彻底解决录入与讯问不同步问题。为此，3月18日，由该院反贪局的8名书记员、2名主侦检察官及公诉、渎检等部门书记员在内的22名学员组成的亚伟速录培训班正式开课。

（三）打印机

打印机是电脑、速录机的输出设备之一，用于将电脑、速录机的录入等处理结果打印在纸张上。因此，打印机是填制电子文书的必备器材。例如，据《正义网》2013年7月11日报道，为保障检务高效化，近年来，江西泰和县检察院争取到县财政拨款近200余万元，购置了计算机、笔记本电脑近百台，购置了打印机、复印机、扫描仪等办公设备及电视电话会议视频系统等信息网络设备，更新了数码照相机、摄像机、同步录音录像等侦查技术设施和器材，提高了检察工作科技含量。

另外，据采用技术的不同，可将打印机分为喷墨式、热敏式、激光式、静电式打印机等。其中，喷墨式打印机的基本原理，是带电的喷墨雾点经过电极偏转后，直接在纸上形成所需字形。其优点是组成字符和图像的印点比针式点阵打印机小得多，因而字符点的分辨率高，印字质量高且清晰。热敏式打印机是流过印字头点电阻的脉冲电流产生的热传到热敏纸上，使其受热变色，从而印出字符和图像。主要特点是无噪声，结构轻而小，印字清晰。缺点是速度慢，字迹保存性差。激光打印机是利用激光源发出的激光束经由字符点阵信息控制的声光偏转器调制后，进入光学系统，通过多面棱镜对旋转的感光鼓进行横向扫描，于是在感光鼓上的光导薄膜层上形成字符或图像的静电潜像，再经过显影、转印和定影，便在纸上得到所需的字符或图像。主要优点是打印速度高，印字的质量高，噪声小，可采用普通纸，可印刷字符、图形和图像。

此外，衡量打印机好坏的指标有三，即打印分辨率，打印速度和噪声。

因此，实践中常用便携式激光打印机打印电子文书；而影响电子文书字迹的因素，除打印机优劣之外，关键是打印所选用的墨粉、纸张质量的好坏。为此，可选用中档、国产打印机及其耗材用于电子文书填制。另据《正义网》2011 年 6 月 9 日报道，针对法律文书（含侦查文书）手工填写烦琐复杂、事务工作量大等问题，上海市静安区检察院案管、技术部门在借鉴其他地区先进经验的基础上，积极探索“法律文书打印系统”，现已由案管部门投入试用。利用该系统开具文书时，无须手工填写、填充内容自动调取生成、打印操作简便，大大提高了工作效率。同时，它还对法律文书打印进行严格的程序设定。一方面，确保审批手续齐全，通过规范操作保证文书填写内容的正确、统一和完整。另一方面，严格管理系统中电子印章的使用，通过设置多层密码等方式，加强保密安全管理。

再据《正义网》2010 年 9 月 7 日报道，为充分发挥案件监督管理工作的职能，大力推进 3 项重点，全面推动全院争先创优工作，根据省、市院要求，江苏淮安市清浦区院投入 1.6 万元，在全市检察系统率先购置了法律文书长版纸打印系统。该系统由一台日本产 C8600dn 型长版打印机和检察机关法律文书管理系统软件组成，能够实现对侦查监督、公诉和自侦部门日常使用的法律文书（包括红色的院印）一次性高速打印。

（四）扫描仪

扫描仪是一种电脑外部仪器设备，通过捕获图像并将之转换成电脑可显示、编辑、储厚和输出的数字化输入设备。对照片、文本页面、图纸、美术图画、照相底片、菲林软片，甚至纺织品、标牌面板、印制板样品等三维对象都可作为扫描对象，提取和将原始的线条、图形、文字、照片、平面实物转换成可以编辑及加入文件中的装置。

另外，扫描仪可分为滚筒式、平面和笔式扫描仪 3 类。其中，笔式扫描仪出现于 2000 年左右，扫描宽度大约只有 4 号汉字相同，使用时，贴在纸上一行一行的扫描，主要用于文字识别，但近几年跟着科技的发展，大家熟悉的普兰诺（planon. cn）出现了，可扫描 A4 幅度大小的纸张，最高可达 400DPI。

此外，分辨率是扫描仪最主要的技术指标，它表示扫描仪对图像细节上的表现能力，即决定了扫描仪所记录图像的细致度，其单位为 DPI（Dots Per Inch）。通常用每英寸长度上扫描图像所含有像素点的个数来表示。目前大多数扫描的分辨率在 300～2400DPI 之间。DPI 数值越大，扫描的分辨率越高。

因此，在填制含有图形、照片等内容的电子文书时，扫描仪必不可少。

（五）复印机

复印机是从书写、绘制或印刷的原稿得到等倍、放大或缩小的复印品的设备。它复印的速度快，操作简便，与传统的铅字印刷、蜡纸油印、胶印等的主要区别是无须经过其他制版等中间手段，而能直接从原稿获得复印品。

按工作原理可将复印机分为光化学、热敏和静电复印3类。其中，静电复印是现在应用最广泛的复印技术，它是用硒、氧化锌、硫化镉和有机光导体等作为光敏材料，在暗处充上电荷接受原稿图像曝光，形成静电潜像，再经显影、转印和定影等过程而成。

因此，在复制多份侦查文书或者将纸质侦查文书转化为电子文书时，都需要复印机的参与。

（六）墨粉、纸张

无疑，使用打印机、复印机都需要墨粉、纸张等耗材。而耗材质量的好坏，不仅影响打字、扫描、复印质量，而且也影响侦查文书字迹的保存时间。

所谓墨粉，亦称碳粉，是激光打印机显示成像的介质，有原装墨粉和兼容墨粉2种，原装墨粉是打印机生产厂商配套提供，用于硒鼓的再填充使用。兼容墨粉是其他厂商生产的可以兼容使用的填充墨粉。而评价墨粉最重要的指标有3：1. 密度，即黑度，不是越黑越好，反射密度值一般在1.3左右，眼睛看上去不刺眼，比较舒服为佳；2. 底灰，即无图像区密度，这个当然是越小越好；3. 定影牢固度，即墨粉与介质的结合牢度，越高越好，要求在正常环境下达到90%以上，低温或高湿环境下不小于80%。与此同时，影响墨粉质量的因素还有：带电量（即色调剂荷质比）、软化点、熔融指数、粒度体积分布、打（复）印品品质、松装密度、流动性、结块温度等。

而电子文书所用的纸张，通常包括打印纸和复印纸两种。其中，打印纸是指打印文件以及复印文件所用的一种纸张，有A、B、C系列，常见的有A3、A4、A5、A6和B4、B5、B6共7种，或者50g、60g、70g、75g、80g、85g、90g、100g、120g等；而复印纸一般未经涂布，用于静电复印机、喷墨打印机，以及其他类型复印和打印设备上的纸。常用型号有B5、A4、B4、A3等。另据《关于〈人民检察院刑事诉讼法律文书格式样本〉电子模板的使用说明》第2条规定，在选择用60gA4纸打印或复印电子文书时，还应考虑其密度、挺度、表面光度、吸收性、抗张强度、伸长率、撕裂度、耐折度、紧度、平滑度、白度、干燥程度等因素。

（七）互联网

互联网亦称因特网、网际网，即广域网、局域网及单机按照一定的通讯协议组成的国际计算机网络。它是指将两台计算机或是两台以上的计算机终端、客户端、服务端通过计算机信息技术的手段互相联系起来的结果，人们可与远在千里之外的朋友相互发送邮件、共同完成一项工作、共同娱乐，它始于1969年的美国。

另外，互联网就是能够相互交流，相互沟通，相互参与的互动平台，也是一个面向公众的社会性组织，还是人类社会有史以来第1个世界性的图书馆和第1个全球性论坛。

此外，综合所有的因素考虑，未来10年，将有10大网络趋势出现：语义网、人工智能、虚拟世界、移动、注意力经济、提供网络服务的网站、在线视频和网络电视、富互联网应用程序、国际网络、个性化。正基于此，互联网也为司法机关和诉讼（含侦查）活动提供了许多便利。例如，据《正义网》2009年2月19日报道，《蚌埠市检察院网》自2004年12月31日正式开通以来，以宣传全市检察工作为主线，兼顾社情、民情，办出了自己的特色。目前，它已成为该市检察机关重要的外宣阵地，受到上级机关和社会各界的普遍关注。

再者，自2003年，全国检察机关提出“逐步建立和完善检察业务、队伍建设和信息化建设‘三位一体’的检察工作长效机制”以来，目前许多检察院形成了“检察内网与外网”并存的互联网格局。其中，利用检察内网传送检察文书包括侦查文书、视频讯问等利用互联办案情形，不胜枚举。① 为此，

① 另据2013年7月25日出版的《检察日报》报道，江苏省常州市检察机关数字化视讯综合应用平台近日启用。该平台纳入了远程提讯、审讯指挥、监所监控、检务督察、警务安全、庭审直播、远程会议、案件讨论、远程接访9大视频资源，实现了全市检察机关视频资源的集中管理、视频应用的集中调度、视频内容的集中显示和视频数据的集中存储。今年1月，该院下发意见，在全市两级院统一规划、推进数字化视讯综合应用平台建设。平台拥有统一的登录窗口，检察长可以对各个子平台进行全面阅览，各个子平台既相互独立，又环环相扣，整个工作流程高度透明。平台一经启用，就收到了立竿见影的效果。该院不仅可以根据基层院在“远程会议”子平台上的申请灵活安排时间，还可以通过平台同步阅览案件审查报告、卷宗材料及部分证据，案件汇报过程流畅无阻，效率大幅提升。监察部门可以对远程提讯、自侦审讯、控申接待等进行网上实时、动态督察并同步记录，确保干警规范办案。平台还囊括了监所监控、警务安全检查、庭审直播三大在线监督网络，对全市四个看守所监管执法活动、两级院内外部环境、庭审现场状况等进行无缝隙动态化监督

《检诉规则》第331条第3、4款还明确规定："讯问犯罪嫌疑人，可以当面讯问，也可以通过视频讯问。通过视频讯问的，上一级人民检察院应当制作笔录附卷。下级人民检察院应当协助做好提押、讯问笔录核对、签字等工作。因交通、通讯不便等原因，不能当面讯问或者视频讯问的，上一级人民检察院可以拟定讯问提纲，委托下级人民检察院侦查监督部门进行讯问。下级人民检察院应当及时将讯问笔录报送上一级人民检察院。"另据2010年9月29日出版的《检察日报》报道，江苏省苏州市检察院日前对太仓市检察院报请逮捕的自侦案件犯罪嫌疑人吉某作出了逮捕的决定，而此案的逮捕决定书是苏州市检察机关第一份使用"远程法律文书打印系统"完成的——由苏州市检察院案管处工作人员进入该系统，填写逮捕决定书电子版，加盖苏州市检察院的电子院章，苏州市检察院的审查逮捕环节就完成了。此时，太仓市检察院案管科工作人员进入系统，找到已经制作好的电子文书，点击打印按钮，不到一分钟的时间，一张逮捕决定书就制成了。

最后，在职务犯罪侦查过程利用互联网时，还应循邮电部《中国公用计算机互联网国际联网管理办法》（1996年4月8日）、高检院《检察机关计算机通信加密设备使用管理规定（试行）》（1996年11月26日）、国务院《计算机信息网络国际联网管理暂行规定》（1997年5月20日）、公安部《计算机信息网络国际联网安全保护管理办法》（1997年12月16日）、国家保密局《计算机信息系统国际联网保密管理规定》（2000年1月1日）、公安部《互联网安全保护技术措施规定》（2005年12月13日）、信息产业部《互联网电子邮件服务管理办法》（2006年2月20日）、全国人大常委会《关于维护互联网安全的决定》（2009年8月27日）、国务院《互联网信息服务管理办法》（2011年1月8日修正）、工业和信息化部《规范互联网信息服务市场秩序若干规定》（2011年12月29日）等互联网管理规定，做到依法利用互联网。

三、填制要领

实践证明，填制一份合格、上乘的电子文书特别是电子侦查笔录，需做到以下几点：

（一）要做好填制准备

1. 在思想上要做好准备，促使填制人员［含主诉（办）检察官、书记员和录制人员］提高认识水平，端正填制态度；不能有偷懒和有投机取巧思想，而要严格把好事实关、质量关。例如，在记录侦查笔录过程中和结束后，要亲自审查和核对，对不符合要求的侦查笔录要提出修改意见并及时改正。

2. 要确保电脑、速录机、打印机等设备没有故障，以便满足及时录入、打印侦查文书的需要。

3. 要最大限度地熟悉案情，以便填制侦查文书的实际需要。例如，在制作侦查笔录时，首先要熟悉案情，在此基础上制定预审方案，同时可将一些程序性的内容预录入到侦查笔录模板中以节省时间，还可将预审提纲中要问的部分问题按预审策略次序预先录入侦查笔录模板中。这样，既节约了时间，也可减少对一些现成电子文书的过分依赖。

4. 要严格把好事实关。这一点，在制作侦查笔录时特别重要。例如，对讯问犯罪嫌疑人的讯问笔录，既要记录其有罪的供述，也要记录其无罪的辩解；对犯罪嫌疑人抗拒、动摇和交代的讯问过程要全程记录，而不能只记录其交代的过程，对能反映被讯问人说话时心理变化的一些表情或动作也要及时作必要的记录；对被讯问人或犯罪嫌疑人所说内容的归纳、概括要客观真实，须是被讯问人真实意思表示；对于案件事实的记录要详细具体，忠于原话。

（二）要保证填制文书的证明力

由于电子文书尤其是电子笔录打印的是印刷体，除第1页上有被讯（询）问人、讯（询）人、记录人和录制人签名外，其他页面不具有记录人的笔迹个性特征，且不同的页面存在混淆的可能。因此，必要对该电子文书特别是电子笔录进行一些必要的证据补强：

1. 在记录上，要做到以事实为根据，以法律为准绳。①做到即时记录；②做到全面记录；③做到客观真实，忠于原话。

2. 要杜绝和避免不同份电子文书尤其是电子笔录之间的抄袭复制、剪切和粘贴。易言之，填制电子文书时，应慎用电脑的复制、剪切、粘贴功能，避免“技术笔录”、“孪生笔录”等雷同电子文书的出现。例如，据《正义网》2011年3月3日报道，近日，安徽省徐州市泉山区检察院，针对法律文书（含侦查文书）制作过程中利用计算机复制、粘贴等替换技术套改类似案件材料，导致人名、罪名错误等问题，出台《法律文书套改制度》，①明确套改文书的适用范围——以是否允许套改为标准，将法律文书细化列举为严格禁止套改（如讯问笔录）、原则上禁止套改（如起诉书、检察建议书）和可适当套改（如一案多人的审查逮捕意见书、案件审查意见书）3种；②明确替换技术的使用方法——承办人在文书制作过程中使用复制、粘贴等套改手法，则应在文书制作完成后利用计算机办公软件的“文字替换”功能将原材料中人名、罪名等关键内容进行统一替换更正，切实从办公软件技术层面杜绝漏改现象；③明确法律文书的查改流程——先由案件承办人自行检查套改文书的内容，再由部门办案小组人员互审适用套改的文书是否有误，最后由部门负责人逐案审核本部门套改文书质量，对涉及套改的人名、罪名、定性等部分进行重点审核，案件监管部门则通过网络监管平台对法律文书制作的全过程进行实时动态监管；④明确套改错误的责任追究。严格实行法律文书逐月考评、每月通报机制；对屡不改正，多次出现文书套改错误或造成严重后果的，依照《检察人员过错责任追究条例》规定，严格追究承办人和部门领导责任。

3. 可在电子文书特别是电子笔录打印前，在每页的页眉或页脚处插入打印日期、时间和页码，被讯（询）问人应在每页的日期、时间和页码上捺上指印，以保证电子文书特别是电子笔录内容的真实性；对重要的讯（询）问内容，在制作完电子笔录后，要及时让被讯（询）问人亲笔书写供述材料；而为反映笔录内容和记录过程的真实性，制作电子笔录时，应适当留下甚至应该特意的留下相对人阅看后的修改、更正、补充的手写痕迹及所捺指印痕迹，不要刻意追求电子文书书面上的美观、整洁。

4. 要依法保证电子文书尤其是电子笔录内容与全程同步录音录像资料内容的一致性。

（三）要履行签名、捺指印、修正手续

由于电子文书特别是电子笔录内容的有些事项（如签名、捺指印）是不能在电脑上与记录同步完成的，而必须通过相对人的亲笔书写才能完成。因此，每份电子文书特别是电子笔录须经相对人看过或向他宣读并表示无不同意见后，要由其亲笔在打印出的纸质侦查文书的最后签上“以上笔录经本人看过，与我所讲的一致”的意见，再亲笔签名并写上日期。

另外，需要补充更正的电子文书尤其是电子笔录内容，应在电子文本上直接修正。侦查文书填制完毕，应将打印件交相对人核对或者通过电脑显示器读给其听。需要补充或者更正的，应该在电子文本上补正；然后，在核对无误后的打印件上签名确认，以充分发挥电子文书这一独特优势，使其保持清晰、整洁、美观。

此外，如果核对时又发现需要补正的内容则只能在打印件上修改，并在修改处捺指印。同时，也应对电子文本进行相应的修改，以保证电子文本与最后打印件内容的完全一致。

再者，应在每页侦查文书纸上以及修正处，都要由相对人用红色印泥捺指

印，防止换页。例如，对于讯（询）问笔录，讯（询）问人、记录人、录制人和被讯（询）问人，都应在每页笔录纸上签名确认。

（四）要注意保密

用电脑、速录机、打印机、互联网等填制侦查文书，除了要遵循对一般检察文书应作的保密办法外，还应注意防止因使用电脑、互联网等而可能造成的泄密情形。

1. 严禁使用个人电脑填制电子文书，严禁使用个人U盘存储电子文书；用于填制电子文书的电脑切不可用于上网，否则很容易造成泄密。为此，要切实做到“上网不涉密，涉密不上网”。

2. 用与其他同事共用的电脑填制电子文书操作完成后，一定要注意从电脑中彻底删除所填制电子文书的内容。同时，要确保专用笔记本电脑、U盘与互联网的物理隔离。

3. 注意防止因电脑辐射而造成的泄密。

4. 对电子文书的电子文本应封存备查。①电子文书不仅可保存在电脑硬盘，还可保存在软盘、U盘、光盘及移动硬盘等介质上保存、携带都很便捷，但现在网络无处不在，为确保办案安全，必须加强电子文书的管理；②对存储在U盘上的电子文书内容也要做好封存工作并交专人保管，一对一针对性地使用，并保证不与外网接触，防止泄密；③对保存电子文书的文档进行加密，设定浏览权限，防止无关人员浏览电子文书。

5. 要依法建立健全电子文书安全责任的个人奖惩和责任追究机制。

（五）要加强立法和规范化建设

一方面，应加强电子文书立法，从而统一电子文书的格式、规格、模板和填制要求。为此，可由高检制定相关检察解释，保证电子文书模板的统一、规范。例如，据《正义网》2010年5月6日报道，为进一步规范自侦案件电子笔录的制作，提高办案效率和质量，近日，江西省上饶市信州区检察院出台《关于抓好自侦案件电子笔录规范化管理工作的意见》，对电子笔录的制作、使用和管理提出了明确要求；再据该网2010年6月11日报道，目前，由江苏省昆山市检察院自主研发的检察机关电子笔录系统软件，已经过中华人民共和国国家版权局审核后予以登记，并发放了《中华人民共和国国家版权局计算机软件著作权登记证书》。①

另一方面，要加强电子文书的规范化建设。①做到依法、规范填制。例如，办案人员与相对人的签名、捺指印，都应该是本人亲笔书写、亲自完成；同时，应由相对人在笔录末尾处亲笔写上诸如“以上笔录内容我已看过，与我说的一样”的类似意见并签名，而后再具明年月日时分；②做到严格按照检察活动程序、进程记录。例如，就必须严格按照讯问程序记录，不允许在事后调整讯问的顺序和结构；③做到填制尤其是记录内容忠实原意。除错别字可直接在电脑上更改外，对犯罪嫌疑人供述中语句的反复、或有不同于笔录的意见要求更改的，也不应在电脑上更改，而是问话结束后即打印笔录，所有的更改只能在这份笔录上进行。如果记录无误，而犯罪嫌疑人要求翻供的，原供笔录不允许修改，但应当实事求是，在笔录结尾处按其要求说明更改原供的内容及其修改的理由，并由其签名；④加强业务培训，培养出较高业务水平的书记员（速录员），以适应检察活动的更高要求。

（六）要避免失写症等电脑弊端

随着电脑的普及和互联网的快速发展，电脑打字易于修改、方便观看，许多人越来越习惯于在键盘上敲字。久而久之，在人们的脑海里电脑的各种输入法正在逐渐代替传统的手写方法，从而患上“电脑失写症”。

所谓电脑失写症，是指由于在电脑上敲字缺少笔迹的书写感和印痕感，对大脑的语言中枢产生不了刺激作用，从而造成了失写现象。它属于暂时性障碍，主要表现为：电脑的使用者由于长期连续地面对电脑打字，单调且重复的刺激大脑皮层造成了对手写汉字的暂时性失忆；对大量常用的汉字的失写；手写出来的文字潦草，难以辨认；用错别字、网络语言或网络符号代替一般的文字；对一个常用字，感到轮廓熟悉，却无从下笔；想到一个字，第一反应是它的拼音，而非笔划，等等。

---

① 而实践中被采用的电子检察笔录系统或“模板”，还有深圳市鼎鑫鸿基实业有限公司研制的《笔录校对系统》、浙江省宁波市北仑区人民检察院陈旺同志于2009年4月自主编程研发的《检察笔录系统》、《施兴检察笔录系统》（简称JCBL）等。另据正义网2013年5月23日报道，今天上午，全国检察机关深入推进统一业务应用软件平台建设会议在山东济南召开。会议的主要任务是深入贯彻高检院对加快推进全国检察机关统一业务应用软件平台建设的要求，通报各地工作落实情况，部署下一阶段工作任务。高检院副检察长柯汉民指出，检察机关业务应用软件统一是高检院党组在检察工作创新发展的关键时期作出的一项战略决策，事关检察工作全局和检察事业的长远发展。目前，统一业务应用软件试点工作已经初见成效，下半年将在全国部署运行。

另外，心理和生理学的研究表明，书写训练对人的心理和生理功能的训练、对思维的培养和对良好行为方式的形成，都是电脑无法取代的。因此，平时还是多用手写文字，不仅是因为漂亮的书法或手写的文字是人们审美的需要，更在于它是一种最基本的行为功能训练和正常心理、生理功能的培养。

此外，如果出现电脑失写症，也不要过于惊慌。①改变一下使用电脑工作、生活等的习惯，这能起到很好的防治效果；②注意有序地安排作息时间，不要长时间在电脑前工作；③养成定期阅读和手写的习惯，多阅读文章，能够强化对汉字形状的记忆。而为了避免和治疗电脑失写症，全国人大代表、中国书法家协会副主席陈振濂建议，应该倡导汉字书写的全民运动——国家应大力提倡全民写汉字、全民学书法，并设置从应用级到艺术表现级的书写考级系统。[①]

再者，除电脑失写症之外，常用电脑还会使人出现很多毛病：长时间连续操作、姿势不当地使用电脑，会引发颈椎病；废寝忘食地沉迷电脑，会导致肠胃病；显示器长期、高强度辐射，会引起皮肤瘙痒；不停地敲击键盘或使用鼠标，会形成以手腕疼痛为征兆的鼠标手；持续不间歇地注视电脑显示屏，会因视疲劳而引起膜炎病，等等。为此，专家提醒常用电脑的办公族，除了选择合适的电脑桌椅，注意坐姿、用眼卫生以外，一定要舍得丢下电脑，到生活中寻找其他乐趣。

四、全国检察机关统一业务应用系统

根据高检院《应用系统》规定，各级检察机关在职务犯罪侦查过程中，运用“全国检察机关统一业务应用系统”填制各类职务犯罪侦查文书时，应遵循以下规则：

（一）使用原则

1. 遵循统一配置。各级检察院应依照高检院统一配置的流程、文书模板、案卡等，使用管理统一业务应用系统；未经高检院批准，不得修改、删除统一业务应用系统已经配置的相关内容，不得使用其他信息系统代替统一业务应用系统。

2. 全员、全面、全程应用。履行业务办理、审核、审批、监督管理职责

① 参见师文静：《人大代表建议设汉字书写考级系统 避免提笔忘字》，载《齐鲁晚报》2013年7月12日。

的检察长、副检察长和其他检察人员，应全面、全程使用统一业务应用系统开展相关工作；任何人不得违反要求，脱离统一业务应用系统办理有关业务事项。

3. 规范、高效。各级检察院及其工作人员应分工负责，互相配合，依照规定在统一业务应用系统内及时完成各自相关操作，确保各环节顺畅衔接、高效运行。

4. 安全保密。各级检察院及其工作人员应严格遵守保密规定，做好统一业务应用系统的安全保密工作，严防失密、泄密事故发生。

（二）职责划分

1. 检察院案件管理部门是统一业务应用系统使用管理的主管部门，主要职责包括：①对网上业务办理活动进行监督、管理；②对涉及多个子系统的业务应用问题进行协调；③对本部门接收的案件录入受理信息；④对业务部门提出的需求意见进行汇总统筹；⑤会同相关部门组织系统应用培训；⑥与系统使用有关的其他案件管理工作。

2. 检察院业务部门（即履行网上业务办理职责的内设部门，包括职务犯罪侦查部门）是本部门业务子系统的使用管理部门，主要职责包括：①对本部门和下级院对口部门的网上业务办理活动进行指导、管理；②在业务办理过程中执行信息填录、文书制作、业务网上流转等相关操作；③会同案件管理部门和技术信息部门，解答、处理本业务子系统使用过程中发现的应用问题；④对本业务子系统提出修改、优化意见和新的业务需求；⑤其他与本业务子系统使用有关的管理工作。

3. 检察院技术信息部门是统一业务应用系统的技术主管部门，主要职责包括：①系统的软硬件基础建设和运行维护；②系统版本发布、升级；③依照《应用系统》对系统执行相关技术操作；④解答、处理使用过程中的技术问题；⑤对需求分析进行技术指导；⑥其他技术保障工作。

4. 检察院办公室部门是统一业务应用系统保密、电子签章的主管部门，主要职责包括：①身份认证系统、电子签章系统的软硬件基础建设和运行维护；②身份认证个人身份证书、电子签章的制作、审计、管理；③使用本院院印、检察长印对应的电子印章；④系统的保密管理和监督检查工作；⑤其他与办公室职能有关的管理工作。①

5. 检察院计划财务装备部门是统一业务应用系统的经费和装备的主管部门，负责统一业务应用系统的开发、运行维护所需的经费保障、政府采购等工作。

（三）信息填录

1. 各级检察院检察长、副检察长和其他检察人员，在履行业务受理、分流、办理、审核、审批、监督、管理、统计等职责时，应按要求在统一业务应用系统中填写、录入相应信息。

2. 信息填录应坚持谁受理谁录入，谁办理谁录入，谁审核谁录入，谁审批谁录入，谁录入谁负责的原则。具体分工如下：

（1）依照规定属于案件管理部门统一受理的业务，受理信息由案件管理部门录入；属于控告检察部门以及其他业务部门受理的业务，受理信息由该受理部门录入；

（2）业务办理过程中生成的信息，由该业务承办人录入；

（3）业务审核、审批过程中生成的信息，由检察长、副检察长、部门负责人等审核人、审批人录入。

3. 信息填录应符合以下要求：

（1）准确。填录的信息应客观、准确反映业务办理的真实情况，禁止弄虚作假。

（2）规范。录入的信息字段、分类等应符合系统要求，能够满足系统的数据识别、筛选。

（3）同步。信息填录应与实际业务办理同步进行。特殊情况下不能同步填录的，应在进入下一流程前完成相关信息填录。

（4）完整。系统设定的数据项，应根据要求全面填录。

4. 业务部门需要修改本部门已经填录完成、处于锁定状态，但尚未生成全国检察统计数据的业务信息，应经分管检察长审批，交案件管理部门确认后，由技术信息部门执行相关技术操作。

---

① 其中，电子印章，是指各级检察院和内设机构的公章、检察长名章印模通过扫描、数字化转化后生成的数据文件；电子签名，是指个人签名通过扫描、数字化转化后生成的用于识别签名人身份并表明签名人认可文件内容的信息；运行维护，是指为保障统一业务应用系统和分级保护体系安全、稳定、正常运转提供技术支持与服务，以及在统一业务应用系统基础上进行的补充性开发等。

案件管理部门对于已经填录完成、处于锁定状态，但尚未生成全国检察统计数据的业务信息，通过排查、审核发现存在填录问题和异常情况的，应填写《检察业务信息审核意见表》［如下样式8（1）所示］，经有关业务部门核实确认，在统一业务应用系统中对相关业务信息予以更正。

5. 严禁违反规定，擅自删除统一业务应用系统中已经录入的案件、线索等。在生成全国检察统计数据前，因错误操作等原因需要删除已经录入的案件、线索的，经本院检察长审批，报省级检察院案件管理部门审查决定后，交技术信息部门执行相关操作。省级检察院删除案件、线索的，应报高检院案件管理办公室和检察技术信息研究中心备案。

（四）文书制作

1. 承办人应依照系统内的文书模板拟制文书，不得擅自修改设置的格式、内容。

2. 在统一业务应用系统内制作文书，应按要求在系统内进行审核、审批。

3. 文书应适用统一业务应用系统自动分配的编号，严禁变更、自设文书编号。

4. 具有下列情形之一的，经案件管理部门确认后，适用统一的文书编号，在系统外制作文书：①系统发生故障，需要及时办理有关业务的；②属于绝密业务的文书。因上述①情形在系统外制作的文书，承办人应在故障消除后3个工作日内扫描上传至系统，并在系统内完成相关操作。

5. 初查、立案侦查职务犯罪案件时，因紧急情况需要提前批量打印文书的，应符合以下要求：①在系统内已经创建该案件；②填写案件名称、承办人姓名等基本信息；③经检察长或分管检察长批准；④提交本院案件管理部门审核。

紧急情况消除后，承办人应及时将相关信息补充填入，并在案件办结后，将未使用的文书交案件管理部门存档，已经使用的文书入卷。

6. 统一业务应用系统内制作的加盖电子印章的文书，应在本院指定的打印机上打印。

上级检察院作出的批准逮捕决定书、逮捕决定书、批准延长侦查羁押期限决定书，以及其他能够在统一业务应用系统内远程打印的文书，可在接收文书的检察院打印。

（五）网上业务流转

1. 各级检察院办理的机密级和机密级以下的业务，应在统一业务应用系统内执行受理、分流、移送、报批等流转程序。

2. 案件管理部门统一受理的案件，由案件管理部门在统一业务应用系统内，分流给业务部门，或按本院制定的分案规定，直接分派给承办人。

承办人或承办部门确定的其他人员应及时到案件管理部门领取案件材料。

3. 承办人需要将案件材料报送审核、审批的，应通过统一业务应用系统报送，审核人、审批人应在系统内审核、审批，并将审核、审批后的案件材料通过系统发送至下一个流程节点。

4. 属于案件管理部门统一流转的案件，承办人应在办结后将案件相关材料发送至案件管理部门进行审核。

承办人应为案件管理部门的送案审核提供必要的时间，案件管理部门应及时审核是否符合送案条件、是否规范完成网上办案操作。对不符合送案条件的，应督促承办人补充材料，或补充、更正有关操作，对符合送案条件的，应及时交付送案。

5. 统一业务应用系统出现故障，不能进行网上业务流转的，可在系统外先行流转，在故障消除后的 3 个工作日之内，应补充完成网上流转的相关操作。

（六）网上业务监管

1. 业务部门和案件管理部门应设置流程监管员，对网上信息填录、文书制作、流程操作等网上业务办理活动，履行监督、管理、指导职责。

2. 业务部门的流程监管员对本部门网上业务办理活动，履行管理职责。

案件管理部门的流程监管员对本院各业务部门的网上业务办理活动，履行监督职责。

上级检察院的业务部门和案件管理部门，应对下级检察院网上业务办理活动，通过抽查、巡查等方式进行监督、检查。

3. 流程监管员应具有履行业务监管职责相适应的信息查询权限。

案件管理部门的流程监管员可查阅、了解系统日志中与业务操作有关的内容。

技术信息部门发现有违反法律和本办法规定的行为的，应及时告知本院案件管理部门的流程监管员。

4. 业务部门发现本部门人员存在下列情形之一的，应责令其及时改正：①未按规定在系统内填录信息、制作文书的；②未按规定在系统内流转业务的；③未按规定执行相关操作的；④违反系统权限管理、安全保密管理的；⑤其他违反系统要求和相关规定的行为。

5. 案件管理部门发现本院业务部门具有《应由系统》第28条所列情形的，应向业务部门提出监督、纠正意见，业务部门应及时核查、纠正并反馈情况。

案件管理部门在网上业务监管中发现同级侦查机关、审判机关存在违法行为的，应督促相关业务部门履行监督职责。

6. 上级检察院业务部门、案件管理部门发现下级检察院对口部门存在《应由系统》第28条规定情形的，应通知下级检察院对口部门处理；下级检察院对口部门应及时核查、纠正并反馈情况。

7. 上级检察院案件管理部门发现下级检察院业务部门存在《应由系统》第28条规定情形的，应通知本院业务部门或下级检察院案件管理部门处理。处理情况应及时告知提出监督意见的案件管理部门。

案件管理部门发现本院和下级检察院的检察长、副检察长存在违反网上业务办理规定的，应提示；情节严重的，应报告本院检察长和纪检监察部门。

8. 对网上业务监管中发现的问题，应根据情况采取口头提示、网上提示和书面方式提出监督纠正意见。一般情形的，可使用口头提示、网上提示，并制作工作记录；情节较重的，应向相关部门发出流程监控通知书；情节严重的，应在发出流程监控通知书的同时，向检察长报告。

9. 业务部门和案件管理部门应相互通报网上业务监督、管理情况。各级检察院应定期发布本地区检察机关网上业务监管情况。

（七）网上统计管理

1. 省级检察院案件管理部门应定时对统一业务应用系统中的本地区业务信息进行统计汇总，生成所辖各级检察院的检察统计业务登记卡和检察统计报表，并由各级检察院分别进行审核，填写《检察院案件登记卡、统计报表审签表》［如下样式8（2）所示］，经案件管理部门负责人审核、分管检察长签发后，逐级汇总、报送至高检院案件管理办公室。

2. 案件管理部门对于通过技术排查、统计审核发现的统计信息填录问题和异常情况，应填写《检察业务信息审核意见表》，及时与有关业务部门沟通核实，并根据核实情况，在统一业务应用系统中对已填录业务信息予以更正，并重新生成检察统计业务登记卡和检察统计报表。

3. 全国检察统计数据汇总完成后，各级检察院不得擅自更改统一业务应用系统案卡信息、检察统计数据以及案件登记卡内容。确实需要修正的，要逐级备案、逐级报告至高检院案件管理办公室审查处理。

4. 各类相关检察业务考评应依据统一业务应用系统审核认定的数据。

各级检察院案件管理部门和业务部门应定期对网上业务运行情况和检察业务工作总体情况进行分析，有针对性地开展专题调查研究，及时发现问题，总结工作经验，提出改进意见。

（八）对外信息查询管理

1. 统一业务应用系统中生成的可公开的信息，应依照法律规定和检务公开的要求，接受案件当事人及其法定代理人、近亲属、辩护人、诉讼代理人等相关人员和其他相关单位的查询。

2. 案件管理部门负责对外接受相关人员和单位的信息查询，相关部门应提供协助、配合。

3. 各级检察院应综合运用互联网、检务窗口、电话等方式，接受外部查询申请，提供查询服务。

检察院提供信息查询服务，不得以任何方式收取费用、牟取利益。

4. 案件管理部门对本院相关部门以及侦查机关、审判机关等相关单位提出的信息查询申请，应依照规定及时办理。

（九）电子签章管理

1. 在统一业务应用系统内制作法律文书、工作文书，需要使用印章、签名的，应使用电子印章、电子签名，不得使用实物印章，不得进行手写签批。

电子印章、电子签名的效力与实物印章、手写签名的效力相同。

已经在统一业务应用系统中使用电子签名的，不得用手写方式重复签批。

2. 检察院办公室是电子签章的管理部门，各内设机构是部门电子印章的日常使用管理部门。

电子印章应由专人负责管理、使用。

电子签名的责任人应妥善保管、使用相关载体，严禁私自授权、转让；发生电子签名载体丢失、被盗、被骗、被抢或被胁迫非法使用等失去控制的，应立即通知本院办公室锁定。

3. 以院名义制作的法律文书、工作文书，需要加盖印章的，依照规定报领导审批后，发送至本院办公室加盖院电子印章。

各级检察院可授权案件管理部门，在使用院电子印章前，对涉及人身、财产权利和终结性处理决定的法律文书进行审核。

以内设机构名义制作的工作文书，需要加盖部门印章的，经审核、审批后，由本部门内勤加盖部门电子印章。

4. 禁止以任何方式规避电子印章、电子签名的使用。对违反规定，以行政公文的方式代替法律文书、工作文书的情形，印章管理部门应拒绝加盖实物印章，责令改正，并通知案件管理部门。

因发生系统故障导致电子印章、电子签名不能使用的，经案件管理部门确认，依照规定程序，加盖实物印章，使用手写方式签批。

5. 案件管理部门应对统一业务应用系统内电子印章使用情况进行监督。发现用印不规范、不及时等问题的，应向印章使用部门提出监督、纠正意见。

（十）系统使用权限管理

1. 各级检察院的检察长、副检察长、各业务部门负责人、业务承办人员以及其他负有相关监督、管理职责的人员，在统一业务应用系统内，依照规定具有相应的业务办理、信息查询等系统使用权限。

2. 系统使用权限依照下列原则设置、变更和转移：①权限应依照规定设置；②权限设置与岗位职责相对应；③权限设置例外情形由检察长授权；④设置、变更、转移权限由案件管理部门审定。

3. 系统权限按下列规定设置：

（1）各级检察院检察长，具有各类检察业务的办理权限，以及对本院及下辖各级检察院指标数据、案件列表、个案内容的查询权限。

（2）各级检察院副检察长、其他院领导，具有分管检察业务的办理权限，以及对本院及下辖各级检察院指标数据的查询权限，对本院分管部门以及下辖各级检察院对口部门的案件列表、个案内容的查询权限。

（3）各级检察院业务部门负责人，具有本部门检察业务的办理权限，对本部门和下辖各级检察院对口部门的指标数据、案件列表的查询权限，对本部门个案内容的查询权限，对下辖各级检察院对口部门已经办结的个案内容的查询权限。

（4）各级检察院案件管理部门负责人，具有案件管理业务的办理权限，对本院和下辖各级检察院的指标数据、案件列表的查询权限，对本院个案内容的查询权限，对下辖各级检察院已经办结的个案内容的查询权限。

（5）其他检察人员具有与其岗位职责相对应的办理权限和查询权限；需要增加指标数据、案件列表、个案内容查询范围的，应履行权限变更报批程序，但查询范围不得超过所在部门负责人的权限。、

对案件线索、正在办理的职务犯罪案件以及其他机密案件，应严格限制查询主体和查询内容。

因工作需要，经案件管理部门审核，报检察长批准，可授权查询其他部门案件信息。

3. 高检院案件管理办公室，是全国检察机关系统权限的管理部门。

各级检察院案件管理部门是本院系统权限的管理部门，负责对系统权限的设置、变更和转移申请进行审定。

各级检察院技术信息部门是系统权限的操作执行部门，根据案件管理部门审定的意见，对系统权限的设置、变更和转移执行操作。

4. 需要对系统权限的已有设置进行变更的，由相关部门报分管检察长审批后送案件管理部门审核，案件管理部门报检察长授权后发出权限变更通知书，由技术信息部门执行操作。

因内部工作调整、岗位交流等原因发生的系统权限变更，由案件管理部门按相关文件内容发出权限变更通知书，由技术信息部门执行操作。

5. 承办人和负有审核、审批职责的部门负责人，因出差、请假、休假等原因不能及时办理、审核、审批案件，需要将其权限暂时转移至其他人员的，应进行权限转移。

需要进行权限转移的，承办人经部门负责人批准、部门负责人经分管检察长批准后，送案件管理部门审核，案件管理部门发出权限转移通知书［］，由技术信息部门执行操作。

权限暂时转移原因消除后，相关人员应及时持部门负责人签批的证明材料向案件管理部门提出书面申请，及时对权限进行恢复。

6. 检察长、副检察长以及其他院领导需要进行权限转移或取消的，由案件管理部门发出权限转移通知书，由技术信息部门执行操作。

（十一）系统保密管理

1. 各级检察院应按谁运行谁主管、谁使用谁负责的原则，严格履行安全保密管理职责。

2. 绝密级业务不得在统一业务应用系统中办理、流转。

严禁违反规定，将非绝密级业务认定为绝密级业务，或将绝密级业务认定为非绝密级业务。

3. 检察业务密级的确定，依照最高检察院、国家保密局《检察工作中国家秘密范围的规定》执行。

4. 统一业务应用系统应在通过分级保护测评的检察专网上运行，并依照涉密信息系统分级保护的要求，落实安全保密技术防范措施和管理制度。

5. 检察人员应使用身份认证系统登录统一业务应用系统，定期修改认证密码，妥善保存自己的身份证书、登录信息，防止丢失、遗忘。

6. 检察人员应严格执行各项保密安全制度，规范使用终端计算机、打印机，妥善保管涉密设备。严禁连接互联网和其他公共信息网络，严禁与非涉密计算机交叉使用移动存储介质，严禁连接使用无线设备，严禁违规卸载安全保密管理软件。

7. 检察人员在使用统一业务应用系统中应严守工作秘密，不得违反规定透露本人知悉的工作信息。

8. 统一业务应用系统运行过程中发生失泄密情况的，有关人员应依照保密工作的有关规定，立即采取补救措施，并向本院保密部门报告，保密部门应及时处理，并向上级检察院报告；发生失密泄密事件的，应向地方保密行政管理部门报告并同时层报上级检察院。

（十二）系统运行维护

1. 高检院检察技术信息研究中心是统一业务应用系统运行维护管理工作的主管部门，负责统一业务应用系统的运行维护管理工作。

省级检察院技术信息部门是本地区统一业务应用系统运行维护管理工作的主管部门，负责统一业务应用系统在本地区的运行维护管理工作。

各级检察院技术信息部门是本院统一业务应用系统运行维护管理工作的主管部门，负责对系统的正常运行提供技术支持与服务等。

2. 高检院办公厅是统一业务应用系统运行维护保密工作的主管部门，负责统一业务应用系统的运行维护保密工作，以及身份认证系统、电子签章系统等的运行维护管理工作。

各级检察院办公室是本院统一业务应用系统保密的管理部门，负责本院统一业务应用系统运行维护保密工作，以及本院身份认证系统、电子签章系统等的运行维护管理工作。

3. 各级检察院应按统一业务应用系统的部署以及涉密信息系统分级保护的有关要求，设立系统管理员、安全保密管理员、安全审计员，对系统实行严格管理。

4. 系统数据应依照规定保存，严禁违反规定删除、修改。对重要的业务数据、操作日志、关键数据、数据库，应及时制作数据备份。

5. 高检院、省级检察院对统一业务应用系统的运行维护管理实行全天候值班制度，省级以下检察院应根据工作需要，确定统一业务应用系统的运行维护值班制度。

6. 各级检察院技术信息部门应按本院案件管理部门审定的意见执行相关的后台管理操作，其他部门不得直接要求技术信息部门执行后台管理操作。

7. 地方各级检察院需要在统一业务应用系统基础上进行补充性开发的，

应由省级检察院审核同意后报高检院，由高检院案件管理办公室、检察技术信息研究中心、保密委员会办公室共同审核研究，并报分管检察长或检察长决定。

8. 地方各级检察院的补充性开发应依照高检院有关规定执行，不得修改统一业务应用系统基础代码、数据库结构、信息分类代码和配置参数等内容，不得违反权限管理、保密管理等相关规定。

（十三）检查考核与责任追究

1. 各级检察院应定期对本院和下级检察院的统一业务应用系统配置、使用、运行维护、安全保密等情况进行检查。

案件管理部门负责对信息填录、业务流转、文书制作、流程管理等情况进行检查；业务部门负责对业务办理情况进行检查；技术信息部门负责对运行维护情况进行检查，并会同案件管理部门对系统配置情况进行检查；办公室负责对安全保密工作和身份认证系统、电子签章系统使用情况进行检查。各部门分工负责，相互配合。

2. 统一业务应用系统的使用情况应纳入各级检察院、各部门及其人员的绩效考核。

3. 在使用统一业务应用系统过程中，有下列情形之一的，应给予警示、通报；情节严重的，依照《检察院监察工作条例》由纪检监察部门处理，对单位给予通报批评，对负有直接责任的主管人员和其他直接责任人员给予纪律处分：①违反网上信息填录、业务流转、文书制作、数据统计、信息发布、电子签章、权限管理、运行维护、安全保密等规定的；②隐瞒、虚报、迟报业务信息的；③违反规定扩大权限配置的；④违反规定将系统权限交他人使用的；⑤不依照规定履行监督管理职责的；⑥拒绝接受监督管理的；⑦不依照规定进行后台管理、数据维护的；⑧未经批准擅自修改系统配置的；⑨未经批准擅自在系统基础上开发的；⑩其他违反本办法规定的行为。

4. 在使用统一业务应用系统过程中，检察人员发生执法过错或违法违纪、失密泄密行为的，应根据有关规定给予相应的纪律处分；构成犯罪的，应依法移送有关部门追究刑事责任。

样式8（1）：××××检察院检察业务信息审核意见表①

（送交核实的部门名称）：____________ ____年____月案卡报表数据

统计审核意见	 统计人员（亲自签名）： 年 月 日 统计主管部门负责人（亲自签名）： 年 月 日
业务部门核实情况	 业务部门负责人（亲自签名）： 年 月 日
备注	

注：本表可附页

样式8（2）：××××检察院案件登记卡、统计报表审签表②

填表单位名称： （盖章）

日期	××年×月案件登记卡、汇总报表
内容	各类案件登记卡共××种，各类检察业务情况月报表共××页。

① 制作说明：①本文书依据《关于印发<检察统计审核、检查工作指导意见>的通知》（高检办发〔2007〕18号）文件有关规定和《全国检察机关统一业务应用系统使用管理办法（试行）》第12条、第35条的规定制作。为统计人员核实纠正业务信息填录异常情况时使用。②本文书一式两份，一份送达业务部门，一份案管部门留存。

② 制作说明：①本文书是根据《关于印发<检察院案件登记卡填录管理规定>的通知》（高检发办字〔2005〕19号）第12条规定和《应用系统》第34的规定制作。为检察院汇总审核本地区案件登记卡和统计报表时使用。②本文书一式两份，一份送达上级检察院，一份留存。

续表

统计部门审核意见	经汇总审核，本××共有立案贪污贿赂犯罪嫌疑人情况案件登记卡××张，立案渎职、侵权犯罪嫌疑人情况案件登记卡××张，受理批捕案件登记卡××张，受理起诉案件登记卡××张，其他案件登记卡也已汇总审核完毕。 检察统计报表各项数据已与案件登记卡核对完毕，经审查，数据一致，符合上报标准。请领导审批，予以上报。 单位部门负责人（亲笔签名）　　年　月　日
负责人复核意见	单位负责人（亲笔签名）　　年　月　日
院领导审签	院领导（亲笔签名）　　年　月　日
备注	

样式8（3）：××××检察院权限变更通知书①

××检案管权更〔20××〕××号

检察技术信息部门： 因____________________，依据《全国检察机关统一业务应用系统使用管理办法（试行）》第五十三条之规定，现请将______部门的系统权限调整为____________，并将调整情况两日内反馈至案件管理部门。 年　月　日 （案件管理部门印）

① 制作说明本通知书依据《应用系统》第5；的规定制作，为检察院案件管理部门通知检察技术信息部门执行权限变更操作时使用；②本文书一式两份，一份送达检察技术信息部门，一份案件管理部门留存。

样式8（4）：××××检察院权限转移通知书①

××检案管权移〔20××〕××号

检察技术信息部门：

因________________________________，依据《全国检察机关统一业务应用系统使用管理办法（试行）》第五十四条之规定，现请将______部门______的系统权限____________________，转移至____部门____。转移时间为____年____月____日至____年____月____日。请将调整情况二日内反馈至案件管理部门。

年　月　日

（案件管理部门印）

第六节　职务犯罪侦查文书的录音录像

一、立法沿革

随着录音录像设备及其技术的出现和成熟，它们被广泛地应用于执纪、执法、司法、检察乃至职务犯罪侦查活动之中。

在我国，1988年4月2日，高法院《〈中华人民共和国民法通则〉若干问题的意见（试行）》规定："当事人以录音、录像等视听资料形式实施的民事行为，如有两个以上无利害关系人作为证人或者有其他证据证明该民事行为符合民法通则第五十五条的规定，可以认定有效。"随后，《行政诉讼法》第31条第3项规定，视听资料是法定的行政诉讼证据之一；而不论修正后的《民

① 制作说明：①本文书依据《应用系统》第54条规定制作，为检察院案件管理部门通知检察技术信息部门执行权限转移操作时使用。②本文书一式两份，一份送达检察技术信息部门，一份案件管理部门留存。

事诉讼法》还是《刑事诉讼法》，也都将视听资料作为法定证据之一。① 之所以这样规定，因为，录音录像等视听资料不仅是收集、固定和保全证据的一种法定手段、方式，也是证明执纪、执法、司法、检察、职务犯罪侦查活动是否合法的直接证据材料。仅以高检院检察解释为例：

1999 年 9 月 17 日颁行的《关于检察机关反贪污贿赂工作若干问题的决定》第 11 条规定："要做好证据的固定工作，对大案要案的讯问、询问、搜查等侦查活动，可同步录音、录像、照相，用视听手段固定、保全证据。要依法积极收集和运用视听资料证据。"

2003 年 10 月 10 日颁行的《人民检察院讯问室的设置和使用管理办法》第 5 条规定："有条件的人民检察院还应当设置可对讯问全程不间断录音录像的监控设备"；第 8 条规定："有条件的人民检察院还应当在讯问过程中同步填制两套录音录像资料。录像资料的图像中应当记录与讯问同步的时间数码。"

2004 年 9 月 6 日高法、高检、公安部颁行的《关于严格依法履行职责，切实保障刑事案件办案质量的通知》第 3 条第 1 款规定："有条件的单位，可以采取同期录音、录像等有效措施固定证据。"

2005 年 6 月 10 日颁行的《关于进一步加强公诉工作强化法律监督的意见》第 4 条第 3 款规定："对重大、疑难、复杂案件和敏感性案件，讯问犯罪嫌疑人要逐步实行全程录音、录像，有效固定证据，防止翻供。" 11 月 1 日颁行的《人民检察院讯问职务犯罪嫌疑人实行全程同步录音录像的规定（试行）》，则详尽规定了检方讯问职务犯罪嫌疑人实行全程同步录音录像事宜。

2006 年 12 月 4 日，高检办公厅颁行《人民检察院讯问职务犯罪嫌疑人实行全程同步录音录像技术工作流程（试行）》和《人民检察院讯问职务犯罪嫌疑人实行全程同步录音录像系统建设规范（试行）》。

2007 年 3 月 9 日颁行的《关于进一步严格依法办案确保办理死刑案件质量的意见》第 11 条规定："讯问犯罪嫌疑人，在文字记录的同时，可以根据需要录音录像。"

2009 年 12 月 29 日颁行的《关于进一步加强对诉讼活动法律监督工作的

---

① 而所谓的视听资料，是指以录音、录像、电子计算机以及其他运用专门技术设备存储的信息资料来证明案件真实情况的一种证据。其特点：一是其形成、存储，一般不受主观因素的影响，能较客观地反映一定的法律事实和法律行为，具有较强的真实性和准确性；二是其能动态地反映人的思想感情或案件发生变化的过程，具有生动的直观性和逼真性；三是其对查明案件的真实情况具有较轻的证明力。

意见》第 27 条规定："全面推行讯问职务犯罪嫌疑人全程同步录音录像制度。"

2010 年 6 月 30 日，两高三部《关于办理死刑案件审查判断证据若干问题的规定》（2010 年 6 月 13 日，以下简称《死刑证据》）第 18 条第 2 款规定："对于上述内容，侦查机关随案移送有录音录像资料的，应当结合相关录音录像资料进行审查"；同时，《关于办理刑事案件排除非法证据若干问题的规定》（2010 年 6 月 13 日，以下简称《证据排除》）第 7 条也规定："经审查，法庭对被告人审判前供述取得的合法性有疑问的，公诉人应当向法庭提供讯问笔录、原始的讯问过程录音录像或者其他证据，提请法庭通知讯问时其他在场人员或者其他证人出庭作证，仍不能排除刑讯逼供嫌疑的，提请法庭通知讯问人员出庭作证，对该供述取得的合法性予以证明。"

2012 年 10 月 16 日，修正后的《检诉规则》对检察活动特别是职务犯罪侦查活动中的全程同步录音录像问题，第 158 条规定："控告检察部门或者举报中心对于以走访形式的报案、控告、举报和犯罪嫌疑人投案自首，应当指派两名以上工作人员接待，问明情况，并制作笔录，经核对无误后，由报案人、控告人、举报人、自首人签名、捺指印，必要时可以录音、录像。"第 197 条第 3 款规定："讯问犯罪嫌疑人时，应当告知犯罪嫌疑人将对讯问进行全程同步录音、录像，告知情况应当在录音、录像中予以反映，并记明笔录。"第 201 条规定："人民检察院立案侦查职务犯罪案件，在每次讯问犯罪嫌疑人的时候，应当对讯问过程实行全程录音、录像，并在讯问笔录中注明。"第 210 条规定："对重大案件的现场，应当录像"；第 218 条规定，必要时可以对侦查实验录音、录像；第 228 条规定，对于查获的重要书证、物证、视听资料、电子数据及其放置、存储地点应当拍照，并且用文字说明有关情况，必要的时候可以录像；第 236 条规定，查封、扣押易损毁、灭失、变质以及其他不宜长期保存的物品，应当用笔录、绘图、拍照、录像等方法加以保全后进行封存；第 237 条规定，对于应当查封的不动产和置于该不动产上不宜移动的设施、家具和其他相关财物，以及涉案的车辆、船舶、航空器和大型机械、设备等财物，必要时可以扣押其权利证书，经拍照或者录像后原地封存；第 261 条规定，必要时可以对辨认过程进行录音、录像。而随后修正的《检察规范》，也有上述类似规定。

由上可见，录音录像已是填制侦查文书尤其是制作讯问、侦查实验、辨认等侦查笔录的法定辅助手段。例如，在薄熙来案中，就有如下记载描写："公诉人下面宣读薄熙来 2013 年 4 月 2 日在侦查阶段的亲笔供词节录：在模糊的印象中，谷开来和徐明似在我作辽宁省长时，曾在沈阳向我提起过该房，好像我回家时撞见他俩在聊并看图片。因时间较长，是否说到购买我记不清了，我对尼斯房的买卖、运作过程及房子的大小、价值都不知道，没有参与过此事。我愿意尊重检察机关经分析、确认的调查结论，并承担相应的法律责任”；“1. 鉴于唐肖林在多次证言中对于请求薄熙来帮忙及送钱的过程陈述一致，侦查人员还在对其询问时制作了同步录音录像，现公诉人要求当庭播放询问唐肖林的同步录音录像时段，该录像于 2013 年 5 月 31 日 10：34～10：50 所做，并制作了笔录。见补充侦查卷第 5 卷第 30 页（地点：北京市第二看守所询问人：孟建成记录人：胡涛）。（播放同步录音录像）侦查人员：讲讲你的情况。唐肖林：唐肖林，香港国际公司董事长。侦查人员：依照我国刑事诉讼法和有关规定，你作为证人依法享有权利和履行义务，现向你送达权利义务告知书，你看一下。侦查人员：如了解请签字。唐肖林：（签字）。侦查人员：你愿意配合检察机关吗？唐肖林：愿意。侦查人员：今天的询问过程要进行同步录音录像，是否同意？唐肖林：同意。侦查人员：你简要讲一下薄熙来给你哪方面的帮助和支持。你先把和薄熙来的认识经过说一下。唐肖林：……侦查人员：你作证是否受到威胁、欺骗等？唐肖林：没有。侦查人员：请你签字。”①

二、录音录像要领

（一）常见错误及其矫正

如上所述，录音录像已是填制侦查文书尤其是制作侦查笔录的法定辅助手段。但实践中，填制侦查文书特别是制作侦查笔录而适用录音录像时，还存在以下问题：①记录与讯（询）问不合拍，破坏了讯（询）问节奏；②增加诉讼成本；③录音录像这一双录工作拖延讯问时间，刻录的光盘也随之增容增量，影响办案效率；④全程同步录音录像操作缺乏有效监督、考核、责任追究机制；⑤录音录像全程、同步问题尚未完全落实，不全程不同步、不全程同步、全程不同步现象时有发生②；⑥全程同步录音录像资料的是否要给当事人回放，以及资料如何签封保存尚存争议，等等。

针对上述常见错误，除应严格遵循现行法律和检察解释有关全程同步录音录像规定外，还可采取以下矫正措施：①消除全程同步录音录像万能论和无用论两种错误认识误区，树立全程同步录音录像内容是证据化、操作侦查化和使

① 参见《薄熙来案 8 月 22 日庭审实录》，载《新华网》2013 年 8 月 22 日。

② 例如，在薄熙来案中，其辩护人就提出如下质疑：“第一，刚才同步的录音录像，对应的补充侦查也有录像。讯问笔录并未完全反映审讯当时的真实情况。”（参见《薄熙来案 8 月 22 日庭审实录》，载《新华网》2013 年 8 月 22 日）。

用诉讼化观点；②采取有效措施，切实保证全程同步录音录像的真实性和全程性，彻底避免不全程、不同步、有选择等错误的发生；③依法将全程同步录音录像资料作为证据材料或其证据随案移送，并依法明确辩护方对全程同步录音录像有充分的参与权；④加大经费保障力度，有条件的可以扩大全程同步录音录像适用的对象和诉讼阶段；⑤建立健全针对全程同步录音录像资料的证据审查和排除规则，以及适用全程录音录像的检查、考核、奖惩和责任追究机制。

（二）适用规则

克服和纠正录音录像常见问题的关键在于，除了解并掌握《刑事诉讼法》第48条、第52条第2款、第121条和第135条，以及《死刑证据》、《证据排除》和《检诉规则》的上述规定外，还应遵循以下法律依据及其规则：

1. 根据《人民检察院讯问职务犯罪嫌疑人实行全程同步录音录像的规定（试行）》、《人民检察院讯问职务犯罪嫌疑人实行全程同步录音录像技术工作流程（试行）》和《人民检察院讯问职务犯罪嫌疑人实行全程同步录音录像系统建设规范（试行）》规定：

（1）讯问职务犯罪嫌疑人实行全程同步录音、录像，是指检察机关办理直接受理侦查的职务犯罪案件，每次讯问犯罪嫌疑人时，应当对讯问全过程实施不间断的录音、录像；录制的起止时间，以被讯问人员进入讯问场所开始，以被讯问人核对讯问笔录、签名、捺指印结束后停止；对参与讯问人员和讯问室温度、湿度，应当在讯问人员宣布讯问开始时以主画面反映。对讯问过程中使用证据、被讯问人辨认书证、物证、核对笔录、签名和捺指印的过程应当以主画面反映。

（2）讯问全程同步录音、录像，实行讯问人员与录制人员相分离的原则。讯问由检察人员负责，不得少于两人；录音、录像一般由检察技术人员负责。经检察长批准，也可以指定其他检察人员负责录制。

（3）讯问开始时，应当告知犯罪嫌疑人将对讯问进行全程同步录音、录像，告知情况应在录音、录像中予以反映，并记载于讯问笔录。

（4）讯问停止的原因、时间和再行讯问开始的时间等情况，应当在笔录和录音、录像中予以反映；不能录音、录像的客观情况一时难以消除又必须继续讯问的，经检察长批准，并告知犯罪嫌疑人后可以继续讯问；未录音、录像的情况应当在笔录中予以说明，并应在录音录像中反映讯问人员对中断录制的语言补正，由犯罪嫌疑人签名确认。

（5）讯问结束后，录制人员应当立即将录音、录像资料复制件交给讯问人员，并经讯问人员和犯罪嫌疑人签名确认后当场对录音、录像资料原件进行封存，交由检察技术部门保存。对犯罪嫌疑人拒绝签名的，应当在相关说明中注明。

(6) 案件审查过程中，法院、被告人或者辩护人对讯问活动提出异议的，或者被告人翻供的，或者被告人辩解因受刑讯逼供、威胁、引诱、欺骗等而供述的，公诉人应当提请审判长当庭播放讯问全程同步录音、录像资料，对有关异议或者事实进行质证。人民法院、被告人或者其辩护人对讯问全程同步录音、录像资料复制件提出异议的，公诉人应当将检察技术部门保存的相应原件当庭启封质证。案件审结后，经公诉人和被告人签名确认后对录音、录像资料原件再行封存，并由公诉部门及时送还检察技术部门保存。

(7) 侦查监督、公诉、监所检察、民事行政检察等部门办理人民检察院直接受理侦查案件过程中，讯问犯罪嫌疑人的全程同步录音、录像，按照本规定执行；询问证人需要录音或者录像的，应当事先征得证人的同意，并参照本规定执行。

2. 根据《检察规范》规定：

(1) 自首笔录应当由自首人签名、捺指印，必要时可以录音、录像。

(2) 讯问过程中，因技术故障等客观情况不能录音、录像的，一般应当停止讯问，待故障排除后再行讯问。讯问停止的原因、时间和再行讯问开始的时间等情况，应当在笔录和录音、录像中予以反映。

(3) 询问证人需要录音或者录像的，应当事先征得证人同意，并记明笔录。

总之，基于上述法律规定不难看出，一方面，录音录像对填制侦查文书特别是制作侦查笔录的辅助作用主要有四：①保证侦查文书或其侦查笔录内容的客观真实；②证明侦查文书或其侦查笔录填制行为是否合法；③规范侦查文书或其侦查笔录填制者的填制行为；④排除违纪违法填制的侦查文书或其侦查笔录。另一方面，录音录像已不限于《刑事诉讼法》第121条所规定的讯问过程中而制作讯问笔录时，在询问，接受报案、控告、举报和犯罪嫌疑人投案自首，勘查现场，侦查实验，查获重要证据，查封、扣押，辨认等职务犯罪侦查活动过程中而制作侦查笔录时，也可适用录音录像。同时，除讯问过程须全程同步录音录像外，在询问，接受报案、控告、举报和犯罪嫌疑人投案自首，勘查现场，侦查实验，查获重要证据，查封、扣押，辨认等侦查过程而适用录音录像时，并不都是“全程同步”而只是“必要时”。

(三) 适用技巧

检方在填制侦查文书而适用录音录像时，除应遵循上述适用规则外，还应注意以下问题：

1. 全程同步录音录像程序必须公开、合法。填制侦查文书尤其是制作讯（询）问等检察笔录而适用全程同步录音录像时，各个操作环节都应在相对人或其律师可视的范围内进行，以确保全程同步录音录像的客观、真实性；在程序上要合法，要符合讯（询）问或者调查取证的规范要求。

2. 全程同步录音录像务必全面。即必须记录填制侦查文书或其侦查笔录制作过程的每一个环节、细节，包括讯（询）问之前的警告、对犯罪嫌疑人的权利告知、讯（询）问中间的休息、讯（询）问结束时的处理等，而不能随意停顿或者删减。同时，录像应显示与讯（询）问同步的时间数码（年、月、日、时、分），讯问室的温度和湿度等环境条件。

3. 加强对全程同步录音录像活动特别是不适用、不完全适用（如不全程不同步、全程不同步、不全程同步）全程录音录像行为的监督、制约和惩戒。

4. 侦查文书或其侦查笔录的内容要与全程同步录音录像内容保持协调一致，相互印证。为此，①坚持全程、同步；②保证音质纯正；③做到全程同步录音录像资料需经讯问人员和相对人签名确认后封存，并随案移送；④做好每一个环节的保密工作。

5. 堵住全程录音录像的“洗手间缺口”。实践中，检方在办理职务犯罪案件过程中，讯（询）问通常虽然有全程同步录音录像，但出于对当事人隐私的保护，摄像头不可能“探”到洗手间内。因此，个别犯罪嫌疑人以在此期间受到刑讯逼供等违法行为为由而翻供。为此，2011 年 3 月，江苏省泰州市高港区检察院作出规定，要求办理职务犯罪案件时，在讯问犯罪嫌疑人、询问证人过程中，如有去洗手间的情况，什么时间进去，什么时间结束，都要在《被讯问（询问）期间至洗手间情况记载表》详细登记，有无受到侦查人员刑讯逼供、诱供等违法行为，也在记载表上记明，并由被讯（询）问对象签字确认。同时，对于录音录像过程中出现供电、技术等故障无法录制，应当在重新录制中补充语言说明，押解犯罪嫌疑人途中、去医院体检过程中无法进行录音录像的，也均应在讯（询）问笔录中记明。这样，真正做到全程录音录像。①

① 参见卢志坚等：《泰州高港：堵住全程录音录像“缺口”》，载《检察日报》2012 年 3 月 7 日。

第四章　职务犯罪侦查文书内容的填制要领

第一节　职务犯罪侦查文书的内容

一、内容及其常见问题

（一）内容概述

与形式相对，内容就是指侦查文书“内部所含的实质或存在的情况”，①亦即侦查文书所承载语言文字、符号等所蕴藏的具体含义。它包括填制侦查文书所用语言文字的具体含义，以及首部、正文、尾部诸项所用语言文字的具体含义。换言之，侦查文书的内容既有其中语言文字、符号的形成之意，也有其中语言文字、符号的具体含义之意。因为，侦查文书本身是法律程序与实体正义的实现结果。

另外，根据划分标准的不同，可将侦查文书内容分为许多种类。譬如，据结构的不同，可将侦查文书的内容概分为首部、正文和尾部的内容 3 种。例如，下图 10 所示；据填制时间的不同，还可将侦查文书的内容概分为事先印制好的与事后需填制的内容两类。例如，下图 10 中已印制好的内容和横线上需填制的内容；据侦查文书性质的不同，可将其内容分为侦查法律文书、侦查工作文书、侦查笔录和侦查公文的内容 4 种，或者填充式与叙述式侦查文书的内容两类，等等。

此外，需用语言文字、符合（如印章、指印）填制（包括事先印制的）的侦查文书的具体内容有三：①首部所包括事项的具体内容，又包括：填制单位和侦查文书名称（或标题）、侦查文书编（字）号和主送单位或个人、相对人和办案人员基本情况、案由和案件来源等事项的具体内容；②正文所包括事项的具体内容，又包括：事实、证据材料或其证据，引文，结论、决定，叙述、说明、议论、说理等事项的具体内容；③尾部所包括事项的具体内容，又

① 参见中国社会科学院语言研究所词典编辑室编：《现代汉语词典》修订本，商务印书馆 1999 年版，第 920 页。

包括填制单位名称、填制人姓名和职务、签名与捺手印、用印、填制时间、附件等事项的具体内容。

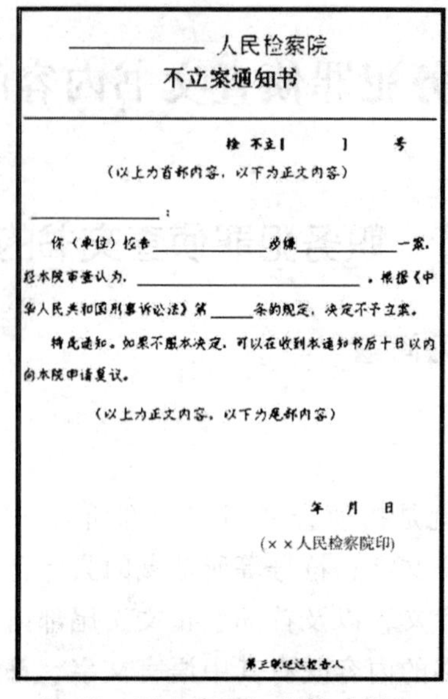

______ 人民检察院

不立案通知书

检 不立[ ] 号

（以上为首部内容，以下为正文内容）

______：

你（单位）控告______涉嫌______一案，经本院审查认为，______，根据《中华人民共和国刑事诉讼法》第____条的规定，决定不予立案。

特此通知。如果不服本决定，可以在收到本通知书后十日以内向本院申请复议。

（以上为正文内容，以下为尾部内容）

年 月 日

（××人民检察院印）

第三联送达控告人

图 10：不立案通知书格式样本

总之，一份合格、上乘的侦查文书，一份能彰显法律之程序与实体正义的侦查文书，不仅内容和形式应合法、规范，而且内容和形式还应相得益彰。

（二）常见错误

无疑，侦查文书是检方依法从事职务犯罪侦查活动的语言文字载体和附带结果，也是衡量并彰显职务犯罪侦查活动公正与否、好与坏的重要内容。因此，这就要求，不管是相对人还是社会公众看了侦查文书之后，就理应对其所针对的职务犯罪侦查活动（如询问、讯问）有一个清晰的思路和整体的评介。换言之，侦查文书内容，不能给人一种云山雾罩、稀里糊涂和不识庐山真面目的感觉，而必须做到内容合法、规范，整洁、全面、准确，层次分明、逻辑结构严谨，法律事实和理由详尽、充分，并能客观、真实和全面地揭示和反映职务犯罪侦查活动的主旨和过程。换言之，侦查文书既是职务犯罪侦查活动的主臬，也是职务犯罪侦查活动的结果。

然而，据《学习月刊》2008 年第 4 期下半月载李云的文章：《检察法律文书一定要规范化》反映，目前，检察法律文书（含侦查文书）的常见错误，集中体现在释法说理不足和文书制作不规范两方面。其中，释法说理不足包括：①无说理：A. 事实认定太模糊；B. 退查指向不明确；C. 息诉文书难息诉；D. 否决文书无理由。②说理没有针对性：A. 证据列举形式化；B. 适用法律格式化；C. 处理结论简单化。③说理缺乏逻辑性：A. 内容与对象缺乏关联性；B. 事实与说理自相矛盾。④说理采信度不高：A. 起诉书说理不准确；C. 公诉词说理不充分。而文书（含侦查文书）制作不规范包括：①填充文书太随意、不规范。例如，书写日期、法律条文、文书编号、罪名、汉字不规范；②填写文书不完整。例如，缺项漏项、引用法律条文不准确、检察文书适用对象和范围不正确；③制作文书不标准。例如，地方口语书面化、标准称谓惯称化、叙述语言感情化、案情叙述随意化、案件处理无据化，等等。除此之外，实践中填制侦查文书内容时，还存有以下不足：

在首部填制上，①缺少或漏填其中的相关事项；②填制单位、侦查文书名称（或标题）、侦查文书编（字）号、主送单位或个人、案由和案件来源等事项填制不规范甚至错误；③相对人和办案人员基本情况事项，填制不全、不规范。

在正文填制上，①缺少或漏填其中的相关事项；②填制事实、证据材料或其证据，引文，结论、决定不规范甚至错误；③叙述、说明、议论等表达方式运用不当，缺少必要的说理内容；④存在一人办案边问边记，不让相对人亲自书写侦查文书内容等违法情形。

在尾部填制上，①缺少或漏填其中的相关事项；②填制单位名称、填制人姓名和职务、签名与捺手印、用印、填制时间、附件等事项的具体内容，不规范甚至错误；③填制单位名章不规范。突出变现为名章项不全：有的有公章却没有填制单位——检察院的具体名称；有的有填制单位——检察院的具体名称，却没有印章；有的既没有填制单位——检察院名称，也没有印章。

另外，填制侦查文书时用字、用词、用语、用句不规范，字迹潦草，难以辨认。同时，忽略对肢体语言等情形的记录。

此外，电子文书填制不规范。一方面，使用电脑拷贝、复制、剪切、粘贴侦查文书内容，而出现"技术笔录"、"孪生笔录"。另一方面，电子文书形式和内容结构要素，残缺不全等。

二、填制要领

实践证明，填制者不论用语言文字、符号以书写方式，还是用语言文字、符号以录入方式填制侦查文书内容时，都应做到以下 4 点。为此，才能彰显侦查文书的程序与实体正义：

（一）合法、规范

为此，①保证填制侦查文书的用字、用词、用语、用句以及修辞、表达方式须合法、规范；②保证侦查文书首部、正文、尾部的内容合法、规范；③保证侦查文书首部、正文、尾部所含事项齐备，且填制合法、规范。

同时，也要避免过多借用文学创作理论而阐述法律理由。例如，文学创作讲究对材料进行加工，通过发挥想象，进行虚构，以丰富内容，深化主题；讲究形式富于变化，语言形象、华丽。而填制侦查文书讲究的是客观真实，强调的是依法填制，必须坚持“以事实为根据，以法律为准绳”原则，要求格式规范化，语言平实、简朴。因此，填制侦查文书与文学创作之间的相互借鉴要有度；在反对侦查文书过分八股的前提下，绝不能使其成为文学创作。

（二）整洁、全面、准确

为此，一方面，要做到“四要”：一要熟悉材料，合理布局；二要态度严肃，行文合法、规范；三要立足单个，结合整体；四要内容全面、准确，有针对性。另一方面，还应注意以下问题：

1. 填制所用文字、符号，要做到精当、准确。一方面，要准确使用文字、标点符号，不能使用错别字、不规范的简化字、异体字、繁体字等。同时，必须正确使用数字、标点符号等。另一方面，要准确使用词语：

（1）必须准确使用法律术语。只有这样，才能正确表达法律规范含义的实质内容，才能统一理解和正确执行国家的法律。否则，会给填制工作造成这样或那样的危害。例如，把“销赃”写成“卖掉”、“未遂”写成“未逞”、“判决生效”写成“法律生效”、“逮捕”写成“拘留、逮捕”、“紧急避险”写成“紧急避难”等。

（2）必须正确选用词语。只有选用那些最准确、最恰当、最生动、最具有表现力的词语来反映客观存在的案情，才能达到内容准确的预想效果。为此，一方面，必须做到词义确切。即所选用的词语要把事物的性质、状态和思想感情准确地、恰如其分地表现出来，而不能使人产生误解、歧义。要想作到词义确切，首要问题就是要对词义有精确的理解，特别是对意义相同或相近的同义词，要注意推敲、辨析它们的大小、轻重、着重点以及适用的对象等，决不可随意滥用。另一方面，必须做到感情色彩鲜明，正确使用褒义词和贬义词。

（3）必须正确使用近义词。例如，要正确区分交代与交待、妨碍与妨害、服法与伏法、强制与强迫、讯问与询问、勘验与检查、从新与重新、权利与权力等近义词用法。

（4）必须准确使用数量词。案件中涉及的数量词，是客观存在的。有些数量词，对于确定有罪或无罪、罪轻或罪重具有绝对的作用。例如，贪污、受贿等案件的数额问题。而有些数量词，对于分析案情及时侦破案件有直接的影响。例如，现场勘查笔录中的足迹的大小、伤口的深浅。因此，侦查文书中涉及数量词时，不能使用“大约”、“可能”等词语。

（5）必须正确使用简称、缩语。例如，首次出现名称（如人名、地名、单位名等）时须用全称，而后可用简称、缩语，简称、缩语必须简洁明晰，遵循习惯。

（6）要用规范词语，多用中性词语，忌用方言土语、污言秽语、生僻词语、模糊词语、文言用语；对所用词语的词义解释要单一，而不能模棱两可，甚至词义相反。

（7）必须正确使用称谓，尤其是法律称谓。例如，不能将“被告”和“被告人”、“犯罪嫌疑人”与“犯人”混用，不能将《中华人民共和国刑事诉讼法》简写成《刑事诉讼法》、《刑诉法》、刑事诉讼法或刑诉法；不能将挪用公款罪（案）简称挪用罪（案）、巨额财产来源不明罪（案）简称财产来源不明罪（案）、故意泄露国家秘密罪（案）简称泄露秘密罪（案）、徇私舞弊不移交刑事案件罪（案）简称不移交刑事案件罪（案）等。

（8）使用个性化语言要有度，要因案、因事、因人、因情使用，做到既有利于体现法律和职务犯罪侦查工作的权威性，也有利于侦查文书的功能得以全面实现，而不能搞成“花拳绣腿”。

2. 叙述事实客观、全面、准确，阐述道理明确，适用法律恰当、具体，作出的处理结果公正、无误。

（1）事实是案件存在的客观依据，是侦查活动及其文书填制赖以进行的基础。因此，侦查文书所记录、叙述、反映的事实，不是一般的事情（或事物），而是特定案件的特定内容。对于职务犯罪案件的犯罪事实来说，应当围绕职务犯罪构成“四要件”、“七何”展开，并写明表述清楚。

（2）无论是什么性质的职务犯罪案件，在叙述犯罪事实时，都要做到一是一，二是二，既不可夸大，也不可缩小。同时，做到案件事实要素齐备、叙述线索清楚、关键情节和因果关系交代明白，繁简适度。

（3）所援引的法律及其条文必须与事实材料保持一致，并真正成为处理结果的佐证、依据。

3. 说明、议论和说理，也应规范、合法。同时，要慎用夸张、拟人、比喻、双关、借代等修辞方法。

（三）层次分明、逻辑结构严谨

填制侦查文书，并非简单的文字、词语和句子堆积。而必须做到内容层次分明、逻辑结构严谨。

1. 填制侦查文书的文风要朴实。所谓文风，是指“使用语言文字的作风”[①]。它既是文章思想内容、表达方式、语言形式诸方面的综合体现，也是由时代、民族、文体、作者等多种因素决定的。那么，办案人员（包括检察官、书记员）在填制侦查文书时，应树立何种文风？

（1）高度的合法、规范和准确性。这是填制侦查文书的基本要求，也是侦查文书文风的核心要求。检察机关侦查贪污贿赂、渎职侵权等职务犯罪工作的全过程，以及各个侦查环节都离不开侦查文书。而侦查文书是打击腐败犯罪的工具之一，也是检察机关形象的重要标志。因此，填制侦查文书绝不允许有丝毫马虎，绝不允许含糊不清、模棱两可，也绝不允许出现违法、失范。一字之差，在刑法领域往往关系到一个人的罪与非罪、罪重与罪轻，甚至于关系到一个人的生死。所以，在填制侦查文书时，一定要坚持以事实为根据、以法律为准绳原则，用实事求是的精神、严肃认真的态度、精通业务的水平，确保侦查文书的准确无误、合法、规范。为此，①材料要准确、合法、规范。即侦查文书中的事实材料，都要求真实、确凿、典型、有说明力，不能有半点虚假和差失，也不能违法、失范；②表达要准确、合法、规范。材料准确了，还要运用叙述、说明、议论等表达方式，准确、合法、规范地予以表达；③用字、用词、用语、用句也要准确、合法、规范。

（2）强烈的鲜明性。观点明确、立场坚定、态度鲜明，这是填制侦查文书的基本要求，也是侦查文书文风的重要特征。为此，必须把问题讲深讲透，抓住其本质和要害，要善于提到原则高度，更要善于让人信服的说理。

（3）适度的生动性。侦查文书也要讲究生动活泼，不能沉闷呆板，包括生动的材料和语言。同时，也要注意适度：①不能使用抒情、描写手法；②必须讲究语言文字简练；③在保证庄重的基础上讲究生动性，要求使用规范的书面语言，不能口语化，更不能使用方言、土语、俗语、黑话等。

（4）既要拒绝花哨的道德劝戒、逻辑推理，也要拒绝生硬的处理结果。进言之，侦查文书的填制者，既不是“吃的是法条，吐的是处理结果”的“法律自动售货机”，也不能成为眉飞色舞的说书艺人。侦查文书也应刚柔相济、入情、入理、入法。

2. 要注意侦查文书内容的合理布局，做到层次分明、逻辑结构严谨。①有时间顺序；②有层次结构；③有逻辑推理；④做到前后照应、丝丝相扣、环环相连；⑤做到处理结果和决定与说理的相得益彰、浑然一体。

---

① 参见中国社会科学院语言研究所词典编辑室编：《现代汉语词典》修订本，商务印书馆1998年版，第1318页。

（四）法律事实和理由详尽、充分

填制好侦查文书的重点内容，实质上就是要填制好侦查文书正文所载的“两大支点”：

1. 支点之一：犯罪事实（亦即案件事实或法律事实）。一般应按照犯罪构成要件来叙写。为此，可参照公安部《公安机关刑事法律文书格式》（2002版）对提请批准逮捕书中犯罪事实的写作要求：“概括叙述经侦查认定的犯罪事实。应当根据具体案件情况，围绕刑事诉讼法规定的逮捕条件，简明扼要叙述。”对于“经侦查认定的犯罪事实”，在起诉意见书中有更具体、明确的诠释，“包括时间、地点、经过、手段、目的、动机、危害后果等与定罪有关的事实要素”；同时，要求起诉意见书的写作，要做到“应当根据具体案件情况，围绕刑法规定的该罪构成要件，简明扼要叙述。”

同样，职务犯罪的构成要件也包括：犯罪主体、犯罪客体、犯罪的主观方面、犯罪的客观方面。因此，在填制职务犯罪事实时要填制好犯罪的“七何”，重点要填制好以下内容：

（1）犯罪时间。时间的概念必须表述得具体明确，不能含糊笼统，一般要写清年、月、日、时，而不能使用“春节前后”、“八月十五”等模糊词语。

（2）犯罪地点。地点概念的表述必须确切，通常以地点状语的形式出现，即某人在某地干了什么。

（3）犯罪侵害对象。即犯罪行为直接作用的物或者人。

（4）犯罪动机和目的。所谓犯罪动机，是指激起和推动犯罪行为人实施犯罪行为的内心动因，它是产生直接故意的源泉，不仅确定犯罪目的，而且促使危害结果的实施；而犯罪目的，是指犯罪行为人希望通过实施犯罪行为达到某种危害结果的心理态度，它是犯罪直接故意的重要内容，不仅表明行为人对行为可能发生的危害结果已有认识，而且反映了行为人对之积极追求的主观愿望。

（5）犯罪经过。要注意犯罪过程的阶段性、连贯性和系统性，以便了解犯罪行为人实施犯罪的全过程。

（6）犯罪手段。即犯罪行为人实施犯罪行为的方式方法，它鲜明地反映出行为人的犯罪经验和主观恶性的大小。

（7）犯罪危害后果。即危害行为对犯罪客体即刑法所保护的社会关系所造成的实际损害或现实危险。危害结果虽然不是一切犯罪构成都必须具备的共同要件，但它仍是犯罪构成客观方面的一个十分重要的要件。

最后，填制职务犯罪犯罪事实时，要做到层次分明。实践中，有一人作案仅一起的，有一人作案数起且触犯同一罪名的，有一人作案数起且触犯数个罪名的。而共同犯罪中，有多人作案一起的，有多人作案数起且触犯同一罪名的，有多人作案数起且触犯数个罪名的，还有与他人共同犯罪之外另有单独犯罪的，等等。对于不同案件犯罪事实的填制，可采取时间顺序法、突出主罪法、突出主犯法、概括归纳法、综合运用法。同时，还可参照《公安机关刑事法律文书格式》规定："对于只有一个犯罪嫌疑人的案件，犯罪嫌疑人实施多次犯罪的犯罪事实应逐一列举；同时触犯数个罪名的犯罪嫌疑人的犯罪事实应该按照主次顺序分别列举；对于共同犯罪的案件，写明犯罪嫌疑人的共同犯罪事实及各自在共同犯罪中的地位和作用后，按照犯罪嫌疑人的主次顺序，分别叙述各个犯罪嫌疑人的单独犯罪事实。"与此同时，填制犯罪事实时，还应关注认定犯罪事实的下列方法：①不能先确定犯罪事实的性质，后寻找可能适用的《刑法》条文，而应以构成要件为指导归纳、认定犯罪事实；②不能事先根据其他法律确定犯罪事实的性质，然后否认犯罪事实符合犯罪构成要件，而应在考虑刑法与其他法律关系的前提下，准确认定犯罪事实；③不能固定犯罪事实的性质，而应善于依据可能适用的刑法规范反复归纳和重新整理犯罪事实；④不能关注犯罪的边缘事实，而应注重犯罪的核心事实；⑤不能仅考虑犯罪事实的前因后果关系，还应注重考察犯罪事实的实质；⑥对犯罪事实不能重复评价，但又必须全面评价；⑦不能从主观到客观认定犯罪事实，而应从客观到主观认定犯罪事实。①

2. 支点之二：法律理由。从法律事实中概括与浓缩而得出的法律理由，是填制侦查文书内容重要支点。法律理由是侦查文书的观点和结论，也是职务犯罪侦查阶段对职务犯罪事实的认证和总结。它虽不像犯罪事实能解决法律的实体问题，但有着极其重要的作用，对当事人乃至对社会会产生极大的效应，关系着侦查文书与职务犯罪侦查工作的质量。

从侦查文书的总体看，法律理由所占的篇幅都比较短小。但概括的内容比较丰富。因此，理由的制作必须做到既充分，又精要；既概括，又准确。

（1）具体叙述转化为概括叙述，体现理由的言简意赅。法律理由是在犯罪事实的基础上概括得出的，它与犯罪事实本身没有本质的区别。犯罪事实采用的是具体叙述，讲究事实要素的全面和具体，给人以具体形象的客观感觉。而法律理由采用的是概括叙述，则无须讲清叙述要素，只需对事实的本质、特征进行概括，得出事实的概貌和特点，给人留下总体的印象。因此，法律理由的概括叙述要把握：①事实概括要以刑法分则规定的各种罪的犯罪构成要件和刑法总则中规定的从重、从轻等的条件为标准，确定论述的重点；②按事件的

① 参见张明楷：《案件事实的认定方法》，载《法学杂志》2007 年第 1 期。

性质、问题、主次、类型对其事实进行综合归纳；③在综合归纳的基础上，从法律事实部分提炼论据，概括论点；④由案件本身结合相关法律条款确定构成什么性质的犯罪。

（2）确切语言转化为模糊语言，体现理由的准确精要。侦查文书中的法律理由是犯罪事实的总结，它同样表明了行为人犯罪的构成要件。如果这些内容用确切的语言加以表述，势必与事实部分重复。因此，往往使用模糊语言加以概括描述。例如，“秘密窃取”、“数额巨大”等模糊语言。

（3）理由叙写不可千篇一律，应体现理由的个案特点。同时，一定要具体案件具体分析，用准确、精练、通俗的语言从感性事实提高到理性认识来论述，以发挥侦查文书的巨大威力。

总之，一方面，侦查文书中的常见错误，往往是因填制者不认真、不负责造成的。因此，这就要求填制人员特别是其中的书记员必须具有高度的责任感和认真负责的态度。填制的侦查文书既不能夸大、也不能缩小案件事实，更不能无中生有；侦查文书中的每句话都要有事实依据，每一个字、词在案卷里都可以查到相关的证据；从侦查文书的起草、校对、审签、前方等环节要层层把关，不能出现任何疏漏。事实证明，如果不认真负责，不作为、乱作为，工作失责，填制失严，就会造成极大的负面影响，进而影响检察社会公信力。另一方面，填制侦查文书内容除应遵循上述4要领外，每一种侦查文书内容的填制，还有自身所遵循的原则、要领。例如，填制侦查笔录内容时，还要了解并掌握侦查笔录内容的制作原则，包括：必须严格按照法律规定、规范、逐一进行原则，如实记录，客观、真实、综合原则，默契配合原则，字迹工整、清楚便于查阅原则，详略适度、相得益彰原则，更要了解并掌握侦查笔录内容的制作要求，包括：整洁、全面、准确、规范、层次分明、逻辑结构严谨，要记录好重点内容——法律事实或其犯罪事实及其证据、说理（即法律理由及其根据）所需素材，等等。

第二节　职务犯罪侦查文书语文的使用要领

一、语文及其常见错误

（一）语文

1. 语文概述。何谓语文？莫衷一是。其中，叶圣陶先生关于语文的解释最权威——语文就是语言，就是平常说的话；嘴里说的话叫口头语言，写在纸面上的叫书面语言；语就是口头语言，文就是书面语言，把口头语言和书面语言连在一起说，就叫语文。①

当前，一方面，语文含义有二：一指语言和文字；二指语言和文学。其中，语言是指人类特有的用来表达意思、交流思想的工具，是一种特殊的社会现象，它由语音（即“语言的声音，就是人说话的声音”）、词汇（即“一种语言里所使用的词的总称”）和语法（即“语言的结构方式，包括词的构成和变化、词组和句子的组织”）构成一定的系统，并有口语和书面语言之分；文字是指记录语言的符号，语言的书面表达形式。② 另一方面，在“语”、“文”之语义已经变化了的基础上，现今“语文”就是“国语”和“国文”的统称，亦即“祖国语文”的简称。因此，我国通过《国家通用语言文字法》对语言文字加以规范、保护第2条：“本法所称的国家通用语言文字是普通话和规范汉字”③；第3条：“国家推广普通话，推行规范汉字”；第9条：“国家机

① 参见徐林祥：《“语文就是语言”——重温叶圣陶先生关于“语文”含义的论述》，载《语文教学通讯·小学刊》2008年第3期。

② 参见中国社会科学院语言研究所词典编辑室编：《现代汉语词典》修订本，商务印书馆1998年版，第1539、1540、205、1320页。

③ 易言之，本书所称的语言文字，主要指“普通话和规范汉字”。其中，普通话“现代汉语的标准语，以北京语音为标准音，以北方话为基础方言，以典范的现代白话文著作为语法规范”（参见中国社会科学院语言研究所词典编辑室编：《现代汉语词典》修订本，商务印书馆1998年版，第989页）。而规范汉字与不规范汉字对称，是指符合国家颁布的规范标准的汉字，而不规范汉字则包括已被简化的繁体字、已经被废除的异体字、已经被废弃的二简字，以及乱造的不规范的简体字和错别字。而迄今为止，我国颁布的有关汉字的规范标准，主要有：1955年公布的《第一批异体字整理表》中所收的正体字为规范字，相对的异体字为不规范字；1986年重新发表的《简化字总表》和《现代汉语通用字表》都对《第一批异体字整理表》中提出的异体字作了修订；1986年10月国务院批准重新发表的《简化字总表》中所收的简化字为规范字，对照的繁体字为不规范字，一般在面向社会公众的场合中停止使用；在1988年发布的《现代汉语通用字表》中所收的新字形为规范字形，相对的旧字形为不规范字形，一律不再使用；另外还有：《部分计量单位名称统一用字表》《普通话异读词审音表》《现代汉语常用字表》《信息交换用汉字编码字符集·基本集》和经国务院批准更改的地名生僻字等。

关以普通话和规范汉字为公务用语用字。法律另有规定的除外";[1] 第16条:"本章有关规定中，有下列情形的，可以使用方言：（一）国家机关的工作人员执行公务时确需使用的……"[2] 第17条:"本章有关规定中，有下列情形的，可以保留或使用繁体字、异体字:（一）文物古迹;（二）姓氏中的异体字……"

而值得说明的是，本书所称的语文，是语言文字的简称，也是针对广义的语文，亦即书面语言文字以及由书面语言文字所组成的词语（或用词、用语）、句子、修辞以及叙述、说明、议论、说理等表达方式而言的。其中，书面语言包括：字（含汉语拼音、英语字母、阿拉伯数字、罗马数字、人民币符号等字母、符号），词（或词汇、词组），短语，词语，名称，概念，术语，计量单位等；书面文字包括：规范汉字、数字、符号和汉语拼音等；书面用语是指措辞或某一方面专用的词语，措辞是指"说话或作文时选用词句"；词语是指"词和短语"；句子是指"用词和词组构成的、能够表达完整的意思的语言单位"，包括主语、谓语、宾语、补语、定语和状语6种。[3] 一言以蔽之，本书所称的语文，亦即语言文字的简称，包括：字、词、短语、句子以及与语言文字有关的修辞和叙述、说明、议论、说理等表达方式等因素的总称。

2. 侦查文书的语文。基于上述界定，侦查文书的语文亦即侦查文书语言文字的简称，是指填制侦查文书所用的字、词、短语、句子，以及与侦查文书语言文字相关的修辞和叙述、说明、议论、说理等表达方式等因素的总称。因此，侦查文书的语文包括侦查文书的语言（或口头侦查文书）与侦查文书的文字（或书面侦查文书）两部分，并以后者为要。

（1）侦查文书的语言。所谓语言，是指"人类所特有的用来表达意思、

---

① 而"法律另有规定的除外"，例如，《宪法》第134条规定："各民族公民都有用本民族语言文字进行诉讼的权利。人民法院和人民检察院对于不通晓当地通用的语言文字的诉讼参与人，应当为他们翻译。在少数民族聚居或者多民族共同居住的地区，应当用当地通用的语言进行审理；起诉书、判决书、布告和其他文书应当根据实际需要使用当地通用的一种或者几种文字。"而《刑事诉讼法》第9条也有类似规定；《民族区域自治法》第21条规定："民族自治地方的自治机关在执行职务的时候，依照本民族自治地方自治条例的规定，使用当地通用的一种或者几种语言文字；同时使用几种通用的语言文字执行职务的，可以以实行区域自治的民族的语言文字为主。"

② 所谓方言，是指"一种语言在不同地方经过历史演变而形成的分支。通行于一定的区域内。如汉语的粤方言、吴方言等"（参见商务印书馆辞书研究中心修订：《新华词典》2001修订版，商务印书馆2001年版，第261页）。

③ 参见中国社会科学院语言研究所词典编辑室编：《现代汉语词典》修订本，商务印书馆1998年版，第1518、220、224、684页。

交流思想的工具，是一种特殊的社会现象，由语音、词汇和语法构成一定的系统。‘语言’一般包括它的书面形式，但在与‘文字’并举时只指口语。”① 因此，侦查文书的语言包括侦查文书的语音、词汇和语法；而基于“‘语言’一般包括它的书面形式，但在与‘文字’并举时只指口语”之特点，本书才选用“职务犯罪侦查文书的语文”，而未选用“职务犯罪侦查文书的语言文字”提法。

所谓语音，是指“语言的声音，就是人说话的声音”②。因此，它是语言的物质外壳，具有自然（生理、物理、心理属性）和社会属性。其中，它的发音、传递、感知3个环节分别对应于语音的生理、物理、心理3个方面的自然属性，而发音效果如何，与呼吸、声带、共鸣器等有着直接的关系；而语音的社会属性，是指它在作为交际工具的语言中的作用，包括音高、音强(重)、音长、音质4要素，并字正腔圆为追求的最高境界。

所谓词汇，是指“一种语言里所使用的词的总称”。它包括基本与一般词汇，而两者都具有词义，即“词的语音形式所表达的意义，包括词的词汇意义和语法意义。”③ 而一个词的意义可以只概括反映某一类现实的现象，也可以概括反映相互有联系的几类现实现象，前者在语言中表现为单义词，后者表现为多义词；词的有历史可查的最初意义叫做本义，由本义衍生出来的意义叫做派生意义。

所谓语法，是指“语言的结构方式，包括词的构成和变化、词组和句子的组织”。④因此，它具有抽象性、生成性、层次性、递归性、系统性、稳固性、民族性等特点。

另外，基于上述界定，本书所称的侦查文书的语音，主要是针对口头侦查文书的。例如，《刑事诉讼法》第109条第1款“报案、控告、举报可以用书面或者口头提出。接受口头报案、控告、举报的工作人员，应当写成笔录，经宣读无误后，由报案人、控告人、举报人签名或者盖章”中的“口头报案、控告、举报”、“经宣读无误后”，第120条“讯问笔录应当交犯罪嫌疑人核

---

① 参见中国社会科学院语言研究所词典编辑室编：《现代汉语词典》修订本，商务印书馆1999年版，第1539页。

② 参见中国社会科学院语言研究所词典编辑室编：《现代汉语词典》修订本，商务印书馆1999年版，第1540页。

③ 参见中国社会科学院语言研究所词典编辑室编：《现代汉语词典》修订本，商务印书馆1999年版，第205页。

④ 参见中国社会科学院语言研究所词典编辑室编：《现代汉语词典》修订本，商务印书馆1999年版，第205页。

对，对于没有阅读能力的，应当向他宣读。如果记载有遗漏或者差错，犯罪嫌疑人可以提出补充或者改正。犯罪嫌疑人承认笔录没有错误后，应当签名或者盖章”中的“应当向他宣读”、“犯罪嫌疑人可以提出补充或者改正”、“犯罪嫌疑人承认笔录没有错误后”，就是侦查文书的语言的具体展示。

此外，侦查文书的语音除具有信息、人际、施为、感情、寒暄、娱乐等语言共有功能外，还有交流、转化、理性对话、价值贮藏、评价等特有功能。当然，这些功能一般需通过相应的文字符号承载、展示。

再者，作为法律语言的一种，[①] 侦查文书的语言也具有法律语言的如下特点：①在语言风格上，它具有：A. 庄重性，通常不能采用比喻、比拟、借代、夸张、双关等修辞手法，不宜借用描绘性的文学笔调，也不能像文学语言那样追求形象性和生动性。同时，庄重性要求侦查文书语言的表达应多用书面语词、法言法语、文言语词、规范用词；B. 准确性，用语要明确、具体、严谨。同时，庄重性要求概念清晰、界限分明，不能含糊其辞、模棱两可；C. 语句和结构周密准确，无懈可击，尽量避免模糊性与多义性；D. 朴实性，要求言简意赅，不作渲染，在平淡中表达法律的精神实质，同时字眼不能晦涩，意义不能深奥。②在语汇含义上，它具有：A. 单义性，一个语词应当只有一个义项而不能有两种或多种含义，意义固定，不能作多种解释；B. 特指性，每一个语词各有一定的应用范围和指称对象；C. 社会性，它需要法定形式的认可，在数量上有可数性、有限性，它的生成受到极大的制约，发展相对缓慢，其选择也不是随心所欲的，而是要受制于立法、司法实践及社会价值选择。③在语义是否确定上，它既有确定性，又有不确定性（模糊性），但通常需要确定。④种类多样，并主要包括法律专业术语（如犯罪嫌疑人）、法律习惯用语（如期间、工具、认定、故意、不予、根据）和普通用语（如伤口、毁容）。

（2）侦查文书的文字。所谓文字，是指“记录语言的符号，如汉字、拉丁字母等”。[②] 因此，侦查文书的文字，就是填制侦查文书所用的汉字、拉丁字母等记录侦查文书语言的符号。

而文字之所以能够记录侦查文书的语言，关键在于记录侦查文书语言的文字、词汇、句子具有特定的字义、词义、句义。而所谓字义是指“字所代表

---

① 所谓法律语言，亦称法言法语，是指在书写或阐述与法律相关的内容时所使用的语言，抑或执法部门或法律工作者表述的程式化的法律专业用语，其最大特点是含义精确而不考虑生动效果。

② 参见中国社会科学院语言研究所词典编辑室编：《现代汉语词典》修订本，商务印书馆1999年版，第1320页。

的意义”；词义是指“词的语音形式所表达的意义，包括词的词汇意义和语法意义”；[①] 句义则是指句子的语音形式所表达的意义。例如，下图 11 所示批准逮捕决定书中所承载文字、词、句的具体含义。

武漢市人民檢察院批准逮捕決定書

图 11：1955 年武汉市人民检察院批准逮捕决定书

（3）侦查文书的语言与文字的关系。概言之，由于语言是音义结合体，文字是记录语言的工具，因而侦查文书的语言与文字的关系，是“言者意之声，书者言之记”的唇亡齿寒关系。细言之：①由于文字是在语言的基础上产生的，因此，侦查文书的语言是第一性的，文字是第二性的；没有侦查文书的语言，就没有侦查文书的文字。②由于文字是通过形来记录语言中的音和义的，因此，没有文字侦查文书的语言含义就无法彰显。同时，文字是视觉上的、人的思维意思的外在表达，语言则是听觉上的、人的思维意思的外在表达。③有文字就肯定有语言，但并不是所有的语言都有文字。因此，文字是侦查文书核心要素。

因此，侦查文书是有关职务犯罪侦查活动之思维的载体与外在的、现实表达。

（4）侦查文书语文的作用。没有语言文字，就没有侦查文书；没有侦查文书，职务犯罪侦查活动就无法开展。

一方面，语文特别是其中的文字，是填制并形成侦查文书的不可或缺因素。易言之，倘若没有语文的参与，侦查文书的形式和内容就无法形成；因而

---

① 参见中国社会科学院语言研究所词典编辑室编：《现代汉语词典》修订本，商务印书馆 1999 年版，第 1671、205 页。

没有语文特别是其中的文字，就没有侦查文书。当然，在我国，侦查文书产生于汉字出现和检察制度之后的清末。① 就侦查文书的内容而言，它是填制者借助语言文字等语文因素填制、充实和支撑的。因此，填制侦查文书内容所使用的文字、词汇、短语、句子以及修辞、表达方式合法、规范与否，不仅直接影响侦查文书的生成与质量，也直接影响侦查文书所记载并反映的职务犯罪侦查活动内容的准确性。就侦查文书的格式样本等形式因素来说，它也是填制者借助语言文字等语文因素依法事先印制的。因此，侦查文书格式样本所使用的文字、词汇、短语、句子以及修辞、表达方式合法、规范与否，不仅直接影响侦查文书的生成与质量，也直接影响侦查文书所记载并反映的职务犯罪侦查活动内容的准确性。所以，语文是彰显侦查文书程序与实体正义与否的不可或缺因素和纽带；没有语文，侦查文书就难以体现其实体与程序正义之结果性质。

另一方面，语文特别是其中的文字是职务犯罪侦查活动包括思维活动的现实载体。职务犯罪侦查活动包括思维活动，既需要听觉上的语言表达，也需要视觉上的文字表达。

（二）常见错误

概言之，侦查文书语文的常见错误，就是在填制侦查文书时，没有合法、规范、严谨、得体、准确、明晰、质朴、通俗、精练、简约地用字、用词、用句和使用修辞、表达方式，而存在大量的错别字、错别词、错别句、语病和歧义等。

所谓错别字，亦称白字，包括错字和别字两种。其中，错字是指写错、用错的字，而写错的字，即在字的笔画、笔形或结构上写错了，似字非字；别字是一种张冠李戴，本该用某字，却写成了另外一个字。而错别词、错别句的含义，与错别字的含义类似。

所谓语病，是一种病态的语言文字表达现象。凡是语言文字使用过程中出现的错误，无论是违反语言文字自身规范的错误，还是违反语言文字使用规则的错误，均属语病之列。事实上，语言文字一旦进入使用包括用其填制侦查文

① 另外，史学界普遍认同中国最早的文字是甲骨文，距今3600多年。但据2013年7月8日出版的《光明日报》报道从浙江文物考古研究所获悉，浙江平湖庄桥坟遗址考古有重大发现，在出土的器物上发现大量刻画符号和部分原始文字，经有关专家论证是迄今为止在我国发现的最早的原始文字。这表明大约在距今5000年前，良渚先民就开始使用文字，在那时华夏民族已进入文明时代。而这些刻画符号，将中国的文字史向前推了1000多年。

书，便不可避免地要与特定的语言环境（亦即语境）、语言主体、语言目的发生特定的联系；而这些非语言因素的介入，势必对语言文字的使用和使用中的语言文字产生制约。换言之，如果说遵循语言文字规范主要是为了保证语言使用正确性的话，那么，遵循语言规则主要是为了保证语言的适切性。倘若只知道固守语言规范而不善于顺应语言规则的话，那么，就很可能导致语病，包括侦查文书中的语病。

所谓歧义，是指同一语言文字材料其意义的不确定性。具体来说，就是对同一语言文字材料（包括字、词、短语和句子），可有两种或两种以上的含义、理解或解释。而根据汉语和侦查文书填制特点，歧义产生的原因有七：①词语多义。例如，监督人员；②词性兼类。例如，“在案件讨论过程中，章检察长和他说过那个人”，其中的“和”就属于兼类词；③同音异义。例如，询问与讯问；④层次结构不合要求；⑤词的顺序不符合规定；⑥误用标点符号；⑦指代不明。

另外，实践证明，倘若侦查文书存在语言文字歧义，不仅影响侦查文书的庄重性、严肃性和权威性，甚至会给不法分子造成可乘之机（例如，将犯罪嫌疑人姓名写错，就会造成本人并非本案犯罪嫌疑人的想法、假象），致使社会秩序、法律秩序遭到难以估量的损害。因此，在填制侦查文书时，必须杜绝这种一语两歧、一意两出等歧义现象。归纳起来，在填制侦查文书过程中而易出现的错误有三：①词汇歧义。即由于使用多义词而引起的歧义。它又包括：A. 因不当使用文言词而引起歧义。例如，令尊；B. 因不当使用口语引起歧义。例如，一摞儿；C. 因不当使用方言土语而引起歧义。例如，伯伯。②句子语法歧义。即在句子使用过程中，同一语法形式可表示多种语法意义。一方面，层次歧义，包括：A. 因同序安排不当，使一个句子可以析出不同的结构层次，从而引起歧义。例如，“张三因滥用职权两次被处分”；B. 因修饰成分使用不当，使句子析出不同的结构层次，从而引起歧义。例如，“王五和李四的妻子都去过现场”；C. 因缺少必要的句子成分而使句子析出不同的结构层次，从而引起歧义。例如，“对当事人所实施的打击报复行为，有关部门应该予以追究。”另一方面，关系歧义，即有些语法形式，尽管只能分析为一个层次，但可表示两种不同的句法关系。例如，“赵某多次窜入单位库房盗窃作案”。③语境歧义。即由于语境的作用而使语言文字临时产生了歧义。

此外，在填制侦查文书过程中，常见的错别字、语病和歧义还有：①词语运用不准确、严谨、周密，语义模糊，词不及义、不得体，结构松散，逻辑混乱。例如，对用词本身缺考量，词义重叠，表义不精；人称乱用，代词“其”指代不明，生造词甚至用污言秽语，混用词语或对词语的含义模凌两可。②使用方言、土语、口语等非规范性语言文字。例如，把连襟表述为“老挑”、“一担挑”，把妻弟表述为“舅子”、“小舅子”等。③口语和书面语言混用。④不合法、规范使用标点符号。⑤造句疏忽，语言文字不简练，繁简无序。⑥语句不符合语法规范，句子成分残缺、表达不简明、结构不恰当。例如，简而不明、明而不简、逻辑错误、动宾搭配不当、句式杂揉等。⑦乱用修辞。⑧叙述、说明、议论、说理等表达方式缺失、不充分和全面。

二、使用要领

侦查文书作为职务犯罪侦查活动的文字载体和客观结果，其语言文字的运用要比一般公文用语特殊，要求也更高。总的来说，填制侦查文书而使用语言文字时，应做到“六要”：一要端正使用态度，扩大识读范围，提高听、读、写能力；二要符合民族共同语言文字规范和法言法语特征；三要表意精确，解释单一；四要言简意赅，规范规整，褒贬恰切，爱憎分明；五要文风朴实，格调庄重；六要避免语言诸忌（如忌用方言土语、流氓黑话、脏话）。而具体来讲，必须保证填制侦查文书所用语言文字以及修辞、表达方式要合法、规范、严谨、得体、准确、明晰、质朴、庄重、通俗、精练、简约并符合语法。[①]

（一）要合法

1. 填制侦查文书所使用的的语言文字以及修辞、表达方式等语文因素，必须符合国家有关语言文字的宪法（如《宪法》第 134 条）、基本法律（如《行政诉讼法》第 8 条）、法律（如《国家通用语言文字法》）、司法解释［如《检诉规则》、高法院《关于适用〈中华人民共和国刑事诉讼法〉的解释》（2012 年 12 月 20 日修正，简称《高法刑诉法解释》）］、行政法规［如国务院《批转国家语委〈关于当前语言文字工作请示〉的通知》（1992 年 11 月 6 日）］、行政规章［如国家教委、国家语委《关于加强高等院校语言文字规范化工作的几点意见》（1995 年 7 月 7 日）］、地方性法规［广西壮族自治区大化瑶族自治县人大《大化瑶族自治县自治条》（1999 年 1 月 9 日修正）第 10

---

① 当然，实践中也有人认为，检察文书（含侦查文书）语言文字的基本要求有十：一是公文语体，朴实庄重；二是符合语法，标点正确；三是文字简洁，文意赅备；四是用语确切，褒贬适度；五是文意连贯，合乎逻辑；六是注意修辞，表达有力；七是称谓无误，数量确切；八是力戒诸弊，语言规范；九是民族语言，依法适用；十是借鉴传统，发扬光大（参见张弥恩主编：《检察实用法律文书概论》，中国检察出版社 1993 年版，第 60 ~ 68 页）。

条]、地方性规章［如云南省人民政府办公厅《云南省语言文字工作委员会关于加强语言文字工作意见的通知》（2008 年 9 月 16 日）］等法律规定。

2. 填制侦查文书，必须符合国家有关侦查文书特别是侦查笔录使用语言文字的法律规定。其中法律主要包括：诸如“三大诉讼法”等基本法律、《中华人民共和国行政处罚法》（1996 年 3 月 17 日，以下简称《行政处罚法》）等法律、国务院《中华人民共和国海关行政处罚实施条例》（2004 年 9 月 19 日）等行政法规、两高《关于死刑第二审案件开庭审理程序若干问题的规定（试行）》（2006 年 9 月 21 日）等司法解释、人力资源和社会保障部《劳动人事争议仲裁办案规则》（2009 年 1 月 1 日）等行政规章、《重庆市司法鉴定专家委员会鉴定咨询规则》（2008 年 10 月 20 日）等地方性法规中有关笔录（含检察笔录）使用语言文字的规定。

3. 根据高检院《文书样本》和《关于〈人民检察院刑事诉讼法律文书格式样本〉电子模板的使用说明》规定，文书（含侦查文书）中除年号、序号、专用术语（如身份证号码、机械型号）、百分比、街道牌号、正文中日期和其他需要用阿拉伯数码者外，一般应以汉字数目表示，涉及新的计量单位应以法定计量单位为准。

4. 根据高检院《公文处理办法》及其《实施细则》规定，填制侦查文书尤其是侦查公文也应当做到：规范化、制度化、科学化；应当坚持实事求是、精简、高效的原则，做到规范、准确、及时、安全；记录人员应忠于职守、保守秘密、作风严谨，具备相应的业务知识和工作能力；标题一般由制作机关名称和检察文种组成；人名、地名、数字、引文准确；应用、公布统计数据，以统计部门的数据为准；必须使用国家法定计量单位；文内使用简称的，第一次出现时应当用全称，并在括号内注明简称。使用国际组织外文名称或其缩写形式，应当在第一次出现时注明准确的中文译名；公文中的数字，除成文时间、部分结构层次序数和词、词组、惯用词、缩略词、具有修辞色彩语句中作为词素的数字必须使用汉字外，其它的应当使用阿拉伯数字。一个用阿拉伯数字写的多位数不能移行，在同一文中数字的使用前后要一致；记录日期用汉字将年（用四位数）、月、日标全，“零”标识为“〇”，例如，“二〇〇四年一月一日”。“〇”不得用英文字母“O”或阿拉伯数码“0”代替。

5. 参照《文书规定》第 13 条的规定：“刑事检察文书（含侦查文书）应当使用公文语体。要求做到：文意赅备，理由充分，语言精练，语句通顺，语义单一，褒贬得当，繁简适宜，表达贴切，符合逻辑，标点正确，准确严谨，朴实庄重。”第 14 条：“为保障各族公民使用本民族语言文字进行诉讼的权利，在少数民族聚居或者多民族共同聚居的地区，制作刑事检察文书应根据实际需要，使用当地通用的一种或几种文字。涉外案件的文书中，在人民检察院的名称和我国其他国家机关名称之前，应冠以‘中华人民共和国’字样。一般应当同时制作中文和诉讼参与人所属国家官方文字的两种文本。两种文本应同时送达诉讼参与人或有关单位。中文本为正本，应盖院印；外文本不盖院印，应注明‘翻译本’。发生歧义时，以中文本为准。”例如，据《检察日报》2010 年 8 月 25 日报道，近年来，西藏自治区玉树藏族自治州各级检察机关认真履行法律监督职责，积极推行双语诉讼。对所有诉讼当事人是少数民族公民的案件，检察机关公诉部门都会指派通晓双语的检察官担任案件承办人。提审时，为避免语言障碍损害诉讼当事人的合法权益，承办人都用少数民族语言与当事人交流；提起公诉时，被告人只要认识藏文，公诉部门就用藏汉两种语言各制作一份起诉书，方便被告人进行自我辩护；开庭审理时，由通晓少数民族语言的检察官在法庭上作全程翻译；另据 2013 年 7 月 31 日出版的该报报道，近日，天津市检察院出台《关于聘任翻译人员参与刑事诉讼暂行规定》，对刑事诉讼翻译人员的权利与义务、翻译人员参与刑事诉讼的程序、刑事诉讼翻译人员的选聘与管理等作出明确规定，以保证刑事诉讼翻译活动在检察环节依法有序进行，并决定筹备建立检务翻译人才库。再如，在薄熙来案中，还有如下记载：“下面公诉人宣读德某某（法国人德威尔）2012 年 8 月 6 日亲笔证词译文节录：大概在 1999 年，谷开来决定送其儿子薄瓜瓜到英国留学。他母亲也尽量为他安排好在国外的生活。在 2000 年期间，开始有了在法国南部购买一处房产的想法。在谷开来的要求下，我开始寻找一处能够满足他们短期度假需要的房子……”①

（二）要规范

无疑，合法使用语言文字以及修辞、表述方式填制侦查文书的行为本身，就是规范使用语言文字的体现。但是，不可能用法律来规范语言文字使用的方方面面。因此，规范的语言文字往往是通过约定俗成的习惯形成的。

所谓规范，是指填制侦查文书时，一方面，要按民族共同语——主要普通话的语法规范和语义结构遣词用语、组织句式，并用规范的汉字及其字义组织词语，进而形成规范的书面侦查文书内容。另一方面，要符合侦查文书语体要求——使用词语力求标准，句子结构力求成分齐备，语义力求简洁明了，修辞、表达方式力求符合职务犯罪侦查活动特点。而实践表明，要使填制侦查文书的语言文字以及修辞、表达方式规范，还需注意以下 4 点：

① 参见《薄熙来案 8 月 23 日庭审实录》，载《新华网》2013 年 8 月 23 日。

1. 要使用民族共同语，忌用方言土语、行话黑话及语言秽语；不能乱用简化字或简称，不得滥用省略语；对专业术语尤其是法律术语的运用要合乎语体规范，不能随心所欲，使人感到似是而非或含义不明；规范地使用数量词；尽量少用人称代词，防止引起指代不明，人物互相混淆的现象出现。否则，都会影响侦查文书的严肃性。

2. 要严格区分近义词汇的界限。例如，阴私与隐私、检察与检查、严重与恶劣、审判与判决、询问与讯问、被告与被告人。

3. 要凸显语言文字的书面化，包括语汇和句式选择的书面化，尽量多用书面语言而少用口语。

4. 要反复推敲，寻求并选择最确切的词语，尽量避免使用模糊词语和多个否定词，切勿使用歧义词语，慎用法律术语和方言土语，相同的思想使用同一个词语表达。

5. 要对不规范的语言文字有所了解、掌握。所谓不规范的语言文字，亦称非规范语言文字，是相对于规范的语言文字来说的。例如，相对人在陈述案件事实过程中，通常都会使用方言并夹杂有大量的行话、俗语、俚语，尤其是个别犯罪嫌疑人更是经常使用大量黑话，这些非规范语言中所包含的内容和意义相当广泛，个别词语甚至包含着特殊的意义。对此，在填制侦查文书尤其是在制作侦查笔录过程中，必须采取特殊的工作方法予以应对。因为，一方面，方言、行话、俗语、俚语、黑话等非规范语言，在遣词造句方式上具有相当的特异性，个别词语甚至无法用规范的汉字予以记录。另一方面，它们在表达的意义方面还具有相当的不确定性，同样的字词在不同的语言环境中所表达的意义大相径庭，具有多种含义。

6. 在填制侦查文书而使用比喻等修辞以及议论、说明等表达方式时，也要规范，并符合职务犯罪侦查特点。

（三）要严谨、得体

所谓严谨，就是要反映事物之间的本质的内在联系。这就要求，在填制侦查文书而选用语言文字时，要用精确的语言文字，而少用模糊的语言文字。

所谓得体，就是要得上下行文之体，得严肃庄重之体，得义正词严之体。这就要求，填制侦查文书而使用语言文字时，要恰到好处，要与其活动特征相吻合，要体现法律的正义性和严肃性，保证侦查文书之程序与实体正义的同时彰显。

实践证明，实现侦查文书所用语言文字的严谨、得体，就要突出填制者使用语言文字的理性化——填制者依抽象思维轨迹，客观冷静、平实质朴地运用语言文字，而不介入任何主观情绪，实话实记，一是一，二是二，中规中矩。

（四）要准确、明晰

所谓准确，是指侦查文书所使用的语言文字以及修辞、表达方式完全切合所指对象的名称、情状或动作，贴切、恰当地反映出办案人员与相对人的语言表述和思想流露。例如，在制作侦查笔录而使用法言法语时，书写或录入者必须对所用词语的概念要有确切的了解。因为，这些术语的法律含义是十分确定的。又如，根据《刑事诉讼法》第106条第4项所规定的“诉讼参与人”，是指当事人、法定代理人、诉讼代理人、辩护人、证人、鉴定人和翻译人员。

另外，侦查文书语言文字等语文因素的准确性表现为，意思清楚、明确，不能语义含混不清、模棱两可，也不能渲染铺陈或夸大与缩小，尤其是归纳概括时不能走样、歪曲；遣词造句要精确，只能作单义解释，不能有多义解释而产生歧义；使用的每一个字和标点符号都要精确，不应有错别字和乱用标点符号，以免产生歧义。

此外，衡量侦查文书语文因素是否准确的一个重要标准，就是其中的语言文字是否具有单义性。否则，就属于不规范、不合法。因此，填制侦查文书而使用语言文字等语文因素时，一方面，用语要精确得当，概念要清楚明确。同时，不仅要将时间、地点、人物、事件、情节、经过、后果等要素填写得清楚明白，而且引用法律条款要准确无误。另一方面，要对所用词语的词义的轻重、大小、程度及感情色彩掌握得恰如其分，不能似是而非、张冠李戴，更不能有歧义等各种解释。

再者，为保障填制侦查文书所用语言文字等语文因素准确，1. 既要选择准确的文字、词语，尽量少用模糊性词语，也要选择恰当的陈述句；2. 准确地选用恰当的动词、数量词、近义词、同义词、修饰语；3. 注意词义的大小、轻重、感情色彩；4. 句子要完整，保证成分不残缺、搭配得当、词序顺当、合乎逻辑。

（五）要朴实、庄重、通俗

所谓朴实、庄重、通俗，就是指填制侦查文书所用语言文字等语文因素质朴无华、庄严慎重、平易通俗；不追求华丽词藻，不搞艺术形象，不用比喻、夸张，不行语言渲染，只讲法律效应。同时，提倡朴实通俗，使当事人不论文化层次高低，易识、易谈、易听、易明，了解事实道理。为此：

1. 要使用含义实在、具体的词语，使侦查文书体现“以事实为根据，以法律为准绳”原则。

2. 要习惯使用法言法语以及淡雅、凝重、法律内涵明确的词语。

3. 要体现法度的褒贬性，但所用词语要褒贬适度。

（六）要精练、简约

所谓精练，即要求侦查文书所使用的语言文字简练而意思完备，言简意赅。所谓简约，即简而不缺，疏而不遗，明白无误。因此，填制侦查文书而使用的语言文字要做到精练、简约，须把握以下4点：

1. 正确认识语言简洁与内容深刻的关系。应当明确，侦查文书语言文字的简洁并不表明其内容的简单、浅露、枯燥、贫乏，而是抓住了事物的主要矛盾，言约意丰，辞简理周。

2. 正确认识语言文字简洁与内容详略的关系。语言文字是简洁还是冗赘，取决于填制者是否抓住了表现对象——案件事实的主要矛盾以及对语言文字的掌握程度。因此，内容详略适当的重要标志之一，就是填制侦查文书所使用的语言文字势必简洁、明了。

3. 要避免啰嗦，切忌苟简，不能费解。

4. 实践中，一要选用含义单一、准确的词语，切忌使用多义词语；二要客观、真实；三要长话短说，简洁明了；四要言简意赅，绝无赘余；五要当简则简，宁单勿双（即能用一个词的就不用两个词，能用单音节词的就不用双音节词）；六要恰当使用术语，注意省略语境，适当运用文言和成语、四字语（例如，罪大恶极、手段残忍、情节恶劣、后果严重、证据确凿、铁证如山、足以认定、徇私枉法、执法必严、违法必究等），改双音词为单音词。

（七）要保证质量

如何保证侦查文书所用语言文字的质量，一方面，要做到合法、规范、严谨、得体、准确、明晰、质朴、庄重、通俗、精练、简约并符合语法地填制侦查文书。另一方面，要克服填制侦查文书使用语言文字的常见缺点、错误。与此同时，还应注意的以下问题：

1. 参照《文书规定》第25条规定："各级刑事检察部门制作文书（含侦查文书），应建立必要的审核、复查和向上级检察院备案审查的制度。制作重要文书承办人起草后，应由主管科、处、厅长审核，检察长（包括副检察长）签发"。

2. 参照国家工商行政管理局《广告语言文字管理暂行规定》（1998年12月3日）规定，填制侦查文书而使用语言文字时，也应遵循以下规定：(1) 使用的语言文字，用语应当清晰、准确，用字应当规范、标准，以免误导阅者；（2）使用的语言文字应当符合社会主义精神文明建设的要求，不得含有不良文化内容；（3）用语用字应当使用普通话和规范汉字，必要时也可使用方言和少数民族语言文字。

3. 涉及当事人公民的年龄，都应记明出生年月日，以利电脑储存和检索的需要；对不满18周岁的犯罪嫌疑人，必须记明出生年月日，对18周岁以上的极个别确无身份证，又确实搞不清出生年月日的，可变通只写年龄；对个体户的职业表述为"个体工商户"。

4. 对犯罪嫌疑人供述、被害人陈述、证人证言等言词证据，原则上应当用第三人称，涉及证明案件事实的关键言词，也可以使用第一人称。

5. 为了维护填制侦查文书的真实性和严肃性，其中应记明证人的真实姓名。但为了保护被害人（如涉及隐私案件的被害人）名誉，根据其请求或者案件的具体情况，在侦查文书中也可只写姓、不写名，具体可以表述为张某某、王某某，但不宜表述为张××、王××。

（八）少数民族、外国语言文字使用要领

1. 少数民族语言文字使用要领。《刑事诉讼法》第9条规定："各民族公民都有用本民族语言文字进行诉讼的权利。人民法院、人民检察院和公安机关对于不通晓当地通用的语言文字的诉讼参与人，应当为他们翻译。在少数民族聚居或者多民族杂居的地区，应当用当地通用的语言进行审讯，用当地通用的文字发布判决书、布告和其他文件。"① 同时，《宪法》第134条、《民事诉讼法》第11条、《行政诉讼法》第8条等也有类似规定。因此，国家鼓励使用少数民族语言文字进行诉讼，包括用少数民族语言文字填制侦查文书或制作侦查笔录。

《文书规定》第14条明确规定："为保障各族公民使用本民族语言文字进行诉讼的权利，在少数民族聚居或者多民族共同聚居的地区，制作刑事检察文书（含侦查文书）应根据实际需要，使用当地通用的一种或几种文字。"

据2013年3月22日出版的《检察日报》报道，近日，内蒙古自治区检察院组织精干力量，完成了800页、15万字的检察机关新《法律文书》的蒙文

① 另据2013年8月1日出版的《检察日报》报道，近日，内蒙古自治区科右中旗检察院控申科"双语接待室"正式落成。接待室设蒙、汉两种接待席，安排蒙、汉双语翻译员及书记员，同时，该院制作以党组成员及各科室负责人的姓名、职务为内容的"约谈公示栏"，在候谈区公示。来访人员可自主选择约见哪位检察官、采取何种语言文字反映问题；接待人员根据来访者的要求，选择蒙语文字或汉语文字记录接待笔录。

翻译、审稿等工作。目前，录入、排版工作正在紧张有序进行，预计5月底之前结束。翻译工作的完成，将为全国使用蒙文蒙语的司法工作者、少数民族当事人提供统一的样本依据；再据该报2013年7月22日报道，青海省共和县检察院近年来从藏区实际出发，强化双语检察队伍建设，扎实开展双语诉讼工作。在办理涉及藏族等少数民族群众的案件时，指派通晓双语的检察官担任承办人。提审讯问时，用双语与犯罪嫌疑人进行交流；提起公诉时，尽量制作藏、汉两种文字的起诉书一并送达法院；开庭审理时，安排通晓双语的检察官担任公诉人，从宣读起诉书、提问到举证、质证、法庭辩论，整个庭审过程都用双语进行。

所谓少数民族语言文字，就是指我国少数民族日常生活中所使用的除普通话和规范汉字之外的语言文字。在我国55个少数民族中，一个民族说一种语言的比较多，有的民族说两种或两种以上的语言；在一个民族说几种语言的情况下，民族内部的交际大都使用汉语或其他互相懂得的语言。据统计，我国少数民族语言的数目可能在80种以上。

另外，在56个民族中，汉、回、满3个民族通用汉文，蒙古、藏、维吾尔、哈萨克、柯尔克孜、朝鲜、彝、傣、拉祜、景颇、锡伯、俄罗斯12个民族各有自己的文字，这些文字大都有较长的历史；① 云南傣族在不同地区使用4种傣文，即傣仂文、傣哪文、傣绷文和金平傣文；傈僳族中大部分信仰基督教的群众，使用一种用大写拉丁字母及其颠倒形式的字母拼写傈僳语的文字，还有维西县的一两个区使用当地农民创制的傈僳音节文字“竹书”；滇东北部一部分信仰基督教的人，使用一种把表示声、韵、调的符号拼成方块的苗文；佤族中信仰基督教的少数人，使用拉丁字母形式的佤文；壮、白、瑶族中的部分人，使用在汉字影响下创制的方块壮字、方块白文和方块瑶字。因此，1949年以前，我国已使用文字的民族有21个，文字24种。解放后，又有壮、布依、苗、侗、哈尼、傈僳、佤、黎、纳西、白、土、瑶12个民族和景颇族中说载瓦语的人使用新创制的以拉丁字母为基础的拼音文字，其中苗族因为方言差别大，国家还分别给黔东、湘西和川黔滇3个方言和滇东北次方言创制了文字或文字方案。因此，我国各民族现行文字共有40种。

此外，新中国成立前，曾拥有和使用本民族文字的，有藏、蒙古、维吾尔、哈萨克、柯尔克孜、朝鲜、傣、彝、俄罗斯、苗、纳西、水、拉祜、景颇、锡伯等民族。而目前，我国已正式使用和经国家批准推行的少数民族文字

① 其中，蒙古族使用一种竖写的拼音文字，居住在新疆的蒙古族还使用一种以通用的蒙古文为基础，适合卫拉特方言特点的拼音文字。

有19种——蒙古文、藏文、维吾尔文、朝鲜文、壮文、哈萨克文、锡伯文、傣文、乌孜别克文、柯尔克孜文、塔塔尔文、俄罗斯文、彝文、纳西文、苗文、景颇文、傈僳文、拉祜文和佤文。

再者，我国少数民族所使用的语言文字包括：蒙古族—蒙古语—传统蒙文、托忒文，回族—回辉语，藏族—藏语—藏文，维吾尔族—维吾尔语—维吾尔老文字、维吾尔新文字，苗族—苗语—老苗文、黔东苗文、湘西苗文、川黔滇苗文、滇东北苗文，彝族—彝语—爨文、规范彝文，壮族—壮语—方块壮字、壮文，布依族—布依语—布依文，朝鲜族—朝鲜语—朝鲜文，满族—满语，侗族—侗语—侗文，瑶族—勉语、布努语、拉珈语—门方言文字、勉方言文字，白族—白语—老白文、白文，土家族—土家语—土家文，哈尼族—哈尼语—哈雅文、碧卡文，哈萨克族—哈萨克语—哈萨克老文字、哈萨克新文字，傣族—傣语—老傣仂文、新傣仂文、老傣那文、新傣那文、傣绷文、金平、傣文，黎族—黎语—黎文，傈僳族—傈僳语—老傈僳文、新傈僳文，佤族—佤语—撒拉语、佤文，畲族—畲语，高山族—泰耶尔语、赛德语、邹语、沙阿鲁阿语、卡那卡、那布语、排湾语、阿眉斯语、布农语、鲁凯语、卑南语、邵语、萨斯特语、耶眉语，拉祜族—拉祜语—拉祜文，水族—水语—水书，东乡族—东乡语，纳西族—纳西语—东巴文、哥巴文、玛丽萨文、纳西文，景颇族—景颇语、载瓦语—景颇文、载瓦文，柯尔克孜族—柯尔克孜语—柯尔克孜文，土族—土族语—土文，达斡尔族—达斡尔语，仫佬族—仫佬语，羌族—羌语—羌文，布朗族—布朗语，撒拉族—撒拉语，毛南族—毛南语，仡佬族—仡佬语，锡伯族—锡伯语—锡伯文，阿昌族—阿昌语，普米族—普米语，塔吉克族—塔吉克语，怒族—怒苏语、阿侬语、柔若语，乌孜别克族—乌孜别克语，俄罗斯族—俄罗斯语—俄文，鄂温克族—鄂温克语，德昂族—德昂语，保安族—保安语，裕固族—东部裕固语、西部裕固语，京族—京语，塔塔尔族—塔塔尔语，独龙族—独龙语—独龙文，鄂伦春族—鄂伦春语，赫哲族—赫哲语，门巴族—门巴语、仓拉语，珞巴族—珞巴语，基诺族—基诺语—基诺文。而其他没有文字的少数民族，则使用汉字。

2. 外国语言文字使用要领。《刑事诉讼法》第9条规定："人民法院、人民检察院和公安机关对于不通晓当地通用的语言文字的诉讼参与人（含外国人），应当为他们翻译。"因此，我国并不禁止使用外国语言文字进行诉讼，包括用外国语言文字填制侦查文书或制作侦查笔录。

为此，《检诉规则》第198条还规定："讯问聋、哑或者不通晓当地通用语言文字的人，人民检察院应当为其聘请通晓聋、哑手势或者当地通用语言文字且与本案无利害关系的人员进行翻译。翻译人员的姓名、性别、工作单位和职业应当记录在案。翻译人员应当在讯问笔录上签字。”而《文书规定》第14条还进一步规定：“涉外案件的文书中，在人民检察院名称和我国其他国家机关名称之前，应冠以‘中华人民共和国’字样。一般应当同时制作中文和诉讼参与人所属国家官方文字的两种文本。两种文本应同时送达诉讼参与人或有关单位。中文本为正本，应盖院印；外文本不盖院印，应注明为‘翻译件’。发生歧义时，以中文本为准。”

三、用字要领

（一）用字及其常见错误

所谓用字，是指填制侦查文书而使用文字或字。其中，文字包括：汉字、拉丁字母、英语字母、美元符号等广义的文字。当然，尤以《国家通用语言文字法》第2条所规定的“规范汉字”为要。

尽管《国家通用语言文字法》第26条规定：“违反本法第二章有关规定，不按照国家通用语言文字的规范和标准使用语言文字的，公民可以提出批评和建议。本法第十九条第二款规定的人员用语违反本法第二章有关规定的，有关单位应当对直接责任人员进行批评教育；拒不改正的，由有关单位作出处理。城市公共场所的设施和招牌、广告用字违反本法第二章有关规定的，由有关行政管理部门责令改正；拒不改正的，予以警告，并督促其限期改正。”然而，目前用字包括侦查文书用字的失范现象，不胜枚举。归纳起来，主要有以下3方面：

1. 用字不规范。①错字泛滥。例如，将“逮捕”误写为“代捕”、“带捕”。②别字成灾。例如，讯与询不分。③自造汉字。例如，自造“囗”字代替“国”字。④胡乱简化。例如，将“部”简化为“阝”。⑤冗字填足。例如，“用手掐脖子”的“用”字。⑥繁体字回潮，并与简体字混用，且“死”字复活。例如，将“阎”写成“闫”。⑦错读误认。例如，将“蜕（tuì）变”误读成“蜕 tuó 变”。⑧污损残缺。⑨滥用省略。例如，将“反贪污贿赂局”省略为“反贪局”。⑩夹用洋文。

2. 使用数字不规范。①该用汉字表示的却用阿拉伯数字，该用阿拉伯数字的又用了汉字；②邻近的两个数字并列连用应使用汉字，并且连用的两个数字之间不应用顿号隔开，而实际恰好相反使用；③“二”与“两”、“零”与“0”不分；④没有根据《公文处理实施细则》的下列规定使用侦查文书正文结构层次数字：第一层次：“一、××××”；第二层次：“（一）××××”；第三层次：“1. ××××”；第四层次：“（1）××××”。

3. 使用符号特别是标点符号不规范。例如，一句话未说完就使用句号；复句内部使用句号（复句内部分句之间的停顿一般用逗号或分号）；先用句号，后用分号；陈述句使用问号（一般使用逗号、句号）；成段小标题句尾使用句号（一般不应加标点符号）；“一逗到底”、“一顿到底”现象普遍。

而造成侦查文书用字失范的原因：①认识不足，并没有将用错语言文字当作违法行为看待；②虚荣心理作怪；③学养不深；④受港澳台影响；⑤盲目效仿；⑥《第二次简化字方案（草案）》不科学的后遗症；⑦过分信任和依赖电脑记录，而疏忽了其中也可能产生错误；⑧厚古复旧思想作祟；⑨填制、校对、审核、批准、签发程序不规范；⑩法制不健全，缺乏对侦查文书填制好坏的督查、考核、奖惩和责任追究机制。

（二）用字要领

作为语言文字的最小单位和重要内容，使用文字除应遵循合法、规范、严谨、得体、准确、明晰、质朴、庄重、通俗、精练、简约并符合语法等要领外，还应注意以下问题：

1. 要依法使用规范而不使用失范的汉字。根据新闻出版署、国家语委《出版物汉字使用管理规定》（1992 年 7 月 7 日）规定，规范汉字主要是指 1986 年 10 月根据国务院批示由国家语委重新发表的《简化字总表》所收录的简化字，[①] 1988 年 3 月由国家语委和新闻出版署发布的《现代汉语通用字表》中收录的 7000 个汉字，以及 2013 年 6 月 5 日国务院颁行的《通用规范汉字表》（1～3 级字表）所规定 8105 个规范汉字。

不规范（亦即失范）汉字是指在《简化字总表》中被简化的繁体字，1986 年国家宣布废止的《第二次汉字简化方案（草案）》中的简化字，1955 年淘汰的异体字（其中 1986 年收入《简化字总表》中的 11 个类推简化字和 1988 年收入《现代汉语通用字表》中的 15 个字不作为淘汰的异体字），1977 年淘汰的计量单位旧译名用字，社会上出现的自造简体字及 1965 年淘汰的旧字形。

2. 要依法使用规范而不使用失范简化字。从宏观上说，根据国务院批转国家语委《关于废止〈第二次汉字简化方案（草案）〉和纠正社会用字混乱现象请示的通知》（1986 年 6 月 24 日）规定，1977 年 12 月 20 日发表的《第二

① 包括其第一表“不作简化偏旁用的简化字”350 个，第二表“可作简化偏旁用的简化字和简化偏旁”的 146 个，第三表“应用第二表所列简化字和简化偏旁得出来的简化字”1753 个，共计 2249 个。

次汉字简化方案（草案）》，自本通知下达之日起停止使用。使用简化字，以1964年原中国文字改革委员会编印的《简化字总表》为准。文件、布告、通知、标语，商标、广告、招牌、路名牌，站名牌、街道胡同名牌等，要使用规范的简化字。因此，在填制侦查文书时，要用1964年《简化字总表》所规定的简化字，而不能用1977年《第二次汉字简化方案（草案）》中规定的简化字。

从微观上讲，一方面，在填制侦查文书而使用汉字时，不能使用《第二次汉字简化方案（草案）》所确定的下列失范简化字。例如（前面的为失范简化字，括号内为规范简化字）：（懊）、巴（芭笆粑）、邦（帮）、芘（蓖篦蔽）、坒（壁）、毕几（哔叽）、扁（扁藊扁）、屏（摒）、疒（病）、拚（播）、采（彩）、歺（餐）、仓（舱）、（藏）、叉（衩扠杈汊）、芴（葱）、旦（蛋）、刀（蹈）、辺（道）、丁（叮盯钉靪）、苳（董）、弍（贰）、忿（愤）、孚（孵）、付（副）、杆（秆竿）、勾（钩）、浂（灌盥）、果（裹）、（薅）、合（盒）、胡（葫猢蝴糊）、笈（籍）、迠（建）、江（豇）、交（跤）、茭（椒）、亍（街）、井（阱）、（境）、艽（韭）、氿（酒）、桔（橘）、卡几（咔叽）、忼（慷）、粇（糠）、告（靠）、（款）、兰（蓝篮）、（澜滥）、艻（荔）、玏（璃）、了（潦）、（寮寥）、砱（磷）、令（龄）、虏（掳）、皃（貌）、辟历（霹雳）、倩（歉）、垟（墙）、丘引（蚯蚓）、洰（渠）、圵（壤）、扇（煽搧）、上（绱鞝）、勺（杓）、厶（私）、祘（算）、太（泰）、枟（檀）、仃（停）、午（舞）、希（稀）、息（熄）、肖（萧）、仪（信）、厷（雄）、（修）、（宣）、（癣）、闫（阎）、肊（臆）、迊（迎）、晸（臃）、沋（游）、迂（遇）、予（预豫）元（圆）、沅（源）、账（帐）、坐（座）、鼻（鼾）、北（冀骥）、具（俱惧犋）、畄（留榴瘤）、眉（嵋媚）、面（缅）、青（请菁猜情清晴睛靖静精靛）、坣（堂螳）、易（剔惕赐锡踢钖）、婴（缨樱桜）、真（填慎滇镇颠）、直（值植殖置）、卆（卒啐悴碎瘁粹翠醉怍砕瘁粋翆酔）、尊（撙）。

另一方面，根据国家语委《关于重新发表〈简化字总表〉的说明》（1986年10月10日）规定，填制侦查文书而使用简化字时，也应注意以下问题：一是《第二次汉字简化方案（草案）》已经国务院批准废止，而不能使用。二是凡是在《简化字总表》中已经被简化了的繁体字，应该用简化字而不用繁体字；而常见的繁体字，见国务院《通用规范汉字表》之附件1——《规范字与繁体字、异体字对照表》中所包括的“繁体字”。凡是不符合《简化字总表》规定的简化字，包括《第二次汉字简化方案（草案）》的简化字和社会上流行的各种简体字，都是不规范的简化字，应停止使用。其中，《简化字总表》共包括三个表：第一表所收的是诸如币（幣）、报（報）、购（購）等 352 个不作偏旁用的简化字；第二表所收的是诸如参（參）、断（斷）、审（審）等 132 个可作偏旁用的简化字和 14 个简化偏旁；第三表所收的是诸如则（則）、财（財）、账（賬）等应用第二表的简化字和简化偏旁作为偏旁得出来的简化字。

3. 要依法使用常用和通用字而尽量不用生僻字。根据国家语委、国家教委、新闻出版署《关于发布〈现代汉语常用字表〉的联合通知》（1988 年 1 月 26 日）规定，在填制侦查文书而使用语言文字时，应使用《现代汉语常用字表》所规定的诸如询、问、逮、捕等 2500 个常用字，《现代汉语通用字表》所规定的诸如论、讼、讽、访、诀等 7000 个常用字，以及《通用规范汉字表》（1 ~ 3 级字表）所规定的诸如询、讯、诉、讼、犯、罪等 8300 个规范汉字，尽量少用生僻字。

而实践中，常见的生僻字有：厷、叹、叒、叧、㕣、叵、吀、吁、囘、囝、囷、囧、囯、圠、圩、呈、垧埸、堽、壳、夆、夯、夰、奞、奻、妋、妲、婸、嬄、孑、孨、宂、実、寽、尣、尢、尪、屃、屇、屮、屲、屾、嵗、巛、巪、巵、巽、帀、幷、幺、庀、庁、廵、廸、廿、弁、弌、弍、弚、弜、彖、彡、彧、彨、彴、彵、惔、忪、戉、戋、戹、扏、扐、勀、攴、斘、所、斨、斺、旈、旡、旪、旫、甲、曳、肜、朊、杢、朳、欤、欥、走、步、投、毑、毘、毟、氒、氏、氕、氶、汸、兂、沮、沝、物、犺、犰，等等。

4. 要依法使用正体字尽量不用失范的异体、繁体和简体字。根据国家语委《第一批异体字、异形词整理表》（2002 年 3 月 31 日）规定，填制侦查文书时，要使用规范的异体字，而不使用明令淘汰的异体字。（1）异体字是指与规定的正体字同音、同义而写法不同的字，并有狭义和广义两类。狭义的异体字，是指除了字形不同以外，字音、字义都相同的字。例如（前者为正体字，括号内的为异体字），凳（櫈）、杯（盃、桮）、劫（刼、刧、刦）、橹（艪、艣、樐）、窗（窓、窻、牕、牎）；而广义的异体字又分两种：音义为包盈关系的异体字，它们的字形不同，甲字的字音字义包含乙字的字音字义。例如，豆与荳；音义为交叉关系的异体字，它们的字形不同，甲字、乙字的字音和甲字、乙字的字义都只有一部分相同。例如，夹与挟。（2）《第一批异体字整理表》的编排方式是每组字，选取的规范字形在［　］前，被淘汰的异体字形在［　］里。（3）主管部门在《关于发布第一批异体字整理表的联合通知》（1955 年 12 月 22 日）中规定，从实施日（1956 年 2 月 1 日）起，全国出版的报纸、杂志、图书一律停止使用表中括弧内的异体字；但同时还规定，"停止使用的异体字中，有用作姓氏的，在报刊图书中可以保留原字，不加变更，但只限于作为姓用”①。

而实践中，常见的异体字、异形词除《通用规范汉字表》之附件1——《规范字与繁体字、异体字对照表》中的“异体字”外，常见的还有：（前为规范，后为失范）按捺—按纳，斑白—班白，保镖—保镳，保姆—保母、褓姆，辈分—辈份，本分—本份，鬓角—鬓脚，参与—参预，掺假—搀假，掺杂—搀杂，铲除—刬除，车厢—车箱，称心—趁心，成分—成份，侈靡—侈糜，筹划—筹画，筹码—筹马，踌躇—踌蹰，粗鲁—粗卤，搭档—搭当、搭挡，答复—答覆，戴孝—带孝，担心—耽心，担忧—耽忧，倒霉—倒楣，凋谢—雕谢，叮咛—丁宁，订单—定单，订户—定户，订婚—定婚，订货—定货，订阅—定阅，发人深省—发人深醒，吩咐—分付，分量—份量，分内—份内，服侍—伏侍，服罪—伏罪，负隅顽抗—负嵎顽抗，附会—傅会，复信—覆信，覆辙—复辙，干预—干与，告诫—告戒，耿直—梗直，辜负—孤负，古董—骨董，股份—股分，过分—过份，含糊—含胡，轰动—哄动，糊涂—胡涂，花招—花着，划拳—豁拳，恍惚—恍忽，浑水摸鱼—混水摸鱼，伙伴—火伴，机灵—机伶，激愤—激忿，计划—计画，纪念—记念，寄予—寄与，夹克—茄克，嘉宾—佳宾，嫁妆—嫁装，简练—简炼，角门—脚门，狡猾—狡滑，脚跟—脚根，精彩—精采，纠集—鸠集，就座—就坐，角色—脚色，刻画—刻划，烂漫—烂缦，狼藉—狼籍，榔头—狼头，累赘—累坠，连贯—联贯，连接—联接，联结—连结，缭乱—撩乱，囹圄—囹圉，溜达—蹓跶，鲁莽—卤莽，录像—录象，录相，络腮胡子—落腮胡子，麻痹—痲痹，马蜂—蚂蜂，马虎—马糊，门槛—门坎，模仿—摹仿，模糊—模胡，模拟—摹拟，摩擦—磨擦，那么—那末，内讧—内哄，凝练—凝炼，牛仔裤—牛崽裤，纽扣—钮扣，磐石—盘石，彷徨—旁皇，凭空—平空，牵连—牵联，憔悴—蕉萃，劝诫—劝戒，热乎—热呼，热衷—热中，人才—人材，入座—入坐，杀一儆百—杀一警百，山楂—山查，神采—神彩，什锦—十锦，思维—思惟，死心塌地—死心踏地，踏实—塌实，铤而走险—挺而走险，透彻—透澈，图像—图象，推诿—推委，玩意儿—

① 早在1955年12月22日文化部和中国文字改革委员会就联合发布了《第一批异体字整理表》，从每组异体字中选取一个规范字形，予以推行，而把其余的异体字字形从印刷物中予以淘汰，以减轻学习和使用者的负担，提高学习和使用汉字的效率。其中，列出异体字810组，每组收录的异体字少则2个，多则6个，全表共收录异体字1865个。经过整理，选取规范字形810个，淘汰异体字形1055个，并规定从1956年2月1日起被淘汰的异体字形不准再在全国出版的报纸、杂志、图书中使用。在这四十多年实践中，《第一批异体字整理表》经过几次调整，主要是恢复了一些在记录现代汉语时还不应淘汰的字形，消除了原表中的一些讹误。据有的书刊最近的统计，经过调整后的《第一批异体字整理表》共有794组、1818个异体字，其中规范字形794个，被淘汰的异体字形1024个。

玩艺儿，乌七八糟—污七八糟，无动于衷—无动于中，毋庸—无庸，五彩缤纷—五采缤纷，稀罕—希罕，贤惠—贤慧，相貌—像貌，潇洒—萧洒，小题大做—小题大作，信口开河—信口开合，训诫—训戒，压服—压伏，鸦片—雅片，要么—要末，夜宵—夜消，衣着—衣著，义无反顾—义无返顾，盈余—赢余，影像—影象，渔具—鱼具，与会—预会，预备—豫备，原煤—元煤，缘故—原故，缘由—原由，再接再厉—再接再砺，崭新—斩新，辗转—展转，战栗—颤栗，账本—帐本，折中—折衷，这么—这末，肢解—支解，指手画脚—指手划脚，转悠—转游，装潢—装璜，姿势—姿式，仔细—子细，自个儿—自各儿，等等。

5. 要了解并掌握常见的错别字。实践表明，导致错别字产生除包括主客观原因外，还有以下原因：一因形似致误。例如（前边正确，后边错误），松弛—松驰、潦草—缭草、如火如荼—如火如茶、相形见绌—相形见拙。二因音近致误。例如，提纲—题纲、国籍—国藉、重叠—重迭、川流不息—穿流不息、一筹莫展——愁莫展、竭泽而渔—竭泽而鱼。三因义近致误。例如，擅长—善长、掠夺—略夺、好高骛远—好高骛远。四因音、形两近致误。例如，急躁—急燥、贪赃—贪脏。五因音、形、义三近致误。例如：摩擦—磨擦。

另外，实践中，常见的错字有（前错，括号内正确）：按（安）装、甘败（拜）下风、自抱（暴）自弃、脉博（搏）、松驰（弛）、一愁（筹）莫展、穿（川）流不息、精萃（粹）、重迭（叠）、渡（度）假村、防（妨）碍、幅（辐）射、言简意骇（赅）、气慨（概）、一股（鼓）作气、粗旷（犷）、食不裹（果）腹、震憾（撼）、凑和（合）、侯（候）车室、迫不急（及）待、既（即）使、一如继（既）往、草管（菅）人命、娇（矫）揉造作、挖墙角（脚）、不径（胫）而走、峻（竣）工、不落巢（窠）臼、烩（脍）炙人口、打腊（蜡）、死皮癞（赖）脸、兰（蓝）天白云、鼎立（力）相助、再接再励（厉）、老俩（两）口、黄梁（粱）美梦、了（瞭）望、水笼（龙）头、杀戳（戮）、痉孪（挛）、罗（啰）唆、蛛丝蚂（马）迹、萎靡（靡）不振、沉缅（湎）、名（明）信片、默（墨）守成规、大姆（拇）指、沤（呕）心沥血、凭（平）添、出奇（其）不意、修茸（葺）、亲（青）睐、磬（罄）竹难书、入场卷（券）、名声雀（鹊）起、发韧（轫）、搔（瘙）痒病、欣尝（赏）、人情事（世）故、有持（恃）无恐、追朔（溯）、鬼鬼崇崇（祟祟）、走头（投）无路、趋之若骛（鹜）、迁徒（徙）、洁白无暇（瑕）、渲（宣）泄、寒喧（暄）、弦（旋）律、膺（赝）品、滥芋（竽）充数、世外桃园（源）、脏（赃）款、醮（蘸）水、蜇（蛰）伏、装祯（帧）、饮鸠（鸩）止渴、坐阵（镇）、旁征（证）博引、灸（炙）手可热、九洲（州）、姿（恣）

意妄为、编篡（纂）、做（坐）月子，等等。

此外，避免错字的常用诀窍为“十要”：一要看字音和字形的关系——以音辨形；二要看字形和字形的关系——以偏辨形；三要看字形和字义的关系——以义辨形；四要看词语之间的结构关系——以结构辨形；五要分清字义；六要推想字形；七要理清源头；八要易错字强化记；九要注重第一印象；十要查字典。

6. 要了解并掌握常见的易错字。所谓易错字，是指读音或字形容易出错的字。例如，拟（nǐ）、诣（yì）、苫（shān）、枢（shū）、恪（kè）、迸（bèng）、玷（diàn）、茸（róng）、陌（mò）、绚（xuàn）、莠（yǒu）、脍（kuài）、淀（diàn）、涮（shuàn）、涸（hé）、掮（qián）、捺（nà）、酗（xù）、偿（cháng）、绽（zhàn）、滞（zhì）、惬（qiè）、掣（chè）、滓（zǐ）、溯（sù）、塑（sù）、隘（ài）、韪（wěi）、畸（jī）、愆（qiān）、赘（zhuì）、撑（chēng）、擎（qíng）、瞠（chēng）、臀（tún）、瞥（piē）、懑（mèn）、蹙（cù）、蹴（cù）、霾（mái）、伥（chāng）、沮（jǔ）、怙（hù）、诡（guǐ）、劾（hé）、咀（jǔ）、砭（biān）、峙（zhì）、浸（jìn）、悛（quān）、谆（zhūn）、捕（bǔ）、赂（lù）、阐（chǎn）、逮（dǎi、dài）、龉（yǔ）、膝（xī）、踱（duó）、徙（xǐ），等等。

而实践中，常见的易错字还有（前错，括号内正确）：爱带（戴）、白晰（皙）、爆（暴）乱、报筹（酬）、暴（爆）炸、卑却（怯）、辩（辨）析、恶耗（噩）、材（才）华、喝采（彩）、翱（遨）游、娘两（俩）、更叠（迭）、恰（洽）商、起迄（讫）、沾（玷）辱、中（仲）裁、雕彻（砌）、陷井（阱）、劈（辟）谣、明（名）片、梦餍（魇）、缈（藐）视 蓦（募）捐、通辑（缉）、杂踏（沓）、奕（弈）棋、疏峻（浚）、吉详（祥）、肖象（像）、开消（销）、撕（厮）杀、膺（赝）品、贮（伫）立、绉（皱）纹、躁（燥）热、肿涨（胀）、描模（摹）、遨翔（翱）、振（震）撼、呕（怄）气、亵赎（渎）、恢（诙）谐、渲（宣）泄、宣（渲）染、延申（伸）、奢糜（靡）、毗临（邻）、骠（剽）悍、永决（诀）、欧（殴）打、座（坐）落、幅（辐）射、煤碳（炭）按磨（摩）下功（工）夫、显象（像）管、爆（暴）发户、造（肇）事者、纹（文）身、照像（相）机、暖哄哄（烘）、坐（座）右铭、天然汽（气）、煤汽（气）机、引伸（申）义、冷不妨（防）和霭（蔼）可亲、爱不失（释）手、安份（分）守己、按（安）居乐业、暗（黯）然泪下、敖敖（嗷）待哺、飞扬拔（跋）扈、绝（决）不罢休、半途而费（废）、哀（唉）声叹气、百战不贻（殆），等等。

7. 要遵循汉字的使用习惯：

（1）防止地名、人名、单位名称用错字。其中，常见情形：

①形似音同。即字形相似或相近，字音相同。例如，将陕西的“岐山”误写为“歧山”，将新疆“哈密”误写为“哈蜜”，将“陈良宇”误写为“陈良于”。

②形似音异，即字形相似，字音不同。例如，将河南的“沁阳”误写为“泌阳”，将“安徽”误写为“安微”，将“浙江”误为“淅江”，将“薄熙来”误写为“簿熙来”。

③形异音同，即字形不同，字音相同。例如，将“蓝田”误写为“兰田”，将“麟游”误写为“林由”，将“北戴河”误写为“北代河”，将“王立军”误写为“王力军”。

④其他。例如，滥用、乱用繁体字、简化字和异体字，错读错写，等等。

(2) 要了解并掌握常见的正（误）、宜用（不宜用）的字和术语。

例如（括弧内的为错字），报道（导）、荧（萤）光、神经元（原）、碱（硷）、溶解（介）、解（介）剖、注解（介）、了解（介）、亚甲蓝（兰）、松弛（驰）、瓣（办）膜、符（附）合、幅（辐）度、预（予）防、蔓（漫）延、弥（迷）漫、覆（复）盖、圆（园）形、阑（兰）尾、副（付）作用、蛋（旦）白、年龄（令）、末梢（稍）、锻炼（练）、精练（炼）、抗原（元）、横膈（隔）、石蜡（腊）、糜（靡）烂、萎靡（糜）、大脑皮质（层）、食管（道）、淋巴结（腺）、红细胞（血球）、血红蛋白（血红素）、晶体（晶状体）、抗生（菌）素、综合征（症）、并发（合并）症、（酸）痛、自身（家）免疫、噪声（音）、梗死（塞）。

(3) 要了解并掌握易混用的字。例如：

“作”与“做”不同：抽象意义词语、书面词语多写作“作”。例如，作文、作对、作罢、作怪、作战。具体东西的制造写成“做”。例如，做桌子、做衣服、做饭。因而，“作为一名检察官”，不能写作“做为一名检察官”；“做贼心虚”不能写作“作贼心虚”。而“作贡献”和“做贡献”这两种用法，目前并行于各种文字场合，国家语委的汉语规范化专家们倾向于推荐使用“做贡献”。但实践中很难规范，建议在同一篇文章中使用统一的用法。

“象”与“像”不同。国家语委 1986 年重新规定像不作象的繁体字处理。象的含义：动物及其引伸，例如，大象、象棋；形状、样子，例如，景象、气象；仿效、摹拟，例如，象形字、象声词等。而像的含义：人像，例如，肖像、画像、像章；光线折射或反射后所形成的与物相似的图，例如，实像、虚像；相似，例如，两兄弟很相像、金鱼画得不像；好像，例如，学习先进人物像雷锋、孔繁森。但两者也有通用之处，例如，想象同想像。

“蓝”与“兰”不同：蓝的一种意义是指颜色；兰的意义是指兰花或

兰草。

“杆”与“秆”不同：杆指器物的像棍子的细长部分。例如，秤杆、枪杆、杆菌。秆指某些植物的茎。例如，麻秆儿、烟秆儿、高粱秆、小麦秆、玉米秆、稻秆。

“鱼”与“渔”不同：鱼是生活在水中的脊椎动物。例如，鱼鳔、鱼饵、鱼鳞。渔，一指捕鱼，例如，渔船、渔场、渔业、渔民；二指谋取，例如，渔人之利、渔利。

“与”和“予”不同：参与一词，其意义表示参加（事务的计划、讨论、处理）。例如，参与其事或曾参与这个计划的制定工作。予字当给或我讲，参和予二字组成参予一词无意义。

“圆”与“园”不同：圆一指圆周所围成的平面，例如，圆桌、圆筒、圆柱、圆盘靶；二指像球的形状，例如，圆白菜、圆珠笔。园一指种蔬菜、花果、树木的地方，例如，花园、果园；二指供人游览娱乐的地方，例如，公园、动物园。

“付”与“副”不同：付一指交给的意思；二指给钱，付不是副的简化字。例如，付钱、付款、支付。副表居第二位的、副职的、次要的、次等的等意义，例如，副局长、副手、副标题、副品、副食品。

“沙”与“砂”不同：由砂作语素的词语较多，例如，砂纸、砂轮、砂布、朱砂、钢砂、铁砂、硼砂、翻砂、型砂、磨砂玻璃；而用沙构成的词不可随意改作砂。

“分”与“份”不同：“份”，一指用作量词，例如，一份材料、两份文件、那份礼物；二指用作省、县、年、月划分的单元，例如，省份、县份、年份、月份；三指已经约定俗成的用法，例如，股份。而由分组成的词语有名分、职分、缘分、情分、天分、养分、安分、成分、辈分、本分、部分、充分、处分等。

与此同时，易混用的字还有（括号内为错字）：一筹（愁）莫展、直抒（书）胸臆（意）、宣泄（泻）、追根溯源（原）、色彩斑斓（烂）、愚（迂）昧、迫不及（急）待、融合（和）、要言不烦（繁）、陈（成）词滥（烂）调、相得益（宜）彰、和（合）盘托出、和（合）衣而卧、令人欣（心）慰、难以置（致）信、贸（冒）然行事、融会（汇）贯通、直截（接）了当、功成名遂（随）、张（慌）皇失措、川（穿）流不息、响彻（澈）云霄（宵）、歌声悠（优）扬、无可置（质）疑、大势（事）所趋、滥（烂）竽（芋）充数、事过境（景）迁、璀璨（灿）、震（振）撼、寥（廖）若晨（辰）星、沉湎（缅）、缅（湎）怀、遗憾（撼）、慰藉（籍）、籍（藉）贯、熏（薰）陶、饶（绕）有兴（性）趣、语无伦（论）次、不伦（论）不类、急躁（燥）、枯燥（躁）无味、与生俱（具）来、凋敝（弊）、神采（彩）奕奕（弈）、昏馈（溃）无能、功亏一篑（溃）、上恭下据（踞）、怨天尤（忧）人、赌博（搏）、媚上骄（娇）下、寒暄（喧）、振（震）聋发馈（愧）、成绩斐（蜚）然、情有独钟（衷）、名列前茅（矛）、发愣（楞）、仓苍促应战（饱经沧苍桑、虎视耽耽（眈眈）、跻身（挤）先进行列、大相径（经）庭、不胫（径）而走、发轫（韧）、变本加厉（历）、不即（既）不离、甜言蜜（密）语、草菅（营、管）人命、徒（陡）劳无功、填（慎）密、誊写（眷）、万马齐喑（暗）、暴决患唯、未雨绸缪（谬）、驰骋（聘）、编纂（篡）、幼稚（雅）、穷兵黩（赎）武，等等。

（4）忌用“了”字。了这个表时态的助词，放在动词或形容词后，表示动作或变化已经完成。但是，在动词或形容词（如颁布、进行、逮捕、拘留、勘验、检查、配备、聘请、明确、建立、询问、讯问）后边，再加上“表示动作或变化已经完成”的时态助词“了”，那无异于画蛇添足。

8. 要保证侦查文书用字质量。从某种意义上说，填制侦查文书工作的实质，就是将特定的职务犯罪侦查活动或相对人和主诉（办）检察官的言行记录并转化为书面语言的过程。而这一过程除遵循上述用字要求之外，还需注意以下问题：①端正用字态度；②自觉扩大识字范围；③自觉提高听、读、写能力；④明确用字依据。

（三）援引法律条文等数字使用要领

作为语言文字的重要内容，填制侦查文书而使用诸如援引法律条文所用数字时，除应做到合法、规范、严谨、得体、准确、明晰、质朴、庄重、通俗、精练、简约并符合语法等要领外，关键是要依法使用汉字数字或阿拉伯数字：

1. 参照《文书规定》第 15 条规定：“刑事检察文书（含侦查文书）中使用数字时，除文书编号、顺序号、年月日、机械型号、材料目录、医疗鉴定等专用术语和其他必须使用阿拉伯数码者外，一般均使用汉字书写。引用法规中章、节、条、款、项、目数字的时候，应按照原法规中所用数字，原来用汉字的就用汉字，原来采用阿拉伯数字的就采用阿拉伯数字。”

2. 参照国家语委、国家出版局、国家标准局、国家计量局、国务院办公厅、中共中央宣传部《关于出版物上数字用法的试行规定》（1987 年 1 月 1 日）规定，在填制侦查文书而使用数字时，一方面，凡是可使用阿拉伯数字而且又很得体的地方，均应使用阿拉伯数字。遇特殊情形，可以灵活变通，但应力求保持相对统一。其中，应当使用阿拉伯数字的两种主要情况：①公历世纪、年代、年、月、日和时刻。例如，公元前 8 世纪、20 世纪 80 年代、2009 年年 2 月 1 日 4 时 20 分 30 秒等。②记数与计量（包括正负整数、分数、小数、百分比、约数等）。但还要注意以下问题：A. 年份不能简写。例如，2009 年不能写成“09 年”，1999～2009 年不能写成“1999～09 年”。B. 星期几一律用汉字。例如，星期六不能写成“星期 6”。C. 夏历和中国清代以前历史纪年用汉字。例如，正月初五丙寅年十月十五日不能成“正月初 5 丙寅年 10 月 15 日”。D. 中国民国纪年和日本年号纪年使用阿拉伯数字。例如，民国 38 年不能写成“民国三十八年”，昭和 16 年不能写成“昭和十六年”。E. 一个数值的书写形式要照顾到上下文。不是出现在一组表示科学计量和具有统计意义数字中的一位数（一、二……九）可以用汉字。例如，一个人、三本书、四种产品、六条意见、读了九遍。F. 四位和四位以上的数字，采用国际通行的三位分节法。节与节之间空半个阿拉伯数字的位置，但用“，”号分节的办法不符合国际标准和国家标准，应该废止。G. 五位以上的数字，尾数零多的，可改写为以万、亿作单位的数。一般情况下，不得以十、百、千、十万、百万、千万、十亿、百亿、千亿作单位（千克、千米、千瓦、兆赫等法定计量单位中的词头不在此列）。例如，445000000 公里可改写为“4.45 亿公里”或“44500 万公里”，而不能写作“4 亿 4500 万公里”或“4 亿 4 千 5 百万公里”。H. 一个用阿拉伯数字书写的多位数不能移行。另一方面，应当使用汉字的两种主要情况：①数字作为词素构成定型的词、词组、惯用语、缩略语或具有修辞色彩的语句。例如，一律不能写成“1 律”，十滴水不能写成“10 滴水”，八国联军不能写成“8 国联军”等。②邻近的两个数字（一、二……九）并列连用，表示概数（连用的两个数字之间不应用顿号隔开）。例如，十三四吨不能写成“十三、四吨”，四十五六岁不能写成“四十五、六岁”。

3. 根据高检院《文书样本》、《关于印发〈人民监督员工作文书格式〉的通知》以及《公文处理办法》及其《实施细则》等规定，①文书（含侦查文书）中除年号、序号、专用术语（如身份证号码、机械型号）、百分比、街道牌号、正文中日期和其他需要用阿拉伯数码者外，一般应以汉字数目表示；②公文（含侦查文书）中的数字，除成文时间、部分结构层次序数和词、词组、惯用词、缩略词、具有修辞色彩语句中作为词素的数字必须使用汉字外，其他的应当使用阿拉伯数字；③一个用阿拉伯数字写的多位数不能移行，在同一文中数字的使用前后要一致。

4. 根据《中华人民共和国居民身份证法》（2011 年 10 月 29 日修正，以下简称《居民身份证法》）规定，居民身份证使用规范汉字和符合国家标准的数字符号填写。民族自治地方的自治机关根据本地区的实际情况、对居民身份证用汉字登记的内容、可以决定同时使用实行区域自治的民族的文字或者选用一种当地通用的文字。因此，在填制侦查文书而填写犯罪嫌疑人、被告人身份证号时，也应用阿拉伯数字。

（四）使用（标点）符号要领

符号尤其是标点符号，是书面语中用来表示停顿、语气以及词语性质和作用的符号，是书面语的有机组成部分。正确使用标点符号，对准确表达文意、改进工作、提高效率，对推动语言的规范化，都有积极的意义。因此，标点符号也是填制侦查文书不可或缺的事项。

但实践中，错用标点符号的现象十分普遍。例如，侦查文书标题不该使用而使用标点符号，以及顿号、逗号、分号、省略号、破折号、书名号等错用，而因标点符号使用错误而引发纠纷、损失的案例也不鲜见。

除标点符号之外，填制侦查文书能否利用其他符号？实践中常见的其他符号，主要包括4类：①交通标志符号。②几何图形符号。例如，“⊿”表示“三角形”；“⊙”表示“圆”。③计算符号。例如，“≠”表示“不等于”；“kg”表示“千克”；“m^3”表示“立方米”；“ml”表示“毫升”；“CO_2”表示“二氧化碳”；“H_2SO_4”表示“硫酸”。④货币符号。例如，“RMB”、“¥”、“CNY”表示“人民币”；“HK \$”、“HKD”表示“港元”；“U.S. \$”、“USD”表示“美元”；“EUR”表示“欧元”，等等。而本书认为，通常不宜使用上述符号表示汉字而填制侦查文书。但在特定的情况下（如针对交通事故、洗钱、证券金融、国际贸易等犯罪案件），也是可以的，但必须符合国家标准和有关规定。

而作为语言文字内容，填制侦查文书而使用（标点）符号时，除应做到规范、准确、质朴、简练地使用外，关键是要依法使用（标点）符号。根据国家语委、新闻出版署《标点符号用法》（1990年3月22日）规定，在填制侦查文书而使用标点符号时，也应遵循以下规定：

1. 句号（。）表示陈述句末尾的停顿。例如，中华人民共和国人民检察院是国家的法律监督机关。

2. 问号（？）表示疑问句末尾的停顿。例如，你是什么时候担任的法院院长？但是，有的句子虽然有疑问词谁、什么、怎么等，但全句并不是疑问句，末尾不用问号。例如，我也不知道是谁涂改的账册。

3. 叹号（！）表示感叹句末尾的停顿。例如，你给我站起来！

4. 逗号（，）表示句子内部的一般性停顿。例如，你把他拷起来后，又做了些什么？当然，表示句子内部停顿的符号还有顿号、分号和冒号，不过这三种符号都有专门的用途，只有逗号是一般性的，行文中用得最多。

5. 顿号（、）表示句子内部并列词语之间的停顿。例如，“杭州市人民检察院指控被告人章某，在业务往来中利用职务之便，索取、收受王某、程某现金、实物，总计价值人民币 98860 元。”而顿号表示的停顿比逗号小，用来隔开并列的词或并列的短语（词组）。

6. 分号（；）表示复句内部并列分句之间的停顿。例如，张三的犯罪事实是：挪用公款，100 万元；受贿，300 万元；同时，还有 800 万元，属巨额财产来源不明。而分号表示停顿比逗号大，主要用来隔开并列的分句，有时，在非并列关系的多重复句内也用分号。例如，我国年满 18 周岁的公民，不分民族、种族、性别、职业、家庭出身、宗教信仰、教育程度、财产状况、居住期限，都有选举权和被选举权；但是依照法律被剥夺政治权利的人除外。

7. 冒号（：）表示提示性话语之后的停顿，用来提起下文。例如，他对我说：“事成后，少不了你的好处。”而在总括性话语之前也可以用冒号，以总结上文。

8. 引号（“”）表示行文中直接引用的话。例如，犯罪嫌疑人李四说：“我不知道将单位的钱借钱给他人，也属于犯罪行为。”

9. 括号（（））表示行文中注释性的话。例如，张三（亦称“张老三”）。括号里的话如是注释句子里某些词语的，这种括号叫句内括号；句内括号要紧贴在被注释词语之后；括号里的话如是注释整个句子的，这种括号叫句外括号；句外括号要放在句末标点之后；括号除了最常用的圆括号之外，有方括号（［　］）、六角括号（〔　〕）、方头括号（【　】）等几种。

10. 破折号（——）表示行文中解释说明的语句。它与括号用法不同：破折号引出的解释说明是正文的一部分，括号里的解释说明不是正文，只是注释。而行文中解释说明的语句通常用一个破折号引出。

11. 省略号（……）表示行文中省略了的话。而省略常见的有两种：（1）引文的省略；（2）列举的省略。同时，省略号还用来表示说话的断断续续。

12. 着重号（·）表示要求读者特别注意的字、词、句。

13. 连接号（—）其作用是把意义密切相关的词语连成一个整体。连接号还有另一种形式，即一个浪纹（～）一般用来连接相关的数字。

14. 间隔号（·）表示外国人或某些少数民族人名内各部分的分界。

15. 书名号（《　》）表示书名、篇名、报刊名、法典名称等。

16. 专名号（_ _）表示人名、地名、朝代名等。

17. 标点符号的位置：句号、问号、叹号、逗号、顿号、分号和冒号一般占一个字的位置，通常不出现在一行之首；引号、括号、书名号的前一半不出现在一行之末，后一半不出现在一行之首；破折号和省略号都占两个字的位置，中间不能断开；连接号和间隔号一般占一个字的位置。在书写和印刷时，这四种符号上下居中；着重号、专名号和浪线式书名号标在字的下边；直行文稿的标点符号只有以下几项和横行文稿不同：句号、问号、叹号、逗号、顿号、分号和冒号放在字的下方偏右；破折号、省略号、连接号和间隔号放在字下居中；引号改用『』和「」；着重号标在字的右侧，专名号和浪线式书名号标在字的左侧。

另外，参照中国银行《关于统一使用人民币货币符号的通知》（1994 年 2 月 3 日）规定，填制侦查文书可用“￥”、“CNY”或“RMB”表示人民币。

此外，参照高法院《关于法院诉讼文书样式试行若干问题的解答》第四十八问答规定：“问：文书样式中所有涉及‘原告诉称’、‘被告辩称’、‘经审理查明’、‘本院认为’等项目的，项目之后是用逗号，还是应将逗号改为冒号？答：凡是所提示的下文只有一层意思的均用逗号，是数层意思的应用冒号。”

（五）使用汉语拼音要领

在填制侦查文书时能否用汉语拼音代替不会写的字？严格意义上说，不能。根据《国家通用语言文字法》第 18 条规定：“国家通用语言文字以《汉语拼音方案》作为拼写和注音工具。”因此，它是中国人名、地名和中文文献罗马字母拼写法的统一规范，并用于汉字不便或不能使用的领域。

作为我国法定拼音方案，《汉语拼音方案》由中国文字改革委员会“汉语拼音方案委员会”于 1955～1957 年研究制订，1958 年 2 月 11 日全国人民代表大会批准公布，1982 年国际标准化组织承认为拼写汉语的国际标准。

另外，因为汉语拼音方案不是汉语拼音文字，汉语拼音方案的主要用途是给汉字注音和拼写普通话，以帮助识字、统一读音和教学普通话，目的在于便利广大人民的学习和使用汉字，以及促进汉语的进一步统一，并非用来代替汉字。

此外，汉语拼音方案的用处：①用来给汉字注音，以提高教学汉字的效率；②用来帮助教学普通话；③用来作为我国少数民族创造文字的共同基础；④可以用来解决人名、地名和科学术语的翻译问题；⑤可以帮助外国人学习汉语，以促进国际文化交流；⑥可以解决编索引的问题；⑦语文工作者可以用拼音方案来继续进行有关汉字拼音化的各项研究和实验工作。除了上述各项比较显著的用处以外，拼音字母在将来还可以用来解决电报、旗语以及工业产品的代号等问题。[①]

但是，填制侦查文书时难免存在不会写的字。怎么办？用同音字替代，显然不妥。但基于汉语拼音“可以用来解决人名、地名和科学术语的翻译问题”、“并用于汉字不便或不能使用的领域”的作用，对于少数不会写的字，可用汉语拼音表示。但要及时补正，最好借助字典当着相对人的面补正，并须得到其认可、捺指印。

四、用词用语要领

（一）用词用语及其常见错误

1. 用词用语概述。所谓侦查文书用词用语，即填制侦查文书而选用词汇（亦即用词）和选用词语（亦即用语）的统称。其中，词包括词汇、词语和词组；而词是指“语言里最小的、可以自由运用的单位”；词汇，即“一种语言里所使用的词的总称”，词的简称；词语，即“词和短语”，短语是指“词组”，词组是指“两个或更多的词组合”。而用语还有“①措辞……②某一方面专用的词语”之意，措辞是指“说话或作文时选用词句”。[②] 因此，用词是使用词、使用词汇、使用词组的统称，用语是使用短语的统称，而使用词语则是用词、用语的统称。而具体来说，填制侦查文书所使用的词语除包括词（含词汇、词组）和短语之外，主要有三：

（1）法律（或司法）专门用词用语，亦称法律术语、法律语言或法言法语。即专门运用于法学和司法、诉讼领域，具有法律语体特点的词语。例如，诉讼参加人、被告人、被害人、辩护人、逮捕、拘留、正当防卫、紧急避险等。而根据使用主体的不同，可将其分为立法和司法用词用语两类。前者是指在规范性法律文件中使用的词语；后者是指侦查方、看守方、检方、审判方、执行方、监管方等司法方、行政方在履行其司法职能或行政执法职能过程中，按照法定程序适用法律而填制的具有法律效力或者法律意义的非规范性法律文件中的书面和口头语言的总称。而实践中常用的法律术语究竟有多少？一方面，由信春鹰主编的《法律辞典》（法律出版社 2003 年版）共收条目（亦即法律词语或词汇）7300 余条，由曹建明、何勤华主编的《大辞海·法学卷》

① 参见吴玉章：《关于当前文字改革工作和汉语拼音方案的报告》，载《人民日报》1958 年 2 月 14 日。

② 参见中国社会科学院语言研究所词典编辑室编：《现代汉语词典》修订本，商务印书馆 1999 年版，第 205、314、206、1519、220 页。

（上海辞书出版社 2003 年版）共收条目 5933 条，由张思卿主编的《检察大辞典》（上海辞书出版社 1996 年版）共收词（亦即法律词语）2855 个。另一方面，诸如最高人民法院《人民法院公文主题词表》（1996 年 4 月 9 日，共有 960 个主题词）、国务院办公厅秘书局《国务院公文主题词表》（1997 年 12 月修订，共有 1049 个主题词）中所规定的法律类主题词。①

（2）法律（或司法）习惯用词用语。即被广泛认可并长期运用于法律、司法和诉讼领域的固定词语。例如，应当、可以、认定、工具、根据、不予等。

（3）规范的普通词语。例如，你、我、他等。

因此，侦查文书中的词语，有的（如法律专门用词用语）直接取材于法律条文的规定（如当事人）；有的（如法律习惯用词用语）则根植于法律规定并结合案情及法律精神归纳而成（如应当），具有不可替代的作用。而实践证明，只有准确地使用法律专门用词用语、法律习惯用词用语和规范的普通词语，才能保证用最少的语言文字反映完整的侦查文书内容。

2. 常见问题。目前，侦查文书用词用语的常见问题主要包括两方面：一方面，是用词用语不合法、不规范、不严谨、不得体、不准确、不明晰、不质朴、不庄重、不通俗、不精练、不简约、不符合语法。另一方面，除具有侦查文书用字的常见错误外，还存在以下不足：

（1）用词用语不规范，表述欠准确、欠清楚，有歧义。例如，将移动电话机写为手机，将千克写为公斤。

（2）没有分清词义的褒贬色彩，乱用具有强烈感情色彩的词语和修辞手法。例如，为突出犯罪嫌疑人作案的主观恶性，以猖狂、大肆加以形容。

（3）使用生活口语、乱用文言虚词。例如，将被害人写为事主。

（4）使用冗词，用词重复，表意啰嗦。例如，凌晨两点中的凌晨。

（5）使用不规范的缩略词语。例如，将监视居住简写成居监。

（6）选用词语不当，影响表意。例如，放肆、放纵、肆意都是贬义词，但含义不尽相同。

（7）生造滥用词语，以文害义。例如，赃煤、赃车。

（8）语序不当，人称代词混用，指代不明。

---

① 所谓主题词表，又称叙词表、检索表或词库。是文献与情报检索中用以标引主题的一种检索工具。它是一些规范化的、有组织的、体现主题内容的、已定义的名次术语的集合体。由主表、类目表、族性表、轮排表、多种语言对照表、特殊词汇表、语法予以关系表、主题词字顺表及主题词属分关系的词族表等构成。

（9）名词、动词、形容词、介词、连词使用不当，滥用流行语，任意颠倒语素结构，搭配不当，等等。

（二）用词用语要领

诚然，“执法语言文明是文明执法的重要组成部分，是‘理性、平和、文明、规范’执法理念的应有之义，是司法体制改革和司法规范化建设的必然要求，也是新时期人民群众对执法机关工作的新要求、新期待”。① 而总的来说，作为语言文字的使用单位，检方在填制侦查文书而用词用语时，除应遵循合法、规范、严谨、得体、准确、明晰、质朴、庄重、通俗、精练、简约并符合语法等要领外，还要特别注意以下问题：

1. 要了解并掌握实词和虚词的使用特点和规律。概言之，现代汉语的词可分为实词与虚词两类。其中，实词是指“意义比较具体的词。汉语的实词包括名词、动词、形容词、数词、量词、代词6类”；虚词是指“不能单独成句、意义比较抽象，有帮助造句作用的词。汉语的虚词包括副词、介词、连词、助词、叹词、象声词6类”。② 因此，一方面，基于侦查文书须客观真实、一问一答等特点，填制应体现多用实词少用虚词的使用原则。另一方面，应根据每种词的特点、性质而有针对性地使用：

所谓名词，是指“表示人或事物名称的词”。例如，相对人的姓名、犯罪工具名称。

所谓动词，是指“表示人或事物的动作、存在、变化的词”。例如，相对人的回答。

所谓形容词，是指“表示人或事物的性质或状态的词”。例如，卑劣、残忍、严重、恶劣。

所谓数量词，是指“数词和量词连用时的合称”。例如，5万元、3人、10套。其中，数词是指“表示数目的词”，例如，1、2、三、四；量词是指“表示人、事物或动作的单位的词”，例如，千克、元、米。

所谓代词，是指“代替名词、动词、形容词、数量词、副词的词”。例如，你、我们。

所谓副词，是指“修饰或限制动词和形容词，表示范围、程度等，而不

① 参见《推广使用文明用语树立良好职业形象》，载《检察日报》2010年6月30日。

② 参见中国社会科学院语言研究所词典编辑室编：《现代汉语词典》修订本，商务印书馆1998年版，第1145、1149页。

能修饰或限制名词的词”。例如，都、只、再三、屡次、很。

所谓介词，是指“用在名词、代词或名词性词组的前边，合起来表示方向、对象等的词”。例如，于、从、自、往、朝、在、当。

所谓连词，是指“连接词、词组或句子的词”。例如，和、与、而且、因为、如果。

所谓助词，是指“独立性最差、意义最不实在的一种特殊的虚词”。例如，的、得、着、了、过、啊、呢、吧、啦。

所谓叹词，是指“表示强烈的感性以及表示招呼、应答的词”。例如，啊、哎、哼、嗯。

所谓象声词，是指“模拟事物声音的词”。例如，哗、轰、乒乓、叮咚。①

2. 要了解并掌握词组（或短句、短语）的使用特点和规律。从结构上大致可将词组分为固定和自由词组两类；根据词组包含词语的多少可将其分为简单和复杂词组两类：前者的内部只有两个词，一种语法结构关系；后者的内部有多个词，并且词与词的结构层次和语法关系都比较复杂。

固定词组又包括 3 种：①结构对称的习惯语。例如，一问一答。②四字熟语。例如，又哭又闹、又踢又打。③专有名词。例如，看守所、监狱。

自由词组又包括 8 种：①主谓词组。即两者之间是陈述与被陈述的关系。例如，心情郁闷。②动宾词组。即两者之间是支配与被支配的关系。例如，发现犯罪。③并列词组。即由两个以上相同词性的实词并列构成，可用连词也可不用。例如，坦白交代。④偏正词组。即中心词在后边，去掉前边的修饰词，词的基本含义不变。例如，不停地闹。⑤补充词组。即补充成分说明完善中心词，回答中心词怎么样，结构上常以“得”为标志。例如，哭得死去活来。⑥介宾词组。例如，在监狱。⑦的字结构词组。例如，受伤的被害人。⑧所字结构词组。例如，所偷、所害。

3. 要依法文明用词用语。填制侦查文书而依法文明用词用语，既是检察活动正义化和人性化的重要举措，也是程序与实体正义并重的重要保障；既是侦查文书工作客观、真实、规范、全面要求的一种展现，也是对填制者自身综合素质、能力的一种考验，还是检察人员职业道德的内在要求。为此，《检察官职业道德基本准则》第 36 条明确提出：“做到执法理念文明，执法行为文明，执法作风文明，执法语言文明”；第 37 条提出：“遵守各项检察礼仪规范，注重职业礼仪约束，仪表庄重、举止大方、态度公允、用语文明”。为

① 参见中国社会科学院语言研究所词典编辑室编：《现代汉语词典》修订本，商务印书馆 1998 年版，第 886、301、1410、1176、792、240、397、650、782、1644、1225 页。

此，根据高检院《检察机关文明用语规则》规定，填制侦查文书也应遵循下列文明用词用语规则：

（1）检察人员（含书记员）在履行法律监督职责及从事相关活动（包括填制侦查文书）中，应当自觉使用文明规范用语（词）。

（2）检察机关文明用语（词），既应当遵循宪法和法律规定，尊重和保障人权，体现社会主义法治理念要求和人文关怀，符合法律监督工作特点和民族、宗教及社会风俗习惯，也应当以国家通用语言普通话为基本载体，同时尊重、使用少数民族语言、聋哑人语言以及地方方言。

（3）检察机关文明用语（词）包括：检察业务和综合工作中涉及的接待、询问、讯问、出庭、宣传和群众工作等执法和工作用语（词）。

（4）检察人员不得使用不文明语言，避免和防止因不当用语、不良表达使公众对检察机关执法公信力产生不良影响。

（5）违反文明用语（词）规范，造成不良影响的，应给予批评、训诫或者责令公开道歉；造成严重后果的，依照党纪、政纪及有关规定给予处分。

（6）各级检察院应加强对检察文明用语（词）推广使用的监督管理，将文明用语（词）规范纳入检察职业道德教育，列入考核内容，选择适当场所向社会公布。

4. 要了解并掌握侦查文书的遣词特色：①

（1）要了解并掌握法律专门用词用语的下列特点，并广泛使用之：

①词义的单一性。A. 它所表示的都是一个特定的法律概念，在使用时，其他任何词都不能代替。例如，“过失”不能用“过错”或“错误”代替；B. 即使在民族共同语言中属于多义词，但一旦作为法律专业术语时，一般只保留一个义项。例如，“同居”一词，在民族共同语言中属于多义词。但作为法律专业术语后，只能有一个特定的含义，即“男女共同生活亦发生性关系的社会行为。一般包括两种情况：（1）夫妻同居……（2）没有夫妻关系的男女同居……”② C. 有些法律专门用词用语在法学字典中有两个或两个以上义项。例如，“过失”：在刑法中是指行为人在犯罪时的一种心理状态；而在民法中是指过错的一种形式。但在司法实践使用中，只能使用其中的一个义项。

②词语的对义性。即指词语的意义互相矛盾，互相对立。例如，原告人——被告人。

---

① 所谓遣词，是指“（说话、写文章）运用词语”。参见中国社会科学院语言研究所词典编辑室编：《现代汉语词典》修订本，商务印书馆 1998 年版，第 1014 页。

② 参见邹瑜等主编：《法学大辞典》，中国政法大学出版社 1991 年版，第 518 页。

③使用的变异性。例如，不作为。

④体系构成的特殊性。既有表示人物称谓的，也有表示法律事物名称的；既有表示法律行为的，也有表示行为人主观心理态度的；既有表示程序内容的，也有表示实体内容的，等等。

（2）选词要精当、达意：

一方面，一要从众多的同义词、近义词中，精心选最恰当的词。其中关键，是注意辨析它们含义，而辨析时，可从语义的轻重程度、范围大小、褒贬色彩、适应对象等方面来进行判断；二要把握住词的褒贬色彩；三要慎用人称代词；四要正确使用以上、以下；五要忌轻下断语，忌流于苟简，忌滥用积极修辞，忌使用文言词语不恰切，忌用文学语言代替法律语言，从而保证选词精当。

另一方面，一要准确理解词的意义、用法；二要表意明确而不费解、无歧义、不自相矛盾；三要注意词语的语义轻重区别。例如，可以、应当、必须在法律上都表示某种可行性，但它们的语义轻重却不同；四要注意词语的感情色彩区别。例如，正当防卫与不法侵害、没收与追缴、胁从与帮助；五要注意词语的语体色彩差异。例如，说合与调解、金钱与现金、偷东西与盗窃，进而保证选词达意。

（3）要了解选词选语的“四多四少”：多选用名词、动词，少选用形容词；多选用贬义词、中性词，少选用褒义词；多选用规范、严谨、得体、准确、明晰、质朴、庄重、通俗、精练、简约的用词用语，少选用方言土语、俗词、污言秽语、黑话隐语等不规范的用词用语；多选用权威性、确切性、论断性的用词用语，少选用商榷性、征询性、推测性、模糊性的用词用语。

5. 要正确适用精确词汇、语言、成语和典故。实践中，精确词汇、精确概念、精确词语和精确语言常相混用。具体来说，四者呈递减的包容关系，即精确语言包含精确词语、精确词语包含精确概念、精确概念包含精确词汇；而它们都是相对于模糊词汇、模糊概念、模糊词语和模糊语言而言的。因此，为了叙述方便起见，本书将四者统称为精确词语。

而在填制侦查文书使用精确词语时：①侦查文书中首部涉及的人名、性别、出生年月日、民族、籍贯、职业或工作单位及职务、家庭住址等基本事项，应使用精确词语；②犯罪嫌疑人实施职务犯罪的时间、地点、目的、动机、情节、手段、结果及必要的证据等，应使用精确词语；③侦查文书所涉及的数据、概念，应使用精确词语。

所谓成语，是指“人们长期以来习用的、见解精辟的定型词组或短句”。例如，“事倍功半”与“事半功倍”、“一发不可收拾”与“一发不可收”、

“差强人意”与“不尽如人意”、“一张一驰”与“一张一弛”、“心有余悸”与“心存疑惧”不尽相同。

所谓典故，是指“诗文里引用的古书中的故事或词句”。① 例如，不入虎穴焉得虎子、按图索骥、冯唐易老、李广难封、晓风残月、大江东去、牛郎织女、指鹿为马、滥竽充数等。

6. 要禁止使用失范异形词。所谓异形词，是指在普通话书面语中并存并用的同音（指声母、韵母和声调完全相同）、同义（指理性意义、色彩意义和语法意义完全相同）而书写形式不同的词语。例如，“笔画”和“笔划”、“按语”和“案语”、“唯一”和“惟一”，等等。

根据国家语委《第一批异体字、异形词整理表》规定，在填制侦查文书时，要禁止使用《第一批异体字、异形词整理表》所列的、失范的异形词。

另据国家教育部、国家语委、新闻出版总署、国家广播电影电视总局、信息产业部、国家工商行政管理总局《关于在新闻出版、广播影视系统和信息产业、广告业试行〈第一批异形词整理表〉的通知》（2002 年 6 月 25 日）规定，各级新闻出版、广播影视、信息产业、广告业主管部门及所属单位（含各级检方），要重视语言文字规范化工作，在本行业系统执行《第一批异形词整理表》。

7. 要慎用模糊性词语。所谓模糊性词语，是指那些内涵没有精确的含义、外延没有截然分明界限的词语，包括模糊性词汇、词组、短语、概念、名词和术语等。例如，上午 9 时许、许多钱、今年春、凌晨、近来、不久、三月的一天、远、近、附近、屡次、经常、偶然等。因此，在填制侦查文书而使用模糊性词语时，须注意以下问题：

（1）须在不影响法律事实的正确反映和检方所作处理的正确说明的基础上使用；所叙述的事实，必须是还没有形成精确概念，或是虽已形成，但基于某种原因而没有必要，或是不允许作出精确反映的情况下使用；要尽可能多地使用精确概念，有限制地运用模糊概念——当用则用，不当用则一定不用。与此同时，使用模糊性词语不能超越一定的模糊度，不能偏离具体的题旨情境，不能忽略其与确切性词语的对立统一。

（2）表达填制者的某种感情时，叙述或说明人和事物发展变化过程时，涉及淫秽、个人隐私、国家秘密、情报、某些犯罪（如刑讯逼供、贪污）的手段和细节时，难以确定时间、地点时，无须或无法确定程度、范围时，非要

① 参见中国社会科学院语言研究所词典编辑室编：《现代汉语词典》修订本，商务印书馆 1998 年版，第 160、280 页。

交代但又不能直叙事实情节时，具有推断、预测内容、情节时，表达难以具体确定的时间和空间、无法或不必确定的程度或范围、难以或无须准确描述的频率或数量时，可以或应当使用模糊性词语。

（3）针对下列不宜用精确词语表达的情形，可以或应当使用模糊性词语：犯罪方法、手段；离奇荒诞、有悖人性的血腥场面和暴力行为；色情、淫秽情节、污秽语言或性犯罪心理、方法、过程、感受；有关毒品的种植方法、传递渠道以及吸食毒品的感受；政治、军事、经济等方面的秘密以及个人隐私；秘密侦查手段、破案方法；诽谤或侮辱他人的言行；不应披露的有关人员的姓名、单位、住址等；维护国家安全的秘密事项；以造谣、诽谤或其他方式煽动颠覆国家政权的言论；其他不宜准确描述或精确表达的情形。

（4）通常，下列情形禁用模糊性词语：有关行为主体犯罪构成要件的表述，法律条文的适用，处理决定的具体内容，其他应准确描述或精确表达的情形。

（5）使用模糊性词语的其他注意事项：①模糊不等于歧义或含混不清；②使用恰当与否，主要看其是否符合语境；③要与精确词语相得益彰，等等。

（三）罪名、地名等名称使用要领

总的来说，填制侦查文书而使用地名、罪名等名称时，除应遵循合法、规范、严谨、得体、准确、明晰、质朴、庄重、通俗、精练、简约并符合语法等要领外，还要注意以下问题：

1. 填制侦查文书而涉及罪名时，应按照高法院《关于执行〈中华人民共和国刑法〉确定罪名的规定》（1997年12月16日）或高检院《关于适用刑法分则规定的犯罪的罪名的意见》（1997年12月25日）以及“两高”《关于执行〈中华人民共和国刑法〉确定罪名的补充规定》（2002年3月15日）、《关于执行〈中华人民共和国刑法〉确定罪名的补充规定（二）》（2003年8月15日）、《关于执行〈中华人民共和国刑法〉确定罪名的补充规定（三）》（2007年10月25日）、《关于执行〈中华人民共和国刑法〉确定罪名的补充规定（四）》（2009年10月14日）、《关于执行〈中华人民共和国刑法〉确定罪名的补充规定（五）》（2011年4月27日）所确定的罪名填制。其中，检察机关直接立案侦查案件所涉及的罪名有4类53种：（1）贪污贿赂犯罪包括：贪污、挪用公款、受贿、单位受贿、行贿、对单位行贿、介绍贿赂、单位行贿、巨额财产来源不明、隐瞒境外存款、私分国有资产、私分罚没财物罪12种；（2）渎职犯罪包括：滥用职权，玩忽职守，故意泄露国家秘密，过失泄露国家秘密，徇私枉法，执行判决、裁定失职，执行判决、裁定滥用职权，枉法仲裁，私放在押人员，失职致使在押人员脱逃，徇私舞弊减刑、假释、暂予监外执行，徇私舞弊不移交刑事案件，滥用管理公司、证券职权，徇私舞弊不征、少征税款，徇私舞弊发售发票、抵扣税款、出口退税，违法提供出口退税凭证，违法发放林木采伐许可证，环境监管失职，传染病防治失职，非法批准征用、占用土地，非法低价出让国有土地使用权，放纵走私，商检徇私舞弊，商检失职，动植物检疫徇私舞弊，动植物检疫失职，放纵制售伪劣商品犯罪行为，办理偷越国（边）境人员出入境证件，放行偷越国（边）境人员，不解救被拐卖、绑架妇女、儿童，阻碍解救被拐卖、绑架妇女、儿童，帮助犯罪分子逃避处罚，招收公务员、学生徇私舞弊，失职造成珍贵文物损毁、流失罪 34 种；（3）国家机关工作人员利用职权实施的下列侵犯公民人身权利和民主权利犯罪：非法拘禁、非法搜查、刑讯逼供、暴力取证、虐待被监管人、报复陷害、破坏选举罪 7 种；（4）国家机关工作人员利用职权实施的其他重大的犯罪案件，需要由检察院直接受理的时候，经省级以上检察院决定，可由检察院立案侦查。

2. 填制侦查文书而使用地名时，要符合国务院《地名管理条例》（1986 年 1 月 23 日）、民政部《地名管理条例实施．细则》（1996 年 6 月 18 日）以及国家语委、中国地名委员会、铁道部、交通部、国家海洋局、国家测绘局《关于地名用字的若干规定》（1987 年 3 月 27 日）等规定。

3. 参照公安部《关于印发爆炸物品名称的通知》（1984 年 2 月 13 日）规定，在填制侦查文书而涉及爆炸物品名称时，应参照该通知所确定的爆炸物品名称填制。

4. 参照公安部《关于公安交通警察队名称问题的批复》（1991 年 1 月 21 日）规定，在填制侦查文书而涉及交通警察队名称时，在交通警察队前一律冠以公安机关名称。例如："××省公安厅交通警察总队"、"××市公安局交通警察支队"、"××县公安局交通警察大队（或队）"等。

5. 参照公安部《关于规范违反治安管理行为名称的意见》（2005 年 12 月 28 日）规定，在填制侦查文书而涉及违反治安管理行为名称时，应参照该意见所确定的下列违反治安管理行为名称填制：①扰乱公共秩序的案件包括：扰乱单位秩序，扰乱公共场所秩序，扰乱公共交通工具上的秩序，妨碍交通工具正常行驶，破坏选举秩序等；②妨害公共安全的案件包括：非法制造、买卖、储存、运输、邮寄、携带、使用、提供、处置危险物质，危险物质被盗、被抢、丢失后不按规定报告，非法携带枪支、弹药、管制器具，盗窃、损毁公共设施，移动、损毁边境、领土、领海标志设施，非法进行影响国（边）界线走向的活动，非法修建有碍国（边）境管理的设施等；③侵犯他人人身权利、财产权利的案件包括：组织、胁迫、诱骗进行恐怖、残忍表演，强迫劳动，非法限制人身自由等；④妨害社会管理的案件包括：拒不执行紧急状态下的决定、命令，阻碍执行职务，招摇撞骗，伪造、变造、买卖公文、证件、证明文件、印章等。

6. 填制侦查文书而涉及相关名称时，还应参照高法院《关于人民法庭名称问题的复函》（1964 年 5 月 20 日）、全国人大常委会《关于县级以上地方各级人民代表大会常务委员会悬挂中华人民共和国国徽和挂机关名称牌子的通知》（1979 年 11 月 5 日）、国家工商局《企业名称登记管理规定》（1991 年 7 月 22 日）、高法院《关于法庭的名称、审判活动区布置和国徽悬挂问题的通知》（1993 年 12 月 8 日）、司法部《关于统一规定监狱管理机关和监狱名称的通知》（1994 年 8 月 19 日）、国家工商总局《企业名称登记管理实施办法》（2004 年 6 月 14 日）、高检院《关于地方各级人民检察院渎职侵权检察机构统一名称的通知》（2005 年 11 月 1 日）、食品药品监管局《关于进一步规范药品名称管理的通知》（2006 年 3 月 15 日）、农业部、发改委《农药名称的管理规定》（2007 年 12 月 12 日）、中医药管理局《关于规范中医医院与临床科室名称的通知》（2008 年 8 月 11 日）、工商总局《个体工商户名称登记管理办法》（2008 年 12 月 31 日）、司法部《律师事务所名称管理办法》（2010 年 1 月 4 日修正）、国务院《企业名称登记管理规定》（2012 年 11 月 9 日修正）等法律法规中，有关名称的规定。

（四）计量单位使用要领

1. 计量单位及其常见错误

所谓计量单位，是指用于表示与其相比较的同种量的大小的约定定义和采用的特定量。约定地赋予计量单位以名称和符号；对于一些同量纲的量，即使它们不是同种量，其单位可有相同的名称和符号。因此，从某种意义上说，计量单位就是规范的数量词。

自 1959 年国务院发布《关于统一计量制度的命令》，确定米制为我国的基本计量制度以来，全国推广米制、改革市制、限制英制和废除旧杂制的工作，取得了显著成绩。

另外，1984 年 1 月 20 日国务院第 21 常务会议讨论通过了国家计量局《关于在我国统一实行法定计量单位的请示报告》、《全面推行我国法定计量单位的意见》和《中华人民共和国法定计量单位》规定：①我国的计量单位一律采用《中华人民共和国法定计量单位》（1984 年 2 月 27 日，如下图 12 ~ 图

16 所示）;① ②我国目前在人民生活中采用的市制计量单位，可以延续使用到1990 年，1990 年底以前要完成向国家法定计量单位的过渡。农田土地面积计量单位的改革，要在调查研究的基础上制订改革方案，另行公布。

量的名称	单位名称	单位符号
平面角	弧度	rad
立体角	球面度	sr

图 12：国际单位制的辅助单位

量的名称	单位名称	单位符号
长度	米	m
质量	千克（公斤）	kg
时间	秒	s
电流	安培	A
热力学温度	开尔文	K
物质的量	摩尔	mol
发光强度	坎德拉	cd

图 13：国际单位制的基本单位

量的名称	单位名称	单位符号	其他表示实例
频率	赫兹	Hz	s^{-1}
力；重力	牛顿	N	$kg \cdot m/s^2$
压力，压强；应力	帕斯卡	Pa	N/m^2
能量；功；热量	焦尔	J	$N \cdot m$
功率；辐射通量	瓦特	W	J/s

① 注：1. 周、月、年（年的符号为 a）为一般常用时间单位；2. [ ] 内的字，是在不致混淆的情况下，可以省略的字；3. （ ）内的字为前者的同义语；4. 角度单位度、分、秒的符号不处于数字后时，用括号；5. 升的符号中，小写字母 l 为备用符号；6. r 为“转”的符号；7. 人民生活和贸易中，质量习惯称为重量；8. 公里为千米的俗称，符号为 km；9. 10^4称为万，10^8 称为亿，10^12 称为万亿，这类数词的使用不受词头名称的影响，但不应与词头混淆。说明：法定计量单位的使用，可查阅 1984 年国家计量局公布的《中华人民共和国法定计量单位使用方法》。

续表

量的名称	单位名称	单位符号	其他表示实例
电荷量	库仑	C	A · s
电位；电压；电动势	伏特	V	W/A
电容	法拉	F	C/V
电阻	欧姆	Ω	V/A
电导	西门子	S	A/V
磁通量	韦伯	Wb	V · s
磁通量密度；磁感应强度	特斯拉	T	Wb/m^2
电感	亨利	H	Wb/A
摄氏温度	摄氏度	℃	
光通量	流明	Lm	cd · sr
光照度	勒克斯	Lx	Lm/m^2
放射性活度	贝可勒尔	Bq	s^{-1}
吸收剂量	戈瑞	Gy	J/kg
剂量当量	希沃特	Sv	J/kg

图 14：国际单位制中具有专门名称的导出单位

量的名称	单位名称	单位符号	换算关系和说明
时　间	分 时 天	min h d	1min = 60s 1h = 6 min = 3600s 1d = 24h = 86400s
平面角	秒 分 度	(″) (′) (°)	1″ = （π/648 000）rad （π 为圆周率） 1′ = 60″ = （π/10800）rad 1° = 60′= （π/180）rad
旋转速度	转每分	r/min	1r/min = （1/60）s^{-1}
长　度	海里	nmile	1nmile = 1852m（只用于航程）
速　度	节	kn	1kn = 1nmile/h = （1852/3600）m/s（只用于航程）

续表

量的名称	单位名称	单位符号	换算关系和说明
质　量	吨 原子质量单位	t u	1t = 1000kg 1u≈1.660 565 5×10 －27kg
体　积	升	L，(l)	$1L = 1dm = 10^{-3}m^3$
能	电子伏	eV	$1eV \approx 1.602\ 189\ 2 \times 10^{-19}J$
级　差	分贝	dB	
线密度	特（克斯）	tex	1tex = 1g/km

图 15：国家选定的非国际单位制单位

所表示的因数	词头名称	词头符号
10 的 18 次方	艾（可萨）	E
10 的 15 次方	拍（它）	P
10 的 12 次方	太（拉）	T
10 的 9 次方	吉（咖）	G
10 的 6 次方	兆	M
10 的 3 次方	千	k
10 的 2 次方	百	h
10 的 1 次方	十	da
10 的 －1 次方	分	d
10 的 －2 次方	厘	c
10 的 －3 次方	毫	m
10 的 －6 次方	微	μ
10 的 －9 次方	纳（诺）	n
10 的 －12 次方	皮（可）	p
10 的 －15 次方	飞（母托）	f
10 的 －18 次方	阿（托）	a

图 16：用于构成十进倍数和分数单位的词头

此外，填制侦查文书而使用计量单位的常见错误，主要有七：①计量不标准，使用不一致，未按国家统一的法定计量单位或国际标准单位表示。例如，在同一侦查文书中既用厘米，又用公分或 cm，既用米，又用丈、尺、寸等。②量词使用不规范。例如，一头猪写成一只猪。③数量减少时错用了倍数表示法。因为，倍数表示法只能用于数量的增加。例如，“今年本市职务犯罪案件只发生了 28 起，比去年同期减少了将近一倍”，而“一倍”应改为“一半”。④表示数量增减时，没有用原来的数目为基数，造成表达混乱。⑤概数表达矛盾或重复。例如，“参加今天会议的人员有近 100 人左右”。⑥用非法定计量单位表示计量单位。例如，表示长度的有：毫、厘、分、寸、尺、丈、里；表示面积的有：平方厘、平方分、平方寸、平方尺、平方丈、平方里、亩、顷；表示质量的有：毫、厘、分、钱、两、斤、担；表示容量的有：撮、勺、合、升、斗、石。⑦计量单位符号使用错误。例如，下图 17 所示：

量的名称	单位名称	单位符号	
		正确表示✓	错误表示×
长度	毫米	mm	MM
长度	厘米	cm	CM
长度	米	m	M
长度	千米	km	KM
功率	瓦	W	w
功率	千瓦	kW	Kw、KW
功、能量	千瓦时	kW · h	KWH
时间	小时	h	H
时间	日	d	D
质量	克	g	G
质量	千克	kg	KG
质量	吨	t	T
面积	平方米	m^2	M^2
体积	立方厘米	cm^3	CM^3
体积	立方米	m^3	M^3

图 17：常见误用计量单位符号表

2. 计量单位使用要领。填制侦查文书而使用计量单位的关键，就是合法、规范、严谨、得体、准确、明晰、质朴、庄重、通俗、精练、简约并符合语法地使用之，而依法使用则是关键之关键。因为，《中华人民共和国计量法》（1985年9月6日，以下简称《计量法》）第2条规定："在中华人民共和国境内，建立计量基准器具、计量标准器具，进行计量检定，制造、修理、销售、使用计量器具，必须遵守本法。"为此，高检院《文书规定》第16条规定："刑事检察文书（含侦查文书）中使用各种计量单位时，应当使用国家规定的法定计量单位"；而《文书样本》、《公文处理办法》及其《实施细则》等进一步规定，涉及新的计量单位应以法定计量单位为准。

（1）要依法使用法定计量单位，避免使用非法定计量单位。如果相对人使用的是非法定计量单位，记录人应将其依法换算为法定计量单位。

（2）填制侦查文书而使用计量单位时，还应遵循国务院《关于统一我国计量制度的命令》（1959年6月25日）和《批转〈国家标准计量局等单位关于改革中医处方用药计量单位的请示报告〉的通知》（1977年4月5日），中国文字改革委员会、国家标准计量局《关于部分计量单位名称统一用字的通知》（1977年7月20日），中国国际单位制推行委员会《中华人民共和国计量单位名称与符号方案（试行）》（1981年7月14日），国家计量局《中华人民共和国法定计量单位使用方法》（1984年6月9日），国务院《中华人民共和国计量法实施细则》（1987年1月19日），国家技术监督局、国家土地管理局、农业部国家技监局《关于改革全国土地面积计量单位的通知》（1990年12月28日）等规定。

（3）要用"星期×"，不用"礼拜×"。因为星期是法言法语，而礼拜不是；人民币的符号为"￥"，表述为"人民币××元"，或"××元人民币"；而外币也可采取以上方式表述。例如，"港币××元"、"××元美元"。但不宜将美元写成美金，因为美金不是法言法语。

五、用句要领

（一）用句及其常见错误

所谓侦查文书的用句，是指在填制侦查文书时使用句子。所谓句子，是指"用词和词组构成的、能够表达完整的意思的语言单位"，[①] 如告诉别人一件事，提出一个问题，表示要求或制止，表示某种感慨，表示对一段话的延续或省略。因此，它的结尾应该用句号、问号、省略号或感叹号。

① 参见中国社会科学院语言研究所词典编辑室编：《现代汉语词典》修订本，商务印书馆1999年版，第684页。

另外，句子成分包括："主语、谓语、宾语、补语、定语、状语六种"。其中，主语是指"谓语的陈述对象，指出谓语说的是谁或者是什么的句子成分"；谓语是指"对主语加以陈述，说明主语怎样或者是什么的句子成分"；宾语是指"动词的一种连带成分，一般在动词后边，用来回答谁或什么"；补语是指"动词或形容词后边的一种补充成分，用来回答怎么样的问题"；定语是指"名词前边的表示领属、性质、数量等的修饰成分"；状语是指"动词、形容词前边的表示状态、程度、时间处所等的修辞成分"。①

此外，根据划分标准的不同，可将句子分为许多种类。例如，据语气的不同，可将句子分为以下4种：陈述句，叙述或说明事实具有陈述语调的句子；疑问句，具有疑问语调的句子；祈使句，要求对方做或不做某事的句子；感叹句，带有浓厚感情的句子。据结构不同，还可将其分为单句和复句两种。其中，单句是由短语或单个的词构成的句子，包括主谓句和非主谓句两类：主谓句是指由主谓短语带上一定的语气语调构成的句子；复句是指由两个或两个以上意义相关，结构上互不作句子成分的分句组成。分句是结构上类似的单句而没有完整句调的语法单位。复句包括由单句直接组合而成的和助虚词组合成的两类。

因此，侦查文书中的句子，是由词语和短语按一定顺序组合而成的，是侦查文书内容的最基本的语言单位之一。从句类的角度看，侦查文书主要使用陈述句——叙述案件事实，要平铺直叙，评判说理，需客观、平和。而侦查文书用句的常见错误主要有四：1. 句子成分残缺、多余，意思不清；2. 句子成分搭配不当；3. 句式杂糅；4. 语义重复、概念不清，长短句选择不规范、精练，等等。

（二）用句要领

由于句子由词和词组构成，因而总的来说，在填制侦查文书而使用句子时，也应遵循合法、规范、严谨、得体、准确、明晰、质朴、庄重、通俗、精练、简约并符合语法等要领。具体来讲，还要注意以下问题：

1. 要了解并掌握侦查文书用句的原则、特点和类型。

（1）侦查文书的用句，应遵循以下原则：①保证句子结构规范；②符合逻辑规范；③符合语义的单一性规范；④符合程式化句法结构要求。

（2）侦查文书的用句，主要呈两方面特点：一方面，主要使用陈述句，

---

① 参见中国社会科学院语言研究所词典编辑室编：《现代汉语词典》修订本，商务印书馆1999年版，第684、1643、1316、87、101、298、1656页。

并有选择地使用主谓句和非主谓句。另一方面，多采用多层次的限制性定语句式，以及多层次的状语句式。而这些用句的主旨，在于如何客观、真实、规范、全面地记录办案人员与相对人问答的周而复始。

（3）由于侦查文书特别是侦查笔录多采用问答方式进行，因而其句子所组成的侦查文书内容，一般也由事实、理由和结论3部分构成。同时，根据句子在侦查文书中所处位置的不同，也可将其分为3类：①事实句，即侦查文书中叙述事实所采用的句子，包括句类、句型和句式；而三者的单一性则成了侦查文书事实句的独有特点——只选用陈述句，且多选用主谓句型的单句，少用非主谓句，更少用复句。②理由句，即侦查文书理由部分所采用的句子。③结论句，即侦查文书结论部分所采用的句子。其中，结论主要包括要求型、建议型和决定型3种。

2. 要学会使用紧句和松句，使侦查文书用句简洁。所谓紧句，是指那些组织严密、结构紧凑的句式。因此，紧句可有效地减少侦查文书的篇幅，使其所要表达的内容、含义更加丰富，文字更加精练，表述更为集中。所谓松句，是指那些组织分散、结构疏松的句式。因此，它的成分与成分之间联系疏松，并具有容量小、表意单一、文字较多、通俗易懂等特点。

而实践证明，除科学使用紧句和松句外，还可通过以下方法使侦查文书用句简洁：①充分利用补充说明性句子，使法律用语避繁就简；②预先规定简缩语，使表达简化；③利用法律条文的条款项目代条款原文；④使用总分式复句构成简洁的表达形式。

3. 注重长短、肯否句式的修辞选择：

（1）长句是指词语多、结构复杂的句子，因而其修辞效果是表意周密、严谨、精确、细致。

（2）短句是指词语少，结构简单的句子，因而其修辞效果是表意简洁、明快、灵活。

（3）肯定句是指对事物作出肯定判断的句子，否定句是指对事物作出否定判断的句子。而对同一事物或意思可用肯定句也可用否定句表示，但两者语意的轻重、强弱有别。

六、修辞要领

由于修辞是指“修饰文字词句，运用各种表现方式，使语言表现的准确、鲜明而生动有力。”① 而常用的修辞表现方式有：借代，不直说事物的名称，而是用与本事物有密切关系的事物来代替本事物；设问，为了揭示下文，强调某种观点而有意提问；反问，以疑问的形式表达确定的内容；比喻，找出两个事物之间的相似点，有相似点才能构成比喻；对偶，构成对偶的上下句之间必须字数相同，意思相对或相反；反语，用褒词表达贬意；顶真，指把前一句结尾的词语作为后一句起头的词语；叠字，一个字重复使用；双关，在一定的语言环境中，利用语意和语音的条件，有意使语意具有双重意义，言在此而意在彼；讳饰，遇到忌讳的事物不便直说，而用旁的话来代替它、装饰它；排比，把结构相同或相似、意思密切相关、语气一致的词语或句子成串地排列；夸张，运用丰富的想象，在客观现实的基础上有目的地扩大或缩小事物的形象特征，以增强表达效果；反复，为了强调某种意思，突出某种感情，有意重复使用某些词语或句子；拟人，借助丰富的想象，把事物摹拟成人来写。

因此，侦查文书中的修辞，是指加强侦查文书言词或文句效果的艺术手法，包括信息、语用、心理、社会心理、模糊、接受和对比修辞等。其中，语用修辞又包括比喻、拟人、夸张、排比、对偶、反复、设问、反问、引用、借代、反语等修辞手段。但基于职务犯罪侦查活动的客观性、严肃性，决定了侦查文书的语体风格是准确、精练、朴实、庄重，不求华丽，不事雕琢，质而不俗；反映事实，处理决定要真实，分析说理要平和，不能夸张渲染，少用或不用感情色彩强烈的词语，说明具体事项要平实，条理清晰，要让事实、理由，处理决定本身说话。当然，侦查文书语言中以消极修辞为主，并不是说侦查文书中就绝对禁止积极修辞，不能带感情色彩。例如，在询问过程中，就可采用一些感情色彩浓重的词语。与此同时，在填制侦查文书而使用修辞时，还应注意以下问题：

1. 要遵循修辞格使用原则：①不可用得过多，以免使人生厌；②一以贯之，以免阅者心目紊乱；③与本题不甚贴切的不用，以免牵强；④不可过于纤巧、过于怪僻；⑤不用太旧的修辞格，不绞尽脑汁用修辞格。

2. 要准确选用修辞方法，以消极修辞格为主、积极修辞为辅。其中，为使语言明白、通顺、平均、缜密而采取的修辞手法叫消极修辞；为使语言生动、形象而采取的修辞手法叫积极修辞。

3. 注重词语特别是其含义的锤炼，使修辞为侦查文书所用语言文字“添彩”。

---

① 参见中国社会科学院语言研究所词典编辑室编：《现代汉语词典》修订本，商务印书馆1998年版，第1416页。

七、表达方式要领

（一）表达方式及其常见错误

尽管本书反对将填制侦查文书的行为称为或视为文学“写作”或“创作”，但从广义上说，填制侦查文书也属于广义的书写——创作范畴。因此，从这个意义上说，填制侦查文书与文学“写作”或“创作”也有相同之处——用语言文字记录所看、所思和所感的事情。当然，侦查文书记录的所看、所思、所感，是针对事情感性层面的全面、客观、真实、规范记载；而文学“写作”或“创作”记录的所看、所思、所感，既有针对事情感性层面的记载，也有针对事情理性层面的记载。所以，前者更务实，后者更务虚，两者的根本区别还在于，针对人、事情等记录对象所采用的表达方式不尽相同：侦查文书通常只用平铺直叙、就事论事等表达方式；而文学“写作”或“创作”，多用叙述、说明（含说理）、议论（或论说、论证）、描写、抒情等表达方式。

所谓表达，是指“表示”；而表示是指“用言语行为显示某种思想、感情、态度等”。因此，表达方式是人类用语言文字、艺术、音乐、行动把思想感情表示出来时，所采取的方法和形式。因此，它亦称表述，即“说明；述说”。[①] 而通常，一方面，它用于侦查文书的正文部分。换言之，侦查文书的首部、尾部通常直接填写即可，不需使用表达方式。另一方面，叙述式侦查文书之正文常用表达方式，而填充式侦查文书、侦查笔录、侦查公文等不用表达方式。为此，《文书规定》第 12 条还明确规定：“刑事检察文书（含侦查文书）的表述，根据内容要求，可以分别或综合使用记叙、说理、说明等方式”；而本书认为，表达方式主要包括以下 5 种，而不包括说理：

1. 记叙。即“记述”；记述是指“用文字叙述”；叙述，即“把事情的前后经过记载下来或说出来”。[②] 而常用的记叙或叙述方法有八：①顺叙，即按照事件发生、发展的时间先后顺序来进行叙述；②倒叙，即把事件的结局或某一突出的片段提到前面来写，然后再从事件的开头进行叙述；③插叙，即在叙述主要事件的过程中，根据表达的需要，暂时中断主线而插入的另一些与中心

---

① 参见中国社会科学院语言研究所词典编辑室编：《现代汉语词典》修订本，商务印书馆 1999 年版，第 84 页。

② 参见中国社会科学院语言研究所词典编辑室编：《现代汉语词典》修订本，商务印书馆 1999 年版，第 997、1422 页。

事件有关的内容的叙述；④平叙，即叙述同一时间内不同地点所发生的两件或两件以上的事；⑤补叙，即补充叙述；⑥分叙，即分别叙述；⑦直叙，即直接叙述；⑧平铺直叙，即容易理解地叙述。

2. 描写。即“用语言文字等把事物的形象表现出来”[①]。而常见的描写方法有三：①人物描写，包括人物的外貌、行动、语言、心理描写；②环境描写，包括自然和社会环境描写；③其他描写，包括正面、侧面、场面和细节描写。

3. 抒情。即“抒发情感”。而常见的抒情方法有直接或间接抒情两种。[②]

4. 议论。即“对人或事物的好坏、是非等表示意见”。[③] 因此，它包括论点、论据、论证三要素；议论方式包括立论和驳论两种，而实践中常见的论证方式有：举例、道理（或引用）、对比、比喻、象征、归纳和演绎论证法。

5. 说明。即“①解释明白……②解释意义的话……③证明……”[④] 而常见的说明方法有：举例子、分类别、列数字、作比较、列图表、下定义、作引用、作诠释、打比方、摹状貌、作假设。

由上可见，表达方式与表现手法和修辞方法不同。其中，表现手法是指作者在行文措辞和表达思想感情时，所使用的特殊的语句组织方式，包括：对比、衬托、象征、用典、想象、联想、照应、反衬、烘托、渲染等；而修辞方法是指通过修饰、调整语句，运用特定的表达形式以提高语言表达作用的方式或方法，包括：比喻（明喻、暗喻和借喻）、比拟（拟人和拟物）、夸张、排比、对偶、反复、设问、反问（激问、反诘和诘问）、引用、借代、反语、对比、通感、双关、顶真、互文、回环、移情等。

总之，侦查文书的表达方式，就是指检方利用语言文字，在填制侦查文书时把思想感情表示出来所采取的方法和形式，也包括记叙、描写、抒情、议论和说明5种，而常用的限于叙述（即记叙）、议论、说明以及兼有议论和说明

---

① 参见中国社会科学院语言研究所词典编辑室编：《现代汉语词典》修订本，商务印书馆1999年版，第881页。

② 参见中国社会科学院语言研究所词典编辑室编：《现代汉语词典》修订本，商务印书馆1999年版，第1169页。

③ 参见中国社会科学院语言研究所词典编辑室编：《现代汉语词典》修订本，商务印书馆1999年版，第1491页。

④ 参见中国社会科学院语言研究所词典编辑室编：《现代汉语词典》修订本，商务印书馆1999年版，第1190页。

两者特点说理4种。[①] 进言之，基于侦查文书的法律性、强制性和权威性等特征，即便是叙述式侦查文书，一般情况下既也不能用描写、抒情的表达方式，也不能采用上述文章表现手法和修辞方法的绝大多数。究其原因，侦查文书所承载的法律事实和法律理由，不允许填制者的主观创造。当然，一方面，在有些特定场合，例如，因讯问而自然附带的讯问笔录，侦查文书既可以用对比、衬托、象征、用典、反衬等表现手法，也可以用比喻、比拟、夸张、反复、设问、反问、反语等修辞方法。另一方面，侦查文书运用修辞、表达方式表述情感时，①必须体现准确、精练、朴实、庄重、不求华丽、不事雕琢、质而不俗等语体风格；②必须体现反映事实，处理决定要真实，分析说理要平和，不能夸张渲染，少用或不用感情色彩强烈的词语，说明具体事项要平实，条理清晰，要让事实、理由，处理决定本身说话等表达风格；③所叙述、说明、议论的对象，主要限于叙述式侦查文书正文所承载的法律事实和法律理由；而对侦查文书的首部、尾部以及填充式侦查文书的正文，既不能描写、抒情，也不能叙述、说明、议论，而必须原原本本、规规矩矩地依法填制。但事与愿违的是，在填制侦查文书而选用表达方式时，却往往出现该用不要，不该用而乱用、错用记叙、描写、抒情、议论和说明等表达方式；不会使用叙述、说明、议论，不会说理，说理不充分等常见问题。

（二）记叙要领

1. 记叙及其常见问题。如上所述，作为常用的表达方式之一，记叙亦称记述、叙述，是指把事情的前后经过记载下来或说出来，包括顺叙、倒叙、插叙、平叙、补叙、分叙等。

尽管早在20世纪60年代初，诸如高法院在《关于改进审判文书的文风问题》中就明确提出，裁判文书必须做到：“叙述事实简明清楚，特别是把关键问题交代清楚；判断事实的观点正确，态度鲜明，理由充分，引用政策法律恰当；使用语言文字确切精炼，通俗易懂（不用方言土语），标点符号也用得正确，使识字的人一看就懂，读起来能使不识字的人听懂”。但时至今日，不仅

---

① 而值得说明的是，本书主张慎用描写、抒情，并不主张全面禁用。当然，在使用时，也应遵循相应规范。例如，填制侦查文书（例如，不起诉决定书）而使用抒情时，一是所抒情感应是一种至大至刚之气，而非狭隘的个人私情；二是所抒情感应服务于侦查文书主旨；三是并非所有的侦查文书都可抒情，而只有不起诉书、起诉书、那些深深触动了填制者灵魂案件侦查文书才适合抒情；四是善用褒义词与贬义词、反问句、感叹句、谓语前置句来抒情。

裁判文书的记叙仍存在这样或那样问题，侦查文书尤其是记叙式侦查文书（含侦查工作文书、笔录和公文）的记叙，也存在质量不高、填制粗糙、记叙内容不全面、充分等现象，并突出表现为：

（1）个别侦查文书未反映案件的基本概况，所记叙的案件事实、证据材料或其证据也不符合要求：①记叙不够简练和清晰，缺乏内在逻辑性；②犯罪嫌疑人或被告人的作案过程交代不清，案件起因和犯罪动机未点明、写透；③对案件中的受害人身份交代不清。有的对其性别、年龄状况未作交代，有的甚至连姓名也没有；④因果关系交代不清，甚至看不出犯罪行为与危害结果之间的必然联系；⑤对案件的一些重要情节不作或者遗漏、错误表述；⑥对同一类内容，前后表述不一致。

（2）所记叙的案件来源不规范。例如，有的没有写受案日期；有的没有写案件的移送部门、举报人；有的对案件起因表述的过于笼统，未能准确反映出案件事实。

（3）所列举的证据不明确、具体，甚至只用“上述事实，证据确实充分，犯罪嫌疑人或被告人亦供认不讳，足以认定”之类的笼统性记叙。同时，对认定案件事实的证据也未罗列完整。

（4）用于记叙的语言文字不规范。①语言不通，表述不清；②错、别、漏别字现象较多；③称谓、姓名使用有误；④标点符号使用错误等。

2. 记叙要领。从宏观上说，办案人员在填制侦查文书而运用记叙时，一要记叙清楚案件事实的基本要素，特别是关键情节、因果关系、争议焦点、财物数量要记叙清楚、确切；二要平实有序地记叙案件事实发生经过；三要保证记叙所用材料客观、真实、典型个全面。从微观上讲，还应注意以下 7 点：

（1）要全面了解并掌握记叙的特征、规律，做到记叙规范。一方面，侦查文书中的记叙，是用来交代案件当事人活动情况和案件的发生、发展过程的语言文字表达方式。因此，其要素包括：时间、地点、当事人（人物）、起因、经过、结果等。另一方面，根据记叙方法的不同，可将其分为顺叙、倒叙、插叙、补叙、分叙等；而根据记叙内容的详略，还可将记叙分为概括记叙（亦即概述）和具体记叙（详述）两种。当然，实践中，侦查文书多用概述——它总是伴随着议论和说明而出现的，概述之后紧接着就事而论，依法分析，其目的是表明道理。而详叙要求准确切实，不能虚妄疏漏，要具备严格的“七何”要素性。

（2）要充分了解并掌握侦查文书记叙的基本原则。《刑事诉讼法》第 6 条规定：“人民法院、人民检察院和公安机关进行刑事诉讼，必须依靠群众，必须以事实为根据，以法律为准绳。对于一切公民，在适用法律上一律平等，在法律面前，不允许有任何特权。”因此，在填制侦查文书而使用记叙过程中，都要坚持“以事实为根据，以法律为准绳”原则，尽量避免主观创造。

（3）要充分了解并掌握记叙的最高境界。与一般记叙相比较，侦查文书有自身的记叙原则和记叙的最高境界——具体表现在侦查文书通常有明线和暗线两条记叙主线。其中，明线通常是按照案件事实发生、发展的自然时间顺序记叙的；暗线则是按案件事实构成“四要件”或“七何”依次记叙的。

一方面，案件事实是客观存在的事实，就必然按事件生成的轨迹运行，而每一个具有完整犯罪构成要件的职务犯罪案件的事实，都应以案件发生、发展和终结的先后顺序记叙，亦即自然顺序法，也是记叙案件事实的最基本的方法，并适用于对每个行为的记叙。

另一方面，案件事实是法律构成的事实。不按法律构成来记叙的事实就不是案件事实。因此，每个具有完整内容的职务犯罪案件事实，都必须隐含着法律构成。这才是案件事实记叙的最终目的。具体而言，职务犯罪案件事实就是围绕犯罪“七何”，并以是否构成犯罪，构成哪一种犯罪来记叙案件事实的。

（4）要充分了解并掌握侦查文书记叙的基本要求。通常，侦查文书在记叙法律事实和理由时，主要应写明作案（亦即构成犯罪事实）的时间、地点、作案人和被害人、作案的目的、动机、情节、手段、造成的后果、作案人的态度以及证据等。因此，侦查文书记叙的基本要求：①列举案件事实证据确凿；②分析说理以法为据；③据案引法，据法论理；④前后照应，层次分明，全文融会贯通。

（5）要充分了解并掌握侦查文书的记叙方法。基于职务犯罪侦查活动的庄严性及其自然附带产品侦查文书的强制、权威性不难看出，侦查文书的记叙通常依法只能采用顺叙、插叙、补叙、分叙，而不采取倒叙。换言之，侦查文书记叙就是对案件事实和理由的平铺直叙。其中，应记叙的要素主要包括犯罪构成“四要件”、“七何”，并可采取以下方式平铺直叙：

①自然顺序法，亦称时间顺序法、情节顺序法。即按照案件事实发生时间的先后，顺序记叙犯罪嫌疑人、被告人作案的全部过程；依次记叙出实施犯罪的时间、地点、犯罪嫌疑人或被告人、犯罪行为的动机和目的、犯罪手段、具体经过、后果等。因此，它适用于一人一次犯罪、多人一次犯罪、一人多次犯同一罪名的案件。其优势在于，运用此法记叙犯罪事实，条理清楚、层次分明。

②突出主罪法。即按照犯罪性质的轻重程度来记叙案件事实，先写主罪，后写次罪；主罪详写，次罪略写。因此，它适用于一人或多人多次犯罪的案件，它不拘泥于时间的先后顺序，但在记叙每一案件事实时一般需采用时间顺

序法。其优势在于运用这种方法记叙多种犯罪的案件，重点突出，主次清晰。

③突出主犯法。即以主犯的犯罪活动为主线来记叙案件事实的方法。因此，它适用于共同犯罪的案件，亦即可适用于多人一次一罪、多人多次一罪、多人一次多罪、多人多次多罪的案件。其优势在于，运用此种方法可以突出反映主犯的预谋、策划、组织、领导的具体活动及其共同犯罪的具体过程，明确主犯、从犯、胁从犯在共同犯罪过程中的地位、作用、应负的刑事责任，为以后的定罪量刑提供必要的参考。

④综合归纳法，亦称具体与概括记叙结合法，它适用于一人或多人多次犯同一罪名案件。其优势在于，既突出了犯罪嫌疑人的主要犯罪事实，又按照时间的先后顺序依次记叙出其余的犯罪事实；既突出了重点又显得主次分明。对于较复杂的案件，如果单纯地去具体记叙，就不能充分反映出案件的严重性；如果单纯地去概括记叙，就往往使案件事实过于笼统，不能准确真实地反映出案件事实的关键情节和严重程度。因此，记叙案件事实时，往往是把两者结合起来使用。对于主要犯罪事实采用具体记叙的写法，对于次要的犯罪事实采用概括记叙的写法；对于案情复杂的事实，先概括记叙其犯罪事实，以反映案情的严重程度和案件性质再具体记叙案情事实，以清楚反映出全部犯罪事实。

（6）要了解并掌握对国家秘密和个人隐私的记叙。一方面，不能对案件事实中的个人隐私以及涉及的淫秽语言和行为，进行详细具体的记叙。另一方面，更不能将国家机密以及攻击党和国家的反动言论具体写出。而对此，就要运用模糊语言进行记叙。这样，既表达了当时的客观情况，又不会造成负面影响。这是填制侦查文书语言的一条原则。

（7）要了解并掌握侦查文书的语言风格。由于侦查文书有具体实施法律的作用，因此，对其语言使用的要求很高，既要符合法律规定，也要符合语言规律，做到语言文字准确。为此，侦查文书的语言文字，要求明确具体，语义单一，排除歧义，以利执行。不论是对案件事实的记叙，还是对处理决定的说明，都应当明确、肯定，使用法律术语要确切，力戒生造；对违法犯罪行为的记叙、评价、处理要褒贬适度，爱憎分明。与此同时，还要特别注意平实妥贴、风格朴素，不得描绘渲染，更不能夸张虚构，要如实地反映案件事实，如实地阐明处理理由和法律根据，如实地反映处理决定，语言庄重，言简意赅。所以，在侦查文书中使用修辞方法必须慎重，多采用消极修辞，做到事切意明、语句规整、逻辑严谨、详略得当，特别是根据案情恰当地使用修辞方法，不能有损侦查文书的实际内容。

另外，如何了解并掌握记叙要领，《文书规定》第 12 条还明确规定：“刑事检察文书（含侦查文书）的表述，根据内容要求，可以分别或综合使用记叙、说理、说明等方式。在记叙时，要把案件或事件的发生时间、地点、动机、目的、手段、行为过程、危害结果和被告人事后的态度以及涉及的人和事等要素交代清楚……”。

此外，关于记叙要领，《法律文书情境写作教程（修订版）》[①] 认为，法律文书（含侦查文书）的叙事要遵循下列规范：①忠于事实真相；②叙事完整明晰；③叙写法律事实；④叙写有证据支撑的法律事实；⑤根据案情选择使用自然顺序法、突出主罪法、突出主犯法、综合归纳法、纵横交错法等恰当的记叙方法；⑥不能夹叙夹议；⑦叙事中不能出现谩骂与人身攻击的文字。而《人民检察院司法文书手册》[②] 认为，记叙要领在于叙述好人称、要素和线索三要素。其中，线索包括以时间、以地点和以物品为记叙线索。

（三）说明要领

如上所述，作为常用的表达方式之一，说明至少包括解释和证明两层含义。其中，解释是指“①分析阐明……②说明含义、原因”，证明是指“用可靠的材料来表明或断定人或事的真实性”。[③] 因此，说明还有分析、阐明、表明、断定等含义。而常见的说明方法有：举例子、分类别、列数字、作比较、列图表、下定义、作引用、作诠释、打比方、摹状貌、作假设等。

因此，侦查文书的说明，是指检方有关侦查文书正文：事实、证据、结论、决定（建议）等事项的解释、证明、分析、阐明、说明含义和原因、表明、断定等。概言之，它就是有关正文事项的解释和证明。同样也包括：举例子、分类别、列数字、作比较、列图表、下定义、作引用、作诠释、打比方、摹状貌、作假设等说明方法。而目前，侦查文书说明的常见问题，一方面，是解释或证明缺失、不足、不规范和乏力。另一方面，就是所选用的说明方法不正确。而实践证明，做好侦查文书的说明工作，一方面，根据《文书规定》第 12 条规定：“在说明时，要做到客观、具体、明确”。另一方面，还应注意以下问题：

1. 要彻底扭转侦查文书不需要说明、说明不重要等错误认识。

2. 要了解并掌握说明的特征、规律。例如，说明含义的多样性；说明具

---

① 郭林虎主编，中国检察出版社 2012 年版。

② 严文贤主编：《人民检察司法文书书册》，湖北省检察学校 1988 年编印，第 6～10 页。

③ 参见中国社会科学院语言研究所词典编辑室编：《现代汉语词典》修订本，商务印书馆 1999 年版，第 649、1608 页。

有公正性、关联性、系统性、透彻性、针对性和权威性；说明方式方法的多样性，等等。

3. 要选择恰当的法言法语和规范的语言文字，以实现客观、具体、明确之说明的总体要求。为此，一般可选用，精准、浅显易懂、有说服力，并能体现侦查文书平正性、顺序性、针对性、逻辑性、威严性、劝导性、宣传性等特点的语言文字。

4. 要因案因人因事选择恰当的说明方法。一方面，要做到“四讲”，讲逻辑性、讲针对性、讲公开性、讲言辞美。另一方面，要正确处理好“五个对应关系”，犯罪嫌疑人、被告人的口供与审查证据、认定事实的对应关系；采信证据材料或其证据与认定事实的对应关系；事实结论与事理法理论证的对应关系；法理分析与法理的对应关系；处理结果与诉讼请求的对应关系。

5. 要善于总结并借鉴侦查文书说明的经验和教训。例如，据 2011 年 5 月 12 日出版的《检察日报》报道，4 日，北京市延庆县的张先生来该县检察院领取《被害人权利告知书》时，还领到一份告知书解释，不懂法律术语的他顿时面露惊喜。据了解，该院遂决定自 5 月 1 日起，所有提供给案件当事人的法律文书（含侦查文书）都附带解释说明，让案件当事人对自己的权利看得明白，对法律法规清清楚楚，对检察机关的处理决定心服口服；再据该报 2013 年 4 月 17 日报道，日前，北京市昌平区 16 岁的李某（化名）随父亲来到昌平区检察院领取《不起诉决定书》时还拿到了一份粉色的“检察官寄语”，里面有检察官对李某今后成长提出的殷切希望，李某父子看后连声称谢。该院未检处处长彭燕告诉记者，“检察官寄语”制度是该院今年检察工作的一项新措施，寄语采用粉色纸张，看上去感觉比较温馨，采用固定格式，包含有犯罪原因、处理结果、思想教育，以及意见建议等部分。在填写时，承办人可以根据不同的犯罪嫌疑人、不同的犯罪原因以及社会调查结果，结合案件实际情况有针对性地加入自己的寄语。

（四）议论要领

1. 议论及其常见问题。作为一种常见的表达方式，议论是指“①对人或事物的好坏、是非等表示意见……②对人或事物的好坏、是非等所表示的意见”[①]。因此，议论就是论事论理，对客观事物直接或间接地进行分析、评论，以表明自己的观点、态度、主张和立场。所以，它通常带有较强的主观色

① 参见中国社会科学院语言研究所词典编辑室编：《现代汉语词典》修订本，商务印书馆 1999 年版，第 1491 页。

彩；而为了达到严密、有力的整体要求，议论时必须力求平正，据实而论，依法说理，周密严谨，无懈可击，而切忌偏颇。

另外，一篇或一段完整的议论，通常由论点、论据和论证三要素组成。其中，论点亦称论断，是一篇文章的灵魂、统帅，是作者对所论述的问题提出的见解、主张和表示的态度。它是整个论证过程的中心，担负着回答"论证什么"的任务，明确地表示着作者赞成什么，反对什么。论据即用来证明论点的事实和道理，包括事实论据和道理两类。事实论据是对客观事物的真实的描述和概括，具有直接现实性的品格，因而是证明论点的最有说服力的论据。它包括有代表性的确凿的事例或史实，以及统计数字等。理论论据是指那些来源于实践，并且已被长期实践证明和检验过，断定为正确的观点。它包括经典性的著作和权威性的言论（如名人名言等），以及自然科学的原理、定律、公式等。因此，论据和论点之间，是证明与被证明的关系。而论证，是作者运用论据证明论点的逻辑过程和方式。

此外，议论的方式，一是立论，亦称证明，即对叙述所反映的事实进行的评析和论断；二是驳论，以反驳为主的议论方法。

因此，侦查文书的议论，是指检方有关侦查文书正文：事实、证据、结论、决定（建议）等事项所表示的意见。它同样包括论点、论据和论证三要素，并以立论和驳论为常见方式。而总的来说，侦查文书议论的现存问题，一是论点不明确；二是论据不充分、客观；三是论证乏力、不严密，层次混乱，缺乏逻辑性和说服力。

2. 议论要领：

（1）要了解并掌握议论三要素的特点、规律和要求，并使论点、论据和论证三者做到和谐、统一。

①论点是侦查文书的主旨（亦即主题或中心思想），要鲜明、明确、规范。为此，主旨：一要客观、真实、规范、合法，而不能炒作、吸引眼球；二要具有说服力：要与事实材料相契合，要有细节加以支撑，要契合法律规定，要符合社会常情、常理、惯例；三要集中单一，切忌多论点；四要力求表达率直、精准。

②不论事实论据还是法律论据，[①] 都应确保其可靠、充分、一致。其中，可靠，即论据必须真实合法，经得起推敲；充分，即论据的数量要足够多，避免单薄、苍白无力；一致，即各种论据之间和谐统一，不能出现矛盾和冲突。

---

① 其中，事实论据是指由证据支撑的案件事实所构成的论据；法律论据是指由现行法律和司法解释所构成的论据。

③不论立论还是驳论，都应做到规范使用。

（2）要了解、掌握并选用恰当的论证方法。由于侦查文书中的论证方式实际上是填制主体构思文书时所使用的法律推理形式，因而侦查文书论证方式的种类亦即法律推理形式的种类：①归纳推理。即由个别到一般的推理，它是根据一类事物中的个别事物是否具有某种属性，从而推出该类事物的全部都具有或都不具有某种属性的思维形式。②类比推理。即由个别到个别的推理，它反映的是由两个或两类事物的一些属性相同或相似，从而推出它们的另外一些属性也相同或相似的思维形式。③演绎推理。即由一般到个别的推理，它是根据一类事物都具有某种属性，推出该类中的个别事物具有某种属性的思维形式。而实践中，最常用的侦查文书论证方法有以下 11 种：

①例证法，即运用归纳推理进行论证的一种方法。其优势在于事例典例，说服力强。例如，实践中，在填制侦查文书时，就可引用高检院公布的指导性案例，进行议论。①

②引证法，即用已知的公认的道理、原则作论据来证明个别的论点。其优势在于充实了文章内容，又能够增强论证的说服力。

③喻证（或比喻）法，即用比喻来说明道理的方法。其优势在于推理能够深入浅出，道理说得明白、透彻，容易接受。

④类比（或比较、对比）法，即通过讲故事、打比方的办法将相似的两件事进行比较，从而由此及彼，自然地得出新结论的论证方法。其优势在于以浅寓深，以近比远，形象鲜明，有很强的说服力。

⑤对比法，即通过事物之间的正反对比，从而证实某个论点正确或错误的方法。其优势在于对比鲜明，观点突出。

⑥归纳法，即根据对一些个别事物的分析与研究，推导出一般结论的论证方法。其优势在于反映着客观事物的个别与一般的关系，恰当有力。

⑦演绎（或理论论证）法，即中心论点出现在开头，先摆论点，后摆论据，也即议论文章常用的思维过程：提出问题→分析问题→解决问题。其优势在于开门见山，先声夺人，观点主张突出，旗帜鲜明，论据的选择有理可依。

⑧举例论证法，即列举确凿、充分，有代表性的事例证明论点。

⑨道理论证法，即用精辟见解、古今中外名人的名言警句以及人们公认的定理公式等来证明论点。

⑩归纳论证法亦称事实论证法，即用列举具体事例来论证一般结论的

---

① 自 2012 年 7 月 1 日高检院公布第一批指导性案例以来，截止到 2013 年 7 月底已公布 3 批，其他两批分别于 2012 年 11 月 29 日、2013 年 5 月 29 日公布。

方法。

⑪因果论证法，即通过分析事理，揭示论点和论据之间的因果关系来证明论点。它可以用因证果，或以果证因，还可以因果互证。

（五）说理要领

1. 说理及其常见问题。所谓说理，是指“①说明道理……②讲理……”[①]因此，它不是一种表达方式，[②]既不等于说明，也不等于议论，而兼有说明和议论的双重特点；而为了说理，除可采用叙述、描写、抒情、说明、议论等表达方式外，还可采用诸如对比、衬托、反衬等表现手法与诸如比喻、比拟、排比、对偶、反复、设问、反问、引用、对比等修辞方法。

作为司法或其检察文书说理的子集，侦查文书说理是指在填制侦查文书过程中，如何进行说理。抑或怎样保证侦查文书内容，能够讲明道理、讲理。而讲明道理、讲理，也是填制司法或其检察文书或其侦查文书的内在要求。为此，常以立法或司法解释或其检察解释的方式对其加以规范。

1993 年，《文书规定》第 12 条规定：“刑事检察文书（含侦查文书）的表述，根据内容要求，可以分别或综合使用记叙、说理、说明等方式……在说理时，要根据不同案情特点，灵活运用论证方法，做到论点明确，论据充分，事实、证据、理由、法律根据、处理意见相一致。”

2000 年 2 月 15 日，《检察改革三年实施意见》第 6 条：“改革检察机关法律文书，本着诉讼经济、增强法律文书的说理性、权威性的原则，简化检察法律文书的种类和内容，对起诉书等法律文书的格式、要素进行改革，强化对证据、案件事实的分析论证，提高检察法律文书填制的质量。”

2001 年 3 月 2 日，《刑事抗诉工作的若干意见》第 5 条第 3 项规定：“刑事抗诉书和提请抗诉报告书应当重点阐述抗诉理由，增强说理性。”

2007 年 3 月 26 日，《人民检察院信访工作规定》第 38 条规定：“承办部门应当向控告申诉检察部门书面回复办理结果。书面回复文书应当具有说理性，主要包括下列内容：（一）信访人反映的主要问题；（二）办理的过程；（三）认定的事实和证据；（四）处理情况和法律依据；（五）开展化解矛盾、

① 参见中国社会科学院语言研究所词典编辑室编：《现代汉语词典》修订本，商务印书馆 1999 年版，第 1190 页。

② 当然，实践中也有人认为，说明是一种表达方式或表述。例如，《文书规定》第 12 条就规定：“刑事检察文书的表述，根据内容要求，可以分别或综合使用记叙、说理、说明等方式。”

教育疏导工作及相关善后工作的情况。”

2009 年 12 月 29 日，《关于进一步加强对诉讼活动法律监督工作的意见》第 18 条提出：“对检察机关作出不立案、不提请抗诉、不抗诉决定的，做好释法说理和息诉工作”；第 20 条：“准确理解和适用民事诉讼法关于抗诉事由的规定，正确把握抗诉的条件和标准，强化抗诉书的说理性”；第 32 条：“积极推行检察文书说理制度，建立对不起诉、不抗诉案件的答疑说理制度和对重信、重访案件的公开听证制度，推行刑事申诉案件公开审查制度，自觉接受当事人的监督”。

2011 年 12 月 14 日，《关于加强检察法律文书说理工作的意见（试行）》指出：“检察法律文书说理是检察机关深入推进三项重点工作，化解矛盾纠纷，促进社会和谐的一项重要内容。各级人民检察院要提高认识，按照《意见》要求，积极推进检察法律文书说理工作。”

2012 年 1 月 9 日，《关于加强侦查监督说理工作的指导意见试行的通知》提出：“为落实《最高人民检察院关于加强检察法律文书说理工作的意见（试行）》，进一步深化检务公开，加强和规范侦查监督说理工作，提升检察执法公信力，防范和化解社会矛盾，维护社会和谐稳定，我厅制定了《关于加强侦查监督说理工作的指导意见（试行）》。现印发你们，请认真遵照执行……”

由上可见，实践中，那种检察文书或其侦查文书不存在说理的观点，值得商榷。一方面，检察文书或其侦查文书也需说理，尤其是在填制叙述式检察文书时更需要直接说理；填制填充式检察文书和侦查文书时，往往需要间接说理；进行口头说理的过程中，通常还应填制检察说理笔录。正是：“检察机关经常使用的法律文书大多是填充性法律文书，一般情况下不需要进行详尽的说理。而一些具有特殊情形的案件则有必要进行说理，通常是因为检察机关作出了与案件当事人、尤其是被侵权当事人意愿相左的决定。”①

另一方面，“检察法律文书（含侦查文书）说理，是指人民检察院对自身的执法行为和作出的决定所依据的事实、法律、事由进行分析论证、解释说明的活动。加强检察法律文书说理工作是提高检察机关执法水平和办案质量，增强检察工作透明度，强化检察机关自身监督，提升执法公信力，保障检察权依法公正行使的有效途径，有助于当事人和有关机关全面正确地理解人民检察院的执法行为和所作决定的事实、法律、政策依据，进而从源头上化解社会矛盾、促进社会和谐稳定。各级人民检察院要充分认识检察法律文书说理工作的重要意义，切实转变观念，不断创新机制，进一步提高检察人员释法说理的意

① 参见周忠：《法律文书说理三不宜》，载《检察日报》2013 年 6 月 7 日。

识和能力，推动检察法律文书说理工作深入有序开展。”①

然而，尽管法律规定填制侦查文书应当说理，但侦查文书说理存在不说理、说理不足和不规范等常见问题，突出表现有十：（1）千篇一律，空话、套话多，说理不准确、不充分、逻辑性差；（2）不讲道理，当说不说，不当说乱说，一笔带过、含糊其词；（3）不敢说理，对说理有顾虑和畏难情绪；（4）没有大前提，只是在说理结束时写明“依据××条规定，作出判决如下”的内容，而具体的法律内容从头到尾没有显示；（5）引用的法律随意，缺乏适用解释；（6）缺乏用法律规则对具体案情的分析和认定；（7）证据取舍随意，采信缺乏分析论证；（8）事实认定突然，缺乏证据的支撑；（9）结论做出武断、无说服力，缺乏说理意识、解释和说明；（10）缺少处理结果与具体法律规定的对号入座，忽视处理中的说理作用。究其原因，一是重实体，轻程序观念作怪；二是缺乏保证职务犯罪侦查权正当行使的监督机制；三是检察官的独立性不足，填制者的业务素质欠缺，以致在说明时，行文失范、表达失准、说理空乏、议论不力；四是缺乏相应的督查、考评、奖惩、责任追究机制、措施，等等。

2. 说理要领。对此，有人认为，加强检察文书（含侦查文书）说理性应把握“三讲”：一讲证据，夯实基础；二讲法理，恪守公正；三讲情理，体现人文关怀；② 而本书认为，应注意以下两方面：

（1）要依法说理：

①根据高检院《关于加强检察法律文书说理工作的意见（试行）》规定：

A. 检察法律文书（含侦查文书）说理，应遵循以下原则：a. 合法。即说理应当依据法律或者司法解释，围绕案件事实、证据、程序和适用法律等进行。b. 必要。即说理应当有选择、有重点地展开，根据案件性质、案情复杂程度以及社会公众的实际需求来决定是否说理以及如何说理。c. 讲究方法。即说理应当结合说理对象的年龄阶段、文化程度、心理特征等具体情况，综合考虑案件的各种因素，采取说理对象便于接受的方法进行。d. 注重效果。即说理应当注重情理法相结合，注重化解矛盾、促进和谐，实现法律效果、政治效果与社会效果的有机统一。

B. 根据高检院《检察机关文明用语规则》规定，说理过程中也要使用文明用语。一方面，应当准确、生动，富有亲和力、感染力、说服力，诠释法律和检察业务规范严谨、周密，发布检察工作、案件或事件信息客观、真实。另

① 参见最高人民检察院《关于加强检察法律文书说理工作的意见（试行）》第1条。

② 参见丁晶、王文萍：《文书说理的三个要点》，载《检察日报》2012年6月1日。

一方面，应当适应群众工作的特点和变化，以法为据、以理服人、以情感人，态度亲近平和，表达通俗易懂，让群众听得懂、听得进、听得信服。

C. 侦查文书说理的重点范围有二：a. 职务犯罪侦查工作中，对有关实名举报、控告作出不立案或者撤销案件决定等。b. 侦查监督工作中，作出不批准逮捕决定或者对在罪与非罪上有较大争议且社会关注的敏感案件作出批准逮捕决定，复议复核维持原不批准逮捕决定，向侦查机关发出立案通知、撤销案件通知、提出纠正违法意见，认为侦查机关立案、不立案、采取搜查、扣押、冻结等侦查措施以及其他侦查活动不违法向投诉人作出答复等。进言之，实践中需说理的侦查文书主要有：不立案决定书、不批准逮捕决定书、不起诉决定书、刑事和解协议（谅解）书等叙述式侦查文书。

D. 检察法律文书（含侦查文书）说理工作由作出决定的检察院负责。检察院根据案件需要，由各相关业务部门分别向侦查机关、当事人及其法定代理人或者近亲属、举报人、控告人、申诉人、赔偿请求人或者其他有关人员进行说理；对于申诉案件，相关业务部门应当向控告申诉部门提供必要的说理材料。

E. 检察院作出有关决定，需要向有关机关或者人员进行说理的，可以直接在相关的叙述式法律文书中进行说理；对于填充式法律文书，可以增加附页或者填制说明书进行说理；向当事人及其法定代理人或者近亲属、举报人、控告人、申诉人或者其他有关人员开展说理工作时，可以根据情况进行口头说理，并填制笔录。

F. 检察法律文书（含侦查文书）说理的基本要求有五：a. 明确事实。即阐明检察机关认定的事实及相关证据，对证据的客观性、合法性和关联性进行分析判断，阐明采信和不采信的理由或者依据。b. 阐明法理。即结合法律文书的具体内容和结论，对检察机关所作出决定中依据的法律、司法解释条文的具体内容予以列明，解释法律适用的理由和依据。必要时，应当结合案件事实对条文的含义、法条适用进行解释和说明。c. 讲明情理。在依据法律、政策说理的同时，注重情、理、法的有机结合，以理服人，增强执法办案的人文关怀和社会效果。d. 针对争议焦点重点说明。根据当事人异议产生的原因，充分阐释决定的原因及依据，对于没有重大分歧或者争议的事实、证据，可以简要分析或者不作分析。e. 语言规范，文字精练，繁简得当，明确易懂。

②根据高检院侦查监督厅《关于加强侦查监督说理工作的指导意见试行》规定，侦查监督部门进行说理时，还应遵循以下规定：

A. 说理工作应当做到：依法说理、讲究方法、保守秘密和注重效果。

B. 要了解并掌握说理的主体和形式：a. 对不（予）批准逮捕、复议（重新审查）复核维持不（予）批准逮捕决定、通知立案、通知撤销案件、通知纠正违法向侦查机关（部门）说理的，侦查监督部门应当报经分管检察长批准后，采用书面形式进行。其中，对于不（予）批准逮捕决定书、不予逮捕决定书、复议决定书、复核决定书、维持不予逮捕决定通知书等填充式法律文书，应当增加附页进行说理；对于通知立案书、通知撤销案件书、纠正违法通知书等叙述性法律文书，应当在文书中直接叙明理由，不另行制作说理文书。b. 对批准逮捕决定向犯罪嫌疑人及其法定代理人、近亲属、委托的律师说理的，对不（予）批准逮捕决定向被害人及其法定代理人或者近亲属说理的，或者向投诉人答复监督结论说理的，侦查监督部门经负责人批准、重大敏感案件报经分管检察长批准，可以采用口头形式进行。口头说理应当做好记录。c. 对于侦查监督环节作出的相关决定或者监督结论，依照有关规定由控告申诉检察部门统一对外答复的，侦查监督部门应当拟出说理提纲，报经分管检察长同意后，移送控告申诉检察部门进行说理，并配合做好相关工作。

C. 要了解并掌握侦查监督说理重点：

其一，对不（予）批准逮捕决定的说理重点：a. 对因不构成犯罪决定不捕的案件，重点围绕不具备犯罪构成要件或者符合《刑事诉讼法》第 15 条规定的不追究刑事责任情形进行说理。b. 对因事实不清、证据不足决定不捕的案件，重点围绕证据的客观性、关联性、合法性进行说理。对侦查机关（部门）说理，应当指出哪些事实不清；对于证据不足的，应当指出欠缺哪些证据，并就补充取证提出建议；因取证不合法而排除非法证据的，应当指出违法的表现，阐明排除的理由。c. 对因无逮捕必要决定不捕的案件，重点围绕涉嫌犯罪的性质、社会危害程度、认罪悔罪表现、法定从轻或者减轻、免除处罚情节以及具备取保候审、监视居住条件，不羁押不至于危害社会、妨碍诉讼或者存在不适宜羁押情形等进行说理。因侦查机关（部门）不移送证明逮捕必要性的证据而决定不捕的，应当向侦查机关（部门）明确指出。

其二，对批准逮捕决定进行说理，应当针对罪与非罪的争议焦点，重点围绕具备犯罪构成要件，符合逮捕的事实、证据条件，有逮捕必要等进行说理。

其三，对经复议（重新审查）、复核维持原不（予）批准逮捕决定的，重点针对侦查机关（部门）的复议（报请重新审查）、复核理由，参照不（予）批准逮捕决定说理的重点进行说理。

其四，对通知立案、通知撤销案件、纠正违法的说理地点：a. 对侦查机关（部门）违反法律规定应当立案而不立案依法进行纠正的，应当结合检察机关调查认定的涉嫌犯罪的事实，重点围绕认为有犯罪事实需要追究刑事责任，侦查机关（部门）说明的不立案理由不成立进行说理；b. 对侦查机关

（部门）违反法律规定不应当立案而立案依法进行纠正的，应当结合检察机关调查认定的侦查机关（部门）违法的事实和证据，重点围绕侦查机关（部门）存在对民事经济纠纷而予以刑事立案或者办案人员利用立案实施报复陷害、敲诈勒索、谋取其他非法利益等违法情形，侦查机关（部门）说明的立案理由不成立进行说理；c. 对侦查机关（部门）在侦查活动以及采取搜查、扣押、冻结等侦查措施中存在违法行为依法进行纠正的，应当结合检察机关调查认定的侦查违法的事实和证据，重点围绕侦查机关（部门）或者侦查人员的具体违法行为进行说理。

其五，对答复监督结论的说理重点：a. 对认为侦查机关（部门）不立案不存在违法情形的案件，应当区分情形进行说理：因没有犯罪事实或者依法不追究刑事责任不立案的，重点围绕相关犯罪的构成要件、立案追诉标准，刑事诉讼法第 15 条的规定以及案件证据情况等进行说理；因投诉事项不属于被投诉的侦查机关管辖的，应当将有管辖权的机关告知投诉人，并建议向该机关控告或者移送；对于侦查机关（部门）尚未作出不立案决定的，重点围绕刑事诉讼法关于立案的规定和检察机关开展立案监督的条件、程序等进行说理，并告知已将投诉事项转送侦查机关（部门）办理。b. 对认为侦查机关（部门）立案不存在违法情形的案件，重点围绕立案符合法定条件以及现有证据无法证明侦查机关（部门）存在违法动用刑事手段插手民事经济纠纷或者办案人员存在利用立案实施报复陷害、敲诈勒索以及谋取其他非法利益等违法情形进行说理。c. 对认为侦查活动不存在违法情形的案件，应当结合检察机关调查核实的情况，重点围绕被投诉的违法事实不存在、侦查行为符合法律规定等进行说理。

③填制侦查文书而进行说理时，还可参照《文书规定》第 12 条的上述规定。

（2）要总结并借鉴侦查文书说理的经验和教训：

①要彻底扭转和摒弃侦查文书不需要说理、说理不重要和可有可无等错误认识。尽管侦查文书绝大多数是侦查法律文书，但这也并不表明侦查工作文书、侦查笔录和侦查公文不需要说明。相反，实践表明，侦查文书特别是叙述式侦查文书也需要说明。为此，2008 年以来，黑龙江肇源县检察院针对以往法律文书（含侦查文书）内容书写过于简单的现状，通过开展法律文书的释法说理活动，分别对不同类别的法律文书进行规范，增强了干警的责任意识、证据意识。[①] 另据《正义网》2013 年 4 月 11 日报道，为做好法律文书说理工

① 参见刘士文：《法律文书写得好　释法说理效果好》，载《龙剑网》2008 年 9 月 3 日。

作，保障刑事诉讼参与人的合法权益。近日，江西德安县检察院出台了《关于规范德安县人民检察院侦查监督科刑事诉讼法律文书说理工作的意见》分为三大部分，围绕不（予）批准逮捕决定和批准逮捕决定在法律文书的说理对象、说理重点和说理程序方面做了具体要求，提出了21条具体工作措施。而实践证明，强化并不断提高侦查文书说理，是集中体现和不断提高检察监督能力的重要手段之一；说理既有利于实现法律监督或职务犯罪侦查过程的正当化，也是检方自我约束、自我完善的重要手段；加强侦查文书说明力度，既是尊重并保障诉讼主体知情权和参与权的重要途径，也是提高检察人员综合素质的主要手段。

②要全面了解并掌握说理的特征、规律。

A. 说理是对客观事物的形状、发展、构造、性质、特点、成因、关系、功用、原理等进行的具体阐释和解构，目的是使人尤其是职务犯罪侦查活动相对人了解该职务犯罪案件的情况、性质、特征以及内在的规律性。因此，侦查文书说理，一要做到公正性：是非分明，观点正确，不能主观臆断；二要做到关联性：把握好事实议论与说明的内在联系，把两者结合起来，给人以顺理成章的感觉，力戒事实议论与说理论证的脱节；三要做到系统性：通过对认定的案件事实的定性分析，确认案件的性质，并应结合案件实施情况，阐明应适用哪些法律处理；四要做到透彻性、针对性和权威性。

B. 因案因人因情地选择：举例子、分类别、列数据、作比较、下定义、作诠释、打比方、画图表等恰当的说理方法，从而使推理有的放矢。

C. 可采取时间顺序（或程序顺序）、空间顺序、逻辑顺序（如先结果后原因，层层递进等）等说理顺序。

③要选择恰当的语言文字，保证说明的浅显易懂、平正性、顺序性、针对性、逻辑性、威严性、劝导性和宣传性。

④要紧扣说理中的“理”字作文章。一方面，说理中的“理”至少含有事理、法理、学理、情理和文理五义。另一方面，要研究“五理”如何结合。因此，侦查文书说理的最高境界便是“五理”并茂与和谐统一。为此，应坚持事理是基础、法理是尺度、学理是辅助、情理是佐料、文理是工具的观点和做法：一注意理的来源；二注意说理的针对性；三注意具体案件具体分析；四注意围绕案件的疑点说理；五注意研究说理的布局。

⑤要了解并掌握说理禁忌：一忌引述多种学术理论观点；二忌大段宣讲道德伦理；三忌使用文言、诗文、警句，等等。

第三节　职务犯罪侦查文书首部的填制要领

一、首部及其常见问题

作为侦查文书内容组成部分之一，首部是指侦查文书的开头部分，格式较为固定并通常事先印制好，且并主要包括：侦查文书的填制单位和侦查文书名称、文书编（字）号、主送单位、相对人基本情况和办案人员——检察人员、记录人员、翻译人员或录制人员基本情况、案由和案件来源等事项。为此，《文书规定》第5条规定："各种主要刑事检察文书（含侦查文书），一般由首部、正文、尾部3部分组成。首部包括：人民检察院名称、文书名称、文书编号、主送单位、被告人身份事项、案由和案件来源……" 例如，下图18所示：

人民检察院
指定居所监视居住通知书

检　指监通〔　〕　号

__________：

根据《中华人民共和国刑事诉讼法》第七十三条的规定，犯罪嫌疑人__________因涉嫌__________，由__________院以__________号监视居住决定书决定对其自__________年__________月__________日__________时起执行指定居所监视居住。特此通知。

（××人民检察院名章）
年　月　日

如在指定居所监视居住后24小时内无法通知，请注明原因：__________
办案人：__________
年　月　日　时

图18：指定居所监视居住通知书格式样本

然而，尽管法律已对侦查文书首部的格式和内容作了明确规定，但在填制时还经常出现以下错误：一是填制单位——人民检察院的名称填制不全，甚至不填。例如，只写区县名称，而不写该区县所在的省、市、自治区；二是侦查文书混用。例如，讯问、询问、调查笔录（名称）混用；三是文书编号不规范。如错、漏，有的用“第××号”，有的用“××号”，有的用“×字”，有的不用“字”；四是主送单位名称填写不规范，乱用简称；五是相对人基本情况填制不规范。如遗漏当事人的身份证号、籍贯、文化程度等事项甚至将当事人姓名写错等。

二、首部填制要领

在填制侦查文书首部时，除保证使用的语言文字合法、规范、严谨、得体、准确、明晰、质朴、庄重、通俗、精练、简约并符合语法规定外，还应注意以下问题：

（一）名称填制要领

所谓侦查文书名称，是指侦查文书的具体名字。通常，它由填制单位与所填制侦查文书的名称两部分构成，并为所有侦查文书所拥有。因此，书写或录入填制单位——人民检察院和侦查文书的具体名称时，关键要做到“两要”：一要填制清楚填制单位——××人民检察院的全称，既不能写成“××检察院”而遗漏“人民”两字，也不能写成“××检察机关”。其中，全称应包括：所在省（含自治区、直辖市）名称+所在地级市名称+县（区）名称+人民检察院+侦查文书名称。例如，“北京市石景山区人民检察院监视居住决定书”，而不能简写成“北京石景山人民检察院监视居住决定书”、“石景山区人民检察院监视居住决定书”、“石景山人民检察院监视居住决定书”、“石景山区检察院监视居住决定书”、“石景山区监视居住决定书”，等等。二要做到所用侦查文书的具体名称不能混用。因为，侦查文书名称既要表明填制主体或责任者，也要提示侦查文书所启动的职务犯罪侦查行为或者法律关系；既要明示侦查文书的用途，也要规定侦查文书的使用范围。

另外，参照高检院《文书规定》、《公文处理办法实施细则》规定精神，可事先用黑色油墨、2号宋体字加粗印制侦查文书名称——“××人民检察院+侦查文书名称”。例如，上图18中的“____人民检察院指定居所监视居住通知书”。

此外，参照高检院《公文处理实施细则》规定，公文标题（亦即侦查文书名称）用2号宋体字，居中排布，可分行；回行时，要做到词意完整，排列对称，间距恰当。公文标题应当准确简要地概括公文的主要内容，一般由发文机关名称或规范化简称、公文主题和文种三部分组成。除法规、条例及规章性公文名称加书名号外，一般不加标点符号。

再者，参照高法院《关于法院诉讼文书样式试行若干问题的解答》（1993

年4月21日）第1条规定精神，对县、县级市的人民检察院要冠以省、自治区名；对市辖区的基层人民检察院，可按照最高人民检察院制发的印章冠名。

最后，在填制侦查文书名称时，还应避免出现文种错误。[①] 譬如，文种混用。例如，拘留决定书与拘留通知书、询问笔录与讯问笔录混用；文种重叠亦即概念错讹。例如，臆造的“请示报告”。

（二）编（字）号填制要领

所谓侦查文书编号，亦称侦查文书字号、案号，就是侦查文书的代号（如上图18所示）。因此，每一份侦查文书应当设置一个代号，每一个代号应当表示某一特定的侦查文书，不允许出现不同的侦查文书使用同一个文号的现象存在。当然，它并不为所有侦查文书所拥有。例如，侦查笔录通常就没有编号。为此，《文书规定》第7条明确规定：“凡需要向本院以外的单位或人员发出文书或本院内部的文书（含侦查文书）有编号必要时，应由制作机关按不同文书性质分别编号。编号内容及其顺序为：院名（代字）、部门（代字）、文书简称、年度、顺序号。文书简称应当固定。不同的文书、简称或编号不应相重。为使文字尽量简化，编号的‘字’、‘第’可以省略，如‘京崇检诉（1992）5号’。为避免不同文书的简称交叉重复，本格式目录中对各种文书的简称作了规定。”

另外，由于文号通常由年度、填制单位简称、文书性质代字和顺序号等事项组成，因而要用相应的阿拉伯数字、六角括号（〔　〕）和汉字填全；[②] “第”字一般不填，若填本院应一以贯之；文号应写在文书名称下一行的右端，其最末一字与下行正文右端各行看齐；文号上下各空一行，在字体、字号上与文书正文的要求相同。因此，文号书写要规范，不能有的用汉字有的用阿拉伯数字书写，甚至有的编错号；而侦查文书正页、副页及存根（亦即各联）的编号要一致。

此外，侦查文书文号的设定应当具备下列要素：填制侦查文书的人民检察院所在的地区以及侦查文书的填制机关、具体填制部门及其性质（简称）、年度、序号。例如，冀检刑不诉〔2013〕9号侦查文书的各要素的含义是：“冀”，表示填制侦查文书的人民检察院所在地区是河北省；“检”表示侦查文

---

① 所谓文种，是指侦查文书的具体名称和类型，它直接体现侦查文书的性质和职能。因此，对于文种的使用必须注意讲究准确性和规范性，不容错用或混用。

② 实践中，关于年度所用括号，也有用括号“（）”、方括号“[　]”，甚至方头括号“【　】”的。

书的填制机关是人民检察院；“刑”表示侦查文书具体填制部门是刑事检察部门；“不诉”表示侦查文书的性质是不起诉决定书；“〔2013〕”表示侦查文书填制的年度是2013年填制；“9号”表示侦查文书的序号为第9份不起诉决定书。因此，侦查文书文号的作用：1. 保证侦查文书填制的严肃性。一书一号，避免重复、任意填制；2. 便于引用；3. 便于保存和查阅；4. 便于统计。

再者，设定侦查文书文号应符合下列要求：1. 概括要精练。例如，省、自治区和直辖市通常用其简称：北京市（京）、天津市（津）、上海市（沪）、重庆市（渝）、河北省（冀）、山西省（晋）辽宁省（辽）、吉林省（吉）、黑龙江省（黑）、江苏省（苏）、浙江省（浙）、安徽省（皖）、福建省（闽）、江西省（赣）、山东省（鲁）、河南省（豫）、湖北省（鄂）、湖南省（湘）、广东省（粤）、海南省（琼）、四川省（川、蜀）、贵州省（黔、贵）、云南省（滇、云）、陕西省（陕、秦）、甘肃省（甘、陇）、青海省（青）、内蒙古自治区（内）、广西壮族自治区（桂）、西藏自治区（藏）、宁夏回族自治区（宁）、新疆维吾尔自治区（新）。再如，刑事检察部门用“刑”字表示，反贪污贿赂局用“贪”字表示，渎职侵权检察部门用“渎”字表示；监所检察部门用“监”字表示；控告申诉检察部门用“控”字表示；民事行政检察部门用“民行”两字表示等。2. 概括要准确。侦查文书中所有概括要做到准确，要能够使人明了其含义。3. 概括要特定、统一。

最后，确定侦查文书编号时，还可参照高检院《公文处理实施细则》规定，一方面，发文字号（亦即侦查文书编号）由发文机关代字、发文年度和发文顺序号组成。发文字号标注于发文机关标识下方，下空两行，用4号仿宋体字，居中排布；发文年度、发文顺序号用阿拉伯数码标识，发文年度应标全称，用6角括号“〔 〕”括入，发文顺序号不编虚位（即1不编为001），不加“第”字，如“高检发〔2013〕1号”。联合发文，只标明主办机关发文字号。机关内部行文原则上不编号。另一方面，还可参照该细则附件二——发文字号规范的下列规定，确定侦查文书特别是侦查公文字号：

1. 以高检院名义发文的字号

1.1　以最高人民检察院名义不发带有全局性的重要决定、指示、通知、通报等。

公文版头：《最高人民检察院文件》

发文字号：高检发〔20××〕×号

1.2　以最高人民检察院名义向领导机关请示、报告工作和向下级机关发布决定、指示、通知、通报等。

公文版头：《中华人民共和国最高人民检察院》

发文字号：

办　　公　　厅：高检发办字〔20××〕×号

政　　治　　部：高检发政字〔20××〕×号

高检任字〔20××〕×号

高检等级令字〔20××〕×号

高检警衔令字〔20××〕×号

侦 查 监 督 厅：高检发侦监字〔20××〕×号

公　　诉　　厅：高检发诉字〔20××〕×号

侦 查 监 督 厅：高检任字〔20××〕×号

反贪污贿赂总局：高检发反贪字〔20××〕×号

渎职侵权检察厅：高检发渎检字〔20××〕×号

监 所 检 察 厅：高检发监字〔20××〕×号

民事行政检察厅：高检发民字〔20××〕×号

控 告 检 察 厅：高检发控字〔20××〕×号

刑事申诉检察厅：高检发刑事字〔20××〕×号

铁路运输检察厅：高检发铁字〔20××〕×号

职务犯罪预防厅：高检发预字〔20××〕×号

法律政策研究室：高检发研字〔20××〕×号

纪检组、监察局：高检发纪字〔20××〕×号

高检发监处字〔20××〕×号

高检发监解字〔20××〕×号

处　　事　　局：高检发外字〔20××〕×号

计划财务装备局：高检发装字〔20××〕×号

1.3　以最高人民检察院名义向国内外公布重要事项及发布司法解释。

公文版头：《最高人民检察院公告》、《最高人民检察院司法解释》

发文字号：高检发释字〔20××〕×号

2. 以高检院各厅级单位名义发文的字号

2.1　以办公厅名义发布重要决定、通知、通报、规定等。

公文版头：《最高人民检察院办公厅文件》

发文字号：高检办发〔20××〕×号

2.2　以办公厅名义向领导机关请示、报告工作，下发通知、督办事宜，答复人大代表、政协委员转交案件以及与有关部门商洽工作等。

公文版头：《最高人民检察院办公厅》

发文字号：高检办发〔20××〕×号

高检督发〔20××〕×号

〔20××〕高检办发复×号

2.3 以高检院各内设机构名义就主管工作向下级人民检察院对口部门发文等。

公文版头：《最高人民检察院》

发文字号：

办公厅：〔20××〕高检办发×号

政治部：〔20××〕高检政发×号

侦查监督厅：〔20××〕高检侦监发×号

公诉厅：〔20××〕高检诉发×号

反贪污贿赂总局：〔20××〕高检反贪发×号

渎职侵权检察厅：〔20××〕高检渎检发×号

监所检察厅：〔20××〕高检监发×号

民事行政检察厅：〔20××〕高检民发×号

控告检察厅：〔20××〕高检控发×号

刑事申诉检察厅：〔20××〕高检刑申发×号

〔20××〕高检刑赔发×号

铁路运输检察厅：〔20××〕高检铁发×号

职务犯罪预防厅：〔20××〕高检预发×号

法律政策研究厅：〔20××〕高检研发×号

纪检组、监察局：〔20××〕高检纪监发×号

（专用于纪检组、监察局联合发文）

〔20××〕高检监察发×号

处事局：〔20××〕高检外发×号

计划财务装备局：〔20××〕高检装发×号

机关党委：〔20××〕高检党委发×号

〔20××〕高检妇工委发×号

〔20××〕高检团委发×号

机关服务中心：〔20××〕高检服发×号

检察技术信息研究中心：〔20××〕高检技发×号

〔20××〕高检信办发×号

检察理论研究所：〔20××〕高检理研发×号

2.4 以高检院各专门委员会名义对上级主管部门和各级人民检察院专门委员会发文等。

公文版头：《最高人民检察院》

发文字号：

高 检 院 保 密 委 员 会：〔20××〕高检保委发×号

高检院密码领导小组：〔20××〕高检密发×号

高检院交通安全委员会：〔20××〕高检安发×号

2.5　各单位如有新增文件字号，应报办公厅领导核批，由办公厅秘书处留存备案。

（三）主送单位填制要领

所谓主送单位，通常是指侦查文书的接收、被送达或受文单位（例如，上图18所示）。因此，对它的填制应规范，并使用全程或规范的简称，而不宜使用不规范的简称。当然，它并不为所有侦查文书拥有。例如，侦查笔录、提讯情况记载等，通常就没有。

而参照高检院《公文处理实施细则》规定，主送机关在标题下空1行，左侧顶格标识，回行时仍顶格，最后一个主送机关名称后标全角冒号。

（四）相对人基本情况填制要领

所谓相对人基本情况，是指有关职务犯罪侦查活动相对人特点的基本情况。当然，它并不为所有侦查文书拥有。例如，侦查公文、调取证据通知书等，通常就没有或者不全有。

相对人基本情况包括哪些具体事项？认识不一。例如，高检院《文书规定》第8条规定："刑事检察文书（含侦查文书）需要写明人犯或被告人身份基本情况的，应当逐一记清其姓名、性别、年龄、国籍、民族、籍贯、文化程度、职业（工作单位、职务）和住址。属于又聋又哑的人或者盲人，应予注明。外国人或无国籍的人，可以省略民族、籍贯、文化程度3项，但应写明滞留中国的身份及原因。被告人是企业、事业单位、机关、团体的，应当写明该单位全称、所在地址、法定代表人的姓名、性别和职务。对同时应追究其他责任人的，可另起一行，按照本条第一款的要求，分别写明同案其他应当追究刑事责任的人的身份基本情况。"

再如，公安部《常住人口登记表填写》（1995年12月21日）规定，常住人口登记表需填写：姓名、性别、曾用名、民族、出生日期、住址、籍贯、居民身份证件编号、文化程度、职业、出生地、宗教信仰、婚姻状况、身高、血型等5项；公安部《关于启用新的常住人口登记表和居民户口簿有关事项的通知》（1995年12月21日）共设置34个登记项目：户别；户主姓名；与户主关系；姓名；性别；曾用名；民族；出生日期；监护人；监护关系；出生地；公民出生证签发日期；住址；本市（县）其他住址；籍贯；宗教信仰；公民身份证件编号；居民身份证签发日期；文化程度；婚姻状况；兵役状况；身高；血型；职业；服务处所；何时何因由何地迁来本市（县）；何时何因由何地迁来本址；何时何因迁往何地；何时何因注销户口；申报人签章；承办人签章；登记日期；登记事项变更和正记载；记事（第3条第1款）。家庭户的居民户口簿采用多页装订式，少数地区确有困难的，也可使用插页式；集体户的居民户口簿采用活页式。居民户口簿共设置28个登记项目，包括：户别；户主姓名；户号；住址；住址变动登记；姓名；户主或与户主关系；曾用名；性别；出生地；民族；籍贯；出生日期；本市（县）其他住址；宗教信仰；公民身份证件编号；身高；血型；文化程度；婚姻状况；兵役状况；服务处所；职业；何时由何地迁来本市（县）；何时由何地迁来本址；承办人签章；登记日期；登记事项变更和更正记载。而本书认为，在填制侦查文书而记录相对人基本情况时，应合法、规范、严谨、得体、准确、明晰、质朴、庄重、通俗、精练、简约并符合语法地使用语言文字，全面填制以下16项内容：①

1. 姓名。它是指“姓和名字”；姓即姓氏，是指“表明家族的字”；名字是指“一个或几个字，跟姓氏合在一起，用来代表一个人，区别于别的人”。②因此，在填制姓名时，应注意以下问题：

（1）要注意掌握姓、名的常用字、异体字和生僻字。其中，常用的姓氏包括：老百家姓、新百家姓和复姓。③

---

① 当然，侦查文书首部除应记载以下16项内容外，实践中还有添加相对人照片做法。例如，据2012年12月8日出版的《检察日报》报道，起诉意见书、起诉书中加印犯罪嫌疑人、被告人照片，平均每案缩短了4个工作日。这是海南省陵水县检察院会同该县公安部门推行一项新举措后带来的新变化

② 参见中国社会科学院语言研究所词典编辑室编：《现代汉语词典》修订本，商务印书馆1999年版，第1412、888页。

③ 老《百家姓》出现于南宋，是我国流行最长，流传最广的一种蒙学教材。2006年1月10日，在国家自然科学基金姓氏研究项目的支持下，中国科学院遗传与发育生物学研究所与深圳市鼎昌实业有限公司历时两年对中国人姓氏进行了一次大规模调查，调查结果显示，共获得姓氏4100个，李、王、张继续位列姓氏前三甲。随后，重新出版《中国姓氏大辞典》，包括至今已收集到的23000多个姓氏。另据2008年1月16日出版的《北方新报》报道，在100个常见姓氏中，集中了全国人口的87%。其中，占全国人口1%以上的姓氏有19个，分别为李、王、张、刘、陈、杨、赵、黄、周、吴、徐、孙、胡、朱、高、林、何、郭和马；全国最大的三个姓氏是李、王、张，分别占总人口的7.9%、7.4%和7.1%；三大姓氏总人口达2.7亿。

（2）要填制好姓名所用的字，特别是其中的同音字、多音字，并注意重名问题。其中，同音字是指“语音相同而意义不同的字”[①]；多音字是指一个字有两个或两个以上的读音，不同的读音表义不同，用法不同，词性也往往不同。

（3）应当写正在使用的正式姓名，即户口登记簿、身份证等法定文件中所使用的姓名。①户口登记簿有曾用名或者案件中涉及曾用名的应当用括号注明；②与案情有关的别名（即“正式名字以外的名称”）、化名或外号（也叫绰号、诨名，即“人的本名以外，别人根据他的特征给他另起的名字”），[②]也应在其姓名后面用括号注明，不能直接在其姓名后面记明；而与案件无关的别名、化名或绰号、乳名等不必记明；③真实姓名、住址无法查清的，应按其绰号或者自报的姓名填制，并在侦查文书中注明“自报”；④如果是聋哑人或盲人，应在其姓名之后，记明这一法定可以从轻、减轻或者免除处罚的情节。例如，“又聋又哑的人”，“盲人”。但是，只聋不哑或只哑不聋的，不必注明；⑤如果是精神病人、间歇性精神病人、尚未完全丧失辨认或者控制自己行为能力的精神病人、醉酒的人等身份情况，也可作为身份特征写入基本情况，在姓名后加括号注明；⑥相对人是外国人的，应在其中文姓名或译名后面用括号注明其外文姓名。

（4）相对人是企业、事业单位、机关、团体的，应当记明该单位全称、所在地址、法定代表人的姓名、性别和职务。

（5）参照《常住人口登记表填写》规定，应填写本人姓名的全称。少数民族和被批准入籍的公民，可依照本民族或原籍国家的习惯取名，但应在本栏中填写用汉字译写的姓名；如本人要求填写本民族文字和外文姓名的，可同时在本栏中填写。

2. 性别。它是指“男女两性的区别。”[③] 因此，填制性别时只能写男或女，而不能写中性性别的“同性恋者”。因为，尽管在我国同性恋者谈不上违法，但法律并不认可同性恋婚姻，他们或她们不享有婚姻关系中的法定权利，也不承担法定义务。

---

① 参见中国社会科学院语言研究所词典编辑室编：《现代汉语词典》修订本，商务印书馆 1999 年版，第 1265 页。

② 参见中国社会科学院语言研究所词典编辑室编：《现代汉语词典》修订本，商务印书馆 1999 年版，第 86、1293 页。

③ 参见中国社会科学院语言研究所词典编辑室编：《现代汉语词典》修订本，商务印书馆 1999 年版，第 1412 页。

3. 年龄和出生日期。所谓年龄，是指“人或动植物已经生存的年数”；出生日期亦称生日，是指“胎儿从母体中分离出来”的日期。[①] 因此，在填制年龄和出生日期时，应注意以下问题：

（1）应用公历，而不用农历，并应填写相对人在户口登记簿上登记的出生年月日。

（2）应用阿拉伯数字（即0～9），不用汉字数字填制（即零、一、二、三、四、五、六、七、八、九）。

（3）不能阿拉伯数字与汉字数字混用填制。例如，2013年五月10日。

（4）户口登记簿上所登记的出生年月日与身份证、自报的出生年月日不一致，通常，应以法定的户口登记簿上所登记和身份证上的出生年月日认定；当身份证与户口登记簿不一致时，应当以户口登记簿为准；当出现医院的出生证明等更为权威合理的证明，也可以出生证明所记载的出生年月日准。

（5）参照《常住人口登记表填写》规定，出生日期按照公历，用阿拉伯数字填写本人出生的具体时间；本人只记得农历日期的，须换算成公历后填写。

4. 国籍。它“①指个人具有的属于某个国家的身份。②指飞机、船只等属于某个国家的关系”[②]。因此，在填制国籍时，一方面，通常，应填“中国人”或“中华人民共和国公民”，而不能填双重国籍或外国国籍。因为，这是由检方所管辖的职务犯罪案件性质所决定的。另一方面，相对人是外国人、无国籍人或外国人、无国籍人与中国籍犯罪嫌疑人、被告人共同犯罪案件，在他们基本情况中应对中国人记明中国籍，对外国人则应记清具体国籍，对无国籍人应注明“无国籍”；对于外国人、无国籍人还应当记明护照号码、国外居所。

此外，实践中也有人建议，“外国人犯罪案件法律文书（含侦查文书）制作格式应当统一且规范，除起诉书之外的法律文书同样应当按照先使用中文译名再使用括号注明外文姓名的格式表述外籍犯罪嫌疑人、被告人的姓名”[③]。

5. 民族。它“特指具有共同语言、共同地域、共同经济生活以及表现于

① 参见中国社会科学院语言研究所词典编辑室编：《现代汉语词典》修订本，商务印书馆1999年版，第927、184页。

② 参见中国社会科学院语言研究所词典编辑室编：《现代汉语词典》修订本，商务印书馆1999年版，第480页。

③ 参见杨玉俊等：《外国人犯罪案件法律文书制作格式应当统一》，载《正义网》2010年11月13日。

共同文化上的共同心理素质的人的共同体”。因此，它与华侨、华裔不同：华侨是指“旅居国外的中国人”；华裔是指“华侨在侨居国居住所生并取得侨居国国籍的子女”。①

在我国，除汉族以外的其他各民族的统称为少数民族，具体包括已识别的蒙古族、满族、朝鲜族、赫哲族、达斡尔族、鄂温克族、鄂伦春族、回族、东乡族、土族、撒拉族、保安族、裕固族、维吾尔族、哈萨克族、柯尔克孜族、锡伯族、塔吉克族、乌孜别克族、俄罗斯族、塔塔尔族、藏族、门巴族、珞巴族、羌族、彝族、白族、哈尼族、傣族、傈僳族、佤族、拉祜族、纳西族、景颇族、布朗族、阿昌族、普米族、怒族、德昂族、独龙族、基诺族、苗族、布依族、侗族、水族、仡佬族、壮族、瑶族、仫佬族、毛南族、京族、土家族、黎族、畲族、高山族55个。

另外，填制民族时，要填民族全称，而不能填简称。例如，要填“朝鲜族”、“维吾尔族”、“土家族”，而不能填“朝族”或“鲜族”、“维族”、“土族”；同时，“族”字也不宜省略。

此外，参照《常住人口登记表填写》规定，用国家认定的民族的名称填写全称，本人是什么民族就填写什么民族。

6. 籍贯（或出生地）。所谓籍贯，是指“祖居或个人出生的地方”。因此，它不同于祖籍。祖籍亦称原籍，是指“原先的籍贯”；② 出生地是指本人出生的具体地方，城市填至区或不设区的市，农村填至县，但须冠以省、自治区、直辖市的全称或通用简称。而不能填写出生所在的具体医院。

另外，填制籍贯时，一般不能用已废止的省、地级市、区县名称。例如，直隶、北京市宣武区等。

此外，参照《常住人口登记表填写》规定，籍贯填写本人祖父的居住地；城市填至区或不设区的市，农村填至县，但须冠以省、自治区、直辖市的全称或通用简称；出生地应填写本人出生的实际地点，城市填至区或不设区的市，农村镇至乡、镇，但须冠以省、自治区、直辖市的名称或通用简称。

7. 文化程度。它主要是指受教育的程度和学历，包括博士、硕士、本科、大专、中专、中技、技工学校、高中、初中、小学、文盲与半文盲等。而学历

---

① 参见中国社会科学院语言研究所词典编辑室编：《现代汉语词典》修订本，商务印书馆1999年版，第884、541、542页。

② 参见中国社会科学院语言研究所词典编辑室编：《现代汉语词典》修订本，商务印书馆1999年版，第594、1548页。

是指“学习经历，指曾在哪些学校肄业或毕业”。①因此，学历与学位不同：学位是指“根据专业学术水平由高等院校、科研机构等授予的称号”，包括博士、硕士、学士3级；而博士后不是学位，而是指获准进入博士后科研流动站从事科学研究工作的博士学位获得者。

另外，填制文化程度时，应选择与相对人相应的博士、硕士、本科、大专、中专、中技、技工学校、高中、初中、小学、文盲与半文盲等文化程度术语，而不能选择博士后等名词。

此外，参照《常住人口登记表填写》规定，文化程度应依据国家正式承认的学历等级，按本人现有学历根据学历证书填写。例如，研究生、大学本科、大学专科、中专（中技）、高中、初中、小学毕业（肄业）等 。正在学校读书的学生填“上大学”、“上小学”等；12周岁或12周岁以上未受过学校教育但能认识字的，其中认识500字以下的填“不识字”，农村认识500～1500字、城市认识500～2000字的填写“识字很少”；已达到脱盲水平，或读完6年制4年级、5年制3年级的，应根据县级教育部门颁发的脱盲证填写“小学”；对有学位的人的文化程序，应按其获得学位前的文化程度填写，如在大学毕业后获得学士学位的，其文化程序应填“大学”。

8. 身份证号码：根据《中华人民共和国居民身份证法》（2011年10月29日修正，以下简称《居民身份证法》）第2条规定：“居住在中华人民共和国境内的年满十六周岁的中国公民，应当依照本法的规定申请领取居民身份证；未满十六周岁的中国公民，可以依照本法的规定申请领取居民身份证。”第3条：“居民身份证登记的项目包括：姓名、性别、民族、出生日期、常住户口所在地住址、公民身份号码、本人相片、指纹信息、证件的有效期和签发机关。公民身份号码是每个公民唯一的、终身不变的身份代码，由公安机关按照公民身份号码国家标准编制。公民申请领取、换领、补领居民身份证，应当登记指纹信息。”第4条第1款：“居民身份证使用规范汉字和符合国家标准的数字符号填写。”第5条：“十六周岁以上公民的居民身份证的有效期为十年、二十年、长期。十六周岁至二十五周岁的，发给有效期十年的居民身份证；二十六周岁至四十五周岁的，发给有效期二十年的居民身份证；四十六周岁以上的，发给长期有效的居民身份证。未满十六周岁的公民，自愿申请领取居民身份证的，发给有效期五年的居民身份证。”第15条第3款：“任何组织或者个人不得扣押居民身份证。但是，公安机关依照《中华人民共和国刑事诉讼法》

① 参见中国社会科学院语言研究所词典编辑室编：《现代汉语词典》修订本，商务印书馆1999年版，第1429、1430页。

执行监视居住强制措施的情形除外。”因此，通过查验身份证（含临时身份证），可了解被查验者：姓名、性别、民族、出生日期、常住户口所在地住址、公民身份号码、本人相片、指纹信息、证件的有效期和签发机关。同时，要用符合国家标准的数字符号（亦即阿拉伯数字和英语字母）填写居民身份证（含临时身份证）号，而不能用汉字数字或者阿拉伯与汉字数字混用填制。

另外，根据国家质量技术监督局《中华人民共和国国家标准 GB11643－1999》（1999 年 7 月 1 日）中有关公民身份号码的规定，公民身份号码是特征组合码，由 17 位数字本体码和一位数字校验码组成。排列顺序从左至右依次为：①地址码（身份证前 6 位）：表示编码对象第一次申领居民身份证时的常住户口所在县（市、旗、区）的行政区划代码。②生日期码（身份证第 7 位到第 14 位）表示编码对象出生的年、月、日，其中年份用 4 位数字表示，年、月、日之间不用分隔符。例如：1963 年 05 月 11 日就用 19630511 表示。③顺序码（身份证第 15 位到第 17 位）是县、区级政府所辖派出所的分配码，每个派出所分配码为 10 个连续号码。例如，“000～009”或“060～069”，其中单数为男性分配码，双数为女性分配码，如遇同年同月同日有两人以上时顺延第二、第三、第四、第五个分配码。④校验码（身份证最后一位）是根据前面 17 位数字码，按照 ISO7064：1983. MOD11－2 校验码计算出来的检验码。

此外，从 1999 年 10 月 1 日起，全国实行公民身份证号码制度，居民身份证编号由原 15 位升至 18 位。

再者，根据公安部《中华人民共和国临时居民身份证管理办法》（2005 年 6 月 7 日）第 3 条规定：“临时居民身份证具有证明公民身份的法律效力。”第 5 条：“临时居民身份证登记的项目包括：姓名、性别、民族、出生日期、常住户口所在地住址、公民身份号码、本人相片、证件的有效期和签发机关。”第 6 条第 1 款：“临时居民身份证使用规范汉字和符合国家标准的数字符号填写。”第 7 条：“临时居民身份证的有效期限为三个月，有效期限自签发之日起计算。”

最后，参照《常住人口登记表填写》规定，公民身份证件编号应填写户口登记机关为公民编定的个人身份证件编号。

9. 政治面貌。它亦称政治面目，是指“一个人的政治立场、政治活动以及和政治有关的各种社会关系”，① 包括党员、团员和群众等。

而我国目前常见的政治面貌，主要有 6 种：①党员。主要有：中共党员

① 参见中国社会科学院语言研究所词典编辑室编：《现代汉语词典》修订本，商务印书馆 1999 年版，第 1609 页。

（含中共预备党员）、民革（即“国民党革命委员会”简称）会员、民盟（即“中国民主同盟”简称）盟员、民建（即“中国民主建国会”简称）会员、民进（即“中国民主促进会”简称）会员、农工党（即“中国农工民主党”简称）党员、致公党（即“中国致公党”简称）党员、九三学社社员、台盟（即“台湾民主自治同盟”简称）盟员；②全国工商联会员、无党派民主人士、宗教人士等；③人大代表，即“人民代表大会代表”简称，包括全国和地方各级人大代表；④政协委员，即“中国人民政治协商会议成员”简称，包括全国和地方各级政协委员；⑤共青团员；⑥群众。

10. 工作单位（或服务处所）。它是指供职的单位的具体名称。一般包括国家机关、事业单位、国有企业、外资企业、民营企业、私营企业、公司等。

另外，在填制工作单位时，一是应填其全称，不宜填简称；二是工作单位应写与案件事实有关的单位；已经调离的，应写新单位，原先涉案单位可在叙述事实时记明；城镇无业者，不必写此项内容；在乡镇企业、私营企业、“三资企业”工作的农民工也应具体记明。

此外，参照《常住人口登记表填写》规定，工作单位应填写本人所在机关、团体、企业、事业等单位的具体名称，应写全称；经工商管理部门批准营业的个体劳动者，填写“个体户”。

11. 职业填制要求。它是指“个人在社会中所从事的作为主要生活来源的工作”①，包括国家干部、公务员、人民警察、检察官、法官、公证员、律师、教师、工人、农民、个体工商户等。

另外，劳动和社会保障部、国家质量技术监督局、国家统计局联合组织编制的《中华人民共和国职业分类大典》（1999 年 5 月），将我国职业归为 8 个大类，66 个中类，413 个小类，1838 个细类（职业名称）。其中，8 个大类包括：①国家机关、党群组织、企业、事业单位负责人；②专业技术人员；③办事人员和有关人员；④商业、服务业人员；⑤农、林、牧、渔、水利业生产人员；⑥生产、运输设备操作人员及有关人员；⑦军人；⑧不便分类的其他从业人员。

此外，在填制职业时，不宜简单、笼统地填写国家干部、工人、农民、教师等，而宜按照由劳动和社会保障部、国家质量技术监督局、国家统计局联合组织编制的《中华人民共和国职业分类大典》或者中国劳动和社会保障编《中华人民共和国职业和工种统一编码》所列职业名称填制。

---

① 参见中国社会科学院语言研究所词典编辑室编：《现代汉语词典》修订本，商务印书馆1999 年版，第 1616 页。

再者，参照《常住人口登记表填写》规定，职业应填写本人所做的具体工作；各类专业、技术人员，应填具体职务名称，如“中医师”、“记者”等；商业，服务人员，可填“售货员”、“厨师”等；农林牧副渔劳动者，要填“粮农”、“棉农”、“菜农”、“渔民”、“牧民”等；生产工人、运输工人可出“钳工、汽车司机”等；个体劳动者，在所登记的职业前项冠以“个体”两字，如“个体修理皮鞋”、“个体卖菜”等；没有固定职业做临时工作的，在所登记的职业前须冠以“临时”两字，如“临时瓦工”；无业的人员，填写“无业”。

12. 职务。它是指“职位规定应该担任的工作”①，包括正副科长、处长、局长、厅长、部长等。因此，它与职称不同。职称最初源于职务名称，它是指专业技术人员的专业技术水平、能力，以及成就的等级称号。其中：

专业技术职称分为：助理职称（如助教、助理研究员、助理编辑）、中级职称（如讲师、编辑等）、高级职称（如正副教授、研究员、编审），而博士生导师、硕士生导师、终身教授、院士（含中国科学院院士、中国工程院院士、中国社会科学院院士）等不是职称，而是荣誉称号。

国家公务员职称分两类：一类是非领导职务的国家公务员，包括办事员、科员、副主任科员、主任科员、助理调研员、调研员、助理巡视员、巡视员。另一类是领导职务的国家公务员，包括：国务院总理：一级；国务院副总理，国务委员：二级至三级；部级正职，省级正职：三级至四级；部级副职，省级副职：四级至五级；司级正职，厅级正职，巡视员：五级至七级；司级副职，厅级副职，助理巡视员：六级至八级；处级正职，县级正职，调研员：七级至十级；处级副职，县级副职，助理调研员：八级至十一级；科级正职，乡级正职，主任科员：九级至十二级；科级副职，乡级副职，副主任科员：九级至十三级；科员：九级至十四级；办事员：十级至十五级。

中组部、人事部、高检院《中华人民共和国检察官等级暂行规定》（1997年12月15日）第6条规定：“检察官等级设下列四等十二级：（一）首席大检察官；（二）大检察官：一级、二级；（三）高级检察官：一级、二级、三级、四级；（四）检察官：一级、二级、三级、四级、五级。”

中组部、人事部、高检院《中华人民共和国法官等级暂行规定》（1997年12月12日）第5条规定：“法院等级设下列四等十二级：（一）首席大法官；（二）大法官：一级、二级；（三）高级法官：一级、二级、三级、四级；

① 参见中国社会科学院语言研究所词典编辑室编：《现代汉语词典》修订本，商务印书馆1998年版，第1616页。

（四）法官：一级、二级、三级、四级、五级。”

因此，在填制职务时，（1）职业关系到犯罪主体的认定，所以应具体记明；（2）应填写全称，且“长”不宜省略。例如，应写“副处长”，不宜写“副处”。同时，也不宜采用“是国家工作人员”或“是司法工作人员”、“是××厂委托从事公务人员”等写法；（3）对于已经调离原工作岗位，但犯罪行为发生在原任职期间的，可表明“原系××市××局局长”；（4）在职务后括号内可填写职称或等级。例如，××省人民检察院检察长（二级大检察官）。同时，参照《常住人口登记表填写》规定，国家机关、党群组织，企事业单位的工作人员，如果是负责人，应注明具体职务名称，如“局长”、“处长”、“科长”，如果是一般工作人员，可填“科员”、“办事员”等。

13. 联系方式。当然，目前常用的联系方式有三：①电话联系，包括：手机、单位电话、家庭固定电话、飞信；②电脑网络联系，包括：电子邮箱（E－mail）、QQ；③邮政编码住址信件、快递联络。

14. 住址。它是指“居住的地址（指城镇、乡村、街道的名称和门牌号数）”。[①] 因此，在填写住址时，①住址通常是指相对人的户籍所在地；②住所地是指户籍所在地；③经常居住地是指公民离开住所地已连续居住1年以上的地方，但公民住院就医的地方除外；④不论对户籍所在地，还是住所地和经常居住地，都要填写清楚、越详细越好，同时不要遗漏邮政编码，“邮政部门为了分拣、投递方便、迅速，按地区编成的号码。我国的邮政编码采用六位数”[②]。

而参照《常住人口登记表填写》规定，住址应填写本户常住户口所在地住所的详细地址。住址前须冠以省、自治区、直辖市的名称或通用简称；对省会市或自治区首府所辖范围的住址登记，可不在住址前冠以省、自治区的名称或通用简称。

15. 曾受到行政、刑事处罚情况填制要求：

《刑法》第100条规定：“依法受过刑事处罚的人，在入伍、就业的时候，应当如实向有关单位报告自己曾受过刑事处罚，不得隐瞒。”

两高三部《关于建立犯罪人员犯罪记录制度的意见》（2012年5月10日）第1条规定：“建立犯罪人员犯罪记录制度，对犯罪人员信息进行合理登记和

① 参见中国社会科学院语言研究所词典编辑室编：《现代汉语词典》修订本，商务印书馆1998年版，第1645页。

② 参见中国社会科学院语言研究所词典编辑室编：《现代汉语词典》修订本，商务印书馆1998年版，第1522页。

有效管理，既有助于国家有关部门充分掌握与运用犯罪人员信息，适时制定和调整刑事政策及其他公共政策，改进和完善相关法律法规，有效防控犯罪，维护社会秩序，也有助于保障有犯罪记录的人的合法权利，帮助其顺利回归社会。”第2条：“犯罪人员犯罪记录制度的主要内容：（一）建立犯罪人员信息库。为加强对犯罪人员信息的有效管理，依托政法机关现有网络和资源，由公安机关、国家安全机关、人民检察院、司法行政机关分别建立有关记录信息库，并实现互联互通，待条件成熟后建立全国统一的犯罪信息库。犯罪人员信息登记机关录入的信息应当包括以下内容：犯罪人员的基本情况、检察机关（自诉人）和审判机关的名称、判决书编号、判决确定日期、罪名、所判处刑罚以及刑罚执行情况等。（二）建立犯罪人员信息通报机制。人民法院应当及时将生效的刑事裁判文书以及其他有关信息通报犯罪人员信息登记机关；监狱、看守所应当及时将《刑满释放人员通知书》寄送被释放人员户籍所在地犯罪人员信息登记机关；县级司法行政机关应当及时将《社区服刑人员矫正期满通知书》寄送被解除矫正人员户籍所在地犯罪人员信息登记机关。国家机关基于办案需要，向犯罪人员信息登记机关查询有关犯罪信息，有关机关应当予以配合。（三）规范犯罪人员信息查询机制。公安机关、国家安全机关、人民检察院和司法行政机关分别负责受理、审核和处理有关犯罪记录的查询申请……（四）建立未成年人犯罪记录封存制度……（五）明确违反规定处理犯罪人员信息的责任……”例如，2006年3月23日，杭州市一村庄的鱼塘发现一具女尸，接到报案后，公安机关通过侦查，确定他杀，现场周围没发现任何能证明身份的信息，派出所民警赶到现场，觉得尸体相貌与几天前自称被抢劫的一报案女子相似，遂调出当初的报案笔录，将提取来的尸体的十指捺印指纹与捺印在笔录纸上的印泥指纹进行比对，确认同一。于是确认了尸源，锁定侦查范围，从而使该案在很快时间内告破。①

高检院《关于行贿犯罪档案查询工作的规定》（2013年2月8日）第2条规定：“人民检察院统一建立全国行贿犯罪档案库，录入行贿犯罪信息，向社会提供查询。”第8条：“人民检察院收集、整理、存储经人民检察院立案侦查并由人民法院生效判决、裁定认定的行贿罪、单位行贿罪、对单位行贿罪、介绍贿赂罪等犯罪信息，建立行贿犯罪档案库。”

因此，在侦查文书填制过程，记录相对人曾受刑事处罚情况，十分必要。为此，《检诉规则》第393条第2款第1项还规定，起诉书的主要内容包括被

① 参见张哲明等：《利用笔录纸上的印泥手印 侦破凶杀案2例》，载《刑事技术》2008年第1期。

告人的基本情况，包括姓名、性别、出生年月日、出生地和户籍地、身份证号码、民族、文化程度、职业、工作单位及职务、住址，是否受过刑事处分及处分的种类和时间，采取强制措施的情况等。第408条第2款第1项规定，不起诉决定书的主要内容包括被不起诉人的基本情况，包括姓名、性别、出生年月日、出生地和户籍地、民族、文化程度、职业、工作单位及职务、住址、身份证号码，是否受过刑事处分，采取强制措施的情况以及羁押处所等。而根据《刑法》第33和第34条规定，刑事处罚包括：管制、拘役、有期徒刑、无期徒刑和死刑等主刑以及罚金、剥夺政治权利、没收财产等附加刑。

另外，在填制侦查文书过程中，有无必要记录相对人曾受行政处罚以及被法院决定免予刑事处分的、被检察院不起诉的情况？对此，本书持肯定观点。其中，根据《行政处罚法》第8条规定，行政处罚包括：警告、罚款、没收违法所得、没收非法财物、责令停产停业、暂扣或者吊销许可证、暂扣或者吊销执照、行政拘留和法律、行政法规规定的其他行政处罚；《刑事诉讼法》第15条规定："有下列情形之一的，不追究刑事责任，已经追究的，应当撤销案件，或者不起诉，或者终止审理，或者宣告无罪：（一）情节显著轻微、危害不大，不认为是犯罪的；（二）犯罪已过追诉时效期限的；（三）经特赦令免除刑罚的；（四）依照刑法告诉才处理的犯罪，没有告诉或者撤回告诉的；（五）犯罪嫌疑人、被告人死亡的；（六）其他法律规定免予追究刑事责任的。"

此外，在填制曾受到行政、刑事处罚情况时，应注意以下问题：①要规范填写所受的行政、刑事处罚类型；②要详细填写因何事何时何地受到行政、刑事处罚和解除时间；③被判处有期徒刑、拘役或宣告缓刑等情况，均应记明原判决的机关名称、时间、罪名、刑种和刑期。多次判处刑罚的应依时间顺序一一记明；④对于累犯、特别再犯，也应记明原判决的机关名称、时间、罪名、刑种和刑期；⑤正在服刑罪犯逃跑的或刑满释放后又犯罪的，应分别记明逃跑或刑满释放的时间；⑥单处罚金或单处剥夺政治权利的也应记明原判决的机关名称、时间、数量、罪名、刑种；⑦被假释的，如果涉及撤销假释的，也应记明被假释的时间；⑧正在服刑的罪犯在服刑期间又发现新罪或又犯新罪的，也应记明原判决的机关名称、时间、罪名、刑种和刑期。

再者，参照高法办公厅《关于实施法院刑事诉讼文书样式若干问题的解答》第3条规定，对于相对人所受强制措施的情况，可表述为"因涉嫌犯××罪于××××年××月××日被刑事拘留、逮捕（或者被采取其他羁押措施）"。

16. 其他。一方面，参照《常住人口登记表填写》规定，在填制相对人基本情况时，也有必要填制下列事项：①宗教信仰。信仰什么宗教就填写什么宗教的名称，如佛教、道教、天主教等，不信仰宗教的不填；②婚姻状况。根据本人的情况，已结婚的填“有配偶”，结婚后配偶死亡的填“丧偶”，结婚后离婚的填“离婚”，离婚后再婚的填“有配偶”，未婚的不填；③身高。16周岁以上公民按国家法定计量单位填写本人登记时的身体高度；④血型。根据本人的血液类型，分别填写O、A、B、AB或卫生部门规定的其他血液类型。

另一方面，在制作询问笔录等填制“与犯罪嫌疑人、被告人的关系”一项时，通常都填写“证人”两字。尽管可以，但过于笼统，反映不出两者之间有着特殊的联系。因为，在询问笔录中设置这一项的本意，是简约又明晰地写明被询问人与犯罪嫌疑人之间存在的特定关系，而凡是被询问的对象都是为案件提供证据的证人。因此，再在次栏里填写“证人”显属多余。而既然有要求填写，就应当用恰当的称谓记入笔录中，尽可能客观地反映他们之间的关系。例如，以工程中的受贿案件为例，犯罪嫌疑人通常是业主方、处监管者地位，行贿人为承包方，处被监管的对象，可供参考的宜填写“施工方经理”或“监管与被监管”；如果是家人，可填“夫妻”、“父（母）子（女）”；若是特定关系人的，填写“情妇（夫）”；近亲属的，填写“兄（姐）弟（妹）”、“叔侄”、“婆媳”等。①

（四）案由和案件来源填制要领

1. 案由填制要领。所谓案由，亦称事由，是指“案件的内容提要”②，并多以案件当事人所涉罪名表示。当然，它并不为所有侦查文书所拥有。例如，提讯情况记载、提解情况记载等就没有。

另外，据高检院《关于适用刑法分则规定的犯罪的罪名的意见》等有关罪名的具体规定，确定并填制犯罪嫌疑人、被告人所触犯的职务犯罪的具体罪名即案由，主要包括：

（1）贪污贿赂罪（案），包括：贪污罪（案）、挪用公款罪（案）、受贿罪（案）、单位受贿罪（案）、行贿罪（案）、对单位行贿罪（案）、介绍贿赂罪（案）、单位行贿罪（案）、巨额财产来源不明罪（案）、隐瞒境外存款罪（案）、私分国有资产罪（案）、私分罚没财物罪（案）等。

（2）渎职罪（案），包括：滥用职权罪（案），玩忽职守罪（案），徇私

---

① 参见康绍书：《检察文书应规范用词用语》，载《绍兴检察网》2011年2月23日。

② 参见中国社会科学院语言研究所词典编辑室编：《现代汉语词典》修订本，商务印书馆1998年版，第10页。

舞弊罪（案），故意泄露国家秘密罪（案），过失泄露国家秘密罪（案），徇私枉法罪（案），民事、行政枉法裁判罪（案），私放在押人员罪（案），失职致使在押人员脱逃罪（案），徇私舞弊减刑、假释、暂予监外执行罪（案），徇私舞弊不移交刑事案件罪（案），滥用管理公司、证券职权罪（案），徇私舞弊不征、少征税款罪（案），徇私舞弊发售发票、抵扣税款、出口退税罪（案），违法提供出口退税凭证罪（案），国家机关工作人员签订、履行合同失职被骗罪（案），违法发放林木采伐许可证罪（案），环境监管失职罪（案），传染病防治失职罪（案），非法批准征用、占用土地罪（案），非法低价出让国有土地使用权罪（案），放纵走私罪（案），商检徇私舞弊罪（案），商检失职罪（案），动植物检疫徇私舞弊罪（案），动植物检疫失职罪（案），放纵制售伪劣商品犯罪行为罪（案），办理偷越国（边）境人员出入境证件罪（案），放行偷越国（边）境人员罪（案），不解救被拐卖、绑架妇女、儿童罪（案），阻碍解救被拐卖、绑架妇女、儿童罪（案），帮助犯罪分子逃避处罚罪（案），招收公务员、学生徇私舞弊罪（案），失职造成珍贵文物损毁、流失罪（案），执行判决、裁定失职罪，执行判决、裁定滥用职权罪（案），枉法仲裁罪（案）等。

(3) 侵犯公民人身权利、民主权利罪（案），包括：国家机关工作人员利用职权实施的非法拘禁罪（案）、国家机关工作人员利用职权实施的非法搜查罪（案）、刑讯逼供罪（案）、暴力取证罪（案）。

此外，填制案由时，须认真、规范、简明扼要，切忌用不规范的罪名或罪名简称表示案由。

2. 案件来源填制要领。所谓案件来源，就是指职务犯罪案件的具体来源，主要有六：①控告、申诉、举报、检举；②自首；③自我发现；④有关单位已送；⑤上级检察机关交办；⑥其他。因此，填制侦查文书而表述案件来源时，须认真、客观、规范、扼要。

（五）办案人员基本情况填制要领

所谓办案人员，是指直接参与侦查文书填制的主办（诉）检察官、书记员、翻译人员、录制人员等。当然，它并不为所有侦查文书所拥有。例如，提讯情况记载、提解情况记载等就没有。而填制承办人员基本情况关键，既不要遗漏办案人员，也不要遗漏办案人员的姓名、职务及其所在检察院全称诸项或部分。

而参照《文书规定》第5条规定精神，填制侦查文书而填制承办人员的基本情况时，主要填制承办人、记录人和录制人员所在检察院名称、职务和姓名；通常由书记员填制。

第四节　职务犯罪侦查文书正文的填制要领

一、正文及其常见问题

作为侦查文书的内容之一，正文是侦查文书内容的主体和核心。为此，《文书规定》明确规定："正文包括：事实、证据、结论、决定（建议事项）"；《公文处理实施细则》规定："主送机关下1行，从左至右横排，每自然段左空2字，回行顶格，数字、年份不能回行。"但尽管如此，实践中，在填制侦查文书正文时，还存在以下问题：①叙述过程不完整。例如，叙事跳跃、断续、不连贯、前后颠倒，案件侦查过程交代不全，案件事实、证据列举不清、不全等；②理由不充分，并与结论、决定相脱节；③结论说理欠缺。例如，主要表现为事实部分简单化，事实认定复杂化，重复罗列，拖沓冗长，乏针对性，千篇一律，毫无特色可言；④从事实到法律缺乏应有的释法说理，过度生硬。一言以蔽之，表达方式的常见问题，正文填制过程中均有所表现。

二、正文填制要领

在填制侦查文书正文时，除保证使用的语言文字合法、规范、严谨、得体、准确、明晰、质朴、庄重、通俗、精练、简约并符合语法，保证所使用的记叙、说明、议论、说理等表达方式符合规定外，还应了解并掌握以下事项的填制要领：

（一）事实材料（或证据材料或其证据）填制要领

1. 事实材料。所谓事实材料，亦即职务犯罪案件事实与案件材料的统称。其中，案件事实亦即案件真相，是指有关职务犯罪案件的真实情况；案件材料亦即案件证据材料或其证据的统称，是指"诉讼中通过法定方式获取的用来证明案件事实的材料"。因此，它类似于证据材料，但与证据不同。所谓证据，是指"用以证明某一事实或结论的根据"，是证据材料的一种，即经过法院审判认可的证据材料；证据材料，"又称'证据资料'。指诉讼中通过法定方式获取的用来证明案件事实的材料。如证人证言，当事人陈述，鉴定结论，勘验笔录等。”① 所以，证据是证据材料的子集或种概念、下位概念，证据材料是证据的属概念、上位概念。

由上可见，侦查文书事实材料，就是能够证明指控犯罪事实存在的证据材料或其证据。而根据证明力的不同，可将案件事实材料分为证据材料和证据两类；根据《刑事诉讼法》、《检察规范》、《检诉规则》等规定，实践中，侦查文书正文需填制的案件事实材料，主要有以下 8 种：

（1）物证材料。即以其外部特征、存在场所和物质属性证明案件事实的实物和痕迹材料，有实物（如受贿的现金、信用卡）和痕迹（如涂改过的账页）两类。因此，它有较强的客观性、稳定性，既能以记载内容证明案件事实，又能以外部形态证明案件事实；既是书证材料，也是物证材料。因此，在填制侦查文书正文时，对经常遇见的犯罪工具（如刀）、犯罪对象（如保险柜）等物证材料，应依法全面、客观、真实、规范地填制。

（2）书证材料。即以文字、符号、图形等形式所记载的内容或表达的思想来证明案件事实的证据材料。因此，它有以下特征：①以其表达的思想内容证明案件事实，而不是以其外形、质量等来证明案件事实；②往往能够直接证明案件的主要事实；③真实性较强，不易伪造。因此，在填制侦查文书正文时，对经常遇见的账册、书信、笔记、日记等书证材料，应全面、客观、真实、规范地填制。当然，各种侦查文书本身，就是一种常见的书证材料。

（3）证人证言材料。即证人将其了解的案件事实向检方所作的陈述材料。在我国，证人包括单位和自然人证人两类；② 而证人是指了解案件情况并向检方或当事人提供证词的人。而针对证人的询问笔录，既是一种书证材料，也是一种典型的证人证言材料。因此，在制作证人询问笔录时，就应全面、客观、真实、规范地记录证人所说的与案件事实有关的每一句话。

（4）被害人或申述人陈述材料。即被害人或申述人就案件事实情况，向检方所作的陈述。实践中，针对被害人或申述人陈述的询问笔录，既是一种书证材料，也是一种典型的证人证言材料。因此，在制作被害人或申述人询问笔录时，就应全面、客观、真实、规范地记录被害人或申述人所说的、与案件事实有关的每一句话。

① 参见信春鹰主编：《法律辞典》，法律出版社 2003 年版，第 1855、1856 页。

② 例如，在证明被告人郑筱萸第二项受贿事实时，既有证人郑海榕、刘耐雪等的个人证言，也有康裕公司、横店集团总公司、国家外汇管理局等出具的单位证明材料。参见《郑筱萸受贿、玩忽职守案刑事判决书——北京市第一中级人民法院刑事判决书（2007）一中刑初字第 1599 号》（2007 年 5 月 19 日）。

（5）犯罪嫌疑人、被告人供述和辩解（亦即口供）材料。即犯罪嫌疑人、被告人在刑事诉讼过程中，就与案件有关的事实情况向检方所作的供述和辩解，亦即口供。而实践中，针对口供的讯问笔录，既是一种书证材料，也是一种典型的口供材料。因此，在制作讯问笔录时，就应全面、客观、真实、规范地记录犯罪嫌疑人、被告人所说的、与案件事实有关的每一句话。

（6）鉴定结论材料。即鉴定人依据科学知识对案件中的有关专门性问题所作的分析、鉴别和判断材料。因此，它不同于证人证言等人证。因为，鉴定人没有直接或间接感知案件情况，鉴定结论是表述判断意见而不是陈述事实情况，而证据的产生所依据的是科学技术方法而不是对有关情况的回忆。常用的刑事技术鉴定有：法医鉴定、司法精神鉴定、痕迹鉴定、笔迹鉴定、司法会计鉴定、毒物和司法化学鉴定、一般技术鉴定。因此，针对鉴定结论的侦查文书或者在鉴定过程中而填制侦查文书时，都应全面、客观、真实、规范地填制。

（7）勘验、检查笔录材料。即检方对与职务犯罪有关的场所、物品、尸体、人身等进行勘验、检查时所作的客观记录。因此，针对勘验、检查情况的侦查文书或者在勘验、检查过程中而制作勘验、检查笔录时，应全面、客观、真实、规范地填制。

（8）视听资料。即采用先进科学技术，利用图像、音响及电脑储存反映的数据和资料来证明案件真实情况的一种证据材料。例如，照片、录音带、录像带、传真资料、电影胶片、微型胶卷、电话录音、电子数据和资料等。因此，视听资料与书证相比，不仅能静态地反映待证的案件事实，而且能动态地描绘待证案件事实的现实情景；与物证相比，其是以科技手段对待证案件事实的再现。而总的来说，尽管视听资料主要是填制侦查文书的一种辅助手段，但也应做到全面、客观、真实、规范地录制。

2. 填制要领。如上所述，在填制侦查文书正文时，无论针对案件事实的物证、书证、证人证言、被害人或申述人陈述、口供，还是鉴定结论、勘验检查笔录、视听资料，都应全面、客观、真实、规范地记录。但事与愿违的是，其间错误亦难以避免。突出表现，是针对案件事实有关犯罪构成要件或“七何”的上述8种证据材料或证据，记录的不全面、不客观、不真实、不规范。为此，还应了解并掌握如下填制要领：

（1）尽量避免填制案件事实材料或者证据材料或其证据的常见问题：

①对犯罪事实叙述不清楚，层次颠倒，论证、说理不充分、具体，没有真正体现“以事实为根据，以法律为准绳”原则。

②指控犯罪事实的证据材料未依法有序地罗列完整。例如，对次要证据材料没有完全罗列出来，因而客观上影响了证据材料之间的衔接和相互印证

作用。

③正文所阐释的事实、证据、结论、决定（建议）四者之间不能相得益彰，甚至各自为战、相互矛盾。

④要尽量避免并克服下列不足：A.“八字方针”问题，即在侦查文书叙述完案件事实之后，在该写证据材料及其证据的地方只写“事实清楚，证据确凿”八个字。除此之外，任何证据材料及其证据的内容不再涉及；B.“证据类型”问题。即在填制侦查文书正文时，用一段文字将证据材料及其证据类型依次排列，其行文方式为：“上述事实，有书证、物证、证人证言、被害人的陈述、鉴定结论和现场勘查笔录为证”；C.“概括说明”问题。即在侦查文书中间用一个段落概括说明认定事实所依据的证据材料及其证据。其特点是并不说明证据材料及其证据的详细内容，只是提炼出证据材料及其证据的要点并将其归纳说明；D.“简单列举”问题，即叙述事实之后，用一段文字把用以证明事实的证据材料及其证据根据证明对象或证据材料及其证据类型的次序逐一分别列举。

（2）在填制侦查文书正文时，要了解并掌握填制案件事实材料的贯用做法：

①要学会积累并获取真实、有用的案件事实材料。

②要了解并掌握案件事实材料，抑或证据材料或其证据具体类型。

③要精心选择并依法全面、客观、真实、规范地填制下列案件事实材料：A. 所选择并填制的案件事实材料要准确、可靠；B. 所选择并填制的案件事实材料要素应完备；C. 所选择并填制的案件事实材料要有说服力；D. 应选取典型的案件事实材料进行填制；E. 要围绕并服务侦查文书主旨而选择并填制案件事实材料。

④填制或记录犯罪事实材料时，可采取以下方法：A. 单一记录法。即将犯罪嫌疑人实施的每起案件事实一一列述出来，不同性质的犯罪和每个事实相互独立完整，彼此之间互不干扰；B. 先分记后总结法。即先将犯罪嫌疑人实施的每起案件事实一一列述出来，然后再加以总结；C. 先概括后分记法。即先将案件事实进行概括记录，然后再记录每一件具体的案件事实。同时，对犯罪事实可采取：以案件时间为序、以案件主罪从罪划分为序、以案件相同性质为序、以主犯从犯的划分为序、以犯罪嫌疑人记忆的作案顺序为序、以犯罪的相同物品为序进行记录。

⑤根据《文书规定》第9条规定：“刑事检察文书（含侦查文书）叙述案情，必须如实反映客观事实，恰当选用记叙方法，准确写清关键情节，明确交代因果关系，严格区分罪与非罪、主罪次罪、此罪彼罪和罪轻罪重的界限。应

当注意保守国家秘密，保护检举人的安全、被害人的名誉和未成年人的身心健康。”

（3）要精心选择填制所需的案件事实材料：

①所选择的案件事实材料要准确要可靠。根据法律要求，填制侦查文书所使用的材料、事例一定要反复核实，仔细鉴别，查看原材料是否真实，是否齐全，是否清楚，有无可靠根据亦即证据材料。这是最重要的和最基本的要求。在这方面，来不得半点含糊和马虎。

②所选择的案件事实材料必须是用证据材料或其证据证明属实的事实，而非一般的事实。A. 案情事实客观存在，有证据证实，不是道听途说，捕风捉影，主观臆造；B. 案件事实没有选择余地的；C. 切实尊重案情事实，不但不能虚构，也不能含半点水分，只能一是一，二是二。

③所选择的案件事实材料要求，A. 客观、全面、真实，并有与之相应的证据材料或其证据；B. 既可以是一事一证，也可以是综合举证；C. 必须把案件事实和证据填制清楚，绝不能含糊。

④所选择的案件事实材料既要有说服力，也要具有典型、代表性，并应围绕并服务侦查文书主旨。

⑤参照《文书规定》第 11 条第 2 款规定：“写事实根据，应针对案情特点，运用法律规定及犯罪构成原理、要件，概括行为实质、分析归纳危害性质，写明依法处理的必要性。”

另外，也有人认为，在填制侦查文书正文而叙述案件事实时，应注意以下问题：①叙述案件事实应当符合客观实际；②写清案件事实上的基本要素，即“七何”；③分清罪与非罪；④分清此罪与彼罪；⑤写清关键情节；⑥交代清楚因果关系；⑦案件事实之间不能有矛盾；⑧选用自然顺序法、综合归纳法、突出主犯法、突出主罪法、先总后分法、罪名标题法等恰当的叙述方法。①

此外，还有人认为，在填制侦查文书正文而叙述案件事实时，应注意以下问题：①如实反映客观事实；②围绕主旨选择材料；③注意写清“七何”等事实要素；④注意区分罪与非罪、主罪与次罪、此罪与彼罪、当写与不当写、内外界限等原则界限；⑤要明确交代因果关系；⑥要选择恰当的记叙方法。②

（4）填制侦查文书证据时，一方面，要扩展程序映证，展示司法公正。

---

① 参见最高人民检察院编写组编：《检察文书通论》，吉林人民出版社 1988 年版，第 28 ~ 34 页。

② 参见张弥恩主编：《检察实用法律文书概论》，中国检察出版社 1993 年，第 37 ~ 50 页。

程序映证是侦查文书对检方侦查活动全貌的客观反映，也是对各个侦查阶段、环节活动进行的总结性写真。因此，采用这种填制方法可准确表达证据材料及其证据的证明力。另一方面，侦查文书中证据材料及其证据内容的填制，应围绕证据材料及其证据的合法性、真实性、相关性，全面分析、论证、认定证据材料及其证据的理由。

另外，根据《文书规定》第10条规定："刑事检察文书（含侦查文书）需要写出证据的，要明确具体写出主要证据的名称和作用；要注意证据的真实性、锁链性及与案件的相关性。"

此外，也有人认为，在填制侦查文书正文而记叙证据材料或其证据时，①要写明主要的证据材料或其证据；②所列举的证据材料或其证据要具体；③要注意各个证据材料或其证据之间的相关程度；④要注意各个证据材料或其证据之间的连锁性。①

再者，还有人认为，在填制侦查文书正文而记叙证据材料或其证据时，①必须写明主要证据；②列举证据应力求具体；③注意证据的证明力和连锁性。②

（5）要了解并掌握证据材料或其证据的采信、排除规则，依法全面、客观、真实、规范地填制侦查文书正文内容。因为，填制侦查文书特别是制作侦查笔录的直接目的，是获取指控犯罪、定案的证据材料或其证据；而作为指控犯罪、定案的证据材料或其证据，须具有客观性、真实性和合法性。因此，倘若填制侦查文书尤其是制作侦查笔录的行为、程序等不合规合法，那么，该侦查文书或由其收集的证据材料或其证据，就有不被采信而被排除的危险。

而根据《刑事诉讼法》、两高三部《死刑证据》和《证据排除》以及高检院《检察规范》、《检诉规则》规定，须了解并掌握的证据材料或其证据的采信、排除规则包括：

①对一切案件的认定都要重证据，重调查研究，不轻信口供。只有犯罪嫌疑人、被告人供述，没有其他证据的，不能认定犯罪嫌疑人、被告人有犯罪事实；没有犯罪嫌疑人、被告人供述，证据确实充分的，可以认定犯罪嫌疑人、被告人有犯罪事实。

②检察人员必须依照法定程序，全面、客观地收集证据，包括填制各类侦

---

① 参见高检院编写组编：《检察文书通论》，吉林人民出版社1988年版，第34～36页。

② 参见张弥恩主编：《检察实用法律文书概论》，中国检察出版社1993年，第51～56页。

查文书或其侦查笔录。

③在立案侦查、审查逮捕、审查起诉等办案活动中认定案件事实，应以证据为根据，包括侦查文书和通过侦查文书而获取、采信的证据材料或其证据。

④对职务犯罪案件中的物证、书证，应当着重审查以下内容：A. 物证、书证是否为原物、原件，物证的照片、录像或者复制品及书证的副本、复制件与原物、原件是否相符；物证、书证是否经过辨认、鉴定；物证的照片、录像或者复制品和书证的副本、复制件是否由两人以上填制，有无填制人关于填制过程及原件、原物存放于何处的文字说明及签名。B. 物证、书证的收集程序、方式是否符合法律及有关规定；经勘验、检查、搜查提取、扣押的物证、书证，是否附有相关笔录或者清单；笔录或者清单是否有侦查人员、物品持有人、见证人签名，没有物品持有人签名的，是否注明原因；对物品的特征、数量、质量、名称等注明是否清楚。C. 物证、书证在收集、保管及鉴定过程中是否受到破坏或者改变。D. 物证、书证与案件事实有无关联。对现场遗留与犯罪有关的具备检验鉴定条件的血迹、指纹、毛发、体液等生物物证、痕迹、物品，是否通过DNA鉴定、指纹鉴定等鉴定方式与犯罪嫌疑人、被告人或者被害人的相应生物检材、生物特征、物品等作同一认定。E. 与案件事实有关联的物证、书证是否全面收集。

⑤证据的审查认定，应结合职务犯罪案件的具体情况，从证据与待证事实的关联程度、各证据之间的联系、是否依照法定程序收集等方面进行综合审查判断。

⑥收集物证、书证不符合法定程序，可能严重影响司法公正的，检方应及时要求侦查机关补正或作出书面解释；不能补正或无法作出合理解释的，对该证据应当予以排除。对侦查机关的补正或解释，检方应予以审查。经侦查机关补正或者作出合理解释的，可作为批准或者决定逮捕、提起公诉的依据。

⑦行政方在行政执法和查办案件过程中收集的物证、书证、视听资料、电子数据、鉴定意见、勘验检查笔录等证据材料或证据，应以该机关的名义移送，经检方审查符合法定要求的，可作为证据使用。同时，检方办理直接受理立案侦查的案件，对于有关机关在行政执法和查办案件过程中收集的涉案人员供述或者相关人员的证言、陈述，应重新收集；确有证据证实涉案人员或者相关人员因路途遥远、死亡、失踪或者丧失作证能力，无法重新收集，但供述、证言或者陈述的来源、收集程序合法，并有其他证据相印证，经检方审查符合法定要求的，可作为证据使用。

⑧检方经审查发现存在法定非法取证行为，依法对该证据予以排除后，其他证据不能证明犯罪嫌疑人实施犯罪行为的，应不批准或者决定逮捕，已经移

送审查起诉的，可将案件退回侦查机关补充侦查或者作出不起诉决定。

⑨在侦查、审查起诉和审判阶段，检方发现侦查人员以非法方法收集证据的，应报经检察长批准，及时进行调查核实。当事人及其辩护人、诉讼代理人报案、控告、举报侦查人员采用刑讯逼供等非法方法收集证据并提供涉嫌非法取证的人员、时间、地点、方式和内容等材料或者线索的，检方应受理并进行审查，对于根据现有材料无法证明证据收集合法性的，应当报经检察长批准，及时进行调查核实。上一级检方接到对侦查人员采用刑讯逼供等非法方法收集证据的报案、控告、举报的，可直接进行调查核实，也可交由下级检方调查核实。

⑩对于非法证据的调查核实，在侦查阶段由侦查监督部门负责；在审查起诉、审判阶段由公诉部门负责。必要时，渎职侵权检察部门可以派员参加。检方可采取讯问犯罪嫌疑人，询问办案人员，询问在场人员及证人，听取辩护律师意见，调取讯问笔录、讯问录音、录像，调取、查询犯罪嫌疑人出入看守所的身体检查记录及相关材料，进行伤情、病情检查或者鉴定等方式对非法取证行为进行调查核实。调查完毕后，应填制调查报告，根据查明的情况提出处理意见，报请检察长决定后依法处理。

（二）理由填制要领

所为理由，是指侦查文书正文中，支撑结果、决定之所以这么做的道理。因此，在填制侦查文书理由时，既要阐明认定案件事实的理由，也要阐明适用法律的理由，即适用程序法和实体法的具体条款。

1. 认定事实，就是认定案件事实；而认定案件事实必须经过推理判断，讲出所以然。

2. 客观存在的案情事实必须有其法律依据，否则，就不是侦查文书所依据的法律事实。

3. 适用法律的理由是依据认定的法律事实，为什么适用这个法条而不适用那个法条，必须“对号入座”，而绝不能张冠李戴。

4. 每件侦查文书都离不开法律事实和法律依据。事实是根据，法律是准绳，既不能捏造、歪曲事实，也不能牵强附会适用法条。

5. 填制理由时，还应做到以下几点：①突出个性，概括事实根据；②切中要害，分析危害结果；③依法定罪，准确引用法律。

（三）引文填制要领

如上所述，作为侦查文书正文之理由的重要内容之一，引文是指“作为立论依据而引用的文件、书籍或规章命令等原文"[①]。因此，引文有别于引用、参见、注释、注解——引用是指"用别人说的话（包括书面材料）或者做过的事作为根据"；参见是指"参看（多用于书或文章的注解）"；注释是指"注解"；注解是指"用文字来解释字句"。[②] 所以，基于上述解释不难看出，填制侦查文书可以甚至必须使用引文，当然引文最多的是法律条文，尤其是《刑事诉讼法》和《检诉规则》条文。

就目前而言，侦查文书引文现存的最大问题，就是所引用的法律名称及其条文不规范：①引用法律条款发生错误；②过多地反复引用同一条款，啰唆；③引用条款不具体，只引用条文而未具体到项或款；④所引用法律名称不规范。例如，将《中华人民共和国刑法》简称为"刑法"或"《刑法》"，将《中华人民共和国刑事诉讼法》简称为"刑事诉讼法"、"《刑事诉讼法》"、"刑诉法"，等等。因此，为扭转并避免这些常见问题，一要做到所引用的法律名称要正确，而不能使用简称；二要做到所引证的法律要有针对性，针对案情引用外延较小，恰恰适合于本案的内容；三要做到引用法律凡有条款项的，应引到条下的款或项；四要做到在不影响文字表述的情况下，尽可能引出法律条文的内容，但应注意条文文意的完整，不能断章取义；五要做到在有关侦查文书中，应先引用《刑法》、《刑事诉讼法》等基本法律条文，后引用《国家赔偿法》等法律条文。与此同时，还应注意以下问题：

1. 根据两高《关于地方人民法院人民检察院不得制定司法解释性质文件的通知》第 1 条规定："自本通知下发之日起，地方人民法院、人民检察院一律不得制定在本辖区普遍适用的、涉及具体应用法律问题的'指导意见'、'规定'等司法解释性质文件，制定的其他规范性文件不得在法律文书中援引。"

2. 根据《文书规定》第 15 条第 2 款规定："引用法规中章、节、条、款、项、目数字的时候，应按照原法规中所用数字，原来用汉字的就用汉字；原来采用阿拉伯数字的，就用阿拉伯数字。"

3. 参照高法院《关于人民法院填制法律文书如何引用法律规范性文件的批复》（1986 年 10 月 28 日）规定精神，检方在填制侦查文书而引用法律规范

① 参见商务印书馆辞书研究中心修订：《新华词典》2001 年修订本，商务印书馆 2001 年版，第 1178 页。"原文"提法，它恰好与在法律文书（含侦查文书）中引用法律条文全文的主张吻合。

② 参见中国社会科学院语言研究所词典编辑室编：《现代汉语词典》修订本，商务印书馆 1999 年版，第 1504、118、1646、1645 页。

性文件时，①对于全国人大及其常委会制定的基本法律和法律，国务院制定的行政法规，各省、直辖市人大及其常务委员会制定的与宪法、法律和行政法规不相抵触的地方性法规，民族自治地方的人民代表大会依照当地政治、经济和文化特点制定的自治条例和单行条例，可引用；②国务院各部委发布的命令、指示和规章，各县、市人大通过和发布的决定、决议，地方各级人民政府发布的决定、命令和规章，凡与宪法、法律、行政法规不相抵触的，可在办案时参照执行，但不要引用；③高检院提出的贯彻执行各种法律的意见以及批复等，应当贯彻执行，但也不宜直接引用。

4. 参照高法院《关于在刑事判决中不宜援引宪法作论罪科刑的依据的复函》（1955 年 7 月 30 日）规定精神，在填制侦查文书时，不宜引用宪法条文。

5. 参照高法院《关于判处劳役适用范围和不要援用刑法草案判处拘役的复函》（1962 年 9 月 13 日）规定精神，在填制侦查文书时，不宜引用未颁布施行的法律和国家政策性文件。

6. 参照高法院《关于引用法律法令等所列条款项目顺序的通知》（1956 年 12 月 22 日）规定精神，填制侦查文书而引用法律规范性文件时，应注意：①引用法律、法令等的条文时，应按条、款、项、目顺序来写，即条下为款，款下为项，项下为目。②如果某一条下面没有分款而直接分列几项的，就不要加“第一款”。例如，《刑事诉讼法》第 20 条只有（一）（二）（三），就不要写“第十条第一款第×项”。

7. 参照高法院《关于在裁判文书中如何引用刑法修正案的批复》（2007 年 4 月 9 日）规定精神，在填制侦查文书适用《刑法修正案》的规定时，应当直接引用修正后的《刑法》条文，表述为“《中华人民共和国刑法》第×××条的规定或者《中华人民共和国刑法》第×××条之×的规定”。

8. 参照高法院《关于〈法院诉讼文书样式（试行）若干问题的解答〉（1993 年 4 月 21 日）规定精神，在共同职务犯罪案件引用法律时，应分别引用，不应“估堆”引用法律条文。

总之，引用法律条文必须与案件事实材料、证据材料或其证据、结论和决定保持一致，并保证所引法律的准确性、完整性、顺序性和针对性。

（四）结论、决定填制要领

无疑，结论或决定（建议）是侦查文书的精髓和灵魂，因而填制时必须达到画龙点睛成效。

另外，每份侦查文书都有其特定目的，都有需要解决的问题。因此，结论或决定是由客观存在的案情事实所决定的，是不以人们的主观意识为转移的；

案情事实和法律规定是第一位的，结论或决定是第二位的。但填制侦查文书时，结论或决定又要统帅侦查文书内容的全部。而这也正是案件事实材料、证据、理由和结论的四者辩证统一。为此，侦查文书正文内容才能达到错落有序、前后呼应、结构逻辑严谨、浑然一体。

此外，《文书规定》第11条则明确规定："刑事检察文书（含侦查文书）的结论部分，写理由时，应当分别写明事实根据和法律依据；写事实根据，应针对案情特点，运用法律规定及犯罪构成原理、要件，概括行为实质、分析归纳危害性质，写明依法处理的必要性；写法律依据，必须准确、规范。根据需要，可以分别引用《刑法》、《刑事诉讼法》以及全国人民代表大会及其常委会制定或批准的其他刑事法律、法令、决定。必要时也可以引用两高的司法解释和国务院及有关部门对刑法中空白罪状的具体补充规定。引用的法律名称一般应当写全称。法律条文要引用外延最小的规定，对条下有款、项的应当具体指出适用的条、款、项。"

第五节　职务犯罪侦查文书尾部的填制要领

一、尾部及其常见问题

所谓尾部，是指侦查文书的结尾部分。它通常包括：办案人员和相对人签名、捺指印和填制时间等事项，且事项名称多为事先印制好的（如下图19所示）。为此，《文书规定》第5条规定："各种主要刑事检察文书（含侦查文书），一般由首部、正文、尾部3部分组成……结尾包括：填制单位名称、负责人或承办人职务、姓名、发出年月日及公章、附项（即附注事项和需要附送事项的说明）等。"

而与填制首部、正文一样，对侦查文书尾部也应规范、认真、全面地填制。但实践中，却存在以下问题：①附件和用印不规范，加盖的公章没有做到"骑年盖月"；②连页文书的中缝没有加盖骑缝章，有的甚至以该院的院印代替；③签发不规范。有的逮捕证、拘传证、取保候审决定书、监视居住决定书等侦查文书不是由本院检察长签发的，而是由侦查部门负责人直接签发的；④填制时间不规范。特别是填制时间要记明年月日时分，并用汉字或阿拉伯数字表示，而不能汉字与阿拉伯数字混用表示填制时间。其中，汉字的"零"可用圆圈"〇"表示，而不能用阿拉伯数字"0"或者英文字母"O"的大小写表示。例如，"二〇〇九年五月十八日"不能表示为"二00九年五月十八日"

或“2009年五月十八日”。同时，不能遗漏填制时间中的年、月、日、时、分的每一项。

________人民检察院

勘验检查笔录

检技堪〔　〕　号

（以上属于首部，以下属于正文）

一、基本情况

堪检事由：________堪检起始时间________堪检结束时间：__________

堪检地点：________堪检环境情况：（天气、光线、温度、风向等）

现场指挥人：____________________到场时间：____________________

堪检人：______到场时间：______堪检人：______到场时间：________

见证人：________证件名称/号码：________见证人：________证件名称/号码：________

其他人员：（包括笔录人、制图人、照相人、录像人、录音人、全程录音录像人等）

堪检设备和软件工具的名称、型号、版本号：________________

二、堪检过程：勘验/检查情况：（发现、提取、分析、固定证据形式、方法和步骤）

三、堪检结果：（提取固定痕迹、物证情况，制图和照相的数量，录像、录音的时间）

（以上属于正文，以下属于尾部）附件：（现场照片、物证照片、设备照片、现场图、录音录像、物品制表）

现场指挥人（亲笔签名）：__________堪检人（亲笔签名）：________

见　证　人（亲笔签名）：__________记录人（亲笔签名）：________

年　月　日

第　页

二、尾部填制要领

（一）附件填制要领

所谓附件，亦称附项，是指“配合正式文件而发出的有关文字材料”。它与附注不尽相同，附注是指“书籍或文章中补充说明或解释正文的文字。分夹注、脚注、尾注等方式”①。

实践中，侦查文书附件（附注）的常见问题：一是该有的没有，不该有的有；二是附件标注不符合规定：“附:”、“附”、“附件:”、“附件”混用，不统一；三是附件和正文之间的间隔或大或小，等等。因此，为扭转并避免这些常见问题，填制侦查文书尾部时，应注意以下问题：

1. 根据《文书规定》第20条规定：“发出的刑事检察文书（含侦查文书）需要向主送单位或个人附注说明有关事项或附送文件材料时，应在文书尾部的年月日后空两行的顶格处写明‘附’字样，然后再具体写明。对需要附注的事项，可直接用文字写明；对附送的材料，可写‘随本决定书附送××材料×份’。附项内有两项以上内容时，应注明顺序号。”

2. 根据高检院《公文处理办法》及其《实施细则》规定，公文附件（含侦查文书或其侦查公文），①应当注明顺序号和名称，批转性文件的批语和被批转件均属正文，不得作为附件；②在正文下空一行，左空两字，用3号仿宋体字标识“附件”，后标全角冒号和名称。附件如有序号，使用阿拉伯数码（如“附件：1. ××××”），附件名称后不加标点符号；③附件应与正文一起装订，并在附件左上角第一行用3号仿宋体字顶格标识“附件”两字，有序号时标识序号（如附件1），下空一行用2号宋体字居中标识附件名称；(4) 附件序号和名称应前后一致。如附件与公文正文不能一起装订，应在附件左上角第一行，顶格标识公文的发文字号，并在其后标识“附件”（或带序号）。

3. 参照中办、国办《党政机关公文处理工作条例》规定，公文（含侦查文书或其侦查公文）如有附件，应当注明附件顺序和名称；公文正式印制前，文秘部门应当进行复核，重点是：审批、签发手续是否完备，附件材料是否齐全，格式是否统一、规范等。

4. 参照全国人大常委会《人大机关公文处理办法》（2000年1月15日）规定，公文（含侦查文书或其侦查公文）附件，应当注明顺序号和名称，位

---

① 参见商务印书馆辞书研究中心修订：《新华词典》2001年修订本，商务印书馆2001年版，第292页。

于正文之后，发文机关署名之前；附件、发文机关署名、抄送单位用3号仿宋体字。

5. 参照中央办公厅《中国共产党机关公文处理条例》规定，公文附件，应当置于主件之后，与主件装订在一起，并在正文之后、发文机关署名之前注明附件的名称。

而实践中，也有人主张，司法文书（含侦查文书）要附注法律法规条文的具体内容：一有利于彰显司法文明；二有利于宣传法律知识；三有利于监督司法机关。因此，附注可以采取两种方式：一种是内容较少时在文书页脚处直接附注；另一种是内容较多时另页附注。[①] 对此，笔者也持赞同观点。

（二）签名或盖章和捺手印要领

1. 签名或盖章要领。如何保证侦查文书的针对性和唯一性，为此，诸如《刑事诉讼法》第120条就明确规定："犯罪嫌疑人承认笔录没有错误后，应当签名或者盖章。侦查人员也应当在笔录上签名。"其中，签名即"写上自己的名字"，[②] 盖章即加盖自己的印章；而签名或盖章是相对人或办案人员在填制侦查文书过程中的一项法定义务。

通常，签名在先，若不签名也可盖章；换言之，一般没有签名与盖章同时为之的必要，有其一即可。因此，侦查文书尤其是侦查笔录上的签名或盖章包括3种情形：①相对人在相关的侦查文书（如自书口供）上签上自己的姓名或者盖上自己的印章；[③] ②办案人员在相关的侦查文书（如阅卷笔录）上签上自己的姓名或者盖上自己的印章；③相对人和办案人员在相关的侦查文书上签上自己的姓名或者盖上自己的印章（如讯问笔录），并以第三种情形最为常见，且以相对人签名或盖章、办案人员只签名而不盖章情况最为普遍。

另外，"签名或者盖章"中的"名"是指相关人员的法定姓名，"章"是

---

① 参见孙涛、陈明：《司法文书要附注法规具体内容》，载《检察日报》2004年9月28日。

② 参见中国社会科学院语言研究所词典编辑室编：《现代汉语词典》修订本，商务印书馆1999年版，第1009页。

③ 例如，在薄熙来案中，高检院侦查人员询问薄谷开来时，就有如下记载："最高检工作人员：再有徐明对你，找你以前谈过，曾经说过徐明为你在法国买了一套房产，这个情况再详细说一下？薄谷开来：这件事情我原来跟中纪委谈过很长时间，后来最高检来的时候，我也认真谈过，并且里面有详细的记录，我自己写过一个口述，都签过字，我想谈起来比较长。还是以当时的笔录，我签过字，还有我的亲笔供述为准吧。"（参见"薄谷开来供述薄熙来案证词现场视频"，载《人民网》2013年8月23日。

指印章中的私章（或私印）。而印章之所以具有证明身份和行为的功能，缘于以下机理：①印章上的印文是其所有者的姓名或名称，并且是依所有者的意思而刻制上的；②印章上的印文与盖章后留在纸张等载体上的印文具有同一性，并且印章作为固体物其印文不易改变；③印章通常在其所有者控制之下，并依所有者的意思而使用；④印章的使用就等于印章所有者的签名，盖章的效力就等于签名的效力。当然，签名与盖章的效力，事实上并不完全相同。签名的真假可作笔迹鉴定，难以否认，效力较高。当然，签名要比盖章方便。

此外，在侦查文书上签名或盖章之所以能够保证其唯一性特征，一是基于签名或盖章具有同一认证、唯一性的身份证明作用；二是基于签名或盖章的心理特征；三是签名或盖章的有无，直接影响相关侦查文书尤其是侦查笔录能否成为指控犯罪或定案的证据材料或其证据，抑或相关侦查文书即面临作为非法证据被排除的可能。例如，两高三部《死刑证据》第 11 条规定："对证人证言应当着重审查以下内容：……（四）证言的取得程序、方式是否符合法律及有关规定：……笔录是否经证人核对确认并签名（盖章）、捺指印……"第 13 条规定："具有下列情形之一的证人证言，不能作为定案的根据：……（二）没有经证人核对确认并签名（盖章）、捺指印的书面证言……"

再者，不签名或盖章的讯（询）问、调查等侦查笔录能否作为指控犯罪、定案的证据材料或其证据使用？观点不一。而本书认为，可参照《死刑证据》下列规定精神，具体问题具体分析如第 9 条第 2 款："物证、书证的收集程序、方式存在下列瑕疵，通过有关办案人员的补正或者作出合理解释的，可以采用：（一）收集调取的物证、书证，在勘验、检查笔录，搜查笔录，提取笔录，扣押清单上没有侦查人员、物品持有人、见证人签名或者物品特征、数量、质量、名称等注明不详的……对物证、书证的来源及收集过程有疑问，不能作出合理解释的，该物证、书证不能作为定案的根据。"第 14 条："证人证言的收集程序和方式有下列瑕疵，通过有关办案人员的补正或者作出合理解释的，可以采用：（一）没有填写询问人、记录人、法定代理人姓名或者询问的起止时间、地点的……"

（1）常见错误。目前，侦查文书特别是侦查笔录签名或盖章的常见错误有四：

①不全。有的只有办案人员，却没有相对人的签名或盖章；有的只有相对人的，却没有办案人员的签名或盖章；有的既没有相对人的，也没有办案人员的；有的只有记录人的，却没有主诉（办）检察官或录制人的签名。

②不规范。例如，在自首、讯（询）问笔录上，相对人并未逐页签名或者盖章；签名或盖章字迹潦草，看不清楚。

③签名用圆珠笔甚至铅笔或者蓝色墨水，而不是用钢笔、签字笔或碳素墨水签名。

④侦查笔录修正、补充涂改处，没有用印泥捺指印或用印台油捺指印，等等。

（2）填制要领。由于侦查文书特别是侦查笔录的签名或盖章，既是办案人员和相对人的一项法定义务，也是侦查文书的重要内容之一。因此，侦查文书或其侦查笔录签名或盖章除应遵循合法、规范、严谨、得体、准确、明晰、质朴、庄重、通俗、精练、简约并符合语法之要领外，还要注意以下问题：

①要了解并掌握签名或盖章规则。除《刑事诉讼法》有关签名或盖章的规定外，还应了解并掌握《检察规范》和《检诉规则》中有关签名或者盖章的规定，使签名或盖章依法进行。

②要了解并掌握不规范或没有签名或盖章之检察笔录的审查、采信、排除规则。其中关键，是了解并掌握两高三部《死刑证据》、《证据排除》中的相关规定。

③参照《文书规定》第 19 条规定："刑事检察文书（含侦查文书）中需要检察人员或部门负责人署名时，一般应先写明法律职务名称或部门负责人的行政职务，再署名。"

④签名或盖章需用相关人员亲自为之，不能他人代行。

⑤实践中，在侦查笔录上签名或盖章时，一般采用签名加捺指印的做法，而不是单纯的签名或盖章。

⑥在填制侦查文书时，除填制单位——检察院需加盖印章外，由相对人而为的盖章并不常见；而常用的签名应使用钢笔或签字笔，而不能用圆珠笔和铅笔，钢笔或签字笔所用墨水要用碳素或蓝黑的，而不能使用蓝色甚至红色墨水；盖章或捺指印要用印泥，而不用印油。其中，印油亦称印台油，主要成分有色素、水、酒精和甘油，而色素成分是盐基性染料碱性品红、碱性品蓝或直接湖蓝，它们是不耐久的色素成分。

2. 捺指印要领。所谓捺指印，亦称捺（按）手印、捺（按）手纹，就是指按手指印。尽管《刑事诉讼法》对此没有具体规定，但司法解释或司法实践中却经常出现捺指纹情形。例如，《检诉规则》第 80 条规定："犯罪嫌疑人到案后，应当责令其在拘传证上填写到案时间，并在拘传证上签名、捺指印或者盖章，然后立即讯问。"第 307 条规定："讯问犯罪嫌疑人应当填制讯问笔录，并交犯罪嫌疑人核对或者向其宣读，经核对无误后逐页签名、盖章或者捺指印并附卷。犯罪嫌疑人请求自行书写供述的，应当准许，但不得以自行书写的供述代替讯问笔录。"

当然，捺指印主要出现于制作侦查笔录过程中；而填制其他侦查文书时，则不存在捺指印问题。

（1）常见问题，主要有三：

①错误认为，只有犯罪嫌疑人或涉案人员才捺指印。例如，被害人、举报人、被询问人也有捺指印的可能；捺指印与否或捺指印好坏都无所谓。

②所捺指印随心所欲。通常，人们认为，捺指印只不过是走个形式而已，只要在笔录上有个红印儿即可，愿意咋捺就咋捺。至于应用哪只手的哪个手指头的哪个部位，在侦查文书的哪些位置上如何捺指印，当事人根本无须知晓。因此，在这种错误观念的驱使下，导致诸多侦查文书上的指印秩序混乱，印迹模糊不清、残缺不全，指印与字迹、指印与印章、指印与指印交叉重叠，从而失去了捺指印的目的、作用。

③侦查文书特别是侦查笔录的修涂改处，没有相对人所捺指印；或者修涂改处众多，因而所捺指印众多，从而影响了侦查文书的书面整洁。

（2）填制要领：

①要正确看待捺指印的作用、意义。由于人的遗传特性，虽然指印人人皆有，但各不相同，且足以提供用于鉴别的足够特征。因此，在侦查文书上捺指印的目的，主要是证明其内容的客观性、真实性、唯一性和合法性，并非可有可无。

②要了解并掌握填制侦查文书而捺指印的规则。关键是了解并掌握《检察规范》和《检诉规则》中有关捺指印的规定。

③要了解并掌握不规范或没有捺指印之侦查文书的审查、采信、排除规则。这与上述不规范或没有签名或盖章之侦查文书的审查、采信、排除规则类似。

④要了解并掌握捺指印地方或部位。其中，捺指印的地方包括：A. 侦查文书中捺取的部位：在犯罪嫌疑人、当事人签名处捺指；B. 在侦查文书补充或修改处捺指印；C. 多页侦查文书的，摊开后在右侧边缘处捺指印；D. 当侦查文书有加页时，为了保证所填制侦查文书的真实性和连续性，要求当事人或相关人员在每一页上都要签名且捺手印。而捺指印的部位，一般均采用右手食指指纹、三面捺指印，即右手食指上捺到靠近指尖部位，下捺到第一指节屈肌褶纹以下，左右两边滚印到指甲边沿，印出食指的正面和两个侧面的全部花纹。

⑤要了解并准备捺指印的器材及捺指印前的准备：A. 捺指印的基本器材有：指印油墨或印泥而不用印油，调油板或玻璃板，滚筒；B. 捺指印前手指要清洁，如果指面粗糙或有污垢，可先用温水浸泡洗净后再捺指印，如果手上

有大量汗液，可用干布擦净再捺指印。

⑥要了解并掌握捺指印的步骤及具体方法：调匀油墨→将侦查文书置于平整的桌面上→指导被捺指印人放松手指→令被捺指印人面向捺指印桌，捺指印人站在被捺指印人的左侧或右前方，用右手拇指食指捏紧被捺指印人食指的第二指节的两侧，再用左手拇、食指轻轻捏住被捺指印人食指尖端，在调油板上滚动一个180°的弓形，食指均匀地滚沾一薄层油墨，然后，在侦查文书上需捺指印的部位滚印同样的180°的弓形，力量要轻，从里向外滚动。而保证所捺指印清晰、完整、不变形，A. 指位要固定——右手食指。B. 操作要规范，蘸取油墨、印泥一定要均匀适中，不宜过厚、过薄、过量，不可重复蘸取；捺指印时一定要保持指肚与纸平面大面积垂直亲密接触，均匀、平稳用力后即垂直抬离，不许用力过度、晃动、停顿、重复或侧滑。C. 布局要合理。

（三）用印、骑缝章使用要领

所谓用印，是指加盖填制单位公章、骑缝章、校正章等。填制侦查文书，一般采用双重签署的做法，即案件承办人员和所在检察机关双重签署的做法。其中，案件承办人员可以使用统一刻制的个人名章作为签署的印章或亲自签名，签署位置在其职务或等级之后；检察机关印章应加盖在填发日期上，盖法为“骑年压月”、“朱在墨上”。

目前，侦查文书用印的常见问题：①印章歪斜甚至倒盖、不清晰，甚至有的遗忘了加盖印章；②加盖的公章没有做到“骑年盖月”；③连页文书的中缝没有加盖骑缝章，有的甚至以该院的院印代替；④多处加盖校对印章，影响了侦查文书的整洁和严肃性，等等。因此，为纠正并避免上述问题，填制侦查文书而用印时，应注意以下问题：

1. 要了解并掌握用印中“印”的范围和作用。印即“印章”，主要指公章、校对章、骑缝章等。其中，骑缝章就是在盖有许多页纸的文件时，为了避免有人换掉其中几页纸又不想每页都去盖章，而把文件几页纸张的边缝连在一起盖章。这样的章，就称为骑缝章。骑缝章一般用于比较重要的文件上。因为，这些文件重要，因而一般会存档；盖章时要压到边缝，普通公章盖章时要求“骑年压月”，但骑缝章要求“骑缝”，即公章要均匀盖压在两页可折叠纸的中缝上，一半留作存根，另一半持作凭证，验证时，两半相对，公章应完整、合一；和钢印一样，骑缝章具有防止在文件内增减页码的作用，就是多页或少页都能够看得出来，防止挖补或加页造假，以保持文件的完整性。

而校对章是指在已填制好、送达前的侦查文书中发现有笔误后，由检察人员在笔误处更正后加盖的检察院校对章。另据《新华网》2007年3月28日报道，从今天开始，浙江省泰顺县人民法院取消了使用多年的“校对章”。今后该院填制的裁判文书如再发现差错，还处在打印阶段的，一律重新填制；已经送达的，一律用裁定补正。

2. 要了解印章特别是公章的特征和使用规则、方法。公章是指国家机关、团体、企事业单位等法人使用的印章，包括公章、财务章、合同章、业务专用章及银行的转账章、现金收讫章、现金付讫章等。

（1）要提高用印重要性的认识，有利于提高侦查文书的规范性和威严性，提高检察机关的国家形象和社会公信力。

（2）根据《文书规定》第 18 条规定：“凡需向本院外送达（包括备案）的文书，均应加盖人民检察院院印，院印应当端正地盖在文书结尾，发出年月日上。本院有关业务部门间商办或呈送本院领导审批的文书，一般不盖院印。”第 21 条规定：“对需要发出的多页式文书，应分别在各页上标明页码，并在各页文书的一侧边沿与其相邻页合盖‘××人民检察院骑缝章’。多联式文书的各联之间骑缝处，应以大写数字骑缝写明文书编号，并在编号上加盖‘××人民检察院骑缝章’。对文字有删改的，要在文书删改处加盖‘××人民检察院校正章’。送达主送单位（或个人）的刑事检察文书为正本，送达抄送单位（或个人）和存卷归档的为副本。正本、副本具有同等效力。各种打印式刑事检察文书，应分别在文书首页的右上角空白处加盖“正本”或“副本”字样图章，并在尾部年月日的左下角由校对的书记员加盖“本件与原件核对无异”字样图章。‘人民检察院骑缝处’、‘校正章’、‘正本’、‘副本’及‘本件与原件核对无异’图章，均为横写长方形，使用时盖红色印油。”因此，侦查文书骑缝处不应加盖院印。因为，《中华人民共和国国徽法》（1991 年 3 月 2 日）第 3 条规定：“中华人民共和国国徽是中华人民共和国的象征和标志。一切组织和公民，都应当尊重和爱护国徽。”第 13 条规定：“在公众场合故意以焚烧、毁损、涂划、玷污、践踏等方式侮辱中华人民共和国国徽的，依法追究刑事责任；情节较轻的，参照治安管理处罚条例的处罚规定，由公安机关处以十五日以下拘留。”而若将检察院印章用于侦查文书的骑缝章，在使用时就要从两联中间撕开，并毁损了检察院印章中国徽的完整图案。

（3）参照《公文处理实施细则》规定，一方面，发文机关署名——应当在正文下空两行署名，右空 4 字，并与下行成文日期错行排布。另一方面，加盖印章应当上距正文 2～4mm，端正、居中，盖于成文机关署名、成文日期上，印章用红色。

（4）参照公安部《公安机关刑事法律文书格式（2002 年版）》规定，①正式印制刑事法律文书格式时，对标明格式顺序号、印、公安局印以及注明应含内容的文字不要印上。②公安局长名章用方形图章，边长 20mm，文字内容为“××印”、“×××印”或“××××”，用楷体字刻制。

（5）参照《重庆市人民检察院印章管理规定》（2006 年 4 月 25 日），①院章、检察长印章、办公室章由办公室指定专人保管；未经办公室领导同意，印章不得委托他人代管。②印章的使用范围：院章主要用于以市院名义发出的公文、公函、法律文书及对外联系事宜；办公室印章主要用于以办公室名义发出的公文、公函及部分对外工作联系事宜；检察长印章主要用于以检察长名义签发的法律文书、检察官等级任命文书及审批表和司法警察警衔证书等；检察长法人代表印章主要用于以检察长名义提请的人事任免、以本院名义对外签约以及有关法人代表的签名等；电子印章主要用于本院通过检察内网机要通道的向上和对下发文。③印章使用的审批权限：须用院印的文件、公函、证明、法律文书及对外联系工作等，由院领导签发和审批；须用办公室印章的文件、文书以及对外工作联系等，由办公室主任签发和审批。各处室需以办公室名义对下发文及其他事项须用办公室印章的，先由各处（室）领导审核签字后送办公室主任审批；须用检察长签章的法律文书、检察官等级任命审批表和司法警察警衔证等，由检察长或分管院领导审签；须用检察长法人代表印章的文件、合同、法人证明登记等由检察长或分管需用印事项的副检察长审签；凡需通过机要通道以市院名义发文而加盖印章的，必须经分管检察长签发，并由负责机要通道文件传输的承办人操作；凡无院领导审批签发栏的法律文书、证明、函件等需用印章的，必须填写使用印章审批单（如下图 20 所示），交院领导审签。

________人民检察院

使用印章审批单

年　　月　　日

<table>
<tr><td>用印单位</td><td colspan="2"></td><td>用印种类</td><td colspan="2"></td></tr>
<tr><td>事由（文件标题）：</td><td colspan="5"></td></tr>
<tr><td>用印单位负责人签字</td><td colspan="5"></td></tr>
<tr><td>领导签字</td><td colspan="5"></td></tr>
<tr><td rowspan="2">用印情况</td><td>份数</td><td colspan="2"></td><td>时间</td><td></td></tr>
<tr><td>承办人</td><td colspan="2"></td><td>监印人</td><td></td></tr>
</table>

图 20：使用印章审批单

另外，“年月日”和“院印”统一规定处于文侦查书下部空白处偏右中间，如同时有“院印”和“检察长印”两个签名或印章的，两者之间空二或三行，处于下部空白处偏右中间；“存档”、“存卷”、“存检察卷”等提法应统一规范为“附卷”。

此外，本书建议，在侦查文书尾部也应附办案部门、律师和证人等相关诉讼参与人的电话，这样有利于相互联系。例如，2008 年 3 月开始，井冈山法院特别要求各业务庭务必在裁判文书中详细记载当事人住址（门牌号码），同时写清楚当事人的电话号码。该院此举也是为维护当事人的合法权益、法制权威和司法公正性。①

（四）填制时间要领

所谓侦查文书的填制时间，就是指填制好侦查文书的具体时间。而其现存问题主要是书写日期不规范。例如，需用阿拉伯数字填写的用汉字填写，需用汉字填写的又用阿拉伯数字填写，“零”与“0”不分；有的前面用阿拉伯数字，后面用汉字；有的甚至将年号省略或忽略填写年号等。而为纠正并避免上述问题，填制侦查文书时间时，应注意以下问题：

1. 要掌握侦查文书填制时间的特征。①时间有广狭两义。广义时间是指物理学时间，它是运动着的物质存在形式；狭义的时间是指有起点和终点的时段或指它的某一点。②计算时间的单位有年、月、日、时、分、秒等；世界通用的历法是公历；公历的北京时间日期表示法为我国行政公文法定的时间表示法，也是侦查文书的时间表示方法。

2. 给时间准确定位是填制者填制侦查文书时的一项严肃的法律行为，忠于事实和忠于法律是正确地作时间定位的前提和条件。因此，要正确填制侦查文书的签署时间，既不能事先填制，也不能事后补填；而通常，要用汉字在填制侦查文书完成之时日填写。而填写时，要标全，年月日不能省略，甚至有些侦查文书（如讯问笔录）的填制时间应标至时分。例如，讯问开始时间：二〇一三年五月十一日八时三十分，讯问结束时间：二〇一三年五月十一日十一时三十分。

3. 参照《文书规定》第 17 条规定：“刑事检察文书（含侦查文书）发出（送达）日期为该文书生效时间。填制各种刑事检察文书，均应在文书格式的指定部位填记发出文书的时间。”

---

① 参见王堃：《井冈山：裁判文书留“电话”便于日后执行》，载《江西法院网》2008 年 3 月 30 日。

4. 根据高检院《公文处理实施细则》规定，成文日期——在发文机关署名下1行，右空2字，用汉字将年（用四位数）、月、日标全，“零”标识为“○”，如“二○○四年一月一日”。“○”不得用英文字母“O”或阿拉伯数码“0”代替。

第五章　职务犯罪侦查文书送达、撤销与管理要领

第一节　职务犯罪侦查文书的送达与撤销要领

一、送达要领

（一）概述

所谓送达，是指检方依法定方式将侦查文书送交当事人或其他诉讼参与人或有关单位（亦即受送达人）的行为。其常见方式和程序包括：

1. 直接送达。即检方派员（主要是司法警察）将侦查文书直接送交受送达人的一种送达方式。为此，《刑事诉讼法》第105条规定："送达传票、通知书和其他诉讼文件应当交给收件人本人。"

2. 留置送达。即受送达人拒收侦查文书时，送达人把侦查文书留放在受送达人住所的送达方式。因此，它必须具备一定条件，即只有在收件人或代收人拒绝接受侦查文书或者拒绝签名、盖章时才能采用；找不到收件人，同时也找不到代收人时，不能采用留置送达。为此，《刑事诉讼法》第105条规定："如果本人不在，可以交给他的成年家属或者所在单位的负责人员代收。收件人本人或者代收人拒绝接收或者拒绝签名、盖章的时候，送达人可以邀请他的邻居或者其他见证人到场，说明情况，把文件留在他的住处，在送达证上记明拒绝的事由、送达的日期，由送达人签名，即认为已经送达。"

3. 委托送达。即检方直接送达侦查文书有困难的，委托收件人所在地的检方代为送交收件人的送达方式。它一般是在收件人不住在承办案件的检方所在地，而且直接送达有困难的情况下所采用的送达方式。其程序是，委托送达的检方应将委托函、送达的侦查文书及送达回证，寄送收件人所在地的检察机关；受委托的检察机关收到委托送达的侦查文书，应登记，并由专人及时送交收件人，然后将送达回证及时退回委托送达的检察机关。受委托的检察机关无法送达时，应将不能送达的原因及时告知委托的检察机关，并将侦查文书及送达回证退回。

4. 邮寄送达。即检方在直接送达有困难的情况下，通过邮局将侦查文书用挂号方式邮寄给收件人的送达方式。其程序是，检方将侦查文书、送达回证挂号邮寄给收件人，收件人签收挂号邮寄的侦查文书后即认为已经送达。挂号回执上注明的日期为送达的日期。

5. 转交送达。即检方将侦查文书交收件人所在机关、单位代收后再转交给收件人的送达方式。它通常适用于军人、正在服刑或者被劳动教养的人。根据有关司法解释，转交送达的程序是，侦查文书的收件人是军人的，应通过所在部队团以上单位的政治部门转交；收件人正在服刑的，应通过所在监所或者其他执行机关转交；收件人正在劳动教养的，应通过劳动教养单位转交。代为转交的部门、单位收到诉讼文书后，应立即交收件人签收，并将送达回证及时退回送达的检察机关。

（二）送达要领

1. 根据《检诉规则》（《检察规范》也有类似规定）规定：

（1）口头告知的（犯罪嫌疑人有权委托辩护人），应当记入笔录，由被告知人签名；书面告知的，应当将送达回执入卷。

（2）书面告知（有权委托诉讼代理人）的，应当将送达回执入卷。

（3）向犯罪嫌疑人宣布取保候审决定后，检察院应当将执行取保候审通知书送达公安机关执行，并告知公安机关在执行期间拟批准犯罪嫌疑人离开所居住的市、县的，应当征得检察院同意。以保证人方式担保的，应当将取保候审保证书同时送达公安机关。检察院核实保证金已经交纳到公安机关指定银行的凭证后，应当将银行出具的凭证及其他有关材料与执行取保候审通知书一并送交公安机关。

（4）解除或者撤销取保候审的决定，应当及时通知执行机关，并将解除或者撤销取保候审的决定书送达犯罪嫌疑人。有保证人的，应当通知保证人解除保证义务。

（5）上一级检察院不予批准指定居所监视居住的，应当将不予批准指定监视居住决定书送达下级检察院，并说明不予批准的理由。

（6）解除或者撤销监视居住的决定应当通知执行机关，并将解除或者撤销监视居住的决定书送达犯罪嫌疑人。

（7）对于其他机关或者部门移送的案件线索，经初查决定不立案的，侦查部门应当制作不立案通知书，写明案由和案件来源、决定不立案的理由和法律依据，自作出不立案决定之日起 10 日以内送达移送案件线索的单位。

（8）检察院决定不予立案的，如果是被害人控告的，应当制作不立案通知书，写明案由和案件来源、决定不立案的原因和法律依据，由侦查部门在15日以内送达控告人，同时告知本院控告检察部门。

（9）协助的检察院应当在收到函件后1个月内将调查结果送达请求的检察院。

（10）检察院应当将查封决定书副本送达不动产、生产设备或者车辆、船舶、航空器等财物的登记、管理部门，告知其在查封期间禁止办理抵押、转让、出售等权属关系变更、转移登记手续。

（11）检察院应当将通缉通知书和通缉对象的照片、身份、特征、案情简况送达公安机关，由公安机关发布通缉令，追捕归案。

（12）撤销案件的决定，应当分别送达犯罪嫌疑人所在单位和犯罪嫌疑人。犯罪嫌疑人死亡的，应当送达犯罪嫌疑人原所在单位。如果犯罪嫌疑人在押，应当制作决定释放通知书，通知公安机关依法释放。

2. 根据《文书规定》第22条规定："制作文书应当严格遵守法律规定的办案期限，保证按期发出。"

3. 送达侦查文书时，还应注意以下问题：

（1）要高度重视送达工作，它直接关系着职务犯罪侦查工作的成败。

（2）送达方式要合法。一方面，选择送达方式要依法进行，应坚持直接送达为主，留置送达为辅的送达原则。另一方面，送达程序要符合法律规定。同时，送达手续要完备。

（3）根据高检院《人民检察院司法警察条例》第7条第6项规定，司法警察是侦查文书的主要送达者。①侦查部门在立案或采取强制措施后，需送达传唤通知书、拘留、逮捕犯罪嫌疑人家属通知书等侦查文书时，应交由本院司法警察执行送达；②司法警察在送达法律文书前，要检查所需送达的法律文书是否符合法定时效，是否留有送达所需要的时间；③送达法律文书应准确、及时，严守国家保密规定，不得将公文带到公共场所或带回家。未能按时送达的，应及时向侦查部门报告并说明原因；④送达侦查文书，被送达人需在送达回证上签字盖章。留置送达必须由受送达人的基层组织或所在单位的代表到场作见证人。

（三）送达回证填制要领和格式

所谓送达回证，是指检方办理职务犯罪案件过程中，按照法定程序和方式，将侦查文书送交被送达人时所填制的侦查法律文书。而根据《文书样本》规定，作为通用检察文书之一，送达回证是检察院依法向相关单位或个人送达检察机关有关法律文书（含侦查文书）时，所填制并使用的侦查文书。因此，填制并使用本文书时，（1）应在文书首部正中处加盖检察院印章；（2）应由收件人签名或盖章，收件人拒绝签收的，应在备注中注明，不能送达的，应写明理由；（3）收回后附卷。而其具体格式样本，如下样式9所示：

________人民检察院

送达回证

收件人		案由	
送达单位			
送达地址			
文件名称	收到时间	收件人签名或盖章	不能送达理由
	年　月　日　时		
备注			
签发人		送达人	

样式9：送达回证格式样本

二、撤销要领

所谓撤销，是指检方依法撤销侦查文书的行为。根据《文书规定》第4条规定："人民检察院履行刑事检察职责，进行刑事诉讼活动时，应当依法制作和使用相应的文书。刑事检察文书生效以后，未经法定程序，不得擅自撤销或改变。人民检察院因故需要撤销已送达的刑事检察文书时，应当制作并送达相应的撤销文书，将原发出的文书注销。撤销原决定后，又需作出新的决定时，应制作新的文书，新的文书应当重新编号。"

第二节　职务犯罪侦查（文书）档案管理要领

一、侦查文书和档案

无疑，侦查文书与侦查档案，都是职务犯罪侦查活动的产物。但两者也不尽相同：

1. 对象不同。通常，检方依照刑事诉讼法在办理某一具体案件中而形成的材料（含侦查材料）应归入检察诉讼档案；为解决刑法中某一类案件问题或为总结办案经验，交流情况而形成的材料（含侦查材料）应归入文书档案。

2. 内容不同。侦查档案主要记录和反映职务犯罪侦查部门，在职务犯罪侦查过程中所形成的侦查文书材料，包括法律文书、证据、申诉书等；侦查档案主要记录和反映检方组织领导职务犯罪侦查活动情况，包括工作部署、总结、情况通报等内容。

3. 作用不同。侦查档案主要是从历史角度反映检方职务犯罪侦查活动；侦查文书的作用在于侦破职务犯罪案件。

4. 内设管理部门不同。通常，侦查文书由案管中心监督、管理，而侦查档案则由档案部门管理。并尤以前者管理为要。

例如，据《正义网》2009年11月13日报道，近日，为切实规范法律文书的监管与应用，江苏宝应县检察院设置文书开具监管办公室，配备专门人员，开展了法律文书专项清理，在清查各种法律文书的基础上，制定了法律文书监管的四项措施：①扎口审核，由案管科扎口审核后统一开具；②专职监制，由案管科专门负责法律文书的印刷监制、文字校对及登记发放，所有的法律文书必须经过案管科的监制后统一到专门地点印刷方能生效，实现了对法律文书的源头管理；③汇编条目，案管科对法律文书的版本及来源进行登记造册和分类汇编，根据法律文书的变更情况及时汇总更新，对旧版法律文书统一销毁，根据办案需求提供便捷化的查询服务；④统一模板，各科室确定一名兼职案管员，由兼职案管员负责对本部门的电子法律文书模板进行汇总，并在检察局域网设置法律文书电子模板文件夹，各承办人根据办案需要复制使用，实现了对电子模板的统一管理。

另据2013年2月17日出版的《检察日报》报道，新疆生产建设兵团五家渠垦区检察院案管部门为加强对法律文书的监管，出台了《案件管理暂行办法》及《法律文书监管实施细则》，强调了对法律文书的规范管理。严格坚持“一批一开”和“一开一批”的工作原则，业务部门申请法律文书，必须由主管副检察长签字，才能出具，确保责任到人；在法律文书的管理上切实做到法律文书由专人管理、专人负责、专人出具，在此基础上，同时做好文书登记备案工作。

二、管理要领

（一）收集要领

1. 要遵循“齐全完整，及时主动”的收集原则。

2. 根据《检察规范》规定：

（1）案件承办人员从受理案件起，应当认真收集有关诉讼文书（含侦查文书）、工作文书（含侦查公文）、证据材料和其他案卷材料；结案后应及时整理，检查案卷材料是否齐全、完整，是否符合要求；对遗漏或不符合要求的案卷材料，应当及时补齐和补正，无法弥补的，应当在卷内备考表中注明情况，并由承办人签名。

（2）办案过程（含职务犯罪侦查）中形成的下列案卷材料应当归档：①法律文书的印件、签发稿及重要修改的文稿；②有关具体案件的请示、批复（包括电报、电话记录、口头指示记录等）和讨论案件记录、阅卷笔录等材料；③案件来源材料；④证据材料（包括作为证据的视听资料）；⑤处理结果；⑥移交赃款赃物清单。

（3）诉讼案卷材料（含侦查文书）一律用毛笔或钢笔（使用蓝黑或碳素墨水）书写、签发。

3. 收集侦查文书时，还应遵循高检院、国家档案局《关于人民检察院诉讼档案保管期限的规定》和《人民检察院诉讼文书立卷归档办法》的相关规定。

（二）立卷要领

所谓立卷，就是将检方在办理职务犯罪案件过程中形成的侦查文书以及书证、证人证言、犯罪嫌疑人供述等证据材料，按照一定的原则和方法，进行鉴别、整理排列，并装订成案卷的工作。例如，在薄熙来案中，就有如下记载："大连国际发展有限公司 2011 年 4 月出具的《大连国际发展有限公司简介》，见补充侦查卷第 3 卷第 57～58 页。"①

1. 根据《检察规范》规定：

（1）案件材料（含侦查文书）应依法进行分类、组卷。直接受理立案侦查的刑事案件应分为 A 卷、B 卷。可以向律师等有关人员提供的材料归入 A 卷，不能对外提供的材料归入 B 卷。

（2）卷内材料原则上应按实际办案程序依次排列；各种证据应当先按材料的种类等不同特征分类，再按时间顺序排列；按照证据作用的大小，将主要证据排列在前，辅助证据排列在后；单一犯罪嫌疑人案件的讯问笔录，按讯问犯罪嫌疑人的时间顺序排列；共同犯罪案件的讯问笔录，应按犯罪嫌疑人在实施犯罪中的主次地位，分别依时间顺序排列；材料多的共同犯罪案件，可分立总册和分册，属于综合性的材料列入总册，属于犯罪嫌疑人个人责任的材料列入分册。

① 参见《薄熙来案 8 月 22 日庭审实录》，载《新华网》2013 年 8 月 22 日

（3）案卷应有卷皮、卷内目录和备考表。卷内材料，除卷内目录、备考表外，在有文字和图表材料正面的右上角、反面左上角逐页编号；卷皮应按归档要求打印或书写。卷内目录所填内容应与卷内材料相符，卷内每份材料的名称或事由均应详细填写在卷内目录上；卷皮上“案件来源”项，应填写案件移送、报送、交办机关。如系举报，可填“群众举报”。犯罪嫌疑人（被告人）项，应将在诉讼过程中被指控的所有犯罪嫌疑人（被告人）填写齐全。“案由”项，应填写检察机关认定的罪名、案件性质或事由。“处理结果”项，应填写检察机关对本案的最后处理决定，如经人民法院判决的案件，还应注明法院认定的罪名及处理结果。

（4）案卷装订前要拆除金属物。对残缺破损、小于或大于卷面的材料和字迹偏左、装订后影响阅卷的材料，要进行修补、裱贴和折叠；案卷以不超过200页或厚度两厘米以下为宜，超过时可立分册。案卷装订并经档案管理部门检验合格归档后，如果又有应入卷或撤出的材料需拆卷，应经档案部门同意并在备考表中注明。

2. 根据《关于人民检察院诉讼档案保管期限的规定》和《人民检察院诉讼文书立卷归档办法》规定：

（1）立卷应遵循：一案一号，按年度、办案程序立卷，结案立卷，承办人立卷原则。

（2）立卷可采取分段分册、抽中（或聚集）分册、一事一证分册立卷方法。

（3）直接受理立案侦查的刑事案卷（含侦查文书）排列顺序如下图21所示：

直接受理立案侦查的刑事案卷排列顺序

一、检察卷

（一）控告、检举材料。

（二）法律手续部分（用隔页纸分开）：

1. 立案决定书
2. 申请、批准或驳回回避通知书
3. 传讯通知书（回执）
4. 拘传证
5. 拘留人犯通知书（回执）、拘留证
6. 决定逮捕通知书（回执）、逮捕证

7. 对被拘留、逮捕人家属通知书

8. 决定释放通知书（回执）

9. 取保候审和监视居住决定书

10. 撤销取保候审和监视居住通知书

11. 保证书

12. 下级检察院提请批准延长羁押期限报告书；上级检察院批准或不批准延长羁押期限决定书

13. 决定停止扣押邮件电报通知书

14. 查询、停止支付、解除停止支付个人储蓄存款通知书（回执）

15. 搜查证、搜查记录、扣押物品清单、证物袋物品清单、处理扣押物品清单

16. 提押证

17. 勘验、检查通知书

18. 聘请书

19. 询问通知书（回执）

20. 没收决定书

21. 起诉书、撤回起诉决定书、免予起诉决定书、撤销免予起诉决定书、不起诉决定书、撤销案件决定书

（三）证据部分（用隔页纸分开）：

22. 最后一次综合讯问笔录（以下按时间顺序排列）

23. 讯问被告人笔录

24. 被告人亲笔供词

25. 被害人陈述、证人证言

26. 物证、书证

27. 勘验、检查笔录

28. 鉴定结论

29. 其他

二、检察内卷

1. 受理案件登记表

2. 立案请示报告

3. 立案决定书

4. 侦查计划

5. 逮捕人犯审批表及其他强制措施的请示报告

6. 立案前被告供述及亲笔供词、调查笔录

7. 检察卷中重要证据材料摘录

8. 侦查终结报告

9. 科（处）及检察委员会研究案件记录

10. 有关案件的请示、汇报材料和有关领导、上级部门对案件的批示

11. 起诉书、免予起诉决定书、不起诉决定书、撤销案件决定书、撤销免予起诉决定书（印件和签发稿）

12. 检察建议书（签发稿）

13. 来信来访材料（办案过程中的）

作起诉、抗诉处理的案件先按直接受理立案侦查的刑事案卷检察内卷 1～13 排列后，再参照侦查、审判监督的刑事案卷排列顺序有关条文继续排列。

作免予起诉、不起诉、撤销案件决定的案件，先按直接受理立案侦查的刑事案卷检察卷 1～29 排列后，再继续排列下列材料：

1. 侦查终结报告
2. 宣布笔录
3. 决定释放通知书
4. 没收决定书
5. 被害人、被告人申诉书
6. 复查决定书
7. 送达回证

控告申诉案卷排列顺序

1. 检察长或上级机关交办案件的批示
2. 来信来访登记表
3. 控告申诉材料、来访接谈笔录
4. 阅卷笔录
5. 调查提纲
6. 各种查证材料
7. 讨论、汇报案件记录
8. 调查结案报告
9. 处理决定
10. 其他应入卷的材料

图 21：直接受理立案侦查的刑事案卷排列顺序表

（4）立卷应遵循：清理材料、整理材料、编写页号，填制卷内目录、备考表，填制案卷卷皮、案卷装订等步骤。

（三）归档要领

1. 根据《检察规范》规定：

（1）诉讼案卷材料（含侦查文书）由案件承办部门组织承办人在结案后整理立卷，于次年第二季度前移交档案管理部门。

（2）跨年度的案卷归入结案年度。侦查机关、法院移送的案卷，其卷内材料及外皮原则上应保持原样，并作为该案的分册编制案卷号。

（3）案件承办部门根据《人民检察院诉讼档案保管期限表》初拟每个案件的保管期限，用铅笔填于卷皮“保管期限”一栏中，经档案管理部门复核后，再正式填写。

2. 侦查文书归档，还需遵循《人民检察院诉讼档案管理办法》、《人民检察院诉讼文书立卷归档办法》的相关规定。

3. 参照北京市检察院《北京市检察机关初查案件立卷归档管理办法（试行）》（2008 年 5 月 20 日）规定，初查文书的立卷、归档应注意以下问题：

（1）案件初查过程中形成的有关资料，应由案件承办人按照《初查案件卷宗归档文书种类及卷内文件材料排列顺序》（如下图 22 所示）进行收集、整理、立卷，并向档案部门移交归档。

（2）初查案件案号采取一案一号的原则，并确保纸质卷宗与电子卷宗案号相一致。例如，反贪部门初查案卷案号统一使用样式示例：××检反贪初字〔××××〕××号。

（3）归档时，档案部门要严格检查纸质卷宗与电子卷宗质量。交接双方应对归档卷宗清点、核对，做好接收手续。

（4）归档后，初查案件的保管期限按照诉讼档案短期卷进行保管，并在所属年度内编制档号。该类卷宗可在档案库房单独开辟一列卷柜进行排列、上架和保管。

（5）随卷归档的音像资料，应按音像档案管理的有关规定整理，并在音像档案目录中注明所属初查案卷档案的档号。

（6）初查案件仅限于检察机关内部使用。

一、案件来源 （一）交办案件或转办案件 1. 指定管辖决定书 2. 交办函（后附“举报信”、“举报材料”或其他相关材料） 3. 上报线索登记表 4. 局级线索确定管辖请示 （二）举报中心移送案件 移送函（后附“举报信”或“举报材料”或其他相关材料） （三）其他机关移送案件 “移送案件通知书”或“移送函”（后附“举报信”或“举报材料”或其他相关材料） （四）自行发现 源发案件中的有关材料复印件（后附有关人员“检举揭发材料”或其他相关材料）

（五）直接受理

1. 提请批准直接受理书（后附书面报告）；
2. 批准直接受理决定书；
3. 不批准直接受理决定书。

二、法律手续

1. 案件线索审查评估（存查线索登记表）；
2. 受理案件登记表；
3. 提请初查报告；
4. 联系记录或工作记录；
5. 初查时限单；
6. 提请延长初查时限报告；
7. 延长初查时限反馈单（反馈举报中心及举报人或举报单位）；
8. 缓查线索登记表；
9. 提请恢复初查案件请示报告；
10. 询问通知书；
11. 协助查询存款审批表；
12. 协助查询存款通知书；
13. 查询通讯业务审批表；
14. 调取证据通知书；
15. 调取证据清单；
16. 发文纸、协查函（复印件）、协查提纲（复印件）；
17. 聘请书；
18. 检验鉴定委托书；
19. 鉴定书；
20. 委托勘验书；
21. 勘查证；
22. 批复；
23. 提请不予立案报告；
24. 不立案通知书；
25. 答复记录；
26. “举报线索查处情况回复单”（复印件）；
27. 做其他处理案件请示报告；
28. 移送案件通知书（第四联退回后附卷）；
29. 案件讨论记录；
30. 大要案备案登记表；
31. 其他法律文书。

注：1. “发文稿纸”应附在发文之前；

2. “送达回证”应附在送达文书之后。
三、证据材料
（一）主体材料
1. 被举报人职务、级别、任职时间及职权范围；
2. 干部履历表；
3. 任命书（国有单位委派证明等）；
4. 主体有关的其他材料；
5. 工商注册资料；
6. 户籍证明。
（二）笔录
1. 调查笔录；
2. 其他材料。
（三）书证
1. 财务资料；
2. 银行资料；
3. 合同、协议等；
4. 其他书证。
四、其他材料
1. 纪委谈话笔录；
2. 党纪、政纪及其他处理决定；
3. 有关部门提供的其他材料。

图 22：职务犯罪案件初查材料排列顺序表

4. 侦查音像资料的拍摄和归档，应遵循高检院办公厅《最高人民检察院音像资料拍摄及归档工作细则》（2007 年 12 月 10 日）的相关规定。

5. 电子数据侦查文书的归档管理，可参照国家档案局《电子公文归档管理暂行办法》（2003 年 7 月 28 日）的相关规定执行。

（四）保密期限要领

根据《关于人民检察院诉讼档案保管期限的规定》规定：“人民检察院诉讼档案的保管期限分为永久、长期（保管时间为 60 年）、短期（保管时间为 20～30 年）三种”；“人民检察院诉讼档案的保管期限，应根据案件性质、情节、刑期、社会影响、史料价值等因素确定：凡属本院检察活动形成的，反映本机关主要职能活动和基本历史面貌的，有长远利用价值的，应划为永久保管；凡属在相当长的时期内有利用价值的，划为长期保管；凡属在较短时间内有利用价值的，划为短期保管”；“人民检察院诉讼档案保管期限的计算方法，应从结案后的下一年起算，对累犯、申诉、加减刑等案件先后形成的案卷，应从最后审理结案的下一年起算，并适用其中最长的保管期限。”而检察院诉讼档案（含侦查文书）的具体保管期限，如下图23所示：

一、侦查、审判监督的刑事案件档案 1. 人民检察院审查批准逮捕、决定起诉、免予起诉及提出抗诉的案件： （1）重要的永久 （2）一般的长期 2. 人民检察院不批准逮捕、不起诉、二审撤销抗诉的案件： （1）重要的永久 （2）一般的长期 二、直接受理立案侦查的刑事案件档案 1. 人民检察院作起诉或免予起诉处理的案件： （1）重要的永久 （2）一般的长期 2. 人民检察院作撤销案件、不起诉处理的案件长期 3. 人民检察院撤销起诉、撤销免予起诉、撤销抗诉、撤销不起诉的案件长期 4、人民检察院受理后经初查不立案的案件短期 三、控告申诉案件档案 1. 人民检察院直接查处的群众控告申诉案件： （1）重要的永久 （2）一般的长期和短期 2. 转有关部门处理而要查处结果的群众来信来访材料短期 四、其他 1. 下级人民检察院按照法定程序上报的备案材料： （1）予以纠正的长期 （2）同意备案的短期 2. 上级人民检察院对疑难、分歧案件的指导材料： （1）重要的长期 （2）一般的短期 3. 对下级人民检察院决定免予起诉、不起诉和不批准逮捕案件的复核材料短期 4. 对下级人民检察院报请延长羁押期限的审批材料短期

图23：人民检察院诉讼档案保管期限表

另据2012年3月7日出版的《检察日报》报道，同步录音录像制品如何保管？山东省临沭县检察院有自己的经验——他们把这些资料统一存放在防磁柜，并区分3种情况确定“保质期”，确保了同步录音录像制品的安全和规范管理：（1）嫌疑人对办案检察官执法执纪情况没有提出质疑的，将音像资料列为“短期类”，保存时间一般为 1～3 年；（2）嫌疑人对办案检察官执法执纪情况提出质疑的，将音像资料列为“长期类”，保存时间由检委会根据具体情况而定；（3）作为证据使用的音像资料，一律列为“永久类”。而为了防止发生意外，将这些光盘均重新复制一份，作为备份资料。

下　篇·分　论

第六章　受案和举报、初查文书的填制要领与格式

第一节　受案和举报文书的填制要领与格式

一、受案和举报文书

（一）概述

作为侦查文书之一，受案和举报文书是指检方在职务犯罪侦查立案前依法接受报案、控告、自首等举报线索材料时，而依法填制的侦查文书的总和。

实践中，常见的受案和举报文书包括两类：一类是受案文书，主要有：受理案件登记表，来信来访登记表，重要信访呈报表，检察长接待（日）登记表，电话举报记录，控告举报登记簿，接谈涉检信访案件笔录，接受报案、控告、举报笔录，接受自首笔录等；另一类是举报文书，主要有：答复举报人通知书，答复实名举报人笔录，查处情况回复单，催办案件通知书，举报、控告来信情况统计台账，举报案件管理情况表，举办贪污贿赂、渎职侵权，举报摘要，奖励举报有功人员审批表等。由此可见，受案和举报文书既包括侦查法律文书、侦查工作文书、侦查笔录和侦查公文 4 种，也包括填充式与叙述式侦查文书两类。

（二）法律规定

根据《刑事诉讼法》、《人民检察院组织法》，以及高检院《检诉规则》、《关于人民检察院办理直接受理立案侦查案件实行内部制约的若干规定》（2004 年 6 月 24 日）、《关于调整人民检察院直接受理案件侦查分工的通知》（2004 年 10 月 13 日）、《关于健全职务犯罪侦查工作一体化机制的若干规定》（2005 年 11 月 1 日）、《关于加强上级人民检察院对下级人民检察院工作领导的意见》（2007 年 8 月 14 日），特别是高检院《检察规范》、《人民检察院举报工作规定》（2009 年 4 月 23 日修正）、《关于进一步加强和改进举报线索管理工作的意见》（2009 年 4 月 8 日）规定，填制举报和受案文书时，应遵循下

列法律规定：

1. 控告检察的主要任务是，处理来信来访，统一受理报案、控告、举报、申诉和犯罪嫌疑人投案自首，初核举报线索，办理有关控告案件，开展举报奖励工作。

2. 信访（或举报管辖、受理）法律规定：

（1）对采用走访形式报案、控告、举报的，控告检察部门或者举报中心应当指派两名以上工作人员接待，问明情况，并制作笔录，经核对无误后，由报案人、控告人、举报人签名、捺指印，必要时可以录音、录像；对报案人、控告人、举报人提供的有关证据材料、物品等应当登记，制作接受证据（物品）清单，并由报案人、控告人、举报人签名，必要时予以拍照，并妥善保管。接受报案、控告、举报的检察人员，应当告知报案人、控告人、举报人须对其报案、控告、举报内容的真实性负责，不得捏造、歪曲事实，不得诬告陷害、诽谤他人，以及诬告陷害、诽谤他人应负的法律责任。

（2）对于投案自首的，应当接受，并制作自首笔录，必要时可以通知有关机关或者部门共同接待。接待时应了解自首人的基本情况、主要犯罪事实、犯罪动机、自首原因，并告知其必须如实供述自己的罪行、在等候处理期间不得串供和毁灭证据。自首笔录应当由自首人签名、捺指印，必要时可以录音、录像。有检举、揭发事项时，应当另行制作笔录。对自首人提供的有关证据材料、物品等应当登记，制作接受证据（物品）清单，并由自首人签名，必要时予以拍照，并妥善保管。对属于检察院管辖的，应当及时将自首材料移交有管辖权的检察院或者部门审查处理；对不属于检察院管辖，而又必须采取紧急措施的，应当先采取紧急措施，然后再移送主管机关处理。

（3）检察院应当设立专门的信访接待场所，向社会公布通信地址、邮政编码、电子信箱、12309举报电话、举报网址、接待时间和地点、查询信访事项处理进展情况及结果的方式，并在信访接待场所公布与信访工作有关的法律规定和信访处理程序。当然，实践中还有利用远程视频系统接访的。例如，"'好的，我们通过远程视频系统接待你，同见面是一样的，请你不要有什么顾虑'。近日，在江苏省南通市通州区检察院视频接待室内，上访者顾某正在通过远程视频接访系统，向南通市检察院检察长赵志凯反映她的诉求"。[1]

（4）信访事项受理后，应当在7日以内按照管辖和部门职能分工移送下级检察院或者本院有关部门办理；对于移送本院有关部门办理的控告、举报、

① 参见徐德高等：《江苏南通市检察机关：远程视频接访效果好》，载《检察日报》2013年7月18日。

申诉，应当逐件附控告、申诉首办流程登记表。其中，既有移送本院办公厅(室)、政工部门、监察部门、侦查监督部门、公诉部门、死刑复核检察部门、民事行政检察部门、铁路运输检察部门的，也有移送本院反贪污贿赂部门、渎职侵权检察部门、监所检察部门的。

（5）控告检察部门对移送本院有关部门办理的信访事项，应每月清理一次。对即将到期的应发催办函催办；超过1个月未办结的，应报分管检察长，并向有关部门负责人通报。

（6）办案部门应当在规定期限内办理案件，并向控告检察部门书面回复办理结果。书面回复文书应当具有说理性，包括下列内容：控告、申诉或者举报事项；办理的过程；认定的事实和证据；处理情况和法律依据；执法办案风险评估情况等。

（7）信访事项办理结果的答复由承办该信访事项的检察院控告检察部门负责，除因个人信息不详等情况无法答复的以外，原则上应当书面答复信访人，但有特别规定的除外；重大、复杂、疑难信访事项的答复应当由办案部门和控告检察部门共同负责，必要时可以举行公开听证，通过答询、辩论、评议、合议等方式，辨明事实，分清责任，做好化解矛盾、教育疏导工作；信访人对检察院处理意见不服的，可以依照有关规定提出复查请求。检察院收到复查请求后应当进行审查，符合立案复查规定的应当立案复查，不符合立案复查规定的应当书面答复信访人。

（8）对于上级检察院交办的信访事项，承办部门应当将办理情况和结果报分管检察长审批后，制作《交办信访事项处理情况报告》，连同有关材料移送控告检察部门，由控告检察部门以本院名义报上一级检察院控告检察部门。《交办信访事项处理情况报告》应当包括下列内容：信访事项的来源；信访人反映的主要问题；办理的过程；认定的事实和证据；处理情况和法律依据；开展化解矛盾、教育疏导工作及相关善后工作的情况。

（9）上级检察院控告检察部门对下级检察院在处理信访事项中有下列情形之一的，应当及时予以监督纠正：应当受理而拒不受理的；未按规定程序办理的；未按规定的办理期限办结的；未按规定反馈办理结果的；不执行信访处理意见的；其他需要监督纠正的事项。

3. 举报法律规定：

（1）检察院举报中心负责统一管理举报线索；本院其他部门或者人员对所接受的犯罪案件线索，应当在7日以内移送举报中心；有关机关或者部门移送检察院审查是否立案的案件线索和检察院侦查部门发现的案件线索，由侦查部门自行审查。

（2）举报中心应当建立举报线索数据库，指定专人将举报人和被举报人的基本情况、举报线索的主要内容以及办理情况等逐项录入计算机。

（3）举报中心对接收的举报线索，应当确定专人及时审查，根据举报线索的不同情况和管辖规定，自收到举报线索之日起7日以内分别作出处理：属于检察院管辖的举报线索依法受理；不属于检察院管辖的举报线索移送有管辖权的机关处理，但必须采取紧急措施的，应当先采取紧急措施，然后移送主管机关；内容不具体的匿名举报线索，或者不具备查处条件的举报线索，经分管检察长审批后存档备查。

（4）举报中心初核举报线索，应当制作初核计划，报部门负责人审批后实施；初核可以采取询问、调取证据材料等措施，一般不得接触被举报人，不得采取强制措施，不得查封、扣押、冻结财产；初核应当采取措施保障办案安全，防止发生安全事故；初核后应当制作初核报告，提出处理意见，报分管检察长决定。

（5）侦查部门收到举报中心移送的举报线索，应当在3个月以内将处理情况回复举报中心；情况复杂逾期不能办结的，报检察长批准，可以适当延长办理期限。

（6）举报中心对逾期未回复处理情况或者查办结果的，应当进行催办；超过规定期限1个月仍未回复的，应当向有关部门负责人通报；拒不回复或者无故拖延造成严重后果的，应当报告检察长。

（7）举报中心应当对作出不立案决定的举报线索进行审查，认为不立案决定错误的，应当提出意见报检察长决定。如果符合立案条件的，应当立案侦查。

（8）交办案件办结后，负责侦查的部门应当将查办情况和结果报分管检察长审批，并制作《交办案件查处情况报告》，连同有关材料移送本院举报中心，以本院名义报上一级检察院举报中心审查。《交办案件查处情况报告》应当包括下列内容：案件来源；举报人反映的主要问题；查办过程；认定的事实和证据；处理情况和法律依据；实名举报的答复情况。

（9）使用真实姓名或者单位名称举报的，属于实名举报。实名举报除通讯地址不详的以外，检察院应当将处理情况和办理结果及时答复举报人。对采用走访形式举报的，应当场答复是否受理；不能当场答复的，应当自接待举报人之日起15日以内答复。答复可以采取口头、书面或者其他适当的方式进行。口头答复的，应当制作答复笔录，载明答复的时间、地点、参加人及答复内容、举报人对答复的意见等；书面答复的，应当制作答复函。需要以邮寄方式书面答复署名举报人的，应当挂号并不得使用有“人民检察院”字样的信封。

答复应当包括下列内容：办理的过程；认定的事实和证据；处理结果和法律依据。

（10）检察院应当采取下列保密措施：①举报线索由专人录入专用计算机，加密码严格管理，未经授权或者批准，其他检察人员不得查看；②举报材料不得随意摆放，无关人员不得随意进入举报线索处理场所；③向检察长报送举报线索时，应当用机要袋密封，并填写机要编号，由检察长亲自拆封；④严禁泄露举报内容以及举报人姓名、住址、电话等个人信息，严禁将举报材料转给被举报人或者被举报单位；⑤调查核实情况时，严禁出示举报线索原件或者复印件；对匿名举报线索除侦查工作需要外，严禁进行笔迹鉴定；⑥其他应当采取的保密措施。

（11）举报线索经查证属实被举报人构成犯罪的，应给予举报人一定的精神及物质奖励。举报奖励应制作奖励举报有功人员审批表，经部门负责人审核后，报分管检察长批准。

二、受案文书

（一）受理案件登记表

根据《刑事诉讼法》第109条、《检诉规则》第4条、第158条规定，本表是指检方（控申部门或控告部门举报中心）收到报案、控告、举报和自首等举报线索材料后，按照工作规定和流程要求，着手受理登记并提出处理意见时，而填制的侦查工作文书。因此，填制时应注意以下问题：

1. 本表是检方办理职务犯罪侦查案件内部流程中形成的最初始的材料。接受到每一件案件线索和材料都应认真填制，如实登记，内容务求准确完整；切勿不立案，就不予受理。

2. 填制重点：案件是否属于检察院管辖；是否有涉嫌犯罪的事实；该案件线索和材料该如何处理或如何查处等。

3. 本表为填充式工作文书，包括首部、正文和尾部3部分。实践证明，一方面，认真填制本文书，有利于准确统计和考核工作成效，规范与启动职务犯罪侦查工作的程序。另一方面，通过对案件线索的受理登记，承办人可了解到基本案情，熟悉一切可能与案件有关的信息知识，对于加强案件线索的管理，提高工作效率具有重要的作用。

4. 本表一式一份，应连同案件线索材料存于检察内卷；具体内容和格式如下样式10所示：

<table>
<tr><td colspan="9">______人民检察院
受理案件登记表
检　　受〔　〕　号</td></tr>
<tr><td rowspan="3">案件线索、来源</td><td>移送或交办单位名称</td><td colspan="3"></td><td colspan="3">联系方式</td><td></td></tr>
<tr><td>举报人或举报单位名称</td><td colspan="3"></td><td colspan="3">联系方式</td><td></td></tr>
<tr><td>其他来源</td><td colspan="7"></td></tr>
<tr><td rowspan="4">被举报人、单位情况</td><td>被举报人姓名</td><td></td><td>工作单位</td><td></td><td>职务或职称</td><td></td><td>性别</td><td></td></tr>
<tr><td>年龄</td><td></td><td>籍贯</td><td></td><td>民族</td><td></td><td>文化程度</td><td></td></tr>
<tr><td>住址</td><td colspan="7"></td></tr>
<tr><td>被举报单位名称</td><td></td><td>住所地</td><td></td><td>法定代表人姓名、职务</td><td></td><td colspan="2"></td></tr>
<tr><td>受理时间</td><td>年　月　日</td><td>承办人</td><td></td><td>审核人</td><td></td><td colspan="2">涉嫌犯罪的主要问题</td><td></td></tr>
<tr><td>承办人意见</td><td></td><td>领导意见</td><td colspan="3"></td><td>处理结果</td><td colspan="2"></td></tr>
</table>

样式10：受理案件登记表格式样本

（二）来信来访登记表

根据《刑事诉讼法》第109条、《检诉规则》第4条、第158条规定，本表是指检方收到报案、控告、举报和自首等举报线索材料后，按照工作规定和流程要求，着手受理登记并提出处理意见时，而填制的侦查工作文书。因此，其具体内容和格式如下样式11所示：

______人民检察院

来信来访登记表

<table>
<tr><td>受理部门名称</td><td colspan="4"></td><td>流水号</td><td></td></tr>
<tr><td>信访人姓名</td><td></td><td>性别</td><td></td><td>民族</td><td></td><td>籍贯</td><td></td></tr>
<tr><td>文化程度</td><td></td><td>单位</td><td></td><td>职务</td><td></td><td>住址</td><td></td></tr>
<tr><td>联系方式</td><td colspan="5"></td><td>信访日期</td><td></td></tr>
<tr><td>反映问题性质</td><td colspan="7"></td></tr>
<tr><td>信访内容摘要</td><td colspan="7"></td></tr>
</table>

承办人意见	年　　月　　日
部门负责人意见	年　　月　　日
处理意见	年　　月　　日

样式 11：来信来访登记表格式样本

（三）重要信访呈报表

根据《刑事诉讼法》第 109 条、《检诉规则》第 4 条、第 158 条规定，本表是指检方办案人员收到重要的报案、控告、举报和自首等举报线索材料后，向本院检察长呈报时，而填制的侦查工作文书。因此，其具体内容和格式如下样式 12 所示：

________人民检察院

重要信访呈报表

受理部门名称						流水号	
信访人姓名		性别		民族		籍贯	
文化程度		单位		职务		住址	
联系方式						信访日期	
反映问题性质							
信访内容摘要							
承办人意见							年　　月　　日
部门负责人意见							年　　月　　日
处理意见							年　　月　　日

样式 12：重要信访呈报表格式样本

（四）检察长接待（日）登记表

根据《检诉规则》第 4 条、《检察规范》第 2·41 条规定，本表是检察长当面接待群众来访时，而填制的侦查工作文书。因此，其具体内容和格式如下样式 13 所示：

________人民检察院
检察长接待（日）登记表

来访人姓名		性别		民族		籍贯	
文化程度		单位		职务		住址	
联系方式						来访日期	
反映主要情况							
检察长批示	年　月　日						
备注							

样式 13：检察长接待（日）登记表格式样本

（五）电话举报记录

根据《刑事诉讼法》第 109 条、《检诉规则》第 4 条、第 158 条，《检察规范》第 2·9 条规定，本记录是检方办案人员在接受电话举报时，而填制的侦查工作文书。因此，填制时应遵循《检察机关文明用语规则》附件二——电话通讯用语基本规范，而具体内容和格式如下样式 14 所示：

________人民检察院
电话举报记录

通话人姓名		性别		民族		籍贯	
文化程度		单位		职务		住址	
联系方式				通话日期			
案由							
举报内容							
承办人意见	年　月　日						
部门负责人意见	年　月　日						
检察长批示	年　月　日						
处理结果							
记录人				记录时间	年　月　日		

样式 14：电话举报记录格式样本

（六）控告举报登记簿

根据《刑事诉讼法》第 109 条、《检诉规则》第 158 条规定，本文书是检方办案人员接受举报线索材料时，填制的侦查工作文书。具体内容和格式如下样式 15 所示：

______人民检察院
控告举报登记簿

（登记）年		月		日		编号	
姓名			地域或单位			性质	
内容摘要							
转送单位			件数		发行时间		
备注							

样式 15：控告举报登记簿格式样本

（七）接谈涉检信访案件笔录

根据《刑事诉讼法》第 109 条，以及高检院《检察规范》第 2·7 条第 1 款、《检诉规则》和《人民检察院信访工作规定》规定，本笔录是指检方在接谈涉检信访案件时，而制作的侦查笔录。因此，制作时应注意以下问题：

1. 接待和制作用语要符合《检察机关文明用语规则》第 7 条、第 8 条规定和接待用语、电话通讯基本规范。

2. 接谈的主办检察官在接谈信访人时，要告诉他须对自己控告、举报、申诉内容的真实性负责，不得捏造、歪曲事实，不得诬告陷害、诽谤他人，以及诬告陷害、诽谤他人应负的法律责任等事项；同时，记录人应在本笔录中概括地记明告知的具体内容。

3. 记录人对于信访人所控告、举报、申诉的内容及其证据材料或其证据，应客观、全面、真实地记录。同时，应将申诉请求、申诉案件事实和理由、证据材料或其证据、原案处理情况等，分别记录清楚；若已经上诉或申诉并已处理的，应将原上诉或申诉理由与处理情况分别记录清楚；信访人带有原处理文书的，应记明原处理时间、处理机关、文书编号和处理结果。而上述内容，也是本笔录的记录重点。

4. 本笔录内容必须符合信访人陈述内容的原意，即使办案人员认为陈述内容不客观，也应如实记录；如信访人不愿公开姓名，在本笔录上应予以载明，并为其保密。

5. 申诉人如带有书面材料或其他书证、物证的，应在笔录上一一载明，并应注明其名称和数量。

6. 多人共同申诉的，应分别接谈，并分别制作本笔录；如果与所派代表谈话的，在制作本笔录时还应载明共同申诉人姓名、所在单位、职业（职务）和住址等情况以及总人数；如申诉人有过激行为或采用特殊形式来访的，如因申诉人过激行为而采取特殊措施的，应在本笔录上记明。

7. 本笔录应交信访人核对，补充、修改处，应由其捺指印；核对后，还应由信访人亲笔具明“本笔录我已看过（或向我宣读过），与我讲的一样”，并由其签名、捺指印和具明年月日；最后，由负责接谈和记录的办案人员分别签名。

8. 本笔录制作完成后应复制 1 份，正本存检察正卷、副本存检察内卷。具体内容和格式如下样式 16 所示：

________人民检察院

接谈涉检信访案件笔录

接谈时间：_____年_____月_____日_____时_____分至____日____时____分。

接谈地点：____

接谈人员姓名：________记录人员姓名：________翻译人员姓名：________

信访人员姓名：________性别：________年龄：________民族：________

文化程度：__________籍贯（出生地）：____________________

工作单位：____________________职业（职务）：____________________

现在住址：____________________联系电话：____________________

E—mail：____________________QQ：____________________

信访案由：____

信访内容（包括接谈人的告知事项、信访人责任表态和报案、控告、举报内容和相关证据材料等）：____

____

____

____

____

“以上笔录我看过（或向我宣读过），和我讲的相符。”（由信访人亲笔书写）

信访人员（亲自签名并捺指印）：____________________

接谈人员（亲自签名）：__________翻译人员（亲自签名）：__________

记录人员（亲自签名）：__________

年　月　日

第　页

样式 16：接谈涉检信访案件笔录格式样本

（八）接受报案、控告、举报笔录

根据《刑事诉讼法》第 109 条、《检诉规则》第 158 条等规定，本笔录是指检方在接受口头报案、控告和举报时，而制作的侦查笔录。因此，制作时应注意以下问题：

1. 要了解并掌握本笔录的适用对象。通常，接受报案笔录适用于受犯罪行为直接侵害的单位或个人，即报案人的口头报案；接受举报笔录适用于举报人的口头举报；接受控告笔录适用于控告人的口头控告。因此，本笔录属于刑事诉讼法定证据中证人证言的一种形式；而如果报案、控告或举报人也是被害人的，那么，本笔录则属于被害人陈述的一种形式。所以，本笔录是检方对所接受的报案、控告和举报，经审查后，决定是否初查、是否立案侦查的重要依据之一。也就是说，经查证属实的本笔录可作为立案的根据；经查实确系诬告陷害的，也是依法追究报案、控告、举报者责任的书面凭据；而属错告或举报失实的，则是认定错告或举报失实的依据之一。所以，从这个意义上说，本笔录兼有证据材料或证据的双重属性。

2. 现行法律对接受报案、控告、举报办案人员的具体人数，并没有明确规定。尤其是在接受电话、网络视频等语音报案、控告、举报时，诸如讯问等侦查活动的两人或两人以上的限制，反而不利于接受工作开展。因此，对于通过举报电话等语音而为的报案、控告、举报，可采取录音电话的方式接受。这样，既便于接受者制作相应的本笔录和对其工作质量进行监督，也便于对诬告、陷害者的责任追究。当然，对于当面以口头方式进行的报案、控告、举报的接受，应以两人或两人以上为宜，而不能采取一人一边问、一边记的方式。

3. 下列内容既是本笔录的具体内容，也是应记明重点：

（1）被报案、控告、举报人的基本情况及其与报案、控告、举报人的关系；

（2）对于报案、控告、举报的具体内容，应当记明每一事实或事件发生的时间、地点、有关人员、经过、动机和目的、手段、结果及其关系等“七何”因素；

（3）对于当场提供证据或证人情况的，应载明物证、书证的名称、数量，以及证人或者知情人的姓名、性别、工作、职务和住址等；

（4）对报案、控告、举报的内容，报案、控告、举报人的责任性表态，应当记录清楚；

（5）对报案、控告、举报人的知情原因，应当注意记载清楚；

（6）报案、控告、举报人反映被控告、被举报人有毁灭或转移证据、赃款、赃物事实或可能的，有串供、自杀、逃跑可能的，都应记录清楚；

（7）对两人以上共同报案、控告、举报的，应当分别接谈，分别制作笔录；对群体性控告、举报，可由其代表人物单独控告、举报，并制作一份笔录。同时，注明其他人的姓名、工作单位、职务和住址等，其他人有补充的，应另行制作笔录；

（8）对不属于本院管辖的报案、控告、举报也应接受，必要时也可制作笔录，而后将笔录和其他报案、控告、举报材料，连同填写的《移送案件通知书》一并移送主管机关处理，并通知报案、控告、举报人；但报案、控告、举报材料不得移送报案、控告、举报人所在单位，尤应防止落入被报案、控告、举报人手中；

（9）本笔录制作完成后应复制 1 份，正本存检察正卷、副本存检察内卷。具体内容和格式如下样式 17 所示：

＿＿＿＿＿人民检察院

接受报案、控告、举报笔录

接受时间：＿＿＿＿＿＿＿＿＿＿ 接受地点：＿＿＿＿＿＿＿＿＿＿

接受人员姓名：＿＿＿＿＿＿＿＿ 记录人员姓名：＿＿＿＿＿＿＿＿

录制人员姓名：＿＿＿＿＿＿＿＿ 翻译人员姓名：＿＿＿＿＿＿＿＿

报案、控告或举报人姓名：＿＿＿ 性别：＿＿＿ 年龄：＿＿＿ 民族：＿＿＿

文化程度：＿＿＿＿＿＿＿＿＿＿ 籍贯（出生地）＿＿＿＿＿＿＿＿＿＿

工作单位：＿＿＿＿＿＿＿＿＿＿ 职业（职务）：＿＿＿＿＿＿＿＿＿＿

现在住址：＿＿＿＿＿＿＿＿＿＿ 联系电话：＿＿＿＿＿＿＿＿＿＿

E—mail：＿＿＿＿＿＿＿＿＿＿ QQ：＿＿＿＿＿＿＿＿＿＿

报案、控告、举报案由：＿＿＿＿＿＿＿＿＿＿＿＿＿＿＿＿＿＿＿＿

报案、控告、举报内容（包括告知事项；报案、控告、举报的具体内容；责任表态和请求事项等）：＿＿＿＿＿＿＿＿＿＿＿＿＿＿＿＿＿＿＿＿

＿＿＿＿＿＿＿＿＿＿＿＿＿＿＿＿＿＿＿＿＿＿＿＿＿＿＿＿＿＿

＿＿＿＿＿＿＿＿＿＿＿＿＿＿＿＿＿＿＿＿＿＿＿＿＿＿＿＿＿＿

＿＿＿＿＿＿＿＿＿＿＿＿＿＿＿＿＿＿＿＿＿＿＿＿＿＿＿＿＿＿

"以上笔录我看过（或向我宣读过），和我讲的相符"。（须报案、控告、举报人亲笔书写）

报案、控告、举报人（亲自签名并捺指印）：＿＿＿＿＿＿＿＿＿＿

录制人员（亲自签名）：＿＿＿＿＿＿＿ 翻译人员（亲自签名）：＿＿＿＿＿＿＿

接受人员（亲自签名）：＿＿＿＿＿＿＿ 记录人员（亲自签名）：＿＿＿＿＿＿＿

年　　月　　日

第　页

样式 17：接受报案、控告、举报笔录格式样本

（九）接受自首笔录

根据《刑事诉讼法》第108条第4款和第110条、《检诉规则》第158条规定，本笔录是指检方在接受犯罪嫌疑人自首时，而制作的侦查笔录。因此，制作时应注意以下问题：

1. 应了解并掌握自首笔录应记录的核心内容：

（1）对于投案自首的，应当接受，并制作自首笔录，必要时可以通知有关机关或者部门共同接待；

（2）接待时应了解自首人的基本情况、主要犯罪事实、犯罪动机、自首原因，[①] 并告知其必须如实供述自己的罪行、在等候处理期间不得串供和毁灭证据。而这，也是自首笔录应记录的重点内容；

（3）自首笔录应由自首人签名、捺指印，必要时可以录音、录像；

（4）有检举、揭发事项时，应当另行制作笔录；[②]

（5）对自首人提供的有关证据材料、物品等应当登记，制作接受证据（物品）清单，并由自首人签名，必要时予以拍照，并妥善保管；

（6）对属于检察院管辖的，应及时将自首材料移交有管辖权的检察院或者部门审查处理；对不属于检察院管辖，而又必须采取紧急措施的，应先采取紧急措施，然后再移送主管机关处理。

2. 实践中，对于投案自首的举报中心及其工作人员应当接受，并可通知反贪局、反渎局等侦查部门共同接待和制作自首笔录；必要时，征得自首人同意可以录音录像，并以全程录音录像为宜。同时，接待自首人用语要符合高检院《检察机关文明用语规则》第7条、第8条规定和接待用语、电话通讯基本规范。

3. 对属于检察机关管辖的自首，应及时将自首人和自首笔录等移送侦查部门审查处理；对不属于检察机关管辖而又必须采取措施的自首人，应当先采取必要措施或者制作自首笔录，然后再移送主管机关处理。

4. 根据《刑事诉讼法》第95条所规定的“犯罪嫌疑人请求自行书写供述的，应当准许。必要的时候，侦查人员也可以要犯罪嫌疑人亲笔书写供词”

---

① 其中，自首人的基本情况包括：姓名、性别、年龄或出生日期、国籍、民族、籍贯（或出生地）、文化程度、工作单位（或服务处所）、职业、职务、联系方式、身份证号码、政治面貌、住址、曾受到行政刑事处罚情况15项；而填写方法，可参见本书第三章第一节的相关内容，不赘述。

② 该笔录的制作规则与具体格式，可参照接受报案、控告、举报笔录做法。

精神，在自首人请求下，也可以让其自行书写自首笔录。

5. 对自首人犯罪事实的记录，应围绕犯罪构成“四要件”或者“七何”问全、记清。

6. 对自首人提供的证人和证据材料或其证据等情况，应详细地记录清楚。

（1）对提供的证人、知情人，应记清其姓名、工作单位、职务、住址等基本情况以及他与本案的关系；

（2）对提供的书证、物证等证据情况，应记明其名称、数量、存放地点或在何人手中；

（3）对当场送交的书证、物证等证据材料，应在自首笔录中具体载明名称、页数或件数，物证还应载明色泽和质量等情况；

（4）对携款、携物自首的，除应当场当面验收并开列清单外，还应在自首笔录中具体载明。

7. 对自首人检举、揭发其他人的其他犯罪事实的（包括共同犯罪人的其他犯罪），或者提供有关重要线索的，属于立功表现的范畴，不属于自首的内容，在自首笔录中只需概托记载；而其具体内容应使用接受报案、控告、举报笔录单独记录。

8. 对自首人对所犯罪行的认识、对本案犯罪事实的供述程度（包括同案人的共同犯罪事实）的表态，以及对接受审查处理表明的态度等，也应问全记清，尤其是对供述程度所作表述，应当按照原话准确记录清楚，以便分析、判断认罪悔罪的真诚程度，鉴别、判断真假自首。同时，对自首人向检方的请求，例如，对自己退脏能力的说明和如何退赃的要求以及如何处理所提出的请求等，也应予以记明。

9. 自首笔录以自首人 1 人为单位制作；共同犯罪案件，数人共同自首的，应分别接受，分别制作自首笔录；对于自首人自首时有亲属等陪同的，应在自首笔录中载明陪同人姓名、单位、电话、住址等基本情况以及他与自首人的关系等。

10. 自首人核对自首笔录后，须亲笔签写“以上笔录我已看过（或向我宣读过），和我说的相符”，并签名或者盖章、捺指印。然后，再由接受自首的办案人员签写其法律职务和姓名，并具明接受自首的年、月、日。

11. 自首笔录制作完成后应复制 1 份，正本存检察正卷、副本存检察内卷。具体内容和格式如下样式 18 所示：

________人民检察院

接受自首笔录

接受自首时间：____________接受自首地点：______________________

接受人员姓名：__________________ 记录人员姓名：______________

录制人员姓名：__________________ 翻译人员姓名：______________

自首人：_____性别：_____ 年龄：_____ 身份证号：______________

民族：_____籍贯（出生地）：___________________________________

文化程度：_____政治面目：______ 工作单位：________职业（职务）______

现在住址：__________________ 联系电话：_____________________

E—mail：____________________QQ：_____________________

自首内容［包括主要犯罪事实（含时间、地点、有关人物、犯罪手段、数量等）、犯罪动机、自首原因、相关材料、有无检举揭发等］：________________

____

____

“以上笔录我看过（或向我宣读过），和我讲的相符。”（须自首人亲笔书写）

自首人（亲自签名并捺指印）：______________________________

录制人员（亲自签名）：____________翻译人员（亲自签名）：__________

接受人员（亲自签名）：____________记录人员（亲自签名）：__________

年　　月　　日

第　　页

样式18：接受自首笔录格式样本

三、举报文书

（一）答复举报人通知书

根据《刑事诉讼法》第108条、第110条规定，本文书为检方将受理的举报材料处理后，答复举报人时而填制的侦查法律文书。因此，填制时应注意以下问题：

1. 举报中心对所接收的举报线索，应当逐件登记举报人和被举报人的基本情况、举报的主要内容和办理情况，并应向举报人说明诬告应负的法律责任；对不愿公开姓名和举报行为的举报人，应当为其保密；严禁将举报材料转给被举报单位和被举报人。

2. 本文书的内容要明确具体，给举报人以明确的答复。

3. 对于不属于本院管辖的，要填写清楚举报材料转往的具体单位；对于属于本院管辖的，要填写清楚举报材料转往的具体内设机构。

4. 本文书一式两份，一份送达举报人（举报单位），一份附卷。其具体内容和格式如下样式20所示：

________人民检察院

答复举报人通知书

检　举答〔　　〕　　号

__________：

你（单位）的举报材料已收到。经审查，______________________________

特此通知。

年　　月　　日

（××人民检察院院举报中心名章①）

样式20：答复举报人通知书格式样本

（二）答复实名举报人笔录

根据《刑事诉讼法》第110条、《检诉规则》第178条和第557条规定，本笔录是指检方在接受举报后，经审查依法口头答复实名举报人处理情况和办

① 值得说明的是，本书侦查文书中所称“××人民检察院名章”或“检察长名章”，不仅有刻着人名或单位名称的印章之意，也有需写上单位名称之意，并非仅盖章，以避免实践中只盖印章，不写印章所属单位或个人之情形。

理结果时，而制作的侦查笔录。因此，制作本笔录时，一方面，要了解并掌握本笔录的制作规则和核心内容：一是使用真实姓名或单位名称举报的，属于实名举报；实名举报除通讯地址不详者之外，检察院应将处理情况和办理结果及时口头或书面答复举报人；二是对采用走访形式举报的，应当场答复是否受理，并制作本笔录；不能当场答复的，应自接待举报人之日起 15 日以内口头或书面答复举报人，并制作本笔录；三是举报中心负责实名举报的答复工作；四是答复可以采取口头、书面或者其他适当的方式（如电子邮件）进行。口头答复的，应制作本笔录，载明答复的时间、地点、参加人及答复内容、举报人对答复的意见等。其中，答复内容应包括：办理的过程、认定的事实和证据、处理结果和法律依据；五是用语要符合《检察机关文明用语规则》第 7 条、第 8 条规定和接待用语、电话通讯基本规范。

另一方面，制作本笔录时，还应注意以下问题：一是本笔录为口头答复举报人时所作，且不可省略；二是记录的重点，是上述制作本笔录的核心内容；三是制作完成后应复制 1 份，正本存检察正卷、副本存检察内卷。具体内容和格式如下样式 21 所示：

________人民检察院

答复实名举报人笔录

实名举报人姓名：______性别：______年龄：______民族：___文化程度：__________

籍贯（出生地）：________工作单位：___________职业（职务）：__________

与被举报人关系：________现在住址：___________联系电话：______________

E—mail：____________________QQ：______________________________________

答复时间：______年______月____日。答复地点：_____________________________

答复人员姓名：________记录人员姓名：___________翻译人员姓名：______________

答复内容（包括举报办理的过程、认定事实和证据、处理结果和法律依据、举报人对答复的意见等）：____

“以上笔录我看过（或向我宣读过），和我讲的相符。”（须实名举报人亲笔书写）

实名举报人（亲自签名并捺指印）：____

答复人员（亲自签名）：________翻译人员（亲自签名）：_________________________

记录人员（亲自签名）：____

年　　月　　日

第　　页

样式 21：答复实名举报人笔录格式样本

（三）查处情况回复单

根据《检诉规则》第4条、第160条、《人民检察院举报工作规定》第36条规定，本文书是检方职务犯罪侦查部门（主要是反贪、反渎部门）接受举报中心移送的举报线索材料后，将查处进展和结果回复举报中心时，而填制的侦查工作文书。因此，填制本文书时，一方面，所回复办理结果应当包括：控告、申诉或举报事项、办理过程、认定的事实和证据、处理情况和法律依据以及执法办案风险评估情况等。另一方面，本文书一式两份，一份送举报中心，一份存侦查内卷；具体内容和格式如下样式22所示：

________人民检察院

查处情况回复单

<table>
<tr><td>线索来源</td><td></td><td>举报人</td><td></td><td>受理时间</td><td></td><td>被举报人</td><td></td></tr>
<tr><td>举报性质和内容</td><td colspan="2"></td><td>查处情况</td><td colspan="4">（含办理过程、认定的事实和证据、处理情况和法律依据以及执法办案风险评估情况等）</td></tr>
<tr><td>回复单位、经办人</td><td colspan="2"></td><td>回复时间</td><td colspan="4"></td></tr>
<tr><td>中心接受人签收</td><td colspan="2"></td><td>签收时间</td><td colspan="4"></td></tr>
<tr><td>承办人意见</td><td colspan="7">年　月　日</td></tr>
<tr><td>部门负责人意见</td><td colspan="7">年　月　日</td></tr>
<tr><td>检察长批示</td><td colspan="7">年　月　日</td></tr>
<tr><td colspan="8">（××人民检察院侦查部门名章）
年　月　日</td></tr>
</table>

样式22：查处情况回复单格式样本

（四）催办案件通知书

根据《检诉规则》第165条和《人民检察院举报工作规定》第37条规定，本文书是举报中心对侦查部门接受所移送的举报线索，逾期未回复查办情况或处理结果时，而填制的侦查工作文书。因此，其具体内容和格式如下样式23所示：

______人民检察院举报中心
催办案件通知书

检　举崔〔　〕号

本举报中心于____年____月____日以__________向你们交办的__________一案，应在____年____月____日以前将查处结果（或查处情况）回复本举报中心，现已逾期。根据《人民检察院刑事诉讼规则》第一百六十五和《人民检察院举报工作规定》第三十七条规定，请将查处结果（或查处情况）在____年____月____日以前书面回复本举报中心。

批 准 人：__________

填 发 人：__________

年　月　日

（第一联存根）

______人民检察院举报中心
催办案件通知书

检　举崔〔　〕号

__________：

本举报中心于____年____月____日以__________向你们交办的__________一案，应在____年____月____日以前将查处结果（或查处情况）回复本举报中心，现已逾期。根据《人民检察院刑事诉讼规则》第一百六十五和《人民检察院举报工作规定》第三十七条规定，请将查处结果（或查处情况）在____年____月____日以前书面回复本举报中心。

（××人民检察院举报中心名章）

年　月　日

（第二联送达被催办单位）

样式23：催办案件通知书格式样本

（五）举报、控告来信情况统计台账

根据《人民检察院举报工作规定》第27条、第28条，以及《检察规范》第2·68条、第2·71条规定，本文书是举报中心，对所受理的报案、控告、举报、自首等举报线索材料情况进行定期（每月）统计分析时，而填制的侦查工作文书。因此，它的具体内容和格式如下样式24所示：

人民检察院举报（或案管）中心
举报、控告来信情况统计台账

（　　年　　月）

填报单位：（×××人民检察院举报中心名章）　　　　共　　页第　　页

<table>
<tr><td rowspan="2">受案序号</td><td colspan="3">受理</td><td colspan="2">来信人</td><td rowspan="2">案由</td><td colspan="2">被举报人情况</td><td colspan="5">审查处理</td><td rowspan="2">信函来源</td><td rowspan="2">举报（控告）人联络通信地址及信函类别、信函号</td></tr>
<tr><td>日期</td><td>首次举报控告</td><td>重复举报控告</td><td>匿名</td><td>署名</td><td>姓名</td><td>身份及职级</td><td>日期</td><td>分送本院其他部门</td><td>移送他院</td><td>转其他机关</td><td>存查</td></tr>
<tr><td></td><td></td><td></td><td></td><td></td><td></td><td></td><td></td><td></td><td></td><td></td><td></td><td></td><td></td><td></td><td></td></tr>
</table>

样式24：举报、控告来信情况统计台账格式样本

（六）举报案件管理情况表

根据《检察规范》第2·68条、第2·71条规定，本表是检方举报中心，对所受理的报案、控告、举报、自首等举报线索材料情况进行统计分析时，而填制的侦查工作文书。因此，其具体内容和格式如下样式25所示：

________人民检察院
举报案件管理情况表

年度		账号		首次举报日期		受理类别	
举报方式		重复举报日期		举报案由			
被举报人姓名		身份		职级		审查处理日期	
审查处理结果		初查日期		初查结果		奖励日期	
奖励人数		奖励金额		检察长接待日期		检察长接待人数	
检察长批办日期		结案案件处理结果		日期		结案日期	
举报内容							
办案单位				办案部门			
承办人		填报人		归档号		报出日期	

样式 25：举报案件管理情况表格式样本

（七）举报贪污贿赂、渎职侵权情况月报表

根据《检察规范》第 2·68 条、第 2·71 条规定，本表是检方举报中心对所受理的贪污贿赂、渎职侵权等职务犯罪之报案、控告、举报、自首等举报线索材料情况进行月统计分析时，而填制的侦查工作文书。因此，它的具体内容和格式如下样式 26 所示：

______人民检察院
举报贪污贿赂、渎职侵权情况月报表

填表单位：　　　　　　　　　　　　　　检察院（章）

核对方法 列：1 = 2 + 3 6 = 7 + 8 + 9 + 10 + 11 17 = 16 + 18 + … + 22 2 = 3 + 4　17 = 23 + 24 行：1 = 2 + 6 2 = 3 + 4 + … + 7 8 = 9 + 10 + 11 + 13 15 = 16 + 17 + 18 + 19 15 = 1 + 14			
首次举报	合计	1	
	贪污贿赂案	2	
	贪污	3	
	受贿	4	
	行贿	5	
	挪用公款	6	
	其他	7	
	渎职侵权案	8	
	滥用职权	9	
	玩忽职守	10	
	侵犯公民权利	11	
	其中：报复陷害举报人	12	
	其他	13	
重复审报		14	
合计		15	
来信		16	
电话		17	
网络		18	
来访		19	
其中	集体上访	20	
	告意访	21	
	上访老户	22	

样式26：举报贪污贿赂、渎职侵权情况月报表格式样本

（八）举报摘要

根据《检察规范》第 268 条、第 271 条规定，本文书是检方举报中心对某一案件的举报线索材料情况进行统计摘要时，而填制的侦查工作文书。因此，它的具体内容和格式，如下样式 27 所示：

________人民检察院

举报摘要

年度号		流水号		举报人姓名		性别		单位	
职务		联系方式		住址		举报方式		举报时间	
被举报人姓名		性别		民族		籍贯		文化程度	
单位				职务		住址			
举报主要内容									
承办人意见									
部门负责人意见									
分管检察长意见									

样式 27：举报摘要格式样本

（九）奖励举报有功人员审批表

根据《检察规范》第 2·106 条、《人民检察院举报工作规定》第 57 条和《奖励举报有功人员暂行办法》（1994 年 5 月 11 日）第 4 条规定，本表为检方奖励举报有功人员而进行审批时，所填制的侦查工作文书。因此，填制时应注意以下问题：

1. 奖励举报的有功人员包括本文书的填制，应在判决生效后进行；呈报应附有终审判决书。

2. 奖励工作由举报中心具体承办，并应核定奖励金额。

3. 本表一式两份，一份存案备查，一份举报中心列账；具体内容和格式如下样式 28 所示：

________人民检察院
奖励举报有功人员审批表

检　奖字〔　　〕　号

举报人姓名		性别		年龄		举报日期	
工作单位			职务		住址		
被举报人姓名		性别		年龄		职务	
原工作单位					住址		
案号		案由			追缴金额		
犯罪事实及处理结果							
举报中心意见							
有关部门意见							
检察长批示							
备注	发奖日期		经办人		领奖人		

样式28：奖励举报有功人员审批表格式样本

第二节　初查文书的填制要领与格式

一、初查文书

（一）概述

所谓初查文书，是指检方接受举报线索材料后而依法进行初步调查时，依法填制的侦查文书的总和。

实践中，常见的初查文书主要有：线索审查评估意见书，缓（存）查线索登记表，初查呈批表，提请初查报告，初查要案线索报告（通报），初查方案，接触被调查对象审批表，初查调查笔录，初查询问通知书，商请配合调查函，外调请示，（初查）协助查询存款、汇款、股票、债券、基金份额通知书，初查工作（电话）记录，案件初查情况表，初查审查报告，提请延长初查期限报告等。由此可见，初查文书既包括侦查工作文书、侦查笔录和侦查公文3种，但不包括初查法律文书，也包括填充与叙述式侦查文书两类。

（二）法律规定

根据《刑事诉讼法》、《人民检察院组织法》以及《检诉规则》、《关于人民检察院办理直接受理立案侦查案件实行内部制约的若干规定》、《关于调整人民检察院直接受理案件侦查分工的通知》、《关于健全职务犯罪侦查工作一体化机制的若干规定》、《检察机关发现和初查司法工作人员职务犯罪案件线索的若干规定》（2006 年 12 月 13 日）、《人民检察院举报工作规定》，特别是高检院《检察规范》、《人民检察院直接受理侦查案件初查工作规定（试行）》（2005 年 11 月 1 日，以下简称《初查规定》）规定，填制初查文书时，应遵循以下法律规定：

1. 侦查部门对举报中心移交的举报线索进行审查后，认为有犯罪事实需要初查的，应当报检察长或者检察委员会决定。

2. 上级检察院在必要时，可以直接初查或者组织、指挥、参与下级检察院的初查，可以将下级检察院管辖的案件线索指定辖区内其他检察院初查，也可以将本院管辖的案件线索交由下级检察院初查；下级检察院认为案情重大、复杂，需要由检察院初查的案件线索，可以提请移送上级检察院初查。

3. 检察长或者检察委员会决定初查的，承办人员应当制作初查工作方案，经侦查部门负责人审核后，报检察长审批。

4. 初查一般应当秘密进行，不得擅自接触初查对象。公开进行初查或者接触初查对象，应当经检察长批准。

5. 对案件进行初查的检察院可以委托其他检察院协助调查有关事项，委托协助调查应当提供初查审批表，并列明协助调查事项及有关要求。接受委托的检察院应当按照协助调查请求提供协助；对协助调查事项有争议的，应当提请双方共同的检察院协调解决。

6. 侦查部门对举报线索初查后，认为有犯罪事实需要追究刑事责任的，应当制作审查报告，提请批准立案侦查，报检察长决定。对具有下列情形之一的，提请批准不予立案：具有《刑事诉讼法》第 15 条规定情形之一的；认为没有犯罪事实的；事实或者证据尚不符合立案条件的。

7. 侦查部门收到举报中心移送的举报线索，应当在 3 个月以内将处理情况回复举报中心。情况复杂逾期不能办结的，报检察长批准，可以适当延长办理期限。

8. 对于实名举报，经初查决定不立案的，侦查部门应当制作不立案通知书，写明案由和案件来源、决定不立案的理由和法律依据，连同举报材料和调查材料，自作出不立案决定之日起 10 日以内移送本院举报中心，由举报中心答复举报人。必要时可以由举报中心与侦查部门共同答复；对于其他机关或者部门移送的案件线索，经初查决定不立案的，侦查部门应当制作不立案通知书，写明案由和案件来源、决定不立案的理由和法律依据。

9. 初查终结后，相关材料应当立卷归档。立案进入侦查程序的，诉讼证据以外的其他材料应当归入侦查内卷。

二、线索审查评估意见书

根据《检诉规则》第168条和《初查规定》第4条规定，本文书为承办初查的业务部门对举报线索材料评估后，由承办人根据评估记录整理得出是否进行初查的倾向性意见时，所填制的侦查工作文书。因此，它属于叙述式侦查工作文书，一式一份，由承办案件的检察院附卷；具体内容和格式如下样式29所示：

________人民检察院 线索审查评估意见书 检　初查评估〔　〕号	
评估时间、地点	
参加评估（复审）人员的姓名、职务和所在部门的名称	
评估（复审）具体个案（线索）所处的诉讼阶段和主要内容	
评估结论	
承办人意见	年　月　日
附件： 评估（复审）记录	

样式29：线索审查评估意见书格式样本

三、缓（存）查线索登记表

根据《检诉规则》第4条、《初查规定》第12条规定，本表是指检方承办初查的办案人员对举报线索材料进行审查后，认为属于检方管辖并有涉嫌职务犯罪可能，但不具备初查条件和时机时，而填制的侦查工作文书。因此，它一式一份，由受理举报线索材料的检察院归档；具体内容和格式如下样式30

所示：

________人民检察院

缓（存）查线索登记表

检　初查缓（存）〔　　〕号

<table>
<tr><td colspan="2">线索来源</td><td colspan="5"></td><td>受理时间</td><td></td></tr>
<tr><td rowspan="4">被举报人</td><td>姓名</td><td></td><td>性别</td><td></td><td>年龄</td><td></td><td>文化程度</td><td></td></tr>
<tr><td colspan="2">工作单位、职务</td><td colspan="6"></td></tr>
<tr><td colspan="2">住　址</td><td colspan="6"></td></tr>
<tr><td colspan="2">联系电话</td><td colspan="6"></td></tr>
<tr><td colspan="3">反映的主要问题</td><td colspan="6"></td></tr>
<tr><td colspan="3">承办人意见</td><td colspan="6">年　月　日</td></tr>
<tr><td colspan="3">部门负责人意见</td><td colspan="6">年　月　日</td></tr>
<tr><td colspan="3">检察长批示</td><td colspan="6">年　月　日</td></tr>
</table>

样式30：缓（存）查线索登记表格式样本

四、初查呈批表

根据《检诉规则》第4条、第168条和《初查规定》第4条规定，本表为检方对受理的举报线索材料经审查评估后，认为有必要对其反映的事实进行初查时，而填制的侦查工作文书。因此，它一式一份，由受理举办线索材料的检察院附卷；具体内容和格式如下样式31所示：

________人民检察院

初查呈批表

检　初查呈〔　〕号

<table>
<tr><td>线索来源</td><td></td><td>受理时间</td><td colspan="4"></td></tr>
<tr><td>举报人</td><td></td><td>单位或住址</td><td colspan="4"></td></tr>
<tr><td rowspan="3">被举报人基本情况</td><td>姓名</td><td></td><td>性别</td><td></td><td>年龄</td><td></td></tr>
<tr><td>单位</td><td colspan="3"></td><td>职务</td><td></td></tr>
<tr><td>职级</td><td></td><td colspan="3">人大代表或政协委员</td><td></td></tr>
</table>

线索主要内容	
承办人意见	年　月　日
部门负责人意见	年　月　日
检察长批示	年　月　日
备注	

样式31：初查呈批表格式样本

五、提请初查报告

根据《刑事诉讼法》第110条、《检诉规则》第4条、第168条和《初查规定》第4条规定，本文书是检方承担初查任务的业务部门对于报案、控告、举报和自首等举报线索材料进行受理登记和书面审查后，认为须经初查以确定是否立案侦查，而向本院检察长提出初查意见和方案报请其批准时，所填制的侦查工作文书。因此，填制时应注意以下问题：

1. 填制关键是初查方案的制定。其中要写清楚需要解决的问题、解决的方案。初查方案要求操作性强，方法、步骤、途径要求具体有效，附检察内卷备查。

2. 本文书的填制应与初查计划（或方案）有机结合，其中关于初查的可行性分析应比初查计划中的分析简明、概括；在初查工作初期，如果初查方向无法确定导致暂时难以制订详细初查计划的，可以待初查方向相对明确后再及时填制。

3. 本文书由首部、正文和尾部3部分组成，属叙述式侦查工作文书，一式一份，存检察内卷；具体内容和格式如下样式32所示：

________人民检察院
提请初查报告

检　初查提请〔　〕　号

犯罪嫌疑人……（姓名，性别，出生年月日，身份证号码，出生地，民族，文化程度，职业或工作单位及职务、职级，政治面貌，如是人大代表、政协委员，一并写明具体级、届代表、委员及代表、委员号，现住址，前科情况。案件有多名犯罪嫌疑人的，应按涉嫌犯罪情节轻重逐一写明。）

犯罪嫌疑人×××涉嫌×××犯罪的案件线索，……（写明案由和案件来源，案件来源具体为自首、单位或者公民举报、上级交办、有关部门移送、本院其他部门移送以及办案中发现等。）

经审查，犯罪嫌疑人涉嫌的主要犯罪线索有：……（写明犯罪嫌疑人涉嫌的主要犯罪线索及初查可行性分析。）

综上所述，我们认为，犯罪嫌疑人×××涉嫌××犯罪的案件线索属我院管辖（或者由××院指定我院管辖），成案的可能性大，需要进行初查。根据《中华人民共和国刑事诉讼法》第一百一十条、《人民检察院刑事诉讼规则》第一百六十八条规定，提请初查。

当否，请领导批示。

两名以上承办人（亲自签名）：________、________

年　月　日

附件：

1. 初查方案（或计划）；
2. 安全防范工作预案；
3. 案件线索材料。

承办人意见	年　月　日
部门负责人审核意见	年　月　日
检察长批示	年　月　日

样式32：提请初查报告格式样本

六、初查方案

根据《刑事诉讼法》第110条、《检诉规则》第4条、第171条和《初查规定》第14条规定，本文书系提请初查报告的附件材料。因此，填制时应围绕涉嫌案件事实，从报案、控告、举报材料反映的嫌疑事实的薄弱环节入手，抓住查清该嫌疑事实的主要方面，提出初查的方法、步骤、措施；具体内容和格式如下样式34所示：

<table>
<tr><td colspan="2">______人民检察院
初查方案

检　初查方案〔　〕号</td></tr>
<tr><td>对案件线索的初步分析</td><td></td></tr>
<tr><td>初查的目的、方向、范围和要重点解决的问题</td><td></td></tr>
<tr><td>初查的时间、步骤、方法和措施</td><td></td></tr>
<tr><td>对可能出现情况的预测及应对措施</td><td></td></tr>
<tr><td>初查的人员配备、分工及组织领导</td><td></td></tr>
<tr><td>初查的安全防范预案</td><td></td></tr>
<tr><td>其他注意事项</td><td></td></tr>
<tr><td>承办人意见</td><td>年　月　日</td></tr>
<tr><td>部门负责人审核意见</td><td>年　月　日</td></tr>
<tr><td>检察长批示</td><td>年　月　日</td></tr>
</table>

样34：初查方案格式样本

七、初查要案线索报告（通报）

根据《检诉规则》第179条、《初查规定》第20条规定，本文书是检方决定对要案线索开展初查后，而向有关单位报告或通报相关初查情况时，所填制的侦查工作文书。它属于叙述式侦查文书，一式两份，一份存侦查内卷，一份送交对初查对象有管辖权的党委、人大、政协等单位主要领导；具体内容和格式如下样式33所示：

<table>
<tr><td colspan="2">________人民检察院
初查要案线索报告（通报）

检　初查报告〔　〕　号</td></tr>
<tr><td>被举报人的基本情况</td><td></td></tr>
<tr><td>线索来源及反映的主要问题</td><td></td></tr>
<tr><td>初查的理由和依据</td><td></td></tr>
<tr><td colspan="2">（××人民检察院院名章）
年　月　日</td></tr>
</table>

样式33：初查要案线索报告（通报）格式样本

八、接触被调查对象审批表

根据《检诉规则》第4条、第172条、《初查规定》第21条规定，初查一般应当秘密进行，不得擅自接触初查对象；公开进行初查或者接触初查对象，应当经检察长批准，同时采取严密的安全防范措施。因此，本表是拟接触初查对象时的呈批文书，具体内容和格式如下样式35所示：

________人民检察院

接触被调查对象审批表

检　初查接触〔　〕　号

<table>
<tr><td>线索来源</td><td></td><td>案件性质</td><td colspan="6"></td></tr>
<tr><td rowspan="4">被调查人
基本情况</td><td>姓名</td><td></td><td>性别</td><td></td><td>民族</td><td></td><td>年龄</td><td></td></tr>
<tr><td>单位</td><td colspan="3"></td><td>职务</td><td></td><td>职级</td><td></td></tr>
<tr><td>文化程度</td><td></td><td colspan="5">人大代表或政协委员</td><td></td></tr>
<tr><td colspan="8">住址</td></tr>
<tr><td>涉案事实</td><td colspan="8"></td></tr>
<tr><td>办理情况</td><td colspan="8"></td></tr>
</table>

承办人意见	年　　月　　日
部门负责人意见	年　　月　　日
检察长批示	年　　月　　日

样式35：接触被调查对象审批表格式样本

九、初查调查笔录

根据《检诉规则》第173条、《初查规定》第21条、第22条规定，本笔录是由检方在初查阶段询问证人、被害人等与案件有关的人员时，而填制的侦查笔录。因此，制作本笔录应注意以下问题：

1. 检察人员（包括书记员）在进行调查之前，要详细阅卷，熟悉人名、地名等案情，并应填制调查提纲，以便在调查中有目的、有重点地进行提问和准确地制作本笔录。

2. 调查情况记录为本笔录的中心内容，包括调查人向被调查人的告知事项内容、提问内容和被调查人陈述的内容。而调查人与被调查人的对话内容，应标明“问”和“答”，按第一人称记录。但不能用“?”、“:”或者“∵”、“∴”等代替“问”、“答”。

3. 要客观、全面、详细地记录告知事项，记明调查人向被调查人告知政策、法律的具体内容。

4. 对调查人的提问内容，记录应具体、明确、文字力求简洁。检察人员提问时，对案情中难于弄清的的问题，要作为重点抓住不放，从各个不同的侧面，反复提问，以期查清情况或找出进一步查证的线索；对矛盾点要提出反问；发出被调查人有思想顾虑的，要适当地进行启发教育。

5. 被调查人陈述的内容，为记录的重点。陈述的案件情节，记录应全面、具体、完整、准确、客观、清楚。应尽可能记原话，对重复的，可概括归纳，但要不失原意；被调查人是如何得知案情的以及其知情程度，应记录清楚；提供的其他知情人，应记明其姓名、所在单位和住址；提供的书证、物证应当记明名称、件数等；要求保密的，也应载明。

6. 向公民个人进行调查时，一般都应单独进行；笔录也以一人为单位填制。

7. 向单位调查时，被调查人单位不需在笔录上签署意见，也不要加盖其单位公章。但向有关单位查阅、摘抄的文件资料，在笔录上由该单位签署确认资料来源的意见，并应加盖该单位公章；如查阅犯罪嫌疑人或被害妇女确切的出生日期而向公安派出所调查时，其应签署意见并加盖公章。

8. 有其他人员（如证人）协助进行调查的，协助调查人员也应在笔录上签名，并署明所在单位及其职务等。

9. 调查结束后，调查人应当凭借自己在调查中的直观感觉，根据被调查人陈述的态度坦率与否，判断其证言的可靠程度，以及对今后如何进一步开展调查提出意见。同时，调查人还要对被调查人与当事人之间的关系，及其在生理上、精神上、辨别是非与语言表达能力上，提出判断性意见，作为本笔录的附记。

10. 记录结束，记录人应先编写笔录页码，后让被调查人核对笔录内容。凡有记错记漏的，应予改正和补充，但修正、补充处应由被调查人捺指印或盖章；核对完后，由被调查人在笔录结束处写上“本记录我已看过（或已读给我听过），与我讲的一样”。再由被调查人签名或盖章，具明年、月、日、时。最后由调查人和记录人分别签名，具明年、月、日、时。

11. 经被调查人认可并签名或盖章之后，不允许轻易更改。如被调查人事后又到检察院要求改变他原来陈述的内容时，则不能对原笔录加以修改，可另行制作本笔录存卷。

12. 本笔录的内容和格式如下样式36所示：

________人民检察院

初查调查笔录（第　次）

调查时间：______年____月____日______时至____时。调查地点：____________________

调查人：________________________记录人：____

被调查人姓名：________性别：__________年龄：________ 政治面目：______________

工作单位、职务：______________________现在住址：______________________________

与被查对象或犯罪嫌疑人的关系：____

问：____

答：____

“本记录我已看过（或已读给我听过），与我讲的一样。”（需被调查人亲笔书写）

被调查人（亲自签名并捺指印）：____

调 查 人（亲自签名）：______________记录人（亲自签名）：______________________

年　　月　　日

第　　页

样式36：初查调查笔录格式样本

十、初查询问通知书

根据《检诉规则》第173条、《初查规定》第22条规定，本文书是指检方在职务犯罪侦查过程进行初查而需要询问有关知情人和接触被查对象时，而填制的侦查工作文书。因此，填制时应注意以下问题：

1. 初查期间具有下列情形之一的，经检察长批准，可以对被查对象进行询问：

（1）被查对象自首的；

（2）公开初查的；

（3）纪检监察、公安、法院等机关认为所办案件构成犯罪，属于检察机关管辖而移送检察机关的，或者是行政执法机关调查后移送的；

（4）涉嫌过失犯罪，或者危害结果比较明确的；

（5）被查对象具有职务犯罪重大嫌疑，需要接触核实的。

2. 可以在被查对象的所在单位、住处或者人民检察院进行，并采取严密的安全防范措施；询问时应出示工作证或者其他证明文件，并告知其权利义务；征得其同意，可以进行录音录像；询问的时间最长不得超过12小时，不得以连续询问的形式拘禁被查对象。

3. 本文书属于侦查工作文书，其格式和内容与侦查阶段所用的询问通知书大致相同。

4. 本文书共三联，第一联统一保存备查，第二联附卷，第三联送达被询问人。具体内容和格式如下样式37所示：

______人民检察院
初查询问通知书
（存根）

检 初查询〔 〕 号

案　　由：______
犯罪嫌疑人：______
被询问人：______
性　　别：______年　　龄：______
住　　址：______
工作单位：______
应到时间：______
应到地点：______
批 准 人：______
批准时间：______
承 办 人：______
填发时间：______
填 发 人：______

第一联统一保存

______人民检察院
初查询问通知书
（副本）

检 初查询〔 〕 号

______：

根据《中华人民共和国刑事诉讼法》第一百二十二条之规定，兹因______一案，请你于______年___月___日___接受询问。

接受询问地点：______

（××人民检察院名章）
年　月　日

第二联附卷

______人民检察院
初查询问通知书

检 初查询〔 〕 号

______：

根据《中华人民共和国刑事诉讼法》第一百二十二条之规定，兹因______一案，请你于____年__月___日___接受询问。

接受询问地点：______

（××人民检察院名章）
年　月　日

第三联送达被询问人

样式37：初查询问通知书格式样本

十一、商请配合调查函

根据《检诉规则》第173条、第174条、《初查规定》第23条、第24规定，本文书亦称请求协助调查函，是检方在初查过程中委托其他单位或检方协助调查有关情况时，而填制的侦查工作文书。因此，填制时应注意以下问题：

1. 根据初查工作需要，检方可以商请有关部门配合调查。

2. 对案件进行初查的检察院可以委托其他检察院协助调查有关事项，委托协助调查应当提供初查审批表，并列明协助调查事项及有关要求；接受委托的检察院应当按照协助调查请求提供协助；对协助调查事项有争议的，应当提请双方共同的上级检察院协调解决。

3. 本文书属于叙述式侦查文书，一式一份，由承办案件的检察院附卷；具体内容和格式如下样式38所示：

________人民检察院

商请配合调查函

检　初查商〔　〕　号

________：

兹因______________，需商请（请求）你单位予以配合调查，特派我院______和______同志前往你处联系具体调查事宜，请予接洽，并注意保密。

附件：

1. 调查事项：________________________________

2. 联系方式：________________________________

（××人民检察院名章）

年　　月　　日

样式38：商请配合调查函格式样本

十二、外调请示

根据《检诉规则》第 4 条、第 173 条、《初查规定》第 17 条规定，本文书是指检方侦查部门在初查案件过程中，为查明案件真实情况，需侦查人员赴外省市调查取证时，而填制的侦查工作文书。因此，它属于叙述式侦查文书，一式一份，由承办案件初查的检察院附卷；具体内容和格式如下样式 39 所示：

＿＿＿＿＿人民检察院
外调请示

检　　初查调〔　　〕　号

案件线索来源、案由及初（侦）查的过程	
需证实的事实	
需外出收集证据的种类、数量	
外出组成人员、拟赴地点、携带器材和有关手续和法律文书清单、交通工具、食宿费用和期限等事宜	
承办人员意见	年　　月　　日
部门负责人审核意见	年　　月　　日
检察长批示	年　　月　　日

样式 39：外调请示格式样本

十三、（初查）协助查询存款/汇款/股票/债券/基金份额通知书

根据《刑事诉讼法》第142条、《检诉规则》第241条、《初查规定》第17条规定，本文书为检方在初查中需要查询有关企业、事业、机关、团体以及除犯罪嫌疑人外其他涉案人员的银行存款、汇款、股票、债券、基金份额时，通知银行或者其他金融机构协助查询时，而填制的侦查工作文书。因此，填制时应注意以下问题：

1. 本文书适用于检方办理案件过程中查询有关企业事业单位、机关、团体的银行存款情况，不适用与查询个人存款的情况。

2. 本文书正本（第三联）尾部注有“附：当事人银行存款/汇款/股票/债券/基金份额线索”等字样，检方将正本送达银行等金融机构时，如果已有有关企业事业单位、机关、团体存款等线索，包括存款单位名称、账号及其他有关情况，应当将该线索同时送交该银行，以便于银行协助查询。

3. 本文书回执联（第四联），其内容均应由收到本文书的银行填写，并在尾部填好填写的具体时间，并加盖银行的公章后退回检察院。

4. 根据中国人民银行、两高一部《关于查询、冻结、扣划企业事业单位、机关、团体银行存款的通知》（1993年12月11日）规定，查询人查询有关单位的存款时，除持有协助查询存款通知书外，还应出示本人工作证或执行公务证。作出查询决定的检察院与协助执行的银行不在同一辖区的，可以直接到协助执行的银行办理查询，不受辖区范围的限制。

5. 本文书四联之间的骑缝线上均有本文书文号，应当按照本文书第三联中文号的填写方法予以填写。

6. 本文书共四联，第一联统一保存备查，第二联附卷，第三联送达银行或金融机构，第四联由送达单位填写，加盖公章退回后附卷。

7. 本文书的具体内容和格式如下样式40所示：

______人民检察院
（初查）协助查询
存款/汇款/股票/债券/
基金份额通知书
（存根）

检 初查查询〔 〕号

发往银行：______
事　　由：______
查询______单位（个人）银行存款/汇款/股票/债券/基金份额______
查 询 人：______
批 准 人：______
填 发 人：______
填发时间：______

第一联统一保存

______人民检察院
（初查）协助查询
存款/汇款/股票/债券/
基金份额通知书
（副本）

检 初查查询〔 〕号

______：

兹因______，需向你行查询______单位的银行存款/汇款/股票/债券/基金份额______，特派本院工作人员______前往你处，请予协助查询为盼。

附：当事人银行存款/汇款/股票/债券/基金份额线索：存款/汇款/股票/债券/基金份额单位（个人）名称；账号；其他

（××人民检察院名章）
年　月　日

第二联附卷

______人民检察院
（初查）协助查询
存款/汇款/股票/债券/
基金份额通知书

检 初查查询〔 〕号

______：

兹因______，需向你行查询______单位的银行存款/汇款/股票/债券/基金份额______，特派本院工作人员______前往你处，请予协助查询为盼。

附：当事人银行存款/汇款/股票/债券/基金份额线索：存款/汇款/股票/债券/基金份额单位（个人）名称；账号；其他

（××人民检察院名章）
年　月　日

第三联送达银行

______人民检察院
（初查）协助查询
存款/汇款/股票/债券/
基金份额通知书
（回执）

______人民检察院：

你院______号查询______单位（个人）的存款/汇款/股票/债券/基金份额通知书收悉，现将______单位的银行存款情况提供如下：______________________________。

（××银行名章）
年　月　日

第四联退回后附卷

样式40：协助查询存款/汇款/股票/债券/基金份额通知书格式样本

十四、初查工作（电话）记录

根据《检诉规则》第 173 条、《初查规定》第 17 条规定，本文书为检方侦查部门在初查过程中，就个案的具体情况走访（电询）有关单位请求解答时，所填制的侦查工作文书。因此，它一式一份，由侦查部门附卷；具体内容和格式如下样式 41 所示：

<table>
<tr><td colspan="2" align="center">________人民检察院

初查工作（电话）记录</td></tr>
<tr><td>时间、个案的具体事宜、走访（电询）单位</td><td></td></tr>
<tr><td>被走访（电询）单位接待人的姓名、职务和所在部门的名称</td><td></td></tr>
<tr><td>接待人对走访（电询）具体事宜的解答</td><td></td></tr>
<tr><td colspan="2" align="right">承办人（亲自签名）：________
年　月　日</td></tr>
</table>

样式 41：初查工作（电话）记录格式样本

十五、案件初查情况表

根据《检察规范》第 4 · 114 条、《初查规定》第 27 条规定，本表是对某一举报线索材料的初查情况进行汇总、分析时，而填制的侦查工作文书。因此，它的具体内容和格式如下样式 42 所示：

________人民检察院

案件初查情况表

（××人民检察院名章）　　　　　　　　统计时间：　年　　月　　日

初查序号		信访编号		举报编号	
涉嫌人		初查案由		初查批准人	
初查日期		初查情况		转办单位	
立案序号		受案序号		起诉序号	
接受人					
初查结果					
备注					

样式42：案件初查情况表格式样本

十六、初查结论报告

根据《检诉规则》第4条、第176条、《初查规定》第27条规定，本文书是检方侦查部门对报案、控告、举报和自首等举报线索材料经过初查后，发现职务犯罪事实，需要进一步追究相关人员刑事责任而提请本院检察长批准立案侦查时，所填制的侦查工作文书。因此，填制时应注意以下问题：

1. 侦查部门对举报线索初查后，认为有犯罪事实需要追究刑事责任的，应当制作审查报告，提请批准立案侦查，报检察长决定。对具有下列情形之一的，提请批准不予立案：具有《刑事诉讼法》第15条规定情形之一的；认为没有犯罪事实的；事实或者证据尚不符合立案条件的。

2. 本文书系叙述式侦查文书，落款为承办人两名以上亲自签名；正式打印件及领导审批件均应存于检察内卷，并按有关规定报上级主管部门备案审查。

3. 本文书具体内容和格式如下样式43所示：

______人民检察院
初查结论报告

检　初查结论〔　〕　号

我局于××××年×月×日收到（或收到×××部门转来的）署名×××（或×××单位或匿名）的举报信，反映（或在侦查某某某××罪名一案过程中，发现××（单位名称）××（职务）某某某涉嫌××（罪名）。我局于××××年××月××日开展初查，现拟初查终结。

一、被举报人基本情况

被举报人（调查人）基本情况：［姓名（含曾用名、别名）、性别、籍贯（或出生地）、出生年月日、身份证号码、民族、文化程度、政治面貌、职业或者工作单位及职务、住址、曾受到行政处罚、刑事处罚的情况和因本案采取强制措施的情况等；被举报人如是人大代表、政协委员，一并写明具体级、届代表、委员及代表、委员号；被举报人如是单位时，还应写明单位名称、住所地、法定代表人姓名、职务以及诉讼代表人的性别、年龄、工作单位、职务等］

二、初查情况

被举报人（调查人）×××涉嫌××犯罪的案件线索……（写明案由和案件来源，案件来源具体为自首、单位或者公民举报、上级交办、有关部门移送、本院其他部门移送以及办案中发现等）；××××年××月××日，经检察长（或检察委员会）决定，我们开始进行初步审查，……（简要写明所采取的初查措施及初查经过）。被举报人（调查人）×××涉嫌××犯罪的案件线索，现已审查终结。经审查查明：……（详细写明每条案件线索经初查后构成或不构成犯罪或无法获取犯罪证据等情况）。

三、承办人意见（与“初查情况”中的小标题相对应）

承办人的观点及理由：

四、处理意见

综上所述，我们认为，被举报人（调查人）×××涉嫌××犯罪的案件线索，经初步审查……（写明符合或不符合立案条件的具体理由），符合或不符合立案条件。根据《中华人民共和国刑事诉讼法》第××条，《人民检察院刑事诉讼规则》第××条之规定，提请予以或不予立案。

以上意见妥否，请领导批示。

承办人（两名以上亲自签名）：

年　月　日

部门负责人审核意见	年　月　日
检察长批示	年　月　日

样式43：初查结论报告格式样本

十七、提请延长初查期限报告

根据《检诉规则》第4条、《初查规定》第26条规定，本文书是检方侦查部门拟延长初查期限报经检察长审批时，而填制的侦查工作文书。因此，它一式一份，存侦查内卷；具体内容和格式如下样式44所示：

<table>
<tr><td colspan="2">________人民检察院
提请延长初查期限报告

检　初查延〔　〕　号</td></tr>
<tr><td>线索来源</td><td></td></tr>
<tr><td>初查对象的基本情况及反映的主要问题</td><td></td></tr>
<tr><td>初查中已经查明的问题</td><td></td></tr>
<tr><td>延长初查期限的理由及延长的时间</td><td></td></tr>
<tr><td>承办人意见</td><td>年　月　日</td></tr>
<tr><td>部门负责人审核意见</td><td>年　月　日</td></tr>
<tr><td>检察长批示</td><td>年　月　日</td></tr>
</table>

样式44：提请延长初查期限报告格式样本

第七章　管辖、立案文书的填制要领与格式

第一节　管辖文书的填制要领与格式

一、管辖文书

（一）概述

所谓管辖文书，是指检方在依法确定职务犯罪案件侦查管辖时，而依法填制的侦查文书的总和。例如，在薄熙来案中，就有如下记载："公诉人出示最高人民检察院……《指定管辖的通知》……证实案件立案、对被告人采取强制措施、案件指定管辖的情况"①。

实践中，常见的管辖文书主要包括：指定管辖审批表、指定管辖决定书、移送案件通知书、交办案件决定书、直接立案侦查案件审批表、提请批准直接受理书、批准直接受理决定书、不批准直接受理决定书等。由此可见，管辖文书既包括侦查法律文书、侦查工作文书和侦查公文，也包括填充式侦查文书，而鲜见侦查笔录和叙述式侦查文书。

（二）法律规定

根据《刑事诉讼法》、《人民检察院组织法》、《关于健全职务犯罪侦查工作一体化机制的若干规定》，特别是《检诉规则》、《检察规范》规定，填制管辖文书时，应遵循以下法律规定：

1. 检察院立案侦查贪污贿赂犯罪、国家机关工作人员的渎职犯罪、国家机关工作人员利用职权实施的非法拘禁、刑讯逼供、报复陷害、非法搜查的侵犯公民人身权利的犯罪以及侵犯公民民主权利的犯罪案件。其中，贪污贿赂犯罪是指刑法分则第八章规定的贪污贿赂犯罪及其他各章明确规定依照刑法分则第八章相关条文定罪处罚的犯罪案件，共 13 种；国家机关工作人员的渎职犯

① 参见《8 月 25 日薄熙来案庭审记录》，载《人民网》2013 年 8 月 27 日。

罪是指刑法分则第九章规定的渎职犯罪案件，共37种；国家机关工作人员利用职权实施的侵犯公民人身权利和民主权利的犯罪案件，共7种。

2. 国家机关工作人员利用职权实施的其他重大犯罪案件，需要由检察院直接受理的时候，经省级以上检察院决定，可以由检察院立案侦查。基层检察院或者分、州、市检察院需要直接立案侦查的，应当层报省级检察院决定；报请省级检察院决定立案侦查的案件，应当制作提请批准直接受理书，写明案件情况以及需要由检察院立案侦查的理由，并附有关材料。省级检察院应当在收到提请批准直接受理书后的10日以内作出是否立案侦查的决定。

3. 检察院对直接受理的案件实行分级立案侦查的制度。

4. 对管辖不明确的案件，可以由有关检察院协商确定管辖。对管辖有争议的或者情况特殊的案件，由共同的上级检察院指定管辖；上级检察院可以指定下级检察院立案侦查管辖不明或者需要改变管辖的案件；分、州、市检察院办理直接立案侦查的案件，需要将属于本院管辖的案件指定下级检察院管辖的，应当报请上一级检察院批准。

二、指定管辖审批表

根据《刑事诉讼法》第18条第2款和《检诉规则》第4条、第8条、第16条、第18条规定，本表是检方在提请上一级检察院指定管辖时，而填制的侦查工作文书。因此，填制时应注意以下问题：

1. 对管辖不明确的案件，可以由有关检察院协商确定管辖。对管辖有争议的或者情况特殊的案件，由共同的上级检察院指定管辖。

2. 上级检察院可以指定下级检察院立案侦查管辖不明或者需要改变管辖的案件。

3. 检察院在立案侦查中指定异地管辖，需要在异地起诉、审判的，应当在移送审查起诉前与法院协商指定管辖的相关事宜。

4. 分、州、市检察院办理直接立案侦查的案件，需要将属于本院管辖的案件指定下级检察院管辖的，应当报请上一级检察院批准。

5. 本表应载明犯罪嫌疑人的基本情况、简要案情及指定管辖的院和理由；由案件承办人提出，部门负责人签署审核意见后，报检察长审批；批准后填写指定管辖决定书。

6. 本表以案为单位填制一式一份，存检察内卷；具体内容和格式如下样式45所示：

<table>
<tr><td colspan="12">________人民检察院
指定管辖审批表</td></tr>
<tr><td colspan="12">案由</td></tr>
<tr><td>犯罪嫌疑人姓名</td><td></td><td>性别</td><td></td><td>年龄</td><td></td><td>民族</td><td></td><td>籍贯</td><td></td><td>文化程度</td><td></td></tr>
<tr><td>工作单位</td><td colspan="3"></td><td>职务</td><td colspan="3"></td><td>住址</td><td colspan="3"></td></tr>
<tr><td>简要案情</td><td colspan="11"></td></tr>
<tr><td>指定管辖检察院</td><td colspan="11"></td></tr>
<tr><td>指定管辖理由</td><td colspan="11"></td></tr>
<tr><td>承办人意见</td><td colspan="11">年　　月　　日</td></tr>
<tr><td>部门负责人审核意见</td><td colspan="11">年　　月　　日</td></tr>
<tr><td>检察长批示</td><td colspan="11">年　　月　　日</td></tr>
</table>

样式 45：指定管辖审批表格式样本

三、指定管辖决定书

根据《刑事诉讼法》第 18 条第 2 款和《检诉规则》第 8 条、第 12 条、第 16 条、第 18 条的规定，本文书为对管辖权有争议、管辖不明确或需要改变管辖的案件，由上级检察院决定指定某一下级检察院管辖时，而填制的侦查法律文书。因此，填制时应注意以下问题：

1. 有权填制文书的是对案件管辖有争议的几个检察院的共同上级检察院。

2. 被指定行使管辖权的检察院可以是争议各方中的一个检察院，也可以是争议各方以外的对案件有管辖权的检察院。

3. 如果是 3 个以上的同级检察院对案件管辖存在争议，第二联应复制相应的份数，分别制作后送达对案件管辖存在争议但又未被指定行使管辖权的检察院。

4. 已经受理案件的检察院如果未被指定行使管辖权，应当在收到指定管辖决定书后，将案件及有关材料、证据及时移送被指定刑事管辖权的检察院办理。

5. 本文书共三联，第一联统一保存备查，第二联送达其他对管辖有争议的检察院，第三联送达被指定管辖的检察院；三联之间的骑缝线上均有本文书文号，应当按照本文书第三联中文号的填写方法予以填写；具体内容和格式如下样式 46 所示：

________人民检察院

指定管辖决定书

（存根）

检　指辖〔　　〕号

案　　由：____________________

犯罪嫌疑人基本情况（姓名、性别、年龄、身份证号码、工作单位、住址、是否人大代表、政协委员）：________

送达单位：____________________

被指定管辖单位：________________

批 准 人：____________________

承 办 人：____________________

填 发 人：____________________

填发时间：____________________

第一联统一保存

________人民检察院

指定管辖决定书

检　指辖〔　　〕号

________人民检察院：

犯罪嫌疑人________涉嫌________一案，根据《人民检察院刑事诉讼规则》第____条的规定，经本院审查，指定________人民检察院管辖。

（××人民检察院名章）

年　月　日

第二联送达其他对管辖有争议的检察院

________人民检察院

指定管辖决定书

检　指辖〔　　〕号

________人民检察院：

犯罪嫌疑人________涉嫌________一案，根据《人民检察院刑事诉讼规则》第____条的规定，经本院审查，指定________人民检察院管辖。

（××人民检察院名章）

年　月　日

第三联送达被指定管辖的检察院

样式46：指定管辖决定书格式样本

四、移送案件通知书

根据《刑事诉讼法》第 107 条、第 108 条第 3 款，以及《检诉规则》第 184 条规定，本文书为检察院对所接受的报案、举报、控告和自首等举报线索材料以及自行发现的犯罪线索材料，经过审查认为属于其他机关主管或管辖，决定将其移送该机关而通知报案、举报、控告或自首人时，而填制的侦查法律文书。因此，填制时应注意以下问题：

1. 本文书只适用于检察院向公安机关及其纪检、监察等党纪、政纪主管部门移送案件，不能用于检察院之间的移送案件。

2. 它共四联，第一联统一保存备查；第二联送达报案、举报、控告和自首人，单位报案、举报、控告和自首的，送达单位；第三联送达管辖机关；第四联退回后附卷。因办案中发现案件线索而移送有管辖权机关的，不须填写第二联。

3. 四联之间的骑缝线上均有本文书文号，应按照本文书第三联中文号的填写方法予以填写；具体内容和格式如下样式 47 所示：

五、交办案件决定书

根据《刑事诉讼法》第 18 条第 2 款、《检诉规则》第 4 条、第 14 条规定，本文书为上级检察院将自己管辖的案件指定下级检察院管辖时，而填制的侦查法律文书。因此，有权填制本文书的是对案件有管辖权的上级检察院；本文书共两联，第一联统一保存备查，第二联送达被指定管辖的检察院；具体内容和格式如下样式 48 所示：

________人民检察院
移送案件通知书
（存根）

检　移〔　〕　号

案　　由：__________
犯罪嫌疑人基本情况（姓名、性别、年龄、身份证号码、工作单位、住址、是否人大代表、政协委员）：__________
报案（举报、控告、自首）人：__________
送达单位：__________
移送时间：__________
移送原因：__________
批 准 人：__________
承 办 人：__________
填 发 人：__________
填发时间：__________

第一联统一保存

____人民检察院
移送案件通知书

检　移〔　〕号

________：
____年____月____日你报案（举报、控告、自首）的____一案，我院经审查认为__________________。根据《中华人民共和国刑事诉讼法》第一百零八条的规定，已将本案及有关材料移送________管辖。特此通知。

（××人民检察院名章）
年　　月　　日

第二联送达报案（举报、控告、自首）人

________人民检察院
移送案件通知书

检　移〔　〕　号

____年____月____日报案（举报、控告、自首）的__________一案，我院经审查认为属于__________管辖，根据《中华人民共和国刑事诉讼法》第一百零八条的规定，现将本案及有关材料移送你________管辖。

此致

（××人民检察院名章）
年　　月　　日

第三联送达管辖机关

____人民检察院
移送案件通知书
（回执）

检　移〔　〕号

________人民检察院：
你院____年____月____日____以____号移送案件通知书移送的__________一案收悉。

此复

被移送单位名章
年　　月　　日

第四联退回后附卷

样式47：移送案件通知书格式样本

＿＿＿人民检察院举报中心
交办案件决定书
（存根）

检　交〔　〕号

案　　由：＿＿＿＿＿＿＿＿

犯罪嫌疑人基本情况（姓名、性别、年龄、身份证号码、工作单位、住址、是否人大代表、政协委员）：＿＿＿＿＿＿＿＿

送达单位：＿＿＿＿＿＿＿＿

被指定管辖单位：＿＿＿＿＿＿＿＿

批 准 人：＿＿＿＿＿＿＿＿

承 办 人：＿＿＿＿＿＿＿＿

填 发 人：＿＿＿＿＿＿＿＿

填发时间：＿＿＿＿＿＿＿＿

第一联统一保存

＿＿＿人民检察院举报中心
交办案件决定书

检　交〔　〕号

＿＿＿＿人民检察院：

犯罪嫌疑人＿＿＿涉嫌＿＿＿＿一案，根据《人民检察院刑事诉讼规则》第十四条的规定，经本院审查，指定你院管辖。

（××人民检察院名章）

年　月　日

第二联送达被指定管辖的检察院

样式48：交办案件决定书格式样本

六、直接立案侦查案件审批表

根据《刑事诉讼法》第18条、《检诉规则》第4条、第9条规定，本表为省级以下检察院对认为需要直接受理国家机关工作人员利用职权实施的其他重大的犯罪案件，决定提交本院检委会讨论决定时，而填制的侦查工作文书。因此，检委会讨论批准后，即填制批准直接受理决定书，附检察内卷；具体内容和格式如下样式49所示：

________人民检察院

直接立案侦查案件审批表

<table>
<tr><td>报批机关</td><td colspan="4"></td><td>报批日期</td><td></td></tr>
<tr><td rowspan="2">涉案人</td><td>姓名</td><td>性别</td><td>年龄</td><td>民族</td><td>工作单位及其住址、职务</td><td>涉嫌罪名</td></tr>
<tr><td></td><td></td><td></td><td></td><td></td><td></td></tr>
<tr><td>直接立案侦查的理由</td><td colspan="6"></td></tr>
<tr><td>承办人</td><td colspan="6">年　月　日</td></tr>
<tr><td>部门负责人意见</td><td colspan="6">年　月　日</td></tr>
<tr><td>检察长</td><td colspan="6">年　月　日</td></tr>
<tr><td>处理结果</td><td colspan="6"></td></tr>
</table>

样式49：直接立案侦查案件审批表格式样本

七、提请批准直接受理书

根据《刑事诉讼法》第18条、《检诉规则》第9条、第10条、第11条规定，本文书为省级以下检察院对认为需要直接受理国家机关工作人员利用职权实施的其他重大的犯罪案件，经检委会讨论决定，提请省级以上检察院批准时，所填制的侦查法律文书。因此，填制时应注意以下问题：

1. 本文书主送机关为省级以上检察院决定；基层检察院填制的本文书，应当逐级上报所在地的省级以上检察院，不能直接提请省级以上检察院批准。

2. 文书后应附案件情况报告以及其他有关材料。其中，案件情况报告的主要内容包括：案件来源、犯罪嫌疑人的基本情况、经审查认定的主要犯罪事实及证据、提请批准直接受理的理由和法律依据等。

3. 本文书以案为单位制作。

4. 本文书共三联，第一联统一保存备查，第二联附卷，第三联层报省级以上检察院；三联之间的骑缝线上均有本文书文号，应当按照本文书第三联中文号的填写方法予以填写；具体内容和格式如下样式 50 所示：

八、批准直接受理决定书

根据《刑事诉讼法》第 18 条、《检诉规则》第 9 条、第 10 条、第 11 条规定，本文书为省级以上检察院决定批准下级检察院直接受理案件时，而填制的侦查法律文书。因此，本文书主送提请批准直接受理的检察院；以案为单位制作；共三联，第一联统一保存备查，第二联由省级以上检察院存卷备查，第三联送达提请直接受理的检察院；具体内容和格式如下样式 51 所示：

九、不批准直接受理决定书

根据《刑事诉讼法》第 18 条、《检诉规则》第 9 条、第 10 条、第 11 条规定，本文书为省级以上检察院决定不批准下级检察院直接受理案件时，而填制的侦查法律文书。因此，本文书主送提请批准直接受理的检察院；以案为单位制作；共三联，第一联统一保存备查，第二联由省级以上检察院存卷备查，第三联送达提请直接受理的检察院；三联之间的骑缝线上均有本文书文号，应当按照本文书第三联中文号的填写方法予以填写；具体内容和格式如下样式 52 所示：

________人民检察院

提请批准直接受理书

（存根）

检　请受〔　〕　号

案　　由：________________

犯罪嫌疑人基本情况（姓名、性别、年龄、身份证号码、工作单位、住址、是否人大代表、政协委员）：________

提请批准直接受理理由：________

送达单位：________________

批　准　人：________________

批准时间：________________

办案人：________________

办案部门：________________

填发时间：________________

填　发　人：________________

第一联统一保存

________人民检察院

提请批准直接受理书

（副本）

检　请受〔　〕　号

________人民检察院：

我院经____发现犯罪嫌疑人________涉嫌______一案。根据《中华人民共和国刑事诉讼法》第十八条的规定，我院认为需要直接受理。

特提请批准。

（××人民检察院名章）

年　　月　　日

附：案件情况报告

第二联附卷

________人民检察院

提请批准直接受理书

检　请受〔　〕　号

________人民检察院：

我院经____发现犯罪嫌疑人________涉嫌______一案。根据《中华人民共和国刑事诉讼法》第十八条的规定，我院认为需要直接受理。

特提请批准。

（××人民检察院名章）

年　　月　　日

第三联逐级上报省级以上检察院

样式50：提请批准直接受理书格式样本

______人民检察院
批准直接受理决定书
（存根）

检　准受〔　〕　号

案　　由：______
涉案人基本情况（姓名、性别、年龄、身份证号码、工作单位、住址、是否人大代表、政协委员）：______
批准理由：______
送达单位：______
批 准 人：______
办 案 人：______
办案部门：______
填发时间：______
填 发 人：______

第一联统一保存

______人民检察院
批准直接受理决定书
（副本）

检　准受〔　〕　号

______人民检察院：

你院___年___月___日___号提请批准直接受理书收悉。根据《中华人民共和国刑事诉讼法》第十八条的规定，经审查，决定批准你院对犯罪嫌疑人______涉嫌______一案直接受理立案侦查。

（××人民检察院名章）
年　月　日

第二联附卷

______人民检察院
批准直接受理决定书

检　准受〔　〕　号

______人民检察院：

你院___年___月___日___号提请批准直接受理书收悉。根据《中华人民共和国刑事诉讼法》第十八条的规定，经审查，决定批准你院对犯罪嫌疑人______涉嫌______一案直接受理立案侦查。

（××人民检察院名章）
年　月　日

第三联送达提请直接受理的检察院

样式51：批准直接受理决定书格式样本

________人民检察院
不批准直接受理决定书
（存根）

检　不准受〔　〕　号

案　　由：________________
涉案人基本情况（姓名、性别、年龄、身份证号码、工作单位、住址、是否人大代表、政协委员）：________
不批准理由：________________
送达单位：________________
批 准 人：________________
办 案 人：________________
办案部门：________________
填发时间：________________
填 发 人：________________

第一联统一保存

________人民检察院
不批准直接受理决定书
（副本）

检　不准受〔　〕　号

________人民检察院：

你院____年____月____日____号提请批准直接受理书收悉。根据《中华人民共和国刑事诉讼法》第十八条的规定，经审查，决定不批准你院对犯罪嫌疑人________涉嫌____________一案直接受理立案侦查。

（××人民检察院名章）
年　月　日

第二联附卷

________人民检察院
不批准直接受理决定书

检　不准受〔　〕　号

________人民检察院：

你院____年____月____日____号提请批准直接受理书收悉。根据《中华人民共和国刑事诉讼法》第十八条的规定，经审查，决定不批准你院对犯罪嫌疑人________涉嫌____________一案直接受理立案侦查。

（××人民检察院名章）
年　月　日

第三联送达提请直接受理的检察院

样式52：不批准直接受理决定书格式样本

第二节 立案文书的填制要领与格式

一、立案文书

（一）概述

作为侦查文书的一种，所谓立案文书，是指检方在职务犯罪侦查过程中依法决定是否立案时，而依法填制的侦查文书的总和。例如，在薄熙来案中，就有如下记载："公诉人出示最高人民检察院《立案决定书》……证实案件立案、对被告人采取强制措施、案件指定管辖的情况。"①

实践中，常见的立案文书包括两类：一类是以人立案文书，又包括：立案报告书、提请立案报告、侦查计划（方案）、立案决定书、提请补充立案报告、补充立案决定书、不立案通知书等。另一类是以事立案文书，又包括：以事立案提请立案报告、以事立案决定书、确定犯罪嫌疑人报告、以事立案侦查终结报告等。

（二）法律规定

根据《刑事诉讼法》、《人民检察院组织法》，以及高检院《关于检察机关职务犯罪侦查部门以犯罪事实立案的暂行规定》（2002 年 10 月 23 日，以下简称《以事立案规定》），特别是《检诉规则》、《检察规范》规定，在填制立案文书时，还应遵循以下法律规定：

1. 检察院对于直接受理的案件，经审查认为有犯罪事实需要追究刑事责任的，应当制作立案报告书，经检察长批准后予以立案。

2. 检察院决定不予立案的，如果是被害人控告的，应当制作不立案通知书，写明案由和案件来源、决定不立案的原因和法律依据，由侦查部门在 15 日以内送达控告人，同时告知本院控告检察部门；控告人如果不服，可以在收到不立案通知书后 10 日以内申请复议；对不立案的复议，由检察院控告检察部门受理；检察院认为被举报人的行为未构成犯罪，决定不予立案，但需要追究其党纪、政纪责任的，应当移送有管辖权的主管机关处理。

3. 对人大代表立案，应当按照《检察规范》第 4 · 83 条规定的程序向该

① 参见《8 月 25 日薄熙来案庭审记录》，载《人民网》2013 年 8 月 27 日。

代表所属的人大主席团或者常委会进行通报。

4. 检察院依照管辖范围，对于发现的犯罪事实，或者对于报案、控告、举报和自首的材料，经过审查认为有犯罪事实，需要追究刑事责任，犯罪嫌疑人尚未确定的案件，可以依法作出以事实立案的立案决定。

5. 检察院对于符合《检察规范》第4·2～4·4条规定的贪污、挪用公款、私分国有资产和私分罚没财物犯罪案件，滥用职权、玩忽职守等渎职犯罪案件，以及国家机关工作人员利用职权侵犯公民人身权利、民主权利的案件，经过初查，具有下列情形之一的，可以以事实立案：必须通过侦查措施取证的；证据可能发生变化或者灭失的；犯罪造成的危害后果可能进一步扩大的。

6. 检察院对直接受理侦查的案件决定立案的，应当在决定立案侦查之日起3日以内，由案件承办部门填写立案备案登记表，连同提请立案报告和立案决定书，一并报送上一级检察院备案。

二、以人立案文书

（一）立案报告书

根据《刑事诉讼法》第18条第2款、第107条、第110条，以及《检诉规则》第4条、第8条、第183条和《关于检察机关职务犯罪侦查部门以犯罪事实立案的暂行规定》（2002年10月23日，以下简称《以事立案规定》）规定，本文书为检方侦查部门承办人在对案件线索初查终结后，认为有犯罪事实需要进一步追究相关人员刑事责任而决定立案侦查提请检察长批准时，所填制的侦查工作文书。因此，填制时应注意以下问题：

1. 检察院对于直接受理的案件，经审查认为有犯罪事实需要追究刑事责任的，应当制作立案报告书，经检察长批准后予以立案；在决定立案之日起3日以内，将立案备案登记表、提请立案报告和立案决定书一并报送上一级检察院备案。

2. 上一级检察院应当审查下级检察院报送的备案材料，并在收到备案材料之日起30日以内，提出是否同意下级检察院立案的审查意见：认为下级检察院的立案决定错误的，应当在报经检察长或者检察委员会决定后，书面通知下级检察院纠正；上一级检察院也可以直接作出决定，通知检察院执行。

3. 下级检察院应当执行上一级检察院的决定，并在收到上一级检察院的书面通知或者决定之日起10日以内将执行情况向上一级检察院报告；下级检察院对上一级检察院的决定有异议的，可以在执行的同时向上一级检察院报告。

4. 本文书落款为承办人两名以上亲自签名，不用加盖部门公章。

5. 本文书引用的条文和使用的文号，应与提请立案报告和立案决定书保持一致。

6. 本文书为叙述式侦查文书，正式打印件及领导审批件均应入检察内卷；具体内容和格式如下样式53所示：

________人民检察院

立案报告书

检　　立报〔　　〕第　　号

犯罪嫌疑人……（姓名，性别，出生年月日，身份证号码，出生地，民族，文化程度，职业或工作单位及职务、职级，政治面貌，如是人大代表、政协委员，一并写明具体级、届代表、委员及代表、委员号，现住址，前科情况）。

犯罪嫌疑人×××涉嫌××犯罪一案，……（写明案由和案件来源，案件来源具体为自首、单位或者公民举报、上级交办、有关部门移送、本院其他部门移送以及办案中发现等）。×年×月×日，经检察长决定，我们依法进行了初查，现已初查终结。

经初查查明：……（围绕《刑法》规定的犯罪构成要件，具体叙述犯罪嫌疑人涉嫌的主要犯罪事实）。

上述事实，有……等证据证实。

综上所述，我们认为，犯罪嫌疑人×××（根据《刑法》规定的犯罪构成要件简要描述某一个罪名的罪状，如属数罪，应当分别描述），其行为已触犯《中华人民共和国刑法》第××条之规定，涉嫌××犯罪。根据《中华人民共和国刑事诉讼法》第××条规定，提请立案。

当否，请领导批示。

两名以上承办人（亲自签名）：________、________

年　　月　　日

附件：

1. 案件事实材料；
2. 提请立案报告。

承办人意见	年　　月　　日
部门负责人审核意见	年　　月　　日
检察长批示	年　　月　　日

样式53：立案报告书格式样本

（二）提请立案报告

根据《刑事诉讼法》第 18 条第 2 款、第 107 条、第 110 条，以及《检诉规则》第 4 条、第 8 条、第 183 条和《以事立案规定》规定，本文书为检方侦查部门承办人在对案件线索初查终结后，认为有犯罪事实需要进一步追究相关人员刑事责任而提请检察长批准立案时，所填制的侦查工作文书。因此，它与上述立案报告书大同小异，填制时应注意以下问题：

1. 本文书落款为承办人两名以上亲自签名，不用加盖侦查部门公章。

2. 本文书制成后，连同侦查计划和安全防范工作预案层报检察长审批。

3. 本文书引用的条文和使用的文号，应与立案决定书保持一致。

4. 本文书为叙述式侦查文书，正式打印件及领导审批件均应入检察内卷；具体内容和格式如下样式 54 所示：

（三）侦查计划（方案）

根据《刑事诉讼法》第 18 条第 2 款、第 107 条、第 110 条，以及《检诉规则》第 4 条、第 8 条、第 183 条和《以事立案规定》规定，本文书既是提请立案报告的附件，也是检方组织和指导调查取证的行动方案，还是侦查活动的全盘规划和侦查人员的行动指引。因此，制订时应注意以下问题：

1. 充分认识和把握复杂的客观情况，是正确实施侦查计划的前提要素。

2. 群策群力的发挥与组织指挥者善于决策的有机结合，是正确实施侦查计划的保证要素。

3. 侦查人员具有较强的思维能力，是正确实施侦查计划的基础要素。为此，一要积累知识和经验，丰富思维的源泉；二要努力掌握观察问题的方法；三要养成良好的思考习惯。

4. 侦查计划的内容通常应当包括：一是对案情的初步判断和确定侦查的目标和行动方向；二是需要查明的主要问题：完成各项具体任务的期限和要求，包括侦查的方法、步骤、措施、时间、注意事项；三是侦查力量组织部署和办案人员的职责分工，以及必要的制度等。

5. 制订侦查计划的主要方法：一要实事求是，深入研究初查中所获得的全部材料和证据，准确地确定侦查方向；二要根据案件的性质，作案涉及的地域、单位、行业和案件有关人员等，确定侦查的范围。对那些案情性质还不够清楚，侦查方向难以确定，而存在几种可能性的案件，在制订侦查计划时，应当把几种可能性都考虑进去，相应地采取各种侦查措施；三要根据对犯罪嫌疑人作案手段、犯罪心理特征、个性特点的分析以及其作案前后有无毁证活动等，研究确定侦查的方法、步骤。

6. 制订侦查计划应注意：一是制订的侦查计划要全面细致、有的放矢，不能片面、盲目、轻率地制订侦查计划，力戒“瞎子摸鱼”、重点不突出、方向不明确的倾向发生，防止把侦查工作引入歧途；二是要适当变更侦查计划，不能墨守成规；三是注意侦查计划的保密性。要限制侦查计划的知情面，在调查取证和讯问被告过程中，要注意防止泄露侦查意图和过早出示已获取的有关证据。

7. 在侦查过程中，可根据侦查需要，调整、修订侦查计划，但应及时向批准侦查计划的领导报告。同时，侦查部门应加强与侦查监督、公诉部门的协作配合，对重大案件建立提前介入等协作制约机制，认真听取意见，确保办案质量。

8. 侦查人员接受侦查任务后，应当拟订详细的侦查计划，层报侦查部门负责人审批。而作为叙述式侦查工作文书，侦查计划（或方案）的具体内容和格式如下样式55所示：

（四）立案决定书

根据《刑事诉讼法》第18条第2款、第107条、第110条，《检诉规则》第183条规定，本文书为检方侦查部门提请本院检察长或检委会决定对案件是否立案侦查时，而填制的侦查法律文书。因此，它与上述立案报告书、提请立案报告大同小异，填制时还应注意以下问题：

1. 本文书是检方对案件正式开展侦查活动的合法依据。易言之，只有立案并签发本文书以后，检方才能依法对犯罪嫌疑人采取相关侦查措施和强制措施。

2. 使用本文书时，对于贪污贿赂犯罪，国家机关工作人员的渎职犯罪，国家机关工作人员利用职权实施的非法拘禁、刑讯逼供、报复陷害、非法搜查的侵犯公民人身权利的犯罪以及侵犯公民民主权利的犯罪的案件，应引用《刑事诉讼法》第107条、第110条；对于国家机关工作人员利用职权实施其他重大犯罪案件，省级以上检察院决定直接由本院受理的，引用《刑事诉讼法》第18条第2款、第107条、第110条。

3. 共同犯罪的案件，应当填写全部犯罪嫌疑人的姓名；以事立案的案件，不填写犯罪嫌疑人基本情况一栏；制作时由检察长签名或盖章，并加盖立案的检察院印章。

4. 检察院决定对人大代表立案时，应依法向该代表所属的人大主席团或常委会通报。

5. 本文书以案为单位制作；共两联，第一联统一保存备查，第二联附卷；两联之间的骑缝线上有本文书文号，应当按照本文书第二联中文号的填写方法予以填写。而具体内容和格式如下样式56所示：

________人民检察院

提请立案报告

检 请立〔 〕 号

犯罪嫌疑人……（犯罪嫌疑人姓名，性别，出生年月日，身份证号码，出生地，民族，文化程度，职业或工作单位及职务、职级，政治面貌，如是人大代表、政协委员，一并写明具体级、届代表、委员及代表、委员号，现住址，前科情况。案件有多名犯罪嫌疑人的，应按涉嫌犯罪情节轻重逐一写明）。

犯罪嫌疑人×××涉嫌××犯罪一案，……（写明案由和案件来源，案件来源具体为自首、单位或者公民举报、上级交办、有关部门移送、本院其他部门移送以及办案中发现等）。×年×月×日，经检察长决定，我们依法进行了初查，现已初查终结。

经初查查明：……（围绕《刑法》规定的犯罪构成要件，具体叙述犯罪嫌疑人涉嫌的主要犯罪事实）。

上述事实，有……等证据证实。

综上所述，我们认为，犯罪嫌疑人×××（根据《刑法》规定的犯罪构成要件简要描述某一个罪名的罪状，如属数罪，应当分别描述），其行为已触犯《中华人民共和国刑法》第××条之规定，涉嫌××犯罪。根据《中华人民共和国刑事诉讼法》第××条之规定，提请立案。

当否，请领导批示。

承办人（两名以上亲自签名）：________、________

年 月 日

附件：

1. 侦查计划（或方案）；
2. 评估意见书；
3. 安全防范工作预案。

侦查部门负责人意见	年 月 日
检察长批示	年 月 日

样式54：提请立案报告格式样本

<table>
<tr><td colspan="2">________人民检察院________（侦查部门名称）
侦查计划（或方案）</td></tr>
<tr><td>侦查的目的、任务</td><td></td></tr>
<tr><td>确定办案人员组合</td><td></td></tr>
<tr><td>办案地点</td><td></td></tr>
<tr><td>强制措施适用预案</td><td></td></tr>
<tr><td>抓捕犯罪嫌疑人方案</td><td></td></tr>
<tr><td>讯问策略</td><td></td></tr>
<tr><td>侦查取证工作思路</td><td></td></tr>
<tr><td>侦查取证的方法及步骤</td><td></td></tr>
<tr><td>追缴赃款、赃物实施方案</td><td></td></tr>
<tr><td>需要纪委、监察、审计、金融、税务等部门协作配合的工作方案</td><td></td></tr>
<tr><td>安全防范措施预案</td><td></td></tr>
<tr><td>遇有突发、重大情况的处理预案</td><td></td></tr>
<tr><td>注意事项</td><td></td></tr>
<tr><td>其他需要载明事项</td><td></td></tr>
<tr><td>承办人意见</td><td>年　　月　　日</td></tr>
<tr><td>侦查部门负责人审批意见</td><td>年　　月　　日</td></tr>
</table>

样式55：侦查计划（或方案）格式样本

______人民检察院
立案决定书
（存根）

检　补立〔　〕号

案　　由：______
涉案人基本情况（姓名、性别、年龄、身份证号码、工作单位、住址、是否人大代表、政协委员）：______
并入______案件。
批 准 人：______
承 办 人：______
办案单位：______
填发时间：______
填 发 人：______

第一联统一保存

______人民检察院
立案决定书

检　立〔　〕号

根据《中华人民共和国刑事诉讼法》第____条的规定，本院决定对______涉嫌______一案立案侦查。

检察长（名章）
年　月　日
（××人民检察院名章）

第二联附卷

样式56：立案决定书格式样本

（五）提请补充立案报告

根据《刑事诉讼法》第 18 条第 2 款、第 107 条、第 110 条，以及《检诉规则》第 4 条、第 8 条、第 183 条规定，本文书为检方对已经立案侦查的案件，又发现新的共同犯罪嫌疑人，侦查部门提请检察长决定并案侦查将其列为同案的犯罪嫌疑人时，而填制的侦查工作文书。因此，本文书是提请立案报告的一种特殊形态，具体内容和格式如下样式 57 所示：

人民检察院
提请补充立案报告

检　请补立〔　〕　号

犯罪嫌疑人……（犯罪嫌疑人姓名，性别，出生年月日，身份证号码，出生地，民族，文化程度，职业或工作单位及职务、职级，政治面貌，如是人大代表、政协委员，一并写明具体级、届代表、委员及代表、委员号，现住址，前科情况。）

犯罪嫌疑人×××涉嫌××犯罪一案，……（写明案由和案件来源，案件来源具体为自首、单位或者公民举报、上级交办、有关部门移送、本院其他部门移送以及办案中发现等）。×年×月×日，经检察长决定，我们依法进行了初查，现已初查终结。

经初查查明：……（具体叙述犯罪嫌疑人涉嫌的主要犯罪事实）。

上述事实，有……等证据证实。

综上所述，我们认为，犯罪嫌疑人×××（根据《刑法》规定的犯罪构成要件简要描述某一个罪名的罪状，如属数罪，应当分别描述），其行为已触犯《中华人民共和国刑法》第××条之规定，涉嫌××犯罪，应当与××涉嫌××犯罪一案并案侦查。根据《中华人民共和国刑事诉讼法》第××条之规定，提请补充立案侦查。

当否，请领导批示。

承办人（两名以上亲自填写）：________、________

年　月　日

附件：

1. 侦查计划；
2. 评估意见书；
3. 安全防范工作预案。

侦查部门负责人意见	年　月　日
检察长批示	年　月　日

样式 57：提请补充立案报告格式样本

（六）补充立案决定书

根据《刑事诉讼法》第 18 条第 2 款、第 107 条、第 110 条，《检诉规则》第 4 条、第 8 条、第 183 条规定，本文书为对已经立案侦查的案件，又发现新的共同犯罪嫌疑人，侦查部门提请检察长决定并案侦查将其列为同案的犯罪嫌疑人时，而填制的侦查法律文书。因此，本文书与提请补充立案报告大同小异，填制时还应注意以下问题：

1. 本文书只适用于需要并案侦查的情况，对不需并案侦查的，应制作立案决定书。

2. 本文书是检察院对案件正式开展侦查活动的合法依据，只有立案以后，检察院才能依法对犯罪嫌疑人采取相关侦查措施和强制措施。

3. 本文书以一案中决定补充立案的犯罪嫌疑人为单位制作；共两联，第一联统一保存备查，第二联附卷；具体内容和格式如下样式 58 所示：

（七）不立案通知书

根据《刑事诉讼法》第 15 条、第 110 条、《检诉规则》第 184 条规定，本文书为检方侦查部门对于控告材料，经审查决定不予立案并将不予立案的原因通知控告人时，而填制的侦查法律文书。因此，填制时应注意以下问题：

1. 应列明不立案的原因：一则经过审查认为没有犯罪事实，或者犯罪事实显著轻微，不需要追究刑事责任的时候；二则具有《刑事诉讼法》第 15 条规定的 6 种情形之一。

2. 控告人既可以是自然人，也可以事法人或者各种非法人组织，如企业、事业单位、机关、团体等，要注意保护控告人申诉权利。

3. 法律依据根据案件的不同情况，分别引用《刑事诉讼法》第 110 条或第 15 条。

4. 对于决定不予立案的被告人，其行为触犯党纪、政纪的，应当向其主管部门提出检察建议，并将有关材料的复印件一并移送有关主管部门处理。

5. 本文书以案为单位制作。

6. 本文书共三联，第一联统一保存备查，第二联附卷，第三联送达控告人。

7. 本文书的具体内容和格式如下样式 59 所示：

________人民检察院

补充立案决定书

（存根）

检　立〔　〕号

案　　由：________________________

涉案人基本情况（姓名、性别、年龄、身份证号码、工作单位、住址、是否人大代表、政协委员）：____________

批 准 人：________________________

承 办 人：________________________

办案单位：________________________

填发时间：________________________

填 发 人：________________________

第一联统一保存

________人民检察院

补充立案决定书

（副本）

检　补立〔　〕号

犯罪嫌疑人________涉嫌__________一案，本院已于____年____月____日立案。经侦查，犯罪嫌疑人______________涉嫌共同犯罪，根据《中华人民共和国刑事诉讼法》第____条的规定，本院决定对犯罪嫌疑人______补充立案，并案侦查。

检察长（名章）

年　　月　　日

（××人民检察院名章）

第二联附卷

样式58：补充立案决定书格式样本

________人民检察院

不立案通知书

（存根）

检　不立〔　〕　号

控告单位或控告人：________

被控告人基本情况（姓名、性别、年龄、身份证号码、工作单位、住址、是否人大代表、政协委员）：________

____

不立案原因：________

____

批　准　人：________

承　办　人：________

办案单位：________

填发时间：________

填　发　人：________

第一联统一保存

________人民检察院

不立案通知书

（副本）

检　不立〔　〕　号

________：

你（单位）控告______涉嫌______一案，经本院审查认为，____________。根据《中华人民共和国刑事诉讼法》第____条的规定，决定不予立案。

特此通知。如果不服本决定，可以在收到本通知书后十日以内向本院申请复议。

（××人民检察院名章）

年　　月　　日

第二联附卷

________人民检察院

不立案通知书

检　不立〔　〕　号

________：

你（单位）控告______涉嫌______一案，经本院审查认为，____________。根据《中华人民共和国刑事诉讼法》第____条的规定，决定不予立案。

特此通知。如果不服本决定，可以在收到本通知书后十日以内向本院申请复议。

（××人民检察院名章）

年　　月　　日

第三联送达控告人

样式59：不立案通知书格式样本

三、以事立案文书

（一）概述

所谓以事立案文书，是指检方决定以职务犯罪事实立案时，而填制的侦查文书的总和。常见的有：以事立案提请立案报告、以事立案决定书、确定犯罪嫌疑人报告、以事立案侦查终结报告等。而根据《刑事诉讼法》、《检诉规则》，特别是高检院《检察规范》、《以事立案规定》，填制时应遵循以下法律规定：

1. 检察院依照管辖范围，对于发现的犯罪事实，或者对于报案、控告、举报和自首的材料，经过审查认为有犯罪事实，需要追究刑事责任，犯罪嫌疑人尚未确定的案件，可以依法作出以事实立案的立案决定。

2. 对于符合《检察规范》第4·2~4·4条规定的贪污、挪用公款、私分国有资产和私分罚没财物犯罪案件，滥用职权、玩忽职守等渎职犯罪案件，以及国家机关工作人员利用职权侵犯公民人身权利、民主权利的案件，经过初查，具有下列情形之一的，可以以事实立案：（1）必须通过侦查措施取证的；（2）证据可能发生变化或者灭失的；（3）犯罪造成的危害后果可能进一步扩大的。

3. 采取以事实立案方式侦查的案件，侦查人员对案件材料审查后，认为有犯罪事实需要追究刑事责任的，应当制作提请立案报告，报检察长批准后制作立案决定书。

4. 采取以事实立案方式侦查的案件，经过侦查，有证据证明犯罪事实为确定的犯罪嫌疑人实施的，应当制作确定犯罪嫌疑人报告。

5. 采取以事实立案方式侦查的案件，确定犯罪嫌疑人之前，不得对涉案人员采取强制措施，不得查封、扣押、冻结涉案对象的财产。

6. 采取以事实立案方式侦查的案件，确定犯罪嫌疑人后，不需要另行立案，直接转为收集犯罪嫌疑人实施犯罪证据的阶段，依法全面使用侦查手段和强制措施。

7. 采取以事实立案方式侦查的案件，经过侦查，没有发现犯罪嫌疑人的，应当终止侦查；发现案件不属于本院管辖的，应当依照有关规定移送有管辖权的机关处理；确定犯罪嫌疑人后发现具有《刑事诉讼法》第15条规定的情形之一的，应当撤销案件。

8. 采取以事实立案方式侦查的案件，立案、确定犯罪嫌疑人、终止侦查、侦查终结，应当报检察长批准或检察委员会研究决定。

9. 采取以事实立案方式侦查的案件，应当分别在作出立案、终止侦查和侦查终结决定后的3日以内报上一级检察院备案，重大案件报省级检察院备案，特大案件层报高检院备案；上级检察院收到备案材料后应当及时进行审查，发现问题应当及时予以纠正。

由上可见，以事立案侦查文书主要有：以事实立案的立案决定、提请立案报告、立案决定书、确定犯罪嫌疑人报告等。

（二）以事立案提请立案报告

根据《刑事诉讼法》第18条第2款、第107条、第110条，以及《检察规范》第4·124条、《以事立案规定》第4条、第9条规定，本文书是检方依照管辖范围，对于发现的犯罪事实认为需要追究刑事责任，但犯罪嫌疑人尚未确定而提出以事立案意见，报检察长批准或检委会决定时，所填制的侦查工作文书。因此，填制时应注意以下问题：

1. 本文书由首部、案由及案件来源、简要案情、结论意见和尾部5部分构成。其中，结论意见包括：涉嫌构成以事立案规定的罪名、建议以事立案的法律依据、提出以事立案的意见等。

2. 本文书由承办人填制，侦查部门负责人负责审核并签署意见后，在文书名称上加盖侦查部门印章，呈报检察长批准或检察委员会研究决定，并入检察内卷备查。

3. 本文书的具体内容和格式如下样式60所示：

________人民检察院

以事立案提请立案报告

检　　请立案〔　〕号

案由	写明涉嫌的罪名，如有数罪应分别写明。
案件来源	某一事实涉嫌×××（罪名）一案，……（写明来源，具体为单位或公民举报、上级交办、其他机关移送、本院其他部门移交以及办案中发现等。 简要写明初查时间），经初查查明：……
简要案情	应根据案件事实的情况，围绕刑法规定的犯罪构成要件，概括叙写初查发现的犯罪事实。

结论意见	综上所述，据《中华人民共和国刑事诉讼法》第××规定，建议对某一事实，以涉嫌×××犯罪立案侦查。
承办人意见	年　月　日
侦查部门负责人意见	年　月　日
检察长批示	年　月　日

样式60：以事立案提请立案报告格式样本

（三）以事立案决定书

根据《刑事诉讼法》第18条第2款、第107条、第110条，《检察规范》第4·124条、《以事立案规定》第2~4条和第9条规定，本文书是检方根据管辖范围，对于发现的犯罪事实或者对于报案、控告、举报线索材料，经过审查认为有犯罪事实需要追究刑事责任，但犯罪嫌疑人尚未确定，而决定以事立案侦查时，所填制的侦查工作文书。因此，填制时应注意以下问题：

1. 运用以事立案方式侦查案件，应在作出以事立案决定后3日内报上一级检察院备案，重大案件报省级检察院备案，特大案件层报高检院备案。经过侦查发现案件不属于本院管辖的，应依照有关规定移送有管辖权的检察机关处理；没有发现犯罪嫌疑人的，应制作（以事立案）终止侦查报告，进而终止侦查；确定犯罪嫌疑人后，发现犯罪嫌疑人具有《刑事诉讼法》第15条规定的情形之一的，应制作撤销案件意见书进入撤销案件的程序。

2. 根据《以事立案规定》附件规定，本文书为填充式侦查文书，共两联，第一联为存根联，由侦查业务部门统一保管；第二联为正本联，复印两份，一份入检察内卷备查，一份用作报上级院备案审查；两联之间以骑缝连接。

3. 本文书的具体内容和格式如下样式61所示：

________人民检察院

以事立案决定书

（存根）

检　　立〔　〕号

案　　由：________

涉案犯罪事实的基本情况：________

批 准 人：________

承 办 人：________

办案单位：________

填发时间：________

填 发 人：________

第一联统一保存

________人民检察院

立案决定书

检　　立〔　〕号

根据《中华人民共和国刑事诉讼法》第____条，《检察机关执法工作基本规范》第 4 · 124 条规定，本院决定对涉嫌犯罪的下列犯罪事实立案侦查：________

____

____

检察长（名章）

年　　月　　日

（××人民检察院名章）

第二联附卷

样式 61：以事立案决定书格式样本

（四）确定犯罪嫌疑人报告

根据《检察规范》第4·125条、《以事立案规定》第5条和第9条规定，本文书是指检方侦查部门以事立案后，经过侦查，证明犯罪事实是由确定的犯罪嫌疑人实施，为全面采取侦查措施，彻底查清案情，提出确定犯罪嫌疑人意见，报请检察长批准或检委会研究决定时，所填制的侦查工作文书。因此，填制应注意以下问题：

1. 确定犯罪嫌疑人之后，无须另行立案就可以对涉案人员采取强制措施，也可以根据案情使用查封、冻结涉案对象的财产等，从而保证顺利查清案情，准确有效追究犯罪嫌疑人的法律责任。

2. 本文书为叙述式侦查文书，包括首部、案由、犯罪嫌疑人基本情况、涉嫌犯罪事实及主要证据、结论和尾部6部分。其中，结论包括建议确定犯罪嫌疑人的依据和对确定的犯罪嫌疑人采取的强制措施和侦查手段等。

3. 若确定的犯罪嫌疑人是县、处级以上干部，或是县级以上人大代表的，应严格执行有关的请示、汇报制度和报请许可采取强制措施等法律规定。

4. 本文书一式三份，一份入诉讼卷，一份检察内卷备查，一份于3日内报上一级检察院备案审查；具体内容和格式如下样式62所示：

________人民检察院

确定犯罪嫌疑人报告

检　立确〔　〕号

案由	
犯罪嫌疑人基本情况	
涉嫌犯罪事实及认定犯罪的主要证据	
结论	（包括拟对犯罪嫌疑人采取的强制措施和侦查手段）：
承办人意见	年　月　日
侦查部门负责人意见	年　月　日
检察长批示	年　月　日

样式62：确定犯罪嫌疑人报告格式样本

（五）以事立案侦查终结报告

根据《刑事诉讼法》第162条、《检察规范》第4·129条和《以事立案规定》第8条、第9条规定，本文书是指检方侦查部门以犯罪事实立案后，经过侦查，没有发现犯罪嫌疑人，不需要继续侦查，提出结束侦查的意见并向检察长请示时，所填制的侦查工作文书。因此，填制时应注意以下问题：

1. 在以事立案后的侦查过程中，虽没有发现犯罪嫌疑人，而原来据以立案的犯罪事实是客观存在的，是符合《刑事诉讼法》规定的立案条件的。这时不需要撤销案件，因为在侦查过程中，一般也没有对特定对象的人身权利和民主权利造成侵害。因此，使用以事立案终止侦查报告的形式来获准终止侦查，是检察院在以事立案情况下，一种特有的诉讼终结的方式。

2. 它系叙述式侦查法律文书，包括：首部、案由、简要案情、终止侦查的理由和尾部5部分。其中，终止侦查的理由主要叙写没有犯罪嫌疑人的事实和理由，提出终止侦查的意见和法律依据等。

3. 由承办人填制，侦查部门负责人审核并签署意见后，应在文书名称上加盖侦查部门的印章，呈报检察长批准或检察委员会研究决定，并入检察卷或检察内卷备查；其具体内容和格式如下样式63所示：

________人民检察院

以事立案侦查终结报告

检　终侦〔　〕号

案由	
简要案情	
终止侦查的理由	
结论	
承办人意见	年　月　日
侦查部门负责人意见	年　月　日
检察长批示	年　月　日

样式63：以事立案侦查终结报告格式样本

第八章　回避、告知、辩护和代理文书的填制要领与格式

第一节　回避文书的填制要领与格式

一、回避文书

作为侦查文书的一种，回避文书是指检方在职务犯罪侦查过程中，对符合法定回避条件的检察人员、书记员、司法警察、翻译人员、鉴定人等办案人员，依法决定其不得参与侦查活动时，而依法填制的侦查文书的总和。实践中，常见的立案文书包括回避决定书和回避复议决定书两种。而根据《刑事诉讼法》、《检诉规则》和《检察规范》规定，填制时应遵循以下法律规定：

1. 检察人员在受理举报和办理案件过程中，发现有《刑事诉讼法》第28条或第29条规定的情形之一的，应当自行提出回避；没有自行提出回避的，检察院应按照《检诉规则》第24条规定决定其回避，当事人及其法定代理人有权要求其回避。其中，检察人员包括：检察长、副检察长、检委会委员、检察员和助理检察员，以及书记员、司法警察和检察院聘请或指派的翻译人员、鉴定人。

2. 检察人员自行回避的，可以口头或书面提出，并说明理由；口头提出申请的，应当记录在案。

3. 当事人及其法定代理人的回避要求，应当书面或口头向检察院提出，并说明理由；根据《刑事诉讼法》第29条规定提出回避申请的，应当提供有关证明材料；检察院经过审查或调查，符合回避条件的，应当作出回避决定；不符合回避条件的，应当驳回申请。

4. 检察长的回避，由本院检委会讨论决定；其他检察人员回避，由检察长决定。

5. 当事人及其法定代理人对驳回申请回避的决定不服申请复议的，决定机关应当在3日以内作出复议决定并书面通知申请人。

6. 检察院直接受理案件的侦查人员或者进行补充侦查的人员在回避决定

作出以前或者复议期间，不得停止对案件的侦查。

二、回避决定书

根据《刑事诉讼法》第 28 条、第 29 条、第 30 条、第 31 条，《检诉规则》第 20 条、第 23 条、第 24 条、第 26 条规定，本文书是检察院决定检察人员或侦查机关负责人回避时，而填制的侦查法律文书。因此，填制时应注意以下问题：

1. 应以被决定回避人为制作单位，并可适用于刑事检察活动的各个阶段，尤以职务犯罪侦查阶段为要。

2. 检方应当作出回避决定并填制本文书的情形有 6 种：（1）本案的当事人或是当事人的近亲属；（2）本人或者他的近亲属和本案有利害关系；（3）担任过本案的证人、鉴定人、辩护人、诉讼代理人；（4）与本案当事人有其他关系，可能影响公正处理案件；（5）接受当事人及其委托的人的请客送礼；（6）违反规定会见当事人及其委托的人。

3. 共三联，第一联统一保存，第二联告知申请回避人后附卷，第三联送达被决定回避人；批准人一栏填检察长姓名或检委会名称；具体内容和格式如下样式 64 所示：

三、回避复议决定书

根据《刑事诉讼法》第 30 条第 3 款、第 31 条第 2 款和《检诉规则》第 27 条规定，本文书是检方复议当事人及其法定代理人、辩护人、诉讼代理人对本院驳回申请回避决定不服后作出决定时，而填制的侦查法律文书。因此，填制时应注意以下问题：

1. 它主要适用于两种情况：一种是回避复议申请理由成立的，直接决定被申请回避人依法对某一案件予以回避，对于这种情况只制作回避复议决定书即可，而没有必要再制作回避决定书，决定被申请回避人予以回避。另一种是回避复议申请理由不足或经审查不能成立的，直接决定维持原驳回申请回避的决定，对于这种情况之制作回避复议决定书即可。

2. 它与复议决定书不同。后者主要适用于检察院根据同级公安机关的要求，对本院不批准逮捕决定、不起诉决定进行复议后，作出复议决定的情形。

3. 共三联，第一联统一保存备查，第二联附卷，第三联送达申请复议人；具体内容和格式如下样式 65 所示：

______人民检察院
回避决定书
（存根）

检　避〔　〕　号

案　　由：________
犯罪嫌疑人：________
被决定回避人：________
回避原因：________
申　请　人：________
批　准　人：________
承　办　人：________
填　发　人：________
填发时间：________

第一联统一保存

______人民检察院
回避决定书
（副本）

检　避〔　〕　号

______：

根据《中华人民共和国刑事诉讼法》第____条规定，经______决定，____对______案予以回避。

（检察长名章）
年　月　日
（××人民检察院名章）

“此决定于____年____月____日向我宣布申请人”（亲自书写）。
申请人（亲自签名）：________
宣告人（亲自签名）：________

第二联告知申请回避人后附卷

______人民检察院
回避决定书

检　避〔　〕　号

______：

根据《中华人民共和国刑事诉讼法》第____条规定，经______决定，______对______案予以回避。

（检察长名章）
年　月　日
（××人民检察院名章）

第三联送达被决定回避人

样式64：回避决定书格式样本

________人民检察院
回避复议决定书
（存根）

检　避复〔　〕　号

案　　由：________________
犯罪嫌疑人：________________
申请复议人：________________
申请复议人与案件关系：________________
申请复议理由：________________
复议结果：________________
批 准 人：________________
承 办 人：________________
填 发 人：________________
填发时间：________________

第一联统一保存

________人民检察院
回避复议决定书
（副本）

检　避复〔　〕　号

犯罪嫌疑人______涉嫌______一案的当事人（当事人________的法定代理人、辩护人、诉讼代理人）________不服本院______号驳回申请回避的决定，要求复议。

根据《中华人民共和国刑事诉讼法》第三十条的规定，经复议决定________。

年　月　日
（××人民检察院名章）

第二联附卷

________人民检察院
回避复议决定书

检　避复〔　〕　号

犯罪嫌疑人______涉嫌______一案的当事人（当事人________的法定代理人、辩护人、诉讼代理人）________不服本院______号驳回申请回避的决定，要求复议。

根据《中华人民共和国刑事诉讼法》第三十条的规定，经复议决定________。

年　月　日
（××人民检察院名章）

第三联送达申请复议人

样式 65：回避复议决定书格式样本

第二节　告知文书的填制要领与格式

一、告知文书

（一）概述

何谓告知？见仁见智。本书认为，应从以下方面把握：

1. 告知是指“告诉使知道”。①

2. 告知的实质包括两方面：一方面，是权利、义务和办案纪律告知的总称，并俗称“权利告知”，且通常由检方完成。因此，既不能只告知权利而不告知义务，也不能只告知义务而不告知权利，更不能权力、义务都不告知。与此同时，还应告知检察人员的办案纪律。另一方面，是相对人（如律师）将有关情况告知检方。

3. 告知主体或者义务（或责任）承担者，是检方或相对人；受众不仅是犯罪嫌疑人、被告人，还包括其他诉讼参与人，含当事人（即被害人、自诉人、犯罪嫌疑人、被告人、附带民事诉讼的原告人和被告人）、法定代理人（即被代理人的父母、养父母、监护人和负有保护责任的机关、团体的代表）、诉讼代理人（即公诉案件的被害人及其法定代理人或者近亲属、自诉案件的自诉人及其法定代理人委托代为参加诉讼的人和附带民事诉讼的当事人及其法定代理人委托代为参加诉讼的人）、辩护人、证人、鉴定人和翻译人员，甚至检方。

4. 告知方式主要有口头和书面两种。因此，告知势必以相应的文书为依据，或者产生笔录等文书结果。

5. 告知不仅限于侦查阶段，包括举报、受案、初查、立案、侦查、审查起诉、公诉、审判、执行等各个刑事诉讼阶段、环节。

因此，所谓告知文书，亦即职务犯罪侦查告知文书的简称，是指在职务犯罪侦查过程中，检方将相对人依法享有和承担的诉讼权利义务以及检察人员的纪律职责等事项依法告知相对人时，或者相对人将有关情况告知检方时，而依法填制的侦查文书的总和。所以，常见的告知文书包括两类：一类是侦查告知

---

① 参见中国社会科学院语言研究所词典编辑室编：《现代汉语词典》修订本，商务印书馆1999年版，第420页。

文书，包括：举报、控告人告知书，侦查阶段委托辩护人、申请法律援助告知书，审查起诉阶段委托辩护人、申请法律援助告知书，委托诉讼代理人告知书，被取保候审人义务告知书，被监视居住人义务告知书，犯罪嫌疑人诉讼权利义务告知书，证人诉讼权利义务告知书。另一类是侦查告知笔录，又包括：控告申诉告知笔录、侦查告知笔录、讯问告知笔录、询问告知笔录、撤销案件而告知并听取控告人、举报人意见笔录等。

（二）法律规定

根据《刑事诉讼法》、《中华人民共和国律师法》（2007 年 10 月 28 日修正，以下简称《律师法》、“六部委”《关于刑事诉讼法实施中若干问题的规定》（2012 年 12 月 26 日，以下简称《六部委规定》）、国务院《法律援助条例》（2003 年 7 月 21 日）、两高、公安部、司法部《关于刑事诉讼法律援助工作的规定》（2005 年 9 月 28 日），高检院《关于进一步加强律师执业权利保障工作的通知》（2006 年 2 月 23 日）、《关于在检察工作中防止和纠正超期羁押的若干规定》（2003 年 9 月 24 日）、《人民检察院“检务公开”具体实施办法》（1999 年 1 月 4 日）、《关于在全国检察机关实行“检务公开”的决定》（1998 年 10 月 25 日），特别是高检院《检诉规则》、《检察规范》规定，填制告知文书时，应遵循以下法律规定：

1. 检察院应当告知当事人及其法定代理人有依法申请回避的权利，并告知办理相关案件检察人员、书记员等的姓名、职务等有关情况；检察院作出驳回申请回避的决定后，应当告知当事人及其法定代理人如不服本决定，有权在收到驳回申请回避的决定书后 5 日以内向原决定机关申请复议一次。

2. 检察院侦查部门在第一次开始讯问犯罪嫌疑人或者对其采取强制措施的时候，应当告知犯罪嫌疑人有权委托辩护人，并告知其如果经济困难或者其他原因没有聘请辩护人的，可以申请法律援助；对于属于《刑事诉讼法》第 34 条规定情形的，应当告知犯罪嫌疑人有权获得法律援助；告知可以采取口头或者书面方式。口头告知的，应当记入笔录，由被告知人签名；书面告知的，应当将送达回执入卷。

3. 公安机关移送相关证据材料的，检察院应当在 3 日以内告知辩护人。

4. 在人民检察院侦查、审查逮捕、审查起诉过程中，辩护人收集到有关犯罪嫌疑人不在犯罪现场、未达到刑事责任年龄、属于依法不负刑事责任的精神病人的证据，告知检察院的，检察院相关办案部门应当及时进行审查。

5. 检察院自收到移送审查起诉的案件材料之日起 3 日以内，应当告知被害人及其法定代理人或者其近亲属、附带民事诉讼的当事人及其法定代理人有权委托诉讼代理人。告知可以采取口头或者书面方式。口头告知的，应当制作笔录，由被告知人签名；书面告知的，应当将送达回执入卷；无法告知的，应当记录在案。被害人有法定代理人的，应当告知其法定代理人；没有法定代理人的，应当告知其近亲属。法定代理人或者近亲属为2人以上的，可以只告知其中一人，告知时应当按照刑事诉讼法第106条第3、6项列举的顺序择先进行。

6. 辩护律师告知检察院其委托人或者其他人员准备实施、正在实施危害国家安全、公共安全以及严重危及他人人身安全犯罪的，检察院应当接受并立即移送有关机关依法处理。

7. 取保候审时的告知规定：（1）对取保候审申请，经审查不符合取保候审条件的，应当告知申请人，并说明不同意取保候审的理由。（2）检察院应当告知保证人履行以下义务：监督被保证人遵守《刑事诉讼法》第69条的规定；发现被保证人可能发生或者已经发生违反《刑事诉讼法》第69条规定的行为的，及时向执行机关报告；保证人保证承担上述义务后，应当在取保候审保证书上签名或者盖章。（3）检察院应当向取保候审的犯罪嫌疑人宣读取保候审决定书，并告知其违反规定应负的法律责任；以保证金方式担保的，应当同时告知犯罪嫌疑人一次性将保证金存入公安机关指定银行的专门账户。（4）检察院发现犯罪嫌疑人违反《刑事诉讼法》第69条规定，对犯罪嫌疑人决定监视居住的，应当办理监视居住手续，监视居住的期限应当重新计算并告知犯罪嫌疑人。（5）犯罪嫌疑人在取保候审期间没有违反《刑事诉讼法》第69条规定，或者发现不应当追究犯罪嫌疑人刑事责任的，变更、解除或者撤销取保候审时，应当告知犯罪嫌疑人可以凭变更、解除或者撤销取保候审的通知或者有关法律文书到银行领取退还的保证金。

8. 监视居住的告知规定：（1）检察院应当向监视居住的犯罪嫌疑人宣读监视居住决定书，并告知其违反规定应负的法律责任。（2）检察院应当告知公安机关在执行期间拟批准犯罪嫌疑人离开执行监视居住的处所、会见他人或者通信的，批准前应当征得检察院同意。（3）公安机关决定对犯罪嫌疑人监视居住，案件移送检察院审查起诉后，对于需要继续监视居住的，检察院应当依法重新作出监视居住决定，并对犯罪嫌疑人办理监视居住手续。监视居住的期限应当重新计算并告知犯罪嫌疑人。

9. 犯罪嫌疑人及其法定代理人、近亲属或者辩护人向检察院提出变更强制措施申请的，经审查不同意变更强制措施的，应当书面告知申请人，并说明不同意的理由。

10. 接受控告、举报的检察人员，应当告知控告人、举报人如实控告、举报和捏造、歪曲事实应当承担的法律责任。

11. 检察院决定不予立案的，应告知本院控告检察部门。

12. 传唤告知规定：（1）对在现场发现的犯罪嫌疑人，经出示工作证件，可以口头传唤，并将传唤的原因和依据告知被传唤人。（2）传唤犯罪嫌疑人时，其家属在场的，应当当场将传唤的原因和处所口头告知其家属，并在讯问笔录中注明。

13. 首次讯问犯罪嫌疑人，应告知其在侦查阶段的诉讼权利，有权自行辩护或委托律师辩护，告知其如实供述自己罪行可以依法从宽处理的法律规定；讯问犯罪嫌疑人时，应当告知犯罪嫌疑人将对讯问进行全程同步录音、录像，告知情况应当在录音、录像中予以反映，并记明笔录。

14. 检察院在侦查过程中，应当及时询问证人，并且告知证人履行作证的权利和义务；询问证人应告知证人应当如实提供证据、证言和故意作伪证或者隐匿罪证应当承担的法律责任。

15. 查询、冻结告知规定：（1）必要时，可以将被查封的财物交持有人或者其近亲属保管，并书面告知保管人对被查封的财物应当妥善保管，不得转移、变卖、毁损、出租、抵押、赠予等。（2）检察院应当将查封决定书副本送达不动产、生产设备或者车辆、船舶、航空器等财物的登记、管理部门，告知其在查封期间禁止办理抵押、转让、出售等权属关系变更、转移登记手续。（3）扣押、冻结债券、股票、基金份额等财产，应当书面告知当事人或者其法定代理人、委托代理人有权申请出售。（4）对于被扣押、冻结的债券、股票、基金份额等财产，在扣押、冻结期间权利人申请出售，经审查认为不损害国家利益、被害人利益，不影响诉讼正常进行的，以及扣押、冻结的汇票、本票、支票的有效期即将届满的，经检察长批准，可以在案件办结前依法出售或者变现，所得价款由检察机关指定专门的银行账户保管，并及时告知当事人或者其近亲属。

16. 用作证据的鉴定意见，检察院办案部门应当告知犯罪嫌疑人、被害人；被害人死亡或者没有诉讼行为能力的，应当告知其法定代理人、近亲属或诉讼代理人。

17. 在辨认前，应当告知辨认人有意作虚假辨认应负的法律责任。

18. 案件侦查终结移送审查起诉时，检察院应当同时将案件移送情况告知犯罪嫌疑人及其辩护律师。

19. 检察院决定撤销案件的，应当告知控告人、举报人，听取其意见并记明笔录。

20. 送达不起诉决定书时，应当告知被害人或者其近亲属及其诉讼代理人，如果对不起诉决定不服，可以自收到不起诉决定书后7日以内向上一级检察院申诉，也可以不经申诉，直接向人民法院起诉；告知被不起诉人，如果对不起诉决定不服，可以自收到不起诉决定书后7日以内向检察院申诉。

另据2008年10月23日出版的《检察日报》报道，自2006年4月，广东省深圳市龙岗区检察院开通“刑事案件网上告知系统”以来，日平均查询量逾470人次，目前共有普通用户230人，律师用户115人，广受好评。系统规定，只有犯罪嫌疑人及辩护律师、被害人及其委托代理人才有权查询。他们只要登录龙岗区检察院龙声网，输入专用的用户名和密码，就可以远程查询与本人相关的刑事案件的具体内容和目前办理情况，还可以网上预约阅卷、会见案件承办人等诉讼活动。

二、告知法律和工作文书

（一）举报、控告人告知书

作为侦查工作文书之一，本文书是根据《刑事诉讼法》第109条和《检诉规则》第159规定所填制的权利告知文书；交举报、控告人阅读或向其宣读后，由其签名并捺指印收回附卷；具体内容和格式如下样式19所示：

（二）侦查阶段委托辩护人、申请法律援助告知书

据《刑事诉讼法》第33条、第34条和《检诉规则》第36条规定，本文书是检方在职务犯罪侦查对犯罪嫌疑人第一次讯问或采取强制措施而告知诉讼权利义务时，而填制的侦查法律文书。因此，其法律依据根据案件的具体情况，分别引用《刑事诉讼法》第33条和第34条第1款、第2款、第3款规定；共三联，第一联存根统一保存备查，第二联附卷，第三联交犯罪嫌疑人；具体内容和格式如下样式66所示：

（三）审查起诉阶段委托辩护人、申请法律援助告知书

根据《刑事诉讼法》第33条、第34条、第267条和《检诉规则》第36条、第485条规定，本文书是检方收到移送审查起诉案件材料后而告知犯罪嫌疑人可申请法律援助时，而填制的侦查法律文书。因此，它共三联，第一联存根统一保存备查，第二联附卷，第三联交犯罪嫌疑人；具体内容和格式如下样式67所示：

（四）委托诉讼代理人告知书

根据《刑事诉讼法》第44条规定，本文书是检方收到移送审查起诉的案

件材料告知被害人及其法定代理人或者近亲属、附带民事诉讼的当事人及其法定代理人可委托诉讼代理人时，而填制的侦查法律文书。因此，它共三联，第一联存根统一保存备查，第二联附卷，第三联交被害人及其法定代理人或者其近亲属、附带民事诉讼的当事人及其法定代理人；具体内容和格式如下样式68所示：

________人民检察院
举报、控告人权利、义务告知书

________：

你因__________涉嫌__________犯罪，向我院举报、控告。根据《刑事诉讼法》第一百零九条、《人民检察院刑事诉讼规则》第一百五十九条规定，现告知你在举报、控告过程中依法享有和履行下列权利、义务：

一、享有权利

（一）举报、控告人的人身权利、民主权利和其他合法权益依法得到保护；（二）当事人对已经转入本院其他局、处、室处理的举报、控告和申诉，有依法进行查询并得到办理情况答复的权利；（三）当事人对本院复查和处理结果不服，有向上一级机关反映并提出请求的权利；（四）对检察人员侵犯其诉讼权利或其他权利的行为有提出控告的权利。

二、履行义务

（一）当事人举报、控告应当遵守国家法律、法规及政策规定，在依法、有序行使民主权利的同时不得有妨害国家、社会、集体和他人合法权益的行为；（二）当事人应当自觉遵守和维护社会公共秩序、信访秩序，讲求文明礼貌，语言、行为规范，不得侮辱、漫骂、围攻接待人员，不得围堵机关大门，拦截领导车辆，无故滞留接待场所；（三）当事人应当接受检察接待人员的安排和引导，认真听取其解释和答复，不得有缠访、闹访和其他违法行为；（四）当事人向本院举报、控告，应当如实提供情况，不得捏造事实、制造伪证、诬告陷害他人，否则将承担法律责任和不利的后果。

三、办案人员纪律（略）

“以上权利、义务和检察人员纪律内容已向我宣读（我已阅知）。”（由举报人亲笔填写）

告知地点：________________________________ 告知时间：____年____月____日

被告知人（亲自签字）：____________________告知人（亲自签字）：________

年　　月　　日

样式19：举报、控告人权利、义务告知书格式样本

______人民检察院
侦查阶段委托辩护人/
申请法律援助告知书
（存根）

检　侦委辩/申援〔　〕　号

案　　由：______
案件编号：______
犯罪嫌疑人：______
性　　别：______年　　龄：______
批 准 人：______
承 办 人：______
填 发 人：______
填发时间：______

第一联统一保存

______人民检察院
侦查阶段委托辩护人/
申请法律援助告知书
（副本）

检　侦委辩/申援〔　〕　号

______：

我院对______一案已经依法立案侦查。根据《中华人民共和国刑事诉讼法》第三十三条、第三十四条之规定，现告知你有权委托辩护人，在侦查阶段只能委托律师担任辩护人。如果因经济困难或者其他原因，可以申请法律援助。

如果属于盲、聋、哑人/尚未完全丧失辨认或者控制自己行为能力的精神病人/可能被判处无期徒刑或者死刑的人，根据刑事诉讼法第三十四条之规定，没有委托辩护人的，人民检察院将通知法律援助机构指派律师提供辩护。

年　　月　　日
（××人民检察院名章）

本告知书已收到（嫌疑人亲自写）。
犯罪嫌疑人（亲自签名）：______
年　月　日

第二联附卷

______人民检察院
侦查阶段委托辩护人/
申请法律援助告知书

检　侦委辩/申援〔　〕　号

______：

我院对______一案已经依法立案侦查。根据《中华人民共和国刑事诉讼法》第三十三条、第三十四条之规定，现告知你有权委托辩护人，在侦查阶段只能委托律师担任辩护人。如果因经济困难或者其他原因，可以申请法律援助。

如果属于盲、聋、哑人/尚未完全丧失辨认或者控制自己行为能力的精神病人/可能被判处无期徒刑或者死刑的人，根据刑事诉讼法第三十四条之规定，没有委托辩护人的，人民检察院将通知法律援助机构指派律师提供辩护。

年　　月　　日
（××人民检察院名章）

第三联交犯罪嫌疑人

样式66：侦查阶段委托辩护人、申请法律援助告知书格式样本

________人民检察院
审查起诉阶段委托辩护人/
申请法律援助告知书
（存根）

检　诉委辩/申援〔　〕　号

案　　由：________
案件编号：________
犯罪嫌疑人：________
性　　别：______年　　龄：______
批 准 人：________
承 办 人：________
填 发 人：________
填发时间：________

第一联统一保存

________人民检察院
审查起诉阶段委托辩护人/
申请法律援助告知书
（副本）

检　诉委辩/申援〔　〕　号

________：

我院对________一案已经收到________移送审查起诉的材料。根据《中华人民共和国刑事诉讼法》第三十三条、第三十四条、第二百六十七条之规定，现告知你有权委托辩护人。如果因经济困难或者其他原因，可以申请法律援助。

如果属于盲、聋、哑人/尚未完全丧失辨认或者控制自己行为能力的精神病人/可能被判处无期徒刑或者死刑的人/未成年人，根据刑事诉讼法第三十四条、第二百六十七条之规定，没有委托辩护人的，人民检察院将通知法律援助机构指派律师提供辩护。

（××人民检察院名章）
年　　月　　日

本告知书已收到（嫌疑人亲自写）。
犯罪嫌疑人（亲自签名）：________
年　月　日

第二联附卷

________人民检察院
审查起诉阶段委托辩护人/
申请法律援助告知书

检　诉委辩/申援〔　〕　号

________：

我院对________一案已经收到________移送审查起诉的材料。根据《中华人民共和国刑事诉讼法》第三十三条、第三十四条、第二百六十七条之规定，现告知你有权委托辩护人。如果因经济困难或者其他原因，可以申请法律援助。

如果属于盲、聋、哑人/尚未完全丧失辨认或者控制自己行为能力的精神病人/可能被判处无期徒刑或者死刑的人/未成年人，根据刑事诉讼法第三十四条、第二百六十七条之规定，没有委托辩护人的，人民检察院将通知法律援助机构指派律师提供辩护。

（××人民检察院名章）
年　　月　　日

第三联交犯罪嫌疑人

样式67：审查起诉阶段委托辩护人/申请法律援助告知书格式样本

________人民检察院
委托诉讼代理人告知书
（存根）

检　委代〔　〕　号

案　　由：________________
案件编号：________________
犯罪嫌疑人姓名：______性别：____年龄：________________
被害人姓名：____性别：____年龄：__
被害人法定代理人或者其近亲属姓名：________________
附带民事诉讼当事人及其法定代理人姓名：________________
批 准 人：________________
承 办 人：________________
填 发 人：________________
填发时间：________________

第一联统一保存

________人民检察院
委托诉讼代理人告知书
（副本）

检　委代〔　〕　号

________：

我院已经收到______移送审查起诉的______一案的案件材料。根据《中华人民共和国刑事诉讼法》第四十四条之规定，现告知你有权委托诉讼代理人。

（××人民检察院名章）
年　月　日

本告知书已收到（收件人亲仔细书写）。
收件人姓名：________________
年　月　日

第二联附卷

________人民检察院
委托诉讼代理人告知书

检　委代〔　〕　号

________：

我院已经收到______移送审查起诉的______一案的案件材料。根据《中华人民共和国刑事诉讼法》第四十四条之规定，现告知你有权委托诉讼代理人。

（××人民检察院名章）
年　月　日

第三联：交被害人及其法定代理人或者其近亲属、附带民事诉讼的当事人及其法定代理人

样式68：委托诉讼代理人告知书格式样本

（五）被取保候审人义务告知书

根据《刑事诉讼法》第69条规定，本文书检方对犯罪嫌疑人依法采取取保候审，告知其应遵守的义务时，而填制的侦查法律文书。因此，在宣布取保候审时，应当将此文书连同取保候审决定书一并送达；被取保候审人在收到本书后应该签名或者盖章；一式四份，一份附卷，一份交被取保候审人，一份交执行机关，一份交保证人（犯罪嫌疑人提出保证人予以取保候审时适用）；具体内容和格式如下样式69所示：

________人民检察院

被取保候审人义务告知书

检　告〔　〕号

根据《中华人民共和国刑事诉讼法》第六十九条第一款的规定，被取保候审人在取保候审期间应当遵守以下规定：（1）未经执行机关批准不得离开所居住的市、县；（2）住址、工作单位和联系方式发生变动的，在24小时以内向执行机关报告；（3）在传讯的时候及时到案；（4）不得以任何形式干扰证人作证；（5）不得毁灭、伪造证据或者串供。

根据《中华人民共和国刑事诉讼法》第六十九条第二款的规定，被取保候审人还应遵守以下规定：（1）不得进入____________________等场所；（2）不得与______________________会见或者通信；（3）不得从事______________________等活动；（4）将护照等出入境证件、身份证、驾驶证件交执行机关保存。

被取保候审人在取保候审期间违反上述规定，已交纳保证金的，由公安机关没收部分或者全部保证金，并且区别情形，责令被取保候审人具结悔过，重新交纳保证金、提出保证人，或者监视居住、予以逮捕。

（××人民检察院名章）

年　　月　　日

“本告知书已收到”（被取保候审人亲自书写）。

被取保候审人（亲自签名）：__________

年　　月　　日

样式69：被取保候审人义务告知书格式样本

（六）被监视居住人义务告知书

根据《刑事诉讼法》第75条规定，本文书为检方对犯罪嫌疑人依法采取监视居住，告知其应当遵守的义务时，而填制的侦查法律文书。因此，在宣布监视居住时，应当将此文书连同监视居住决定书一并送达；被监视居住人在收到本书后应该签名或者盖章；书一式三份，一份附卷，一份交被监视居住人，一份交执行机关；具体内容和格式如下样式70所示：

________人民检察院
被监视居住人义务告知书

检　告〔　〕号

根据《中华人民共和国刑事诉讼法》第七十五条规定，被监视居住人在监视居住期间应当遵守以下规定：（1）未经执行机关批准不得离开执行监视居住的处所；（2）未经执行机关批准不得会见他人或者通信；（3）在传讯的时候及时到案；（4）不得以任何形式干扰证人作证；（5）不得毁灭、伪造证据或者串供；（6）将护照等出入境证件、身份证、驾驶证件交执行机关保存。

被监视居住人在监视居住期间违反上述规定，情节严重的，可以予以逮捕；需要予以逮捕的，可以先行拘留。

（××人民检察院名章）
年　月　日

“本告知书已收到”（被监视居住人亲自书写）。
被监视居住人（亲自签名）：________

年　月　日

样式70：被监视居住人义务告知书格式样本

（七）犯罪嫌疑人诉讼权利义务告知书

根据《刑事诉讼法》第9条、第11条、第14条、第28条、第32条、第33条、第34条、第50条、第97条、第115条、第118条、第119条、第120条、第121条、第139条、第270条第1款规定，本文书为检方首次讯问犯罪嫌疑人依法告知其诉讼权利义务时，而填制的侦查法律文书。它在第一次讯问犯罪嫌疑人或对其采取强制措施之日交犯罪嫌疑人阅后签字附卷；具体内容和格式如下样式71所示：

________人民检察院
犯罪嫌疑人诉讼权利义务告知书

检　告〔　〕号

根据《中华人民共和国刑事诉讼法》的有关规定，犯罪嫌疑人在人民检察院对案件进行侦查期间，有如下诉讼权利和义务：

1. 不通晓当地通用的语言文字的犯罪嫌疑人在讯问时有要求配备翻译人员的权利。有权用本民族语言文字进行诉讼。

2. 聋、哑的犯罪嫌疑人在讯问时有要求通晓聋、哑手势的人参加的权利。

3. 对于侦查人员、鉴定人、记录人、翻译人员有下列情形之一的，有权申请他们回避：（1）是本案的当事人或者是当事人的近亲属的；（2）本人或者他的近亲属和本案有利害关系的；（3）担任过本案的证人、鉴定人、辩护人、诉讼代理人的；（4）与本案当事人有其他关系，可能影响公正处理案件的。对于驳回申请回避的决定，可以申请复议一次。

4. 有权辩护。犯罪嫌疑人在接受讯问时有权为自己辩解。

5. 有权委托辩护人。犯罪嫌疑人自被侦查机关第一次讯问或者被采取强制措施之日起，有权委托辩护人，但在侦查期间只能委托律师作为辩护人。因经济困难等原因没有委托辩护人的，本人及其近亲属可以向法律援助机构提出申请。

6. 未满18周岁的犯罪嫌疑人有要求通知其法定代理人到场的权利，法定代理人可以代为行使诉讼权利。无法通知，法定代理人不能到场或是共犯的，可以通知犯罪嫌疑人的其他成年亲属，所在学校、单位或者居住地的村民委员会、居民委员会、未成年人保护组织的代表到场。

7. 对于侦查人员的提问，应当如实回答。但是对与本案无关的问题，有拒绝回答的权利，如实供述自己罪行可以从宽处理。

8. 有核对讯问笔录和自行书写供述的权利，如果犯罪嫌疑人没有阅读能力，侦查人员应当向其宣读；如果讯问笔录记载有遗漏或者差错，可以提出补充或者改正。对讯问笔录、勘验检查笔录、搜查笔录、查封扣押财物、文件清单以及送达的各种法律文书确认无误后，应当签名、捺指印。

9. 依法接受拘传、取保候审、监视居住、拘留、逮捕等强制措施和人身检查、搜查、扣押、鉴定等侦查措施。

10. 犯罪嫌疑人及其法定代理人、近亲属、聘请的律师对于采取强制措施超过法定期限的，有权要求解除强制措施。

对于人民检察院及其侦查人员侵犯其诉讼权利和人身侮辱的行为，有权提出控告、举报。

（××人民检察院名章）
年　　月　　日

“本告知书已收到”（犯罪嫌疑人亲自书写）。

犯罪嫌疑人（亲自签名）：________

年　　月　　日

样式71：犯罪嫌疑人诉讼权利义务告知书格式样本

________人民检察院
证人诉讼权利义务告知书

检　告〔　〕号

根据《中华人民共和国刑事诉讼法》的规定，在人民检察院对案件进行侦查期间，证人有如下诉讼权利和义务：

1. 凡是知道案件情况的人，都有作证的义务。

2. 有用本民族的语言文字进行诉讼的权利。对于侦查人员、鉴定人、记录人、翻译人员有下列情形之一的，证人及其法定代理人有权申请回避：(1) 是本案的当事人或者是当事人的近亲属的；(2) 本人或者他的近亲属和本案有利害关系的；(3) 担任过本案的证人、鉴定人、辩护人、诉讼代理人的；(4) 与本案当事人有其他关系，可能影响公正处理案件的。对驳回申请回避的决定，可以申请复议一次。

3. 未满 18 周岁的证人在接受询问时有权要求通知其法定代理人到场。

4. 应当如实地提供证据、证言，有意作伪证或者隐匿罪证应负相应的法律责任。

5. 有权核对询问笔录。没有阅读能力的，侦查人员应当向其宣读。如果记载有遗漏或者差错，有权提出补充或者改正，经核对无误后，应当在询问笔录上逐页签名、捺指印。有权自行书写亲笔证词。

6. 因在诉讼中作证，人身安全面临危险的，可以向公安机关、人民检察院、人民法院请求对本人或其近亲属予以保护。

7. 对侦查人员侵犯其诉讼权利或者进行人身侮辱的行为，有权提出控告。

8. 证人因履行作证义务而支出的交通、住宿、就餐等费用，有权获得补助。有工作单位的证人作证，所在单位不得克扣或者变相克扣其工资、奖金及其他福利待遇。

（××人民检察院名章）
年　　月　　日

“本告知书已收到”（证人亲自书写）。

证人（亲自签名）：________

年　　月　　日

样式 72：证人诉讼权利义务告知书格式样本

（八）证人诉讼权利义务告知书

根据《刑事诉讼法》第 120 条、第 124 条规定，本文书为检方依法询问证人（被害人）而告知其所享有或承担的诉讼权利义务时，而填制的侦查法律文书。例如，在薄熙来案中，就有如下记载：“侦查人员：依照我国刑事诉讼法和有关规定，你作为证人依法享有权利和履行义务，现向你送达权利义务告知书，你看一下。侦查人员：如了解请签字。唐肖林：（签字）。侦查人员：你愿意配合检察机关吗？唐肖林：愿意。”① 因此，本文书通常在第一次询问时交证人阅后签字附卷；具体内容和格式如上样式72所示：

三、告知笔录②

（一）控告申诉告知笔录

所谓控告申诉告知笔录，亦即控告申诉权利义务告知笔录的简称，是指检方在控告申诉检察过程中，告知相对人所享有的诉讼权利和承担的诉讼义务时，而依法制作的侦查笔录，是告知笔录的一种常见形态。制作一份合格的控告申诉告知笔录，关键在于了解并掌握控告申诉权利告知规则。除《刑事诉讼法》、《检察规范》、《检诉规则》有关控告申诉权利告知规定外，它还包括：

1.《检察机关文明用语规则》规定，根据我国法律规定，公民有权向检察机关如实反映问题，但不得诬告陷害他人，否则要承担相应法律责任。

2.《关于在全国检察机关实行“检务公开”的决定》规定，检察人员执行公务活动（含执行控告申诉检察活动）要通报姓名、身份和执行检察活动的事由，告知公务对象有关法定权利和义务等必须知道的具体内容，告之对检察公务活动如有异议，可以投诉及其投诉办法。

3.《人民检察院“检务公开”具体实施办法》规定，在接受举报人当面举报的时候，检察人员应将举报须知的有关内容告知举报人。

4.《关于进一步深化人民检察院“检务公开”的意见》（2006年6月26日）第5条规定，对于举报、侦查、逮捕、起诉、抗诉、申诉等各个诉讼环节犯罪嫌疑人、被告人、证人、被害人等诉讼参与人权利义务的告知，必须严格依法进行。同时，要将告知的内容通过办案笔录、诉讼文书、工作文书等予以明确记载，定期检查，作为工作绩效考核的一项内容。

5.《人民检察院信访工作规定》第23条第3款规定，接受控告、举报线

---

① 参见《薄熙来案8月22日庭审实录》，载《新华网》2013年8月22日。

② 所谓告知笔录，是指检方在依法履行检察职权过程中，口头告知相对人权利义务等事项时，而依法制作的检察笔录。因此，它有以下特点：一是它是检方依法口头告知相对人权利义务等事项情况的客观、真实、全面记录结果；二是它的制作主体包括主办（诉）检察官、记录人与相对人；三是告知笔录通常处于从笔录地位，一般也不需单独制作，只需在主笔录中记入告知事项即可。例如，讯（询）问的告知事项，只需记入讯（询）问笔录即可。

索的工作人员，应告知信访人须对其控告、举报内容的真实性负责，不得捏造、歪曲事实，不得诬告陷害、诽谤他人，以及诬告陷害、诽谤他人应负的法律责任。

6.《人民检察院举报工作规定》第12条第3款规定，接待举报的工作人员应当告知举报人要如实举报和捏造、歪曲事实应当承担的法律责任。

因此，根据上述规定，控申告知笔录是“控告申诉权利告知笔录”的简称，它是指检方控告、申诉检察部门及其人员在履行控告申诉检察职能过程中，依法告知报案人、控告人、举报人、申诉人等相对人应享有的诉讼权利和义务以及检察人员工作纪律时，而依法制作的侦查笔录。制作控申告知笔录的关键，就是要在举报（报案、控告）笔录、接待来访笔录、自首笔录等控告申诉笔录中，依法记载并履行上述控告申诉权利告知内容、过程。易言之，作为从笔录的控申权利告知笔录，依附举报（报案、控告）笔录、接待来访笔录、自首笔录等控告申诉主笔录存在。

（二）侦查告知笔录

所谓侦查告知笔录，亦即职务犯罪侦查权利义务告知笔录的简称，是指检方在职务犯罪侦查过程中，告知相对人所享有的诉讼权利和承担的诉讼义务时，而依法制作的侦查笔录，是告知笔录的一种常见形态。而制作一份合格的侦查告知笔录，关键在于了解并掌握职务犯罪侦查权利告知规则。除《刑事诉讼法》以及《检察规范》、《检诉规则》有关职务犯罪侦查权利告知规定外，它还包括：

1.《关于在全国检察机关实行“检务公开”的决定》规定，检察人员执行公务活动（含职务犯罪侦查活动）要通报姓名、身份和执行检察活动的事由，告知公务对象有关法定权利和义务等必须知道的具体内容，告之对检察公务活动如有异议，可以投诉及其投诉办法。

2.《人民检察院“检务公开”具体实施办法》规定：“检察人员在讯问犯罪嫌疑人时要告知自己的工作单位，告知犯罪嫌疑人在侦查、审查起诉阶段的权利和义务。讯问未羁押的犯罪嫌疑人的，还要出示法律所要求的法律文书。告知要以口头的方式进行，已将有关权利和义务印制成书面材料的，在书面告知的同时，也应当口头告知”；“检察人员在询问证人、被害人时，要出示本人的有关证件和人民检察院的询问通知书，告知证人、被害人在侦查、审查起诉阶段的权利和义务”；“在接受举报人当面举报的时候，检察人员应当将举报须知的有关内容告知举报人”；“检察人员在采取各种侦查措施和协助执行有关强制措施时，要告知本人的所在单位，出示检察机关的拘传证、搜查证、勘查证等法律文书，使犯罪嫌疑人和其他有关人员知悉检察人员的身份，了解执行公务事由”；“检察人员在诉讼活动中要依照法律和本办法履行各项告知义务。对于检察人员没有履行告知义务的，当事人可以向同级人民检察院检察长或者上级人民检察院投诉，检察长或上级人民检察院应当责令有关部门或者人员予以纠正。对于检察人员严重违反规定、不履行告知义务而影响当事人诉讼权利行使的，任何单位或者个人均可以向检察机关纪检、监察部门控告或者举报，纪检、监察部门应当认真查处，依法追究有关人员的违法、违纪责任”。

3.《关于在检察工作中防止和纠正超期羁押的若干规定》规定：“人民检察院在办理直接受理立案侦查的案件中，对于被逮捕的人，应当由承办部门办案人员在逮捕后的二十四小时以内进行讯问，讯问时即应把逮捕的原因、决定机关、羁押起止日期、羁押处所以及在羁押期间的权利、义务用犯罪嫌疑人能听（看）懂的语言和文书告知犯罪嫌疑人。人民检察院在逮捕犯罪嫌疑人以后，除有碍侦查或者无法通知的情形以外，应当把逮捕的原因和羁押的处所，在二十四小时以内通知被逮捕人的家属或者他的所在单位，并告知其家属有权为犯罪嫌疑人申请变更强制措施，对超期羁押有权向人民检察院投诉……人民检察院应当将听取和告知记明笔录，并将上述告知文书副本存工作卷中。”

4.《关于刑事诉讼法律援助工作的规定》规定：“公安机关、人民检察院在对犯罪嫌疑人依法进行第一次讯问后或者采取强制措施之日起，在告知犯罪嫌疑人有权聘请律师为其提供法律咨询、代理申诉、控告或者为其申请取保候审的同时，应当告知其如果经济困难，可以向法律援助机构申请法律援助。对于涉及国家秘密的案件，应当告知犯罪嫌疑人申请法律援助应当经侦查机关批准。人民检察院自收到移送审查起诉的案件材料之日起三日内，在告知犯罪嫌疑人有权委托辩护人的同时，应当告知其如果经济困难，可以向法律援助机构申请法律援助；在告知被害人及其法定代理人或者其近亲属有权委托诉讼代理人的同时，应当告知其如果经济困难，可以向法律援助机构申请法律援助……”；“告知可采取口头或者书面方式。口头告知的，应当制作笔录，由被告知人签名；书面告知的，应当将送达回执人卷。”

因此，与制作控申告知笔录一样，制作职务犯罪侦查告知笔录关键，是要在讯（询）问笔录等侦查笔录（亦即主笔录）中，依法记载并履行上述职务犯罪侦查权利告知内容、过程。

（三）讯问告知笔录

所谓讯问告知笔录，亦即讯问权利义务告知笔录的简称，是指检方在讯问特别是首次讯问过程中，告知被讯问人等相对人所享有的诉讼权利和承担的诉讼义务时，依法制作的侦查笔录。而制作一份合格的讯问告知笔录，关键在于了解并掌握讯问权利告知规则。除应遵循《刑事诉讼法》以及《检察规范》、《检诉规则》有关讯问权利告知规则外，还包括：

1. 根据《检察机关文明用语规则》规定，（首次）讯问时，应将下列内容告知被讯问人，并记入讯问笔录："×××，我们是××检察院工作人员×××、×××，现在依法对你进行讯问，你要如实回答；你可以进行有罪的陈述或者无罪的辩解，对与本案无关的问题，你有权拒绝回答；根据我国法律规定，你有权聘请律师，为你提供法律咨询、代理申诉、控告，申请取保候审。你要聘请律师吗？根据我国法律规定，你有申请回避的权利。你要求我们回避吗？"

2. 应告知犯罪嫌疑人在侦查阶段所享有的权利包括：（1）获得法律帮助的权利。即犯罪嫌疑人在被侦查机关第一次讯问后或者采取强制措施之日起，可以聘请律师为其提供法律咨询，代理申诉、控告。（2）申请回避的权利。即对检察人员或者他的近亲属和本案有利害关系的，检察人员接受当事人及其委托的人的请客送礼，违反规定会见当事人及其委托的人的，犯罪嫌疑人有权要求其回避。（3）使用本民族语言文字进行诉讼的权利。（4）申请取保候审的权利。即被羁押的犯罪嫌疑人及其法定代理人、近亲属和聘请的律师有权申请取保候审。（5）对与本案无关的问题的讯问，有拒绝回答的权利。（6）要求解除强制措施的权利。即犯罪嫌疑人及其法定代理人、近亲属或者犯罪嫌疑人委托的律师及其他辩护人对于检察机关采取强制措施超过法定期限的，有权要求解除强制措施。（7）申请补充鉴定或者重新鉴定的权利。即对用作证据的鉴定结论，犯罪嫌疑人可以申请补充鉴定或重新鉴定。（8）核对笔录的权利。即讯问笔录应当交犯罪嫌疑人核对，如果记载有遗漏或者差错，犯罪嫌疑人可以提出补充或者纠正。（9）对侵权提出控告的权利。即对于检察人员侵犯公民诉讼权利和人身侮辱的行为，有提出控告的权利。（10）获得赔偿的权利。即犯罪嫌疑人的人身权利、财产权利因检察机关及其工作人员违法行使职权受到侵犯的，有取得赔偿的权利。

3. 应告知犯罪嫌疑人在侦查阶段所履行的义务包括：（1）如实回答的义务。即犯罪嫌疑人对侦查人员的提问应当如实回答。（2）在符合法定条件的情况下承受逮捕、拘留、监视居住、取保候审、拘传等强制措施，接受检察人员的讯问、搜查、扣押等侦查行为。

4. 应告知检察人员的办案工作纪律：严禁超越管辖范围办案；立案前不得对犯罪嫌疑人采取强制措施；严禁超期羁押；不得把检察院的讯问室当成羁

押室，讯问一般应在看守所进行，必须在检察院讯问室进行的，要严格执行还押制度；不得违反规定使用技术侦查手段；严禁截留、挪用、私分扣押款物；严禁刑讯逼供、诱供、暴力取证；严禁体罚虐待或侮辱案件当事人；不准泄露案情或者为案件当事人及其代理人和亲友打探案情；不准私自办理或干预案件；不准私自会见案件当事人及其委托人或接受上述人员宴请、礼物和提供的娱乐活动等。

5. 而实践中，在权利告知过程中，①介绍侦查人员的身份时，应记明“我们是某某（侦查机关，如检察机关、公安机关）的侦查人员”，同时，应记载“出示证件（或证明文件）”的事项，不能笼统只写“介绍身份”。②说明谈话目的时，可表述为“现依某某法以某某犯罪嫌疑对你立案侦查”，“现依法对你采取某某强制措施”，“现依法向你讯问某某事项”。根据不同的谈话目的，选用相应的叙述方式。③告知有关法律规定。一般应告知以下内容：根据《刑事诉讼法》第118条规定，你对我们的提问，应当如实回答；根据《刑事诉讼法》第33条规定，本次讯问以后（或对你采取逮捕强制措施之日起），你可以聘请律师为你提供法律咨询、代理申诉、控告（或聘请的律师可以为你申请取保候审）；根据《刑事诉讼法》第28条、第29条规定，你有申请回避的权利（具体宣读相关内容）。④讯问犯罪嫌疑人“以上内容听清楚了（听懂了）没有?”这句话绝非赘述。

6. 与制作控申告知笔录一样，制作讯问告知笔录的关键，就是要在第一次讯问笔录（亦即“主笔录”）中，依法记载并履行上述告知内容、过程。

（四）询问告知笔录

所谓询问告知笔录，亦即询问权利义务告知笔录的简称，是指检方在询问过程中，告知被询问人等相对人所享有的诉讼权利和承担的诉讼义务时，而依法制作的侦查笔录。而制作一份合格的询问告知笔录，关键在于了解并掌握询问权利告知规则。除应遵循《刑事诉讼法》、《检察规范》、《检诉规则》有关讯问权利告知规则外，还包括：

1. 根据《检察机关文明用语规则》规定，（首次）询问时，应将下列内容告知被询问人，并记入询问笔录：“×××，我们是××检察院工作人员×××、×××，今天依法向你调查取证，请给予配合；根据我国法律规定，证人有如实作证的义务，故意作伪证、隐匿罪证或者窝藏、包庇他人，应当负法律责任；对××一案（一事），请如实谈谈知道的情况。如果担心安全问题，我们会依法采取必要的保护措施。”

2. 在侦查阶段被害人的权利包括：①委托诉讼代理人的权利；②申请回

避的权利；③使用本民族语言文字进行诉讼的权利；④请求立案的权利；⑤要求赔偿损失的权利；⑥核对笔录权。而义务包括：如实向司法机关陈述案件事实；接受司法机关对其进行人身检查等。

3. 在侦查阶段证人的权利包括：①安全保障权；②充分陈述权；③核对笔录权；④证件知悉权。即侦查人员询问证人，必须出示检察机关的证明文件；⑤侵权控告权。即证人对于检察人员侵犯公民诉讼权利和人身侮辱的行为，有权提出控告。而义务是如实作证的义务。

4. 检察人员的办案纪律包括：严禁超越管辖范围办案；立案前不得对犯罪嫌疑人采取强制措施；严禁超期羁押；不得把检察院的讯问室当成羁押室，讯问一般应在看守所进行，必须在检察院讯问室进行的，要严格执行还押制度；不得违反规定使用技术侦查手段；严禁截留、挪用、私分扣押款物；严禁刑讯逼供、诱供、暴力取证；严禁体罚虐待或侮辱案件当事人；不准泄露案情或者为案件当事人及其代理人和亲友打探案情；不准私自办理或干预案件；不准私自会见案件当事人及其委托人或接受上述人员宴请、礼物和提供的娱乐活动等。

5. 与制作控申告知笔录一样，制作询问告知笔录的关键，就是要在第一次询问笔录（亦即“主笔录”）中，依法记载并履行上述告知内容、过程。

（五）撤销案件而告知并听取控告人、举报人意见笔录

根据《刑事诉讼法》第110条、《检诉规则》第291条第5款规定，本笔录是指检方接受控告、举报后经审查决定撤销案件，告知并听取控告人、举报人意见时，而依法制作的侦查笔录。因此，制作时应注意以下问题：

1. 有下列情形之一的，不追究刑事责任，已经追究的，应当撤销案件：①情节显著轻微、危害不大，不认为是犯罪的；②犯罪已过追诉时效期限的；③经特赦令免除刑罚的；④依照刑法告诉才处理的犯罪，没有告诉或者撤回告诉的；⑤犯罪嫌疑人、被告人死亡的；⑥其他法律规定免予追究刑事责任的。

2. 在侦查过程中，发现不应对犯罪嫌疑人追究刑事责任的，应当撤销案件；犯罪嫌疑人已被逮捕的，应当立即释放，发给释放证明。

3. 检察院侦查终结的案件，应当作出提起公诉、不起诉或撤销案件的决定；而检察院决定撤销案件的，应当告知控告人、举报人，听取其意见并记入本笔录。

4. 本笔录的具体内容和格式如下样式73所示：

________人民检察院

撤销案件而告知并听取控告人、举报人意见笔录

告知并听取时间：____年____月____日____时____分。告知并听取地点：____________
告知并听取人员姓名：____________________ 记录人员姓名：____________________
控告、举报人姓名：____性别：____年龄：____民族：____文化程度：____ 籍贯（出生地）：____
工作单位：__________职业（职务）：________联系电话：__________ 住址：____
告知内容（决定撤案原因及理由）：____________________________________
控告 举报人所提意见及其理由：____
“以上笔录向我读过（或我已看过），与我说的一样”。（须控告、举报人亲笔书写）____
控告 举报人（亲自签名并捺指印）：____________________________________
告知并听取人员（亲自签名）：____________ 记录人员（亲自签名）：____________
年　　月　　日

第　　页

样式73：撤销案件而告知并听取控告人、举报人意见笔录格式样本

第三节　辩护和代理文书的填制要领与格式

一、辩护和代理文书

所谓辩护和代理文书，是指在职务犯罪侦查过程中，检方依法规范辩护和代理行为时，而依法填制的侦查文书。常见的辩护和代理文书包括：提供法律援助通知书，辩护律师会见犯罪嫌疑人应当经过许可通知书，辩护律师可以不经许可会见犯罪嫌疑人通知书，许可会见犯罪嫌疑人决定书，不许可会见犯罪嫌疑人决定书，批准律师以外的辩护人与犯罪嫌疑人会见和通信/查阅案卷材料决定书，不批准律师以外的辩护人与犯罪嫌疑人会见和通信/查阅材料决定书，调取证据通知书，不予收集、调取证据决定书，许可辩护律师收集案件材料决定书，不许可辩护律师收集案件材料决定书，纠正阻碍辩护人/诉讼代理人依法行使权利通知书，辩护律师要求当面听取其意见笔录，辩护人/诉讼代理人申诉、控告答复书等。

而根据《刑事诉讼法》、《律师法》、《六部委规定》、《法律援助条例》、《关于刑事诉讼法律援助工作的规定》、《关于进一步加强律师执业权利保障工

作的通知》，特别是高检院《检诉规则》、《检察规范》规定，填制辩护和代理文书时，应遵循以下法律规定：

1. 辩护人、诉讼代理人向检察院提出有关申请、要求或提交有关书面材料的，案件管理部门应接收并及时移送相关办案部门或与相关办案部门协调、联系，具体业务由办案部门负责办理。

2. 检察院办理直接受理立案侦查案件、审查逮捕案件和审查起诉案件，在押或者被指定居所监视居住的犯罪嫌疑人提出委托辩护人要求的，侦查部门、侦查监督部门和公诉部门应当及时向其监护人、近亲属或者其指定的人员转达其要求，并记录在案。

3. 在侦查期间犯罪嫌疑人只能委托律师作为辩护人；在审查起诉期间犯罪嫌疑人可委托律师作为辩护人，也可委托人民团体或所在单位推荐的人以及监护人、亲友作为辩护人。

4. 一名犯罪嫌疑人可以委托一人至两人作为辩护人；律师担任诉讼代理人的，不得同时接受同一案件两名以上被害人的委托，参与刑事诉讼活动。

5. 检察院办理直接受理立案侦查案件和审查起诉案件，发现犯罪嫌疑人是盲、聋、哑人或者是尚未完全丧失辨认或者控制自己行为能力的精神病人，或者可能被判处无期徒刑、死刑，没有委托辩护人的，应当及时书面通知法律援助机构指派律师为其提供辩护。

6. 检察院收到在押或者被指定居所监视居住的犯罪嫌疑人提出的法律援助申请，应当在 3 日以内将其申请材料转交法律援助机构，并通知犯罪嫌疑人的监护人、近亲属或者其委托的其他人员协助提供有关证件、证明等相关材料。

7. 犯罪嫌疑人拒绝法律援助机构指派的律师作为辩护人的，检察院应当查明拒绝的原因，有正当理由的，予以准许，但犯罪嫌疑人需另行委托辩护人；犯罪嫌疑人未另行委托辩护人的，应当书面通知法律援助机构另行指派律师为其提供辩护。

8. 案件管理部门对办理业务的辩护人，应查验其律师执业证书、律师事务所证明和授权委托书或法律援助公函；对其他辩护人、诉讼代理人，应查验其身份证明和授权委托书。

9. 对于特别重大贿赂犯罪案件，犯罪嫌疑人被羁押或者监视居住的，检察院侦查部门应当在将犯罪嫌疑人送交看守所或者送交公安机关执行时书面通知看守所或者公安机关，在侦查期间辩护律师会见犯罪嫌疑人的，应当经检察院许可。

10. 对于特别重大贿赂犯罪案件，辩护律师在侦查期间提出会见在押或者被监视居住的犯罪嫌疑人的，检察院侦查部门应当提出是否许可的意见，在3日以内报检察长决定并答复辩护律师；检察院办理特别重大贿赂犯罪案件，在有碍侦查的情形消失后，应当通知看守所或者执行监视居住的公安机关和辩护律师，辩护律师可以不经许可会见犯罪嫌疑人；对于特别重大贿赂犯罪案件，检察院在侦查终结前应当许可辩护律师会见犯罪嫌疑人。

11. 自案件移送审查起诉之日起，检察院应当允许辩护律师查阅、摘抄、复制本案的案卷材料。律师以外的辩护人向检察院申请查阅、摘抄、复制本案的案卷材料或者申请同在押、被监视居住的犯罪嫌疑人会见和通信的，检察院公诉部门应当对申请人是否具备辩护人资格进行审查并提出是否许可的意见，在3日以内报检察长决定并书面通知申请人；检察院许可律师以外的辩护人同在押或者被监视居住的犯罪嫌疑人通信的，可以要求看守所或者公安机关将书信送交检察院进行检查。对于律师以外的辩护人申请查阅、摘抄、复制案卷材料或者申请同在押、被监视居住的犯罪嫌疑人会见和通信，具有下列情形之一的，检察院可以不予许可：同案犯罪嫌疑人在逃的；案件事实不清，证据不足，或者遗漏罪行、遗漏同案犯罪嫌疑人需要补充侦查的；涉及国家秘密或者商业秘密的；有事实表明存在串供、毁灭、伪造证据或者危害证人人身安全可能的。

12. 在检察院侦查、审查逮捕、审查起诉过程中，辩护人收集到有关犯罪嫌疑人不在犯罪现场、未达到刑事责任年龄、属于依法不负刑事责任的精神病人的证据，告知检察院的，检察院相关办案部门应当及时进行审查。

13. 辩护律师向被害人或者其近亲属、被害人提供的证人收集与本案有关的材料，向检察院提出申请的，参照《检诉规则》第52条第1款的规定办理，检察院应当在7日以内作出是否许可的决定，通知辩护律师；检察院没有许可的，应当书面说明理由。

14. 在检察院侦查、审查逮捕、审查起诉过程中，辩护人提出要求听取其意见的，案件管理部门应当及时联系侦查部门、侦查监督部门或者公诉部门对听取意见作出安排；辩护人提出书面意见的，案件管理部门应当及时移送侦查部门、侦查监督部门或者公诉部门。

15. 辩护人、诉讼代理人认为其依法行使诉讼权利受到阻碍向检察院申诉或控告的，应在受理后10日以内进行审查，情况属实的，经检察长决定，通知有关机关或本院有关部门、下级检察院予以纠正，并将处理情况书面答复提出申诉或控告的辩护人、诉讼代理人。

二、提供法律援助通知书

根据《刑事诉讼法》第 34 条、第 267 条规定，本文书为检方侦查职务犯罪案件和审查起诉案件而向犯罪嫌疑人提供法律援助时，所填制的侦查法律文书。其中，法律依据根据案件的具体情况，分别引用《刑事诉讼法》第 34 条第 1 款、第 2 款、第 3 款或者第 267 条规定；共三联，第一联存根统一保存备查，第二联附卷，第三联送法律援助机构；具体内容和格式如下样式 74 所示：

三、辩护律师会见犯罪嫌疑人应当经过许可通知书

根据《刑事诉讼法》第 37 条第 3 款规定，本文书是检方在职务犯罪尤其是特别重大贿赂犯罪案件侦查过程中，通知辩护人应经许可才能会见犯罪嫌疑人时，而填制的侦查法律文书。它共三联，第一联存根统一保存备查，第二联附卷，第三联送执行机构；具体内容和格式如下样式 75 所示：

四、辩护律师可以不经许可会见犯罪嫌疑人通知书

根据《刑事诉讼法》第 37 条第 3 款规定，本文书是检方在职务犯罪侦查尤其是特别重大贿赂犯罪案件侦查过程中，通知辩护律师可不经许可就可会见犯罪嫌疑人时，而填制的侦查法律文书。它共三联，第一联存根统一保存备查，第二联附卷，第三联送执行机构；具体内容和格式如下样式 75 所示：

五、许可会见犯罪嫌疑人决定书

根据《刑事诉讼法》第 37 条第 3 款规定，本文书是职务犯罪侦查阶段检方许可辩护律师会见犯罪嫌疑人的申请时，而填制的侦查法律文书。它共四联，第一联存根统一保存备查，第二联附卷，第三联交申请人，第四联为通知书，送负责羁押的看守所或者执行监视居住的公安机关；具体内容和格式如下样式 76 所示：

六、不许可会见犯罪嫌疑人决定书

根据《刑事诉讼法》第 37 条第 3 款规定，本文书是职务犯罪侦查阶段检方不许可辩护律师申请会见犯罪嫌疑人时，而填制的侦查法律文书。它共三联，第一联存根统一保存备查，第二联附卷，第三联交申请人；具体内容和格式如下样式 77 所示：

________人民检察院
提供法律援助通知书
（存根）

检 援〔 〕 号

案　　由：________________
案件编号：________________
犯罪嫌疑人：____性别：____年龄：__
法律援助机构：______________
批 准 人：________________
承 办 人：________________
填 发 人：________________
填发时间：________________

第一联统一保存

________人民检察院
提供法律援助通知书
（副本）

检 援〔 〕 号

________：

我院办理的________案，犯罪嫌疑人__________（性别、年龄）其属于__________，符合《中华人民共和国刑事诉讼法》第三十四条第___款/第二百六十七条规定的情形，请依法指派律师为其提供辩护。

（××人民检察院名章）
年　月　日

本通知书已收到。
法律援助机构收件人：__________
年　月　日

第二联附卷

________人民检察院
提供法律援助通知书

检 援〔 〕 号

________：

我院办理的________案，犯罪嫌疑人__________（性别、年龄）其属于__________，符合《中华人民共和国刑事诉讼法》第三十四条第___款/第二百六十七条规定的情形，请依法指派律师为其提供辩护。

（××人民检察院名章）
年　月　日

第三联送法律援助机构

样式74：提供法律援助通知书格式样本

________人民检察院
辩护律师会见犯罪嫌疑人
应当经过许可通知书
（存根）

检　见〔　〕　号

案　　由：________________
案件编号：________________
犯罪嫌疑人：________________
性　　别：______年　　龄：______
执行机构：________________
批 准 人：________________
承 办 人：________________
填 发 人：________________
填发时间：________________

第一联统一保存

________人民检察院
辩护律师会见犯罪嫌疑人
应当经过许可通知书
（副本）

检　见〔　〕　号

________：

我院办理的______案，犯罪嫌疑人______（性别、年龄）________，本案属于特别重大贿赂犯罪案件，依据《中华人民共和国刑事诉讼法》第三十七条第三款的规定，辩护律师会见犯罪嫌疑人应当经过我院许可。

特此通知。

（××人民检察院名章）
年　月　日

本通知书已收到。
执行机构收件人：__________
年　月　日

第二联附卷

________人民检察院
辩护律师会见犯罪嫌疑人
应当经过许可通知书

检　见〔　〕　号

________：

我院办理的______案，犯罪嫌疑人______（性别、年龄）________，本案属于特别重大贿赂犯罪案件，依据《中华人民共和国刑事诉讼法》第三十七条第三款的规定，辩护律师会见犯罪嫌疑人应当经过我院许可。

特此通知。

（××人民检察院名章）
年　月　日

第三联送执行机构

样式75：辩护律师会见犯罪嫌疑人应当经过许可通知书格式样本

________人民检察院
辩护律师可以不经许可
会见犯罪嫌疑人通知书
（存根）

检　见〔　〕　号

案　　由：__________
案件编号：__________
犯罪嫌疑人：__________
性　　别：______年　　龄：______
执行机构：__________
批 准 人：__________
承 办 人：__________
填 发 人：__________
填发时间：__________

第一联统一保存

________人民检察院
辩护律师可以不经许可
会见犯罪嫌疑人通知书
（副本）

检　见〔　〕　号

________：

我院办理的________案，犯罪嫌疑人______性别____年龄____，本案有碍侦查的情形已消失，根据《中华人民共和国刑事诉讼法》第三十七条第三款的规定，辩护律师可以不经我院许可会见犯罪嫌疑人。

（××人民检察院名章）
年　月　日

本通知书已收到。
执行机构收件人：____________
年　月　日

第二联附卷

________人民检察院
辩护律师可以不经许可
会见犯罪嫌疑人通知书

检　见〔　〕　号

________：

我院办理的________案，犯罪嫌疑人______性别____年龄____，本案有碍侦查的情形已消失，根据《中华人民共和国刑事诉讼法》第三十七条第三款的规定，辩护律师可以不经我院许可会见犯罪嫌疑人。

（××人民检察院名章）
年　月　日

第三联送执行机构

样式75：辩护律师可以不经许可会见犯罪嫌疑人通知书格式样本

______人民检察院
许可会见犯罪嫌疑人
决定书
（存根）

检　许见〔　〕号

案　　由：______
案件编号：______
犯罪嫌疑人：______
性别：______年龄：______
申 请 人：______
工作单位：______
批准会见时间：______
批 准 人：______
承 办 人：______
填 发 人：______
填发时间：______

第一联统一保存

______人民检察院
许可会见犯罪嫌疑人
决定书
（副本）

检　许见〔　〕号

______：

根据《中华人民共和国刑事诉讼法》第三十七条第三款之规定，决定许可你会见犯罪嫌疑人______。请持此决定书与______联系会见事宜。

（××人民检察院名章）
年　月　日

本决定书已收到（申请人亲自写）。
申请人（亲自签名）：______
年　月　日

第二联附卷

______人民检察院
许可会见犯罪嫌疑人
决定书

检　许见〔　〕号

______：

根据《中华人民共和国刑事诉讼法》第三十七条第三款之规定，决定许可你会见犯罪嫌疑人______。请持此决定书与______联系会见事宜。

（××人民检察院名章）
年　月　日

第三联交申请人

______人民检察院
许可会见犯罪嫌疑人
通知书

检　许见〔　〕号

______：

根据《中华人民共和国刑事诉讼法》第三十七条第三款之规定，决定许可______（律师执业证编号______或者身份证号______）会见犯罪嫌疑人______性别____，年龄____，于____年____月____日被执行______）。请予以安排。

（××人民检察院名章）
年　月　日

第四联送看守所或者执行监视居住的公安机关

样式76：许可会见犯罪嫌疑人决定书格式样本

________人民检察院
不许可会见犯罪嫌疑人
决定书
（存根）

检　不许见〔　〕　号

案　　由：________________
犯罪嫌疑人：________________
性　　别：______年　　龄：______
申 请 人：________________
工作单位：________________
许可会见时间：________________
批 准 人：________________
承 办 人：________________
填 发 人：________________
填发时间：________________

第一联统一保存

________人民检察院
不许可会见犯罪嫌疑人
决定书
（副本）

检　不许见〔　〕　号

________：

因__________案属于特别重大贿赂犯罪，根据《中华人民共和国刑事诉讼法》第三十七条第三款之规定，决定不许可你会见犯罪嫌疑人________。

（××人民检察院名章）
年　　月　　日

本决定书已收到（申请人亲自填写）。
申请人（亲自签名）：__________
年　　月　　日

第二联附卷

________人民检察院
不许可会见犯罪嫌疑人
决定书

检　不许见〔　〕　号

________：

因__________案属于特别重大贿赂犯罪，根据《中华人民共和国刑事诉讼法》第三十七条第三款之规定，决定不许可你会见犯罪嫌疑人________。

（××人民检察院名章）
年　　月　　日

第三联交申请人

样式77：不许可会见犯罪嫌疑人决定书格式样本

七、批准律师以外的辩护人与犯罪嫌疑人会见和通信/查阅案卷材料决定书

根据《刑事诉讼法》第37第1款和第38条规定，本文书系案件移送审查起诉后，律师以外的辩护人申请与犯罪嫌疑人会见、通信或者查阅案卷材料，检方决定批准时而填制的侦查法律文书。它共三联，第一联存根统一保存备查，第二联附卷，第三联交申请人；具体内容和格式如下样式78所示：

八、不批准律师以外的辩护人与犯罪嫌疑人会见和通信/查阅材料决定书

根据《刑事诉讼法》第37第1款和第38条规定，本文书系案件移送审查起诉后，律师以外的辩护人申请与犯罪嫌疑人会见、通信或者查阅、摘抄、复制案卷材料，检方决定不予批准时而填制的侦查法律文书。它共三联，第一联存根统一保存备查，第二联附卷，第三联交申请人；具体内容和格式如下样式79所示：

九、（律师）调取证据通知书

根据《刑事诉讼法》第39条规定，本文书是辩护律师申请检方调取侦查机关有关无罪、罪轻证据，检方决定调取时而填制的侦查法律文书。

它共三联，第一联存根统一保存备查，第二联附卷，第三联送侦查机关；具体内容和格式如下样式80所示：

十、不予收集、调取证据决定书

根据《刑事诉讼法》第39条、第41条第1款规定，本文书系辩护律师请求检方向公安机关调取有关无罪、罪轻证据或者申请检方收集、调取有关证据，检方决定不予收集或者调取时而填制的侦查法律文书。因此，它共三联，第一联存根统一保存备查，第二联附卷，第三联交申请人；具体内容和格式如下样式81所示：

十一、许可辩护律师收集案件材料决定书

根据《刑事诉讼法》第41条第2款规定，本文书系辩护律师申请向被害人或者其近亲属、被害人提供的证人收集有关案件材料，检方决定许可时而填制的侦查法律文书。它共三联，第一联存根统一保存备查，第二联附卷，第三联交申请人；具体内容和格式如下样式82所示：

________人民检察院
批准律师以外的辩护人与犯罪嫌疑人会见和通信/查阅案卷材料决定书
（存根）

检　准见阅〔　〕　号

案　　由：________________
案件编号：________________
犯罪嫌疑人：______________
性　　别：______年　　龄：______
申 请 人：________________
工作单位：________________
批 准 人：________________
承 办 人：________________
填 发 人：________________
填发时间：________________

第一联统一保存

________人民检察院
批准律师以外的辩护人与犯罪嫌疑人会见和通信/查阅案卷材料决定书
（副本）

检　准见阅〔　〕　号

________：

根据《中华人民共和国刑事诉讼法》第三十七条第一款/第三十八条之规定，决定同意你与犯罪嫌疑人______会见和通信/查阅、摘抄、复制本案的案卷材料。

（××人民检察院名章）
年　月　日

本决定书已收到（申请人亲自写）。
申请人（亲自签名）：________
年　月　日

第二联附卷

________人民检察院
批准律师以外的辩护人与犯罪嫌疑人会见和通信/查阅案卷材料决定书

检　准见阅〔　〕　号

________：

根据《中华人民共和国刑事诉讼法》第三十七条第一款/第三十八条之规定，决定同意你与犯罪嫌疑人______会见和通信/查阅、摘抄、复制本案的案卷材料。

（××人民检察院名章）
年　月　日

第三联交申请人

样式78：批准律师以外的辩护人与犯罪嫌疑人会见和通信/查阅案卷材料决定书格式样本

________人民检察院
不批准律师以外的辩护人与犯罪嫌疑人会见和通信/查阅案卷材料决定书
（存根）

检　不准见阅〔　　〕　号

案　　由：________
案件编号：________
犯罪嫌疑人：________
性　　别：______　年　　龄：______
申 请 人：________
工作单位：________
批 准 人：________
承 办 人：________
填 发 人：________
填发时间：________

第一联统一保存

________人民检察院
不批准律师以外的辩护人与犯罪嫌疑人会见和通信/查阅案卷材料决定书
（副本）

检　不准见阅〔　　〕　号

________：

根据《中华人民共和国刑事诉讼法》第三十七条第一款/第三十八条之规定，决定不批准你与犯罪嫌疑人______会见和通信/查阅、摘抄、复制本案的案卷材料。

（××人民检察院名章）
年　　月　　日

本决定书已收到（申请人亲自写）。
申请人（亲自签名）：________
年　　月　　日

第二联附卷

________人民检察院
不批准律师以外的辩护人与犯罪嫌疑人会见和通信/查阅案卷材料决定书

检　不准见阅〔　　〕　号

________：

根据《中华人民共和国刑事诉讼法》第三十七条第一款/第三十八条之规定，决定不批准你与犯罪嫌疑人______会见和通信/查阅、摘抄、复制本案的案卷材料。

（××人民检察院名章）
年　　月　　日

第三联交申请人

样式79：不批准律师以外的辩护人与犯罪嫌疑人会见和通信/查阅案卷材料决定书格式样本

________人民检察院

调取证据通知书

（存根）

检　调证〔　〕　号

案　　由：________________

案件编号：________________

犯罪嫌疑人：______________

性　　别：______　年　　龄：______

申 请 人：________________

工作单位：________________

申请调取证据名称或特征：________

批 准 人：________________

承 办 人：________________

填 发 人：________________

填发时间：________________

第一联统一保存

________人民检察院

调取证据通知书

（副本）

检　调证〔　〕　号

________：

我院办理的________案，犯罪嫌疑人______的辩护人______依据《中华人民共和国刑事诉讼法》第三十九条之规定，向我院申请调取你单位收集的____________证据材料，请接到通知后五日以内，将该证据材料移交我院。

（××人民检察院名章）

年　　月　　日

本通知书已收到。

侦查机关收件人：____________

年　月　日

第二联附卷

________人民检察院

调取证据通知书

检　调证〔　〕　号

________：

我院办理的________案，犯罪嫌疑人______的辩护人______依据《中华人民共和国刑事诉讼法》第三十九条之规定，向我院申请调取你单位收集的____________证据材料，请接到通知后五日以内，将该证据材料移交我院。

（××人民检察院名章）

年　　月　　日

第三联送侦查机关

样式80：调取证据通知书格式样本

________人民检察院
不予收集、调取证据决定书
（存根）

检　不调证〔　〕号

案　　由：________________
案件编号：________________
犯罪嫌疑人：________________
性　　别：______　年　　龄：______
申 请 人：________________
工作单位：________________
申请调取证据名称或特征：________
批 准 人：________________
承 办 人：________________
填 发 人：________________
填发时间：________________

第一联统一保存

________人民检察院
不予收集、调取证据决定书
（副本）

检　不调证〔　〕号

________：

因存在________情形，根据《中华人民共和国刑事诉讼法》第三十九条/第四十一条第一款之规定，决定对你申请收集/调取的证据不予收集/调取。

（××人民检察院名章）
年　月　日

本决定书已收到（申请人亲自填写）。
申请人（亲自签名）：________
年　月　日

第二联附卷

________人民检察院
不予收集、调取证据决定书

检　不调证〔　〕号

________：

因存在________情形，根据《中华人民共和国刑事诉讼法》第三十九条/第四十一条第一款之规定，决定对你申请收集/调取的证据不予收集/调取。

（××人民检察院名章）
年　月　日

第三联交申请人

样式81：不予收集、调取证据决定书格式样本

________人民检察院
许可辩护律师收集
案件材料决定书
（存根）

检　许收〔　〕　号

案　　由：________
案件编号：________
犯罪嫌疑人：________
性　　别：____　年　　龄：____
申 请 人：________
工作单位：________
申请调取证据名称或特征：________
批 准 人：________
承 办 人：________
填 发 人：________
填发时间：________

第一联统一保存

________人民检察院
许可辩护律师收集
案件材料决定书
（副本）

检　许收〔　〕　号

________：

你提出的收集案件有关材料申请书收悉。经审查，根据《中华人民共和国刑事诉讼法》第四十一条第二款之规定，决定许可你向________收集与本案有关的材料，但是必须经其本人同意。

（××人民检察院名章）
年　月　日

本决定书已收到（申请人亲自填写）。
申请人（亲自签名）：________
年　月　日

第二联附卷

________人民检察院
许可辩护律师收集
案件材料决定书

检　许收〔　〕　号

________：

你提出的收集案件有关材料申请书收悉。经审查，根据《中华人民共和国刑事诉讼法》第四十一条第二款之规定，决定许可你向________收集与本案有关的材料，但是必须经其本人同意。

（××人民检察院名章）
年　月　日

第三联交申请人

样式82：许可辩护律师收集案件材料决定书格式样本

________人民检察院
不许可辩护律师
收集案件材料决定书
（存根）

检　不许收〔　〕　号

案　　由：____________
案件编号：____________
犯罪嫌疑人：____________
性　　别：______ 年　　龄：______
申 请 人：____________
工作单位：____________
申请调取证据名称或特征：______
批 准 人：____________
承 办 人：____________
填 发 人：____________
填发时间：____________

第一联统一保存

________人民检察院
不许可辩护律师
收集案件材料决定书
（副本）

检　不许收〔　〕　号

______：

你提出的收集案件有关材料申请书收悉。经审查，根据《中华人民共和国刑事诉讼法》第四十一条第二款之规定，决定不许可你向______收集与本案有关的材料。

（××人民检察院名章）
年　月　日

本决定书已收到（申请人亲自填写）。
申请人（亲自签名）：______
年　月　日

第二联附卷

________人民检察院
不许可辩护律师
收集案件材料决定书

检　不许收〔　〕　号

______：

你提出的收集案件有关材料申请书收悉。经审查，根据《中华人民共和国刑事诉讼法》第四十一条第二款之规定，决定不许可你向______收集与本案有关的材料。

（××人民检察院名章）
年　月　日

第三联交申请人

样式83：不许可辩护律师收集案件材料决定书格式样本

________人民检察院
纠正阻碍辩护人/诉讼代理人依法行使权利通知书
（存根）

检　辩/纠〔　〕　号

案　　由：________
案件编号：________
犯罪嫌疑人：________
性　　别：____　年　　龄：____
申诉人/控告人：________
工作单位：________
被申诉/控告单位：________
批　准　人：________
承　办　人：________
填　发　人：________
填发时间：________

第一联统一保存

________人民检察院
纠正阻碍辩护人/诉讼代理人依法行使权利通知书
（副本）

检　辩/纠〔　〕　号

________：

你单位在办理________一案中，经审查，存在______情形，阻碍了辩护人/诉讼代理人依法行使诉讼权利。根据《中华人民共和国刑事诉讼法》第四十七条之规定，现通知你单位纠正违法行为，依法保障辩护人/诉讼代理人的诉讼权利。

（××人民检察院名章）
年　月　日

本通知书已收到。
办案机关收件人：________
年　月　日

第二联附卷

________人民检察院
纠正阻碍辩护人/诉讼代理人依法行使权利通知书

检　辩/纠〔　〕　号

________：

你单位在办理________一案中，经审查，存在______情形，阻碍了辩护人/诉讼代理人依法行使诉讼权利。根据《中华人民共和国刑事诉讼法》第四十七条之规定，现通知你单位纠正违法行为，依法保障辩护人/诉讼代理人的诉讼权利。

（××人民检察院名章）
年　月　日

第三联送被申诉、控告单位

样式84：纠正阻碍辩护人/诉讼代理人依法行使权利通知书格式样本

十二、不许可辩护律师收集案件材料决定书

根据《刑事诉讼法》第 41 条第 2 款规定，本文书系辩护律师申请向被害人或者其近亲属、被害人提供的证人收集有关案件材料，检方决定不予许可时而填制的侦查法律文书。因此，它共三联，第一联存根统一保存备查，第二联附卷，第三联交申请人；具体内容和格式如上样式 83 所示：

十三、纠正阻碍辩护人/诉讼代理人依法行使权利通知书

根据《刑事诉讼法》第 47 条规定，本文书系检方纠正有关机关阻碍辩护人或者诉讼代理人依法行使诉讼权利时，而填制的侦查法律文书。它共三联，第一联存根统一保存备查，第二联附卷，第三联送被申诉、控告单位；具体内容和格式如上样式 84 所示：

十四、辩护律师要求当面听取其意见笔录

根据《刑事诉讼法》第 159 条，以及《检察规范》第 4・281 条、《检诉规则》第 288 条等规定，本笔录是指检方在职务犯罪侦查过程中，听取辩护律师意见时，而依法制作的侦查笔录。因此，制作时应注意以下问题：

1. 检察院侦查部门在第一次开始讯问犯罪嫌疑人或者对其采取强制措施的时候，应当告知犯罪嫌疑人有权委托辩护人，并告知其如果经济困难或者其他原因没有聘请辩护人的，可以申请法律援助。对于属于《刑事诉讼法》第 34 条规定情形的，应当告知犯罪嫌疑人有权获得法律援助。

2. 在侦查期间，犯罪嫌疑人只能委托律师作为辩护人；1 名犯罪嫌疑人可以委托 1～2 人作为辩护人。

3. 对于特别重大贿赂犯罪案件，犯罪嫌疑人被羁押或监视居住的，在侦查期间辩护律师会见犯罪嫌疑人的，应经检方许可。

4. 辩护律师向被害人或其近亲属、被害人提供的证人收集与本案有关的材料，向检察院提出申请的，检察院应在 7 日以内作出是否许可的决定，通知辩护律师。人民检察院没有许可的，应当书面说明理由。

5. 在检察院侦查过程中，辩护人提出要求听取其意见的，案件管理部门应当及时联系侦查部门对听取意见作出安排；辩护人提出书面意见的，案件管理部门应当及时移送侦查部门。

6. 辩护人认为其依法行使诉讼权利受到阻碍向检察院申诉或控告的，① 检察院应当在受理后10日以内进行审查，情况属实的，经检察长决定，通知有关机关或者本院有关部门、下级检察院予以纠正，并将处理情况书面答复提出申诉或控告的辩护人。

7. 辩护律师告知检察院其委托人或其他人员准备实施、正在实施危害国家安全、公共安全以及严重危及他人人身安全犯罪的，检察院应接受并立即移送有关机关依法处理；检察院应当为反映有关情况的辩护律师保密。

8. 检察院发现辩护人有帮助犯罪嫌疑人、被告人隐匿、毁灭、伪造证据或者串供，或者威胁、引诱证人作伪证以及其他干扰司法机关诉讼活动的行为，可能涉嫌犯罪的，经检察长批准，应当按照下列规定办理：①涉嫌犯罪属于公安机关管辖的，应将辩护人涉嫌犯罪的线索或者证据材料移送同级公安机关按照有关规定处理；②涉嫌犯罪属于检察院管辖的，应当报请上一级检察院立案侦查或由上一级检察院指定其他检察院立案侦查。上一级检察院不得指定办理辩护人所承办案件的检察院的下级检察院立案侦查。

9. 在案件侦查过程中，犯罪嫌疑人委托辩护律师的，检察人员可听取辩护律师的意见。既包括面对面的口头听取，也包括提交书面意见听取。

10. 辩护律师要求当面提出意见的，检察人员应当听取意见，并制作笔录附卷；辩护律师提出书面意见的，应当附卷。

11. 本笔录应由承办人（包括主办检察官、记录人）两人以上参加制作，辩护律师签字后，承办人应在将笔录认真审查一遍的基础上于笔录末尾签字确认，并注明时间。

12. 律师签名时应记明："以上笔录我已看过，记录属实"等确认语。如

---

① 例如，据2011年8月3日出版的《东莞日报》报道，2010年11月18日上午，作为东莞某公司的代理人，广东虎门律师事务所律师刘民杨来到东莞市第二人民法院虎门法庭，打算调取一宗已审结案件的案卷执行笔录。这份笔录与当天下午即将开庭的一起劳动争议仲裁案有关。刘通过与该案的书记员联系得知，该案案卷尚未归档，还在虎门法庭，要查阅案卷笔录需该庭法官邹某同意。刘向邹某出示了广东虎门律师事务所开具的调查专用证明原件、律师证的原件和复印件、委托书的原件等相关资料。在看了他提交的上述资料之后，邹某拒绝了刘民杨查看案卷笔录的要求。因为劳动争议仲裁案即将于当天下午开庭，而上述笔录对刘的委托人很重要，他再次向邹某提出查阅案卷笔录的要求，并提出不复印只看一下就行。这一次，邹某没有拒绝刘的要求，但提出，刘看笔录前先要向邹某做一个笔录，说明为什么要查阅笔录。刘没有答应这一要求。随后，邹某让一位法警取来摄像机，给刘摄像。邹某的这一举动让刘感到很吃惊。"对律师进行录像，这给律师调查带来严重影响。"刘在后来向东莞市第二法院提交的投诉书中写道。

有差错、遗漏，允许其更正补充。

13. 本笔录以一人一次为单位制作一份，制作完成后复印一份，正本装检察卷，附本存检察内卷；具体内容和格式如下样式 85 所示：

________人民检察院

听取辩护律师意见笔录

听取时间：____年____月____日____时____分。听取地点：____________________

听取人员姓名：____________________记录人员姓名：____________________

辩护律师姓名：______性别：____年龄：____民族：____住址：____________

执业证号码：____________执业律师事务所名称：__________地址：____________

__ 联系电话：____

辩护律师所提意见及其理由：______________________________________

听取人员的答复意见：____

“以上笔录向我读过（或我已看过），与我说的一样”。（须律师亲笔书写）________

____

辩护律师（亲自签名）：________________________________

听取人员（亲自签名）：____________记录人员（亲自签名）：______________

年　　月　　日

第　　页

样式 85：听取辩护律师意见笔录格式样本

十五、辩护人/诉讼代理人申诉、控告答复书

根据《刑事诉讼法》第 47 条规定，本文书系辩护人、诉讼代理人认为行使诉讼权利受到阻碍向检方申诉或者控告，检方答复时而填制的侦查法律文书。因此，它共三联，第一联存根统一保存备查，第二联附卷，第三联交申诉人、控告人；具体内容和格式如下样式 86 所示：

________人民检察院
辩护人/诉讼代理人
申诉/控告答复书
（存根）

检　辩/诉复〔　〕　号

案　　由：____________
案件编号：____________
犯罪嫌疑人：____________
性　　别：______ 年　　龄：______
申诉人/控告人：____________
工作单位：____________
被申诉/控告单位：____________
申诉/控告事由：____________
批 准 人：____________
承 办 人：____________
填 发 人：____________
填发时间：____________

第一联统一保存

________人民检察院
辩护人/诉讼代理人
申诉/控告答复书
（副本）

检　辩/诉复〔　〕　号

________：

你对______存在____情形的申诉/控告已收悉。经调查，现将处理情况答复如下：______的行为，属于____（是否违反刑事诉讼法的规定以及是否已经依法通知其纠正）。

（××人民检察院名章）
年　　月　　日

本答复书已收到。
申诉人/控告人（亲自签名）：________
年　月　日

第二联附卷

________人民检察院
辩护人/诉讼代理人
申诉/控告答复书

检　辩/诉复〔　〕　号

________：

你对______存在____情形的申诉/控告已收悉。经调查，现将处理情况答复如下：______的行为，属于____（是否违反刑事诉讼法的规定以及是否已经依法通知其纠正）。

（××人民检察院名章）
年　　月　　日

第三联交申诉、控告人

样式86：辩护人/诉讼代理人申诉、控告答复书格式样本

第九章　强制措施文书的填制要领与格式

第一节　强制措施文书概述

一、强制措施文书

所谓强制措施文书，是指检方在职务犯罪侦查过程中，依法适用各种强制措施时，而依法填制的侦查文书的总和。因此，它包括两类：一类是通用强制措施文书，又包括：报请许可采取强制措施报告书，采取强制措施审批表，变更（撤销）强制措施审查表，提请变更（撤销）强制措施报告，同意变更（撤销）强制措施通知书，不同意变更（撤销）强制措施通知书，撤销强制措施决定书、通知书等。另一类是特殊强制措施文书，又包括：追诉、拘传、取保候审、监视居住、拘留、逮捕、羁押及其羁押期限文书等；而每种强制措施文书，又包括许多具体的强制措施文书。与此同时，强制措施文书既包括侦查法律文书、侦查工作文书、侦查笔录和侦查公文 4 种，也包括填充式和叙述式侦查文书两类。

而实践中在填制强制措施文书时，除应遵循《刑事诉讼法》、《引渡法》，以及《六部委规定》、高检院、公安部《关于适用刑事强制措施有关问题的规定》（2000 年 8 月 28 日）外，更要遵循《检诉规则》、《检察规范》中有关强制措施的规定，以及《文书样本》规定。

二、通用强制措施文书

（一）采取强制措施审批表

根据《刑事诉讼法》第 64 条、第 132 条和《检诉规则》第 4 条、第 163 条规定，本表是检方侦查部门根据案件情况，需要对犯罪嫌疑人采取强制措施而报请检察长批准时，所填制的侦查工作文书。因此，填制时应注意以下问题：

1. 要了解并掌握采取强制措施的条件、程序。

2. 经过领导签批的本文书，是填制拘传证、取保候审决定书、监视居住决定书、拘留决定书或变更强制措施决定书、通知书的依据，也是检察机关加强内部监督制约机制，保障公民的合法权益不受侵犯的重要体现。换言之，本文书包括采取传唤、拘传、取保候审、监视居住、拘留、逮捕强制措施审批表6种。

3. 本文书属于填充式强制措施工作文书，载明犯罪嫌疑人基本情况、案情简况及采取强制措施的理由。由案件承办人提出，部门负责人签署审核意见后，报检察长审批；批准后填制相应的强制措施法律文书。

4. 本文书以人为单位填制一式一份，存检察内卷；具体内容和格式如下样式87所示：

人民检察院

采取（　　）强制措施审批表

检　审强〔　　〕号

<table>
<tr><td>案由</td><td></td><td>立案时间</td><td colspan="6"></td></tr>
<tr><td rowspan="4">犯罪嫌疑人基本情况</td><td>姓名</td><td>性别</td><td></td><td>年龄</td><td></td><td>民族</td><td colspan="2"></td></tr>
<tr><td>籍贯</td><td>政治面貌</td><td></td><td>文化程度</td><td></td><td>人大代表或政协委员</td><td colspan="2"></td></tr>
<tr><td>工作单位、职务</td><td colspan="7"></td></tr>
<tr><td>家庭住址</td><td colspan="7"></td></tr>
<tr><td>简要案情及采取强制措施的理由</td><td colspan="8"></td></tr>
<tr><td>承办人意见</td><td colspan="8">年　月　日</td></tr>
<tr><td>部门负责人意见</td><td colspan="8">年　月　日</td></tr>
<tr><td>检察长批示</td><td colspan="8">年　月　日</td></tr>
</table>

样式87：采取强制措施审批表格式样本

（二）报请许可采取强制措施报告书

根据《中华人民共和国全国人民代表大会和地方各级人民代表大会代表法》（2010 年 10 月 28 日修正，以下简称《代表法》）第 32 条规定，本文书为检方在职务犯罪侦查过程中，对涉嫌犯罪的县级以上的各级人大代表（或政协委员）采取逮捕、监视居住、取保候审、拘传等限制人身自由的强制措施，报请同级人大主席团或常委会、政协党组许可时，而填制的侦查法律文书。因此，填制时应注意以下问题：

1. 它以拟被采取强制措施的人大代表人次为单位制作。即对于同一个系人大代表的犯罪嫌疑人，每一次拟采取强制措施均应单独制作报请许可采取强制措施报告书；一次对多个系人大代表的犯罪嫌疑人决定拘留的，应当对每一个犯罪嫌疑人均单独制作拘留人大代表报告书。但本文书并不适用于对人大代表的拘留。

2. 根据中央政法委《关于对政协委员采取刑事拘留、逮捕强制措施应当向所在政协党组通报情况的通知》（1996 年 7 月 8 日）和《检察规范》第 5 · 27 条（即批准逮捕担任政协委员的犯罪嫌疑人，应当事前向其所属的政协组织通报情况；情况紧急的，可以在批准逮捕的同时或者事后及时通报）规定，对政协委员采取强制措施时，也可适用本文书。其中，该通知规定，对有犯罪嫌疑的政协委员采取刑事拘留、逮捕措施前，应该委员所在的政协党组通报情况，情况紧急的，可同时或事后及时通报。因此，实践中既可能是对政协委员采取拘留，逮捕措施前通报，也可能是采取措施时或采取措施后通报。文书中用语应当明确，写清楚是否已对该政协委员采取措施：（1）在采取拘留或逮捕措施前通报情况的，文书中应填写为“犯罪嫌疑人×××因涉嫌××，根据《中华人民共和国刑事诉讼法》第××条的规定，依法应对其采取拘留（或逮捕）措施，因该犯罪嫌疑人系×××政协委员，特此通报”；（2）因情况紧急，在采取措施的同时通报情况的，应填写为“犯罪嫌疑人×××因涉嫌××，根据《中华人民共和国刑事诉讼法》第××条的规定，正对其采取拘留（逮捕）措施，因该犯罪嫌疑人系××政协委员，特此通报”；（3）因情况紧急，在采取措施后通报情况的，应填写为“犯罪嫌疑人×××因涉嫌××，根据《中华人民共和国刑事诉讼法》第××条的规定，已对其采取拘留（或逮捕）措施，因该犯罪嫌疑人系××政协委员，特此通报”；（4）在批准逮捕前通报情况的，应填写为“犯罪嫌疑人×××因涉嫌××，根据《中华人民共和国刑事诉讼法》第××条、第××条的规定，×××公安局（国家安全局等）提请批准逮捕犯罪嫌疑人×××，本院经审查认为应当依法批准逮捕，因该犯罪嫌疑人系××政协委员，特此通报”；(5) 因情况紧急，在批准逮捕后通报情况的，应填写为“犯罪嫌疑人×××因涉嫌××，根据《中华人民共和国刑事诉讼法》第66条、第68条的规定，×××公安局（国家安全局等）提请批准逮捕犯罪嫌疑人×××，本院经审查后已经批准逮捕，送达公安机关执行，因该犯罪嫌疑人系××政协委员，特此通报”。

3. 在第二联和第三联中报请的对象应当按照如下方式填写：①县级以上的各级人大代表开会期间，应当向本级人大主席团报请；②在本级人大闭会期间，应当向本级人大常委会报请；③乡、民族乡、镇的人大代表，如果被逮捕、受刑事审判或者被采取法律规定的其他限制人身自由的措施，执行机关应当立即报告乡、民族乡、镇的人民代表大会。

4. 在第二联和第三联中，“逮捕（监视居住、取保候审、拘传）”，应当根据法律规定选择一种，并用斜线划去不用的选项。

5. 填制时，依据决定采取的强制措施，填写相应的法律适用条文，并应附有案件情况报告。

6. 它共三联，第一联统一保存备查；第二联附卷，拟决定对人大代表采取强制措施的检察院委托该人大代表所属的人民代表大会同级的检察院报请许可的，受委托报请许可的检察院应当将本文书第二联复印一份送交拟决定采取强制措施的检察院；第三联报送人大主席团或常委会；

7. 三联之间的骑缝线上有本文书文号，应当按照本文书第三联中文号的填写方法予以填写；具体内容和格式如下样式88所示：

________人民检察院
报请许可采取强制措施
报告书
（存根）

检 强许〔　〕号

案由：________________

犯罪嫌疑人：______性别：__年龄：__

工作单位：________________

住址：________________

身份证号码：________________

犯罪嫌疑人：________人大代表。

采取强制措施时间：________________

执行处所：________________

批准人：________________

承办人：________________

填发人：________________

填发时间：________________

第一联统一保存

________人民检察院
报请许可采取强制措施
报告书
（副本）

检 强许〔　〕号

________：

犯罪嫌疑人________因涉嫌________，根据《中华人民共和国刑事诉讼法》第________条的规定，应当依法逮捕（监视居住、取保候审、拘传）。因该犯罪嫌疑人系本届人大代表，根据《中华人民共和国全国人民代表大会和地方各级人民代表大会代表法》第三十二条的规定，特提请许可。

（××人民检察院名章）

年　月　日

附：案件情况报告

第二联附卷

________人民检察院
报请许可采取强制措施
报告书

检 强许〔　〕号

________：

犯罪嫌疑人______因涉嫌______，根据《中华人民共和国刑事诉讼法》第____条的规定，应当依法逮捕（监视居住、取保候审、拘传）。因该犯罪嫌疑人系本届人大代表，根据《中华人民共和国全国人民代表大会和地方各级人民代表大会代表法》第三十二条的规定，特提请许可。

（××人民检察院名章）

年　月　日

第三联报送人大主席团或常委会

样式88：报请许可采取强制措施报告书格式样本

（三）变更（撤销）强制措施审查表

根据《刑事诉讼法》第94条、第95条和《检诉规则》第4条规定，本表是检方根据案件情况，需要对已经采取强制措施的犯罪嫌疑人撤销、变更强制措施报请检察长批准时，而填制的侦查工作文书。因此，填制时应注意以下问题：

1. 它为多项选择填充式侦查工作文书。栏头上的“撤销”、“变更”可根据需要选择。如是变更强制措施，就将“撤销”二字划掉，“强制措施”前的空格由承办人根据需要分别填写为拘传、拘留、逮捕、监视居住、取保候审。

2. 它是承办人报请领导批准变更、撤销强制措施的侦查工作文书，不能代替变更、撤销强制措施决定书或释放证。经领导批准同意变更、撤销强制措施的，承办人应据此审批表另行填制变更（撤销）相应强制措施的决定书，向被采取强制措施的人宣布，并由其在决定书上签名。

3. 制成后，连同有关采取强制措施的法律文书和工作文书层报检察长审批，批准后填写相应的文书。

4. 它以人为单位填制一式一份，存检察内卷备查；具体内容和格式如下样式89所示：

（四）提请变更（撤销）强制措施报告

根据《检诉规则》第7条规定，本文书为上级检察院对犯罪嫌疑人采取强制措施后，下级检察院在办案中发现对犯罪嫌疑人采取强制措施不当或犯罪嫌疑人被采取强制措施后，根据有关法律规定可变更（撤销）强制措施时，下级检察院依法报请上级检察院批准同意变更（撤销）强制措施时，所填制的侦查工作文书。因此，它共三联，第一联和第二联附卷，第三联连同变更（撤销）强制措施的原因及法律依据送达上级检察院；具体内容和格式如下样式90所示：

（五）同意变更（撤销）强制措施通知书

根据《检诉规则》第7条规定，本文书为上级检察院答复同意下级检察院提请变更（撤销）强制措施的意见时，而填制的侦查工作文书。因此，它共三联，第一联和第二联附卷，第三联送达下级检察院；具体内容和格式如下样式91所示：

______人民检察院
变更（撤销）强制措施审查表

<table>
<tr><td>提请部门</td><td colspan="5"></td><td>提请时间</td><td></td></tr>
<tr><td>犯罪嫌疑人姓名</td><td></td><td>涉嫌罪名</td><td></td><td>批捕时间</td><td></td><td>执行逮捕时间</td><td></td></tr>
<tr><td>主要案情</td><td colspan="7"></td></tr>
<tr><td>变更（撤销）原因</td><td colspan="7"></td></tr>
<tr><td>承办人意见</td><td colspan="7">年　月　日</td></tr>
<tr><td>部门负责人意见</td><td colspan="7">年　月　日</td></tr>
<tr><td>检察长批示</td><td colspan="7">年　月　日</td></tr>
<tr><td>处理结果</td><td colspan="7"></td></tr>
</table>

样式89：变更（撤销）强制措施审查表格式样本

______人民检察院
提请变更（撤销）
强制措施报告
（存根）

检强〔 〕号

案由：______
犯罪嫌疑人：______
批准逮捕决定书文号：______
批准机关：______
变更（撤销）强制措施的理由：______
送达机关：______
批准人：______
承办人：______
填发人：______
填发时间：______

第一联附卷

______人民检察院
提请变更（撤销）
强制措施报告
（副本）

检强〔 〕号

______：

你院____年____月____日以____号决定逮捕的犯罪嫌疑人____，经审查认为：______，拟变更（撤销）对犯罪嫌疑人______的______强制措施。根据《检诉规则》第一百一十八条的规定，特提请你院批准同意。

（××人民检察院名章）
年 月 日

第二联附卷

______人民检察院
提请变更（撤销）
强制措施报告

检强〔 〕号

______：

你院____年____月____日以____号决定逮捕的犯罪嫌疑人____，经审查认为：______，拟变更（撤销）对犯罪嫌疑人的____强制措施。根据《检诉规则》第一百一十八条的规定，特提请你院批准同意。

（××人民检察院名章）
年 月 日

第三联送达上级检察院

样式90：提请变更（撤销）强制措施报告格式样本

________人民检察院
同意变更（撤销）
强制措施通知书
（存根）

检强〔 〕号

案由：________
犯罪嫌疑人：________
批准逮捕决定书文号：________
提请机关：________
提请变更（撤销）强制措施理由：________
同意变更（撤销）强制措施理由：________
送达机关：________
批准人：________
承办人：________
填发人：________
填发时间：________

第一联统一保存

________人民检察院
同意变更（撤销）
强制措施通知书
（副本）

检强〔 〕号

________：

你院于____年____月____日提请变更（撤销）我院____年____月____日以______号对犯罪嫌疑人______的____强制措施。经我院审查，同意你院变更（撤销）犯罪嫌疑人________强制措施的意见。

（××人民检察院名章）
年　月　日

第二联附卷

________人民检察院
同意变更（撤销）
强制措施通知书

检强〔 〕号

________人民检察院：

你院于____年____月____日提请变更（撤销）我院________年____月____日以____号对犯罪嫌疑人____的____强制措施。经我院审查，同意你院变更（撤销）犯罪嫌疑人____强制措施的意见。

（××人民检察院名章）
年　月　日

第三联送达下级检察院

样式91：同意变更（撤销）强制措施通知书格式样本

________人民检察院
不同意变更（撤销）
强制措施通知书
（存根）

检 强〔　　〕号

案由：________
犯罪嫌疑人：________
批准逮捕决定书文号：________
报请机关：________
变更（撤销）的理由：________
不同意变更（撤销）强制措施的理由：
____

送达机关：________
批准人：________
承办人：________
填发人：________
填发时间：________

第一联附卷

________人民检察院
不同意变更（撤销）
强制措施通知书
（副本）

检 强〔　　〕号

________：

你院于____年____月____日提请变更（撤销）我院____年____月____日以____号对犯罪嫌疑人____的____决定。经我院审查，不同意你院变更（撤销）犯罪嫌疑人____强制措施的意见。

（××人民检察院名章）
年　月　日

第二联附卷

________人民检察院
不同意变更（撤销）
强制措施通知书

检 强〔　　〕号

________：

你院于____年____月____日提请变更（撤销）我院____年____月____日以____号对犯罪嫌疑人____的____决定。经我院审查，不同意你院变更（撤销）犯罪嫌疑人____强制措施的意见。

（××人民检察院名章）
年　月　日

第三联送达下级检察院

样式92：不同意变更（撤销）强制措施通知书格式样本

（六）不同意变更（撤销）强制措施通知书

根据《检诉规则》第 7 条规定，本文书为上级检察院答复不同意下级检察院提请变更（撤销）强制措施的意见时，而填制的侦查工作文书。因此，它共三联，第一联和第二联附卷，第三联送达下级检察院；具体内容和格式如上样式 92 所示：

（七）撤销强制措施决定书、通知书

根据《刑事诉讼法》第 94 条规定，本文书为检方对犯罪嫌疑人采取强制措施后，发现强制措施不当，依法决定撤销该强制措施时，而填制的侦查法律文书。因此，填制时应注意以下问题：

1. 它依据已批准生效的撤销、变更强制措施审批表而填制，是检察机关对犯罪嫌疑人决定撤销强制措施的凭证文书，也是通知执行机关的法律依据，有利于切实保护相关当事人的合法权益。其中，采取强制措施不当：①对不应采取任何强制措施的犯罪嫌疑人采取了强制措施；②对犯罪嫌疑人应采取其他种类的强制措施但却采取了这种强制措施。

2. 应当以被撤销强制措施的人次为单位制作，即对于同一个犯罪嫌疑人，每一次撤销强制措施时均应单独制作撤销强制措施决定书、通知书；一次对多名犯罪嫌疑人撤销强制措施的，应当对每一个犯罪嫌疑人均单独制作撤销强制措施决定书、通知书。

3. 侦查部门应将决定、变更、撤销强制措施的情况书面通知本院监所检察部门。变更或撤销由上级检察院决定的逮捕措施时，应报请原决定逮捕的检察院同意。

4. 对于取保候审和监视居住的执行机关，应填写公安机关名称；对于拘留和逮捕的执行机关，应填写看守所名称。

5. 如犯罪嫌疑人已被拘留或逮捕的，填制本文书通知看守所即可，不必再行填制决定释放通知书。

6. 它共五联：第一联为存根，统一保存备查；第二联附卷；第三联送达犯罪嫌疑人；第四联送达执行机关；第五联为执行回执，由执行机关退回后附卷，划线处填写犯罪嫌疑人于何时被释放或者变更为何种强制措施；具体内容和格式如下样式 93 所示：

________人民检察院
撤销强制措施决定、通知书
（存根）

检　撤强〔　　〕　号

案由：________________
犯罪嫌疑人基本情况：________________
执行机关：________________
强制措施种类：________________
撤销原因：________________
批准人：________________
承办人：________________
填发人：________________
填发时间：________________

第一联统一保存

________人民检察院
撤销强制措施决定书
（副本）

检　撤强〔　　〕　号

________：

根据《中华人民共和国刑事诉讼法》第九十四条的规定，本院决定撤销对你________的决定。

（××人民检察院名章）
年　月　日

第二联附卷

________人民检察院 撤销强制措施决定书

检　撤强〔　　〕号

________：

根据《中华人民共和国刑事诉讼法》第九十四条的规定，本院决定撤销对你________的决定。

（××人民检察院名章）
年　月　日

第三联送达犯罪嫌疑人

________人民检察院 撤销强制措施通知书

检　撤强〔　　〕　号

________：（公安机关）

________院____年____月____日决定对涉嫌__________的犯罪嫌疑人____采取________措施，根据《中华人民共和国刑事诉讼法》第九十四条的规定，现决定撤销对其________的决定。请依法立即执行，并在三日内将执行情况通知本院。

特此通知。

（××人民检察院名章）
年　月　日

第四联送达执行机关

________人民检察院 撤销强制措施通知书

（回执）

________人民检察院：

你院____年____月____日____号文书决定撤销对涉嫌________犯罪的犯罪嫌疑人____决定，根据《中华人民共和国刑事诉讼法》第九十四条的规定，现将执行情况通知如下：（犯罪嫌疑人____已于____年____月____日释放或者变更为________）。

特此通知。

（××侦查机关名章）
年　月　日

第五联侦查机关退回后附卷

样式93：撤销强制措施决定书、通知书格式样本

第二节　追诉、拘传文书的填制要领与格式

一、追诉文书

（一）概述

所谓追诉文书，是指检方依法进行追诉时，而依法填制的侦查文书的总和。常见的有：报请核准追诉案件报告书、追诉文书包括核准追诉决定书、不予核准追诉决定书等。而根据《刑法》第87条第4项、《刑事诉讼法》第18条第2款，特别是《检诉规则》、《检察规范》规定，填制追诉文书时，应遵循以下法律规定：

1. 法定最高刑为无期徒刑、死刑的犯罪，已过20年追诉期限的，不再追诉；如果认为必须追诉的，须报请高检院核准。

2. 须报请高检院核准追诉的案件，侦查机关在核准之前可以依法对犯罪嫌疑人采取强制措施；侦查机关报请核准追诉并提请逮捕犯罪嫌疑人，检察院经审查认为必须追诉而且符合法定逮捕条件的，可以依法批准逮捕，同时要求侦查机关在报请核准追诉期间不得停止对案件的侦查。

3. 报请核准追诉的案件应当同时符合下列条件：有证据证明存在犯罪事实，且犯罪事实是犯罪嫌疑人实施的；涉嫌犯罪的行为应当适用的法定量刑幅度的最高刑为无期徒刑或者死刑的；涉嫌犯罪的性质、情节和后果特别严重，虽然已过20年追诉期限，但社会危害性和影响依然存在，不追诉会严重影响社会稳定或者产生其他严重后果，而必须追诉的；犯罪嫌疑人能够及时到案接受追诉的。

4. 侦查机关报请核准追诉的案件，由同级检察院受理并层报高检院审查决定。地方各级检察院对侦查机关报请核准追诉的案件，应当及时进行审查并开展必要的调查，经检委会审议提出是否同意核准追诉的意见，在受理案件后10日以内制作报请核准追诉案件报告书，连同案件材料一并层报高检院。

5. 高检院收到省级检察院报送的报请核准追诉案件报告书及案件材料后，应当及时审查，必要时派人到案发地了解案件有关情况。经检察长批准或者检委会审议，应当在受理案件后一个月以内作出是否核准追诉的决定，特殊情况下可以延长15日，并制作核准追诉决定书或者不予核准追诉决定书，逐级下达最初受理案件的检察院，送达报请核准追诉的侦查机关。

(二) 核准追诉决定书

根据《刑法》第87条第4项、《检诉规则》第355条规定，本文书为高检院对报请核准追诉的案件决定予以核准时，而填制的侦查法律文书。因此，它为打印式文书，除一份正本送达报请核准追诉的省级检察院外，还应当将副本抄送移送案件的侦查机关和相关检察院，并存档各一份；具体内容和格式如下样式94所示：

最高人民检察院核准追诉决定书

高检院　　核准追诉字〔　〕号

××人民检察院（报请核准追诉的省级人民检察院）：

你院以××号文书报请核准追诉的犯罪嫌疑人×××（犯罪嫌疑人姓名）涉嫌××（罪名）一案，本院经审查认为，……（概括论述犯罪嫌疑人涉嫌犯罪的行为），其行为触犯了《中华人民共和国刑法》第××条的规定，涉嫌××罪，法定最高刑为无期徒刑（死刑），虽然已超过追诉期限，但……（围绕追诉必要性，概括论述社会危害、法定酌定情节、社会影响等），必须追诉。根据《中华人民共和国刑法》第八十七条第四项的规定（对发生在1997年10月1日之前的犯罪决定核准追诉的，根据1979年《中华人民共和国刑法》第七十六条第四项的规定），决定对犯罪嫌疑人×××予以核准追诉。

（最高人民检察院名章）

年　月　日

样式94：核准追诉决定书格式样本

（三）不予核准追诉决定书

根据《刑法》第87条第4项、《检诉规则》第355条规定，本文书为高检院对报请核准追诉的案件决定不予核准追诉时，而填制的侦查法律文书。因此，它为打印式文书，除一份正本送达报请核准追诉的省级检察院外，还应当将副本抄送移送案件的侦查机关和相关检察院，并存档各一份；具体内容和格式如下样式95所示：

最高人民检察院不予核准追诉决定书

高检院　　不核准追诉字〔　　〕号

××人民检察院（报请核准追诉的省级人民检察院）：

你院以××号文书报请核准追诉的犯罪嫌疑人×××（犯罪嫌疑人姓名）涉嫌××（罪名）一案，本院经审查认为……（根据案件情况和《最高人民检察院关于办理核准追诉案件若干问题的规定》第四条规定的核准追诉条件，概括写明不予核准追诉的理由）。根据《中华人民共和国刑法》第八十七条第四项的规定（对发生在1997年10月1日之前的犯罪决定不予核准追诉的，根据1979年《中华人民共和国刑法》第七十六条第四项的规定），决定对犯罪嫌疑人×××不予核准追诉。

（最高人民检察院名章）

年　月　日

样式95：不予核准追诉决定书格式样本

二、拘传文书

（一）概述

所谓拘传文书，是指检方在职务犯罪侦查过程中依法适用拘传措施时，依法填制的侦查文书的总和。常见的有拘传证等。而根据《刑事诉讼法》特别是《检察规范》、《检诉规则》规定，填制时应遵循以下法律规定：

1. 检察院根据案件情况，对犯罪嫌疑人可以拘传；拘传应当经检察长批准，签发拘传证。

2. 拘传时，应当向被拘传的犯罪嫌疑人出示拘传证；对抗拒拘传的，可以使用械具，强制到案；执行拘传的人员不得少于两人。

3. 拘传持续的时间从犯罪嫌疑人到案时开始计算。犯罪嫌疑人到案后，应当责令其在拘传证上填写到案时间，并在拘传证上签名、捺指印或者盖章，然后立即讯问；讯问结束后，应当责令犯罪嫌疑人在拘传证上填写讯问结束时间；犯罪嫌疑人拒绝填写的，检察人员应当在拘传证上注明。

4. 一次拘传持续的时间不得超过 12 小时；案情特别重大、复杂，需要采取拘留、逮捕措施的，拘传持续的时间不得超过 24 小时。

5. 检察院拘传犯罪嫌疑人，应当在犯罪嫌疑人所在市、县内的地点进行；犯罪嫌疑人的工作单位与居住地不在同一市、县的，拘传应当在犯罪嫌疑人的工作单位所在的市、县进行；特殊情况下，也可以在犯罪嫌疑人居住地所在的市、县内进行。

6. 需要对被拘传的犯罪嫌疑人变更强制措施的，应经检察长或检委会决定，在拘传期限内办理变更手续。

（二）拘传证

根据《刑事诉讼法》第 64 条规定，本文书为检方依法对犯罪嫌疑人进行拘传时，而填制的侦查法律文书。因此，填制时应注意以下问题：

1. 填制时由检察长签名或盖章并加盖检察院印章。

2. 犯罪嫌疑人到案后，应责令其在拘传证上填写到案时间；讯问结束后，填写讯问结束时间，并签名或者盖章。犯罪嫌疑人拒绝填写的，检察人员应在拘传证上注明。

3. 共两联，第一联统一保存备查，第二联由被拘传人填写时间并签字或盖章后附卷；具体内容和格式如下样式 96 所示：

________人民检察院
拘传证
（存根）

检 拘传〔　〕　号

案由：____________________

犯罪嫌疑人基本情况（姓名、性别、年龄、工作单位、住址、身份证号码、是否人大代表、政协委员）：____________

承办人：____________________

填发人：____________________

填发时间：____________________

执行时间：____________________

第一联统一保存

________人民检察院
拘传证

检　拘传〔　〕　号

根据《中华人民共和国刑事诉讼法》第六十四条的规定，兹派本院工作人员__________对犯罪嫌疑人________予以拘传。

（××检察长名章）
年　月　日
（××人民检察院名章）

到案时间：____年____月____日____时____分

讯问结束时间：____年____月____日____时____分

被拘传人（亲自签名）：____________________

宣 告 人（亲自签名）：____________________

第二联在拘传讯问后附卷

样式96：拘传证格式样本

第三节　取保候审文书的填制要领与格式

一、取保候审文书

所谓取保候审文书，是指检方在职务犯罪侦查过程中依法适用取保候审时，依法填制的侦查文书的总和。常见的有：取保候审决定书、执行通知书，保证书，解除取保候审决定书、通知书等。而根据《刑事诉讼法》特别是《检察规范》、《检诉规则》规定，填制时应遵循以下法律规定：

1. 检察院对于有下列情形之一的犯罪嫌疑人，可以取保候审：可能判处管制、拘役或者独立适用附加刑的；可能判处有期徒刑以上刑罚，采取取保候审不致发生社会危险性的；患有严重疾病、生活不能自理，怀孕或者正在哺乳自己婴儿的妇女，采取取保候审不致发生社会危险性的；犯罪嫌疑人羁押期限届满，案件尚未办结，需要取保候审的。

2. 被羁押或者监视居住的犯罪嫌疑人及其法定代理人、近亲属或者辩护人申请取保候审，经审查具有《检诉规则》第 83 条规定情形之一的，经检察长决定，可以对犯罪嫌疑人取保候审。

3. 被羁押或者监视居住的犯罪嫌疑人及其法定代理人、近亲属或者辩护人向检察院申请取保候审，检察院应在 3 日以内作出是否同意的答复。经审查不符合取保候审条件的，应当告知申请人，并说明不同意取保候审的理由。

4. 检察院决定对犯罪嫌疑人取保候审，应当责令犯罪嫌疑人提出保证人或者交纳保证金；采取保证人担保方式的，保证人应当符合《刑事诉讼法》第 67 条规定的条件，并经检察院审查同意。

5. 检察院决定对犯罪嫌疑人取保候审的，应当制作取保候审决定书，载明取保候审的期间、担保方式、被取保候审人应当履行的义务和应当遵守的规定。检察院作出取保候审决定时，可以根据犯罪嫌疑人涉嫌犯罪性质、危害后果、社会影响，犯罪嫌疑人、被害人的具体情况等，有针对性地责令其遵守以下一项或者多项规定：不得进入特定的场所；不得与特定的人员会见或者通信；不得从事特定的活动；将护照等出入境证件、驾驶证件交执行机关保存。检察院应当向取保候审的犯罪嫌疑人宣读取保候审决定书，由犯罪嫌疑人签名、捺指印或者盖章，并责令犯罪嫌疑人遵守《刑事诉讼法》第 69 条的规定，告知其违反规定应负的法律责任。

6. 向犯罪嫌疑人宣布取保候审决定后，检察院应当将执行取保候审通知书送达公安机关执行，并告知公安机关在执行期间拟批准犯罪嫌疑人离开所居住的市、县的，应当征得检察院同意。

7. 公安机关在执行取保候审期间向检察院征询是否同意批准犯罪嫌疑人离开所居住的市、县时，检察院应当根据案件的具体情况及时作出决定，并通知公安机关。

8. 检察院发现保证人没有履行《刑事诉讼法》第68条的规定的义务，应当通知公安机关，要求公安机关对保证人作出罚款决定。构成犯罪的，依法追究保证人的刑事责任。

9. 检察院发现犯罪嫌疑人违反《刑事诉讼法》第69条的规定，已交纳保证金的，应当书面通知公安机关没收部分或者全部保证金，并且根据案件的具体情况，责令犯罪嫌疑人具结悔过，重新交纳保证金、提出保证人或者决定监视居住、予以逮捕。

10. 取保候审期限届满或者发现不应当追究犯罪嫌疑人的刑事责任的，应当及时解除或者撤销取保候审；解除或者撤销取保候审，应当由办案人员提出意见，部门负责人审核，检察长决定；解除或者撤销取保候审的决定，应当及时通知执行机关，并将解除或者撤销取保候审的决定书送达犯罪嫌疑人；有保证人的，应当通知保证人解除保证义务。

11. 犯罪嫌疑人及其法定代理人、近亲属或者辩护人认为取保候审期限届满，向检察院提出解除取保候审要求的，检察院应当在3日以内审查决定。经审查认为法定期限届满的，经检察长批准后，解除取保候审；经审查未超过法定期限的，书面答复申请人。

二、取保候审决定书、执行通知书

根据《刑事诉讼法》第65条规定，本文书为检方对犯罪嫌疑人依法决定取保候审时，而填制的侦查法律文书。因此，填制时应注意以下问题：

1. 应当以被取保候审的人次为单位制作，即对于同一个犯罪嫌疑人，每一次决定采取取保候审时均应单独制作本文书；一次对多名犯罪嫌疑人决定取保候审的，应当对每一个犯罪嫌疑人均单独制作本文书。

2. 对犯罪嫌疑人取保候审，应由办案人员提出意见，部门负责人审核，检察长决定。向犯罪嫌疑人宣布取保候审决定后，检察院应当将取保候审执行通知书送达公安机关执行，并告知公安机关在执行期间拟批准犯罪嫌疑人离开所居住的市、县的，应当征得检察院同意。

3. 被羁押的犯罪嫌疑人及其法定代理人、近亲属和委托律师申请取保候审，经审查符合取保候审条件的，经检察长决定，可以对犯罪嫌疑人取保候审并制作本文书。经审查不符合取保候审条件的，应当告知申请人，并说明不同意取保候审的理由。

4. 根据两高、公安部、国家安全部《关于取保候审若干问题的规定》(1999 年 10 月 1 日）规定，本文书中的保证人姓名和保证金数额应当根据实际情况选择适用。采取保证金形式取保候审的，保证金的起点数额为 1000 元人民币。

5. 本文书应向犯罪嫌疑人宣告，并由其签名或盖章，同时，宣读并责令其遵守《刑事诉讼法》第 69 条的规定，告知其违反规定应负的法律责任。

6. 共三联，第一联统一保存备查，第二联向被取保候审人宣告后附卷，第三联送达执行机关；本文书三联之间的骑缝线上均有本文书文号，应当按照本文书第二联中文号的填写方法予以填写；具体内容和格式如下样式 97 所示：

三、保证书

根据《刑事诉讼法》第 66 条、第 68 条规定，本文书为检方对犯罪嫌疑人依法采取取保候审，保证人向检方保证履行保证义务时，而填制的侦查法律文书。因此，填制时应注意以下问题：

1. 应当以被取保候审的人次为单位制作；使用本文书时，应当向保证人告知其应履行的义务；保证人保证承担法定义务后，应当在保证书上签名或者盖章。

2. 以保证人方式担保的，应当将取保候审保证书同时送达公安机关。

3. 使用本文书时应向保证人告知其应履行的义务。保证人保证承担法律规定的义务后，应当在保证书上签名或者盖章。

4. 共四联，第一联统一保存备查，第二联附卷，第三联送达执行机关，第四联送达保证人；四联之间的骑缝线上均有本文书文号，应当按照本文书第四联中文号的填写方法予以填写；具体内容和格式如下样式 98 所示：

________人民检察院
取保候审决定书
（存根）

检保〔　〕　号

案由：________________

犯罪嫌疑人基本情况（姓名、性别、年龄、工作单位、住址、身份证号码、是否人大代表、政协委员）：________

保证人（保证金数额大写）：________

执行机关：________________

批准人：________________

承办人：________________

填发人：________________

填发时间：________________

第一联统一保存

________人民检察院
取保候审决定书
（副本）

检保〔　〕　号

犯罪嫌疑人________因涉嫌________，根据《中华人民共和国刑事诉讼法》第六十五条的规定，本院决定对其取保候审，由保证人________担保（由犯罪嫌疑人交纳保证金________元），期限从________年____月____日起算，并由________执行。犯罪嫌疑人在取保候审期间应当遵守《中华人民共和国刑事诉讼法》第六十九条的规定。

（××人民检察院名章）

年　月　日

此决定已于____年____月____日向我宣布（由犯罪嫌疑人亲自书写）。

犯罪嫌疑人（亲自签名）：______

宣告人：______________

第一联统一保存

________人民检察院
取保候审执行通知书

检保〔　〕　号

犯罪嫌疑人________因涉嫌________，根据《中华人民共和国刑事诉讼法》第六十五条的规定，本院决定对其取保候审，保证人____已向本院出具保证书（犯罪嫌疑人已交纳保证金________元），期限从____年____月____日起算。

此致

（××人民检察院名章）

年　月　日

犯罪嫌疑人：________性别：______

年龄：________工作单位：________

住址：________

第三联送达执行机关

样式97：取保候审决定书、执行通知书格式样本

保 证 书

（存根）

检 保书〔　　〕　号

案由：________________

犯罪嫌疑人：________________

保证人：______性别：____年龄：____住址：________

与犯罪嫌疑人关系：________________

保证日期：________________

批准人：________________

承办人：________________

填发人：________________

填发时间：________________

第一联统一保存

保 证 书

（副本）

检 保书〔　　〕　号

我住在________，在________工作，与被保证人______是________关系，我于____年____月____日向________人民检察院自愿做如下保证：严格履行《中华人民共和国刑事诉讼法》第六十八条规定的义务，监督被保证人遵守《中华人民共和国刑事诉讼法》第六十九条的规定。

本人未履行保证义务的，愿承担法律责任。

此致

________人民检察院

保证人（亲自签名）：________

年　月　日

第二联附卷

保 证 书

检保书〔 〕 号

我住在________，在______工作，与被保证人________是____关系，我于____年____月____日向________人民检察院自愿做如下保证：严格履行《中华人民共和国刑事诉讼法》第六十八条规定的义务，监督被保证人遵守《中华人民共和国刑事诉讼法》第六十九条的规定。

本人未履行保证义务的，愿承担法律责任。

此致

________人民检察院

保证人（亲自签名）：________

年 月 日

第三联送执行机关

保 证 书

检保书〔 〕 号

我住在________，在______工作，与被保证人________是____关系，我于____年____月____日向________人民检察院自愿做如下保证：严格履行《中华人民共和国刑事诉讼法》第六十八条规定的义务，监督被保证人遵守《中华人民共和国刑事诉讼法》第六十九条的规定。

本人未履行保证义务的，愿承担法律责任。

此致

________人民检察院

保证人（亲自签名）：________

年 月 日

附：《中华人民共和国刑事诉讼法》第六十八条、第六十九条。

第四联送达保证人

样式98：保证书格式样本

四、解除取保候审决定书、通知书

根据《刑事诉讼法》第 77 条第 2 款、第 97 条规定，本文书为检方对有《刑事诉讼法》第 15 条规定情形，不应当追究刑事责任，或取保候审期限届满的犯罪嫌疑人，解除取保候审措施时，而填制的侦查法律文书。因此，填制时应注意以下问题：

1. 应当以被解除取保候审的人次为单位制作。

2. 解除取保候审的决定，应当及时通知执行机关，并将解除取保候审决定书送达犯罪嫌疑人；有保证人的，还应当通知保证人解除担保义务，并用斜线划去第四联文书中“保证金数额”这一空白处；已交纳保证金的，应当通知执行机关退还保证金。

3. 它主要适用于两种情形：一种是取保候审的期限已经届满；另一种是发现不应当追究被取保候审人的刑事责任。

4. 犯罪嫌疑人及其法定代理人、近亲属或者犯罪嫌疑人委托的律师及其他辩护人认为取保候审超过法定期限，向检察院提出解除取保候审要求的，检察院经审查认为超过法定期限的，应当制作解除取保候审决定书、通知书；认为未超过法定期限的，书面答复申请人时不再制作取保候审决定书、通知书，而是制作驳回申请决定书。

5. 使用本文书时，犯罪嫌疑人有保证人的应通知保证人解除担保义务；犯罪嫌疑人在取保候审期间没有违反《刑事诉讼法》第 69 条规定的，应当通知执行机关退还保证金。

6. 共四联，第一联统一保存备查，第二联附卷，第三联送达犯罪嫌疑人，第四联送达执行机关；书四联之间的骑缝线上均有本文书文号，应当按照本文书第四联中文号的填写方法予以填写；具体内容和格式如下样式 99 所示：

______人民检察院
解除取保候审决定书
（存根）

检　解保〔　〕　号

案由______

犯罪嫌疑人基本情况（姓名、性别、年龄、工作单位、住址、身份证号码、是否人大代表、政协委员）______

解除原因：______

解除时间：______

批准人：______

承办人：______

填发人：______

填发时间：______

第一联统一保存

______人民检察院
解除取保候审决定书
（副本）

检　解保〔　〕　号

______：

因______，本院根据《中华人民共和国刑事诉讼法》第七十七条的规定，决定解除对你的取保候审措施。

（××人民检察院名章）
年　月　日

本决定书已收到（被取保候审人亲自书写）。

被取保候审人（亲自签名）：______

年　　月　　日

第二联附卷

________人民检察院

解除取保候审决定书

检　解保〔　〕　号

________：

因____________，本院根据《中华人民共和国刑事诉讼法》第七十七条的规定，决定解除对你的取保候审措施。

（××人民检察院名章）
年　月　日

第三联送达犯罪嫌疑人

________人民检察院

解除取保候审通知书

检 解保〔　〕　号

本院于____年____月____日以________号取保候审决定书决定取保候审的犯罪________（现住________），因________，现决定解除对其取保候审措施。犯罪嫌疑人已交纳________元保证金，请予以退还。

特此通知。

此致

____

（××人民检察院名章）
年　月　日

第四联送达执行机关

样式99：解除取保候审决定书格式样本

第四节　监视居住文书的填制要领与格式

一、监视居住文书

所谓监视居住文书，是指检方在职务犯罪侦查过程中依法适用监视居住时，依法填制的侦查文书的总和。常见的有：监视居住决定书、执行通知书，指定居所监视居住通知书，解除监视居住决定书、通知书等。而根据《刑事诉讼法》特别是《检察规范》、《检诉规则》规定，填制监视居住文书时应遵循以下法律规定：

1. 检察院对于符合逮捕条件，有下列情形之一的犯罪嫌疑人，可以监视居住：患有严重疾病、生活不能自理的；怀孕或者正在哺乳自己婴儿的妇女；系生活不能自理的人的唯一扶养人；因为案件的特殊情况或者办理案件的需要，采取监视居住措施更为适宜的；羁押期限届满，案件尚未办结，需要采取监视居住措施的。对符合取保候审条件，但犯罪嫌疑人不能提出保证人，也不交纳保证金的，可以监视居住。

2. 监视居住应当在犯罪嫌疑人的住处执行；对于犯罪嫌疑人无固定住处或者涉嫌特别重大贿赂犯罪在住处执行可能有碍侦查的，可以在指定的居所执行。其中，固定住处是指犯罪嫌疑人在办案机关所在地的市、县内工作、生活的合法居所；有下列情形之一的，属于有碍侦查可能毁灭、伪造证据，干扰证人作证或者串供的；可能自杀或者逃跑的；可能导致同案犯逃避侦查的；在住处执行监视居住可能导致犯罪嫌疑人面临人身危险的；犯罪嫌疑人的家属或者其所在单位的人员与犯罪有牵连的；可能对举报人、控告人、证人及其他人员等实施打击报复的；指定的居所应当符合下列条件：具备正常的生活、休息条件；便于监视、管理；能够保证办案安全。

3. 对犯罪嫌疑人采取监视居住，应当由办案人员提出意见，部门负责人审核，检察长决定；需要对涉嫌特别重大贿赂犯罪的犯罪嫌疑人采取指定居所监视居住的，由办案人员提出意见，经部门负责人审核，报检察长审批后，连同案卷材料一并报上一级检察院侦查部门审查；对于下级检察院报请指定居所监视居住的案件，上一级检察院应当在收到案卷材料后及时作出是否批准的决定；上一级检察院批准指定居所监视居住的，应当将指定居所监视居住决定书连同案卷材料一并交由下级检察院通知同级公安机关执行。下级检察院应当将执行回执报上一级检察院；上一级检察院不予批准指定居所监视居住的，应当将不予批准指定监视居住决定书送达下级检察院，并说明不予批准的理由。

4. 对于特别重大贿赂犯罪案件决定指定居所监视居住的，检察院侦查部门应当自决定指定居所监视居住之日起每2个月对指定居所监视居住的必要性进行审查，没有必要继续指定居所监视居住或者案件已经办结的，应当解除指定居所监视居住或者变更强制措施。犯罪嫌疑人及其法定代理人、近亲属或者辩护人认为不再具备指定居所监视居住条件的，有权向检察院申请变更强制措施。检察院应当在3日以内作出决定，经审查认为不需要继续指定居所监视居住的，应当解除指定居所监视居住或者变更强制措施；认为需要继续指定居所监视居住的，应当答复申请人并说明理由。解除指定居所监视居住或者变更强制措施的，下级检察院侦查部门应当报送上一级检察院备案。

5. 检察院应当向监视居住的犯罪嫌疑人宣读监视居住决定书，由犯罪嫌疑人签名、捺指印或者盖章，并责令犯罪嫌疑人遵守《刑事诉讼法》第75条的规定，告知其违反规定应负的法律责任。

6. 对犯罪嫌疑人决定在指定的居所执行监视居住，除无法通知的以外，检察院应当在执行监视居住后24小时以内，将指定居所监视居住的原因通知被监视居住人的家属。无法通知的，应当向检察长报告，并将原因写明附卷。无法通知的情形消除后，应当立即通知其家属。

7. 检察院核实犯罪嫌疑人住处或者为其指定居所后，应当制作监视居住执行通知书，将有关法律文书和案由、犯罪嫌疑人基本情况材料，送交监视居住地的公安机关执行，必要时检察院可以协助公安机关执行。检察院应当告知公安机关在执行期间拟批准犯罪嫌疑人离开执行监视居住的处所、会见他人或者通信的，批准前应当征得检察院同意。

8. 公安机关在执行监视居住期间向检察院征询是否同意批准犯罪嫌疑人离开执行监视居住的处所、会见他人或者通信时，检察院应当根据案件的具体情况决定是否同意。

9. 被指定居所监视居住人及其法定代理人、近亲属或者辩护人认为侦查机关、法院的指定居所监视居住决定存在违法情形，提出控告或者举报的，检察院应当受理，并报送或者移送《检诉规则》第118条规定的承担监督职责的部门办理。

10. 解除或者撤销监视居住，应当由办案人员提出意见，部门负责人审核，检察长决定；解除或者撤销监视居住的决定应当通知执行机关，并将解除或者撤销监视居住的决定书送达犯罪嫌疑人。

11. 犯罪嫌疑人及其法定代理人、近亲属或者辩护人认为监视居住法定期限届满，向检察院提出解除监视居住要求的，检察院应当在3日以内审查决定。经审查认为法定期限届满的，经检察长批准后，解除监视居住；经审查未超过法定期限的，书面答复申请人。

二、监视居住决定书、执行通知书

根据《刑事诉讼法》第72条、第73条第1款规定，本文书为检察院对犯罪嫌疑人决定监视居住时，而填制的侦查文书。因此，填制时应注意以下问题：

1. 填制本文书时，依据决定采取的强制措施，填写相应的法律适用条文。

2. 向犯罪嫌疑人宣读本文书时应告知其《刑事诉讼法》第75条的规定，由犯罪嫌疑人签名或者盖章；监视居住由公安机关执行；送达本文书第三联时，应告知执行机关在拟批准犯罪嫌疑人离开住处、居所或会见其他人员之前，应当征得检察院同意。

3. 本文书共三联，第一联统一保存备查，第二联向犯罪嫌疑人宣告后附卷，第三联送达执行机关；三联之间的骑缝线上均有本文书文号，应当按照本文书第三联中文号的填写方法予以填写；具体内容和格式如下样式100所示：

三、指定居所监视居住通知书

根据《刑事诉讼法》第73条第2款规，本文书为检察院对犯罪嫌疑人采取指定居所监视居住后，通知其家属时而填制的侦查法律文书。因此，因无法通知的情形不能在24小时内通知的，应当报告检察长，并写明原因附卷；本文书共三联，第一联统一保存备查，第二联附卷，第三联送达被指定居所监视居住人家属；具体内容和格式如下样式101所示：

四、解除监视居住决定书、通知书

根据《刑事诉讼法》第77条第2款、第97条规定，本文书为检察院对于有《刑事诉讼法》第15条规定情形，不应追究刑事责任或者监视居住期限届满的犯罪嫌疑人，依法决定解除监视居住决定时而填制的侦查法律文书。因此，填制时应注意以下问题：

1. 本文书应当以被解除监视居住的人次为单位制作。

2. 本文书主要适用于以下两种情形：一种是监视居住的期限已经届满；另一种是发现不应当追究被监视居住人的刑事责任。解除监视居住，应当由办案人员提出意见，部门负责人审核，检察长决定。解除监视居住的决定，应当及时通知执行机关，并将解除监视居住的决定书送达犯罪嫌疑人。

3. 犯罪嫌疑人及其法定代理人、近亲属或者犯罪嫌疑人委托的律师及其他辩护人认为监视居住超过法定期限，向检察院提出解除监视居住要求的，检察院经审查认为超过法定期限的，应当制作解除监视居住决定书、通知书；认为未超过法定期限的，书面答复申请人时不再制作监视居住决定书、通知书，而应制作驳回申请决定书。

4. 本文书共四联，第一联统一保存备查，第二联附卷，第三联送达犯罪嫌疑人，第四联送达执行机关；四联之间的骑缝线上均有本文书文号，应当按照本文书第四联中文号的填写方法予以填写；具体内容和格式如下样式102所示：

________人民检察院
监视居住决定书
（存根）

检监〔　〕　号

案由：________

犯罪嫌疑人基本情况（姓名、性别、年龄、工作单位、住址、身份证号码、是否人大代表、政协委员）：________

监视居住原因：________

监视居住地点：________

是否指定居所：________

起算时间：________

执行机关：________

批准人：________

办案人：________

办案单位：________

填发人：________

填发时间：________

第一联统一保存

________人民检察院
监视居住决定书

检监〔　〕　号

犯罪嫌疑人________因涉嫌________，根据《中华人民共和国刑事诉讼法》第七十二条/第七十三条，本院决定对其监视居住/指定居所监视居住，期限从____年____月____日起算，并由________执行。犯罪嫌疑人在监视居住期间应当遵守《中华人民共和国刑事诉讼法》第七十五条的规定。

（××人民检察院名章）
年　月　日

此决定已于____年____月____日向我宣布（由犯罪嫌疑人亲自书写）。

犯罪嫌疑人（亲笔签名）：________

宣告人（亲笔签名）：________

第二联向犯罪嫌疑人宣告后附卷

________人民检察院
监视居住执行通知书

检监〔　〕　号

犯罪嫌疑人________因涉嫌________，根据《中华人民共和国刑事诉讼法》第七十二条/第七十三条，本院决定对其监视居住/指定居所监视居住，期限从____年____月____日起算。特通知你单位执行。

此致

____

（××人民检察院名章）
年　月　日

注：犯罪嫌疑人：____性别：____年龄：____工作单位：____住址：____

是否属于限制律师会见的特殊案件：是□ 否□

第三联送达执行机关

样式100：监视居住决定书、执行通知书格式样本

________人民检察院
指定居所监视居住通知书
（存根）

检　指监通〔　〕　号

案由：________

犯罪嫌疑人基本情况（姓名、性别、年龄、工作单位、住址、身份证号码、是否人大代表、政协委员）：________

指定居所监视居住原因：________

指定居所地点：________

家属姓名：________

地址：________

批准机关：________

办案人：________

办案单位：________

填发人：________

填发时间：________

第一联统一保存

________人民检察院
指定居所监视居住通知书
（副本）

检　指监通〔　〕　号

________：

根据《中华人民共和国刑事诉讼法》第七十三条的规定，犯罪嫌疑人________因涉嫌________，由____院以________号监视居住决定书决定对其自____年____月____日____时起执行指定居所监视居住。特此通知。

（××人民检察院名章）

年　月　日

被监视居住人家属：________

地址：________

本通知书已收到。

被监视居住人家属：________

年　月　日　时

如在指定居所监视居住后24小时内无法通知，请注明原因：________

办案人：________

年　月　日　时

第二联附卷

________人民检察院
指定居所监视居住通知书

检　指监通〔　〕　号

________：

根据《中华人民共和国刑事诉讼法》第七十三条的规定，犯罪嫌疑人________因涉嫌____，由____院以________号监视居住决定书决定对其自____年____月____日____时起执行指定居所监视居住。特此通知。

（××人民检察院名章）

年　月　日

如在指定居所监视居住后24小时内无法通知，请注明原因：________

办案人：________

年　月　日　时

第三联交被监视居住人家属

样式101：指定居所监视居住通知书格式样本

________人民检察院

解除监视居住决定书

（存根）

检　解监〔　〕　号

案由：________________

犯罪嫌疑人基本情况（姓名、性别、年龄、工作单位、住址、身份证号码、是否人大代表、政协委员）：________

解除原因：________________

解除时间：________________

批准人：________________

承办人：________________

填发人：________________

填发时间：________________

第一联统一保存

________人民检察院

解除监视居住决定书

（副本）

检　解监〔　〕　号

________：

因____________，本院根据《中华人民共和国刑事诉讼法》第七十七条的规定，决定解除对你的监视居住/指定居所监视居住措施。

（××人民检察院名章）

年　月　日

本决定书已收到（被监视居住人亲自书写）。

被监视居住人（亲自签名）：________

年　月　日

第二联附卷

________人民检察院
解除监视居住决定书

检　解监〔　〕　号

________：

因________________，本院根据《中华人民共和国刑事诉讼法》第七十七条的规定，决定解除对你的监视居住/指定居所监视居住措施。

（××人民检察院名章）
年　月　日

第三联送达犯罪嫌疑人

________人民检察院
解除监视居住通知书

检　解监〔　〕　号

本院于____年____月____日以________号监视居住决定书决定监视居住/指定居所监视居住的犯罪嫌疑人________（现住/指定居所________），因________________，现决定解除对其监视居住/指定居所监视居住措施。

特此通知。

此致

____

（××人民检察院名章）
年　月　日

第四联送达执行机关

样式102：解除监视居住决定书、通知书格式样本

第五节　拘留文书的填制要领与格式

一、拘留文书

所谓拘留文书，是指检方在职务犯罪侦查过程中依法适用刑事拘留时，依法填制的侦查文书的总和。常见的有：拘留决定书，拘留通知书，拘留人大代表报告书，提请延长拘留期限审批表，移送批准逮捕报告，报请逮捕书等。而根据《刑事诉讼法》特别是《检察规范》、《检诉规则》规定，填制拘留文书时应遵循以下法律规定：

1. 检察院对于有下列情形之一的犯罪嫌疑人，可以决定拘留：①犯罪后企图自杀、逃跑或者在逃的；②有毁灭、伪造证据或者串供可能的。

2. 检察院拘留犯罪嫌疑人的时候，必须出示拘留证。拘留犯罪嫌疑人，应当由办案人员提出意见，部门负责人审核，检察长决定。

3. 检察院作出拘留决定后，应当将有关法律文书和案由、犯罪嫌疑人基本情况的材料送交同级公安机关执行。拘留后，应当立即将被拘留人送看守所羁押，至迟不得超过24小时。

4. 担任县级以上人大代表的犯罪嫌疑人因现行犯被拘留的，检察院应当立即向该代表所属的人大主席团或常委会报告；因为其他情形需要拘留的，检察院应当报请该代表所属的人大主席团或常委会许可。检察院拘留担任本级人大代表的犯罪嫌疑人，直接向本级人大主席团或常委会报告或者报请许可。拘留担任上级人大代表的犯罪嫌疑人，应当立即层报该代表所属的人大同级的检察院报告或者报请许可。拘留担任下级人大代表的犯罪嫌疑人，可以直接向该代表所属的人大主席团或常委会报告或者报请许可，也可以委托该代表所属的人大同级的检察院报告或者报请许可；拘留担任乡、民族乡、镇的人民代表大会代表的犯罪嫌疑人，由县级检察院报告乡、民族乡、镇的人民代表大会。

5. 对犯罪嫌疑人拘留后，除无法通知的以外，检察院应当在24小时以内，通知被拘留人的家属。无法通知的，应当向检察长报告，并将原因写明附卷。无法通知的情形消除后，应当立即通知其家属。

6. 对被拘留的犯罪嫌疑人，应当在拘留后的24小时以内进行讯问。发现不应当拘留的，应当立即释放；依法可以取保候审或者监视居住的，按照本规则的有关规定办理取保候审或者监视居住手续。对被拘留的犯罪嫌疑人，需要逮捕的，按照《检诉规则》的有关规定办理逮捕手续；决定不予逮捕的，应当及时变更强制措施。

7. 公民将正在实行犯罪或者在犯罪后即被发觉的、通缉在案的、越狱逃跑的、正在被追捕的犯罪嫌疑人或者犯罪人扭送到检察院的，检察院应当予以接受，并且根据具体情况决定是否采取相应的紧急措施。对于不属于自己管辖的，应当移送主管机关处理。

8. 犯罪嫌疑人及其法定代理人、近亲属或者辩护人认为检察院对拘留的犯罪嫌疑人法定羁押期限届满，向检察院提出释放犯罪嫌疑人或者变更拘留措施要求的，检察院侦查部门应当在 3 日以内审查完毕。侦查部门经审查认为法定期限届满的，应当提出释放犯罪嫌疑人或者变更强制措施的意见，经检察长批准后，通知公安机关执行；经审查认为未满法定期限的，书面答复申诉人。侦查部门应当将审查结果同时书面通知本院监所检察部门。

二、拘留决定书

根据《刑事诉讼法》第 163 条规定，本文书为检方决定对犯罪嫌疑人采取拘留措施时，而填制的侦查法律文书。因此，填制时应注意以下问题：

1. 应当以被拘留的人次为单位制作。

2. 对犯罪嫌疑人拘留后，检察院应当把拘留的原因和羁押的处所，在 24 小时以内，通知被拘留人的家属或者他的所在单位。因有碍侦查，不能在 24 小时以内通知的，应当经检察长批准，并将原因写明附卷；无法通知的，应当向检察长报告，并将原因写明附卷。

3. 犯罪嫌疑人及其法定代理人、近亲属或者犯罪嫌疑人委托的律师及其他辩护人认为检察院对拘留的犯罪嫌疑人羁押超过法定期限，向检察院提出释放犯罪嫌疑人或者变更拘留措施要求的，由检察院侦查部门审查，侦查部门应当在 3 日内审查完毕。侦查部门经审查认为超过法定期限的，应当提出释放犯罪嫌疑人或者变更拘留措施的意见，经检察长批准后，通知公安机关执行；经审查认为未超过法定期限的，书面答复申诉人。侦查部门应当将审查结果同时书面通知本院监所检察部门。对犯罪嫌疑人采取拘留，应当由办案人员提出意见，部门负责人审核，检察长决定。检察院的拘留决定，应当交公安机关执行。检察院可以协助公安机关执行。

4. 根据《代表法》第 30 条规定，检察院决定拘留担任县级以上人大代表的犯罪嫌疑人的，拘留后应当立即向该代表所属的人大主席团或者常委会报告。

5. 共四联，第一联统一保存备查，第二联附卷，第三联送达执行机关，第四联执行机关执行后退回附卷；四联之间的骑缝线上有本文书文号，应当按照本文书第三联中文号的填写方法予以填写；具体内容和格式如下样式 103 所示：

________人民检察院
拘留决定书
（存根）

检 拘〔　　〕　号

案由：________________________

犯罪嫌疑人基本情况（姓名、性别、年龄、工作单位、住址、身份证号码、是否人大代表、政协委员）：________

拘留原因：________________________

批准人：________________________

承办人：________________________

填发人：________________________

填发时间：________________________

第一联统一保存

________人民检察院
拘留决定书
（副本）

检 拘〔　　〕　号

犯罪嫌疑人__________，性别______，生于____年____月____日，居住在________，因涉嫌________，根据《中华人民共和国刑事诉讼法》第一百六十三条的规定，本院决定对其刑事拘留，请即执行。

此致

____

（××人民检察院名章）

年　月　日

第二联附卷

________人民检察院
拘留决定书

检拘〔　〕　号

犯罪嫌疑人：________，性别______，生于____年____月____日，居住在________，因涉嫌________，根据《中华人民共和国刑事诉讼法》第一百六十三条的规定，本院决定对其刑事拘留，请即执行。

此致

____

（××人民检察院名章）

年　月　日

是否属于限制律师会见的特殊案件：是□ 否□

第三联送达执行机关

________人民检察院
拘留决定书
（回执）

检拘〔　〕　号

________人民检察院：

你院____年____月____日以______号拘留决定书决定拘留的犯罪嫌疑人________已于____年____月____日____时，由______执行拘留，并于____年____月____日____时送________看守所羁押。

特此通知。

（××执行机关名章）

年　月　日

第四联执行机关执行后退回附卷

样式103：拘留决定书格式样本

三、拘留通知书

根据《刑事诉讼法》第 83 条第 2 款条规定，本文书为检方对犯罪嫌疑人采取拘留措施后，通知其家属时而填制的侦查法律文书。因此，填制时应注意以下问题：

1. 应当以被拘留的人次为单位制作。

2. 犯罪嫌疑人家属和其所在单位，在制作拘留通知书时只通知其中一个即可，一般以通知家属为宜。如果犯罪嫌疑人没有家属或者家属无法通知的，可以通知其所在单位；通知单位的，应当填写单位的全称，不宜填写单位法定代表人或者其他负责人的姓名。

3. 因无法通知的情形不能在 24 小时内通知的，应当报告检察长，并写明原因附卷。

4. 共三联，第一联统一保存备查，第二联附卷，第三联送达被拘留人家属；三联之间的骑缝线上有本文书文号，应当按照本文书第三联中文号的填写方法予以填写；具体内容和格式如下样式 104 所示：

四、拘留人大代表报告书

根据《代表法》第 32 条规定，本文书为检方因现行犯拘留担任县级以上各级人大代表的犯罪嫌疑人而向其所属人大主席团或常委会报告时，而填制的侦查法律文书。因此，填制时应注意以下问题：

1. 应当以被拘留的人次为单位制作。

2. 在第二联和第三联中报告的对象应当按照如下方式填写：县级以上的各级人大代表开会期间，应当向本级人大主席团报告；在本级人大闭会期间，向本级人大常委会报告。乡、民族乡、镇的人大代表，如果被逮捕、受刑事审判或者被采取法律规定的其他限制人身自由的措施，执行机关应当立即报告乡、民族乡、镇的人民代表大会。

3. 拘留的对象只是用与现行犯或者重大嫌疑的人大代表；对犯罪嫌疑人采取拘留，应当由办案人员提出意见，部门负责人审核，检察长决定。

4. 共三联，第一联统一保存，第二联附卷，作出拘留决定的检察院委托该被拘留人大代表所属的人大会同级的检察院报告的，受委托报告的检察院应当将本文书第二联复印一份送交作出拘留决定的检察院；第三联报送人大主席团或其常委会；三联之间的骑缝线上有本文书文号，应当按照本文书第三联中文号的填写方法予以填写；具体内容和格式如下样式 105 所示：

________人民检察院
拘留通知书
（存根）

检 拘通〔　〕号

案由：________________
犯罪嫌疑：______________
拘留时间：______________
羁押处所：______________
家属姓名：______________
家属住址：______________
批准人：_______________
承办人：_______________
填发人：_______________
填发时间：______________

第一联统一保存

________人民检察院
拘留通知书
（副本）

检 拘通〔　〕号

________：

犯罪嫌疑人______因涉嫌______，经本院决定，于____年____月____日____时被刑事拘留，现羁押于____看守所。根据《中华人民共和国刑事诉讼法》第八十三条的规定，特此通知。

（××人民检察院名章）
年　月　日

家属姓名：______地 址：______
本通知书已收到。
家属签名：____________
年　月　日　时
如在拘留24小时内无法通知的，请注明原因：__________。
办案人：____________
年　月　日　时

第二联附卷

________人民检察院
拘留通知书

检 拘通〔　〕号

________：

犯罪嫌疑人______因涉嫌______，经本院决定，于____年____月____日____时被刑事拘留，现羁押于______看守所。根据《中华人民共和国刑事诉讼法》第八十三条的规定，特此通知。

（××人民检察院名章）
年　月　日

家属姓名：____地址：____
本通知书已收到。
家属签名：________
年　月　日　时
如在拘留24小时内无法通知的，请注明原因：______
办案人：
年　月　日　时

第三联送达被拘留人家属

样式104：拘留通知书格式样本

________人民检察院
拘留人大代表报告书
（存根）

检　拘代〔　〕号

案由：____________

犯罪嫌疑人：____________

性别：______年龄：______

工作单位：____________

住址：____________

身份证号码：____________

犯罪嫌疑人系______人大代表。

拘留时间：____________

羁押处所：____________

批准人：____________

承办人：____________

填发人：____________

填发时间：____________

第一联统一保存

________人民检察院
拘留人大代表报告书
（副本）

检　拘代〔　〕号

__________：

犯罪嫌疑人________因涉嫌________，根据《中华人民共和国刑事诉讼法》第一百六十三条的规定，依法对其拘留。因该犯罪嫌疑人系本届人大代表，根据《中华人民共和国全国人民代表大会和地方各级人民代表大会代表法》第三十二条的规定，特此报告。

（××人民检察院名章）

年　月　日

第二联附卷

________人民检察院
拘留人大代表报告书

检　拘代〔　〕号

__________：

犯罪嫌疑人________因涉嫌________，根据《中华人民共和国刑事诉讼法》第一百六十三条的规定，依法对其拘留。因该犯罪嫌疑人系本届人大代表，根据《中华人民共和国全国人民代表大会和地方各级人民代表大会代表法》第三十二条的规定，特此报告。

（××人民检察院名章）

年　月　日

第三联报送人大主席团或常委会

样式105：拘留人大代表报告书格式样本

五、提请延长拘留期限审批表

根据《刑事诉讼法》第 165 条、《检诉规则》第 4 条、第 136 条规定，本表为承办案件的检方对被拘留的犯罪嫌疑人认为需要逮捕的，但遇特殊情况需延长审查时间时，而填制的侦查工作文书。因此，它一式一份，由承办案件的检察院附卷，复印件送达本院侦查监督部门；具体内容和格式如下样式 106 所示：

________人民检察院

提请延长拘留期限审批表

检　拘延〔　〕　号

<table>
<tr><td rowspan="2">犯罪嫌疑人</td><td>姓名</td><td></td><td>性别</td><td></td><td>案由</td><td></td></tr>
<tr><td>单位</td><td colspan="3"></td><td>住址</td><td></td></tr>
<tr><td>立案日期</td><td colspan="2"></td><td colspan="2">拘留日期</td><td colspan="2"></td></tr>
<tr><td>延期理由</td><td colspan="6"></td></tr>
<tr><td>承办人意见</td><td colspan="6">年　月　日</td></tr>
<tr><td>部门负责人意见</td><td colspan="6">年　月　日</td></tr>
<tr><td>检察长批示</td><td colspan="6">年　月　日</td></tr>
</table>

样式 106：提请延长拘留期限审批表格式样本

六、移送批准逮捕报告

根据《检诉规则》第69条规定，本文书为承办案件的检方认为被拘留的犯罪嫌疑人需要逮捕而审批时，所填制的侦查工作文书。因此，它为叙述式侦作文书，一式一份，由承办案件的检察院附卷备查；具体内容和格式如样式107所示：

＿＿＿＿＿人民检察院

移送批准逮捕报告

检　捕〔　〕　号

犯罪嫌疑人	姓名		性别		案由	
	单位				住址	
案件来源及涉嫌罪名、立案和被采取强制措施的情况			拘留日期			
经侦查认定的犯罪事实和证据						
承办人意见	年　月　日					
部门负责人意见	年　月　日					
检察长批示	年　月　日					

样式107：移送批准逮捕报告格式样本

七、报请逮捕书

根据《刑事诉讼法》第79条、第163条、第165条规定，本文书为下级检察院对本院直接立案侦查的案件中认为符合逮捕条件的犯罪嫌疑人，向上一级检察院报请审查逮捕时，而填制的侦查法律文书。因此，它连同案卷材料、证据、讯问犯罪嫌疑人录音录像资料一并报送上一级检察院审查；由下级检察院侦查部门制作，一式两份，一份报上一级检察院，一份附卷；具体内容和格式如样式108所示：

________人民检察院
报请逮捕书

检　报捕〔　〕　号

××××：（上级人民检察院名称）

我院立案侦查的犯罪嫌疑人×××涉嫌×××一案，根据刑事诉讼法及其他有关规定，现报请你院审查决定逮捕。

犯罪嫌疑人 ×××（写姓名、性别、出生年月日、身份证号码、民族、政治面貌、籍贯、文化程度、单位、职务、住址、是否受过行政、刑事处罚、是否患有影响羁押的疾病、因本案被采取强制措施的情况及羁押场所，是否人大代表、政协委员，并写明是否已按照规定报请许可逮捕或者通报情况）。

犯罪嫌疑人×××涉嫌×××一案，×××（具体写明发案、立案、破案过程，犯罪嫌疑人归案情况）。

经依法侦查查明×××（概括叙述经侦查认定的犯罪事实。应围绕刑事诉讼法规定的逮捕条件，简明扼要叙述。对于只有一名犯罪嫌疑人的案件，犯罪嫌疑人实施多次犯罪的事实应逐一列举，同时触犯数个罪名的犯罪事实应按主次顺序分别列举；对于共同犯罪案件，按犯罪嫌疑人的主从顺序，写明犯罪嫌疑人的共同犯罪事实以及各自的地位和作用）。

认定上述事实及有社会危险性的证据如下：×××（分列证据，说明社会危险性）。

本院认为，犯罪嫌疑人（简单说明罪状），其行为已触犯《中华人民共和国刑法》第×××条的规定，涉嫌×××犯罪，符合逮捕条件，根据《中华人民共和国刑事诉讼法》第七十九条、第一百六十三条、第一百六十五条的规定，特报请你院审查决定逮捕。

（××人民检察院名章）

年　月　日

附：

1. 本案卷宗　　卷　　页。
2. 讯问犯罪嫌疑人录音录像资料　　份。

样式108：报请逮捕书格式样本

第六节　逮捕文书的填制要领与格式

一、逮捕文书

所谓逮捕文书，是指检方在职务犯罪侦查过程中依法适用逮捕时，依法填制的侦查文书的总和。常见的有：逮捕犯罪嫌疑人意见书，报请逮捕书、逮捕通知书，报请重新审查逮捕意见书，逮捕决定书，逮捕决定书（上提），应当逮捕犯罪嫌疑人通知书，撤销逮捕决定书、通知书，不予逮捕决定书，不予逮捕决定书（上提），撤销不予逮捕决定书，维持不予逮捕决定通知书等。例如，在薄熙来案中，就有如下记载："公诉人出示最高人民检察院……《逮捕决定书》、《逮捕通知书》……北京市公安局《逮捕证》，以及最高人民检察院反贪污贿赂总局于2013年5月18日出具的《关于执行逮捕情况说明》，证实案件立案、对被告人采取强制措施、案件指定管辖的情况。"① 而根据《刑事诉讼法》特别是《检察规范》、《检诉规则》规定，填制逮捕文书时应遵循以下法律规定：

1. 检察院对有证据证明有犯罪事实，可能判处徒刑以上刑罚的犯罪嫌疑人，采取取保候审尚不足以防止发生下列社会危险性的，应当予以逮捕：可能实施新的犯罪的；有危害国家安全、公共安全或者社会秩序的现实危险的；可能毁灭、伪造证据，干扰证人作证或者串供的；有一定证据证明或者有迹象表明犯罪嫌疑人可能对被害人、举报人、控告人实施打击报复的；企图自杀或者逃跑的。

2. 对具有下列情形之一的犯罪嫌疑人，检察院应当作出不予逮捕：不符合《检诉规则》第139条至第142条规定的逮捕条件的；具有《刑事诉讼法》第15条规定的情形之一的。

3. 对符合《刑事诉讼法》第72条第1款规定的犯罪嫌疑人，检察院经审查认为不需要逮捕的，可在作出不予逮捕决定的同时，向侦查机关提出监视居住的建议。

4. 检察院对担任本级人大代表的犯罪嫌疑人决定逮捕，应当报请本级人大主席团或者常委会许可；对担任上级人大代表的犯罪嫌疑人决定逮捕，应当层报该代表所属的人大同级的检察院报请许可。对担任下级人大代表的犯罪嫌

① 参见《8月25日薄熙来案庭审记录》，载《人民网》2013年8月27日。

疑人决定逮捕，可以直接报请该代表所属的人大主席团或者常委会许可，也可以委托该代表所属的人大同级的检察院报请许可；对担任乡、民族乡、镇的人大代表的犯罪嫌疑人决定逮捕，由县级检察院报告乡、民族乡、镇的人民代表大会。

二、逮捕犯罪嫌疑人意见书

根据《刑事诉讼法》第79条、第163条和《检诉规则》第4条规定，本文书为检方侦查部门在职务犯罪侦查过程中认为需要逮捕犯罪嫌疑人、移送侦查监督部门审查时，所填制的侦查工作文书。因此，填制时应注意以下问题：

1. 它属叙述式侦查文书，应连同案卷材料一并移送侦查监督部门查审。

2. 落款为××人民检察院侦查部门并加盖印章；文书制成后，层报主管检察长审批。

3. 正式打印件及领导审批件，均应存于检察内卷；具体内容和格式如下样式109所示：

三、报请逮捕书（上报）

根据《刑事诉讼法》第79条、第163条、第165条规定，本文书为下级检察院对本院直接立案侦查的案件中认为符合逮捕条件的犯罪嫌疑人，向上一级检察院报请审查逮捕时，而填制的侦查法律文书。因此，本文书由下级检察院侦查部门制作，连同案卷材料、证据、讯问犯罪嫌疑人录音录像资料一并报送上一级检察院审查；一式两份，一份报上一级检察院，一份附卷；具体内容和格式如下样式110所示：

四、逮捕通知书

根据《刑事诉讼法》第91条第2款规定，本文书为检方在决定逮捕犯罪嫌疑人并由公安机关执行后，通知被逮捕人家属时而填制的侦查法律文书。因此，填制时应注意以下问题：

1. 应当以被逮捕的人次为单位制作。

2. 犯罪嫌疑人家属和其所在单位，在制作逮捕通知书时只通知其中一个即可；一般以通知家属为宜，如果犯罪嫌疑人没有家属或者家属无法通知的，可以通知其所在单位；通知犯罪嫌疑人所在单位的，应当填写单位的全称，不宜填写单位法定代表人或者其他负责人的姓名。本文书第一联中的“家属姓名（单位名称）”和“家属地址（单位地址）”，在填写时应当根据实际情况填写一项，并划去不用的选项。

3. 犯罪嫌疑人及其法定代理人、近亲属或犯罪嫌疑人委托的律师及其他辩护人认为检察院决定逮捕的犯罪嫌疑人羁押超过法定期限，向检察院提出释放犯罪嫌疑人或者变更逮捕措施要求的，由检察院审查逮捕部门审查，审查逮捕部门应当向侦查机关或者本院侦查部门了解有关情况，并在7日以内审查完毕。审查逮捕部门经审查认为超过法定期限的，应当提出释放犯罪嫌疑人或者变更逮捕措施的意见，经检察长批准后，制作决定释放通知书或者采取其他强制措施的决定书，通知公安机关执行；经审查认为未超过法定期限的，应当制作驳回申请决定书答复申诉人。审查逮捕部门应当将审查结果同时书面通知本院监所检察部门。

4. 应在犯罪嫌疑人被逮捕后24小时内填发；正文中的逮捕时间应填为执行逮捕的时间；对无法通知的，应当报告检察长，并写明原因附卷。

5. 共三联，第一联为存根，统一保存备查；第二联侦查部门附卷；第三联送达被逮捕人家属；三联之间的骑缝线上均有本文书文号，应当按照本文书第三联中文号的填写方法予以填写；具体内容和格式如下样式111所示：

________人民检察院
逮捕犯罪嫌疑人意见书

检　　移捕〔　〕　号

犯罪嫌疑人……（犯罪嫌疑人姓名，性别，出生年月日，身份证号码，出生地，民族，文化程度，职业或工作单位及职务、职级，政治面貌，如是人大代表、政协委员，一并写明具体级、届代表、委员及代表、委员号，现住址，前科情况。案件有多名犯罪嫌疑人的，应按涉嫌犯罪情节轻重逐一写明）。

犯罪嫌疑人×××涉嫌××犯罪一案，……（写明案由和案件来源，案件来源具体为自首、单位或者公民举报、上级交办、有关部门移送、本院其他部门移送以及办案中发现等）。×年×月×日，经检察长决定，我院依法对犯罪嫌疑人×××以××罪立案侦查；经我院决定，×年×月×日，由××公安局对×××执行刑事拘留（或者采取其他强制措施情况）。

经初步查明：……（围绕《刑法》规定的犯罪构成要件，具体叙述犯罪嫌疑人涉嫌的主要犯罪事实）。

上述事实，有……等证据证明，且已经查证属实。

综上所述，犯罪嫌疑人×××（根据《刑法》规定的犯罪构成要件简要描述某一个罪名的罪状，如属数罪，应当分别描述），其行为已触犯《中华人民共和国刑法》第××条之规定，涉嫌××犯罪，可能判处徒刑以上刑罚，有逮捕必要（有具体理由的可详细叙述，如：被取保候审的犯罪嫌疑人违反取保候审规定的）。根据《中华人民共和国刑事诉讼法》七十九条和第一百六十三条之规定，移送审查逮捕。

此致

×××人民检察院侦查监督部门

（×××人民检察院反贪局名章）

年　月　日

附件：1. 案卷材料×册；

2. 犯罪嫌疑人现在处所。

样式109：逮捕犯罪嫌疑人意见书格式样本

________人民检察院
报请逮捕书

检　报捕〔　〕　号

××××：(上级人民检察院名称)

我院立案侦查的犯罪嫌疑人×××涉嫌×××一案，根据刑事诉讼法及其他有关规定，现报请你院审查决定逮捕。

犯罪嫌疑人 ×××(写姓名、性别、出生年月日、身份证号码、民族、政治面貌、籍贯、文化程度、单位、职务、住址、是否受过行政、刑事处罚、是否患有影响羁押的疾病、因本案被采取强制措施的情况及羁押场所，是否人大代表、政协委员，并写明是否已按照规定报请许可逮捕或者通报情况)。

犯罪嫌疑人×××涉嫌×××一案，×××(具体写明发案、立案、破案过程，犯罪嫌疑人归案情况)。

经依法侦查查明×××(概括叙述经侦查认定的犯罪事实。应围绕刑事诉讼法规定的逮捕条件，简明扼要叙述。对于只有一名犯罪嫌疑人的案件，犯罪嫌疑人实施多次犯罪的事实应逐一列举，同时触犯数个罪名的犯罪事实应按主次顺序分别列举；对于共同犯罪案件，按犯罪嫌疑人的主从顺序，写明犯罪嫌疑人的共同犯罪事实以及各自的地位和作用)。

认定上述事实及有社会危险性的证据如下：×××(分列证据，说明社会危险性)。

本院认为，犯罪嫌疑人(简单说明罪状)，其行为已触犯《中华人民共和国刑法》第×××条的规定，涉嫌×××犯罪，符合逮捕条件，根据《中华人民共和国刑事诉讼法》第七十九条、第一百六十三条、第一百六十五条的规定，特报请你院审查决定逮捕。

(××人民检察院名章)
年　月　日

附：
1. 本案卷宗　卷　页。
2. 讯问犯罪嫌疑人录音录像资料　　份。

样式110：报请逮捕书格式样本

________人民检察院
逮捕通知书
（存根）

检　捕通〔　〕号

案由：________________
犯罪嫌疑人：________________
逮捕时间：________________
羁押处所：________________
家属姓名：________________
家属住址：________________
批准人：________________
承办人：________________
填发人：________________
填发时间________________

第一联统一保存

________人民检察院
逮捕通知书
（副本）

检　捕通〔　〕号

犯罪嫌疑人______因涉嫌______犯罪，经__________院决定，于____年____月____日被依法逮捕，现羁押于____________看守所。根据《中华人民共和国刑事诉讼法》第九十一条的规定，特此通知。

（××人民检察院名章）
年　月　日

第二联附卷

________人民检察院
逮捕通知书

检　捕通〔　〕号

犯罪嫌疑人________因涉嫌________犯罪，经____院决定，于____年____月____日被依法逮捕，现羁押于____________看守所。根据《中华人民共和国刑事诉讼法》第九十一条的规定，特此通知。

（××人民检察院名章）
年　月　日

第三联送达被逮捕人家属

样式111：逮捕通知书格式样本

五、报请重新审查逮捕意见书

根据《刑事诉讼法》第79条、第163条规定，本文书为审查逮捕上提一级案件中，下级检察院认为上级检察院不予逮捕决定错误，需要逮捕犯罪嫌疑人时，而填制的侦查法律文书。因此，它一式两份，一份报上一级检察院，一份附卷；具体内容和格式如下样式114所示：

________人民检察院
报请重新审查逮捕意见书

检　重报捕〔　〕　号

××××：（上级人民检察院名称）

你院以××××号不予逮捕决定书决定不予逮捕的犯罪嫌疑人×××涉嫌×××一案，本院认为：×××（写明犯罪嫌疑人的姓名，性别，出生年月日），有证据证明有下列犯罪事实：×××（围绕犯罪构成及情节写明犯罪嫌疑人实施的犯罪事实及主要证据，并说明其社会危险性）

上述犯罪嫌疑人×××的行为已触犯《中华人民共和国刑法》第×××条的规定，涉嫌×××犯罪，符合逮捕条件，应当逮捕。根据《中华人民共和国刑事诉讼法》第七十九条、第一百六十三条的规定，特报请你院重新审查。

（××人民检察院名章）
年　　月　　日

样式112：报请重新审查逮捕意见书格式样本

六、逮捕决定书

根据《刑事诉讼法》第79条、第163条规定，本文书为高检院、省级检察院在办理本院直接立案侦查的案件时，认为犯罪嫌疑人的行为符合逮捕条件，决定逮捕犯罪嫌疑人时而填制的侦查法律文书。因此，填制时应注意以下问题：

1. 应当以被逮捕的人次为单位制作。

2. 高检院和省级检察院办理直接侦查的案件，需要逮捕犯罪嫌疑人的，由侦查部门填写逮捕犯罪嫌疑人意见书，连同案卷材料一并送交本院审查逮捕部门审查。办案人员应当审阅案卷材料，制作阅卷笔录，提出决定逮捕或者不予逮捕的意见，经部门负责人审核后，报请检察长决定；重大案件应当经检察委员会讨论决定。

3. 犯罪嫌疑人及其法定代理人、近亲属或者犯罪嫌疑人委托的律师及其他辩护人认为检察院批准或者决定逮捕的犯罪嫌疑人羁押超过法定期限，向检察院提出释放犯罪嫌疑人或者变更逮捕措施要求的，由检察院审查逮捕部门审查，审查逮捕部门应当向侦查机关或者本院侦查部门了解有关情况，并在7日以内审查完毕。审查逮捕部门经审查认为超过法定期限的，应当提出释放犯罪嫌疑人或者变更逮捕措施的意见，经检察长批准后，通知公安机关执行；经审查认为未超过法定期限的，制作驳回申请决定书答复申诉人。

4. 共五联，第一联为存根，统一保存备查；第二联由侦查监督部门附卷；第三联由侦查部门附卷；第四联送达公安机关执行；第五联为执行回执，由执行机关退回后附卷；五联之间的骑缝线上均有本文书文号，应当按照本文书第三联中文号的填写方法予以填写；具体内容和格式如下样式113所示：

七、逮捕决定书（上提）

根据《刑事诉讼法》第79条、第163条规定，本文书为上一级检察院在办理下级检察院立案侦查的案件时，认为犯罪嫌疑人的行为符合逮捕条件，决定逮捕犯罪嫌疑人时，而填制的侦查法律文书。因此，填制时应注意以下问题：

1. 本文书与高检院、省级检察院在办理本院立案侦查的案件中适用的逮捕决定书同名，为加以区别，本文书文号增加“提”字。

2. 第二联、第三联的抬头部分填写下级检察院，第四联的抬头部分填写下级检察院的同级公安机关，第五联的抬头部分填写执行机关的同级检察院。

3. 共五联，第一联为存根，统一保存备查；第二联上级检察院侦查监督部门附卷；第三联交下级检察院；第四联通过下级检察院送达同级执行机关；第五联为执行回执，由执行机关通知下级检察院后，下级检察院报上一级检察院附卷；具体内容和格式如下样式114所示：

________人民检察院

逮捕决定书

（存根）

检　捕〔　〕　号

案由：________________

犯罪嫌疑人基本情况（姓名、性别、年龄、工作单位、住址、身份证号码、是否为人大代表或政协委员）：________________

____

送达机关：________________

批准人：________________

承办人：________________

填发人：________________

填发时间：________________

第一联统一保存

________人民检察院

逮捕决定书

（副本）

检　捕〔　〕　号

犯罪嫌疑人________涉嫌________犯罪，根据《中华人民共和国刑事诉讼法》第七十九条和第一百六十三条的规定，决定予以逮捕。请依法立即执行，并将执行情况在三日以内通知本院。

此致

____

（××人民检察院名章）

年　月　日

第二联侦查监督部门附卷

人民检察院
逮捕决定书
（副本）

检　捕〔　　〕　号

犯罪嫌疑人________涉嫌________________犯罪，根据《中华人民共和国刑事诉讼法》第七十九条和第一百六十三条的规定，决定予以逮捕。请依法立即执行，并将执行情况在三日以内通知本院。

此致

____

（××人民检察院名章）
年　月　日

第三联 侦查部门附卷

________人民检察院
逮捕决定书

检　捕〔　　〕　号

犯罪嫌疑人________涉嫌犯罪，根据《中华人民共和国刑事诉讼法》第七十九条和第一百六十三条的规定，决定予以逮捕。请依法立即执行，并将执行情况在三日以内通知本院。

此致

____

（××人民检察院名章）
年　月　日

附：犯罪嫌疑人基本情况

第四联 送达执行机关

________人民检察院
逮捕决定书
（回执）

________人民检察院：

根据《中华人民共和国刑事诉讼法》第八十八条的规定，现将你院____年____月____日______号逮捕决定书的执行情况通知如下：犯罪嫌疑人____已于____年____月____日由____执行逮捕。

特此通知。

（××执行机关名章）
年　月　日

第五联 执行机关退回后附卷

样式113：逮捕决定书格式样本

______人民检察院
逮捕决定书
（存根）

检　提捕〔　〕　号

案由：______

犯罪嫌疑人基本情况：______

报请机关：______

送达机关：______

批准人：______

承办人：______

填发人：______

填发时间：______

第一联统一保存

______人民检察院
逮捕决定书
（副本）

检　提捕〔　〕　号

______：

你院于___年___月___日以______号报请逮捕书报请逮捕犯罪嫌疑人______，经本院审查认为，该犯罪嫌疑人涉嫌______犯罪，根据《中华人民共和国刑事诉讼法》第七十九条和第一百六十三条的规定，决定对犯罪嫌疑人______予以逮捕。请依法立即通知公安机关执行，并在公安机关执行逮捕三日以内将执行情况报本院。

（××人民检察院名章）
年　月　日

第二联上级检察院侦查监督部门附卷

________人民检察院

逮捕决定书

（副本）

检　提捕〔　　〕　号

________：

你院于____年____月____日以______号报请逮捕书报请逮捕犯罪嫌疑人________，经本院审查认为，该犯罪嫌疑人涉嫌________犯罪，根据《中华人民共和国刑事诉讼法》第七十九条和第一百六十三条的规定，决定对犯罪嫌疑人________予以逮捕。请依法立即通知公安机关执行，并在公安机关执行逮捕三日以内将执行情况报本院。

（××人民检察院名章）

年　月　日

第三联　交下级检察院

________人民检察院

逮捕决定书

检　提捕〔　　〕　号

________：（下级人民检察院同级公安机关）

____人民检察院于____年____月____日以____号报请逮捕书报请逮捕犯罪嫌疑人________，经本院审查认为，该犯罪嫌疑人涉嫌________犯罪，根据《中华人民共和国刑事诉讼法》第七十九条和第一百六十三条的规定，决定对犯罪嫌疑人____予以逮捕。请依法立即执行，并在三日以内将执行情况通知____人民检察院。

（××人民检察院名章）

年　月　日

第四联　送达执行机关

________人民检察院

逮捕决定书

（回　执）

________：（同级人民检察院）

根据《中华人民共和国刑事诉讼法》第八十八条的规定，现将____人民检察院____年____月____日________号逮捕决定书的执行情况通知如下：逮捕决定书决定逮捕的犯罪嫌疑人________已于____年____月____日由____________执行逮捕。

特此通知。

（××执行机关名章）

年　月　日

第五联　执行回执

样式114：逮捕决定书（提）格式样本

八、应当逮捕犯罪嫌疑人通知书

本文书为上级检察院在办理审查逮捕案件过程中，发现应当逮捕而下级检察院未报请审查逮捕的犯罪嫌疑人，建议下级检察院报请逮捕时而填制的侦查法律文书。它一式两份，一份侦查监督部门附卷；一份送达下级检察院；具体内容和格式如下样式115所示：

________人民检察院

应当逮捕犯罪嫌疑人通知书

检　　应捕通〔　　〕　　号

________：（下级人民检察院名称）

你院________号________书移送的犯罪嫌疑人________涉嫌________一案，本院经审查认为：

你________书未列明的犯罪嫌疑人（写明需要追捕的人的姓名、性别、出生年月日及年龄）涉嫌下列犯罪事实：（围绕犯罪构成及情节写明需要追捕的人实施的犯罪事实及主要证据，并说明其社会危险性）。上述犯罪嫌疑人________的行为已触犯《中华人民共和国刑法》第________条的规定，涉嫌________犯罪。（根据案件情况，选择填写“可能判处徒刑以上刑罚，采取取保候审尚不足以防止发生社会危险性”、“可能判处十年有期徒刑以上刑罚”或者“可能判处徒刑以上刑罚，曾经故意犯罪或者身份不明”），根据《中华人民共和国刑事诉讼法》第七十九条的规定，应当依法逮捕。根据《检诉规则》第________条的规定，请你院依法报请逮捕，并连同案卷材料、证据等一并移送我院审查。

（××人民检察院名章）

年　　月　　日

样式115：应当逮捕犯罪嫌疑人通知书格式样本

九、撤销逮捕决定书、通知书

本文书为审查逮捕上提一级案件中，上级检察院发现对犯罪嫌疑人采取逮捕措施不当，依法决定撤销原逮捕决定时，而填制的侦查法律文书。填制时应注意以下问题：

1. 释放犯罪嫌疑人或者变更强制措施的，由下级检察院另行制作相应的文书。

2. 本文书共六联，第一联存根，统一保存备查；第二联作出撤销逮捕决定的侦查监督部门附卷；第三联交下级检察院；第四联送达犯罪嫌疑人；第五联送达执行机关；第六联为执行回执，由执行机关通知下级检察院后，下级检察院报上级检察院附卷。

3. 本文书具体内容和格式如下样式116所示：

十、不予逮捕决定书

本文书为高检院、省级检察院在办理本院直接立案侦查的案件中，认为犯罪嫌疑人的行为不符合逮捕条件或着无须逮捕时，决定不予逮捕犯罪嫌疑人时而填制的侦查法律文书。填制时应注意以下问题：

1. 共五联，第一联存根，统一保存备查；第二联侦查监督部门附卷；第三联侦查部门附卷；第四联对于犯罪嫌疑人已被拘留的，应当填写并送达公安机关执行；第五联为执行回执，由执行机关退回后附卷。

2. 第二联至第四联中应写明不予逮捕犯罪嫌疑人的原因，如不构成犯罪、事实不清、证据不足、不可能判处徒刑以上刑罚、没有社会危险性或者认为符合监视居住条件等。

3. 第二联、第三联中此致一栏应填写本院侦查部门；第四联中此致一栏应填写执行机关。

4. 具体内容和格式如下样式117所示：

十一、不予逮捕决定书（上提）

本文书为省级以下（不含省级）检察院在办理检察院立案侦查的案件过程中，上级检察院在审查下级检察院报请逮捕的犯罪嫌疑人时，认为犯罪嫌疑人的行为不符合逮捕条件或者符合监视居住条件，决定不予逮捕犯罪嫌疑人时，而填制的侦查法律文书。填制时应注意以下问题：

1. 共五联，第一联存根，统一保存备查；第二联由上级检察院侦查监督部门附卷；第三联交下级检察院；第四联对于犯罪嫌疑人已被拘留的，应当填写该联，并通过下级检察院送达同级公安机关执行；第五联为执行回执，由执行机关通知下级检察院后，下级检察院报上级检察院附卷。

2. 第二联、第三联中应写明不予逮捕犯罪嫌疑人的原因，如认为不构成犯罪、事实不清、证据不足、不可能判处徒刑以上刑罚、没有社会危险性或者认为应当适用监视居住等。

3. 第二联、第三联的抬头部分填写下级检察院，第四联的抬头部分填写下级检察院的同级公安机关，第五联的抬头部分填写执行机关的同级检察院。

4. 具体内容和格式如下样式118所示：

________人民检察院
撤销逮捕决定书、通知书
（存根）

检　撤捕〔　〕号

案由：________________
犯罪嫌疑人基本情况：________________
送达机关：________________
批准人：________________
承办人：________________
填发人：________________
填发时间：________________

第一联统一保存

________人民检察院
撤销逮捕决定书
（副本）

检　撤捕〔　〕　号

________：

本院于____年____月____日________号文书决定以涉嫌____犯罪逮捕犯罪嫌疑人________。现经本院审查认为________，根据《中华人民共和国刑事诉讼法》第九十四条的规定，决定撤销________号逮捕决定书。

（××人民检察院名章）
年　月　日

第二联侦查监督部门附卷

________人民检察院
撤销逮捕决定书

检　撤捕〔　〕　号

________：

本院于____年____月____日________号文书决定以涉嫌____犯罪逮捕犯罪嫌疑人________。现经本院审查认为________，根据《中华人民共和国刑事诉讼法》第九十四条的规定，决定撤销________号逮捕决定书。

（××人民检察院名章）
年　月　日

第三联交下级检察院

________人民检察院
撤销逮捕决定书

检　撤捕〔　〕　号

________：

根据《中华人民共和国刑事诉讼法》第九十四条的规定，本院决定撤销对你的逮捕决定。

（××人民检察院名章）
年　月　日

第四联送达犯罪嫌疑人

________人民检察院
撤销逮捕通知书

检　撤捕〔　〕　号

________：

本院于____年____月____日____号文书决定以涉嫌____犯罪逮捕犯罪嫌疑人________。根据《中华人民共和国刑事诉讼法》第九十四条的规定，决定撤销对其逮捕决定。

（××人民检察院名章）
年　月　日

第五联由下级检察院送达同级执行机关

________人民检察院
撤销逮捕决定书
（回执）

________人民检察院：

____人民检察院于____年____月____日____号文书决定撤销对涉嫌______犯罪的犯罪嫌疑人____的逮捕决定。该犯罪嫌疑人已于____年____月____日被释放/变更为____强制措施。

特此通知。

（××执行机关名章）
年　月　日

第六联执行回执

样式116：撤销逮捕决定书、通知书格式样本

________人民检察院

不予逮捕决定书

（存根）

检　不捕〔　〕号

案由：________________

犯罪嫌疑人基本情况：________________

____

不予逮捕原因：________________

____

送达机关：________________

批准人：________________

承办人：________________

填发人：________________

填发时间：________________

第一联统一保存

________人民检察院

不予逮捕决定书

（副本）

检　不捕〔　〕号

对____年____月____日________号文书移送审查逮捕的犯罪嫌疑人________涉嫌________犯罪一案，经审查认为：________，决定不予逮捕犯罪嫌疑人________。根据《中华人民共和国刑事诉讼法》第一百六十五条的规定，请依法立即执行，并在3日以内将执行情况通知本院。

此致

____

（××人民检察院名章）

年　月　日

第二联侦查监督部门附卷

________人民检察院
不予逮捕决定书

检　不捕〔　〕　号

对____年____月____日______号文书移送审查逮捕的犯罪嫌疑人____涉嫌________犯罪一案，经审查认为：________，决定不予逮捕犯罪嫌疑人________。根据《中华人民共和国刑事诉讼法》第一百六十五条的规定，请依法立即执行，并在三日以内将执行情况通知本院。

此致

（××人民检察院名章）
年　月　日

第三联侦查部门附卷

________人民检察院
不予逮捕决定书

检　不捕〔　〕　号

对____年____月____日____号文书移送审查逮捕的犯罪嫌疑人______涉嫌________犯罪一案，经审查认为：________，决定不予逮捕犯罪嫌疑人____。根据《中华人民共和国刑事诉讼法》第一百六十五条的规定，请依法立即执行，并在三日以内将执行情况通知本院。

此致

____
（××人民检察院名章）
年　月　日

第四联送达执行机关

________人民检察院
不予逮捕决定书
（回执）

________人民检察院：

根据《中华人民共和国刑事诉讼法》第一百六十五条的规定，现将你院____年____月____日____号不予逮捕决定书的执行情况通知如下：（犯罪嫌疑人____已于____年____月____日由________释放/变更为________。）

特此通知。

（××执行机关名章）
年　月　日

第五联 执行机关退回后附卷

样式117：不予逮捕决定书格式样本

________人民检察院
不予逮捕决定书
（存根）

检提　不捕〔　　〕　号

案由：________________

犯罪嫌疑人基本情况：________________

____

不予逮捕原因：________________

报请机关：________________

送达机关：________________

批准人：________________

承办人：________________

填发人：________________

填发时间：________________

第一联统一保存

________人民检察院
不予逮捕决定书
（副本）

检提　不捕〔　　〕　号

________：

你院于____年____月____日以________号文书报请逮捕犯罪嫌疑人____________，经本院审查认为：____________，根据《中华人民共和国刑事诉讼法》第七十九条、第一百六十五条的规定，决定不予逮捕犯罪嫌疑人____________。犯罪嫌疑人已被拘留的，请依法通知公安机关立即执行，并在公安机关执行三日以内将执行情况报本院。

（××人民检察院名章）
年　　月　　日

第二联上级人民检察院侦查监督部门附卷

____人民检察院
不予逮捕决定书

检提　不捕〔　〕号

____：

你院于____年____月____日以____号文书报请逮捕犯罪嫌疑人____，经本院审查认为：____，根据《中华人民共和国刑事诉讼法》第七十九条、第一百六十五条的规定，决定不予逮捕犯罪嫌疑人____。犯罪嫌疑人已被拘留的，请依法通知公安机关立即执行，并在公安机关执行三日以内将执行情况报本院。

（××人民检察院名章）
年　月　日

第三联交下级检察院

____人民检察院
不予逮捕决定书

检提　不捕〔　〕号

____：

人民检察院于____年____月____日以____号文书报请逮捕犯罪嫌疑人____，经本院审查，根据《中华人民共和国刑事诉讼法》第七十九条、第一百六十五条的规定，决定不予逮捕犯罪嫌疑人____。请依法立即执行，并在三日以内将执行情况通知____人民检察院。

（××人民检察院名章）
年　月　日

第四联由下级检察院送达同级执行机关

____人民检察院
不予逮捕决定书
（回执）

____：（同级人民检察院）

现将____人民检察院____年____月____日____号不予逮捕决定书的执行情况通知如下：决定不予逮捕的犯罪嫌疑人____已于____年____月____日由____释放/变更为____。

特此通知。

（××执行机关名章）
年　月　日

第五联执行回执

样式118：不予逮捕决定书（上提）格式样本

十二、撤销不予逮捕决定书

根据《检诉规则》第 339 条规定，本文书为审查逮捕上提一级案件中，上级检察院在下级检察院对本院作出的不予逮捕决定提出异议报请重新审查时，重新审查后，发现原不予逮捕决定不当而予以撤销时而填制的侦查法律文书。因此，它与逮捕决定书一并送达下级检察院；共三联，第一联存根，统一保存备查；第二联附卷；第三联交下级检察院；具体内容和格式如下样式 119 所示：

十三、维持不予逮捕决定通知书

根据《检诉规则》第 339 条规定，本文书为审查逮捕上提一级案件中，上级检察院在下级检察院对本院作出的不予逮捕决定提出异议报请重新审查时，重新审查后作出维持原不予逮捕决定时，而填制的侦查法律文书。因此，填制时应注意以下问题：

1. 上级检察院经过重新审查改变原不予逮捕决定的，重新制作逮捕决定书。

2. 共三联，第一联存根，统一保存备查；第二联附卷；第三联交下级检察院。

3. 具体内容和格式如下样式 120 所示：

________人民检察院
撤销不予逮捕决定书
（存根）

检　撤不捕〔　〕　号

案由：________
犯罪嫌疑人基本情况：________
报请逮捕机关：________
不予逮捕决定书文号：________
撤销不予逮捕决定的理由：________
____
送达机关：________
批准人：________
承办人：________
填发人：________
填发时间：________

第一联统一保存

________人民检察院
撤销不予逮捕决定书
（副本）

检　撤不捕〔　〕　号

________：

本院____年____月____日以________号不予逮捕决定书作出对涉嫌____犯罪的犯罪嫌疑人________的不予逮捕决定，你院于____年____月____日以________号文书报请重新审查，现经本院重新审查认为：________。根据《检诉规则》第三百三十九条的规定，决定撤销对犯罪嫌疑人______的不予逮捕决定。________号不批准逮捕决定书作废。

（××人民检察院名章）
年　月　日

第二联附卷

________人民检察院
撤销不予逮捕决定书

检　撤不捕〔　〕　号

________：

本院____年____月____日以____号不予逮捕决定书作出对涉嫌____犯罪的犯罪嫌疑人____的不予逮捕决定，你院于____年____月____日以____号文书报请重新审查，现经本院重新审查认为：____。根据《检诉规则》第三百三十九条的规定，决定撤销对犯罪嫌疑人____的不予逮捕决定。____号不批准逮捕决定书作废。

（××人民检察院名章）
年　月　日

第三联交下级检察院

样式119：撤销不予逮捕决定书格式样本

______人民检察院
维持不予逮捕决定通知书
（存根）

检　维不捕〔　〕号

案由：______
犯罪嫌疑人基本情况：______
报请机关：______
送达机关：______
批准人：______
承办人：______
填发人：______
填发时间：______

第一联统一保存

______人民检察院
维持不予逮捕决定通知书
（副本）

检　维不捕〔　〕号

______：

本院于____年____月____日以____号文书决定不予逮捕犯罪嫌疑人____，你院于____年____月____日以____号文书报请重新审查。经本院重新审查认为：______。根据《检诉规则》第三百三十九条的规定，决定维持原不予逮捕决定。

（××人民检察院名章）
年　月　日

第二联附卷

______人民检察院
维持不予逮捕决定通知书

检　维不捕〔　〕号

______：

本院于____年____月____日以____号文书决定不予逮捕犯罪嫌疑人____，你院于____年____月____日以____号文书报请重新审查。经本院重新审查认为：______。根据《检诉规则》第三百三十九条的规定，决定维持原不予逮捕决定。

（××人民检察院名章）
年　月　日

第三联交下级检察院

样式120：维持不予逮捕决定通知书格式样本

第七节　羁押及其期限文书的填制要领与格式

一、羁押文书

（一）概述

所谓羁押文书，是指检方在职务犯罪侦查过程中依法适用羁押时，依法填制的侦查文书的总和。常见的有：提讯（解）犯罪嫌疑人请示，提讯、提解证，提讯情况、提解情况记载，羁押必要性审查建议书，异地羁押（或转押）请示、审批表、通知书，换押证等。而填制羁押文书时，除应遵循《刑事诉讼法》、《中华人民共和国看守所条例》（1990 年 3 月 17 日，以下简称《看守所条例》）、两高一部《关于严格执行刑事诉讼法切实纠防超期羁押的通知》（2003 年 11 月 12 日）外，还应遵循高检院《关于在检察工作中防止和纠正超期羁押的若干规定》（2003 年 11 月 24 日）、《检察规范》、《检诉规则》有关羁押的规定。

（二）羁押必要性审查建议书

根据《刑事诉讼法》第 93 条规定，本文书为检方侦查监督、公诉、监所检察部门在羁押必要性审查结束后，认为不需要对犯罪嫌疑人、被告人继续羁押的，向侦查机关或法院提出释放或变更强制措施的建议时，而填制的侦查法律文书。① 因此，它一式三份，审查部门附卷一份；被建议的侦查机关或者人民法院一份；本院统一留存一份；具体内容和格式如下样式 121 所示：

---

① 另据 2013 年 8 月 13 日出版的《检察日报》报道，记者今天从高检院侦查监督厅获悉，今年以来，全国检察机关侦查监督部门认真贯彻执行修改后刑诉法规定的“捕后羁押必要性审查制度”，截至 7 月底，共向公安机关和检察机关自侦部门提出羁押必要性审查建议 1805 件 2301 人，其中被采纳 1626 件 2078 人。

________人民检察院
羁押必要性审查建议书

检　羁审建〔　　〕号

××××：

我院根据《中华人民共和国刑事诉讼法》第九十三条的规定，依法对逮捕后羁押于××××看守所的犯罪嫌疑人/被告人×××的羁押必要性进行了审查。经审查，我院认为不需要继续羁押犯罪嫌疑人/被告人×××，理由是：……。上述事实有以下证据予以证明：……。

根据《中华人民共和国刑事诉讼法》第九十三条的规定，建议你× 对犯罪嫌疑人/被告人×××予以释放/变更强制措施。请你×将处理情况十日以内通知我院。未采纳我院建议的，请说明理由和依据。

（××人民检察院名章）
年　　月　　日

样式121：羁押必要性审查建议书格式样本

（三）异地羁押（或转押）请示、审批表、通知书

根据《检察规范》第4·268条规定，此类文书是检方在职务犯罪侦查过程中，对职务犯罪嫌疑人异地羁押时，所填制的侦查工作文书的总和。因此，填制时应注意下问题：

1. 需要对犯罪嫌疑人异地羁押的，应当提交对犯罪嫌疑人异地羁押的请示，层报管辖地和拟羁押地检察院共同的上级检察院侦查指挥中心办公室审核，报该上级检察院检察长批准后，商拟羁押地检察院或者有关部门异地

羁押。

2. 此类文书包括异地羁押（或转押）请示、审批表、通知书等。其中，对犯罪嫌疑人异地羁押请示（亦即异地羁押请示）的内容应当包括：犯罪嫌疑人的基本情况、案由、基本案情、身体状况、现羁押场所、拟异地羁押场所、异地羁押理由等，并附立案请示报告、立案决定书、拘留证或者逮捕证。

3. 以异地羁押的次数为单位填制，每次一份，存侦查内卷；具体内容和格式如下样式122、123、124所示：

________人民检察院
异地羁押（或转押）请示

犯罪嫌疑人基本情况、身体状况、案由、简要案情及现羁押场所、拟异地羁押场所	
异地羁押的理由	
异地羁押的准备工作及保障措施	
附件：立案请示报告、立案决定书、拘留证或者逮捕证	
承办人意见	年　月　日
部门负责人意见	年　月　日
检察长批示	年　月　日
备注	

样式122：异地羁押（或转押）请示格式样本

________人民检察院
异地羁押（或转押）犯罪嫌疑人审批表

<table>
<tr><td>犯罪嫌疑人姓名</td><td></td><td>性别</td><td></td><td>年龄</td><td></td><td>民族</td><td></td></tr>
<tr><td>家庭住址</td><td colspan="7"></td></tr>
<tr><td>工作单位</td><td colspan="4"></td><td colspan="2">职务</td><td></td></tr>
<tr><td>案件性质</td><td colspan="3"></td><td>强制措施</td><td colspan="3"></td></tr>
<tr><td>简要案情及异地羁押理由</td><td colspan="7">（办案单位名章）
年　月　日</td></tr>
<tr><td>设区市公安局意见</td><td colspan="2"></td><td colspan="2">设区市检察院意见</td><td colspan="3"></td></tr>
<tr><td>省院反渎局意见</td><td colspan="2"></td><td colspan="2">省院领导意见</td><td colspan="3"></td></tr>
<tr><td>公安厅意见</td><td colspan="7"></td></tr>
<tr><td>备注</td><td colspan="7"></td></tr>
</table>

样式 123：异地羁押（或转押）犯罪嫌疑人审批表格式样本

________人民检察院
异地羁押（或转押）通知书

________人民检察院：

我院立案侦查的犯罪嫌疑人________，因涉嫌________犯罪，于____年____月____日刑事拘留（逮捕）。根据侦查工作的需要确定异地羁押，现于____年____月____日羁押于________看守所，特此通知，请你们依法监督。

（××人民检察院名章）

年　月　日

样式 124：异地羁押（或转押）通知书格式样本

（四）换押证

根据《刑事诉讼法》第 169 条规定，本文书为检方将案件移送法院或退回侦查机关补充侦查或改变管辖后，通知看守所有关事宜与法院或侦查机关联系时，而填制的侦查法律文书。因此，它共三联，第一联统一保存备查，第二联附卷，第三联送达看守所；具体内容和格式如下样式 125 所示：

______人民检察院
换 押 证
（存根）

检换〔　〕号

案由：______
犯罪嫌疑人基本情况（姓名、性别、年龄、工作单位、住址、身份证号码、是否人大代表、政协委员）：______
逮捕原因：______
换押原因：______
送达机关：______
批准人：______
填发人：______
填发时间：______

第一联统一保存

______人民检察院
换 押 证
（副本）

检　换〔　〕号

犯罪嫌疑人____，性别____，现年____岁，身份证号____，住______，因涉嫌____于____年____月____日被逮捕，送你所羁押。根据《中华人民共和国刑事诉讼法》第____条的规定，现该案移送（退回）________，接此通知后，有关事宜请与____联系。

此致

________看守所
（××人民检察院名章）
年　月　日

第二联附卷

______人民检察院
换 押 证

检　换〔　〕号

犯罪嫌疑人____，性别____，现年____岁，身份证号____，住________，因涉嫌____于____年____月____日被逮捕，送你所羁押。根据《中华人民共和国刑事诉讼法》第____条的规定，现该案移送（退回）________，接此通知后，有关事宜请与________联系。

此致

________看守所
（××人民检察院名章）
年　月　日

第三联送达看守所

样式125：换押证格式样本

二、羁押期限文书

（一）概述

所谓羁押期限文书，是指检方在职务犯罪侦查过程中依法确定羁押期限时，依法填制的侦查文书的总和。常见的有：提请批准延长侦查羁押期限报告书，批准延长侦查羁押期限决定书，延长侦查羁押期限决定、通知书，不批准延长侦查羁押期限决定书，重新计算侦查羁押期限决定、通知书等。

而填制羁押文书时，除应遵循《刑事诉讼法》、《看守所条例》、两高一部《关于严格执行刑事诉讼法切实纠防超期羁押的通知》（2003 年 11 月 12 日）外，还应遵循高检院《关于在检察工作中防止和纠正超期羁押的若干规定》（2003 年 11 月 24 日）、《检察规范》、《检诉规则》有关羁押的规定。与此同时，更应了解并掌握《检诉规则》有关侦查期限的下列法律规定：

1. 对犯罪嫌疑人逮捕后的侦查羁押期限不得超过两个月；基层人民检察院，分、州、市人民检察院和省级检察院直接受理立案侦查的案件，案情复杂、期限届满不能终结的案件，可以经上一级检察院批准延长 1 个月。

2. 基层检察院和分、州、市人民检察院直接受理立案侦查的案件，属于交通十分不便的边远地区的重大复杂案件、重大的犯罪集团案件、流窜作案的重大复杂案件和犯罪涉及面广、取证困难的重大复杂案件，在依照《检诉规则》第 274 条规定的期限届满前不能侦查终结的，经省、自治区、直辖市人民检察院批准，可以延长两个月；省级检察院直接受理立案侦查的案件，属于上述情形的，可以直接决定延长两个月。

3. 基层检察院和分、州、市检察院直接受理立案侦查的案件，对犯罪嫌疑人可能判处 10 年有期徒刑以上刑罚，依照《检诉规则》第 275 条的规定依法延长羁押期限届满，仍不能侦查终结的，经省、自治区、直辖市人民检察院批准，可以再延长两个月；省级检察院直接受理立案侦查的案件，属于上述情形的，可以直接决定再延长两个月。

4. 高检院直接受理立案侦查的案件，依照刑事诉讼法的规定需要延长侦查羁押期限的，直接决定延长侦查羁押期限。

5. 检察院直接立案侦查的案件，侦查部门认为需要延长侦查羁押期限的，应当按照《检诉规则》第 278 条第 1 款的规定向本院侦查监督部门移送延长侦查羁押期限的意见及有关材料。

6. 检察院审查批准或者决定延长侦查羁押期限，由侦查监督部门办理。受理案件的检察院侦查监督部门对延长侦查羁押期限的意见审查后，应当提出是否同意延长侦查羁押期限的意见，报检察长决定后，将侦查机关延长侦查羁押期限的意见和本院的审查意见层报有决定权的检察院审查决定；有决定权的检察院应当在侦查羁押期限届满前作出是否批准延长侦查羁押期限的决定，并交由受理案件的检察院侦查监督部门送达公安机关或者本院侦查部门。

7. 检察院在侦查期间发现犯罪嫌疑人另有重要罪行的，自发现之日起依照《检诉规则》第 274 条的规定重新计算侦查羁押期限。重新计算侦查羁押期限，应当由侦查部门提出重新计算侦查羁押期限的意见，移送本院侦查监督部门审查；侦查监督部门审查后应当提出是否同意重新计算侦查羁押期限的意见，报检察长决定；侦查监督部门审查延长侦查羁押期限、审查重新计算侦查羁押期限案件，可以讯问犯罪嫌疑人，听取律师意见，调取案卷及相关材料等。

（二）提请批准延长侦查羁押期限报告书

根据《刑事诉讼法》第 154 条至第 157 条规定，本文书为检方在报请上级检察院批准延长侦查羁押期限时，而填制的侦查法律文书。因此，填制时应注意以下问题：

1. 本文书应当以被提请延长侦查羁押期限的人次为单位制作。

2. 犯罪嫌疑人及其法定代理人、近亲属或者犯罪嫌疑人委托的律师及其他辩护人认为检察院决定逮捕的犯罪嫌疑人羁押超过法定期限，向检察院提出释放犯罪嫌疑人或者变更逮捕措施要求的，由审查逮捕部门审查，并应当向本院侦查部门了解有关情况，并在 7 日以内审查完毕。审查逮捕部门经审查认为超过法定期限的，应当提出释放犯罪嫌疑人或者变更逮捕措施的意见，经检察长批准后，通知公安机关执行；经审查认为未超过法定期限的，制作驳回申请决定书答复申诉人。

3. 本文书共三联，第一联为存根，统一保存备查；第二联附卷；第三联报送有权批准的检察院；三联之间的骑缝线上均有本文书文号，应当按照本文书第三联中文号的填写方法予以填写；具体内容和格式如下样式 126 所示：

______人民检察院
提请批准延长侦查羁押期限
报告书
（存根）

检 请延〔 〕 号

案由：______

犯罪嫌疑人基本情况：______

______

提请批准延长理由：______

提请批准延长期限：______

批准人：______

承办人：______

填发人：______

填发时间：______

第一联统一保存

______人民检察院
提请批准延长侦查羁押期限
报告书
（副本）

检 请延〔 〕号

______人民检察院：

人民检察院____年____月____日以______号逮捕决定书决定逮捕并于____年____月____日予以执行的涉嫌__________犯罪的犯罪嫌疑人______，因__________，期限届满不能侦查终结，经本院审查认为该犯罪嫌疑人__（说明继续羁押必要性______的理由和依据）__________，仍有继续羁押的必要，根据《中华人民共和国刑事诉讼法》第____条的规定，特提请批准对该犯罪嫌疑人延长侦查羁押期限____个月，自____年____月____日至____年____月____日。

（××人民检察院名章）
年 月 日

第二联附卷

______人民检察院
提请批准延长侦查羁押期限
报告书

检 请延〔 〕号

______人民检察院：

人民检察院____年____月____日以________号逮捕决定书决定逮捕并于____年____月____日予以执行的涉嫌________犯罪的犯罪嫌疑人______，因________，期限届满不能侦查终结，经本院审查认为该犯罪嫌疑人____（说明继续羁押必要性的理由和依据）________，仍有继续羁押的必要，根据《中华人民共和国刑事诉讼法》第____条的规定，特提请批准对该犯罪嫌疑人延长侦查羁押期限____个月，自____年____月____日至____年____月____日。

（××人民检察院名章）
年 月 日

第三联报送有权批准的检察院

样式126：提请批准延长侦查羁押期限报告书格式样本

（三）批准延长侦查羁押期限决定书

据《刑事诉讼法》第 154 条至第 157 条规定，本文书为上级检察院批准下级检察院提请批准延长侦查羁押期限时而填制的侦查法律文书。因此，填制时应注意以下问题：

1. 应当以被批准延长侦查羁押期限的人次为单位制作。

2. 根据《代表法》规定，逮捕系县级以上人大代表的犯罪嫌疑人，应当报请其所属的人大主席团或者常委会许可；逮捕以后延长羁押期限的，不必再行报请。

3. 延长侦查羁押期限的开始起算时间应为原侦查羁押期限的届满时间后的第一日，而不是作出批准延长决定的时间。

4. 共三联，第一联为存根，统一保存备查；第二联附卷；第三联送达提请机关；三联之间的骑缝线上均有本文书文号，应当按照本文书第三联中文号的填写方法予以填写；具体内容和格式如下样式 127 所示：

（四）延长侦查羁押期限决定、通知书

根据《刑事诉讼法》第 154 条至第 157 条规定，本文书为省级以上检察院对本院直接侦查案件决定延长侦查羁押期限时，而填制的侦查法律文书。因此，填制时应注意以下问题：

1. 应当以被决定延长侦查羁押期限的人次为单位制作。

2. 检察院直接立案侦查的案件，不能在法定侦查羁押期限内侦查终结的，应当依法释放犯罪嫌疑人或者变更强制措施；检察院监所检察部门对于本院直接立案侦查的案件，发现超过侦查羁押期限的，应当提出纠正意见，报告检察长。

3. 犯罪嫌疑人及其法定代理人、近亲属或者犯罪嫌疑人委托的律师及其他辩护人认为检察院决定逮捕的犯罪嫌疑人羁押超过法定期限，向检察院提出释放犯罪嫌疑人或者变更逮捕措施要求的，由检察院审查逮捕部门审查，审查逮捕部门应当向本院侦查部门了解有关情况，并在 7 日以内审查完毕。审查逮捕部门经审查认为超过法定期限的，应当提出释放犯罪嫌疑人或者变更逮捕措施的意见，经检察长批准后，通知公安机关执行；经审查认为未超过法定期限的，制作驳回申请决定书答复申诉人。

4. 共四联，第一联为存根，统一保存备查；第二联由侦查监督部门附卷；第三联向犯罪嫌疑人宣告后由侦查部门附卷；第四联送达看守所；四联之间的骑缝线上均有本文书文号，应当按照本文书第三联中文号的填写方法予以填写；具体内容和格式如下样式 128 所示：

______人民检察院
批准延长侦查羁押期限
决定书
（存根）

检　准延〔　　〕号

案由：__________

犯罪嫌疑人基本情况：__________

____

送达机关：__________

批准延长理由：__________

延长期限自____年____月____日起至____年____月____日止，共____个月。

批准人：__________

承办人：__________

填发人：__________

填发时间：__________

第一联统一保存

______人民检察院
批准延长侦查羁押期限
决定书
（副本）

检　准延〔　〕　号

______：

你____于____年____月____日以____号文书提请批准延长犯罪嫌疑人______的侦查羁押期限，经审查认为____（延长侦查羁押期限的理由），且________（说明继续羁押必要性的理由、依据）__________，确有羁押的必要，根据《中华人民共和国刑事诉讼法》第____条的规定，批准对犯罪嫌疑人______延长羁押期限____个月，自____年____月____日至____年____月____日。

（××人民检察院名章）
年　月　日

第二联附卷

______人民检察院
批准延长侦查羁押期限
决定书

检　准延〔　〕　号

______：

你____于____年____月____日以____号文书提请批准延长犯罪嫌疑人______的侦查羁押期限，经审查认为：（延长侦查羁押期限的理由），且__________（说明继续羁押必要性的理由、依据），确有羁押的必要，根据《中华人民共和国刑事诉讼法》第____条的规定，批准对犯罪嫌疑人______延长羁押期限____个月，自____年____月____日至____年____月____日。

（××人民检察院名章）
年　月　日

第三联送达提请机关

样式127：批准延长侦查羁押期限决定书格式样本

________人民检察院
延长侦查羁押期限决定、通知书
（存根）

检　延决〔　〕号

案由：________________

犯罪嫌疑人基本情况：________________

送达机关：________________

延长原因：________________

延长期限自____年____月____日起至____年____月____日止，共____个月。

批准人：________________

承办人：________________

填发人：________________

填发时间：________________

第一联统一保存

________人民检察院
延长侦查羁押期限决定书
（副本）

检　延决〔　〕　号

本院____年____月____日________号逮捕决定书以涉嫌________定逮捕犯罪嫌疑人________一案，因________期限届满不能侦查终结，经本院审查认为：（说明继续羁押必要性的理由和依据），仍有继续羁押的必要，根据《中华人民共和国刑事诉讼法》第____条的规定，决定延长犯罪嫌疑人________的侦查羁押期限____个月，自____年____月____日起至____年____月____日止。

（××人民检察院名章）

年　月　日

第二联 侦查监督部门附卷

________人民检察院
延长侦查羁押期限决定书

检　延决〔　〕　号

本院____年____月____日____号逮捕决定书以涉嫌________决定逮捕犯罪嫌疑人________一案，因________________期限届满不能侦查终结，经本院审查认为：（说明继续羁押必要性的理由和依据），仍有继续羁押的必要，根据《中华人民共和国刑事诉讼法》第____条的规定，决定延长犯罪嫌疑人________的侦查羁押期限____个月，自____年____月____日起至____年____月____日止。

（××人民检察院名章）
年　月　日

本决定已于____年____月____日向我宣告（犯罪嫌疑人亲自书写）。犯罪嫌疑人（亲自签名）：____________
宣　告　人：________

第三联 向犯罪嫌疑人宣告后侦查部门附卷

________人民检察院
延长侦查羁押期限通知书

检　延决〔　　〕号

________：（看守所/监狱名称）

本院____年____月____日____号逮捕决定书以涉嫌____犯罪决定逮捕犯罪嫌疑人________一案，因__________期限届满不能侦查终结，根据《中华人民共和国刑事诉讼法》第____条的规定，决定延长犯罪嫌疑人________的侦查羁押期限____个月，自____年____月____日起至____年____月____日止。

（××人民检察院名章）
年　月　日

第四联送达看守所

样式128：延长侦查羁押期限决定、通知书格式样本

（五）不批准延长侦查羁押期限决定书

根据《刑事诉讼法》第 154 条至第 157 条规定制作，本文书为上级检察院不批准下级检察院提请批准延长侦查羁押期限时，而填制的侦查法律文书。因此，填制时应注意以下问题：

1. 应当以被不批准延长侦查羁押期限的人次为单位制作。

2. 犯罪嫌疑人被羁押的案件，不能在《刑事诉讼法》规定的侦查羁押期限内办结，需要继续查证的，对犯罪嫌疑人可以取保候审或监视居住；检察院直接立案侦查的案件，不能在法定侦查羁押期限内侦查终结的，应当依法释放犯罪嫌疑人或者变更强制措施；检察院监所检察部门对于本院直接立案侦查的案件，发现超过侦查羁押期限的，应当提出纠正意见，报告检察长。

3. 有批准权的检察院对于下级检察院提起延长侦查羁押期限的案件决定不予批准的，应当制作本文书；对于自己立案侦查的案件决定不延长侦查羁押期限的，应当制作决定释放通知书或者作出变更强制措施的决定，而不必制作本文书。

4. 共三联，第一联为存根，统一保存备查；第二联附卷；第三联送达提请机关；本文书三联之间的骑缝线上均有本文书文号，应当按照本文书第三联中文号的填写方法予以填写；具体内容和格式如下样式 129 所示：

（六）重新计算侦查羁押期限决定、通知书

根据《刑事诉讼法》第 158 条规定，本文书为检方在侦查期间，发现已被逮捕的犯罪嫌疑人另有重要罪行，决定自发现之日起重新计算侦查羁押期限，并告知犯罪嫌疑人和通知看守所时，而填制的侦查法律文书。它共四联，第一联为存根，统一保存备查；第二联由侦查监督部门附卷；第三联向犯罪嫌疑人宣告后由侦查部门附卷；第四联送达看守所；具体内容和格式如下样式 130 所示：

______人民检察院
不批准延长侦查羁押期限
决定书
（存根）

检　不准延〔　　〕号

案由：______
犯罪嫌疑人基本情况：______
送达机关：______
不批准理由：______
审批人：______
承办人：______
填发人：______
填发时间：______

第一联统一保存

______人民检察院
不批准延长侦查羁押期限
决定书
（副本）

检　不准延〔　　〕号

______：

你____于____年____月____日以______号文书提请批准延长犯罪嫌疑人______的侦查羁押期限，经审查认为：______，决定不批准延长该犯罪嫌疑人侦查羁押期限。

（××人民检察院名章）
年　月　日

第二联附卷

______人民检察院
不批准延长侦查羁押期限
决定书

检　不准延〔　　〕号

______：

你____于____年____月____日以____号文书提请批准延长犯罪嫌疑人______的侦查羁押期限，经审查认为：______，决定不批准延长该犯罪嫌疑人侦查羁押期限。

（××人民检察院名章）
年　月　日

第三联送达提请机关

样式129：不批准延长侦查羁押期限决定书格式样本

________人民检察院
重新计算侦查羁押期限决定、通知书
（存根）

检　重计〔　　〕号

案由：________________

犯罪嫌疑人基本情况：________________

逮捕时间：________________

涉嫌罪名：________________

侦查中发现另有的重要罪行：________________

重新计算羁押期限开始时间：________________

批准人：________________

承办人：________________

填发人：________________

填发时间：________________

第一联统一保存

________人民检察院
重新计算侦查羁押期限决定书
（副本）

检　重计〔　　〕　号

________院____年____月____日____号逮捕决定书以涉嫌________犯罪决定逮捕的犯罪嫌疑人________，侦查中发现其另犯有________________罪行，根据《中华人民共和国刑事诉讼法》第一百五十八条的规定，决定自____年____月____日起重新计算侦查羁押期限。

（××人民检察院名章）

年　月　日

第二联 侦查监督部门附卷

________人民检察院
重新计算侦查羁押期限决定书

检　重计〔　〕　号

________院____年____月____日________S号逮捕决定书以涉嫌________犯罪决定逮捕的犯罪嫌疑人________，侦查中发现其另犯有________罪行，根据《中华人民共和国刑事诉讼法》第一百五十八条的规定，决定自____年____月____日起重新计算侦查羁押期限。

（××人民检察院名章）
年　月　日

本决定已于____年____月____日向我宣告（犯罪嫌疑人亲自填写）。
犯罪嫌疑人（亲自签名）：________
宣　告　人：________________

第三联 向犯罪嫌疑人宣告后侦查部门附卷

________人民检察院
重新计算侦查羁押期限通知书

检　重计〔　〕　号

____________看守所：

________院____年____月____日____号逮捕决定书以涉嫌________犯罪决定逮捕的犯罪嫌疑人________，侦查中发现其另犯有________罪行，根据《中华人民共和国刑事诉讼法》第一百五十八条的规定，决定自____年____月____日起重新计算侦查羁押期限。

特此通知。

（××人民检察院名章）
年　月　日

第四联送达看守所

样式130：重新计算侦查羁押期限决定、通知书格式样本

第十章　侦查措施文书的填制要领与格式

第一节　侦查措施文书概述

一、侦查措施文书

所谓侦查措施文书，是指检方在职务犯罪侦查过程中，依法适用各种侦查措施时，而依法填制的侦查文书的总和。因此，它包括两类：一类是诸如采取侦查措施审批表（或请示）等通用侦查措施文书。另一类则是特殊侦查措施文书，又包括：传唤、讯（询）问文书，勘验、检查和搜查文书，调取、查封、扣押、查询、冻结文书，鉴定、辨认、侦查实验文书，通缉、边控文书，技术侦查措施文书，赃物处理文书，侦查终结、补充和恢复侦查文书；而每种侦查措施文书，又包括许多具体的侦查措施文书类型。与此同时，侦查措施文书既包括侦查法律文书、《人民检察院组织法》、《人民警察法》、《引渡法》、《看守所条例》、《六部委规定》、《检察规范》、《文书样本》外，根据《检诉规则》规定，检察院办理直接受理立案侦查的案件时：

1. 应当全面、客观地收集、调取犯罪嫌疑人有罪或者无罪、罪轻或者罪重的证据材料，并依法进行审查、核实。

2. 必须重证据，重调查研究，不轻信口供；严禁刑讯逼供和以威胁、引诱、欺骗以及其他非法方法收集证据，不得强迫任何人证实自己有罪。

3. 应当保障犯罪嫌疑人和其他诉讼参与人依法享有的辩护权和其他各项诉讼权利。

4. 应当严格依照刑事诉讼法规定的条件和程序采取强制措施，严格遵守刑事案件办案期限的规定，依法提请批准逮捕、移送起诉、不起诉或撤销案件。

5. 应当对侦查过程中知悉的国家秘密、商业秘密及个人隐私保密。

6. 可以适用讯问犯罪嫌疑人，询问证人、被害人，勘验、检查，搜查，查封、扣押物证、书证，鉴定，技术侦查措施，通缉等各项法定的侦查措施。

二、采取侦查措施审批表

1. 根据《刑事诉讼法》、《人民检察院组织法》和《检诉规则》第四条等规定，本表系检方决定采取勘验、检查、解剖尸体、侦查实验、搜查、调取证据、辨认、侦查实验、通缉等侦查措施审批时，而填制的侦查工作文书。因此，其作用与采取强制措施审批表相似。

2. 它属叙述式侦查文书，须载明犯罪嫌疑人的基本情况、案情简况及采取侦查措施的理由；由案件承办人提出，侦查部门负责人签署审核意见后，报检察长审批；批准后再填写询问通知书、调取证据通知书等相应的侦查措施法律文书。

3. 一式一份，存检察内卷；具体内容和格式如下样式 131 所示：

________人民检察院

采取（　　）侦查措施审批表

检　侦〔　〕号

<table>
<tr><td>案由</td><td colspan="3"></td><td colspan="2">立案时间</td><td colspan="4"></td></tr>
<tr><td rowspan="4">犯罪嫌疑人基本情况</td><td>姓名</td><td></td><td>性别</td><td></td><td>年龄</td><td></td><td>民族</td><td></td></tr>
<tr><td>籍贯</td><td></td><td>政治面貌</td><td></td><td colspan="3">人大代表或政协委员</td><td></td></tr>
<tr><td colspan="2">工作单位及职务、职级</td><td colspan="6"></td></tr>
<tr><td>家庭住址</td><td colspan="7"></td></tr>
<tr><td>简要案情及采取侦查措施的理由等</td><td colspan="8"></td></tr>
<tr><td>承办人意见</td><td colspan="8">年　月　日</td></tr>
<tr><td>部门负责人意见</td><td colspan="8">年　月　日</td></tr>
<tr><td>检察长批示</td><td colspan="8">年　月　日</td></tr>
</table>

样式 131：采取侦查措施审批表格式样本

第二节　传唤、讯（询）问文书的填制要领与格式

一、传唤文书

（一）概述

所谓传唤文书，是指检方在职务犯罪侦查过程中，依法适用传唤时，而依法填制的侦查文书的总和。常见的有：传唤审批表、传唤通知书、传唤讯问笔录、送还被传唤人登记表等。

而填制传唤文书时，除应遵循《刑事诉讼法》、《人民检察院组织法》、《人民警察法》、《引渡法》、《看守所条例》以及《六部委规定》和《文书样本》外，根据高检院《检诉规则》、《检察规范》规定，还应遵循以下法律规定：

1. 对于不需要逮捕、拘留的犯罪嫌疑人，经检察长批准，可以传唤到犯罪嫌疑人所在市、县内的指定地点或者到他的住处进行讯问。

2. 传唤犯罪嫌疑人，应当向犯罪嫌疑人出示传唤证和侦查人员的工作证件，并责令犯罪嫌疑人在传唤证上签名、捺指印。

3. 犯罪嫌疑人到案后，应当由其在传唤证上填写到案时间。传唤结束时，应当由其在传唤证上填写传唤结束时间。拒绝填写的，侦查人员应当在传唤证上注明。

4. 对在现场发现的犯罪嫌疑人，经出示工作证件，可口头传唤，并将传唤的原因和依据告知被传唤人。在讯问笔录中应当注明犯罪嫌疑人到案经过、到案时间和传唤结束时间。

5. 犯罪嫌疑人的工作单位与居住地不在同一市、县的，传唤应当在犯罪嫌疑人的工作单位所在的市、县进行；特殊情况下，也可以在犯罪嫌疑人居住地所在的市、县内进行。

6. 传唤犯罪嫌疑人时，其家属在场的，应当当场将传唤的原因和处所口头告知其家属，并在讯问笔录中注明。其家属不在场的，侦查人员应当及时将传唤的原因和处所通知被传唤人家属。无法通知的，应当在讯问笔录中注明。

7. 传唤持续的时间不得超过 12 小时；案情特别重大、复杂，需要采取拘留、逮捕措施的，传唤持续的时间不得超过 24 小时；两次传唤间隔的时间一般不得少于 12 小时，不得以连续传唤的方式变相拘禁犯罪嫌疑人；传唤犯罪嫌疑人，应当保证犯罪嫌疑人的饮食和必要的休息时间。

（二）传唤审批表

根据《刑事诉讼法》第117条、《检诉规则》第4条、第193条规定，本表是检方对犯罪嫌疑人进行传唤审批时，而填制的侦查工作文书。因此，填制时应注意以下问题：

1. 它应载明犯罪嫌疑人的基本情况、简要案情及传唤的时间、地点、理由等。

2. 由案件承办人提出，侦查部门负责人签署审核意见后，报主管副检察长或检察长审批，批准后填写传唤通知书。

3. 它属填充式侦查工作文书，以一人为单位填制一式一份，存检察内卷。具体内容和格式如下样式132所示：

人民检察院
传唤审批表

提请部门								提请时间	
犯罪嫌疑人基本情况	姓名		年龄		性别		住址	单位	
案 由									
简要案情									
传唤时间									
传唤地点									
传唤理由									
承办人意见	年 月 日								
部门负责人意见	年 月 日								
检察长批示	年 月 日								
备 注									

样式132：传唤审批表格式样本

（三）传唤证

根据《刑事诉讼法》第117条、《检诉规则》第193条规定，本文书为检方传唤职务犯罪嫌疑人时，而填制的侦查工作文书。因此，填制时应注意以下问题：

1. 填制时由检察长签名或盖章并加盖检察院印章。

2. 犯罪嫌疑人到案后，应责令其在传唤证上填写到案时间；讯问结束后，填写讯问结束时间，并签名或者盖章。犯罪嫌疑人拒绝填写的，检察人员应在传唤证上注明。

3. 本文书共两联，第一联统一保存备查，第二联由被传唤人填写时间并签字或盖章后附卷；具体内容和格式如下样式133所示：

（四）传唤通知书

根据《刑事诉讼法》第117条规定，本文书为检方在办理案件过程中，通知未被采取拘留、逮捕强制措施的犯罪嫌疑人到指定地点接受讯问时，而填制的侦查法律文书。因此，填制时应注意以下问题：

1. 应当以被传唤的人次为单位制作。

2. 传唤后讯问的时候，检察人员不得少于两人；一次传唤持续的时间最长不得超过12小时；不得以连续传唤的形式变相拘禁犯罪嫌疑人。

3. 传唤后讯问犯罪嫌疑人的时候，应当首先查明他的基本情况，讯问其是否有犯罪行为，让其陈述有罪的事实或者作无罪的辩解，然后向他提出问题；对提出的反证要认真查核；严禁刑讯逼供和以相威胁、引诱、欺骗以及其他非法的方法获取供述。讯问聋、哑的犯罪嫌疑人，应当有通晓聋、哑手势的人在场，并且将这种情况记明笔录。

4. 对经传唤无正当理由不按时到达指定地点接受讯问的犯罪嫌疑人，可以适用拘传。

5. 它只适用于没有被采取拘留、逮捕强制措施的犯罪嫌疑人：①犯罪嫌疑人未被采取任何强制措施；②犯罪嫌疑人被采取了除拘留和逮捕以外的强制措施，包括被采取取保候审或者监视居住的犯罪嫌疑人和曾被拘传过的犯罪嫌疑人。因此，对于因采取拘留、逮捕强制措施而被羁押的犯罪嫌疑人，需要讯问的，应当使用提讯、提解证。

6. 讯问犯罪嫌疑人和询问证人，都不能使用本文书而应当使用讯问或询问通知书。

7. 传唤后的讯问开始和结束时间，应由犯罪嫌疑人填写时间并签名或盖章、捺指印。犯罪新嫌疑人拒绝签名或盖章、捺指印的，应当在笔录中注明。

8. 共三联，第一联统一保存备查，第二联附卷，第三联送达被传唤人；三联之间的骑缝线上均有本文书文号，应当按照本文书第三联中文号的填写方法予以填写；具体内容和格式如下样式134所示：

________人民检察院

传 唤 证

（存根）

检 拘传〔　〕　号

案由：____________________

犯罪嫌疑人基本情况（姓名、性别、年龄、工作单位、住址、身份证号码、是否人大代表、政协委员）：__________

承办人：____________________

填发人：____________________

填发时间：____________________

执行时间：____________________

第一联统一保存

________人民检察院

传 唤 证

检　拘传〔　〕　号

根据《中华人民共和国刑事诉讼法》第一百一十七条、《检诉规则》第一百九十三条的规定，兹派本院工作人员__________对犯罪嫌疑人______予以传唤。

（××检察长名章）

年　月　日

（××人民检察院名章）

到案时间：___年___月___日___时___分

讯问结束时间：___年___月___日___时___分

被传唤人（亲自签名）：________________

宣 告 人（亲自签名）：________________

第二联在传唤讯问后附卷

样式133：传唤证格式样本

______人民检察院
传唤通知书
（存根）

检　传〔　〕号

案由：______

犯罪嫌疑人基本情况（姓名、性别、年龄、工作单位、住址、身份证号码、是否人大代表、政协委员）：______

应到时间：______

应到地点：______

批 准 人：______

批准时间：______

承办人：______

填发时间：______

填 发 人：______

第一联统一保存

______人民检察院
传唤通知书
（副本）

检　传〔　〕号

______：

根据《中华人民共和国刑事诉讼法》第一百一十七条的规定，现通知居住在____的犯罪嫌疑人____于____年____月____日____时到达______接受讯问。被传唤人必须持此件报到，无故不到，得以拘传。

（××人民检察院名章）
年　月　日

讯问开始时间：____年____月____日____时____分

讯问结束时间：____年____月____日____时____分

被讯问人（亲自签名）：______

第二联附卷

______人民检察院
传唤通知书

检　传〔　〕号

______：

根据《中华人民共和国刑事诉讼法》第一百一十七条的规定规定，现通知居住在______的犯罪嫌疑人____于____年____月____日____时到达____接受讯问。被传唤人必须持此件报到，无故不到，得以拘传。

（××人民检察院名章）
年　月　日

第三联送达被传唤人

样式134：传唤通知书格式样本

（五）传唤讯问笔录

根据《刑事诉讼法》第117条第1款、《检诉规则》第193条第4款规定，作为职务犯罪侦查笔录的一种，本笔录是指检方在职务犯罪侦查过程中，对在现场发现的犯罪嫌疑人进行口头传唤并讯问时，而制作的侦查笔录。因此，制作时应注意以下问题：

1. 对在现场发现的犯罪嫌疑人，经出示工作证件，可口头传唤，并将传唤原因和依据告知被传唤人，且在讯问笔录中应注明犯罪嫌疑人到案经过、到案时间和传唤结束时间。

2. 传唤犯罪嫌疑人时，其家属在场的，应当场将传唤的原因和处所口头告知其家属，并在本笔录中注明；其家属不在场的，侦查人员应及时将传唤的原因和处所通知被传唤人家属，无法通知的，应在本笔录中注明。

3. 传唤并讯问犯罪嫌疑人一般按照下列顺序进行：首先是查明犯罪嫌疑人的基本情况，包括姓名、出生年月日、籍贯、身份证号码、民族、职业、文化程度、工作单位及职务、住所、家庭情况、社会经历、是否属于人大代表、政协委员等；其次是告知犯罪嫌疑人在侦查阶段的诉讼权利，有权自行或委托律师辩护，告知其如实供述自己罪行可以依法从宽处理的法律规定；最后是讯问犯罪嫌疑人是否有犯罪行为，让他陈述有罪的事实或无罪的辩解，应允许其连贯陈述。

4. 犯罪嫌疑人对侦查人员的提问，应如实回答。但对与本案无关的问题，有权拒绝。

5. 传唤和讯问用语，应符合《检察机关文明用语规则》。

6. 传唤并讯问犯罪嫌疑人应制作本笔录；本笔录应当忠实于原话，字迹清楚，详细具体，并交犯罪嫌疑人核对；犯罪嫌疑人没有阅读能力的，应向他宣读；如果记载有遗漏或差错，应补充或改正；犯罪嫌疑人认为本笔录没有错误的，由犯罪嫌疑人在本笔录上逐页签名或盖章并捺指印，并在末页写明“以上笔录我看过（向我宣读过），和我说的相符”，同时签名、盖章、捺指印并注明日期；如果犯罪嫌疑人拒绝签名、盖章、捺指印的，检察人员应在本笔录上注明；讯问的检察人员也应在本笔录上签名。

7. 犯罪嫌疑人请求自行书写供述的，检察人员应准许；必要的时候，检察人员也可以要求犯罪嫌疑人亲笔书写供述；犯罪嫌疑人应在亲笔供述的末页签名并捺指印，并注明书写日期；检察人员收到后，应在首页右上方写明“于某年某月某日收到”，并签名。

8. 本笔录制作完成后应复制一份，正本存检察正卷、副本存检察内卷；其具体内容和格式如下样式135所示：

______人民检察院
传唤讯问笔录

传唤讯问开始时间：____年__月__日__时__分至结束时间__日__时__分
传唤讯问地点：________________
讯问人员姓名：______记录人员姓名：______录制人员姓名：______
被传唤讯问犯罪嫌疑人姓名：__性别：__年龄（出生日期）：__民族：__
政治面貌：____文化程度：___籍贯（出生地）：___身份证号码：____
工作单位：______职业（职务）：______联系电话：________
E—mail：________QQ：____________
现在住址：________________
传唤讯问内容（包括到案经过、到案时间和传唤结束时间、家庭情况、社会经历、是否属于人大代表、政协委员等）：问：____________
答：________________
你核对一下笔录（或向犯罪嫌疑人宣读笔录），看看笔录记录情况是否与讯问情况一致。记录中有出入，你可以提出补充或修改；如没出入，你签写核对意见并签名（捺指印）（告知犯罪嫌疑人核对笔录意见的用语内容及签写位置）。
“以上笔录向我读过（或我已看过），与我说的一样。”（须被传唤讯问犯罪嫌疑人亲自书写）
被传唤犯罪嫌疑人（签名并捺指印）：____________
讯问人员（亲自签名）：___录制人员（亲自签名）：___记录人员（亲自签名）：___
年　月　日

第　页

样式135：传唤讯问笔录格式样本

（六）提讯（解）犯罪嫌疑人请示

本文书是检方因辨认、提取证据、取赃等确需提押犯罪嫌疑人到看守所以外地点报经领导审批时，所填制的侦查工作文书。因此，它属叙述式侦查文书，应载明犯罪嫌疑人的基本情况、羁押处所、出所理由、时间、地点；由承办人提出，侦查部门负责人签署意见后，报主管副检察长或检察长审批；以提押次数为单位填制，一式一份，存侦查内卷；具体内容和格式如下样式136所示：

________人民检察院
提讯（解）犯罪嫌疑人请示

犯罪嫌疑人简要情况、案由、现羁押地点	
提押的理由及地点	
提押的时间安排、参加提押的司法警察、安全保障措施等	
承办人意见	年　月　日
部门负责人意见	年　月　日
检察长批示	年　月　日

样式 136：提讯（解）犯罪嫌疑人请示格式样本

（七）提讯、提解证

根据《刑事诉讼法》第 162 条、第 170 条规定，本文书为检方从看守所提讯、提解在押犯罪嫌疑人时，而填制的侦查法律文书。因此，它以人为单位制作，每提讯、提解一次，在提讯、提解证上登记一行。提解犯罪嫌疑人出所辨认、起赃的，应当将提讯、提解证交由监管人员保存，将犯罪嫌疑人还押后取回；本文书一联，使用完后附卷；具体内容和格式如下样式 137 示：

________人民检察院
提讯、提解证

检 提讯、提解〔　　〕　号

犯罪嫌疑人				性别	
年龄				代号	
羁押期限				办案人员姓名	
提讯、提解时间	事由	办案人员签名	收监或回所时间		看守员签名
年　月　日　时　分			年　月　日　时　分		
年　月　日　时　分			年　月　日　时　分		

依法延长、重新计算羁押的，拘留转逮捕的，案件改变管辖的，更换办案人员的，应当重新办理《提讯证》。超过羁押期限的，原提讯证作废。提讯时侦查人员不得少于两人。

“事由”栏根据情况填写“讯问”、“出所辨认”、“出所起赃”等。

样式 137：提讯、提解证格式样本

（八）提讯情况、提解情况记载

根据《刑事诉讼法》第 162 条、第 170 条规定，本文书为检方从看守所提讯犯罪嫌疑人和提解在押犯罪嫌疑人出所辨认有关证据时，而填制的侦查法律文书。因此，它在每一次提讯、提解犯罪嫌疑人时都必须详细记明提讯、提解的时间并由看守所监管人员签名；侦查终结时，该卷必须附卷；本文书可以根据需要复制；具体内容和格式如下样式 138、139 所示：

________人民检察院

提讯情况记载

单位	犯罪嫌疑人	提讯时间	还押时间	提讯人员签名	监管人员签名
		年　月　日　时　分	年　月　日　时　分		
		年　月　日　时　分	年　月　日　时　分		
备注					

样式 138：提讯情况记载格式样本

________人民检察院

提解情况记载

单位	犯罪嫌疑人	提解时间	还押时间	提讯人员签名	监管人员签名
		年　月　日　时　分	年　月　日　时　分		
		年　月　日　时　分	年　月　日　时　分		
备注					

样式 139：提解情况记载格式样本

（九）送还被传唤讯问人登记表

根据高检院《人民检察院司法警察条例》、《关于转办〈福建省人民检察院关于检察机关司法警察协助检察官开展职务犯罪侦查工作的若干规定（试行）〉的通知》规定，本表通常由检方的司法警察填制，以被传唤人为单位一式两份，一份由司法警察部门备查，一份交侦查部门附卷；具体内容和格式如下样式 140 所示：

______人民检察院
送还被传唤讯问人登记表

被传唤讯问人姓名		性别		年龄		民族		身份证号	
工作单位								职务	
家庭住址								联系方式	
案由									
承办单位									
送还人									
护送途中情况记录									
被护送人单位接收签字	年　月　日								
被护送人亲属签字	年　月　日								
填表人	年　月　日								
备注									

样式 140：送还被传唤讯问人登记表格式样本

二、讯问文书

（一）概述

所谓讯问文书，是指检方在职务犯罪侦查过程中，依法适用讯问措施时而依法填制的侦查文书的总和。常见的有：首次讯问笔录、一般讯问笔录、讯问翻译笔录等。而填制讯问文书时，除应遵循《刑事诉讼法》、《人民检察院组织法》、《人民警察法》、《看守所条例》以及《六部委规定》、《检察规范》、《文书样本》、《人民检察院司法警察条例》和高检院、公安部《关于审查逮捕阶段讯问犯罪嫌疑人的规定》（2010 年 8 月 31 日）外，根据《检诉规则》规定，还应遵循以下法律规定：

1. 讯问犯罪嫌疑人，由检察人员负责进行；讯问的时候，检察人员不得少于两人；讯问同案的犯罪嫌疑人，应当分别进行。

2. 对于不需要逮捕、拘留的犯罪嫌疑人，经检察长批准，可以传唤到犯罪嫌疑人所在市、县内的指定地点或者到他的住处进行讯问。

3. 犯罪嫌疑人被送交看守所羁押后，检察人员对其进行讯问，应当填写提讯、提解证，在看守所讯问室进行；因侦查工作需要，需要提押犯罪嫌疑人出所辨认或者追缴犯罪有关财物的，经检察长批准，可以提押犯罪嫌疑人出所，并应当由两名以上司法警察押解；不得以讯问为目的将犯罪嫌疑人提押出所进行讯问。

4. 讯问犯罪嫌疑人一般按照下列顺序进行：第一步，查明犯罪嫌疑人的基本情况，包括姓名、出生年月日、籍贯、身份证号码、民族、职业、文化程度、工作单位及职务、住所、家庭情况、社会经历、是否属于人大代表、政协委员等；第二步，告知犯罪嫌疑人在侦查阶段的诉讼权利，有权自行辩护或委托律师辩护，告知其如实供述自己罪行可以依法从宽处理的法律规定；第三步，讯问犯罪嫌疑人是否有犯罪行为，让他陈述有罪的事实或者无罪的辩解，应当允许其连贯陈述；犯罪嫌疑人对侦查人员的提问，应当如实回答。但是对与本案无关的问题，有拒绝回答的权利。

5. 讯问犯罪嫌疑人时，应当告知犯罪嫌疑人将对讯问进行全程同步录音、录像，告知情况应当在录音、录像中予以反映，并记明笔录。

6. 讯问时，对犯罪嫌疑人提出的辩解要认真查核；严禁刑讯逼供和以威胁、引诱、欺骗以及其他非法的方法获取供述。

7. 讯问聋、哑或者不通晓当地通用语言文字的人，检察院应当为其聘请通晓聋、哑手势或者当地通用语言文字且与本案无利害关系的人员进行翻译。翻译人员的姓名、性别、工作单位和职业应当记录在案；翻译人员应当在讯问笔录上签字。

8. 讯问犯罪嫌疑人，应当制作讯问笔录。讯问笔录应当忠实于原话，字迹清楚，详细具体，并交犯罪嫌疑人核对。犯罪嫌疑人没有阅读能力的，应当向他宣读。如果记载有遗漏或者差错，应当补充或者改正。犯罪嫌疑人认为讯问笔录没有错误的，由犯罪嫌疑人在笔录上逐页签名、盖章或者捺指印，并在末页写明“以上笔录我看过（向我宣读过），和我说的相符”，同时签名、盖章、捺指印并注明日期。如果犯罪嫌疑人拒绝签名、盖章、捺指印的，检察人员应当在笔录上注明。讯问的检察人员也应当在笔录上签名。

9. 犯罪嫌疑人请求自行书写供述的，检察人员应当准许；必要的时候，检察人员也可以要求犯罪嫌疑人亲笔书写供述；犯罪嫌疑人应当在亲笔供述的末页签名、捺指印，并注明书写日期；检察人员收到后，应当在首页右上方写明“于某年某月某日收到”，并签名。

10. 检察院立案侦查职务犯罪案件，在每次讯问犯罪嫌疑人的时候，应当对讯问过程实行全程录音、录像，并在讯问笔录中注明。

11. 上一级检察院经审查，对符合《检诉规则》第305条规定情形的，应当讯问犯罪嫌疑人；对未被拘留的犯罪嫌疑人，讯问前应当征求下级检察院侦查部门的意见。讯问犯罪嫌疑人，可以当面讯问，也可以通过视频讯问。通过视频讯问的，上一级检察院应当制作笔录附卷。下级检察院应当协助做好提押、讯问笔录核对、签字等工作。因交通、通讯不便等原因，不能当面讯问或者视频讯问的，上一级检察院可以拟定讯问提纲，委托下级检察院侦查监督部门进行讯问；① 下级检察院应当及时将讯问笔录报送上一级检察院。

12. 侦查监督部门讯问未被拘留的犯罪嫌疑人，讯问前应当征求侦查机关的意见，并做好办案安全风险评估预警工作。②

（二）一般讯问笔录

根据《刑事诉讼法》第199条、《检诉规则》第199条规定，作为职务犯罪侦查笔录的一种，本笔录是指检方在职务犯罪侦查过程中，除首次讯问、传唤讯问、讯问翻译外，讯问犯罪嫌疑人时而制作的侦查笔录。因此，适用并制作讯问笔录时，应注意以下问题：

1. 要了解并掌握讯问规则。其中关键是要了解并掌握《刑事诉讼法》、《看守所条例》、《检察规范》、《检诉规则》，以及高检院《关于国家安全机关设置的看守所依法接受人民检察院法律监督有关事项的通知》（1997年8月21日），高检院、公安部《关于加强看守所法律监督工作的通知》（1999年11月22日），公安部《看守所留所执行刑罚罪犯管理办法》（2008年2月29日），高检院《人民检察院讯问职务犯罪嫌疑人实行全程同步录音录像技术工作流程（试行）》、《人民检察院讯问职务犯罪嫌疑人实行全程同步录音录像系

① 另据2013年7月8日出版的《检察日报》报道。2009年9月，高检院在全国省级以下检察院试行职务犯罪案件审查逮捕“上提一级”改革。但由于各地办理的职务犯罪案件嫌疑人均羁押在当地羁押场所，从山西省检察院到各市，来回车程最短两个多小时，最长十几个小时，加上讯问过程，一次提审往往需要两天时间。长途异地提讯、案多人少、办案期限紧张等，成为制约职务犯罪案件审查逮捕“上提一级”改革的瓶颈。为破解这一难题，山西省检察机关从信息化建设着手，通过加强信息化建设及其成果的应用，推动各项检察工作的深入开展。长治市检察院先行先试，2012年7月，首次启用远程视频提讯系统，完成首例对职务犯罪案件犯罪嫌疑人的远程提讯工作。2013年3月，山西省检察专线网建成运行，使省市间职务犯罪案件审查逮捕远程提讯成为可能。

② 另据2013年4月12日出版的《检察日报》报道，近日，浙江省宁波市北仑区检察院研发的“身心监护仪”被国家知识产权局授予实用新型专利证书。据悉，该院高度重视科技强侦工作，为适应修改后刑诉法保障人权和严格排除非法证据的要求，2012年在全国率先创新研发了讯问“身心监护仪”。它通过采集犯罪嫌疑人的皮肤电阻等数据，形成嫌疑人的心理图谱走势，并将其嵌入同步录音录像系统，在办案实践中对检察官取证规范进行严格约束，佐证了取证活动的合法性，目前已成功应用于20余起职务犯罪案件的侦查讯问中，取得良好效果。

统建设规范（试行）》和《人民检察院讯问室的设置和使用管理办法》、《人民检察院看守所检察办法》（2008 年 3 月 23 日）、《检察机关文明用语基本规范》等规定中，有关讯问的规定。当然，被讯问人也可自书讯问笔录。例如，在薄熙来案中，就有如下记载："公诉人向法庭出示被告人薄熙来供述、亲笔供词、自书材料，被告人薄熙来在中央纪委审查阶段有一份自书材料、在侦查阶段有一份亲笔供词，在审查起诉阶段有1份供述。审判长，鉴于被告人当庭供述与在中央纪委审查期间的自书材料、在侦查阶段的亲笔供词及审查起诉阶段的供述不一致，公诉人向法庭宣读被告人薄熙来原有的供述、亲笔供词及自书材料节录。公诉人宣读被告人薄熙来 2012 年 6 月 28 日自书材料节录：印象里还有一次，看到徐明和谷开来闲聊，徐谈到在法国尼斯有套房子，环境很好，蛮漂亮，建议我们有时间去看看。我当时也没在意，随口说，那有机会就去看看，散散心……"①

2. 要做好讯问前的准备工作：①精心、合理地组织、配备讯问力量。②利用初查或了解初查情况等全面了解欲讯问案件的具体情况。③分析案件材料，熟悉案情。④精心、周密制订讯问计划（或提纲）。

3. 要了解并掌握讯问谋略。从宏观上说，要了解、掌握并运用讯问谋略，需做到以下 8 点：①明之以法。即讯问人依法向被讯问人宣讲、解释我国现行法律、法规、政策规定和相关理论，以保证讯问顺利进行的一种讯问谋略；②示之以据。即讯问人依法向被讯问人出示、宣读或暗示已掌握的证据材料或其证据、案件事实和情况，以保证讯问顺利进行的一种讯问谋略；③慑之以威。即通过讯问人的造势、神情、语言、举止等方法使被讯问人感到震慑和敬畏，以保证讯问顺利进行的一种讯问谋略；④持之以恒。即使被讯问人感到讯问人有一种不达目的绝不收兵的讯问恒心，以保证讯问顺利进行的一种讯问谋略；⑤晓之以理。即讯问人运用政治、哲学、法学、道德、伦理、宗教、信仰、社会常识等面的道理，对被讯问人进行教育，使之知道其中道理，从而产生认罪心理，以保证讯问顺利进行的一种讯问谋略；⑥动之以情。即讯问人针对被讯问人感情上的执着点或弱点，向其灌输某种符合其心理需求和使之满足的情感，使之产生感动激情，从而交代违纪违法犯罪事实，以保证讯问顺利进行的一种讯问谋略；⑦许之以利。即讯问人向被讯问人许诺利益，使之在权衡利弊之下交代违纪违法犯罪情况，以保证讯问顺利进行的一种讯问谋略；⑧惑之以计。即讯问人使用计谋迷惑被讯问人，使之做出错误的判断，从而交代违纪违法犯罪事实，以保证讯问顺利进行的一种讯问谋略。

---

① 参见《薄熙来案 8 月 23 日庭审实录》，载《新华网》2013 年 8 月 23 日。

从微观上讲，要了解并掌握讯问谋略，还应注意以下 7 点：①了解并掌握掌握讯问心理谋略；②了解并掌握情感影响谋略；③了解并掌握逻辑分析谋略；④了解并掌握出示证据谋略；⑤要了解并掌握利用矛盾谋略；⑥了解并掌握论述性谋略；⑦了解并掌握因人而异的讯问谋略。

4. 要了解、掌握并选用恰当的讯问方法：

（1）教育攻心法。即讯问人通过思想教育和心理刺激，促使被讯问人消除对立，转变思想，如实供述的一种讯问方法。

（2）单刀直入法，亦称“开门见山，快刀斩乱麻”法。即讯问人直截了当地向被讯问人提出关键性问题，并且穷追不舍地促其供述的一种讯问方法。

（3）迂回包抄法。即讯问人有意识地迂回提问，而暂不触及要害问题的一种讯问方法。

（4）稳扎稳打法，亦称“由浅入深，循序渐进”法。即讯问人先对突破口上的问题问清敲实，然后步步为营地把讯问推向纵深的一种讯问方法。

（5）秋风卷席法。即讯问人对被讯问人的每 1 件事的交待不作细问，有时装作不屑一顾，催促其交待所有问题，特别是大的问题。待扫荡一遍后，再逐个问题问细、敲实。

（6）先发制人法。即讯问人先将讯问的目的底牌亮出，抢先发起进攻，迫使被讯问人交待的一种讯问方法。

（7）后发制人法。即讯问人先问轻松的话题，待被讯问人的弱点和矛盾充分暴露后，再抓住其弱点和矛盾发起进攻的一种讯问方法。

（8）刚柔相济法。即讯问人针对被讯问人所有的抗拒和坦白两种矛盾心理，采取威慑施压与关心引导相结合的办法对其进行讯问的一种方法。

（9）弱处开刀法。即讯问人在讯问过程中，首先将攻击重点对准共同犯罪中心理承受能力较弱的对象和单个犯罪嫌疑人防御的弱点，并从此打开缺口，扩大战果，迫使犯罪嫌疑人全面崩溃的一种讯问方法。

（10）密切配合法，即讯问人在讯问时，讯问人和记录人要密切配合，协调一致；如果配合得恰到好处，可以使讯问工作事半功倍。

（11）坚持法。即在讯问遇到挫折时，讯问人要保持冷静的心态、坚定的信心、顽强的斗志；被讯问人能“磨”，我比他更能“磨”，“磨”得他着急上火，“磨”得他心慌意乱，“磨”到他老实交待；在核心、缺口、矛盾问题上保持绵延不断的进攻态势，不急不躁，不慌不忙，不松不怠，“打破砂锅问到底”；在思想瓦解上耐心细致，不惜口舌。在许多情况下，只要再坚持一下，就能克服“山穷水尽疑无路”的困境，迎来“柳暗花明又一村”的胜利。

（12）模糊法。即经过特定的语言强化作用，利用被讯问人接受信息的有限性和讯问人灌输信息的目的性，造成被讯问人思维的严重片面性，从而把其思维打乱、搅混，从而瓦解其意志。

（13）共振法。即讯问人运用被讯问人容易接受的观点作为瓦解其意志的起点和基础，也就是俗话说的寻找共同语言的方法。

（14）亲近法。即讯问人采取对被讯问人关心的态度缩短双方的心理距离，寻找一种亲近效应，从而瓦解其意志。

（15）进攻（或攻击）法。即讯问人运用主动进攻的方法讯问被讯问人。它通常针对有确证的犯罪嫌疑人、现场抓获的犯罪嫌疑人和缺乏反讯问能力的犯罪嫌疑人。

（16）试探法。即讯问人通过提出中性的、非指空性的问题，激发犯罪嫌疑人的行为反应，借以观察、分析其是否诚实、如实供述，进而判断其是否有罪的讯问方法。

（17）离间法。讯问人利用犯罪嫌疑人之间矛盾，而各个击破的讯问方法。

（18）“软硬兼施，虚实相接”法。即讯问人运用软硬兼施、虚实相接的方法进行讯问。

5. 要了解并掌握讯问中的问与答。其中关键在于，既要了解并掌握提问技巧，也要了解并掌握答问技巧。

6. 要了解并掌握讯问的开头技巧。一方面，要了解并掌握讯问开头的基本要求：①要根据被讯问人的具体情况，选择有针对性的开头方法；②要选择恰当的讯问开头方法，要讲究谋略；③讯问开头的内容要客观、真实、符合情理；④讯问人的形象既要威严，又要尊重被讯问人的人格、权益。

另一方面，要了解并掌握讯问开头的常用方法：①以思想教育口头；②以示证开头；③以反常规的话语开头；④以正话反说开头；⑤以开门见山开头；⑥以尊称、关心、肯定、鼓励、吹捧、威慑、利诱、接受讯问的犯罪嫌疑人开头；⑦帮助被讯问人分析、寻找从宽情节开头；⑧以引起被讯问人最关注的话语、人、事情开头；⑨以被讯问人最担心、最牵挂的人或事开头；⑩以被讯问人最放心的人或事开头；⑪以被讯问人走上违纪违法犯罪的客观原因开头。因此，要因人、因案、因事而有针对性地选择恰当的讯问开头方法。

7. 要了解、掌握和要运用讯问语言。从宏观上说，讯问语言应该具有煽动性、启迪性、针对性。因此，讯问用语的基本要求：一要准确恰当，措词贴切；二要规范化；三要选择易于沟通接受讯问的犯罪嫌疑人思想和语言的用语；四要选择积极语言、能够激发犯罪嫌疑人交待问题，同时又能抑制其抗拒讯问的消极因素。

从微观上说，运用讯问语言时，还应注意以下问题：一要合法；二要周密；三要规范。

而实践表明，使用各种讯问语言还应注意起作用、场合：①气势语言的作用在于确立讯问人的威严，同时让接受讯问的犯罪嫌疑人在直觉上产生自己的犯罪行为和犯罪证据已被掌握的心理；②模糊语言的作用在于打消接受讯问的犯罪嫌疑人的侥幸心理；③精确语言是指表达事物确切具体，逻辑关系严密贴切的语言；④无声等肢体语言的作用在于产生威慑感；⑤重复语言的作用在于强化接受讯问的犯罪嫌疑人的紧张状态，控制其思维；⑥抚慰语言的作用在于开导犯罪嫌疑人，固定其已作的供述，防止翻供；⑦间接语言是在表达事物或意向时不直截了当，而是从侧面迂回表达；⑧委婉语言是发问的措词婉转曲折，不使用容易产生刺激性的语言，使对方容易接受；⑨巧用借喻语。它是比喻的一种。全然不讲本体，也不用比喻词，只用喻体来作本体的代表，把喻体当作本体来说的一种表达方式；⑩妙用双关语，它是指利用语言文字上同音同义的关系，使一句话关涉两件事，达到所要说明的意思；⑪讯问人可根据接受讯问的犯罪嫌疑人的籍贯情况，适当使用方言土语；⑫巧用谚语。它是流传于民间的简练通俗而富有意义的语句。一般用形象性的对白表现其思想，喻事明理，规劝、忠告、启示人们；⑬巧用歇后语。它多为群众熟识的诙谐而形象的语句。运用时可以隐去后文，以前文示义，也可以前后文并列；⑭恰当使用成语。它大多是由4个字组成的习用的固定词组，形式简洁而意思精辟。对具有一定文化程度的犯罪嫌疑人，用通俗易懂的成语稍加点拨，就能使其明了事理。

8. 要了解并掌握讯问中的对质。实践证明，使用对质方式必须具备以下条件：

（1）对质双方或各方的陈述中，只有在案件主要事实上产生矛盾时，才能进行对质；如果对案件次要问题或相关情节上产生矛盾，则不宜进行对质。特别是在职务犯罪侦查过程中，更要慎用对质。

（2）矛盾的出现很可能是由一方说谎引起的。如果由于一方对事物的认识或记忆而引起陈述间的矛盾，则不宜进行对质。

（3）侦查人员认为有必要进行对质，而矛盾双方或多方至少有一方愿意对质的。

（4）没有更为有效的办法可以解决已知的陈述矛盾。当然，案件中不同的人对同一事实作出互相矛盾陈述的情况，也是经常遇到的。

9. 要了解并掌握讯问中的示证。实践中，常见的示证方法主要包括间接与直接示证法两种。

所谓间接示证法，亦即暗示证据法，是指讯问人运用既得证据，进行逻辑推理，依据案件事实发展的客观规律，确定讯问方向、计划、方法，进行逐步渗透讯问的一种示证方法。这一方法，是在已经掌握了能够反映案件事实概貌的证据的情况下使用的，也是运用既得证据在反映客规律上的整体价值，将既得证据融汇到讯问的问题中，进行具体讯问的辅助方法。

所谓直接示证法。贪污贿赂等职务犯罪嫌疑人，往往自认为活动隐蔽、手段狡猾或自恃与同案犯及相关人订有共守同盟，而不相信检察机关能掌握其犯罪证据。因而态度顽固、矢口否认自己有犯罪行为。在这种情况下，适时运用直接示证法，亦即明示证据法，往往可以破除其的幻想，促使他交待罪行。而运用此种方法的基本要求：①正确掌握出示证据材料或其证据的时机，而不能一遇到被讯问人狡辩就立即出示证据材料或其证据，这样做往往收不到应有的效果；②正确选择所出示的证据材料或其证据；③周密预测被讯问人可能作出的辩解。

10. 要了解并掌握口供的利弊。就口供的利而言，①可印证其他证据；②能把犯罪嫌疑人、被告人与犯罪事实联系起来；③能简单明了地解释犯罪事实真相、排除矛盾；④通过口供可发现新的犯罪事实及其证据材料或证据；⑤通过口供可查明犯罪嫌疑人、被告人的主观罪过；⑥既有助于分清罪与非罪、重罪与轻罪、此罪与彼罪的界限，也有助于衡量犯罪嫌疑人、被告人认罪和悔罪的程度等作用。

就口供的弊来说，①它是产生刑讯逼供的温床；②它的特性决定了其证据效力的“可伸缩性”；③口供证据规则的研究落后，导致一些案件在运用口供时无法达成共识；④它在实践运用中被过度依赖，导致其他证据难以发挥应有的作用，不利于建立完整的证据规则；⑤缺少相关配套制度的保障，使得口供使用的效果大打折扣。

而把口供作为定案的依据时，一般应遵循以下原则：一要审查口供的知密度。即要尽可能判明犯罪嫌疑人对案件处于秘密状态的事实和犯罪现场细节的知晓程度；在证明犯罪人是谁方面，口供的价值主要取决于其知密度的高低。知密度越高，口供的价值就越大，口供的证明力也就越强；二要排除犯罪嫌疑人、被告人被转告犯罪事实的情况；三要排除犯罪嫌疑人到过现场而未作案的情况；四要遵循供述自治原则。即犯罪嫌疑人自愿承认自己犯有某种罪行，并披露该罪行实施的全部或部分情况，司法机关不得随意强迫；五要坚持对供述证据实行程序和实体性审查并重原则，依法排除以非法手段取得的口供。

11. 要正确看待“如实回答”和“与本案无关问题”，更要学会打破讯问僵局：

（1）可采用漫谈式讯问法。即讯问人与被讯问人谈的内容看似与案件无关，但旨在使其开口说话，让其思想松懈，然后抓住其谈话中一些有用的“信息”进行讯问，促其如实交代犯罪事实的一种讯问方法。

（2）可采用敲山震虎式讯问法。即在接受讯问的犯罪嫌疑人拒不供述，怀着侥幸心理沉默时，讯问人要不急于对其讯问，而是通过冷处理，并故意在其面前暴露一些案情，使其心理上确信检方已掌握了关键证据，进而在强大的思想压力下主动交代问题。

（3）可采用突然讯问法。即趁被讯问人思想上没有防备，突然向其发问的一种讯问方法。被讯问人虽保持沉默，但其心理上因心虚而会显得十分紧张和慌乱。

（4）可采用跳跃式讯问法。即根据初查所掌握的部分确凿的证据材料或其证据，故意越过一些犯罪情节，直接讯问其犯罪的关键情节和相关的证据材料或其证据，使被讯问人误以为检方已掌握了全部的证据材料或其证据，从而有效地攻破其心理防线。

12. 要了解并掌握供述心理，并避免讯问忌讳：一忌胸中无数；二忌先入为主；三忌情绪对立；四忌各自为战；五忌矢不中的；六忌随意许诺；七忌急躁发火；八忌溢于言表。

13. 至于讯问的实际运作，可参照薄熙来案的下列实录——“薄熙来受贿、贪污、滥用职权案今天上午继续在济南市中级人民法院公开审理。据济南中院官方微博播报，法庭就起诉书指控被告人薄熙来受贿的事实继续进行调查，公诉人利用多媒体继续向法庭出示有关证人证言、书证以及被告人薄熙来的供述、亲笔供词和自书材料。控辩双方对上述证据进行质证。其间，庭审现场公布了薄谷开来证言同步录音录像——最高检工作人员：请说一下您的姓名。薄谷开来：薄谷开来。最高检工作人员：我们是最高人民检察院工作人员，今天找你来进一步核实薄熙来案件的有关情况。依照我国刑事诉讼法规定，你作为证人依法享有相应的权利，同时也应该履行相应的义务。现在把权利义务告知书给你看一下。薄谷开来：明白，（看后）签字。最高检工作人员：今天日期是 8 月 10 号。今天的讯问全部过程录音录像同意吗？薄谷开来：同意。最高检工作人员：以前曾经说过徐明为你和薄瓜瓜支付过一些费用。讲的都属实吗？薄谷开来：属实。最高检工作人员：再详细介绍一下。薄谷开来：……最高检工作人员：跟我们谈的都属实吗？薄谷开来：都属实。最高检工作人员：今天我们对你的讯问是否存在暴力、威胁、引诱、欺骗等非法手段？薄谷开来（微笑摇头）：没有。最高检工作人员：现在请你看笔录，认真的看看笔录，如果有异议可以提出来修改，如果没有异议可以签字。把笔录认真看一下。看看有没有说的跟你不一样的？写以上所写属实。薄谷开来：喔，对。最高检工作人员：属实吧？都？薄谷开来：属实。最高检工作人员：再签一个名字。”①

14. 要了解并掌握讯问笔录的内容和格式：

（1）首部制作要求：主要依印制格式项目填写讯问次数、讯问起止时间、讯问地点、参与讯问的有关人员包括录制人或翻译情况，等等。一方面，要客观、全面、真实、准确、详细地记录犯罪嫌疑人的基本情况。特别是在首次讯问犯罪嫌疑人时，要详细记明其姓名（别名、化名、绰号）、性别、年龄（未成年人，则应注明出生年、月、日）、民族、籍贯、文化程度、工作单位、职务、住所、是否受过刑事处分、工作简历、家庭成员及主要社会关系，以及采取强制措施的情况。另一方面，要客观、全面、真实、准确、详细地记录告知事项。其中关键，应在讯问笔录中体现高检院《检察机关文明用语规则》所规定的“讯问用语基本规范”内容——“×××，我们是××检察院工作人员×××、×××，现在依法对你进行讯问，你要如实回答；你可以进行有罪的陈述或者无罪的辩解，对与本案无关的问题，你有权拒绝回答；根据我国法律规定，你有权聘请律师，为你提供法律咨询、代理申诉、控告，申请取保候审，你要聘请律师吗？根据我国法律规定，你有申请回避的权利。你要求我们回避吗？请仔细核对笔录是否和你说的相符，如果有遗漏或者差错，可以补充或者改正，认为笔录没有错误，请在笔录上逐页签名捺指印或者盖章；今天讯问就到这里，如果你对讯问工作有什么意见，可以向我们提出，也可以向检察院有关部门反映”。

（2）正文制作要求。总的来说，就是要客观、全面、真实、准确、详细地记录讯问人与被讯问人的问答内容。具体来说，讯问时，应首先查验接受讯问的犯罪嫌疑人身份有无错误，接着讯问犯罪嫌疑人是否有犯罪行为，对其有罪供述，应记清楚犯罪的地点、时间、动机、目的、行为、手段、过程、后果以及有关的人和事等要素；对其无罪或罪轻辩解，也要记录在案。以上是讯问笔录的核心部分，务求客观、全面、准确，不能用记录人的语言去概述，而随意取舍。①要应该围绕犯罪构成“四要件”、“七何”，开展讯问，做好记录；②应准确、全面地反映讯问人问和被讯问人答的全部情况；③内容既要全面，又要突出重点；④要注意对事实部分进行核实讯问；⑤事实部分讯问完毕后，应问被讯问人刚才所说内容是否真实，是否还有需要说明补充的内容；如果真实且没有要补充的，必须要问被讯问人在被讯问过程中，有无逼供或诱供等违法情况，并将结果形成文字；⑥要努力避免实践中常见的错误记录方式。例如重复记录、记录的内容和程序不完整、记录人用自己的话概括讯问内容；⑦既

① 参见《薄谷开来供述薄熙来案证词现场视频》，载《人民网》2013年8月23日。

不能使用省略号，也不能记录带有主观评断的话；既不能忽视对被讯问人情绪变化的记载，也不能忽略对其肢体语言的记载；既要对记录内容进行及时修补、更正，要要注意讯问笔录用笔、用纸、用墨、签名等形式要求。

（3）尾部制作要求：一要做好审阅、核对；二要做好补充、更正；三要做好签名、捺指印、注明。

（4）一般讯问笔录的具体内容和格式如下样式141所示：

______________人民检察院

讯问笔录（一般情况用）（第　次）

讯问时间：____年____月____日____时____分至____日____时____分。
讯问地点：______________________________
讯问人员姓名：______________记录人员姓名：______________
录制人员姓名：______________翻译人员姓名：______________
讯问所涉案件案由：______________________________
犯罪嫌疑人（基本情况）姓名：____性别：__年龄（出生日期）：__国籍：____民族：__
　　籍贯（出生地）：____文化程度：____政治面貌：____身份证号码：________
　　工作单位：____职业（职务）：____联系电话：____E—mail：____QQ：______
　　家庭主要成员：________社会关系：________住址：______________
　　曾受到行政刑事处罚情况：______________________
讯问内容：问：______________________________
答：______________________________
问：______________________________
答：______________________________
你核对一下笔录（或向接受讯问的犯罪嫌疑人宣读），看看笔录记录情况是否与讯问情况一致。记录中有出入，你可以提出补充或修改；如没出入，你签写核对意见并签名（捺指印）（告知犯罪嫌疑人核对笔录意见的用语内容及签写位置）。
“以上笔录向我读过（或我已看过），与我说的一样。”（须被讯问人亲笔书写）
犯罪嫌疑人（签名并捺指印）：______________
录制人员（亲自签名）：________翻译人员（亲自签名）：______________
讯问人员（亲自签名）：________记录人员（亲自签名）：______________
年　月　日

第　页

样式141：一般讯问笔录格式样本

（三）首次讯问笔录

根据《刑事诉讼法》第199条、《检诉规则》第199条规定，作为职务犯罪侦查笔录的一种，本笔录是指检方在职务犯罪侦查过程中，首次讯问犯罪嫌疑人时，而制作的侦查笔录。因此，制作时应注意以下问题：

1. 要明确讯问条件。由于一次传唤、拘传持续的时间只有12小时，而后就面临放人或采取拘留等强制措施问题，加上犯罪嫌疑人在被首次讯问后就可聘请律师为其提供法律服务。因此，应具备一定的条件，才能对犯罪嫌疑人进行正面接触讯问。

2. 要依法做好首次讯问开始前的各项权利、义务告知工作，并从中观察被讯问人的言谈举止，为讯问良好开头做好准备。而讯问开始后，应坚持讯问犯罪细节疏密有度、提问与犯罪嫌疑人特质相符、讯问语言逻辑严密、瞻前顾后等原则。

3. 突出重点进行讯问。一方面，要围绕讯问是心理战的属性，把重心牢牢地放在攻克犯罪嫌疑人心理防线上，促使其由抗拒心理向坦白心理转化。另一方面，讯问的内容要突出重点。要根据初查调查所得材料，抓住薄弱环节，突出一、二个犯罪事实进行讯问，防止漫无边际，泛泛而问。当然，对于传唤或拘传前就已决定传唤或拘传期限届满后转为拘留等强制措施的案件，由于讯问时间不止12小时，因而讯问的重点和策略又有所区别。

4. 要保证讯问笔录依法有序，按部就班制作：①在输入阶段要求记录人要有很高的听知能力，听话并理解口语的能力；②储存阶段就是人的大脑对听知所获信息进行输入、编码、存储的过程。而实践证明，只有在全神贯注时，信息在人脑中短暂停留以后才能储存起来；③加工阶段的关键，是记录人须将记忆在大脑中的感性案件材料抽象概括归纳出案件的本质和规律；④输出阶段的关键，是记录人把头脑中形成的案件材料用文字精确的表达出来。

5. 力争做到耳听、眼看、手记、脑转相得益彰。其中，耳听是指明确讯问目的，带着问题去听去记；眼看是指在耳听的同时注意观察被讯问人行为举止、仪表神态，特别注意其面部表情及肢体语言，从而了解其性格特点和心理状态；手记是指书写或录入都要保持一定速度，切忌事无巨细、眉毛胡子一把抓；脑转是指在做到耳、眼、手协调运作的同时，思想上要跟上讯问人的讯问节奏。

6. 综合运用各种侦查措施，提高首次讯问的成功率。①周密制订讯问计划，精心组织，讲究一个“细”字；②针对不同心理的被讯问人，法律、政策攻心，突出一个“快”；③适时出示证据，制伏犯罪，立足一个“准”字；

④讲究讯问效果，因案因人因事施策，力求一个“活”字。

7. 要了解并掌握本笔录与一般讯问笔录区别的关键在于，前者有下述内容而后者没有：①告知程序内容：“×××：我们是××人民检察院的工作人员。我的名字叫×××，他的名字叫×××（出示工作证件），录制人的名字叫×××，翻译的名字叫×××，因你涉嫌××罪，依法对你进行讯问并全程同步录音录像，如实供述自己罪行可以依法从宽处理，请你如实回答我们的提问，不得隐瞒或故意捏造事实，否则要承担相应的法律责任，与本案无关的问题你有权拒绝回答。”以上为法律明文规定的告知内容。值得注意的是，讯问犯罪嫌疑人只能是检察人员，即检察长、副检察长、检察委员会委员、检察员和助理检察员，记录人员、录制人员或临聘人员不在此列，且讯问人员不得少于两人。而实际上首次讯问的检方参与人最少 3 人：讯问人、记录人和录制人。②告知接受讯问犯罪嫌疑人享有辩护权或法律援助的内容：“根据我国法律规定，你有权自行辩护，你有权聘请律师，为你提供法律咨询、代理申诉、控告，申请取保候审；如果因经济困难或者其他原因没有委托辩护人的，可以申请法律援助。你要聘请律师吗？申请法律援助吗？”① ③由告知接受讯问的犯罪嫌疑人享有回避权的内容：“根据我国法律规定，你有申请回避的权利。你要求我们回避吗？并说明理由。”

8. 本笔录的具体内容和格式，如下样式 142 所示：

---

①　即《刑事诉讼法》第 33 条第 1 款规定：“犯罪嫌疑人自被侦查机关第一次讯问或者采取强制措施之日起，有权委托辩护人；在侦查期间，只能委托律师作为辩护人。被告人有权随时委托辩护人”；第 34 条规定：“犯罪嫌疑人、被告人因经济困难或者其他原因没有委托辩护人的，本人及其近亲属可以向法律援助机构提出申请。对符合法律援助条件的，法律援助机构应当指派律师为其提供辩护。”而两高、公安部、司法部《关于刑事诉讼法律援助工作的规定》（2013 年 2 月 18 日修正）第 2 条规定：“犯罪嫌疑人、被告人因经济困难没有委托辩护人的，本人及其近亲属可以向办理案件的公安机关、人民检察院、人民法院所在地同级司法行政机关所属法律援助机构申请法律援助。具有下列情形之一，犯罪嫌疑人、被告人没有委托辩护人的，可以依照前款规定申请法律援助：（一）有证据证明犯罪嫌疑人、被告人属于一级或者二级智力残疾的；（二）共同犯罪案件中，其他犯罪嫌疑人、被告人已委托辩护人的；（三）人民检察院抗诉的；（四）案件具有重大社会影响的。”

________人民检察院
首次讯问笔录

讯问时间：______年____月____日____时____分至____日____时____分。

讯问地点：____

告知内容：“1. ×××：我们是××人民检察院的工作人员。我的名字叫×××，他的名字叫×××（出示工作证件），录制人的名字叫×××，因你涉嫌××罪，依法对你进行讯问并全程同步录音录像，如实供述自己罪行可以依法从宽处理，请你如实回答我们的提问，不得隐瞒或故意捏造事实，否则要承担相应的法律责任，与本案无关的问题你有权拒绝回答。2. 根据我国法律规定，你有权自行辩护，你有权聘请律师，为你提供法律咨询、代理申诉、控告，申请取保候审；如果因经济困难或者其他原因没有委托辩护人的，可以申请法律援助。你要聘请律师吗？申请法律援助吗？3. 根据我国法律规定，你有申请回避的权利。你要求我们回避吗？并说明理由。”

讯问人员姓名：______________ 记录人员姓名：______________

录制人员姓名：______________ 翻译人员姓名：______________

讯问所涉案由：____

犯罪嫌疑人（基本情况）姓名：____性别：__年龄（出生日期）：__国籍：__民族：____

籍贯（出生地）：____文化程度：____政治面貌：____身份证号码：__________

工作单位：____职业（职务）：____联系电话：____E—mail：____QQ：__________

家庭主要成员：________社会关系：________住址：______________

曾受到行政刑事处罚情况：______________________________

讯问内容：问：______________________________________

答：____

你核对一下笔录（或向犯罪嫌疑人宣读笔录），看看笔录记录情况是否与讯问情况一致。记录中有出入，你可以提出补充或修改；如没出入，你签写核对意见并签名（捺指印）（告知犯罪嫌疑人核对笔录意见的用语内容及签写位置）。

“以上笔录向我读过（或我已看过），与我说的一样。”（须被讯问人亲笔书写）

犯罪嫌疑人（签名并捺指印）：______________________

录制人员（亲自签名）：______________ 翻译人员（亲自签名）：______________

讯问人员（亲自签名）：______________ 记录人员（亲自签名）：______________

年　月　日

第　　页

样式142：首次讯问笔录格式样本

（四）讯问翻译笔录

根据《刑事诉讼法》第119条、《检诉规则》第198条规定，本笔录是指检方在职务犯罪侦查过程中，讯问聋、哑或者不通晓当地通用语言文字的犯罪嫌疑人（如少数民族、外国人），为其聘请通晓聋、哑手势或者当地通用语言文字且与本案无利害关系的人员进行翻译时，而制作的侦查笔录。因此，从宏观上说，制作一份合格的本笔录，既要了解并掌握讯问尤其是讯问翻译规则，也要做好讯问前的准备工作；既要了解并掌握讯问谋略和方法，也要了解并掌握讯问中的问与答；既要了解并掌握讯问的开头技巧，也要了解并掌握讯问语言；既要了解并掌握讯问中的对质、示证，也要了解并掌握口供的利弊；既要正确看待"如实回答"和"与本案无关问题"，也要学会打破讯问僵局；既要了解并掌握供述心理，也要了解并避免讯问忌讳；既要了解并掌握讯问中的录音录像，也要了解并掌握讯问结果的固定方法。从微观上讲，制作一份上乘的本笔录，还应注意以下问题：

1. 讯问聋、哑或者不通晓当地通用语言文字的人（如少数民族、外国人），检察院应为其聘请通晓聋、哑手势或者当地通用语言文字且与本案无利害关系的人员进行翻译；翻译人员的姓名、性别、工作单位和职业应记录在案；翻译人员应在本笔录上签字。

2. 聘请翻译人员应书面报请侦查部门负责人、检察长审核、批准。对聘请的翻译人员，侦查人员应告知其权利和义务。其中，翻译人员的权利包括：可拒绝接受聘请，可提出回避申请以及申请复议，可要求侦查部门提供与自己工作有关的材料，可拒绝接受侦查人员暗示或强迫自己作出某种翻译，可对侵犯自己合法权益的决定或者行为提出控告，依法获取报酬等；翻译人员的义务包括：保守案件秘密；与本案有利害关系可能影响公正处理案件的，应主动提出回避，或服从回避决定；应客观、公正；故意作虚假翻译的，应承担法律责任等。

3. 本笔录应遵循讯问笔录的制作技巧和格式。制作完成后应复制一份，正本存检察正卷、副本存检察内卷。其具体内容和格式，具体格式如样式143所示：

______人民检察院
讯问翻译笔录

传唤讯问开始时间（翻译）：____年__月__日___时___分至结束时间__日__时__分
传唤讯问地点（翻译）：________
讯问人员姓名（翻译）：____记录人员姓名（翻译）：____记录人员姓名（翻译）：____
翻译人员姓名：____性别：____民族：____工作单位：____职务：____
被传唤讯问犯罪嫌疑人姓名（翻译）：____性别：____年龄（出生日期）：____民族：____
政治面貌：____文化程度：____籍贯（出生地）：____身份证号码：____
工作单位：____职业（职务）：____联系电话：____
E—mail：____QQ：____
现在住址：________
传唤讯问内容（包括到案经过、到案时间和传唤结束时间、家庭情况、社会经历、是否属于人大代表、政协委员等）（翻译）：问（翻译）：________
答（翻译）：________
问（翻译）：________
答（翻译）：________
问（翻译）：你核对一下笔录（或向犯罪嫌疑人宣读笔录），看看笔录记录情况是否与讯问情况一致。记录中有出入，你可以提出补充或修改；如没出入，你签写核对意见并签名（捺指印）（告知犯罪嫌疑人核对笔录意见的用语内容及签写位置）。
答（翻译）：“以上笔录向我读过（或我已看过），与我说的一样。”（须被传唤讯问犯罪嫌疑人亲笔书写）________
被传唤犯罪嫌疑人（签名并捺指印）（翻译）：________
翻译人员（亲自签名并捺指印）：________
讯问人员（亲自签名）：____录制人员（亲自签名）：____记录人员姓名（翻译）：____

年　月　日

第　页

样式143：讯问翻译笔录格式样本

三、询问文书

（一）概述

所谓询问文书，是指检方在职务犯罪侦查过程中，依法询问证人、被害人时而制作的侦查文书的总和。常见的有：询问通知书、一般询问笔录、首次讯问笔录等。而填制询问文书时，除应遵循《刑事诉讼法》、《人民检察院组织法》、《六部委规定》、《检察规范》、《文书样本》、《检察机关文明用语基本规范》外，根据《检诉规则》规定，还应遵循以下法律规定：

1. 检察院在侦查过程中，应当及时询问证人、被害人，并且告知他们履行作证的权利和义务；检察院应当保证一切与案件有关或者了解案情的公民，有客观充分地提供证据的条件，并为他们保守秘密；除特殊情况外，检察院可以吸收证人协助调查。

2. 询问证人、被害人应当由检察人员进行，询问的时候检察人员不得少于两人；可以在现场进行，也可以到他们所在单位、住处或者他们提出的地点进行；必要时，也可以通知他们到检察院提供证言；到他们提出的地点进行询问的，应当在笔录中记明。

3. 询问证人、被害人应当个别进行；在现场询问的，应当出示工作证件；到他们所在单位、住处或者他们提出的地点询问的，应当出示检察院的证明文件。

4. 询问证人、被害人，应当问明他们的基本情况以及与当事人的关系，并且告知他们应当如实提供证据、证言和故意作伪证或者隐匿罪证应当承担的法律责任，但不得向他们泄露案情，不得采用羁押、暴力、威胁、引诱、欺骗以及其他非法方法获取证言、陈述。

（二）询问通知书

根据《刑事诉讼法》第122条、第125条规定，本文书为检方通知证人、被害人接受询问时，而填制的侦查法律文书。因此，它以人为单位，一次一份；共三联，第一联统一保存备查，第二联附卷，第三联送达被询问人；三联之间的骑缝线上均有本文书文号，应当按照本文书第三联中的填写方法予以填写；具体内容和格式如下样式144所示：

＿＿＿＿人民检察院
询问通知书
（存根）

检　询〔　〕　号

案由：＿＿＿＿＿＿＿＿
犯罪嫌疑人：＿＿＿＿＿＿
被询问人：＿＿＿性别：＿年龄：＿
住址：＿＿＿＿＿＿＿＿
工作单位：＿＿＿＿＿＿＿
应到时间：＿＿＿＿＿＿＿
应到地点：＿＿＿＿＿＿＿
批 准 人：＿＿＿＿＿＿＿
批准时间：＿＿＿＿＿＿＿
承办人：＿＿＿＿＿＿＿＿
填发时间：＿＿＿＿＿＿＿
填 发 人：＿＿＿＿＿＿＿

第一联统一保存

＿＿＿＿人民检察院
询问通知书
（副本）

检　询〔　〕　号

＿＿＿＿：
根据《中华人民共和国刑事诉讼法》第一百二十二条之规定，兹因＿＿＿＿一案，请你于＿＿年＿＿月＿＿日＿＿时接受询问。
询问地点：＿＿＿＿＿＿＿

（××人民检察院名章）
年　月　日
被询问人（亲自签名）：＿＿＿＿
年　月　日

第二联附卷

＿＿＿＿人民检察院
询问通知书

检　询〔　〕　号

＿＿＿＿：
根据《中华人民共和国刑事诉讼法》第一百二十二条之规定，兹因＿＿＿＿一案，请你于＿＿年＿＿月＿＿日＿＿时接受询问。
询问地点：＿＿＿＿＿＿＿

（××人民检察院名章）
年　月　日

第三联送达被询问人

样式144：询问通知书格式样本

（三）一般询问笔录

根据《刑事诉讼法》第122条和第125条以及《检诉规则》第203条和第208条规定，本笔录是指检方在职务犯罪侦查过程中，为查明案件事实而询问证人或被害人（包括其亲属）、犯罪嫌疑人亲属时，而制作的侦查笔录。因此，从宏观上说，作为收集并固定言词证据的一种法定方式，同样，与制作一份合格的讯问笔录一样，制作一份合格的询问笔录，既要做好询问前的准备工作，也要了解并掌握询问中的问与答；既要了解并掌握询问的开头技巧，也要了解并掌握询问中的对质、示证；既要学会打破询问僵局，也要了解并掌握询问中的录音录像。从微观上讲，制作一份上乘的询问笔录，还应注意以下问题：

1. 要了解并掌握询问规则。其中关键在于，了解并掌握《刑事诉讼法》、《检察规范》、《检诉规则》、《检察机关文明用语规则》中有关询问之规定。当然，被询问人也可以自书询问笔录。例如，在薄熙来案中，就有如下记载："1. 公诉人出示证人大连国际有限公司总经理唐肖林的证言，唐肖林在侦查阶段共有5份证言，2份亲笔证词（亦即自书询问笔录）。"①

2. 要了解并克服询问笔录的弱点：①被询问人对案件事实的陈述，是一个主观反映客观的过程，难免不存水分；②被询问人与案件的某些关系，也会影响其陈述的真实性；③询问人的意图与被询问人陈述存在一定程度的冲突性，并对询问笔录能否真实、完整反映案件事实有影响；④询问所反映结果与案件事实本身的吻合度，受被询问人的询问水平、记录能力度等因素影响。

3. 要了解并避免不当的询问方法：①紧追式询问。即对证人、被害人陈述的某些观点，尤其是对那些超出询问人想象的陈述，往往认为他们未讲实话。而横挑鼻子竖挑眼，连珠炮似地发问，变询问为讯问；②责难式询问；③恐吓、威胁式询问。即对证人、被害人像犯罪嫌疑人一样，不同情反而采用恐吓、威胁、引诱等方式进行询问；④居高临下式询问；⑤轮番轰炸式询问；⑥公开式询问；⑦诱证式询问；⑧臆测式询问；⑨反问式询问；⑩酒后式询问。

4. 要了解并掌握询问语言：①要根据被询问人的性别选择恰当的询问用语；②要根据被询问人的年龄选择恰当的询问用语；③要根据被询问对象的气质选择恰当的询问用语；④要根据被询问人所处的地域选择恰当的询问用语；⑤要根据被询问人的文化程度选择恰当的询问用语；⑥要根据被询问人的职业

---

① 参见《薄熙来案8月22日庭审实录》，载《新华网》2013年8月22日。

特点选择恰当的询问用语；⑦要根据被询问人的作证心理选择恰当的询问用语；⑧要根据被询问人与案件的利害关系选择恰当的询问用语。除上之外，还可根据被询问人的民族、籍贯（或出生地）、政治面貌、工作单位和职业、工作经历、社会阅历等因素选择恰当的询问用语。

5. 要了解并掌握询问证人的策略和方法以及作证心态、询问证人的可持续时间和地点。

6. 一般询问笔录的具体内容和格式如下样式145所示：

______人民检察院

询问笔录（一般情况使用）（第　次）

询问时间：____年____月____日____时____分至____日____时____分

询问地点：________

询问人员姓名________记录人员姓名：________

录制人员姓名：________翻译人员姓名：________

被询问人姓名：____性别：____年龄（出生日期）：____民族：____文化程度：____

籍贯（出生地）：____政治面貌：____与犯罪嫌疑人____是____关系____

工作单位：____职业（职务）：____联系电话：____

E—mail：____QQ：____现在住址：____

询问案件（事情）：________

询问内容：________

问：________

答：________

你核对一下笔录（或向被询问人宣读），看看笔录记录情况是否与询问情况一致。记录中有出入，你可提出补充或修改；如没出入，你签写核对意见并签名（捺指印）（告知被询问人核对笔录意见的用语内容及签写位置）。

“以上笔录向我读过（或我已看过），与我说的一样。”（须被讯问人亲笔书写）

被询问人（签名并捺指印）：________

录制人员（亲自签名）：________翻译人员（亲自签名）：________

询问人员（亲自签名）：________记录人员（亲自签名）：________

年　月　日

第　页

样式145：一般询问笔录格式样本

7. 至于询问笔录的具体运作，还可参照薄熙来案中的下列记载：“出示最高人民检察院制作的《说明》证实，2013 年 2 月 6 日，最高人民检察院反贪总局的工作人员在薄谷开来的 1 台‘苹果’牌计算机中找到 6 份文件，系薄谷开来制作的法国别墅装修设计资料。下面公诉人播放提取于薄谷开来苹果牌电脑中的薄谷开来制作的尼斯枫丹·圣乔治别墅的数码幻灯片。（薄谷开来证言同步录音录像公布）。高检人员：请讲一讲你的姓名？薄谷开来：薄谷开来。高检人员：我们是最高人民检察院的工作人员，今天找你来进一步核实薄熙来案件的有关情况。依照我国《刑事诉讼法》的规定，你作为证人依法享有公民权利，同时也应该履行公民义务，现在我们把权利、义务报告书给你，你看一看。薄谷开来：明白了，签字吗？高检人员：对，权利、义务报告书清楚以后要签字。今天的日期是 8 月 10 号。今天的讯问全程对你进行录音和录像，你同意吗？薄谷开来：同意。高检人员：你以前和我们说过徐明曾经为你和薄瓜瓜支付过一些费用，讲的都属实吗？薄谷开来：属实。高检人员：你再简单详细介绍一下。薄谷开来：……高检人员：再有就是，徐明对你，咱们以前谈过，你曾经说过徐明为你在法国买过一套房产，这个情况你再详细说一下。薄谷开来：这件事情，我原来跟中纪委谈过很长时间，就这个事情。后来你们最高检来的时候，我也认真的谈过，并且你们有详细的笔录，我自己也写过一份口述，都签过字。我想这个谈起来比较长，还是以当时你们的笔录，我签过字的，还有我的亲口供述为主吧。高检人员：那你以前跟我们在这块谈的都属实吗？薄谷开来：都属实。高检人员：今天我们对你的讯问，是否存在暴力、威胁、引诱、欺骗等非法手段？薄谷开来：（笑），没有。高检人员：下面就请你看笔录，如果有异议可以提出修改，如果没有异议就签字。薄谷开来：好，谢谢你们。（出一份笔录）高检人员：这个你看看，盖个手印。薄谷开来：我和笔录一块按吧。高检人员：对。你先看一下。薄谷开来：在这儿签字吗？高检人员：先看一下，把笔录先看一下。薄谷开来：我看一下。高检人员：看看有没有跟你说的不一样的。（薄谷开来笔录签字）薄谷开来：可以了吧？高检人员：这个以上所写属实。薄谷开来：对。高检人员：属实吧？都？薄谷开来：属实。高检人员：再签个名字。在这里签。薄谷开来：我盖在这上面。高检人员：对，好，今天咱们就到这儿，今天咱们就谈到这儿。薄谷开来：谢谢。”①

① 参见：《薄熙来案 8 月 23 日庭审实录》，载《新华网》2013 年 8 月 23 日。

（四）首次询问笔录

根据《刑事诉讼法》第122条和第125条，以及《检诉规则》第203条和第208条规定，首次询问笔录亦称第一次询问笔录，是指检方在职务犯罪侦查过程中，为查明案件事实而首次询问证人或被害人（包括其亲属）、犯罪嫌疑人亲属时，而依法制作的侦查笔录。因此，从宏观上说，制作一份合格的本笔录，既要了解并掌握询问尤其是首次询问规则，也要做好询问前的准备工作；既要了解并掌握询问谋略和方法，也要了解并掌握询问中的问与答；既要了解并掌握询问的开头技巧，也要了解并掌握询问语言；既要了解并掌握询问中的对质、示证，也要了解并掌握证人证言、被害人陈述的利弊；既要学会打破询问僵局，也要了解并掌握被询问人的心理；既要了解并避免询问忌讳，也要了解并掌握询问中的录音录像，更要了解并掌握本笔录的格式。从微观上讲，制作一份上乘的本笔录，还应注意以下问题：

1. 首次询问证人、被害人，侦查人员（含询问人、记录人、录制人或翻译）应问明被询问人的基本情况以及与犯罪嫌疑人的关系，并且告知其依法享有和承担的权利、义务。

2. 本笔录同样由首部、正文、尾部3部分组成，它与一般询问笔录的不同之处在于，首部包括告知权利义务内容。

3. 本笔录以1人1次为单位填制一式一份，存检察正卷。

4. 本笔录的具体内容和格式如下样式146所示：

__________人民检察院

首次询问笔录

询问时间：____年____月____日____时____分____日____时____分

询问地点：____________________

告知内容：“1. ×××，我们是××检察院工作人员×××、×××，今天依法向你调查取证，请给予配合。2. 根据我国法律规定，证人、被害人有如实作证的义务，故意作伪证、隐匿罪证或者窝藏、包庇他人，应当负法律责任。3. 对××一案（一事），请如实谈谈知道的情况；如果担心安全问题，我们会依法采取必要的保护措施。”

询问人员姓名__________记录人员姓名：__________

录制人员姓名：__________翻译人员姓名：__________

询问案件（事情）：____________________

被询问人姓名：____性别：____年龄（出生日期）：____民族：____文化程度：________

籍贯（出生地）：________政治面貌：____与犯罪嫌疑人________是________关系____

工作单位：________职业（职务）：________联系电话：________________________

E—mail：________QQ：________现在住址：______________________________

询问内容：问：____

答：____

请仔细核对笔录是否与你说的相符，如果有遗漏或者差错，可以补充或者改正；认为笔录没有错误，请逐页签名捺指印或者盖章。

“以上笔录向我读过（或我已看过），与我说的一样。”（须被讯问人亲笔书写）

今天先谈到这里，你对今天的调查取证工作有什么意见或建议，可以向我们提出，也可以向检察院有关部门反映。这是我们的联系电话，如果有什么情况想补充，或者因调查取证工作遇到困难及问题，请随时与我们联系。

被询问人（签名并捺指印）：________________________________

录制人员（亲自签名）：____________翻译人员（亲自签名）：____________

询问人员（亲自签名）：____________记录人员（亲自签名）：____________

年　月　日

第　页

样式146：首次询问笔录格式样本

四、讯（询）问全程同步录音录像文书

（一）概述

所谓讯（询）问全程同步录音录像文书，是指检方在职务犯罪侦查过程中，依法讯（询）问而实行全程录音录像时，依法填制的侦查文书的总和。常见的有询问证人录音录像请示，以及讯（询）问职务犯罪嫌疑人实行全程同步录音录像通知单、受理登记表、工作说明、资料密封袋、技术处理（复制）单等。

而填制此类文书时，除应遵循《刑事诉讼法》和高检院《检察规范》、《检诉规则》和《人民检察院讯问室的设置和使用管理办法》（2003年10月10日）外，根据《人民检察院讯问职务犯罪嫌疑人实行全程同步录音录像的规定（试行）》、《人民检察院讯问职务犯罪嫌疑人实行全程同步录音录像技术工作流程（试行）》和《人民检察院讯问职务犯罪嫌疑人实行全程同步录音录像系统建设规范（试行）》规定，还应遵循以下法律规定：

1. 检察技术部门在接到办案部门的全程同步录音录像通知后，应指派技术人员执行，并填制检察院讯问全程同步录音录像受理登记表。

2. 录制人员在接受录制任务后，应做好录制准备工作，对讯问场所及设备进行检查和调试。因特殊原因无法录制的，应及时告知办案部门。

3. 录制的起止时间，以被讯问人员进入讯问场所开始，以被讯问人核对讯问笔录、签字捺印手印结束后停止。

4. 对参与讯问人员和讯问室温度、湿度，应当在讯问人员宣布讯问开始时以主画面反映。对讯问过程中使用证据、被讯问人辨认书证、物证、核对笔录、签字和捺印手印的过程应当以主画面反映。

5. 录制人员应当监控录音录像系统设备的运行，因更换存储介质需要暂停录制时，应提前告知讯问人员。因技术故障等客观原因需要停止录制时，应立即告知讯问人员。排除故障继续录制时，应在录音录像中反映讯问人员对中断录制的语言补正。

6. 录制人员应当及时填写检察院讯问全程同步录音录像工作说明中有关录制工作的内容，客观记录讯问过程的录制、系统运行、技术人员交接，以及对使用光盘编号等情况。本人签名后，交讯问人员按要求安排填写，在录制资料副本移交时收回归档。

7. 录制结束后，录制人员应将录制资料的正本交讯问人员、被讯问人确认，当场装入检察院讯问全程同步录音录像资料密封袋，由录制人员、讯问人员、被讯问人三方封签，由被讯问人在封口处骑缝捺印手印。

8. 根据《人民检察院讯问职务犯罪嫌疑人实行全程同步录音录像的规定（试行）》第16条规定，需要技术处理的，经检察长批准，检察技术人员应当按照办案部门提交的检察院讯问全程同步录音录像资料技术处理（复制）单，以录制资料副本作为信号源，在办案人员的主持下进行技术处理。

9. 因特殊原因需要填制录制资料复制件的，经检察长批准，检察技术人员应按照办案部门提交的检察院讯问全程同步录音录像资料技术处理（复制）单，以录制资料副本作为信号源，在办案人员的主持下进行复制。

10. 一案多人多次讯问的，在卷宗编号后加编被讯问人号和讯问次数，作为录制编号。每次讯问一个录制编号，当次讯问涉及的全部文书材料及录制资料均对应此编号。

（二）询问证人录音录像请示

根据《检诉规则》第4条、《人民检察院讯问职务犯罪嫌疑人实行全程同步录音录像的规定（试行）》第16条规定，本文书是检方在职务犯罪侦查过程中，拟对询问实行录音录像时，而填制的侦查工作文书。因此，本文书于需要对证人录音录像报经领导审批时所填制使用，即询问证人（含被害人）

需要采取录音录像方式的，应当事先征得证人的同意，并报部门负责人审核、检察长批准；它属于叙述式侦查工作文书，以需要录音录像的人或次为单位填制，每人或每次一式一份，存侦查内卷；具体内容和格式如下样式 147 所示：

________人民检察院 询问证人录音录像请示	
证人的基本情况	
需要证人证明的事实	
录音录像的理由及证人是否同意的态度	
录音录像的时间地点及相关措施	
承办人意见	年　月　日
部门负责人审核意见	年　月　日
检察长批示	年　月　日

样式 147：询问证人录音录像请示格式样本

（三）实行全程同步录音录像通知单

根据《人民检察院讯问职务犯罪嫌疑人实行全程同步录音录像的规定（试行）》第 16 条规定，本文书是检方在职务犯罪侦查过程中对询问实行录音录像时，而填制的侦查法律文书。因此，它一式两份，一份由侦查部门附卷保存，一份由检察技术部门附卷保存；具体内容和格式如下样式 148 所示：

________人民检察院
讯（询）问职务犯罪嫌疑人实行全程同步录音录像通知单

检　录〔　〕　号

________：

根据最高人民检察院《人民检察院讯问职务犯罪嫌疑人实行全程同步录音录像的规定（试行）》第四条规定，我局决定于________年________月________日________时开始，在__________（讯、询问室）对__________一案的__________人________依法进行讯（询）问。请指派技术人员，负责全程同步录音、录像工作。

［××人民检察院反贪污贿赂局（或反渎职侵权局）名章］
年　月　日

样式148：讯（询）问职务犯罪嫌疑人实行全程同步录音录像通知单格式样本

（四）实行全程同步录音录像受理登记表

根据《人民检察院讯问职务犯罪嫌疑人实行全程同步录音录像的规定（试行）》第2条规定，本表是检方在职务犯罪侦查过程中对询问实行录音录像时，而填制的侦查法律文书。因此，它一式两份，一份由侦查部门附卷保存，一份由检察技术部门附卷保存；具体内容和格式如下样式149所示：

（五）实行全程同步录音录像工作说明

根据《人民检察院讯问职务犯罪嫌疑人实行全程同步录音录像的规定（试行）》第2条规定，本文书是检方在职务犯罪侦查过程中对询问实行录音录像时，而填制的侦查法律文书。因此，它一式两份，一份由侦查部门附卷保存，一份由检察技术部门附卷保存；具体内容和格式如下样式150所示：

______人民检察院
讯问职务犯罪嫌疑人实行全程同步录音录像受理登记表
（存根）

检〔　〕号

办案部门：______
案件编号：______
被讯（询）问人：______
案由：______
被讯（询）问地点：______
委托人：______
委托时间：______
受理人：______
填发时间：______

第一联统一保存

______人民检察院
讯问职务犯罪嫌疑人实行全程同步录音录像受理登记表

检〔　〕号

办案部门		案件编号	
被讯（询）问人		案由	
讯（询）问地点			
委托人		联系电话	
委托时间		受理人	
技术部门意见	（××人民检察院技术部门负责人名章） 年　月　日		
备注			

第二联附技术协作卷

样式149：讯问职务犯罪嫌疑人实行全程同步录音录像受理登记表格式样本

<table>
<tr><td colspan="8">________人民检察院
讯（询）问职务犯罪嫌疑人（证人）实行全程同步录音录像工作说明</td></tr>
<tr><td colspan="8">检　录〔　〕　号</td></tr>
<tr><td>办案部门</td><td colspan="2"></td><td colspan="3">案件编号</td><td colspan="2"></td></tr>
<tr><td>被讯（询）问人</td><td colspan="2"></td><td colspan="3">案由</td><td colspan="2"></td></tr>
<tr><td>被讯（询）问地点</td><td colspan="7"></td></tr>
<tr><td>设备检测调</td><td colspan="2">摄像头</td><td></td><td>麦克</td><td></td><td>刻录机</td><td></td></tr>
<tr><td colspan="6">录制是否完整，中断时间及原因：</td><td colspan="2">录制人员签名：</td></tr>
<tr><td colspan="6">讯（询）问开始时间：年　月　日　时　分</td><td colspan="2" rowspan="2">被讯（询）问人签名：</td></tr>
<tr><td colspan="6">讯（询）问结束时间：年　月　日　时　分</td></tr>
<tr><td colspan="2">翻译人员签名：
其他在场人员签名：</td><td colspan="4"></td><td colspan="2">被讯（询）问人签名：</td></tr>
<tr><td colspan="2">证本数量及编号：
保管人员签收：
年　月　日</td><td colspan="6">附本数量及编号：
办案人员签收：
年　月　日</td></tr>
<tr><td colspan="2">备注</td><td colspan="6"></td></tr>
</table>

样式150：讯（询）问职务犯罪嫌疑人（证人）实行全程同步录音录像工作说明格式样本

（六）实行全程同步录音录像资料密封袋

根据《人民检察院讯问职务犯罪嫌疑人实行全程同步录音录像的规定（试行）》第2条规定，本文书是检方在职务犯罪侦查过程中对询问实行录音录像时，而填制的侦查法律文书。具体内容和格式如下样式151所示：

________人民检察院
讯问职务犯罪嫌疑人实行全程同步录音录像资料密封袋

检　　录〔　　〕　号

办案部门：________________案由：________________________________
被讯（询）问人：____
光盘编号：1. ________________；2. ________________________________
讯（询）问时间：________讯（询）问地点：________________________
首次密封时间：____年____月____日____时____分。
录制人员（亲自签名）：____
讯（询）问人（亲自签名）：____被讯（询）问人（亲自签名）：________________
第二次启封时间：____年____月____日____时____分。
第二次密封时间：____年____月____日____时____分。
公诉人（亲自签名）：________被告人（亲自签名）：____________________

样式151：讯问职务犯罪嫌疑人实行全程同步录音录像资料密封袋格式样本

（七）实行全程同步录音录像技术处理（复制）单

根据《人民检察院讯问职务犯罪嫌疑人实行全程同步录音录像的规定（试行）》第2条规定，本文书是检方在职务犯罪侦查过程中对询问实行录音录像时，而填制的侦查法律文书。因此，它一式两份，一份由侦查部门附卷保存，一份由检察技术部门附卷保存；具体内容和格式如下样式152所示：

______人民检察院
讯问职务犯罪嫌疑人实行全程同步
录音录像技术处理（复制）单
（存根）

检　录〔　〕　号

委托部门：______
案件编号：______
被讯（询）问人：______
案由：______
录制资料编号：______
送达部门：______
批准人：______
承办人：______
填发人：______
填发时间：______

第一联统一保存

______人民检察院
讯问职务犯罪嫌疑人实行全程同步
录音录像技术处理（复制）单

检　录〔　〕　号

委托部门		案件编号	
被讯（询）问人		案由	
办案部门技术处理（复制）意见			
录制资料编号	起止时间码	要求	
1.			
2.			
负责人（亲自签名）：____ 年　月　日			
检察长审批意见： 年　月　日			
技术处理情况（写明远盘和新盘录制资料编号） 负责人（亲自签名）：______ 年　月　日			
移交时间		办案人员签收	

第二联附技术协作卷

样式152：讯问职务犯罪嫌疑人实行全程同步录音录像技术处理（复制）单格式样本

第三节　勘验、检查和搜查文书的填制要领与格式

一、勘验、检查文书

（一）概述

所谓勘验、检查文书，是指检方在职务犯罪侦查过程中，依法适用勘验、检查时，依法填制的侦查文书的总和。常见的有：勘查证、勘验笔录、检查笔录、解剖尸体通知书、解剖尸体笔录和复验、复查通知书等。因此，填制此类文书时，除应遵循《刑事诉讼法》、《检察规范》外，根据《检诉规则》规定，还应遵循以下法律规定：

1. 检察人员对于与犯罪有关的场所、物品、人身、尸体应当进行勘验或者检查。在必要的时候，可以指派检察技术人员或者聘请其他具有专门知识的人，在检察人员的主持下进行勘验、检查。

2. 进行勘验、检查，应当持有检察长签发的勘查证；勘查现场，应当拍摄现场照片，勘查的情况应当写明笔录并制作现场图，由参加勘查的人和见证人签名；对重大案件的现场，应当录像。

3. 勘验时，检察院应当邀请两名与案件无关的见证人在场。

4. 检察院解剖死因不明的尸体，应当通知死者家属到场，并让其在解剖通知书上签名或者盖章；死者家属无正当理由拒不到场或者拒绝签名、盖章的，不影响解剖的进行，但是应当在解剖通知书上记明；对于身份不明的尸体，无法通知死者家属的，应当记明笔录。

5. 为了确定被害人、犯罪嫌疑人的某些特征、伤害情况或者生理状态，检察院可以对人身进行检查，可以提取指纹信息，采集血液、尿液等生物样本；必要时，可以指派、聘请法医或者医师进行人身检查；采集血液等生物样本应当由医师进行；犯罪嫌疑人如果拒绝检查，检察人员认为必要的时候，可以强制检查；检查妇女的身体，应当由女工作人员或者医师进行。

6. 人身检查不得采用损害被检查人生命、健康或贬低其名誉或人格的方法；在人身检查过程中知悉的被检查人的个人隐私，检察人员应当保密。

7. 勘验、检查的情况应当制作笔录，由参加勘验、检查的人员和见证人签名或者盖章。

（二）勘查证

根据《刑事诉讼法》第126条、第128条规定，本文书为检方对与犯罪有关的场所、物品、人身、尸体进行勘验、检查时，而填制的侦查法律文书。因此，填制时应注意以下问题：

1. 它以勘查次数为单位制作。勘验范围包括与犯罪有关的场所、物品、人身、尸体，勘验的对象为与犯罪有关的场所、物品、尸体；检查对象应为与犯罪有关的人身。因此，在填制本文书时，应据该案的具体案情填写勘验、检查的具体范围。

2. 需要勘验与犯罪有关的场所、物品、尸体时，在填写其正本时，应当使用“勘验”一词，将“检查”划去；案件需要检查与犯罪有关的人的身体时，在填写其正本时，应当使用“检查”一词，将“勘验”一词划去。

3. 在本中的工作人员一栏内，可填写侦查人员、被指派或者被聘请参加勘查的人员。

4. 它由检察长签名或者盖章，并加盖检察院名章。

5. 本文书共两联，第一联统一保存备查，第二联使用后附卷；两联之间的骑缝线上有本文书文号，应当按照本文书第二联中文号的填写方法予以填写；具体内容和格式如下样式153所示：

（三）委托勘检书

根据《刑事诉讼法》第126条、《检诉规则》第209条规定，本文书是检方在职务犯罪侦查过程中，委托有关单位人员进行勘验、检查时而填制的侦查工作文书。因此，填制时应注意以下问题：

1. 本文书只限于科学技术问题，而不是法律问题，被勘验、检查的对象只能是与犯罪有关的场所、物品、尸体、人身，对其他对象不能适用本文书。

2. 检察院聘请的勘查人员可以是上级检察院和其他检察院的刑事技术人员，并依法填制本文书，使被委托的勘查人员具有合法的资格。

3. 本文书共三联，第一联统一保存，第二联附卷，第三联送达受委托勘检单位（人员）；三联之间的骑缝线上均有本文书文号，应当按照本文书第三联中文号的填写方法予以填写；具体内容和格式如下样式154所示：

________人民检察院

勘 查 证

（存根）

检　　勘〔　　　〕　　号

案（事）由：________________

犯罪嫌疑人基本情况（姓名、性别、年龄、工作单位、住址、身份证号码、是否人大代表、政协委员）：________________

勘验、检查范围：________________

批 准 人：________________

批准时间：________________

承 办 人：________________

填发人：________________

填发时间：________________

第一联统一保存

________人民检察院

勘 查 证

检　　勘〔　　　〕　　号

根据《中华人民共和国刑事诉讼法》第一百二十六条、第一百二十八条的规定，兹派________等____人对________________进行勘验检查。

（××检察长名章）

年　　月　　日

（××人民检察院名章）

第二联附卷

样式153：勘查证格式样本

______人民检察院
委托勘检书
（存根）

检　委堪〔　　〕　号

案由：______
犯罪嫌疑人基本情况（姓名、性别、年龄、工作单位、住址、身份证号码、是否人大代表、政协委员）：______
堪检单位（人员）：______
送检材料：______
堪检要求：______
批 准 人：______
送检人：______
填发人：______
填发时间：______

第一联统一保存

______人民检察院
委托勘检书
（副本）

检　委堪〔　　〕　号

______：

本院侦查的______一案，需对______进行勘检，根据《中华人民共和国刑事诉讼法》第一百二十六条的规定，现委托______按下列要求进行勘检，请将结论送交我院。勘检要求：______

（××人民检察院名章）
年　月　日

第二联附卷

______人民检察院
委托勘检书

检　委堪〔　　〕　号

______：

本院侦查的______一案，需对______进行勘检，根据《中华人民共和国刑事诉讼法》第一百二十六条的规定，现委托______按下列要求进行勘检，请将结论送交我院。勘检要求：______

（××人民检察院名章）
年　月　日

第三联送达受委托勘检单位（人员）

样式154：委托勘检书格式样本

（四）勘验笔录

所谓勘验笔录，亦称现场勘验笔录，是指检方对发生职务犯罪事件或发现职务犯罪痕迹、物证的特定地点、场所进行勘验和调查时，而制作的侦查笔录。因此，制作一份合格的勘验笔录，除应做到及时、细致、全面、客观、依法之外，还应注意以下问题：

1. 要了解、掌握和运用勘验规则。

2. 要全面、客观地记录现场当时情况：（1）自然条件，即勘验当时的天气、光线、风向、风力、气温等。例如，阴、晴、雨、雪、明暗程度等；（2）勘验地点，即犯罪现场所在的具体地址；（3）责任人（当事人），应记明其姓名、性别、年龄、工作单位、职业、职务、住址、电话等。

3. 要客观地记录勘验的组织进行情况。这主要包括勘验人员的组织情况和到达现场的时间。其中，对勘验人员组成情况，应分别载明勘验的指挥人员和检察人员所在单位、法律职务、姓名及其分工情况；指派或聘请参加勘验的技术人员所在的单位、专业技术职称和姓名。同时，记明见证人各自所在单位、职务姓名；其他参加或在场人员所在单位、职务和姓名等。勘验人员到达现场时间，应当具体到年、月、日、时、分。

4. 对现场保护情况，应分别情况，如实记载清楚。一方面，在勘验人员到达现场前，已经采取保护措施的，应记明现场保护人的所在单位、职务和姓名；开始保护的具体时间；现场保护的具体措施；在现场保护前或保护期间，发现或发生过何种情况，何人进入现场何地段、触摸过何种物件；勘验人员到达现场后，又采取了哪些保护措施等。另一方面，在勘验人员到达现场前没有对现场采取保护措施的，应载明勘验人员为保护现场所采取的具体的紧急措施。

5. 要全面、客观地记录好现场访问情况。所谓现场访问，是指勘验人员进行勘验时，对犯罪现场周围和邻居进行访问的情况。这要载明被访问人的身份和姓名；访问的内容，扼要记明与案件现场直接有关的主要内容，其具体情况应当另外制作调查笔录。

6. 要全面、客观地记录勘验情况。这是笔录的核心内容，包括勘验工作情况、现场状况和从现场提取痕迹、物品等内容。而为了确保记录内容的真实、客观、有效，一是勘验笔录的顺序，应与勘验工作的顺序一致，以免记录内容失实、差误、遗漏、重复和紊乱；二是对勘验工作情况的记录，应全面、完整、具体、准确。特别是有关的位置、方向、距离等，应按测量的结果，准确记录清楚；有关痕迹、物品的形状、性状、色泽、大小等，说明必须具体、准确、贴切；三是对勘验结果情况，要如实作客观记录，不作任何分析、推断。因此，对勘验人员分析、估计、推测的东西，不要记录；四是记录用语、语义要明确、合体，尽量使用精确语，而不使用模糊语。

7. 可利用照相、绘图、录音录像进行现场勘验。因此，勘验笔录通常包括现场照相、现场绘图、录音录像内容。

8. 要全面、客观地记录附记事项，包括：一是在现场提取的痕迹、物品名称、数量，封存标记、保存的地点和送检的单位或地点；尸体处理情况；现场照片、现场绘图、现场录像的名称、种类和数量；专门技术人员对发现和提取的痕迹、物品的意见；见证人对勘验的意见；其他需要附加说明或应当记载的事项。二是履行签署手续。首先由笔录制作人编写页码，然后核对勘验笔录，最后签署。而后，勘验笔录由勘验人员和见证人审核无误后再签署。履行签署手续，应按照现场勘验主持人、勘验人员、技术人员、见证人的顺序，依次签署。

9. 同一案件有多个现场的，应分别单独制作勘验笔录；同一现场进行多次勘验的，每勘验一次，均应独立制作勘验笔录；现场勘验笔录，与现场访问笔录、现场照相、现场绘图等，归入检察正卷，作证据使用，可以复印1份，归入检察内卷备查。

10. 勘验笔录有修改、涂改的，应誊清后再履行签署手续；对勘验笔录内容，要注意保密，防止泄密；而勘验笔录的具体内容和格式如下样式155所示：①

______人民检察院

勘验笔录

勘验案由：______

主持人员姓名：______记录人员姓名：______录制人员姓名：______

勘验人员姓名：____性别：____年龄：____工作单位：______职务（职称）：______

见证人员姓名：____性别：____年龄：____工作单位：______职业（职务）：______

报案人员姓名：____性别：____年龄（出生日期）：____民族：____文化程度：______

籍贯（出生地）：______工作单位：______职业（职务）：______

联系电话：____E—mail：______QQ：______现在住址：______

报案时间：____年__月__日__时__分。发案时间：____年__月__日__时__分

① 当然，《文书样本》——87亦规定了勘验笔录的具体内容和格式。

发案单位：____
勘验日期：____年____月____日____时____分至____日____时____分
勘验现场地点：____
勘验经过：____
勘验结果：____
勘验人员（亲自签名）：__________见证人员（亲自签名）：__________
主持人员（亲自签名）：____录制人员（亲自签名）：____记录人员（亲自签名）：____
年　月　日

第　　页

样式155：勘验笔录格式样本

（五）检查笔录

所谓检查笔录，是检方对与职务犯罪有关的物品、人身、尸体进行检查时，而依法制作的侦查笔录。常见的有物品检验、人体检查和尸体检查笔录3种。而实践证明，不论制作一份合格的物品检验笔录，还是制作一份上乘的人身或尸体检查笔录，还应注意以下问题：

1. 要了解、掌握和运用法定的检查规则。

2. 要客观、真实地记录检查的组织进行情况。主要概括记明在谁的主持下，由谁进行检查，对何人或何物品进行何种性质的检查，目的在于查明何问题以及检查时的在场见证人是谁。

3. 要客观、真实地记录检查的准备。一要概括记明检查前检查人员查阅有关资料和查询有关人员的情况。二要记录查阅与检查内容有关的资料。例如，案卷材料，有关病历档案资料等。凡与检查内容有直接关系的，应当摘要记载，并应注明材料来源和出处；有关病历资料，应载明诊治前后的变化情况以及就诊的医院和时间等。三要客观、真实地记录查询情况。

4. 要客观、真实地记录检查的实施情况。一方面，记录检查的工作情况时，要客观、真实地记录检查的经过，包括检查的程序、方法和手段等。另一方面，记录检查的结果情况时，对物品检查结果的记录，除应载明物品的基本状况外，例如，该物品的名称、型号、规格、形状、大小、性状、色泽等，尤其应具体记明该物品与案件事实有关的特征状况；对人身检查结果的记录，要将每一具体特征的名称、所在部位、形状、大小、色泽等，例如，痣疣、瘢痕、文身等，具体地记载清楚；对伤害情况检查的结果记录，要具体记载检查的部位，每一损伤所在的具体部位，创伤的形状、性状、大小、程度以及检见异物状况等。同时，对损伤特征状况、损伤程度以及检见异物状况，记录必须准确；对生理状况检查结果的记录，一般均应由法医进行检查，并由其制作

《活体检验记录》和《活体检验鉴定书》。

5. 参与检查时的检察人员，必须持有检察院的检查证。持证检查的情况，应在检查笔录中载明；对犯罪嫌疑人、被告人进行强制检查的，应将检查的原因及其强制情况在身体笔录中载明；对妇女进行人身检查，应由女工作人员或者医师进行，并在身体笔录中记明工作人员的性别和医师的专业。

6. 在检查内容记录结束时，概括记明检查人对检查结果的结论意见。其中，检查人向见证人提示检见特征情况时，有关提示情况，应当记载清楚；对检查的结果情况，只作客观记录，检查人在检查中对有关情况的分析、推断，不需记录。

7. 要客观、真实地记录附记事项。例如，有绘图、照片和录像的，记明名称、种类和数量；检查人、见证人或被检查人对检查如有加以说明的，或者对检查持有异议的，也应当予以载明。

8. 要客观、真实地做好签署工作。一是检查笔录，由记录人首先编写页码，然后交检查人和见证人分别审核无误后，再行签署。经审核，如有修改、补充的，应在誊清后再行签署。二是签署手续，依照主持人、检查人、记录人、见证人的顺序，依次签名或盖章。三是签署后，由记录人具明检查的具体年月日。而检查笔录的具体内容和格式如下样式156所示：①

__________人民检察院

检查笔录

检查项目：____________________

检查时间：____年____月____日____时____分至____日____时____分

检查地点：____________________

主持人员姓名：______记录人员姓名：______录制人员姓名：______

检查人员姓名：____性别：__年龄：__工作单位：____职务（职称）：____

见证人员姓名：____性别：__年龄：__工作单位：____职业（职务）：____

检查经过：____________________

检查结果：____________________

检查人员（亲自签名）：________见证人员（亲自签名）：________

主持人员（亲自签名）：__录制人员（亲自签名）：__记录人员（亲自签名）：__

年　月　日

第　页

样式156：检查笔录格式样本

① 当然，《文书样本》——87亦规定了检查笔录的具体内容和格式。

（六）登记保存清单

根据《刑事诉讼法》第126条规定，本文书为检方侦查部门在职务犯罪侦查中，对现场进行勘验检查时，而填制的侦查法律文书。因此，它所附提取痕迹物证登记表为勘验检查时，检察人员提取痕迹物证时使用；需详细列明提取痕迹物证的名称、基本特征、数量、提取部位、提取方法、提取人，落款；一式两份，一份交证据持有人，一份附卷；具体内容和格式如下样式157所示：

________人民检察院

登记保存清单

（此处加盖检察院印章）

<table>
<tr><td>案　　由</td><td colspan="3"></td><td>办案单位</td><td colspan="2"></td></tr>
<tr><td>持有人</td><td colspan="3"></td><td>性别</td><td>出生日期</td><td></td></tr>
<tr><td>现住址</td><td colspan="6"></td></tr>
<tr><td>工作单位</td><td colspan="4"></td><td>联系电话</td><td></td></tr>
<tr><td colspan="7">根据《刑事诉讼法》第一百六十二条的规定，决定对下列财物、文件进行登记，保存地点____________________。在登记保存期间内未经本机关批准，不得转移、变卖、毁损。</td></tr>
<tr><td>编号</td><td>名称</td><td>规格</td><td>数量</td><td>特征</td><td colspan="2">备注</td></tr>
<tr><td></td><td></td><td></td><td></td><td></td><td colspan="2"></td></tr>
<tr><td></td><td></td><td></td><td></td><td></td><td colspan="2"></td></tr>
<tr><td></td><td></td><td></td><td></td><td></td><td colspan="2"></td></tr>
<tr><td colspan="7">证据持有人（亲自签名）　　见证人（亲自签名）　　承办人（亲自签名）
年 月 日　　年 月 日　　年 月</td></tr>
</table>

样式157：登记保存清单格式样本

（七）解剖尸体通知书

根据《刑事诉讼法》第126条、第129条、第162条规定，本文书为检方在职务犯罪侦查中决定对死因不明的尸体进行解剖、检验，通知死者家属到场时，而填制的侦查法律文书。因此，填制时应注意以下问题：

1. 它具有法定强制性，死者家属接到本文书后无正当理由拒不到场，后者拒绝签名、盖章的，不影响解剖的正常进行，但是应当在本文书副本联（第二联）中注明。对于身份不明的尸体，无法通知死者家属到场的，应当记明笔录。

2. 共三联，第一联统一保存备查，第二联由死者家属签名、盖章或注明情况后附卷，第三联送达死者家属；三联之间的骑缝线上均有本文书文号，应当按照本文书第三联中文号的填写方法予以填写。

3. 具体内容和格式如下样式 158 所示：

（八）解剖尸体笔录

所谓解剖尸体笔录，是检方在职务犯罪侦查过程中，解剖尸体时，而依法制作的侦查笔录。因此，制作时应注意以下问题：

1. 检方解剖死因不明的尸体，应通知死者家属到场，并让其在解剖通知书上签名或者盖章；死者家属无正当理由拒不到场或者拒绝签名、盖章的，不影响解剖的进行，但应当在解剖通知书上记明。

2. 对于身份不明的尸体，无法通知死者家属的，应当记明笔录。

3. 一式一份，存检察正卷；具体内容和格式如下样式 159 所示：

（九）复验、复查通知书

根据《刑事诉讼法》第 132 条规定，本文书为检方对侦查机关的勘验、检查，认为需要复验、复查，而要求侦查机关复验、复查时，所填制的侦查法律文书。因此，填制时应注意以下问题：

1. 文书中“本院认为”后的空格应简要写明要求复验、复查的内容和理由。

2. 共三联，第一联统一保存备查，第二联附卷，第三联送达侦查机关。

3. 具体内容和格式如下样式 160 所示：

________人民检察院
解剖尸体通知书
（存根）

检　剖〔　　〕　号

案由：________
犯罪嫌疑人基本情况（姓名、性别、年龄、工作单位、住址、身份证号码、是否人大代表、政协委员）：________
死者姓名：________
解剖检验目的：________
解剖时间：________
解剖地点：________
批 准 人：________
批准时间：________
承 办 人：________
填发人：________
填发时间：________

第一联统一保存

________人民检察院
解剖尸体通知书
（副本）

检剖〔　　〕　号

________：

根据《中华人民共和国刑事诉讼法》第一百二十六条、第一百二十九条的规定，我院办理________________案件，决定于____年____月____日____时在____对______的尸体进行解剖检验，以查明死亡的原因，特通知你到场。

（××人民检察院名章）
年　月　日

死者家属（亲自签名）：________
年　月　日

第二联附卷

________人民检察院
解剖尸体通知书

检　剖〔　　〕　号

________：

根据《中华人民共和国刑事诉讼法》第一百二十六条、第一百二十九条的规定，我院办理________________案件，决定于____年____月____日____时在____对______的尸体进行解剖检验，以查明死亡的原因，特通知你到场。

（××人民检察院名章）
年　月　日

第三联送达死者家属

样式158：解剖尸体通知书格式样本

________人民检察院
解剖尸体笔录

解剖尸体案由：____

报案人员姓名：____性别：____年龄（出生日期）：____民族：____文化程度：________

籍贯（出生地）：________工作单位：____________职业（职务）：____________

联系电话：____E—mail：____QQ：________现在住址：________________

报案时间：____年__月__日__时___分。发案时间：____年__月__日__时__分

发案单位：____

主持人员姓名：________记录人员姓名：________翻译人员姓名：____________

解剖人员姓名：____性别：____年龄：____工作单位：________职务（职称）：________

解剖日期：____年____月____日____时____分至____日____时____分

被解剖死者姓名：____性别：____年龄：____工作单位：　　　职业（职务）：

已找到被解剖死者家属姓名：____性别：____年龄：____工作单位：________

职业（职务）：____是否同意解剖：________不同意解剖理由：____________

未找到被解剖死者家属原因：________________________________

解剖经过：____

解剖结果：____

解剖人员（亲自签名）：____________死者家属（亲自签名）：____________

主持人员（亲自签名）：____翻译人员（亲自签名）：____记录人员（亲自签名）：____

年　月　日

第　　页

样式159：解剖尸体笔录格式样本

______人民检察院
复验、复查通知书
（存根）

检　　复查通〔　〕号

案由：______________________
犯罪嫌疑人基本情况（姓名、性别、年龄、身份证号码、工作单位、住址、是否人大代表、政协委员）：__________
复验、复查内容：______________
复验、复查理由：______________
批准人：____________________
送检人：____________________
填 发 人：__________________
填发时间：__________________

第一联统一保存

______人民检察院
复验、复查通知书
（副本）

检 复查通〔　〕　　号

________：

你于____年____月____日以____号文书移送本院审查犯罪嫌疑人____________________________一案，经审查，本院认为：________。根据《中华人民共和国刑事诉讼法》第一百三十二条的规定，特请你________及时进行复验（复查）。届时本院派（不派）检察人员参加。

（××人民检察院名章）
年　月　日

第二联附卷

______人民检察院
复验、复查通知书

检　　复查通〔　　〕号

________：

你于____年____月____日以____号文书移送本院审查犯罪嫌疑人________一案，经审查，本院认为：____________________________。根据《中华人民共和国刑事诉讼法》第一百三十二条的规定，特请你________及时进行复验（复查）。届时本院派（不派）检察人员参加。

（××人民检察院名章）
年　月　日

第三联送达侦查机关

样式160：复验、复查通知书格式样本

二、搜查文书

（一）概述

所谓搜查文书，是指检方在职务犯罪侦查过程中，依法适用搜查时，依法填制的侦查文书的总和。常见的有：搜查证、搜查笔录等。因此，填制此类文书时，除应遵循《刑事诉讼法》、《检察规范》外，根据《检诉规则》规定，还应遵循以下法律规定：

1. 检察院有权要求有关单位和个人，交出能够证明犯罪嫌疑人有罪或者无罪以及犯罪情节轻重的证据。

2. 为了收集犯罪证据，查获犯罪人，经检察长批准，检察人员可以对犯罪嫌疑人以及可能隐藏罪犯或者犯罪证据的人的身体、物品、住处、工作地点和其他有关的地方进行搜查。

3. 进行搜查，应当向被搜查人或者他的家属出示搜查证；搜查证由检察长签发。

4. 搜查前，应当了解被搜查对象的基本情况、搜查现场及周围环境，确定搜查的范围和重点，明确搜查人员的分工和责任。

5. 搜查应当在检察人员的主持下进行，可以有司法警察参加；必要的时候，可以指派检察技术人员参加或者邀请当地公安机关、有关单位协助进行；执行搜查的检察人员不得少于两人。

6. 在执行逮捕、拘留的时候，遇有下列紧急情况之一，不另用搜查证也可以进行搜查：可能随身携带凶器的；可能隐藏爆炸、剧毒等危险物品的；可能隐匿、毁弃、转移犯罪证据的；可能隐匿其他犯罪嫌疑人的；其他紧急情况。搜查结束后，搜查人员应当在24小时内向检察长报告，及时补办有关手续。

7. 搜查时，应当有被搜查人或者他的家属、邻居或者其他见证人在场，并且对被搜查人或者其家属说明阻碍搜查、妨碍公务应负的法律责任；搜查妇女的身体，应当由女工作人员进行。

8. 搜查时，如果遇到阻碍，可以强制进行搜查；对以暴力、威胁方法阻碍搜查的，应当予以制止，或者由司法警察将其带离现场；阻碍搜查构成犯罪的，应当依法追究刑事责任。

9. 搜查应当全面、细致、及时，并且指派专人严密注视搜查现场的动向；进行搜查的人员，应当遵守纪律，服从指挥，文明执法，不得无故损坏搜查现场的物品，不得擅自扩大搜查对象和范围。对于查获的重要书证、物证、视听资料、电子数据及其放置、存储地点应当拍照，并且用文字说明有关情况，必要的时候可以录像。

10. 搜查情况应当制作笔录，由检察人员和被搜查人或者其家属、邻居或者其他见证人签名或者盖章。被搜查人在逃，其家属拒不到场，或者拒绝签名、盖章的，应当记明笔录。

11. 检察院到本辖区以外进行搜查，检察人员应当携带搜查证、工作证以及载有主要案情、搜查目的、要求等内容的公函，与当地检察院联系，当地检察院应当协助搜查。

（二）搜查证

根据《刑事诉讼法》第 134 条、第 136 条规定，本文书为检方对犯罪嫌疑人以及可能隐藏罪犯或犯罪证据的人的身体、物品、住处、工作地点和其他有关地方进行搜查时，而填制的侦查法律文书。因此，填制时应注意以下问题：

1. 它以搜查次数为单位制作，每搜查一次，制作一个搜查证。

2. 搜查时，应当有被搜查人或者他的家属、邻居或者其他见证人在场，并且对被搜查人或者其家属说明阻碍搜查、妨碍公务应承担的法律责任。

3. 共两联，第一联统一保存备查，第二联使用后附卷；两联之间的骑缝线上有本文书文号，应当按照本文书第二联中文号的填写方法予以填写；具体内容和格式如下样式 161 所示：

（三）搜查笔录

根据《刑事诉讼法》第 138 条、《检诉规则》第 229 条规定，本笔录是指检方在职务犯罪侦查过程中，进行搜查时，而制作的侦查笔录。因此，填制时应注意以下问题：

1. 要了解并掌握搜查规则和原则。其中，搜查必须遵循限制、安全、控制、保密、彻底、细致、协作原则。

2. 既要了解并掌握搜查程序、策略和方法，也要了解并掌握搜查笔录的证据价值。

3. 要客观、全面、详细地记录搜查情况。这主要包括搜查实施行为情况和搜查的结果，也是搜查笔录的中心内容。其中，搜查实施情况，应记清对谁的人身或住所的哪些部位、哪些物件进行了搜查。被搜查人如果抗拒搜查的，应记明；搜查中如损坏物品的，应记明损坏原因和损坏的物品名称及其损坏的程度。搜查结果情况，应记清查获了哪些书证、物证，扣押了哪些物品和文件，查封了哪些物品等；但对扣押的物品应另行制作扣押物品清单。

4. 在搜查中，搜查人员确有违法行为的，也应如实记载。

5. 被搜查人对搜查的意见，包括对搜查的方法是否合法，物品有无损坏、扣押物品是否全数登记并开列清单等。在征询被搜查人意见后，如实填写；如无意见则填“无意见”。

6. 搜查笔录制作1份，连同扣押物品清单1份归入检察院侦查卷。

7. 搜查中扣押物品或文件时，应由在场搜查人员会同见证人与被搜查人共同清点后当场开列清单，清点程序应在搜查笔录上载明；对就地封存的大件物品，应当场加封，并在记录上载明封存物品名称和件数。

8. 如被搜查人在逃的或者拒绝在搜查笔录上签名的，应予载明。搜查妇女的人身，应由女检察人员进行，搜查笔录上应注明搜查人的性别。搜查时，如果被搜查人不在，应由其家属签名，但应注明其与被搜查人的关系。

9. 搜查笔录的副本（扣押物品清单）一式三份；搜查笔录的具体内容和格式，如下样式162所示：

______人民检察院
搜查笔录

搜查案件（事项）：______

搜查时间：____年____月____日____时____分至____日____时____分

搜查地点：______

搜查人员姓名：______记录人员姓名：______录制人员姓名：______

见证人员：____性别：__年龄：__民族：____工作单位：______职业（职务）：______

被搜查人员姓名：____性别：__年龄：__民族：____工作单位：____职业（职务）：____

搜查经过：______

______

搜查结果：______

被搜查人（亲自签名并捺指印）：______对搜查的意见（亲自书写）：______

被搜查人家属（亲自签名）：______

见证人员（亲自签名）：______参加搜查人员（亲自签名）：______

主持人员（亲自签名）：____录制人员（亲自签名）：____记录人员（亲自签名）：______

年　月　日

第　页

样式162：搜查笔录格式样本

______人民检察院

搜　查　证

（存根）

检　搜〔　　　〕　号

案由：______

犯罪嫌疑人基本情况（姓名、性别、年龄、工作单位、住址、身份证号码、是否人大代表、政协委员）：______

搜查范围：______

批 准 人：______

批准时间：______

承 办 人：______

填发人：______

填发时间：______

第一联统一保存

______人民检察院

搜　查　证

检搜〔　　　〕　号

根据《中华人民共和国刑事诉讼法》第一百三十四条、第一百三十六条的规定，兹派本院工作人员______等____人持此证对______进行搜查。

（××检察长名章）

年　月　日

（××人民检察院名章）

本证已于____年____月____日向我宣布。［被搜查人（或家属）亲自填写］

被搜查人（或家属）（亲自签名）：______

宣告人：______

第二联使用后附卷

样式161：搜查证格式样本

第四节　调取、查封和扣押文书的填制要领与格式

一、调取文书

（一）概述

所谓调取文书，是指检方在职务犯罪侦查过程中，依法向相对人调取与职务犯罪相关的证据材料或其证据时，而依法填制的侦查文书的总和。常见的有：调取证据通知书、调取证据清单、调阅卷宗单等。而填制此类文书时，除遵循《刑事诉讼法》、《检察规范》外：

1. 根据《检诉规则》规定，还应遵循以下法律规定：

（1）检察人员可以凭检察院的证明文件，向有关单位和个人调取能够证明犯罪嫌疑人有罪或者无罪以及犯罪情节轻重的证据材料，并且可以根据需要拍照、录像、复印和复制。

（2）检察院办理案件需要向本辖区以外的有关单位和个人调取物证、书证等证据材料的，办案人员应当携带工作证、检察院的证明文件和有关法律文书，与当地检察院联系，当地检察院应当予以协助；必要时，可以向证据所在地的检察院发函调取证据。调取证据的函件应当注明取证对象的具体内容和确切地址。协助的人民检察院应当在收到函件后1个月内将调查结果送达请求的检察院。

（3）调取物证应当调取原物。原物不便搬运、保存，或者依法应当返还被害人，或者因保密工作需要不能调取原物的，可以将原物封存，并拍照、录像。对原物拍照或者录像应当足以反映原物的外形、内容；调取书证、视听资料应当调取原件；取得原件确有困难或者因保密需要不能调取原件的，可以调取副本或者复制件；调取书证、视听资料的副本、复制件和物证的照片、录像的，应当书面记明不能调取原件、原物的原因，制作过程和原件、原物存放地点，并由制作人员和原书证、视听资料、物证持有人签名或者盖章。

2. 参照两高办公厅《关于调阅诉讼卷宗有关问题的通知》（2010年6月17日），还应遵循以下法律规定：

（1）检察院在办理法官涉嫌犯罪案件、抗诉案件、申诉案件过程中，可以调阅法院的诉讼卷宗。而凡是通过查阅、拷贝电子卷、复制、摘录等方式能够满足办案需要的，不再调阅诉讼卷宗。

（2）检察院调阅诉讼卷宗应严格手续，经院领导批准，填写人民检察院

调阅卷宗单，加盖院印或办公厅（室）印章，由相关部门确定专人负责办理。

（3）检察院调阅诉讼卷宗的时间为3个月，特殊情况应重新办理调阅手续，连续调阅期限不超过6个月。

（4）检察院在调阅诉讼卷宗期间，有关单位、当事人和诉讼代理人等需要查阅诉讼卷宗的，应按照《档案法》和检察院关于利用诉讼卷宗的规定，严格手续，提供查阅，但不得向外转借。

（5）检察院在使用诉讼卷宗过程中，严格执行谁批准谁负责、谁使用谁负责的制度，做好保密工作，确保诉讼卷宗安全。对于违反保密规定，泄露审判、检察秘密的，或者篡改、损毁、丢失卷宗的，应依法依纪追究相关人员的责任。

（6）法院、检察院之间调阅诉讼卷宗的，由同级法院、检察院负责办理。

3. 参照两高三部《关于对司法工作人员在诉讼活动中的渎职行为加强法律监督的若干规定（试行）》（2010年7月26日），还应遵循以下法律规定：

（1）检察院依法对诉讼活动实行法律监督；对司法工作人员的渎职行为可以通过依法审查案卷材料、调查核实违法事实、提出纠正违法意见或者建议更换办案人、立案侦查职务犯罪等措施进行法律监督。

（2）司法工作人员在诉讼活动中具有下列情形之一的，可以认定为司法工作人员具有涉嫌渎职的行为，检察院应当调查核实：①徇私枉法、徇情枉法，对明知是无罪的人而使其受追诉，或者对明知是有罪的人而故意包庇不使其受追诉，或者在审判活动中故意违背事实和法律作枉法裁判的；②非法拘禁他人或者以其他方法非法剥夺他人人身自由的；③非法搜查他人身体、住宅，或者非法侵入他人住宅的；④对犯罪嫌疑人、被告人实行刑讯逼供或者使用暴力逼取证人证言，或者以暴力、威胁、贿买等方法阻止证人作证或者指使他人作伪证的，或者帮助当事人毁灭、伪造证据的；⑤侵吞或者违法处置被查封、扣押、冻结的款物的；⑥违反法律规定的拘留期限、侦查羁押期限或者办案期限，对犯罪嫌疑人、被告人超期羁押，情节较重的；⑦私放在押的犯罪嫌疑人、被告人、罪犯，或者严重不负责任，致使在押的犯罪嫌疑人、被告人、罪犯脱逃的；⑧徇私舞弊，对不符合减刑、假释、暂予监外执行条件的罪犯，违法提请或者裁定、决定、批准减刑、假释、暂予监外执行的；⑨在执行判决、裁定活动中严重不负责任或者滥用职权，不依法采取诉讼保全措施、不履行法定执行职责，或者违法采取诉讼保全措施、强制执行措施，致使当事人或者其他人的合法利益遭受损害的；⑩对被监管人进行殴打或者体罚虐待或者指使被监管人殴打、体罚虐待其他被监管人的；⑪收受或者索取当事人及其近亲属或者其委托的人等的贿赂的；⑫其他严重违反刑事诉讼法、民事诉讼法、行政诉讼法和刑法规定，不依法履行职务，损害当事人合法权利，影响公正司法的诉讼违法行为和职务犯罪行为。

（3）检察院在开展法律监督工作中，发现有证据证明司法工作人员在诉讼活动中涉嫌渎职的，应当报经检察长批准，及时进行调查核实；对于单位或者个人向检察院举报或者控告司法工作人员在诉讼活动中有渎职行为的，检察院应当受理并进行审查，对于需要进一步调查核实的，应当报经检察长批准，及时进行调查核实。

（4）检察院认为需要核实国家安全机关工作人员在诉讼活动中的渎职行为的，应当报经检察长批准，委托国家安全机关进行调查；国家安全机关应当及时将调查结果反馈检察院；必要时，检察院可以会同国家安全机关共同进行调查。对于公安机关工作人员办理危害国家安全犯罪案件中渎职行为的调查，比照上述规定执行。

（5）检察院发现检察人员在诉讼活动中涉嫌渎职的，应当报经检察长批准，及时进行调查核实；法院、公安机关、国家安全机关、司法行政机关有证据证明检察人员涉嫌渎职的，可以向检察院提出，检察院应当及时进行调查核实并反馈调查结果；上一级检察院接到对检察人员在诉讼活动中涉嫌渎职行为的举报、控告的，可以直接进行调查，也可以交由下级检察院调查；交下级检察院调查的，下级检察院应当将调查结果及时报告上一级检察院。

（6）检察院调查司法工作人员在诉讼活动中的渎职行为，可以询问有关当事人或者知情人，查阅、调取或者复制相关法律文书或者报案登记材料、案卷材料、罪犯改造材料，对受害人可以进行伤情检查，但不得限制被调查人的人身自由或者财产权利；检察院通过查阅、复制、摘录等方式能够满足调查需要的，一般不调取相关法律文书或者报案登记材料、案卷材料、罪犯改造材料；检察院在调查期间，应当对调查内容保密。

（7）检察院对司法工作人员在诉讼活动中的涉嫌渎职行为进行调查，调查期限不得超过1个月；确需延长调查期限的，可以报经检察长批准，延长2个月。

（8）检察院对司法工作人员在诉讼活动中的涉嫌渎职行为调查完毕后，应当制作调查报告，根据已经查明的情况提出处理意见，报检察长决定后作出处理。

（9）被调查人不服检察院的调查结论的，可以向检察院提出申诉，检察院应当进行复查，并在10日内将复查决定反馈申诉人及其所在机关；申诉人不服检察院的复查决定的，可以向上一级检察院申请复核。上一级检察院应当进行复核，并在20日内将复核决定及时反馈申诉人，通知下级检察院。

（二）调取证据通知书

根据《刑事诉讼法》第 52 条第 1 款、第 171 条规定，本文书为检方向有关单位和个人收集、调取证据时，而填制的侦查法律文书。因此，填制时应注意以下问题：

1. 收到检察院调取证据通知书的有关单位或个人应当如实向检察院提供证据。在收集、调取证据过程中，对于涉及国家秘密的证据，检察院和有关单位及个人应当保密；有关单位和个人提供的证据，以及检察院办案人员收集、调取的证据都必须是真实的；调取书证、视听资料应当调取原件。取得原件确有困难或者因保密需要不能调取原件的，可调取副本或者复制件；调取证物应当调取原物，原物不便搬运、保存，或者依法应当返还被害人，或者因保密工作需要不能调取原物的，可以将原物拍照、录像。对原物拍照或者录像应当足以反映原物的外形、内容；调取书证、视听资料的副本、复制件和证物的照片、录像的，应当附有不能调取原件、原物的原因、制作过程和原件、原物存放地点的说明，并由制作人员和原书证、视听资料、物证持有人签名或者盖章。

2. 共四联，第一联统一保存备查，第二联附卷，第三联送达提供证据的单位或个人，第四联由被调取证据的单位或个人如实填写并签名或盖章退回后附卷；四联之间的骑缝线上均有本文书文号，应当按照本文书第三联中文号的填写方法予以填写。

3. 具体内容和格式如下样式 163 所示：

（三）调取证据清单

根据《刑事诉讼法》第 52 条第 1 款、第 171 条规定，本文书为检方向有关单位和个人收集、调取证据时，而填制的侦查法律文书。因此，它是检察院向有关单位和个人收集、调取证据时所开列的清单，并在调取证据较多的情况下配合调取证据通知书使用；填写清单时每一个证据填记一行，填写完毕后，在空余表格触画截至线，以示结束；一式三份，一份统一保存备查，一份附卷，一份交提供证据的单位或个人；三份清单使用同一编号；具体内容和格式如下样式 164 所示：

______人民检察院
调取证据通知书
（存根）

检调证〔 〕 号

案由______________
犯罪嫌疑人基本情况（姓名、性别、年龄、工作单位、住址、身份证号码、是否人大代表、政协委员）：
____
提请批准直接受理理由____
调取证据名称：________
证据持有人（单位）：____
批准人：__________
承 办人：__________
填发人：__________
填发时间：__________

第一联统一保存

……（ ）字第 号……

______人民检察院
调取证据通知书
（副本）

检调证〔 〕 号

__________：
根据《中华人民共和国刑事诉讼法》第五十二条之规定，本院需要对在你处的下列证据材料：__________予以调取。请将上列证据材料于____年__月__日前送交我院。

（××人民检察院名章）
年 月 日

第二联附卷

……（ ）字第 号……

______人民检察院
调取证据通知书

检调证〔 〕 号

根据《中华人民共和国刑事诉讼法》第五十二条之规定，本院需要对在你处的下列证据材料：______予以调取。请将上列证据材料于____年__月__日前送交我院。

（××人民检察院名章）
年 月 日

第三联送交提供证据的单位或个人

……（ ）字第 号……

______人民检察院
调取证据通知书
（回执）

______人民检察法院：
你院__________号调取证据通知书收悉，现将________送交你院。

（签名或盖章）
年 月 日

第四联由提供证据的单位或个人提供证据退回后附卷

样式163：调取证据通知书格式样本

______人民检察院
调取证据清单

编号	名称	数量	特 征	备 注

提供人（亲自签名）：______________
办案人（亲自签名）：______________

（××人民检察院名章）
年　月　日

样式 164：调取证据清单格式样本

（四）调阅卷宗单

根据《关于调阅诉讼卷宗有关问题的通知》、《关于对司法工作人员在诉讼活动中的渎职行为加强法律监督的若干规定（试行）》规定，本文书是检方在侦查司法工作人员渎职行为过程中，调阅司法机关案卷时而填制的侦查法律文书。因此，它一式四份，一份统一保存备查，一份附卷，一份送交提供卷宗的单位，一份由提供卷宗的单位提供卷宗退回后附卷；具体内容和格式如下样式 165 所示：

（五）调取技术侦查证据材料通知书和移送清单

根据《刑事诉讼法》第 152 条规定，本文书为检方在职务犯罪侦查过程中，依法调取技术侦查措施收集的材料作为证据时，而填制的侦查法律文书。因此，它一式三联，一联保存备查，一联交技术侦查措施执行机关，一联由技术侦查措施执行机关填写退回后附卷；具体内容和格式如下样式 166、167 所示：

______人民检察院
调阅卷宗单
（存根）

检调证〔　　〕　号

案由______________

犯罪嫌疑人基本情况（姓名、性别、年龄、工作单位、住址、身份证号码、是否人大代表、政协委员）：

____

案件名称：__________
案件编号：__________
调取部门：__________
调 取 人：__________
调取证据：__________
批 准 人：__________
批准时间：__________
填 发 人：__________
填发时间：__________

第一联统一保存

……（　　）字第　　号……

______人民检察院
调阅卷宗单
（副本）

检调证〔　　〕　号

______________：

根据《中华人民共和国刑事诉讼法》第五十二条之规定，本院需要对在你处的下列卷宗材料：______________予以调取。请将上列卷宗材料于____年__月__日前送交我院。

（××人民检察院名章）
年　月　日

第二联附卷

……（　　）字第　　号……

______人民检察院
调阅卷宗单

检调证〔　　〕　号

根据《中华人民共和国刑事诉讼法》第五十二条之规定，本院需要对在你处的下列卷宗材料：予以调取。请将上列卷宗材料于____年__月__日前送交我院。

（××人民检察院名章）
年　月　日

第三联送交提供卷宗的单位

……（　　）字第　　号……

______人民检察院
调阅卷宗单
（回执）

______人民检察法院：

你院__________号调取证据通知书收悉，现将__________送交你院。

（单位名章）
年　月　日

第四联由提供卷宗的单位提供卷宗退回后附卷

样式165：调阅卷宗单格式样本

______人民检察院
调取技术侦查证据材料
通知书
（存根）

检　调技证〔　〕　号

案件名称：______
案件编号：______
调取部门：______
调 取 人：______
调取证据：______
批 准 人：______
批准时间：______
填 发 人：______
填发时间：______

第一联统一保存

……（　）字第　号……

______人民检察院
调取技术侦查证据材料
通知书
（副本）

检　调技证〔　〕　号

______：

根据《中华人民共和国刑事诉讼法》第一百五十二条之规定，现决定调取______案有关的下列技术侦查证据材料：______。

（××人民检察院名章）
年　月　日

第二联交技术侦查措施执行机关

……（　）字第　号……

______人民检察院
调取技术侦查证据材料
通知书
（回执）

检　调技证〔　〕　号

______人民检察法院：

你院______号决定调取______案有关的下列技术侦查证据材料通知书收悉。所调取技术证据材料随附。

此复

（公安局名章）
年　月　日

附：技术侦查证据材料移送清单（具体内容和格式如下样式167所示）

第三联退回后附卷

样式166：调取技术侦查证据材料通知书格式样本

人民检察院
技术侦查证据材料移送清单

编号	证据产生时间	证据产生形式	证据主要内容	备 注
证据收集单位：________ 办案人（亲自签名）：______ 年 月 日			办案单位：________ 年 月 日	

本清单一式两份，一份附卷，一份交办案部门

样式167：技术侦查证据材料移送清单格式样本

二、查封和扣押文书

（一）概述

所谓查封和扣押文书，是指检方在职务犯罪侦查过程中，依法查封或扣押与该职务犯罪有关的财物、文件等证据材料或其证据时，而依法填制的侦查文书的总和。常见的有：查封通知书，查封/扣押财物、文件清单，协助查封通知书，解除查封通知书，扣押通知书，解除扣押通知书，退还、返还查封/扣押/调取财物、文件通知书，退还、返还查封/扣押/调取财物、文件清单，处理查封/扣押财物、文件决定书，处理查封/扣押财物、文件清单，移送查封/扣押、冻结财物、文件决定书，移送查封/扣押、冻结财物、文件清单，扣押邮件、电报通知书，解除扣押邮件、电报通知书等。例如，在薄熙来案中，就有如下记载："审判长：现在对本案案发情况、涉案款物扣押冻结情况等事实进行法庭调查。请公诉人就该部分事实进行举证。"① 而填制时，除应遵循《刑事诉讼法》、《检察规范》、高检院《人民检察院扣押、冻结涉案款物工作规定》（2010年5月9日）、《文书规定》外，根据《检诉规则》还应遵循以下法律规定：

1. 在侦查活动中发现的可以证明犯罪嫌疑人有罪、无罪或者犯罪情节轻

① 参见：《8月25日薄熙来案庭审记录》，载《人民网》2013年8月27日。

重的各种财物和文件，应当查封或者扣押；与案件无关的，不得查封或者扣押；不能立即查明是否与案件有关的可疑的财物和文件，也可以查封或者扣押，但应当及时审查。经查明确实与案件无关的，应当在3日以内解除查封或者予以退还；持有人拒绝交出应当查封、扣押的财物和文件的，可以强制查封、扣押；对于犯罪嫌疑人、被告人到案时随身携带的物品需要扣押的，可以依照上述规定办理；对于与案件无关的个人用品，应逐件登记并随案移交或退还其家属。

2. 检察院查封、扣押财物和文件，应当经检察长批准，由两名以上检察人员执行；需要查封、扣押的财物和文件不在本辖区的，办理案件的检察院应当依照有关法律及有关规定，持相关法律文书及简要案情等说明材料，商请被查封、扣押财物和文件所在地的检察院协助执行；被请求协助的检察院有异议的，可以与办理案件的检察院进行协商，必要时，报请共同的上级检察院决定。

3. 对于查封、扣押的财物和文件，检察人员应当会同在场见证人和被查封、扣押物品持有人查点清楚，当场开列查封、扣押清单一式四份，注明查封、扣押物品的名称、型号、规格、数量、质量、颜色、新旧程度、包装等主要特征，由检察人员、见证人和持有人签名或者盖章，一份交给文件、资料和其他物品持有人，一份交被查封、扣押文件、资料和其他物品保管人，一份附卷，一份保存。持有人拒绝签名、盖章或不在场的，应当在清单上记明。

4. 查封、扣押外币、金银珠宝、文物、名贵字画以及其他不易辨别真伪的贵重物品，应当在拍照或者录像后当场密封，由检察人员、见证人和被扣押物品持有人在密封材料上签名或者盖章，根据办案需要及时委托具有资质的部门出具鉴定报告。启封时应当有见证人或者持有人在场并且签名或者盖章。

5. 查封、扣押存折、信用卡、有价证券等支付凭证和具有一定特征能够证明案情的现金，应当注明特征、编号、种类、面值、张数、金额等，由检察人员、见证人和被扣押物品持有人在密封材料上签名或者盖章。启封时应当有见证人或者持有人在场并签名或者盖章。

6. 查封、扣押易损毁、灭失、变质以及其他不宜长期保存的物品，应当用笔录、绘图、拍照、录像等方法加以保全后进行封存，或者经检察长批准后委托有关部门变卖、拍卖；变卖、拍卖的价款暂予保存，待诉讼终结后一并处理。

7. 对于应当查封的不动产和置于该不动产上不宜移动的设施、家具和其他相关财物，以及涉案的车辆、船舶、航空器和大型机械、设备等财物，必要时可以扣押其权利证书，经拍照或者录像后原地封存，并开具查封清单一式四份，注明相关财物的详细地址和相关特征，同时注明已经拍照或者录像及其权利证书已被扣押，由检察人员、见证人和持有人签名或者盖章。持有人拒绝签名、盖章或者不在场的，应当在清单上注明。

8. 检察院查封不动产和置于该不动产上不宜移动的设施、家具和其他相关财物，以及涉案的车辆、船舶、航空器和大型机械、设备等财物，应当在保证侦查活动正常进行的同时，尽量不影响有关当事人的正常生活和生产经营活动；必要时，可以将被查封的财物交持有人或者其近亲属保管，并书面告知保管人对被查封的财物应当妥善保管，不得转移、变卖、毁损、出租、抵押、赠予等；检察院应当将查封决定书副本送达不动产、生产设备或者车辆、船舶、航空器等财物的登记、管理部门，告知其在查封期间禁止办理抵押、转让、出售等权属关系变更、转移登记手续。

9. 扣押犯罪嫌疑人的邮件、电报或者电子邮件，应当经检察长批准，通知邮电部门或者网络服务单位将有关的邮件、电报或者电子邮件检交扣押；不需要继续扣押的时候，应当立即通知邮电部门或者网络服务单位；对于可以作为证据使用的录音、录像带、电子数据存储介质，应当记明案由、对象、内容，录取、复制的时间、地点、规格、类别、应用长度、文件格式及长度等，妥为保管，并制作清单，随案移送。

10. 查封单位的涉密电子设备、文件等物品，应当在拍照或者录像后当场密封，由检察人员、见证人、单位有关负责人签名或者盖章。启封时应当有见证人、单位有关负责人在场并签名或者盖章；对于有关人员拒绝按照前款有关规定签名或者盖章的，检察院应当在相关文书上注明；对犯罪嫌疑人使用违法所得与合法收入共同购置的不可分割的财产，可以先行查封、扣押、冻结。对无法分割退还的财产，应当在结案后予以拍卖、变卖，对不属于违法所得的部分予以退还。

11. 对于查封、扣押在检察院的物品、文件、邮件、电报，应当妥善保管，不得使用、调换、损毁或者自行处理；经查明确实与案件无关的，应当在3日以内作出解除或者退还决定，并通知有关单位、当事人办理相关手续。

（二）查封通知书

根据《刑事诉讼法》第139条、第140条规定，本文书为检方在办案中，对犯罪嫌疑人的赃款赃物及其与犯罪有关的财物、文件决定查封时，而填制的侦查法律文书。因此，它一式三联，第一联统一保存，第二联附卷，第三联送达被查封人或其家属；具体内容和格式如下样式168所示：

______人民检察院
查封通知书
（存根）

检　封通〔　〕　号

案件名称：__________
案件编号：__________
犯罪嫌疑人：______性别：______
年龄：__________
查封原因：__________
查封数量：__________
查封时间：__________
批 准 人：__________
批准时间：__________
办 案 人：__________
办案单位：__________
填 发 人：__________
填发时间：__________

第一联统一保存

…………（　　）字第　　号…………

______人民检察院
查封通知书
（副本）

检　封通〔　〕　号

__________：

根据《中华人民共和国刑事诉讼法》第一百三十九条的规定，本院决定对__________予以查封。

（××人民检察院名章）
年　月　日

附：查封财物、文件清单

第二联附卷

…………（　　）字第　　号…………

______人民检察院
查封通知书

检　封通〔　〕　号

__________：

根据《中华人民共和国刑事诉讼法》第一百三十九条的规定，本院决定对__________予以查封。

（××人民检察院名章）
年　月　日

附：查封财物、文件清单

第三联送达被查封人或其家属

样式168：查封通知书格式样本

（三）查封/扣押财物、文件清单

根据《刑事诉讼法》第139条、第140条规定，本文书为检方在勘验、搜查中发现需要查封、扣押的财物、文件时，而填制的侦查法律文书。因此，填制时应注意以下问题：

1. 对于犯罪嫌疑人或他的家属以及有关单位和个人主动提供的与案件有关的财物、文件，需要扣押的以及邮电部门网络服务机构根据人民检察院《扣押邮件、电报通知书》检交的邮件、电报，需要扣押的，也应使用本文书。

2. 它具有专门性和强制性，侦查人员依法扣押物品、文件时，物品、文件持有人应当交出；持有人拒绝交出应当扣押的物品、文件的，可以强制扣押。

3. 对被扣押物品、文件的名称、型号、规格、数量、重量、质量、颜色、新旧程度和缺损特征等，应当在扣押物品、文件清单中详细注明。同时，扣押物品、文件清单应当由侦查人员、见证人和被扣押物品、文件持有人签名或者盖章；如果物品、文件持有人拒绝签名或者盖章的，应当在扣押物品、文件清单中注明。

4. 对于应该对于应当查封的不动产和置于该不动产上不宜移动的设施、家具和其他相关财物，以及涉案的车辆、船舶、航空器和大型机械、设备等财物，必要时可以扣押其权利证书，经拍照或者录像后原地封存；必要时，可以将被查封的财物交持有人或者其近亲属保管，并书面告知保管人对被查封的财物应当妥善保管，不得转移、变卖、毁损、出租、抵押、赠予等。

5. 一式四份，一份统一保存备查，一份附卷，一份交物品、文件持有人，一份交扣押财物、文件保管人；四份清单使用同一编号；具体内容和格式如下样式169所示：

人民检察院
查封/扣押财物、文件清单

第　页　共　页

编号	物品、文件名称	数量	单位	特 征	备 注

被查封/扣押财物、文件持有人（亲自签名）：

见证人（亲自签名）：__________

查封/扣押人（亲自签名）：__________

年　月　日

（××人民检察院扣押物品、文件专用章）

年　月　日

样式 169：查封/扣押财物、文件清单格式样本

（四）协助查封通知书

根据《刑事诉讼法》第 139 条、第 140 条规定，本文书为检方在查办职务犯罪过程中，需要有关单位协助检察院对犯罪嫌疑人的赃款赃物及其与犯罪有关的财物、文件进行查封时，而填制的侦查法律文书。因此，它一式三联。第一联统一保存，第二联送达协助查封单位，第三联退回后附卷；具体内容和格式如下样式 170 所示：

（五）解除查封通知书

根据《刑事诉讼法》第 143 条、第 173 条规定，本文书为检方对已查明与案件无关的查封财物、文件，以及检方决定不起诉的案件，对侦查中查封的财物决定解除查封，退回被查封人时，而填制的侦查法律文书。因此，它一式三联。第一联统一保存，第二联附卷，第三联送达被查封人或其家属；具体内容和格式如下样式 171 所示：

______人民检察院
协助查封通知书
（存根）

检　协封〔　〕　号

案件名称：____________
案件编号：____________
犯罪嫌疑人：____________
性别：________年龄：________
协助查封单位：____________
查封原因：____________
查封数量：____________
查封时间：____________
批 准 人：____________
批准时间：____________
办 案 人：____________
办案单位：____________
填 发 人：____________
填发时间：____________

第一联统一保存

…………（　）字第　号…………

______人民检察院
协助查封通知书

检　协封〔　〕　号

____________：

根据《中华人民共和国刑事诉讼法》第一百三十九条的规定，请予以协助查封犯罪嫌疑人________的下列财物、文件：

财物、文件名称：____________
财物、文件所在地：____________
查封数量（大、小写）：____________
协助查封方式：____________

（××人民检察院名章）
年　月　日

第二联送达协助查封单位

…………（　）字第　号…………

______人民检察院
协助查封通知书
（回执）

__________人民检察院：

你院______协封通〔____〕____号协助查封通知书收悉，犯罪嫌疑人__________在的__________已办理查封手续，此复。

（协助单位名章）
年　月　日

第三联退回后附卷

样式170：协助查封通知书格式样本

______人民检察院
解除查封通知书
（存根）

检　解封〔　〕　号

案件名称：______________
案件编号：______________
被查封人：______________
解除查封的财物、文件名称：______
解除原因：______________
批 准 人：______________
批准时间：______________
办 案 人：______________
办案单位：______________
填 发 人：______________
填发时间：______________

第一联统一保存

……（　）字第　号……

______人民检察院
解除查封通知书
（副本）

检　解封〔　〕　号

____________：

根据《中华人民共和国刑事诉讼法》第一百四十三条、第一百七十三条的规定，我院对____年__月__日__号查封通知书及查封财物、文件清单载明的第__项财物、文件，决定解除查封。

（××人民检察院名章）
年　月　日

第二联附卷

……（　）字第　号……

______人民检察院
解除查封通知书

检　解封〔　〕　号

____________：

根据《中华人民共和国刑事诉讼法》第一百四十三条、第一百七十三条的规定，我院对____年__月__日__号查封通知书及查封财物、文件清单载明的第__项财物、文件，决定解除查封。

（××人民检察院名章）
年　月　日

第三联送达被查封人或其家属

样式171：解除查封通知书格式样本

（六）扣押通知书

根据《刑事诉讼法》第 139 条规定，本文书为检方对犯罪嫌疑人及其亲属退还、上缴的赃款以及其他与犯罪有关的财物、文件，有关单位和个人主动提交的与犯罪有关的财物、文件，或者检方在办案中发现的与犯罪有关的财物、文件，决定予以扣押时，而填制的侦查法律文书。因此，它共三联，第一联统一保存，第二联附卷，第三联送达被扣押财物、文件原持有人或其家属；具体内容和格式如下样式 172 所示：

（七）解除扣押通知书

根据《刑事诉讼法》第 143 条、第 173 条规定，本文书为检方对已查明与案件无关的扣押财物、文件，以及检方决定不起诉的案件，对侦查中扣押的财物决定解除扣押，退回被扣押人时，而填制的侦查法律文书。因此，它共三联，第一联统一保存，第二联附卷，第三联送达被扣押财物、文件原持有人或其家属；具体内容和格式如下样式 173 所示：

（八）退还、返还查封/扣押/调取财物、文件通知书

根据《刑事诉讼法》第 143 条、第 234 条规定，本文书为检方在将有关调取或者查封、扣押的与案件有关的财物、文件返还被害人或者退还原财物、文件持有人时，而填制的侦查法律文书。因此，它共三联，第一联统一保存，第二联附卷，第三联送达领取人，第四联由原被查封/扣押/调取财物、文件持有单位退回后附卷；具体内容和格式如下样式 172 所示：

（九）退还、返还查封/扣押/调取财物、文件清单

根据《刑事诉讼法》第 143 条、第 234 条规定，本文书为检方依法将调取或者扣押的与案件有关的财物、文件退还原主或者返还被害人时，而填制的侦查法律文书。因此，填制时应注意以下问题：

1. 本文书所列的名称、特征，应与调取证据清单、扣押财物、文件清单相符；承办人和领取人查点核对后当场签字或者盖章。

2. 一式四份，一份统一保存备查，一份附卷，一份交被查封/扣押/调取财物、文件保管人，一份交领取人。四份清单使用同一编号。

3. 具体内容和格式如下样式 175 所示：

______人民检察院

扣押通知书

（存根）

检　扣通〔　〕　号

案由：________

被扣押财物、文件持有人姓名：________

性别：______年龄：________

工作单位：________

住址：________

被扣押人：________

扣押的财物、文件：________

扣押原因：________

批准人：________

承办人：________

填发时间：________

填 发 人：________

第一联统一保存

……………………（　　）字第　　号……………………

______人民检察院

扣押通知书

（副本）

检　扣通〔　〕　号

________：

根据《中华人民共和国刑事诉讼法》第一百三十九条的规定，本院决定对________________予以扣押。

（××人民检察院名章）

年　月　日

附：扣押财物、文件清单

第二联附卷

……………………（　　）字第　　号……………………

______人民检察院

扣押通知书

检　扣通〔　〕　号

________：

根据《中华人民共和国刑事诉讼法》第一百三十九条的规定，本院决定对________予以扣押。

（××人民检察院名章）

年　月　日

附：扣押财物、文件清单

第三联送达被扣押财物、文件持有人或其家属

样式172：扣押通知书格式样本

______人民检察院
解除扣押通知书
（存根）

检　解扣〔　〕　号

案由：______
被扣押财物、文件持有人姓名：______
性别：______年龄：______
工作单位：______
住址：______
被扣押人：______
解除扣押的财物、文件名称：______
解除原因：______
批准人：______
承办人：______
填发时间：______
填 发 人：______

第一联统一保存

……（　）字第　号……

______人民检察院
解除扣押通知书
（副本）

检　解扣〔　〕　号

______：

根据《中华人民共和国刑事诉讼法》第一百四十三条、第一百七十三条的规定，我院对____年__月__日__号扣押通知书及财物、文件清单载明的第__项财物、文件，决定解除扣押。

（××人民检察院名章）
年　月　日

被害人（或原持有____人）

第二联附卷

……（　）字第　号……

______人民检察院
解除扣押通知书

检　解扣〔　〕　号

______：

根据《中华人民共和国刑事诉讼法》第一百四十三条、第一百七十三条的规定，我院对____年__月__日__号扣押通知书及扣押财物、文件清单载明的第__项财物、文件，决定解除扣押。

（××人民检察院名章）
年　月　日

第三联送达被扣押财物、文件持有人或其家属

样式173：解除扣押通知书格式样本

______人民检察院
退还、返还查封/扣押/调取财物、文件通知书
（存根）

检　退返〔　〕　号

案由：__________
犯罪嫌疑人：__________
领取人：__________
批准人：__________
填 发 人：__________
填发时间：__________

第一联统一保存

……（　）字第　号……

______人民检察院
退还、返还查封/扣押/调取财物、文件通知书
（副本）

检　退返〔　〕　号

__________：

根据《中华人民共和国刑事诉讼法》第一百四十三条/第二百三十四条的规定，我院决定将查封/扣押/调取的有关财物、文件予以退还（返回）。

（××人民检察院名章）
年　月　日

附：退还、返还查封/扣押/调取财物、文件清单

第二联附卷

……（　）字第　号……

______人民检察院
退还、返还查封/扣押/调取财物、文件通知书

检　退返〔　〕　号

__________：

根据《中华人民共和国刑事诉讼法》第一百四十三条/第二百三十四条的规定，我院决定将查封/扣押/调取的有关财物、文件予以退还（返回）。

（××人民检察院名章）
年　月　日

附：退还、返还查封/扣押/调取财物、文件清单

第三联送达领取人

……（　）字第　号……

______人民检察院
退还、返还查封/扣押/调取财物、文件通知书
（回执）

检　退返〔　〕　号

__________人民检察法院：

你院____年__月__日__号退还、返还查封/扣押/调取财物、文件通知书收悉，已收到退还、返还查封/扣押/调取财物、文件。

［原被扣押（调取）财物、文件持有单位名章］
年　月　日

附：退还、返还查封/扣押/调取财物、文件清单

第四联由原被扣押（调取）财物、文件持有单位退回后附卷

样式174：退还、返还查封/扣押/调取财物、文件通知书格式样本

______人民检察

退还、返还查封/扣押/调取

财物、文件清单

第　　页　共　　页

编号	财物、文件名称	数量	单位特征	备注
批准人（亲自签名）：__________ 承办人（亲自签名）：__________ 领取人（亲自签名）：__________ （××人民检察院名章） 年　月　日				

样式175：退还、返还查封/扣押/调取财物、文件清单格式样本

（十）处理查封/扣押财物、文件决定书

根据《刑事诉讼法》第234条规定，本文书为检方处理查封、扣押的违禁品或不宜长期保存的物品以及依法对扣押的财物及其孳息处理时，而填制的侦查法律文书。因此，它共五联，第一联统一保存，第二联附卷，第三联送达原持有人，第四联送达受理单位，第五联退回后附卷；具体内容和格式如下样式176所示：

（十一）处理查封/扣押财物、文件清单

根据《刑事诉讼法》第234条规定，本文书为检方在处理查封、扣押的违禁品或不宜长期保存的物品以及依法对扣押的财物及其孳息处理时，而填制的侦查法律文书。因此，它共五份，一份统一保存，一份附卷，一份送达有关当事人，一份交被查封/扣押财物、文件保管人，一份交接收单位，五份清单使用同一编号；文书中“证明文件（人）”一栏所列证明文件应连同本文书一并附卷；具体内容和格式如下样式177所示：

______人民检察院
处理查封/扣押财物、文件
决定书
（存根）

检　处决〔　〕　号

案由：____________
犯罪嫌疑人的基本情况（姓名、性别、年龄、工作单位、住址、身份证号码、是否人大代表、政协委员）：________
提请批准直接受理理由：________
原持有人：____________
受理单位：____________
批准人：____________
承办人：____________
填 发 人：____________
填发时间：____________

第一联统一保存

……（　）字第　号……

______人民检察院
处理查封/扣押财物、文件
决定书
（副本）

检　处决〔　〕　号

__________：

根据《中华人民共和国刑事诉讼法》第二百三十四条的规定，本院决定将查封/扣押的有关财物、文件__________。

（××人民检察院名章）
年　月　日

附：处理财物、文件清单

第二联附卷

……（　）字第　号……

______人民检察院
处理查封/扣押财物、文件
决定书

检　处决〔　〕　号

__________：

根据《中华人民共和国刑事诉讼法》第二百三十四条的规定，本院决定将查封/扣押的有关财物、文件______。你（单位）如不服本决定，可在收到本决定后向______人民检察院申诉。

（××人民检察院名章）
年　月　日

附：处理财物、文件清单

第三联送达原财物、文件持有人

______人民检察院
处理查封/扣押财物、文件决定书

检　处决〔　〕　号

____________：

根据《中华人民共和国刑事诉讼法》第二百三十四条的规定，本院决定将查封/扣押的有关财物、文件__________。

（××人民检察院名章）
年　月　日

附：处理财物、文件清单

第四联送达受理单位

……（　）字第　号……

______人民检察院
处理查封/扣押财物、文件决定书
（回执）

检　请受〔　〕　号

____________人民检察法院：

你院____年__月__日以____号处理扣押财物、文件决定书移送的有关财物、文件收悉。此复。

（受理单位名章）
年　月　日

第五联退回后附卷

样式176：处理查封/扣押财物、文件决定书格式样本

人民检察院
处理查封/扣押财物、文件清单

第　页　共　页

编号	财物、文件名称	数量	单位	特征	物品来源	处理情况	证明文件（人）

批准人姓名：　　　　　　　　　　　　接收人（亲自签名）：____________
承办人（亲自签名）：____________
（××人民检察院名章）　　　　　　　　接收单位名章：

年　月　日　　　　　　　　　　　　　　年　月　日

样式 177：处理查封/扣押财物、文件清单格式样本

（十二）移送查封/扣押、冻结财物、文件决定书

根据《刑事诉讼法》第 234 条规定，本文书为检方将查封、扣押、冻结的有关财物、文件（包括违法所得）移送有关部门处理时，而填制的侦查法律文书。因此，它共五联，第一联统一保存，第二联附卷，第三联送达原持有人，第四联送达受理单位，第五联退回后附卷；具体内容和格式如下样式 178 所示：

（十三）移送查封/扣押、冻结财物、文件清单

根据《刑事诉讼法》第 234 条规定，本文书为检方将扣押、冻结的有关财物、文件（包括违法所得）移送有关部门处理时，而填制的侦查法律文书。因此，它共五份，一份统一保存，一份附卷，一份交原持有人，一份交接收单位，一份交被扣押财物、文件保管人，五份清单使用同一编号；具体内容和格式如下样式 179 所示：

______人民检察院
移送查封/扣押、冻结财物、文件决定书
（存根）

检　移决〔　〕　号

案由：______

犯罪嫌疑人的基本情况（姓名、性别、年龄、工作单位、住址、身份证号码、是否人大代表、政协委员）：______

受理单位：______

批准人：______

承办人：______

填 发 人：______

填发时间：______

第一联统一保存

……（　）字第　号……

______人民检察院
移送查封/扣押、冻结财物、文件决定书
（副本）

检　移决〔　〕　号

______：

根据《中华人民共和国刑事诉讼法》第二百三十四条的规定，本院决定将查封/扣押、冻结的有关财物、文件移送你______。

（××人民检察院名章）

年　月　日

第二联附卷

……（　）字第　号……

______人民检察院
移送查封/扣押、冻结财物、文件决定书

检　移决〔　〕　号

______：

根据《中华人民共和国刑事诉讼法》第二百三十四条的规定，本院决定将查封/扣押、冻结的有关财物、文件移送______。你（单位）如不服本决定，可在收到本决定后向______人民检察院申诉。

（××人民检察院名章）

年　月　日

附：移送查封/扣押、冻结财物、文件清单

第三联送达原持有人

______人民检察院 移送查封/扣押、冻结财物、文件 决定书

检　移决〔　〕　号

______________：

根据《中华人民共和国刑事诉讼法》第二百三十四条的规定，本院决定将有关财物、文件移送你__________。

（××人民检察院名章）
年　月　日

附：移送查封/扣押、冻结财物、文件清单

第四联送达受理单位

……（　）字第　号……

______人民检察院 移送查封/扣押、冻结财物、文件 决定书

（回执）

______________人民检察法院：

你院____年__月__日以____号移送查封/扣押、冻结财物、文件决定书移送的有关财物、文件及清单收悉。

此复。

（受理单位名章）
年　月　日

第五联退回后附卷

样式178：移送查封/扣押、冻结财物、文件决定书格式样本

______人民检察院
移送查封/扣押、冻结财物、文件清单

第　页　共　页

编号	财物、文件名称	数量	单位	特 征	备注

接收单位：______________　　移交单位：____________________

接收人（亲自签名）：_________　　移交人（亲自签名）：____________

（××人民检察院名章）

年　月　日

样式179：移送查封/扣押、冻结财物、文件清单格式样本

（十四）扣押邮件、电报通知书

根据《刑事诉讼法》第141条规定，本文书为检方在依法需要扣押犯罪嫌疑人邮件、电报、电子邮件，通知邮电部门或网络服务机构协助执行时，而填制的侦查法律文书。因此，它共四联，第一联统一保存备查，第二联附卷，第三联送达邮电部门或网络服务机构，第四联邮电部门或网络服务机构退回后附卷；具体内容和格式如下样式180所示：

（十五）解除扣押邮件、电报通知书

根据《刑事诉讼法》第141条、第143条规定，本文书为检方解除扣押的邮件、电报时，而填制的侦查法律文书。因此，填制时应注意以下问题：

1. 本文书上原扣押邮件、电报通知书的制作年月日和文号、被扣押人的姓名、工作单位、住址要准确无误的填写，与原扣押通知书一致；需要退还邮件、电报时，应填写退还扣押物品、文件清单。

2. 共三联，第一联统一保存备查，第二联附卷，第三联送达邮电部门或网络服务机构。

3. 具体内容和格式如下样式181所示：

______人民检察院
扣押邮件、电报
通知书
（存根）

检　扣邮〔　〕　号

案由：____________
犯罪嫌疑人的基本情况（姓名、性别、年龄、工作单位、住址、身份证号码、是否人大代表、政协委员）：____________
送达单位：____________
扣押种类：____________
批准人：____________
承办人：____________
填 发 人：____________
填发时间：____________

第一联统一保存

……………（　）字第　号……………

______人民检察院
扣押邮件、电报
通知书
（副本）

检　扣邮〔　〕　号

____________：

因____________，根据《中华人民共和国刑事诉讼法》第____条的规定，请你单位从____年__月__日起，对犯罪嫌疑人____（工作单位）________，住址________的邮件、电报检交本院扣押。

（××人民检察院名章）
年　月　日

第二联附卷

……………（　）字第　号……………

______人民检察院
扣押邮件、电报
通知书

检　扣邮〔　〕　号

____________：

因____________，根据《中华人民共和国刑事诉讼法》第____条的规定，请你单位从____年__月__日起，对犯罪嫌疑人____（工作单位）______，住址______的邮件、电报检交本院扣押。

（××人民检察院名章）
年　月　日

第三联送达邮电部门或网络服务机构

……………（　）字第　号……………

______人民检察院
扣押邮件、电报
通知书
（回执）

______人民检察法院：

你院____年__月__日以__号扣押邮件、电报通知书收悉，我（单位）已开始执行扣押措施，犯罪嫌疑人________的邮件、电报一经发现，立即送交你院。

此复。

（邮电部门或网络服务机构名章）
年　月　日

第四联退回后附卷

样式180：扣押邮件、电报通知书格式样本

______人民检察院
解除扣押邮件、电报
通知书
（存根）

检　解扣邮〔　〕　号

案由：______

犯罪嫌疑人的基本情况（姓名、性别、年龄、工作单位、住址、身份证号码、是否人大代表、政协委员）：______

协助扣押单位：______

解除扣押原因：______

批准人：______

承办人：______

填 发 人：______

填发时间：______

第一联统一保存

……（　）字第　号……

______人民检察院
解除扣押邮件、电报
通知书
（副本）

检　解扣邮〔　〕　号

______：

本院____年__月__日__号扣押邮件、电报通知书通知你单位扣押犯罪嫌疑人______（工作单位）________，住址______的邮件、电报，现已不需要继续扣押，根据《中华人民共和国刑事诉讼法》第____条的规定，请协助解除扣押措施。

（××人民检察院名章）

年　月　日

第二联附卷

……（　）字第　号……

______人民检察院
解除扣押邮件、电报
通知书

检　解扣邮〔　〕　号

______：

本院____年__月__日__号扣押邮件、电报通知书通知你单位扣押犯罪嫌疑人______（工作单位）________，住址______的邮件、电报，现已不需要继续扣押，根据《中华人民共和国刑事诉讼法》第____条的规定，请协助解除扣押措施。

（××人民检察院名章）

年　月　日

第三联送达邮电部门或网络服务机构

样式181：解除扣押邮件、电报通知书格式样本

第五节　查询、冻结文书的填制要领与格式

一、查询、冻结文书

所谓查询、冻结文书，是指检方在职务犯罪侦查过程中，依法适用查询、冻结措施时而依法填制的侦查文书的总称。常见的有：查询犯罪嫌疑人存款/汇款/股票/债券/基金份额款通知书，协助查询存款/汇款/股票/债券/基金份额通知书，冻结犯罪嫌疑人存款/汇款/股票/债券/基金份额通知书，解除冻结犯罪嫌疑人存款/汇款/股票/债券/基金份额通知书，协助冻结存款/汇款/股票/债券/基金份额通知书，查封、扣押笔录的制作技巧和格式，查账笔录等。例如，在薄熙来案中，就有如下记载："公诉人出示赃款赃物扣押、冻结法律文书，证实追缴被告人薄熙来受贿、贪污犯罪所得 2680.6708 万元。"① 而填制此类文书时，除应遵循《刑事诉讼法》、《检察规范》、《人民检察院扣押、冻结涉案款物工作规定》、《文书规定》外，根据《检诉规则》还应遵循以下法律规定：

1. 检察院根据侦查犯罪的需要，可以依照规定查询、冻结犯罪嫌疑人的存款、汇款、债券、股票、基金份额等财产，并可以要求有关单位和个人配合。

2. 查询、冻结犯罪嫌疑人的存款、汇款、债券、股票、基金份额等财产，应当经检察长批准，制作查询、冻结财产通知书，通知银行或者其他金融机构、邮电部门执行。

3. 犯罪嫌疑人存款、汇款、债券、股票、基金份额等财产已冻结的，检察院不得重复冻结，但应要求有关银行或其他金融机构、邮电部门在解除冻结或作出处理前通知检察院。

4. 扣押、冻结债券、股票、基金份额等财产，应当书面告知当事人或者其法定代理人、委托代理人有权申请出售。对于被扣押、冻结的债券、股票、基金份额等财产，在扣押、冻结期间权利人申请出售，经审查认为不损害国家利益、被害人利益，不影响诉讼正常进行的，以及扣押、冻结的汇票、本票、支票的有效期即将届满的，经检察长批准，可以在案件办结前依法出售或者变现，所得价款由检察机关指定专门的银行账户保管，并及时告知当事人或者其

① 参见《8月25日薄熙来案庭审记录》，载《人民网》2013年8月27日。

近亲属。

5. 对于冻结的存款、汇款、债券、股票、基金份额等财产，经查明确实与案件无关的，应当在3日以内解除冻结，并通知被冻结存款、汇款、债券、股票、基金份额等财产的所有人。

二、查询犯罪嫌疑人存款/汇款/股票/债券/基金份额款通知书

根据《刑事诉讼法》第142条规定，本文书为检方依法向银行或者其他金融机构、邮电部门查询犯罪嫌疑人存款/汇款/股票/债券/基金份额时，而填制的侦查法律文书。因此，填制时应注意以下问题：

1. 正本（第三联）尾部注有“附：查询存款（汇款）的线索”字样，检察院将正本送达银行等金融机构或者邮电部门时，如果已有犯罪嫌疑人存款、汇款的线索，应当将该线索同时送交该银行等金融机构或者邮电部门，以便于银行等金融机构或者邮电部门协助查询。

2. 本文书回执联（第四联），其内容均应由收到本文书的银行等金融机构或者邮电部门填写，并在尾部填好填写的具体时间，并加盖银行等金融机构或者邮电部门的公章后退回人民检察院。

3. 共四联，第一联统一保存备查，第二联附卷，第三联送达金融机构或邮电部门，第四联由送达单位填写，加盖公章退回后附卷；书四联之间的骑缝线上均有本文书文号，应当按照本文书第三联中文号的填写方法予以填写；具体内容和格式如下样式182所示：

三、协助查询存款/汇款/股票/债券/基金份额通知书

根据《刑事诉讼法》第142条规定，本文书为检方在职务犯罪侦查过程中需要查询有关企业、事业、机关、团体以及除犯罪嫌疑人外其他涉案人员的银行存款/汇款/股票/债券/基金份额，通知银行或者其他金融机构协助查询时，而填制的侦查法律文书。因此，它共四联，第一联统一保存备查，第二联附卷，第三联送达银行或金融机构，第四联由送达单位填写，加盖公章退回后附卷；具体内容和格式如下样式183所示：

______人民检察院
查询犯罪嫌疑人存款/汇款/股票/债券/基金份额通知书
（存根）

检　查询〔　〕　号

案由：______________
犯罪嫌疑人的基本情况（姓名、性别、年龄、工作单位、住址、身份证号码、是否人大代表、政协委员）：______________
送达单位：____________
查询原因：____________
批 准 人：____________
承 办 人：____________
填 发 人：____________
填发时间：____________

第一联统一保存

……（　）字第　号……

______人民检察院
查询犯罪嫌疑人存款/汇款/股票/债券/基金份额通知书
（副本）

检　查询〔　〕号

__________：

因______________，根据《中华人民共和国刑事诉讼法》第一百四十二条的规定，需向你单位查询______________的存款/汇款/股票/债券/基金份额，特派本院工作人员__________前往你处查询，请予协助。

（××人民检察院名章）
年　月　日

附：查询存款/汇款/股票/债券/基金份额线索

第二联附卷

……（　）字第　号……

______人民检察院
查询犯罪嫌疑人存款/汇款/股票/债券/基金份额通知书

检 查询〔　〕　号

__________：

因______________，根据《中华人民共和国刑事诉讼法》第__________一百四十二条的规定，需向你单位查询__________的存款/汇款/股票/债券/基金份额，特派本院工作人员__________前往你处查询，请予协助。

（××人民检察院名章）
年　月　日

附：查询存款/汇款/股票/债券/基金份额线索

第三联送达金融机构或邮电部门

……（　）字第　号……

______人民检察院
查询犯罪嫌疑人存款/汇款/股票/债券/基金份额通知书
（回执）

检　查询〔　〕　号

______人民检察院：

你院______________号查询犯罪嫌疑人存款/汇款/股票/债券/基金份额通知书收悉，现将______________在我单位存款/汇款/股票/债券/基金份额的情况提供如下：______________
__________。

（××金融机构或邮电部门名章）
年　月　日

第四联退回后附卷

样式182：查询犯罪嫌疑人存款/汇款/股票/债券/基金份额款通知书格式样本

______人民检察院
协助查询存款/汇款/股票/债券/基金份额通知书
（存根）

检　协查〔　〕　号

发往银行：__________

事由：__________

查询：________单位（个人）银行存款/汇款/股票/债券/基金份额：________

查 询 人：__________

批 准 人：__________

填 发 人：__________

填发时间：__________

第一联统一保存

……………………（　　）字第　　号……………………

______人民检察院
协助查询存款/汇款/股票/债券/基金份额通知书
（副本）

检　协查〔　〕　号

__________：

兹因__________，需向你行查询______单位的银行存款/汇款/股票/债券/基金份额____，特派本院工作人员________前往你处，请予协助查询为盼。

附：当事人银行存款/汇款/股票/债券/基金份额线索：______；存款/汇款/股票/债券/基金份额单位（个人）名称：______；账号：____；其他：__

（××人民检察院名章）

年　月　日

第二联附卷

……………………（　　）字第　　号……………………

______人民检察院
协助查询存款/汇款/股票/债券/基金份额通知书

检　协查〔　〕　号

__________：

兹因______，需向你行查询________单位的银行存款/汇款/股票/债券/基金份额，特派本院工作人员______前往你处，请予协助查询为盼。

附：当事人银行存款/汇款/股票/债券/基金份额线索：______；存款/汇款/股票/债券/基金份额单位（个人）名称：____；账号：____；

其他：__________

（××人民检察院名章）

年　月　日

第三联送达银行

……………………（　　）字第　　号……………………

______人民检察院
协助查询存款/汇款/股票/债券/基金份额通知书
（回执）

检　查询〔　〕　号

__________人民检察院：

你院__________号查询________单位（个人）的存款/汇款/股票/债券/基金份额通知书收悉，现将__________单位的银行存款情况提供如下：

__________________。

（××金融机构或邮电部门名章）

年　月　日

第四联退回后附卷

样式 183：协助查询存款/汇款/股票/债券/基金份额通知书格式样本

四、冻结犯罪嫌疑人存款/汇款/股票/债券/基金份额通知书

根据《刑事诉讼法》第 142 条规定，本文书为检方在职务犯罪侦查过程中，向银行等金融机构或邮电部门发出冻结犯罪嫌疑人存款/汇款/股票/债券/基金份额通知时，而填制的侦查法律文书。因此，填制时应注意以下问题：

1. 冻结犯罪嫌疑人存款、汇款必须是侦查犯罪确有需要，对明知与案件无关的存款、汇款不得冻结。

2. 应当以犯罪嫌疑人为单位制作。回执联（第四联），其内容均应由收到本文书的银行等金融机构或者邮电部门填写，并在尾部填好填写的具体时间，并加盖银行等金融机构或者邮电部门的公章后退回检察院。

3. 本文书共四联，第一联统一保存备查，第二联附卷，第三联送达金融机构或邮电部门，第四联由送达单位填写，加盖公章退回后附卷；四联之间的骑缝线上均有本文书文号，应当按照本文书第三联中文号的填写方法予以填写；具体内容和格式如下样式 184 所示：

五、解除冻结犯罪嫌疑人存款/汇款/股票/债券/基金份额通知书

根据《刑事诉讼法》第 143 条、第 173 条规定，本文书为检方对已冻结的犯罪嫌疑人存款/汇款/股票/债券/基金份额查明与案件无关，以及检方决定不起诉的案件，对侦查中冻结的财物决定解除冻结时，通知有关金融机构、邮电部门解除冻结时，而填制的侦查法律文书。因此，填制时应注意以下问题：

1. 应以犯罪嫌疑人为单位制作，即犯罪嫌疑人为一个的。

2. 检察院冻结犯罪嫌疑人的存款、汇款后，应及时进行审查，若查明犯罪嫌疑人的存款、汇款确实与案件无关的，应当在 3 日被解除冻结，不得以任何理由拖延冻结时间。

3. 本文书中的存款或者汇款，应当根据具体案件情况予以选择。回执联（第四联）应当由执行解除冻结的金融机构或邮电部门填写，并加盖公章后退回发出通知书检察院存卷。

4. 本文书共四联，第一联统一保存备查，第二联附卷，第三联送达金融机构或邮电部门，第四联由送达单位填写，加盖公章退回后附卷；四联之间的骑缝线上均有本文书文号，应当按照本文书第三联中文号的填写方法予以填写；具体内容和格式如下样式 185 所示：

______人民检察院
冻结犯罪嫌疑人存款/汇款/股票/债券/基金份额通知书
（存根）

检　冻〔　〕　号

案由：__________
犯罪嫌疑人的基本情况（姓名、性别、年龄、工作单位、住址、身份证号码、是否人大代表、政协委员）：__________
送达单位：__________
冻结原因：__________
批 准 人：__________
承 办 人：__________
填 发 人：__________
填发时间：__________

第一联统一保存

……（　）字第　号……

______人民检察院
冻结犯罪嫌疑人存款/汇款/股票/债券/基金份额通知书
（副本）

检　冻〔　〕号

______：

因__________，根据《中华人民共和国刑事诉讼法》第一百四十二条的规定，对__________在你单位的存款/汇款/股票/债券/基金份额____予以冻结，冻结期限自____年____月____日至____年____月____日止。

（××人民检察院名章）
年　月　日

第二联附卷

……（　）字第　号……

______人民检察院
冻结犯罪嫌疑人存款/汇款/股票/债券/基金份额通知书

检　冻〔　〕　号

______：

因____________，根据《中华人民共和国刑事诉讼法》第一百四十二条的规定，对________在你单位的存款/汇款/股票/债券/基金份额__________予以冻结，冻结期限自____年____月____日至____年____月____日止。

（××人民检察院名章）
年　月　日

第三联送达金融机构或邮电部门

……（　）字第　号……

______人民检察院
冻结犯罪嫌疑人存款/汇款/股票/债券/基金份额通知书
（回执）

检　冻〔　〕　号

______人民检察院：

你院__________号冻结犯罪嫌疑人存款、汇款通知书收悉，对________在我单位存款/汇款/股票/债券/基金份额__________，已冻结。

（××金融机构或邮电部门名章）
年　月　日

第四联退回后附卷

样式184：冻结犯罪嫌疑人存款/汇款/股票/债券/基金份额通知书格式样本

______人民检察院
解除冻结犯罪嫌疑人
存款/汇款/股票/
债券/基金份额通知书
（存根）

检　解人冻〔　〕　号

案由：______
犯罪嫌疑人的基本情况（姓名、性别、年龄、工作单位、住址、身份证号码、是否人大代表、政协委员）：______
送达单位：______
解除冻结原因：______
批准人：______
承办人：______
填发人：______
填发时间：______

第一联统一保存

……（　）字第　号……

______人民检察院
解除冻结犯罪嫌疑人
存款/汇款/股票/
债券/基金份额通知书
（副本）

检　解人冻〔　〕号

______：

我院____年____月____日______号冻结犯罪嫌疑人存款/汇款/股票/债券/基金份额通知书通知你单位冻结的存款/汇款/股票/债券/基金份额，根据《中华人民共和国刑事诉讼法》第______条的规定，现决定解除冻结。

（××人民检察院名章）
年　月　日

第二联附卷

……（　）字第　号……

______人民检察院
解除冻结犯罪嫌疑人
存款/汇款/股票/
债券/基金份额通知书

检　解人冻〔　〕　号

______：

我院____年__月__日____号冻结犯罪嫌疑人存款/汇款/股票/债券/基金份额通知书通知你单位冻结的存款/汇款/股票/债券/基金份额，根据《中华人民共和国刑事诉讼法》第____条的规定，现决定解除冻结。

（××人民检察院名章）
年　月　日

第三联送达金融机构或邮电部门

……（　）字第　号……

______人民检察院
解除冻结犯罪嫌疑人
存款/汇款/股票/
债券/基金份额通知书
（回执）

检　解人冻〔　〕　号

______人民检察院：

你院________号解除冻结犯罪嫌疑人存款/汇款/股票/债券/基金份额通知书收悉。对__________在我单位存款/汇款/股票/债券/基金份额______，已解除冻结。

（××金融机构或邮电部门名章）
年　月　日

第四联退回后附卷

样式185：解除冻结犯罪嫌疑人存款/汇款/股票/债券/基金份额通知书格式样本

______人民检察院
协助冻结存款/汇款/股票/债券/基金份额通知书
（存根）

检　协冻〔　〕　号

发往银行：____________

事由：因____________，逾期或撤销冻结后方可支付。

批 准 人：____________

填 发 人：____________

填发时间：____________

第一联统一保存

……（　）字第　号……

______人民检察院
协助冻结存款/汇款/股票/债券/基金份额通知书
（副本）

检　协冻〔　〕号

______银行：

兹因办理______案需要，根据《中华人民共和国刑事诉讼法》第一百四十二条的规定，关于______单位在你属____行（处）____账户的存款/汇款/股票/债券/基金份额______，请协助予以冻结。冻结期限自____年____月____日至____年____月____日止。

附：当事人银行存款/汇款/股票/债券/基金份额线索：____；存款/汇款/股票/债券/基金份额单位名称：____；账号：______；其他：____

（××人民检察院名章）
年　月　日

第二联附卷

……（　）字第　号……

______人民检察院
协助冻结存款/汇款/股票/债券/基金份额通知书

检　协冻〔　〕　号

______银行（单位）：

兹因办理______案需要，根据《中华人民共和国刑事诉讼法》第一百四十二条的规定，关于____单位在你属____行（处）__账户的存款/汇款/股票/债券/基金份额__，请协助予以冻结。冻结期限自__年__月____日至____年____月____日止。

附：当事人存款/汇款/股票/债券/基金份额，线索：______；存款单位名称：____；账号：____；其他：__________。

（××人民检察院名章）
年　月　日

第三联送达银行或其他金融机构

……（　）字第　号……

______人民检察院
协助冻结存款/汇款/股票/债券/基金份额通知书
（回执）

______人民检察院：

你院____________号协助冻结犯罪嫌疑人______存款/汇款/股票/债券/基金份额，通知书收悉，已将________存款/汇款/股票/债券/基金份额__予以冻结。

（××金融机构或邮电部门名章）
年　月　日

第四联退回后附卷

样式186：协助冻结存款/汇款/股票/债券/基金份额通知书格式样本

六、协助冻结存款/汇款/股票/债券/基金份额通知书

本文书为检方在办理案件过程中，冻结与案件有关的单位在银行等金融机构的财物，通知银行等金融机构协助时，而填制的侦查法律文书。它共四联，第一联统一保存备查，第二联附卷，第三联送达银行等金融机构，第四联由送达单位填写，加盖公章退回后附卷；具体内容和格式如上样式 186 所示：

七、查封、扣押笔录

本笔录是指检方在职务犯罪侦查过程中，对易损毁、灭失、变质和其他不宜长期保存的物品进行查封、扣押时，而依法制作的侦查笔录。制作本笔录的关键，是了解并掌握查封、扣押规则以及本笔录的适用情形；具体内容和格式如下样式 187 所示：

人民检察院
查封、扣押笔录

查封、扣押案由：＿＿＿＿＿＿＿＿＿＿＿＿＿＿＿＿＿＿
查封、扣押时间：＿＿年＿＿月＿＿日。查封、扣押地点：＿＿＿＿＿＿＿＿
查封、扣押理由：＿＿＿＿＿＿＿＿＿＿＿＿＿＿＿＿＿＿
被查封、扣押易损毁、灭失、变质以及其他不宜长期保存的物品名称：＿＿＿＿＿＿
数量（重量）：＿＿＿大小：＿＿＿＿外观状况：＿＿＿＿＿＿＿＿
持有人姓名：＿＿性别：＿＿年龄：＿＿民族：＿＿文化程度：＿＿＿＿＿＿
籍贯（出生地）：＿＿＿＿＿＿＿＿＿＿＿＿＿＿＿＿＿＿
工作单位：＿＿＿职业（职务）：＿＿联系方式：＿＿＿＿住址：＿＿＿＿＿＿
见证人姓名：＿＿性别：＿＿年龄：＿＿民族：＿＿文化程度：＿＿籍贯（出生地）：＿＿＿＿＿＿＿＿＿＿＿＿＿＿＿＿＿＿
工作单位：＿＿＿职业（职务）：＿＿联系方式：＿＿＿＿住址：＿＿＿＿＿＿
主持人员姓名：＿＿＿＿记录人员姓名：＿＿＿＿＿录制人员姓名：＿＿＿＿＿＿
查封、扣押经过：＿＿＿＿＿＿＿＿＿＿＿＿＿＿＿＿＿＿
持有人（亲自签名并捺指印）：＿＿＿＿＿见证人（亲自签名）：＿＿＿＿＿＿
主持人员（亲自签名）：＿＿录制人员（亲自签名）：＿＿记录人员（亲自签名）：＿＿

年　月　日

第　页

样式 187：查封、扣押笔录格式样本

八、查账笔录

根据《刑事诉讼法》第142条、《检察规范》第4·223条、《检诉规则》第241条规定，本笔录是指检方在职务犯罪侦查过程中，进行查账时，而依法制作的侦查笔录。[①] 例如，在薄熙来案中，就有如下记载："公诉人向法庭出示证人郭某某提供的由徐明的香港花旗银行83372083账户支付130841美元的支付凭证"。[②] 例如，在薄熙来案中，就有如下记载："公诉人向法庭出示证人郭某某提供的由徐明的香港花旗银行83372083账户支付130841美元的支付凭证。"[③] 因此，制作时应注意以下问题：

1. 要了解并掌握查账规则：

（1）在初查过程中，可采取询问、查询（包括查账）、勘验、检查、鉴定、调取证据材料等不限制初查对象人身、财产权利的措施。

（2）检方根据侦查犯罪的需要，可依照规定查询（包括通过查账而获得）犯罪嫌疑人的存款、汇款、债券、股票、基金份额等财产，并可以要求有关单位和个人配合。

（3）查询犯罪嫌疑人的存款、汇款、债券、股票、基金份额等财产，应经检察长批准，制作查询、冻结财产通知书，通知银行或者其他金融机构、邮电部门执行。

（4）查询、冻结与案件有关的单位的存款、汇款、债券、股票、基金份额等财产，也应遵循上述规定。

2. 要了解并掌握查账的时机和方法。一方面，通过以下方法可选择恰当的查账取证时机：①先行查账取证法（亦即立案前初查时的查账）。即对于有一定举报线索的案件，采取先提取账目证据，后进行其他调查工作的查账取证

---

① 另据2012年10月15日出版的《检察日报》报道，仅用数秒，就从涉案单位的海量账目信息中直接定位可疑凭证。这是河南省登封市检察院2011年开发应用司法会计查账软件系统后带来的可喜变化。截至目前，该院共介入初查职务犯罪案件11件，查处违法违纪资金2000余万元，移交自侦部门立案5件7人。以前核查财务型职务犯罪的证据，常常面临专业人员少、查账难度大、手工查账慢、证据固定难等一系列问题。2011年，登封市检察院开发了司法会计查账软件系统，把涉案单位保存的银行账、现金账、往来账信息与该单位在银行的对应账目信息，同时输入该系统，点击"自动分析"窗口，几秒内系统通过电脑自动分析，会从大量的账目信息中比对出有疑点的、不一致的账目信息，并用红色字体显示出来。办案人员便可以针对有疑点的账目信息，进行重点核查。

② 参见：《8月22日薄熙来案庭审记录》，载《人民网》2013年8月27日。

③ 参见：《8月22日薄熙来案庭审记录》，载《人民网》2013年8月27日。

方法；②后行查账取证法（亦即立案后侦查时的查账）。即在掌握一定的材料的基础上，先进行询问等调查工作，以便核实原有证据是否确实充分，然后再提取有关账目证据的查账取证方法；③交叉查账取证法。即账证检查与其他调查取证工作相互配合进行的查账取证方法，这也是办理疑难复杂案件常用的方法。

另一方面，常见的查账方法有三：①定量查账法。它亦称查账分析法，是指查账人员利用各种分析技术，对查账对象进行比较、分析和评价的一种方法。常见的有：账户分析法——根据账户对应关系的原理，查明账户记录是否正确的一种方法；账龄分析法——根据应收账款欠款期限长短分析估计坏账损失的一种方法；逻辑推理分析法——查账人员根据已知的事实和资料，运用逻辑思维方法，推测和判断被查单位可能存在的问题和结果的一种方法；经济活动分析法——利用会计、统计等经济资料，对一定时期的经济活动及其经济效益进行比较、分析、评价，借以发现问题、查明原因、改善管理、提高效益的一种方法；比较分析法亦称比较法、对比法——通过对相同经济内容的相关经济指标的对比分析，从中发现和查证问题的一种方法；技术经济分析法——对不同的技术政策、技术规划和技术方案进行计算、比较、论证，评价其先进性，以达到技术与经济的最佳结合，取得最佳技术经济效果的一种分析方法。②定性查账法，它一般包括调查和检查方法两类：前者是指查账人员通过调查，对被查单位的会计资料和有关事实进行查证的一种方法；后者是指在查账过程中所采用的各种检验、查证的方法。③一般查账法，包括：直查法——直接从同特定查账目标之间有联系的明细账的审阅和分析开始的一种查账方法；复记法——由于被查单位管理混乱，无法提供完整而基本正确的经济资料，无法开展正常的查账工作，在对被查单位应审经济资料进行整理和审计的基础上，根据需要而进行的检查；立体查账法——在审查账外经营、账外平账、账外设账等问题时，从账内寻找资金运动的蛛丝马迹，制定账外追踪的方案，引导向内、外、上、下、前、后、左、右全方位辐射，把问题查深查透，揭露账外作案的真实情况的一种方法；补账查账法——在贪污、贿赂行为人作案后，采取反侦破手段，销毁了有贪污、贿赂痕迹的账簿与凭证的情况下，根据会计原理，运用科学方法，补齐被销毁的账簿凭证，然后进行查账，以揭露毁账灭迹所掩盖的贪污事实的一种特殊查账方法；纵横穿插法——以系统审查重点人、重点事和重点项目为导向，根据事物的存在形式，按空间中左右相邻、在时间上前后相随的序列，组成严密的审查网络，进行纵横穿插，寻找行为人作案的隐秘；配套还原法——将不同环节中相同的经济内容，或者互相对应而又互相依存的某一项经济业务，从分散核算的会计凭证中集合起来，进行配套还原，恢复事物的本来面目，通过对比分析，使弄虚作假与浮报冒领等问题原形毕露的一种方法；线索筛选法——利用运筹学筛选重点审查内容，求取最佳值的方法。

3. 要了解并掌握假账的特点、惯用手段和识别方法。其中，识别假账的常用方法有三：

（1）制度检查法。即通过对内部控制制度的调查、测试与评价，抓住重点，减少工作量，从而提高工作效率。

（2）逆向检查法。即按照会计记账程序的相反方向，先通过会计报表分析，揭示财务经济活动中的薄弱环节和反常现象，发现线索，掌握重点；再据以溯源核对总分类账各总账账户、日记账及相关的明细分类账户，若有必要，应将总账同汇总记账凭汇进行核对。

（3）判断抽样法。即在抽取样本时，是根据长期积累的实践经验，结合检查的具体要求以及在被检查单位所观察了解的情况，通过主观判断，从特定的审查总体中有选择、有重点地抽查部分项目进行检查，并据此推断总体有无差错和弊端。

4. 要了解并掌握查账笔录的填制要领：①查账必须两人以上，既可一人负责查，一人负责记录，也可一人一边查一边记录；②对查获的钱款数额应用汉字大写。其中，常用的数字大写汉字为：壹、贰、叁、肆、伍、陆、柒、捌、玖、拾、佰、仟、万；③笔录中应当场填写，并分别由查账人、记录人、账册管理（持有）人、见证人等签名或盖章；④本笔录的具体内容和格式如下样式 188 所示：

______人民检察院

查账笔录

案由：______________________________立案时间：____年____月____日

查账的起止时间____年____月_____日_____时至____年_____月_____日_____时

查账地点：____

查阅账簿（册）的名称、卷次、卷数：______________________________

查账方法和手段：____

查账人员姓名：__________ 记录人员姓名：________ 录制人员姓名：________

犯罪嫌疑人（基本情况）姓名：__ 性别：____年龄（出生日期）：____ 国籍：____ 民族：____籍贯（或出生地）：____ 文化程度：____ 政治面貌：____身份证号码：______

工作单位：____职业（职务）：________联系电话：________ E—mail：____ QQ：_____
家庭主要成员：________ 社会关系：______________ 住址：________________________
曾受到行政刑事处罚情况：____
账册管理（持有）人姓名：____性别：____年龄：____ 民族：____文化程度：____籍贯
（出生地）：____
工作单位：______ 职业（职务）：________ 联系方式：________住址：__________
见证人姓名：____ 性别：____ 年龄：____ 民族：____ 文化程度：____ 籍贯（出生
地）：____
工作单位：______ 职业（职务）：____联系方式：________住址：____________
查账过程：____
账册管理（持有）人（亲自签名并捺指印）：__________ 见证人（亲自签名）：_______
办案人员（亲自签名）：______ 录制人员（亲自签名）：______
记录人员（亲自签名）：______

年　月　日

第　页

样式188：查账笔录格式样本

第六节　鉴定、辨认、侦查实验文书的填制要领与格式

一、鉴定文书

（一）概述

所谓鉴定文书，是指检方在侦查职务犯罪过程中，依法适用鉴定时而依法填制的侦查文书的总称。常见的有：鉴定审批表、鉴定聘请书、委托鉴定书、鉴定意见通知书、补充（重新）鉴定审批表等。

而填制时，除应遵循《刑事诉讼法》、全国人大常委会《关于司法鉴定管理问题的决定》（2005年2月28日），高检院《检察规范》、《文书样本》以及《人民检察院鉴定机构登记管理办法》、《人民检察院鉴定人登记管理办法》和《人民检察院鉴定规则（试行）》（2006年11月30日）外，根据《检诉规则》还应遵循以下法律规定：

1. 检察院为了查明案情，解决案件中某些专门性的问题，可以进行鉴定。鉴定由检察长批准，由检察院技术部门有鉴定资格的人员进行；必要的时候，

也可以聘请其他有鉴定资格的人员进行，但应当征得鉴定人所在单位的同意。

2. 检察院应当为鉴定人进行鉴定提供必要条件，及时向鉴定人送交有关检材和对比样本等原始材料，介绍与鉴定有关的情况，并明确提出要求鉴定解决的问题，但不得暗示或者强迫鉴定人作出某种鉴定意见。

3. 鉴定人进行鉴定后，应当出具鉴定意见、检验报告，同时附上鉴定机构和鉴定人的资质证明，并且签名或者盖章；多个鉴定人的鉴定意见不一致的，应当在鉴定意见上写明分歧的内容和理由，并且分别签名或者盖章；鉴定人故意作虚假鉴定的，应当承担法律责任。

4. 对于鉴定意见，检察人员应当进行审查，必要的时候，可以提出补充鉴定或者重新鉴定的意见，报检察长批准后进行补充鉴定或者重新鉴定。检察长也可以直接决定进行补充鉴定或者重新鉴定。

5. 用作证据的鉴定意见，检察院办案部门应当告知犯罪嫌疑人、被害人；被害人死亡或者没有诉讼行为能力的，应当告知其法定代理人、近亲属或诉讼代理人；犯罪嫌疑人、被害人或被害人的法定代理人、近亲属、诉讼代理人提出申请，经检察长批准，可以补充鉴定或者重新鉴定，鉴定费用由请求方承担，但原鉴定违反法定程序的，由检察院承担；犯罪嫌疑人的辩护人或者近亲属以犯罪嫌疑人有患精神病可能而申请对犯罪嫌疑人进行鉴定的，鉴定费用由请求方承担。

6. 检察院决定重新鉴定的，应当另行指派或者聘请鉴定人；对犯罪嫌疑人作精神病鉴定的期间不计入羁押期限和办案期限；对于因鉴定时间较长、办案期限届满仍不能终结的案件，自期限届满之日起，应当依法释放被羁押的犯罪嫌疑人或者变更强制措施。

（二）鉴定审批表

根据《刑事诉讼法》第119条、《检诉规则》第4条、第248条规定，本表是检方侦查部门需要对案件中某些专门性问题进行鉴定而呈请批准时，所填制的侦查工作文书。因此，它应载明犯罪嫌疑人的基本情况、鉴定的事项、目的及理由；由案件承办人提出，侦查部门负责人审核后，由检察长审批；批准后，填制委托鉴定书；一式一份，存检察内卷；具体内容和格式如下样式189所示：

______人民检察院鉴定审批表

案由、立案时间	
犯罪嫌疑人基本情况	
鉴定的事项、目的及理由	
承办人意见	年　月　日
部门负责人审核意见	年　月　日
检察长批示	年　月　日

样式189：鉴定审批表格式样本

（三）鉴定聘请书

根据《刑事诉讼法》第144条规定，本文书为检方在职务犯罪侦查过程中，需要聘请有专业知识的鉴定人，就案件中的专门性问题进行鉴定时，而填制的侦查法律文书。因此，它共三联，第一联统一保存备查，第二联附卷，第三联送达被聘请人；具体内容和格式如下样式190所示：

（四）委托鉴定书

根据《刑事诉讼法》第144条规定，本文书为检方查明案情，就案件中的专门性问题，委托具有鉴定资格的单位（人员）进行鉴定时，而填制的侦查法律文书。因此，其中的鉴定要求，仅限科学技术问题，必须具体明确填写；共三联，第一联统一保存备查，第二联附卷，第三联送达受委托鉴定单位（人员）；具体内容和格式如下样式191所示：

（五）鉴定意见通知书

根据《刑事诉讼法》第146条规定，本文书为检方在职务犯罪侦查过程中，需要将用作证据的鉴定意见告知犯罪嫌疑人、被害人时，而填制的侦查法律文书。因此，它共四联，第一联统一保存备查，第二联附卷，第三联送达犯罪嫌疑人，第四联送达被害人或其家属；具体内容和格式如下样式192所示：

______人民检察院
鉴定聘请书
（存根）

检　鉴聘〔　〕　号

案由：______________
犯罪嫌疑人基本情况（姓名、性别、年龄、身份证号码、工作单位、住址、是否人大代表、政协委员）：______
鉴定内容、目的：______
被聘请人：______
单位及职务：______
鉴定意见提交时间：______
批 准 人：______
批准时间：______
办 案 人：______
办案单位：______
填 发 人：______
填发时间：______

第一联统一保存

……………（　　）字第　　号……………

______人民检察院
鉴定聘请书
（副本）

检　鉴聘〔　〕　号

______：

本院承办的______一案，需要进行______鉴定。根据《中华人民共和国刑事诉讼法》第一百四十四条的规定，特聘请你为本案鉴定人，请鉴定下列内容：______。请于__年__月__日前将书面的鉴定情况和意见送交我院。

（××人民检察院名章）
年　月　日

本聘请书已收到（被聘请人亲自书写）。

被聘请人（亲自签名）：______
年　月　日

第二联附卷

……………（　　）字第　　号……………

______人民检察院
鉴定聘请书

检　鉴聘〔　〕　号

______：

本院承办的____一案，需要进行____鉴定。根据《中华人民共和国刑事诉讼法》第一百四十四条的规定，特聘请你为本案鉴定人，请鉴定下列内容：__。请于__年__月__日前将书面的鉴定情况和意见送交我院。

（××人民检察院名章）
年　月　日

第三联交被聘请人

样式190：鉴定聘请书格式样本

______人民检察院
委托鉴定书
（存根）

检　委鉴〔　〕号

案由：______

犯罪嫌疑人基本情况（姓名、性别、年龄、身份证号码、工作单位、住址、是否人大代表、政协委员）：______

鉴定单位（人员）：______

送检材料：______

鉴定内容、目的：______

批 准 人：______

送检人：______

填 发 人：______

填发时间：______

第一联统一保存

……（　）字第　号……

______人民检察院
委托鉴定书
（副本）

检　委鉴〔　〕号

______：

本院办理的______一案，需对______进行鉴定，根据《中华人民共和国刑事诉讼法》第一百四十四的规定，现委托______按下列要求进行鉴定。鉴定内容、目的：______

（××人民检察院名章）

年　月　日

第二联附卷

……（　）字第　号……

______人民检察院
委托鉴定书

检　委鉴〔　〕号

______：

本院办理的______一案，需对______进行鉴定，根据《中华人民共和国刑事诉讼法》第一百四十四条的规定，现委托______按下列要求进行鉴定。鉴定内容、目的：______

（××人民检察院名章）

年　月　日

第三联送达受委托鉴定单位（人员）

样式191：委托鉴定书格式样本

______人民检察院
鉴定意见通知书
（存根）

检　鉴通〔　〕　号

案由：__________

犯罪嫌疑人基本情况（姓名、性别、年龄、身份证号码、工作单位、住址、是否人大代表、政协委员）：__________

鉴定内容：__________

鉴定意见：__________

批 准 人：__________

批准时间：__________

办 案 人：__________

办案单位：__________

填 发 人：__________

填发时间：__________

第一联统一保存

……（　　）字第　　号……

______人民检察院
鉴定意见通知书
（副本）

检　鉴通〔　〕　号

__________：

我院指派/聘请有关人员，对__________进行了__________鉴定。鉴定意见是__________。根据《中华人民共和国刑事诉讼法》第一百四十六条的规定，如果你对该鉴定意见有异议，可以提出补充鉴定或者重新鉴定的申请。

（××人民检察院名章）

年　月　日

通知书已收到。

被害人或其家属（亲自签名）：____年__月__日

犯罪嫌疑人（亲自签名）：____年__月__日

第二联附卷

……（　　）字第　　号……

______人民检察院
鉴定意见通知书

检　鉴通〔　〕　号

__________：

我院指派/聘请有关人员，对____进行了____鉴定。鉴定意见是____。根据《中华人民共和国刑事诉讼法》第一百四十六条的规定，如果你对该鉴定意见有异议，可以提出补充鉴定或者重新鉴定的申请。

（××人民检察院名章）

年　月　日

第三联送达犯罪嫌疑人

……（　　）字第　　号……

______人民检察院
鉴定意见通知书

检　鉴通〔　〕　号

__________：

我院指派/聘请有关人员，对____进行了__________鉴定。鉴定意见是__________。根据《中华人民共和国刑事诉讼法》第一百四十六条的规定，如果你对该鉴定意见有异议，可以提出补充鉴定或者重新鉴定的申请。

（××人民检察院名章）

年　月　日

第四联交被害人或其家属

样式192：鉴定意见通知书格式样本

（六）补充（重新）鉴定审批表

根据《检诉规则》第 252 条规定，本表是检方侦查部门对案件中某些专门性问题需要补充或重新鉴定而呈批时，所填制的侦查工作文书。因此，本表属填充式文书，应载明犯罪嫌疑人的基本情况、申请人的基本情况、补充（重新）鉴定的事项、目的及理由；由案件承办人提出（犯罪嫌疑人、被害人提出申请的，亦可补充或重新鉴定），部门负责人签署审核意见后，报检察长审批。批准后，填制委托鉴定书；一式一份，存检察内卷；具体内容和格式如下样式 193 所示：

______人民检察院

补充（重新）鉴定审批表

案由、立案时间	
犯罪嫌疑人基本情况	
申请人的基本情况	
补充（重新）鉴定的事项、目的及理由	
承办人意见	年　月　日
部门负责人审核意见	年　月　日
检察长批示	年　月　日

样式 193：补充（重新）鉴定审批表格式样本

二、辨认文书

（一）概述

所谓辨认文书，是指检方在职务犯罪侦查过程中，依法适用辨认时而依法填制的侦查文书的总和。常见的有提请辨认审批表、辨认笔录等。

填制时，除应遵循《刑事诉讼法》、《检察规范》、《文书样本》外，根据《检诉规则》还应遵循以下法律规定：

1. 为了查明案情，在必要的时候，检察人员可以让被害人、证人和犯罪嫌疑人对与犯罪有关的物品、文件、尸体或场所进行辨认；也可以让被害人、证人对犯罪嫌疑人进行辨认，或者让犯罪嫌疑人对其他犯罪嫌疑人进行辨认；对犯罪嫌疑人进行辨认，应当经检察长批准。

2. 辨认应当在检察人员的主持下进行，主持辨认的检察人员不得少于两人。在辨认前，应当向辨认人详细询问被辨认对象的具体特征，避免辨认人见到被辨认对象，并应当告知辨认人有意作虚假辨认应负的法律责任。

3. 几名辨认人对同一被辨认对象进行辨认时，应当由每名辨认人单独进行；必要的时候，可以有见证人在场。

4. 辨认时，应当将辨认对象混杂在其他对象中，不得给辨认人任何暗示；辨认犯罪嫌疑人、被害人时，被辨认的人数为5～10人，照片5～10张；辨认物品时，同类物品不得少于5件，照片不得少于5张；对犯罪嫌疑人的辨认，辨认人不愿公开进行时，可以在不暴露辨认人的情况下进行，并应当为其保守秘密。

5. 辨认的情况，应当制作笔录，由检察人员、辨认人、见证人签字；对辨认对象应当拍照，必要时可以对辨认过程进行录音、录像。

6. 检察院主持进行辨认，可以商请公安机关参加或协助。

（二）提请辨认审批表

根据《检诉规则》第257条第2款、第4条规定，本表为检方侦查部门拟让被害人、证人、犯罪嫌疑人对与职务犯罪有关的人和物进行辨认而呈请本院检察长批准时，所填制的侦查工作文书。因此，本表一式一份，由承办案件的检察院附卷；具体内容和格式如下样式194所示：

______人民检察院

辨认审批表

线索来源、案由、立案时间	
涉案人员基本情况	
涉案事实	
辨认的种类和理由	
承办人意见	年　月　日
部门负责人审核意见	年　月　日
检察长批示	年　月　日

样式194：辨认审批表格式样本

（三）辨认笔录

根据《刑事诉讼法》第48第1款第7项、《检诉规则》第261条规定，本笔录是指检方在职务犯罪侦查过程中，进行辨认时，而制作的侦查笔录。因此，制作录时应注意以下问题：

1. 要了解并掌握上述法定的辨认规则。

2. 要客观、全面、详细地记录辨认的组织情况。这主要记明参加辨认的检察人员和辨认人，辨认的具体对象，主持人向辨认人交代的辨认目的、方法和要求。同时记明公开辨认还是隐蔽辨认等。其中，辨认方法是否恰当，直接影响辨认结果。因此，要客观、全面、详细地交代辨认方法。

3. 要客观、全面、详细地记录询问辨认人和向其交代法律责任的情况。询问辨认人，是具体实施辨认前的必经程序。因此，询问时，辨认人对辨认对象具体特征的描述，应当准确地、具体地记录清楚，以便在实施辨认后，与辨认的结果进行比对、鉴别，进而确保辨认结果的客观性，防止先入为主。

4. 要客观、全面、详细地记录辨认实施的具体情况。要记明开始的具体时间、地点、辨认对象、辨认过程及其方法和结果。其中，辨认的结果包括辨认使用的时间和辨认人的辨认结论情况。例如，有的辨认人，立刻便识别了被辨认对象；而有的则迟疑、犹豫而相持了一段时间。因此，辨认所使用时间的长短，与辨认人对被辨认对象的特征感觉深浅有一定的关系，故应记明所用辨认时间。而辨认的结果，可能是肯定也可能是否定结论。但无论是肯定还是否定结果，辨认人对辨认结论的确认程度，必须按其原话，一字不漏地准确记录。

5. 应以辨认人一人为单位制作辨认笔录。数人辨认的，应分别制作辨认笔录。

6. 如果对辨认人有暗示的，也应予载明；未先询问辨认人即辨认的，也应载明。而这些辨认笔录，将证明辨认结果无效。

7. 辨认是一种主观活动，受主客观多方面因素的制约。因此，辨认结果必须经过审查判断其可靠程度后，才可以作为指控犯罪、定案的根据。其中，审查判断的范围主要包括：（1）辨认主体。主要审查判断辨认人是否具有正常的感知能力、记忆能力、识别能力和表达能力；辨认人在接触辨认客体时精神是否紧张，神志是否清醒，心态是否正常；辨认人与案件是否有利害关系，是否存在弄虚作假、包庇犯罪的可能。（2）辨认客体。主要审查判断辨认客体的特征是否突出、是否稳定；辨认客体的特征是否容易被感知和记忆；客体特征在辨认人头脑中的反映是否清晰和充分。（3）辨认过程。主要审查判断辨认的环境条件与原来感知时是否相同或相似；辨认的组织实施有无违反辨认规则的情况，辨认有无受其他因素的干扰和影响。（4）在辨认结果与其他证据的关系方面。主要审查判断辨认结果与其他证据是否吻合，能否相互印证，如果能吻合和相互印证，说明辨认结果是准确、可靠的，如不能吻合和相互印证，则要进一步研究甄别。因此，只有对上述方面得出客观、真实的结论之后，才能将该辨认结果亦即辨认笔录作为指控犯罪、定案的依据。

8. 尾部内容，主要是履行核对和签署手续。首先应有记录人员编写页码，然后将笔录交辨认人阅读或宣读给辨认人听，在修改涂改处，请辨认人捺指印，并由辨认人签名或者盖章并捺指印；参加辨认工作的检察人员也应在笔录上签名或盖章。

9. 辨认笔录的具体内容和格式如下样式195所示：

______人民检察院

辨认笔录

辨认案由：______

辨认时间：___年___月___日___时___分至___日___时___分。

辨认地点：______

辨认对象：______

主持人员姓名：______记录人员姓名：______录制人员姓名：______

辨认人姓名：_性别：_年龄：_民族：_文化程度：_籍贯（出生地）：______

工作单位：______职业（职务）：___联系方式：______住址：______

参与人姓名：_性别：_年龄：_民族：_文化程度：_籍贯（出生地）：______

工作单位：______职业（职务）：___联系方式：______住址：______

见证人姓名：_性别：_年龄：_民族：_文化程度：_籍贯（出生地）：______

工作单位：______职业（职务）：___联系方式：______住址：______

辨认经过：______

辨认结果：______

辨认人（亲笔签名并捺指印）：______

参与人（亲笔签名并捺指印）：______

见证人（亲笔签名并捺指印）：______

主持人员（亲笔签名）：___录制人员（亲笔签名）：___记录人员（亲笔签名）：___

年　月　日

第　页

样式195：辨认笔录格式样本

三、侦查实验文书

（一）概述

所谓侦查实验文书，是指检方在侦查职务犯罪过程中，依法进行侦查实验时而依法填制的侦查文书的总称。常见的有：侦查实验请示、侦查实验笔录等。因此，填制时，除应遵循《刑事诉讼法》、《检察规范》、《文书样本》外，根据《检诉规则》还应遵循以下法律规定：

1. 为了查明案情，在必要的时候，经检察长批准，可以进行侦查实验；侦查实验，禁止一切足以造成危险、侮辱人格或者有伤风化的行为。

2. 在必要的时候可以聘请有关专业人员参加，也可以要求犯罪嫌疑人、被害人、证人参加。

3. 侦查实验应当制作笔录，记明侦查实验的条件、经过和结果，由参加侦查实验的人员签名；必要时可以对侦查实验录音、录像。

（二）侦查实验请示

侦查实验请示，亦称侦查实验报告（书）、审批表，根据《检诉规则》第217条规定，本文书是检方侦查职务犯罪需要进行侦查实验而报经领导审批时，所填制的侦查工作文书。因此，本文书以侦查实验的次数为单位填制，每次一式一份，存侦查内卷；具体内容和格式如下样式196所示：

______人民检察院

侦查实验请示

简要案情介绍	
侦查实验的目的、任务	
侦查实验的具体实施方案	
承办人意见	年　月　日
部门负责人审核意见	年　月　日
检察长批示	年　月　日

样式196：侦查实验请示格式样本

（三）侦查实验笔录

根据《刑事诉讼法》第133条、《检诉规则》第218条规定，本笔录是指检方在职务犯罪侦查过程中，进行侦查实验室时，而依法制作的侦查笔录。因此，填制时应注意以下问题：

1. 要了解并掌握侦查实验上述规则，并应遵循同步性、全面性和客观性原则。

2. 要全面、客观地记录侦查实验的目的。对此，可概括记明对何种问题进行何种侦查实验，目的在于解决何种问题。

3. 要全面、客观地记录实验的要求，包括实验应当具备的条件要求和实验的操作方法上的要求等，都要具体、详细地记载清楚。

4. 要全面、客观地记录实验的组织运作情况，包括：实验经过检察长批准情况、工作准备情况（例如，再次询问证人、被告人以核查实验内容）、工具和器材准备情况、实验的实施方案、实验工作人员的组织分工等，都应简明扼要地记载清楚。

5. 要全面、客观地记录实验实施情况。通常，应全面、客观地记录下列内容：实验的具体地点和场所；实验当时客观的外部自然环境状况；开始实验的具体是时间；实施人员使用的工具、器材及操作的程序、方法；实验进行的次数；实验的结果状况，即是否再现原事实或原现象的状况；为增强实际效果所采取的具体措施及其结果状况；变更场所、变更其他条件后，进行的实验情况及其结果状况；实验结束的具体时间。同时，对侦查实验实施情况，应当按照实验的程序和步骤顺序记录。对实验结果的记录，必须准确、客观、具体。

6. 禁止一切足以造成危险、侮辱人格或有伤风化的行为。倘若在侦查实验中发生了“足以造成危险、侮辱人格或者有伤风化的行为”，也应如实记载。同时，如果进行破坏性实验，应当经过批准；经批准而进行破坏性实验的，还应将批准情况载入笔录。

7. 本笔录由首部、正文和尾部 3 部分构成。其中尾部，一方面，应记录附加说明事项，说明并载明照片、绘图、录像和录音的名称、种类和数量。另一方面，先由实验主持人和见证人分别审核记录内容，审核后，再由参加实验的工作人员和见证人分别签署；在签署时，办案人员应记明法律职务和姓名；专门技术人员应记明所在单位、技术职称和姓名；两名见证人，应分别记明自己所在单位、职务和姓名；在签署时，如对实验结果持有不同意见的，可同时予以记录、说明。

8. 本笔录的具体内容和格式如下样式 197 所示：

______人民检察院

侦查实验笔录

侦查实验案件（事项）：______________________________

侦查实验时间：_____年_____月_____日_____时_____分至_____日_____时_____分

侦查实验地点：______________________________

主持人员姓名：______________记录人员姓名：________录制人员姓名：__________

见证人员：__性别：__年龄：__民族：__ 工作单位：________职业（职务）：________

参与人员（包括犯罪嫌疑人、被害人、证人）姓名：______________________

侦查实验经过：______________________________

侦查实验结果：______________________________

见证人员（亲自签名）：___________ 参加人员（亲自签名）：______________

主持人员（亲自签名）：__ 录制人员（亲自签名）：____记录人员（亲自签名）：______

年　月　日

第　页

样式197：侦查实验笔录格式样本

第七节　通缉、边控文书的填制要领与格式

一、通缉文书

（一）概述

所谓通缉文书，是指检方在侦查职务犯罪过程中，依法进行通缉时而依法填制的侦查文书的总称。常见的有：通缉审批表、提请通缉报告、在逃犯罪嫌疑人登记表、红色通缉令申请表、通缉通知书等。

而填制时，除应遵循《刑事诉讼法》、《人民警察法》、《检察规范》、《文书样本》外，根据《检诉规则》还应遵循以下法律规定：

1. 检察院办理直接受理立案侦查的案件，应当逮捕的犯罪嫌疑人如果在逃，或者已被逮捕的犯罪嫌疑人脱逃的，经检察长批准，可以通缉。

2. 各级检察院需要在本辖区内通缉犯罪嫌疑人的，可以直接决定通缉；需要在本辖区外通缉犯罪嫌疑人的，由有决定权的上级检察院决定。

3. 检察院应当将通缉通知书和通缉对象的照片、身份、特征、案情简况送达公安机关，由公安机关发布通缉令，追捕归案。

4. 为防止犯罪嫌疑人等涉案人员逃往境外，需要在边防口岸采取边控措施的，人民检察院应当按照有关规定制作边控对象通知书，商请公安机关办理边控手续。

5. 检察院应当及时了解通缉的执行情况。

6. 对于应当逮捕的犯罪嫌疑人，如果潜逃出境，可以按照有关规定层报高检院商请国际刑警组织中国国家中心局，[①] 请求有关方面协助，或者通过其他法律规定的途径进行追捕。

（二）通缉审批表

根据《检诉规则》第4条、第268条规定，本表是检方需要对在逃的职务犯罪嫌疑人采取通缉措施而呈请本院检察长批准时，所填制的侦查工作文书。因此，本表一式一份，存侦查内卷，具体内容和格式如下样式198所示：

______人民检察院

通缉审批表

通缉犯姓名		性别		出生年月		照片
身份证号码			工作单位			
是否人大代表、政协委员			身体特征		住址	
批准逮捕时间		在逃时间		通缉原因		
案情简况						
侦查人员拟办意见						年　月　日
侦查部门负责人意见						年　月　日
检察长批示						年　月　日
备注						

样式198：通缉审批表格式样本

① 1984年9月5日，在卢森堡举行的第53届国际刑事警察组织年会上，中华人民共和国被正式接纳为该组织的成员国。同年11月，“国际刑警组织中国国家中心局”在北京成立，它隶属于中华人民共和国公安部刑侦局，担负着对外联络和打击走私、贩毒、伪造国家货币、国际恐怖活动和国际诈骗等国际性犯罪的任务。1986年和1995年又分别在广州和上海设立了联络处。

（三）提请通缉报告

根据《检诉规则》第269条规定，本文书是检方在职务犯罪侦查过程中，需要在本辖区外通缉犯罪嫌疑人而向上级检察院呈请批准时，所填制的侦查工作文书。因此，填制时应注意以下问题：

1. 本文书属于叙述式侦查文书，应载明通缉犯的基本情况（姓名、性别、年龄、民族、机关、工作单位及职务、身份证号码、社会关系、体貌特征、携带物品等）、主要犯罪事实（案由、立案时间、事实）、通缉的理由及联系电话。

2. 本文书由案件承办人提出，部门负责人签署审核意见后，报检察长审批。批准后，正式打印并加盖院印，连同通缉犯的照片、指纹、身份证复印件等有关材料一并报上级检察院审查决定。

3. 一式两份，一份报上级检察院，一份存侦查内卷；具体内容和格式如下样式199所示：

______人民检察院

提请通缉报告

检发　字〔　〕　号

犯罪嫌疑人基本情况	
犯罪嫌疑人涉嫌的案由、立案侦查的时间和已经决定采取强制措施的方式	
提请在本辖区外通缉犯罪嫌疑人的理由及依据	
承办人意见	年　月　日
部门负责人意见	年　月　日
检察长批示	年　月　日
（××人民检察院名章） 年　月　日	

样式199：提请通缉报告格式样本

（四）在逃犯罪嫌疑人登记表

根据《检诉规则》第 268 条规定，本表是检方需要通缉在逃犯罪嫌疑人时，而填制的侦查工作文书。即应逮捕的犯罪嫌疑人如果在逃，或者已被逮捕的犯罪嫌疑人脱逃的，需要在全国范围内通缉犯罪嫌嫌疑人的，应由侦查人员填写此表，先在当地公安机关上网，然后将有关材料层报省级检察院审查，由省级检察院呈报高检院批准后，商请公安部办理。因此，本表一式两份，一份层报高检院，一份存检察内卷；具体内容和格式如下样式 200 所示：

______人民检察院

在逃犯罪嫌疑人登记表

姓　名		性别		出生年月		政治面貌		文化程度	
工作单位				职务		职级			
家庭住址									
身份证号					出境证件种类、号码				
涉嫌罪名					涉嫌犯罪金额				
作案时间					潜逃时间				
立案单位					立案日期				
强制措施			上网通缉日期					边控日期	
简要案情									
备注									

样式 200：在逃犯罪嫌疑人登记表格式样本

（五）红色通缉令申请表

根据《检诉规则》第 273 条规定，本表是检方需要通过国际刑警组织中国国家中心局对潜逃出境的犯罪嫌疑人进行通缉、缉捕时，所填制的侦查工作文书。即各级检察院侦查部门在查办职务犯罪案件中，需要通过国际刑警组织中国国家中心局对潜逃出境的犯罪嫌疑人进行通缉、缉捕时应填制本文书，层报省级检察院按照有关规定办理手续，呈报高检院商请国际刑事警察组织中国国家中心局办理。因此，本表一式两份，一份层报上级检察院，一份存侦查内卷；具体内容和格式如下样式 201 所示：

______人民检察院
红色通缉令申请表

<table>
<tr><td>通缉犯姓名</td><td></td><td>性别</td><td></td><td>出生年月</td><td></td><td rowspan="3">照片</td></tr>
<tr><td>工作单位职务</td><td colspan="3"></td><td>身体特征</td><td></td></tr>
<tr><td>所持证件种类、号码</td><td colspan="5"></td></tr>
<tr><td>所往国家（地区）、境外的居住地（工作地、电话号码及有关邮件号码等）</td><td colspan="6"></td></tr>
<tr><td>批准逮捕时间</td><td></td><td>在逃时间</td><td></td><td colspan="2">公安机关上网时间</td><td></td></tr>
<tr><td>案情简况</td><td colspan="6"></td></tr>
<tr><td>呈报单位意见</td><td colspan="6">年　月　日</td></tr>
<tr><td>省检察院意见</td><td colspan="6">年　月　日</td></tr>
<tr><td>最高人民检察院意见</td><td colspan="6">年　月　日</td></tr>
</table>

样式 201：红色通缉令申请表格式样本

（六）通缉通知书

根据《刑事诉讼法》第 153 条、第 162 条规定，本文书为检方在办理职务犯罪侦查案件过程中，对已决定逮捕而在逃的犯罪嫌疑人决定通缉，通缉执行机关发布通缉令予以追捕时，而填制的侦查法律文书。因此，填制时应注意以下问题：

1. 应按要求尽可能地提供通缉犯的身份、特征、案情简况等作为本文书附件，一并送达执行机关。

2. 一式三联，第一联统一保存备查，第二联附卷，第三联送达执行机关。

3. 具体内容和格式如下样式 202 所示：

______人民检察院
通缉通知书
（存根）

检　缉〔　〕　号

案由：____________
犯罪嫌疑人基本情况（姓名、性别、年龄、工作单位、住址、身份证号码、是否人大代表、政协委员）：________
通缉原因：____________
通达机关：____________
批 准 人：____________
承 办 人：____________
填 发 人：____________
填发时间：____________

第一联统一保存

……（　）字第　号……

______人民检察院
通缉通知书
（副本）

检　缉〔　〕　号

人民检察院正在侦查犯罪嫌疑人______涉嫌________一案，该犯罪嫌疑人应当逮捕但现在逃。根据《中华人民共和国刑事诉讼法》第一百五十三条和第一百六十二条的规定，决定予以通缉。接到本通知后，请在__________范围内发布《通缉令》予以逮捕。

____

此致

（××人民检察院名章）
年　月　日

第二联附卷

……（　）字第　号……

______人民检察院
通缉通知书

检　缉〔　〕　号

人民检察院正在侦查犯罪嫌疑人______涉嫌________一案，该犯罪嫌疑人应当逮捕但现在逃。根据《中华人民共和国刑事诉讼法》第一百五十三条和第一百六十二条的规定，决定予以通缉。接到本通知后，请在__________范围内发布《通缉令》予以逮捕。

此致

（××人民检察院名章）
年　月　日

附：《在逃人员登记表》、《立案决定书》和《逮捕证》复印件及犯罪嫌疑人近期照片、身份证号码、指纹、体貌特征、携带物品和注意事项等。

第三联送达执行机关

样式202：通缉通知书格式样本

二、边控文书

（一）概述

《中华人民共和国出境入境管理法》（2012年6月30日，以下简称《出境入境管理法》）第12条规定："中国公民有下列情形之一的，不准出境：（一）未持有效出境入境证件或者拒绝、逃避接受边防检查的；（二）被判处刑罚尚未执行完毕或者属于刑事案件被告人、犯罪嫌疑人的；（三）有未了结的民事案件，人民法院决定不准出境的；（四）因妨害国（边）境管理受到刑事处罚或者因非法出境、非法居留、非法就业被其他国家或者地区遣返，未满不准出境规定年限的；（五）可能危害国家安全和利益，国务院有关主管部门决定不准出境的；（六）法律、行政法规规定不准出境的其他情形"；第56条规定："交通运输工具有下列情形之一的，不准出境入境；已经驶离口岸的，可以责令返回：（一）离开、抵达口岸时，未经查验准许擅自出境入境的；（二）未经批准擅自改变出境入境口岸的；（三）涉嫌载有不准出境入境人员，需要查验核实的；（四）涉嫌载有危害国家安全、利益和社会公共秩序的物品，需要查验核实的；（五）拒绝接受出入境边防检查机关管理的其他情形。前款所列情形消失后，出入境边防检查机关对有关交通运输工具应当立即放行。"

而根据《检诉规则》第271条规定，所谓边控文书，亦即边境控制的简称，是指检方在职务犯罪侦查过程中，为防止犯罪嫌疑人等涉案人员逃往境外，依法需要在边防口岸采取边控措施时，而填制的侦查文书的总称。常见的有：边控对象通知书、法定不批准出境人员通报备案通知书等。

（二）边控对象通知书

根据高检院《关于进一步规范人民检察院直接立案侦查案件的通缉、上网追逃和边控工作的通知》（高检发〔2000〕8号）第7条第1款、《检诉规则》第271条规定，本文书是检方为防止职务犯罪嫌疑人逃往境外，需在出入境口岸采取边控措施限制出境的，侦查部门应按有关规定填写边控对象通知书（由各地依格式自行印制，采取打印形式填写），呈报省级检察院批准后，由省级检察院向有关出入境边防检查总站或省、自治区、直辖市公安厅、边防局、处交控。重大案件，需要在全国范围内采取边控措施的，应由省级检察院呈报高检院批准后，商公安部办理。因此，填制时应注意以下问题：

1. 边控作为追逃工作的一种手段，在国家边境、边防、边检等出入境口岸对在逃犯罪嫌疑人实施控制，确保了侦查工作的顺利进行，控制了犯罪嫌疑人向境外潜逃，促进了案件的顺利办结，一定程度上防止了国有资产的流失。边控对象通知书是公安机关对犯罪嫌疑人不予办理出境的法律凭证。

2. 办理边控手续统一报省级检察院进行。

3. 实施指定口岸边控的，立案侦查的检察院应及时向省级检察院报送“三书”——立案决定书、边控对象通知书和强制措施法律文书（拘留证或逮捕证）以及在逃人员信息登记表和犯罪嫌疑人近期免冠1~2寸照片两张。

4. 本文书填写要求准确、完整，实践中要求为打印式，以防因书写错误或书写不工整而影响边控效果。

5. 边控期限一次不得超过3个月，因特殊情况需要继续边控的，立案侦查的检察院应在边控结束前向省级检察院报告，省级检察院再按照程序商请省公安厅或按程序呈报最高人民检察院商请公安部继续边控。紧急情况下，经县级以上检察机关负责人批准，可先通过公安机关商请有关边检部门实施边控措施，在7日内补办相关手续。

6. 本文书一式两份，一份层报省级检察院或高检院，一份存侦查内卷；具体内容和格式如下样式203所示：

______人民检察院
边控对象通知书

姓		名		照片
化名：姓		名		
籍贯或国籍		性别		
证件种类号码				
职业或社会身份		出生日期		
体貌特征				
住址 境内				
住址 境外				
出境口岸		出境后到达地点		
交控日期		控制期限至		
主要问题		法律依据	《出境入境管理法》第十二条规定	
边控要求及发现后处理方法				
设区市院领导审批意见并盖院印		省院侦查部门领导审批意见及盖章		
省院领导审批意见并盖院印				

交控单位：　　　　　　　　联系人：　　　　　　　　电话：

样式203：边控对象通知书格式样本

（三）法定不批准出境人员通报备案通知书

根据《出境入境管理法》第 12 条、《检诉规则》第 271 条规定，本文书是检方对没有办理出入境证件的犯罪嫌疑人和案件其他重要关系人需限制其出入境时，所填制的侦查工作文书，即对没有办理出入境证件的犯罪嫌疑人和案件其他重要关系人需限制其出境的，检察院可通报同级公安机关，不予为其办理出入境证件。因此，本文书一式两份，一份送达同级公安机关，一份存侦查内卷；具体内容和格式如下样式 204 所示：

______人民检察院

法定不批准出境人员通报备案通知书

<table>
<tr><td>犯罪嫌疑人</td><td colspan="3"></td><td>性别</td><td></td><td>出生年月</td><td></td></tr>
<tr><td>单位职务</td><td colspan="5"></td><td>涉嫌案由</td><td></td></tr>
<tr><td rowspan="3">和该案有重要关系人</td><td></td><td>性别</td><td></td><td>出生日期</td><td></td><td>单位职务</td><td></td></tr>
<tr><td></td><td>性别</td><td></td><td>出生日期</td><td></td><td>单位职务</td><td></td></tr>
<tr><td></td><td>性别</td><td></td><td>出生日期</td><td></td><td>单位职务</td><td></td></tr>
<tr><td>通报公安机关备案事项</td><td colspan="7">（因办案需要，请不要给犯罪嫌疑人某某某及和该案有重要关系人办理出入境证件）</td></tr>
<tr><td>侦查人员意见</td><td colspan="7">年　月　日</td></tr>
<tr><td>侦查部门领导意见</td><td colspan="7">年　月　日</td></tr>
<tr><td>检察长批示</td><td colspan="7">年　月　日</td></tr>
<tr><td>办理结果</td><td colspan="7"></td></tr>
<tr><td>通知撤销备案记录</td><td colspan="7"></td></tr>
</table>

样式 204：法定不批准出境人员通报备案通知书格式样本

第八节　技术侦查文书的填制要领与格式

一、技术侦查文书

所谓技术侦查文书，亦即技术侦查措施文书的简称，是指检方在职务犯罪侦查过程中，依法适用技术侦查措施时而依法填制的侦查文书的总称。常见的有：采取技术侦查措施申请书、采取技术侦查措施决定书、采取技术侦查措施通知书、解除技术侦查措施决定书、解除技术侦查措施通知书、延长技术侦查措施申请书、延长技术侦查措施通知书、调取技术侦查证据材料通知书、技术侦查证据材料移送清单、秘密侦查报告等。

而填制时，除应遵循《刑事诉讼法》、《人民警察法》、《检察规范》、《文书样本》外，根据《检诉规则》还应遵循以下法律规定：

1. 检察院在立案后，对于涉案数额在10万元以上、采取其他方法难以收集证据的重大贪污、贿赂犯罪案件以及利用职权实施的严重侵犯公民人身权利的重大犯罪案件，经过严格的批准手续，可以采取技术侦查措施，交有关机关执行。

2. 检察院办理直接受理立案侦查的案件，需要追捕被通缉或者批准、决定逮捕的在逃的犯罪嫌疑人、被告人的，经过批准，可以采取追捕所必需的技术侦查措施，不受上述规定案件范围的限制。

3. 检察院采取技术侦查措施应当根据侦查犯罪的需要，确定采取技术侦查措施的种类和适用对象，按照有关规定报请批准。批准决定自签发之日起3个月以内有效。对于不需要继续采取技术侦查措施的，应当及时解除；对于复杂、疑难案件，期限届满仍有必要继续采取技术侦查措施的，应当在期限届满前10日以内制作呈请延长技术侦查措施期限报告书，写明延长的期限及理由，经过原批准机关批准，有效期可以延长，每次不得超过3个月。采取技术侦查措施收集的材料作为证据使用的，批准采取技术侦查措施的法律决定文书应当附卷，辩护律师可以依法查阅、摘抄、复制。

4. 采取技术侦查措施收集的物证、书证及其他证据材料，侦查人员应当制作相应的说明材料，写明获取证据的时间、地点、数量、特征以及采取技术侦查措施的批准机关、种类等，并签名和盖章；对于使用技术侦查措施获取的证据材料，如果可能危及特定人员的人身安全、涉及国家秘密或者公开后可能暴露侦查秘密或者严重损害商业秘密、个人隐私的，应当采取不暴露有关人员身份、技术方法等保护措施。在必要的时候，可以建议不在法庭上质证，由审判人员在庭外对证据进行核实。

5. 检察人员对采取技术侦查措施过程中知悉的国家秘密、商业秘密和个人隐私，应当保密；对采取技术侦查措施获取的与案件无关的材料，应当及时销毁，并对销毁情况制作记录；采取技术侦查措施获取的证据、线索及其他有关材料，只能用于对犯罪的侦查、起诉和审判，不得用于其他用途。

二、采取技术侦查措施申请书

根据《刑事诉讼法》第148条第2款规定，本文书为检方在职务犯罪侦查过程中，对符合《刑事诉讼法》第148条第2款规定的犯罪案件，申请采取技术侦查时，而填制的侦查法律文书。因此，它一式三联，一联保存备查，一联送交批准机关，一联批准机关退回后存入检察内卷；具体内容和格式如下样式205所示：

三、秘密侦查报告

根据《刑事诉讼法》第148条规定，本文书是检方在职务犯罪侦查过程中需要对立案侦查的案件采取秘密侦查的手段时，而填制的侦查工作文书。即秘密侦查以及专门侦查措施必须经检察长批准，实行专人领导，专人负责，在部门负责人的指挥下进行，并遵守保密原则，其过程和结果不得公开。因此，本文书为叙述式侦查文书，一式一份，存侦查内卷；具体内容和格式如下样式206所示：

四、采取技术侦查措施决定书

根据《刑事诉讼法》第148条规定，本文书是检方在职务犯罪侦查过程中，决定适用技术侦查措施时，而填制的侦查法律文书。因此，它一式三联，第一联统一保存备查，第二联附卷，第三联交技术侦查措施执行机关；具体内容和格式如下样式207所示：

五、采取技术侦查措施通知书

根据《刑事诉讼法》第148条、第149条规定，本文书为检方在职务犯罪侦查过程中，对符合《刑事诉讼法》第148条第2款规定的犯罪案件，决定采取技术侦查措施，交有关机关执行时，而填制的侦查法律文书。因此，它一式三联，一联保存备查，一联交技术侦查措施执行机关，一联由技术侦查措施执行机关填写退回后附卷；具体内容和格式如下样式208所示：

六、解除技术侦查措施决定书

根据《刑事诉讼法》第149条规定，本文书是检方决定解除技术侦查措施时，而填制的侦查法律文书。因此，它一式三联，一联统一保存备查，一联附卷，一联交技术侦查措施执行机关；具体内容和格式如下样式209所示：

______人民检察院
采取技术侦查措施
申请书
（存根）

检　请技侦〔　〕号

案件名称：______
案件编号：______
办案部门：______
办 案 人：______
采取措施原因：______
适用对象：______
措施种类：______
起算时间：______
批 准 人：______
批准时间：______
填 发 人：______
填发时间：______

第一联统一保存

（　）字第　号

______人民检察院
采取技术侦查措施
申请书

检　请技侦〔　〕号

我院____年__月__日以__号决定立案的犯罪嫌疑人______，因涉嫌重大的贪污/贿赂/利用职权实施的严重侵犯公民人身权利的重大犯罪案件，根据《中华人民共和国刑事诉讼法》第一百四十八条第二款之规定，现申请对__________采取记录\通信\活动监控技术侦查措施。采取技术侦查措施期限为三个月，时间从______年____月______日至____年_____月_____日。

此致

（××人民检察院名章）
年　月　日

第二联交批准机关

（　）字第　号

______人民检察院
采取技术侦查措施
申请书
（回执）

______人民检察院：

你院____年____月____日以______号申请对犯罪嫌疑人______采取记录\通信\活动监控技术侦查措施，已经批准采取记录\通信\活动监控技术侦查措施。采取技术侦查措施期限为三个月，时间从____年____月____日至____年____月____日。

此复

（批准机关名章）
年　月　日

第三联存内卷

样式205：采取技术侦查措施申请书格式样本

______人民检察院
秘密侦查报告

犯罪嫌疑人的基本情况和简要案情	
秘密侦查的任务、采用的具体方法、组织形式以及相关部门的配合、突发情况的处理和安全防范措施	
秘密侦查的人员及各自职责分工	
承办人员意见	年　月　日
部门负责人意见	年　月　日
检察长批示	年　月　日

样式206：秘密侦查报告格式样本

______人民检察院
采取技术侦查措施
决定书
（存根）

检　技侦决〔　〕　号

案件名称：________________

案件编号：________________

办案部门：________________

办 案 人：________________

采取措施原因：____________

适用对象：________________

措施种类：________________

起算时间：________________

批 准 人：________________

批准时间：________________

填 发 人：________________

填发时间：________________

第一联统一保存

…………（　）字第　号…………

______人民检察院
采取技术侦查措施
决定书
（副本）

检　技侦决〔　〕　号

我院____年____月____日以____号决定立案的犯罪嫌疑人__________，因涉嫌重大的贪污/贿赂/利用职权实施的严重侵犯公民人身权利的重大犯罪案件，根据《中华人民共和国刑事诉讼法》第一百四十八条第二款之规定，经批准，决定对________采取记录\通信\活动监控技术侦查措施。采取技术侦查措施期限为三个月，时间从____年__月__日至____年__月__日。

（××人民检察院名章）
年　月　日

第二联附卷

…………（　）字第　号…………

______人民检察院
采取技术侦查措施
决定书

__________：

我院____年__月__日以__号申请对犯罪嫌疑人________采取记录\通信\活动监控技术侦查措施，现已经批准并决定采取记录\通信\活动监控技术侦查措施。采取技术侦查措施期限为三个月，时间从____年__月__日至____年__月__日。

（××人民检察院名章）
年　月　日

第三联交技术侦查措施执行机关

样式207：采取技术侦查措施决定书格式样本

______人民检察院
采取技术侦查措施
通知书
（存根）

检　技侦通〔　〕　号

案件名称：__________
案件编号：__________
办案部门：__________
办 案 人：__________
采取措施原因：__________
适用对象：__________
措施种类：__________
起算时间：__________
批 准 人：__________
批准时间：__________
填 发 人：__________
填发时间：__________

第一联统一保存

…………（　　）字第　　号…………

______人民检察院
采取技术侦查措施执行
通知书

检　技侦通〔　〕　号

根据《中华人民共和国刑事诉讼法》第一百四十九之规定，现决定对____采取记录\通信\活动监控技术侦查措施。采取技术侦查措施期限为三个月，时间从____年__月__日至____年__月__日。特通知你________执行。

此致

____

（××人民检察院名章）
年　月　日

第二联交技术侦查措施执行机关

…………（　　）字第　　号…………

______人民检察院
采取技术侦查措施执行
通知书
（回执）

______人民检察院：

你院____号采取技术侦查措施执行通知书收悉。对犯罪嫌疑人____已经采取记录\通信\活动监控技术侦查措施。采取技术侦查措施期限为三个月，时间从____年____月____日至____年____月____日。

此复

（执行部门名章）
年　月　日

第三联退回后附卷

样式208：采取技术侦查措施通知书格式样本

______人民检察院 解除技术侦查措施决定书 （存根）

检　解技〔　〕　号

案件名称：________________

案件编号：________________

办案部门：________________

办 案 人：________________

解除原因：________________

解除措施种类：________________

送往单位：________________

批 准 人：________________

批准时间：________________

承 办 人：________________

填 发 人：________________

填发时间：________________

第一联统一保存

……（　）字第　号……

______人民检察院 解除技术侦查措施决定书 （副本）

检　解技决〔　〕　号

我院于____年__月__日以检技侦字〔　　〕　号采取技术侦查措施通知书对________________________采取技术侦查措施，根据《中华人民共和国刑事诉讼法》第一百四十九条之规定，决定予以解除。解除技术侦查措施时间：______年____月____日。

（××人民检察院名章）
年　月　日

第二联附卷

……（　）字第　号……

______人民检察院 解除技术侦查措施决定书

__________：

我院于____年__月__日以检技侦字〔　　〕　号采取技术侦查措施通知书对____________采取技术侦查措施，根据《中华人民共和国刑事诉讼法》第一百四十九条之规定，决定予以解除。解除技术侦查措施时间：___年____月____日。

（××人民检察院名章）
年　月　日

第三联交技术侦查措施执行机关

样式 209：解除技术侦查措施决定书格式样本

七、解除技术侦查措施通知书

根据《刑事诉讼法》第 149 条规定，本文书为检方在职务犯罪侦查过程中，因不再需要继续采取技术侦查措施，决定解除技术侦查时，而填制的侦查法律文书。因此，它一式三联，一联保存备查，一联交技术侦查措施执行机关，一联由技术侦查措施执行机关填写退回后附卷；具体内容和格式如下样式 210 所示：

八、延长技术侦查措施申请书

根据《刑事诉讼法》第 149 条规定，本文书为检方在职务犯罪侦查过程中，对采取技术侦查措施的案件，因案件复杂、疑难，需要继续采取技术侦查措施，申请延长技术侦查措施期限时，而填制的侦查法律文书。因此，它一式三联，一联保存备查，一联交延长技术侦查措施批准机关，一联待批准延长技术侦查措施机关退回后附卷；具体内容和格式如下样式 211 所示：

九、延长技术侦查措施通知书

根据《刑事诉讼法》第 149 条规定，本文书为检方在职务犯罪侦查过程中，需要继续延长技术侦查措施时，而填制的侦查法律文书。因此，它一式三联，一联保存备查，一联交技术侦查措施执行机关，一联由技术侦查措施执行机关填写退回后附卷；具体内容和格式如下样式 212 所示：

______人民检察院 解除技术侦查措施 通知书

（存根）

检解技〔　〕号

案件名称：______
案件编号：______
办案部门：______
办 案 人：______
解除原因：______
解除措施种类：______
送往单位：______
批 准 人：______
批准时间：______
承 办 人：______
填 发 人：______
填发时间：______

第一联统一保存

（　）字第　号

______人民检察院 解除技术侦查措施 通知书

检解技〔　〕号

我院于____年__月__日以 检技侦字〔　〕　号采取技术侦查措施通知书对______________________________采取技术侦查措施，根据《中华人民共和国刑事诉讼法》第一百四十九条之规定，决定予以解除。解除技术侦查措施时间：______年____月____日。

（××人民检察院名章）
年　月　日

第二联交技术侦查措施执行机关

（　）字第　号

______人民检察院 解除技术侦查措施 通知书

（回执）

______人民检察院：

你院______号解除技术侦查措施通知书收悉。对犯罪嫌疑人______已经解除记录\通信\活动监控技术侦查措施。

此复

（执行机关名章）
年　月　日

第三联退回后附卷

样式 210：解除技术侦查措施通知书格式样本

______人民检察院
延长技术侦查措施期限
申请书
（存根）

检　请延技〔　〕　号

案件名称：________________
案件编号：________________
办案部门：________________
办 案 人：________________
延长措施原因：____________
延长措施种类：____________
延长时限：________________
送往单位：________________
批 准 人：________________
批准时间：________________
承 办 人：________________
填 发 人：________________
填发时间：________________

第一联统一保存

……（　）字第　号……

______人民检察院
延长技术侦查措施期限
申请书

检　请延技〔　〕　号

________：

检察院于____年__月__日以检技侦字〔　〕　号采取技术侦查措施决定书对______________采取技术侦查措施，现因案情复杂、疑难，需要继续采取技术侦查措施，根据《中华人民共和国刑事诉讼法》第一百四十九条之规定，现申请延长技术侦查措施期限。延长技术侦查措施期限为三个月，自____年__月__日至____年__月__日。

（××人民检察院名章）
年　月　日

第二联交技术侦查措施批准机关

……（　）字第　号……

______人民检察院
延长技术侦查措施期限
申请书
（回执）

______人民检察院：

你院________号延长技术侦查措施申请书收悉。对犯罪嫌疑人____批准延长采取记录\通信\活动监控技术侦查措施。

此复

（批准机关名章）
年　月　日

第三联附卷

样式211：延长技术侦查措施申请书格式样本

______人民检察院
延长技术侦查措施
通知书
（存根）

检　延技侦决〔　〕号

案件名称：____________
案件编号：____________
办案部门：____________
办 案 人：____________
采取措施原因：____________
适用对象：____________
措施种类：____________
起算时间：____________
批 准 人：____________
批准时间：____________
填 发 人：____________
填发时间：____________

第一联统一保存

……（　）字第　号……

______人民检察院
延长技术侦查措施执行
通知书

检　延技侦通〔　〕　号

检察院于____年____月____日以检技侦字〔　〕　号采取技术侦查措施决定书对____采取技术侦查措施，现因案情复杂、疑难，需要继续采取技术侦查措施，根据《中华人民共和国刑事诉讼法》第一百四十九条之规定，并已经____批准，现决定延长技术侦查措施期限。延长技术侦查措施期限为三个月，时间从____年____月____日至____年____月____日。特通知你____执行。

此致

（××人民检察院名章）
年　月　日

第二联交技术侦查措施执行机关

……（　）字第　号……

______人民检察院
延长技术侦查措施执行
通知书
（回执）

检　技侦通〔　〕号

______人民检察院：

你院________号延长技术侦查措施执行通知书收悉。对犯罪嫌疑人____已经延长采取记录\通信\活动监控技术侦查措施。延长技术侦查措施期限为三个月，时间从____年____月____日至____年____月____日。

此复

（公安局名章）
年　月　日

第三联附卷

样式212：延长技术侦查措施通知书格式样本

第九节　侦查终结、恢复侦查文书的填制要领与格式

一、侦查终结文书

（一）概述

所谓侦查终结，是指检方在侦查职务犯罪过程中，依法决定侦查终结时，而依法填制的侦查文书的总称。常见的有：侦查终结报告、起诉意见书、不起诉意见书、提请中止侦查报告、终止对犯罪嫌疑人侦查决定书等。而填制时，除应遵循《刑事诉讼法》、《检察规范》、《文书样本》外，根据《检诉规则》还应遵循以下法律规定：

1. 检察院经过侦查，认为犯罪事实清楚，证据确实、充分，依法应当追究刑事责任的案件，应当写出侦查终结报告，并且制作起诉意见书；对于犯罪情节轻微，依照刑法规定不需要判处刑罚或者免除刑罚的案件，应当写出侦查终结报告，并且制作不起诉意见书；侦查终结报告和起诉意见书或者不起诉意见书由侦查部门负责人审核，检察长批准。

2. 提出起诉意见或者不起诉意见的，侦查部门应当将起诉意见书或者不起诉意见书，查封、扣押、冻结的犯罪嫌疑人的财物及其孳息、文件清单以及对查封、扣押、冻结的涉案款物的处理意见和其他案卷材料，一并移送本院公诉部门审查；国家或者集体财产遭受损失的，在提出提起公诉意见的同时，可以提出提起附带民事诉讼的意见。

3. 在案件侦查过程中，犯罪嫌疑人委托辩护律师的，检察人员可以听取辩护律师的意见；辩护律师要求当面提出意见的，检察人员应当听取意见，并制作笔录附卷；辩护律师提出书面意见的，应当附卷；案件侦查终结移送审查起诉时，人民检察院应当同时将案件移送情况告知犯罪嫌疑人及其辩护律师。

4. 上级检察院侦查终结的案件，依照刑事诉讼法的规定应当由下级检察院提起公诉或者不起诉的，应当将有关决定、侦查终结报告连同案卷材料、证据移送下级检察院，由下级检察院按照上级检察院有关决定交侦查部门制作起诉意见书或者不起诉意见书，移送本院公诉部门审查；下级检察院认为上级检察院的决定有错误的，可以向上级检察院提请复议，上级检察院维持原决定的，下级检察院应当执行。

（二）侦查终结报告

根据《刑事诉讼法》第135条和《检诉规则》第234条规定，本文书是检方侦查部门对于职务犯罪案件经过立案侦查后，建议结束侦查并对犯罪嫌疑人提出相应处理意见而报请检察长批准时 所填制的侦查工作文书。因此，填制时应注意以下问题：

1. 本文书适用于经过侦查认为犯罪嫌疑人的行为已经构成犯罪应追究刑事责任和不需要判处刑罚或者免除刑罚两种情形。而总的来说，其内容最为全面，并综合反映了整个案件的侦查过程和全部案件事实，不仅给填制起诉意见书或不起诉意见书提供了翔实的依据，而且为公诉部门了解全案、准确认定犯罪事实、依法提起公诉追究犯罪嫌疑人的刑事责任奠定了基础。因此，本文书也是最能体现侦查人员的检察业务水平和语言文字表达能力的侦查工作文书。

2. 一份完整的侦查终结报告通常包括6个部分：①首部，包括：密级标示（即“机密★庭审前”）；检察长批示栏；侦查部门负责人意见栏；填制文书的人民检察院名称；工作文书名称——即“侦查终结报告”；文书编号——即“……检……侦终〔……〕……号”。②犯罪嫌疑人基本情况，包括犯罪嫌疑人姓名（包括曾用名），性别，出生日期，身份证号码，出生地，民族，文化程度，职业或工作单位及职务，政治面貌，是否人大代表或政协委员，家庭住址，工作简历，前科情况（包括刑事处罚和行政处罚及处分）等。③案由、案件来源及办理过程，包括：案由，即涉嫌罪名；案件来源；初查、立案和侦查的基本工作情况，采取强制措施的情况；犯罪嫌疑人现在处所（若被羁押的，写明羁押何处）。④查证结果。这是侦查终结报告的核心部分，主要由案件事实、认定案件事实的证据和需要说明的问题三部分组成。⑤结论和处理意见，包括概括说明犯罪嫌疑人的主体身份、行为特征及其触犯的刑法条款和涉嫌的罪名；处理意见。⑥尾部，写明承办人的姓名和填制的年、月、日。

3. 在文书名称上加盖侦查部门印章后，呈报检察长批准；经检察长批准后，分别根据情况填制起诉意见书或不起诉意见书。

4. 它属于叙述式侦查文书，一式三份，一份存侦查内卷备查，一份随案移送审查起诉时供审查公诉部门参考（不入诉讼卷），一份按规定用做报上级主管部门备案审查；具体内容和格式如下样式213所示：

机密★庭审前

检察长批示：　　　　　　　　　　　　　　　　　　年　月　日

侦查部门负责人意见：　　　　　　　　　　　　　　年　月　日

______人民检察院
侦查终结报告

检　侦终〔　〕号

犯罪嫌疑人基本情况……（犯罪嫌疑人姓名，性别，出生年月日，身份证号码，出生地，民族，文化程度，职业或工作单位及职务、职级，作案时在何单位任何职务），政治面貌，如是人大代表、政协委员，一并写明具体级、届代表、委员及代表、委员号，现住址，犯罪嫌疑人工作简历及前科情况。案件有多名犯罪嫌疑人的，应按涉嫌犯罪情节轻重逐一写明。

犯罪嫌疑人×××涉嫌××犯罪一案……（写明案由和案件来源，案件来源具体为自首、单位或者公民举报、上级交办、有关部门移送、本院其他部门移送以及办案中发现等。简要写明案件侦查过程中的各个法律程序开始的时间，如初查、立案的时间。具体写明强制措施的决定和执行机关、执行时间、种类、变更情况及延长、重新计算侦查羁押期限的情况等）

犯罪嫌疑人×××涉嫌××犯罪一案，现已侦查终结。

经依法侦查查明：……（详细叙写检察机关侦查认定的犯罪事实，包括犯罪时间、地点、经过、手段、目的、动机、危害后果等与定罪量刑有关的事实要素。应当根据具体案件情况，围绕刑法规定的该罪构成要件，特别是犯罪特征，具体叙写）

（对于只有一个犯罪嫌疑人的案件，犯罪嫌疑人实施多次犯罪的犯罪事实应先作概括描述，然后逐一列举；同时触犯数个罪名的犯罪嫌疑人的犯罪事实应该按照主次顺序分类列举。对于共同犯罪的案件，写明犯罪嫌疑人的共同犯罪事实及各自在共同犯罪中的地位和作用后，按照犯罪嫌疑人的主次顺序，分别叙明各个犯罪嫌疑人的单独犯罪事实）

认定上述事实的证据如下：

……（针对上述每一笔或者相关联的系列犯罪事实，分列相关证据）

上述犯罪事实清楚，证据确实、充分，足以认定（对于建议撤销的案件，不写此段）。

犯罪嫌疑人×××（具体写明是否是立功、自首等影响量刑的从重、从轻、减轻等法定情节或者酌定情节）。

综上所述，犯罪嫌疑人×××……（根据《刑法》规定的犯罪构成要件简要描述某一个罪名的罪状，如属数罪，应当分别描述）其行为已触犯《中华人民共和国刑法》第×条之规定，涉嫌××犯罪。依照《中华人民共和国刑事诉讼法》第×条和《检诉规则》第×条的规定，建议移送审查起诉（不起诉）。

（对于建议撤销的案件，应当参照《拟撤销案件意见书》的格式叙写案件事实、撤案理由及法律依据等）

需要说明的问题：

律师对于本案的意见……（对于律师意见进行简要介绍以及说明是否予以采纳的理由等）

……（对于扣押款物、办案中发现的个人或单位违法违纪问题、发现的案件线索以及其他与本案有关应当在案件侦查终结时一并处理的问题提出处理建议或进行说明）

当否，请领导批示。

承办人（两名以上亲自签名）：________、________

年　月　日

样式 213：侦查终结报告格式样本

（三）起诉意见书

根据《刑事诉讼法》第 160 条、第 162 条规定，本文书为检方侦查部门在案件侦查终结后，认为应对犯罪嫌疑人提起公诉，依法追究其刑事责任，移送公诉部门审查时，而填制的侦查法律文书。因此，填制时应注意以下问题：

1. 落款为侦查部门，加盖侦查部门的印章。

2. 制成后，连同其他案卷材料，一并移送本院公诉部门审查。

3. 一式二份，存检察卷、检察内卷各一份；具体内容和格式如下样式 214 所示：

______人民检察院
起诉意见书

检　移诉〔　〕号

犯罪嫌疑人基本情况……［犯罪嫌疑人姓名（别名、曾用名、绰号等），性别，出生年月日，出生地，身份证号码，民族，文化程度，职业或工作单位及职务，住址，政治面貌（如是人大代表、政协委员，一并写明具体级、届代表、委员及代表、委员号，现住址），犯罪嫌疑人简历及前科情况。案件有多名犯罪嫌疑人的，逐一写明。单位犯罪案件中，应当写明单位的名称、地址、组织机构代码、法定代表人姓名、性别、身份证号码、联系方式。］

犯罪嫌疑人____（姓名）涉嫌____（罪名）一案，（写明案由和案件来源，具体为单位或者公民举报、控告、上级交办、有关部门移送、本院其他部门移交以及办案中发现等。简要写明案件侦查过程中的各个法律程序开始的时间，如初查、立案、侦查终结的时间。具体写明采取强制措施的种类、采取的时间、强制措施变更情况及延长侦查羁押期限的情况等。）

犯罪嫌疑人____ 涉嫌____ 案，现已侦查终结。

经依法侦查查明：……（概括叙写经检察机关侦查认定的犯罪事实，包括犯罪时间、地点、经过、手段、目的、动机、危害后果等与定罪有关的事实要素。应当根据具体案件情况，围绕刑法规定的该罪构成要件，简明扼要叙述。）

（对于只有一个犯罪嫌疑人的案件，犯罪嫌疑人实施多次犯罪的犯罪事实应逐一列举；同时触犯数个罪名的犯罪嫌疑人的犯罪事实应该按照主次顺序分别列举；对于共同犯罪的案件，写明犯罪嫌疑人的共同犯罪事实及各自在共同犯罪中的地位和作用后，按照犯罪嫌疑人的主次顺序，分别叙述各个犯罪嫌疑人的单独犯罪事实。）

认定上述事实的证据如下：……（针对上述犯罪事实，分列相关证据）上述犯罪事实清楚，证据确实、充分，足以认定。

犯罪嫌疑人________（具体写明是否有累犯、立功、自首、和解等影响量刑的从重、从轻、减轻等犯罪情节）。

综上所述，犯罪嫌疑人________［（根据犯罪构成简要说明罪状），其行为已触犯《中华人民共和国刑法》第____条之规定，涉嫌____罪。依照《中华人民共和国刑事诉讼法》第____条之规定，现将此案移送审查起诉。查封、扣押、冻结物品、文件清单随案移送。）］

此致

××人民检察院公诉部门名称

（××人民检察院侦查部门名章）

年　月　日

附：1. 随案移送案件材料、证据；

2. 犯罪嫌疑人现在处所。

3. 查封、扣押、冻结物品、文件清单　份附后。

（所附项目根据需要填写）

样式214：起诉意见书格式样本

（四）不起诉意见书

根据《刑事诉讼法》第166条、第173条第2款规定，本文书为检方侦查部门在案件侦查终结后，认为应对犯罪嫌疑人犯罪情节轻微，依照刑法规定不需要判处刑罚或免除刑罚的，需要作出不起诉决定，移送公诉部门审查时，而填制的侦查法律文书。因此，其落款为侦查部门，加盖侦查部门的印章；文书制成后，连同其他案卷材料，一并移送本院公诉部门审查；一式二份，存检察卷、检察内卷各一份；具体内容和格式如下样式215所示：

______人民检察院

不起诉意见书

检　移不诉〔　〕　号

犯罪嫌疑人基本情况：……［犯罪嫌疑人姓名（别名、曾用名、绰号等），性别，出生年月日，出生地，身份证号码，民族，文化程度，职业或工作单位及职务（作案时在何单位任何职务），住址，政治面貌，如是人大代表、政协委员，一并写明具体级、届代表、委员及代表、委员号，现住址），犯罪嫌疑人简历及前科情况。案件有多名犯罪嫌疑人的，逐一写明。单位犯罪案件中，应当写明单位的名称、地址、组织机构代码、法定代表人姓名、性别、身份证号码、联系方式。］

犯罪嫌疑人____（姓名）涉嫌____（罪名）一案，本院于____年____月____日立案侦查……（采取强制措施、变更强制措施及延长侦查羁押期限的情况），现已侦查终结。

犯罪嫌疑人____涉嫌____案，现已侦查终结。

经依法侦查查明：……（概括叙写经检察机关侦查认定的犯罪事实，包括犯罪时间、地点、经过、手段、目的、动机、危害后果等与定罪有关的事实要素。应当根据具体案件情况，围绕刑法规定的该罪构成要件，特别是犯罪特征，简明扼要叙述。叙述犯罪嫌疑人的犯罪事实时，先按照其触犯罪名的犯罪构成作概括性的叙述，然后再逐一列举，最后列举相关证据。证据包括经侦查获取的能够证明犯罪嫌疑人的行为构成犯罪且需要追究刑事责任的证据。）

综上所述，犯罪嫌疑人____（姓名）的行为触犯了《中华人民共和国刑法》第____条之规定，涉嫌____罪（不要写构成____罪），但是，……（具体写明犯罪情节轻微，不需要判处刑罚或免除刑罚的具体情形。）根据《中华人民共和国刑事诉讼法》第____条之规定，不需要判处刑罚（或免除刑罚），根据《中华人民共和国刑事诉讼法》第一百六十六条和第一百七十三第二款之规定，移送审查不起诉……（对查封、扣押、冻结物品、文件提出处理建议。)

此致

××人民检察院公诉部门名称

(××人民检察院侦查部门名章)

年　月　日

附：1. 随案移送案件材料、证据；

2. 犯罪嫌疑人现在处所；

3. 查封、扣押、冻结物品、文件清单____份附后。

(所附项目根据需要填写)

样式215：不起诉意见书格式样本

(五) 提请中止侦查报告

根据《检诉规则》第300条规定，本文书是检方侦查部门在职务犯罪侦查过程中，遇到犯罪嫌疑人长期潜逃，采取有效追捕措施仍不能缉拿归案或者犯罪嫌疑人患有精神病及其他严重疾病不能接受讯问，丧失诉讼行为能力等特殊情形，提出中止侦查意见时，所填制的侦查工作文书。因此，填制时应注意以下问题：

1. 对犯罪嫌疑人长期潜逃者，必须经过有效追捕措施仍不能缉拿归案；对犯罪嫌疑人患有精神病和其他严重疾病者，必须经过省级人民政府指定的医院作出医学鉴定，确属丧失诉讼行为能力的，方可使用提请中止侦查；共同犯罪案件中的部分犯罪嫌疑人符合中止侦查的情形，可对该部分犯罪嫌疑人提请中止侦查，对其他犯罪嫌疑人的侦查应当照常进行。

2. 采取中止侦查措施是有严格要求的。对犯罪嫌疑人在押的，中止侦查期间，应用足强制措施规定的时间，争取在法定办案期限内办结每一案件。

3. 本文书为叙述式侦查文书，通常包括5部分：①首部，包括：检察长批示栏、侦查部门负责人意见栏、填制文书的人民检察院名称、文书名称、文书编号等；②犯罪嫌疑人基本情况；③案件来源及侦查情况。本部分写明案由和案件的来源，重点要写明侦查过程，采取的各种强制措施的期限，查证属实可以认定的案件事实和证据；④中止侦查的理由。本部分写明犯罪嫌疑人是否符合中止侦查的条件和理由；追捕通缉的过程情况或医学鉴定过程与结果情况；提出中止侦查的建议和法律依据；⑤尾部，注明承办人的姓名和填制提请中止侦查报告的时间。

4. 提请中止侦查报告，由办案人员填制，部门负责人签署意见后，在文书名称上加盖侦查部门的印章，呈报检察长决定。

5. 本文书属于叙述式侦查文书，一式两份，分别入检察卷和检察内卷备查；具体内容和格式如下样式216所示：

______人民检察院

提请中止侦查报告

检　止侦〔　〕　号

犯罪嫌疑人……（犯罪嫌疑人姓名，性别，出生年月日，身份证号码，出生地，民族，文化程度，职业或工作单位及职务、职级，政治面貌，如是人大代表、政协委员，一并写明具体级、届代表、委员及代表、委员号，现住址，前科情况。案件有多名犯罪嫌疑人的，应按涉嫌犯罪情节轻重逐一写明。）

犯罪嫌疑人×××涉嫌××犯罪一案，……［写明案由和案件来源，案件来源具体为自首、单位或者公民举报、上级交办、有关部门移送、本院其他部门移送以及办案中发现等。×年×月×日，经检察长决定，我院依法对犯罪嫌疑人×××以××罪立案侦查；经我院决定，×年×月×日，由××公安局对××执行刑事拘留（写明采取其他强制措施情况或者犯罪嫌疑人潜逃的具体时间。］

经侦查查明：……（围绕《刑法》规定的犯罪构成要件，具体叙述犯罪嫌疑人涉嫌的主要犯罪事实）。

上述事实，有……等证据证明，……（写明证据状况）。

在侦查过程中，……［叙述因犯罪嫌疑人长期（三年以上）潜逃，采取有效追捕措施仍不能缉拿归案或者因犯罪嫌疑人患有精神病及其他严重疾病不能接受讯问、丧失诉讼行为能力等事实依据］。

综上所述，我们认为，犯罪嫌疑人×××（根据《刑法》规定的犯罪构成要件简要描述某一个罪名的罪状，如属数罪，应当分别描述），其行为已触犯《中华人民共和国刑法》第××条之规定，涉嫌××犯罪。鉴于……（写明中止侦查的法定理由），根据《检诉规则》第二百四十一条之规定，提请中止侦查（如果犯罪嫌疑人在押的，应当依法提出延长侦查羁押期限或者变更强制措施等意见）。（说明：因侦查期限即将届满而变更或解除强制措施的，不必另行填制《提请变更强制措施报告》；如果依法延长侦查羁押期限的，应当另行填制相关文书报请审批）。

当否，请领导批示。

承办人（两名以上亲自签名）：______、______

年　月　日

侦查部门负责人意见	年　月　日
检察长批示	年　月　日

样式216：提请中止侦查报告格式样本

（六）终止对犯罪嫌疑人侦查决定书

终止对犯罪嫌疑人侦查决定书用于对以事立案，犯罪嫌疑人排除嫌疑，决定对该犯罪嫌疑人终止侦查时。因此，填制时应注意以下问题：

1. 此规定和文书的设定，主要是因为在办案实践中，立案分对事立案和对人立案。如果对事立案，犯罪嫌疑人排除嫌疑后是不能撤案的，否则案件无法继续侦查下去，但不撤案又会侵犯嫌疑人的利益。另外，多名犯罪嫌疑人中，部分排除犯罪嫌疑人的，同样不能撤案。设定此规定，可以有效解决对某个犯罪嫌疑人终止侦查的问题，而无须将整案撤销。

2. 共四联，第一联统一保存备查，第二联附卷，第三联送达当事人，当事人死亡的，送达其家属，第四联送达当事人所在单位。

3. 具体内容和格式如下样式 217 所示：

______人民检察院
终止对犯罪嫌疑人
侦查决定书
（存根）

检　终〔　〕　号

案由：______________
犯罪嫌疑人基本情况（姓名、性别、年龄、身份证号码、工作单位、住址、是否人大代表、政协委员）：__
____
终止侦查原因：__________
批 准 人：__________
批准时间：__________
办 案 人：__________
办案部门：__________
填 发 人：__________
填发时间：__________

第一联统一保存

……（　）字第　号……

______人民检察院
终止对犯罪嫌疑人
侦查决定书
（副本）

检　终〔　〕　号

姓名：______，性别：__，年龄：____岁，住址：____________，单位及职业：______________。
我院办理的__________案，因______，现决定终止对__________的侦查。

（××人民检察院名章）
年　月　日

本决定书副本已收到（当事人或其家属亲自书写）。
当事人或其家属（亲自签名）：______
年　月　日

第二联附卷

……（　）字第　号……

______人民检察院
终止对犯罪嫌疑人
侦查决定书

检　终〔　〕　号

姓名：__，性别：__
年龄：____岁；单位及职业：____。
我院办理的__案，因________，现决定终止对__________的侦查。

（××人民检察院名章）
年　月　日

第三联交当事人
（当事人死亡的交其家属）

……（　）字第　号……

______人民检察院
终止对犯罪嫌疑人
侦查决定书

检　终〔　〕　号

姓名：________，性别：____，年龄：____岁，住址：______________，单位及职业：______。
我院办理的____________案，因______，现决定终止对__________的侦查。

（××人民检察院名章）
年　月　日

第四联送达当事人所在单位

样式217：终止对犯罪嫌疑人侦查决定书格式样本

二、撤案文书

（一）概述

所谓撤案文书，是指检方在侦查职务犯罪过程中，依法决定撤案时而依法填制的侦查文书的总称。常见的有：拟撤销案件意见书（本院和上报）、撤销案件决定书、不批准撤销案件决定书、决定释放通知书等。而填制时，除应遵循《刑事诉讼法》、《检察规范》、《文书样本》外，根据《检诉规则》还应遵循以下法律规定：

1. 检察院在侦查过程中或者侦查终结后，发现具有下列情形之一的，侦查部门应当制作拟撤销案件意见书，报请检察长或者检察委员会决定：具有《刑事诉讼法》第 15 条规定情形之一的；没有犯罪事实的，或者依照刑法规定不负刑事责任或者不是犯罪的；虽有犯罪事实，但不是犯罪嫌疑人所为的。对于共同犯罪的案件，如有符合上述规定情形的犯罪嫌疑人，应当撤销对该犯罪嫌疑人的立案。

2. 检察长或者检察委员会决定撤销案件的，侦查部门应当将撤销案件意见书连同本案全部案卷材料，在法定期限届满 7 日前报上一级检察院审查；重大、复杂案件在法定期限届满 10 日前报上一级检察院审查；对于共同犯罪案件，应当将处理同案犯罪嫌疑人的有关法律文书以及案件事实、证据材料复印件等，一并报送上一级检察院。上一级检察院侦查部门应当对案件事实、证据和适用法律进行全面审查，必要时可以讯问犯罪嫌疑人；经审查后，应当提出是否同意撤销案件的意见，报请检察长或者检察委员会决定。检察院决定撤销案件的，应当告知控告人、举报人，听取其意见并记明笔录。

3. 上一级检察院审查下级检察院报送的拟撤销案件，应当于收到案件后 7 日以内批复；重大、复杂案件，应当于收到案件后 10 日以内批复下级检察院；情况紧急或者因其他特殊原因不能按时送达的，可以先行通知下级检察院执行。

4. 上一级检察院同意撤销案件的，下级检察院应作出撤销案件决定，并制作撤销案件决定书；上一级检察院不同意撤销案件的，下级检察院应执行上一级检察院决定；报请上一级检察院审查期间，犯罪嫌疑人羁押期限届满的，应依法释放犯罪嫌疑人或变更强制措施。

5. 撤销案件决定应分别送达犯罪嫌疑人所在单位和犯罪嫌疑人；犯罪嫌疑人死亡的，应当送达犯罪嫌疑人原所在单位；如果犯罪嫌疑人在押，应当制作决定释放通知书，通知公安机关依法释放。

（二）拟撤销案件意见书（本院和上报）

1. 本院使用的拟撤销案件意见书。根据《检诉规则》第 290 条规定，本文书是检方侦查部门对符合撤销案件条件的案件拟作撤案处理报经检察长审批时，所填制的侦查工作文书。即对符合撤销案件条件的案件拟作撤销案件处理的，侦查人员应提出书面意见，经侦查部门负责人审核、报检察长同意后，送本院人民监督员办公室，接受其监督。因此，它以拟撤销案件的人数为单位填制，每人一份，存入侦查内卷；具体内容和格式如下样式 218 所示：

______人民检察院

拟撤销案件意见书（本院）

检　撤〔　〕　号

犯罪嫌疑人的基本情况	
案由、侦查过程及强制措施情况	
案件事实和证据	
案件性质的认定及拟撤销案件的理由和依据	
承办人意见	年　月　日
部门负责人意见	年　月　日
检察长批示	年　月　日

样式 218：拟撤销案件意见书（本院）格式样本

2. 上报使用的拟撤销案件意见书。根据高检院《关于省级以下人民检察院对直接受理侦查案件作撤销案件、不起诉决定报上一级人民检察院批准的规定（试行）》（2005 年 9 月 23 日）第 3 条规定，本文书为下级检察院将拟撤销的案件报请上一级检察院批准时，所填制的侦查工作文书。因此，填制时应注意以下问题：

（1）在侦查终结报告的基础上填制，其内容应比侦查终结报告简明、概括。

（2）文书制成后，层报检察长审批，连同案件材料报送上一级检察院审查；落款为×××人民检察院，加盖院印。

（3）一式一份，存检察内卷（领导审批件存于检察内卷）；具体内容和格式如下样式 219 所示：

______人民检察院

拟撤销案件意见书（上报）

检　撤〔　〕　号

犯罪嫌疑人×××（姓名）……（犯罪嫌疑人基本情况）

犯罪嫌疑人×××（姓名）涉嫌××犯罪一案，系……（案件来源），本院于××××年××月××日立案侦查……（采取强制措施情况）。

现查明：犯罪嫌疑人×××（姓名）……（简要叙述案件事实及不作有罪认定的理由）。

……（拟撤案理由：依据《刑事诉讼法》第十五条的规定；没有犯罪事实的，或者依照刑法规定不负刑事责任和不是犯罪的；证据不足、不能证明犯罪事实系犯罪嫌疑人所为的等）。根据……（具体法律依据）不构成犯罪（或者为：不应当追究刑事责任）。我院拟撤销此案，请予审批。

此致

×××人民检察院

（××人民检察院名章）

年　月　日

样式219：拟撤销案件意见书（上报）格式样本

（三）撤销案件决定书

根据《刑事诉讼法》第15条、第161条、第162条、第166条规定，本文书为检方在职务犯罪侦查过程中，发现不应当对犯罪嫌疑人追究刑事责任或有《刑事诉讼法》第15条规定情形的，决定撤销案件时而填制的侦查法律文书。因此，它一式四份，一份存检察卷，一份存检察内卷，一份送达犯罪嫌疑人所在单位，一份送达犯罪嫌疑人。犯罪嫌疑人死亡的，只送达原所在单位；具体内容和格式如下样式220所示：

______人民检察院
撤销案件决定书
（存根）

检　撤〔　〕　号

案由：________________
犯罪嫌疑人基本情况（姓名、性别、年龄、身份证号码、工作单位、住址、是否人大代表、政协委员）：________________
撤销案件原因：________
批 准 人：________
批准时间：________
办 案 人：________
办案部门：________
填 发 人：________
填发时间：________

第一联统一保存

……………（　　）字第　　号……………

______人民检察院
撤销案件决定书

检　撤〔　〕　号

我院办理的______案，因________________，根据《中华人民共和国刑事诉讼法》第____条的规定，决定撤销此案。

（××检察长名章）
年　月　日
（××人民检察院名章）

本决定书副本已收到（原案件犯罪嫌疑人或其家属亲自书写）。
原案件犯罪嫌疑人或其家属（亲自签名）：______
年　月　日

第二联附卷

……………（　　）字第　　号……………

______人民检察院
撤销案件决定书
（副本）

检　撤〔　〕号

我院办理的____案，因________，根据《中华人民共和国刑事诉讼法》第____条的规定，决定撤销此案。

（××检察长名章）
年　月　日
（××人民检察院名章）

第三联交原案件犯罪嫌疑人所在单位

……………（　　）字第　　号……………

______人民检察院
撤销案件决定书
（副本）

检　撤〔　〕　号

我院办理的________案，因________，根据《中华人民共和国刑事诉讼法》第____条的规定，决定撤销此案。

（××检察长名章）
年　月　日
（××人民检察院名章）

第四联交原案件犯罪嫌疑人
（原案件犯罪嫌疑人死亡的交其单位）

样式220：撤销案件决定书格式样本

（四）不批准撤销案件决定书

根据《关于省级以下人民检察院对直接受理侦查案件作撤销案件、不起诉决定报上一级人民检察院批准的规定（试行）》第8条规定，本文书是上级检察院不批准下级检察院撤销案件意见时，所填制的侦查工作文书。因此，本文书落款为×××人民检察院，加盖院印；制成后层报检察长审批，连同案件材料送达下级检察院；下级检察院应将本文书存检察卷，并将复印件存检察内卷；具体内容和格式如下样式221所示：

______人民检察院

不批准撤销案件决定书

检　不准撤〔　〕　号

______人民检察院：

你院拟撤销犯罪嫌疑人×××（姓名）涉嫌×××（罪名）一案，于××××年××月××日以×检××拟撤［××××］××号拟撤销案件意见书报请我院批准。经审查认为，……（阐明不同意撤销案件的理由和法律依据，对案件的处理意见或者建议），不批准你院撤销案件意见。

特此批复。

（××人民检察院名章）

年　月　日

样式221：不批准撤销案件决定书格式样本

（五）决定释放通知书

根据《刑事诉讼法》第92条、第93条、第97条、第161条、第164条、第165条、第174条规定，本文书为检方对已拘留的犯罪嫌疑人不需要逮捕，或需要变更拘留、逮捕措施，或拘留、逮捕超过法定期限，以及决定撤销案件或不起诉后，通知执行机关释放在押犯罪嫌疑人时，而依法填制的侦查法律文书。因此，填制时应注意以下问题：

1. 释放原因与法律依据要相互对应。

2. 共四联。第一联统一保存备查，第二联附卷，第三联送达执行机关，第四联执行机关退回后附卷。

3. 具体内容和格式如下样式222所示：

______人民检察院
决定释放通知书
（存根）

检　释〔　〕　号

案由：__________

犯罪嫌疑人基本情况（姓名、性别、年龄、身份证号码、工作单位、住址、是否人大代表、政协委员）：__________

强制措施种类：__________

决定释放原因：__________

批 准 人：__________

承 办 人：__________

填 发 人：__________

填发时间：__________

第一联统一保存

……（　）字第　号……

______人民检察院
决定释放通知书
（副本）

检　释〔　〕　号

__________：

我院______年__月__日决定逮捕（拘留）的犯罪嫌疑人______，性别____，现年____岁，住__________，现羁押于______看守所，因__________，根据《中华人民共和国刑事诉讼法》第____条的规定决定释放，请即执行。

此致

（××人民检察院名章）
年　月　日

第二联附卷

……（　）字第　号……

______人民检察院
决定释放通知书

检　释〔　〕　号

__________：

我院______年__月__日决定逮捕（拘留）的犯罪嫌疑人______，性别____，现年____岁，住______，现羁押于__________看守所，因__________，根据《中华人民共和国刑事诉讼法》第____条的规定决定释放，请即执行。

此致

（××人民检察院名章）
年　月　日

第三联送达执行机关

……（　）字第　号……

______人民检察院
决定释放通知书
（回执）

__________：

现将__________号决定释放通知书的执行情况通知如下：__________

（××执行机关名章）
年　月　日

第四联执行机关退回后附卷

样式222：决定释放通知书格式样本

三、恢复侦查文书

（一）概述

所谓恢复侦查文书，是指检方在侦查职务犯罪过程中，依法恢复职务犯罪侦查时，而依法填制的侦查文书的总称。常见的有：提请恢复侦查报告等。而填制时，除应遵循《刑事诉讼法》、《检察规范》、《文书样本》外，《检诉规则》第302条明确规定："人民检察院直接受理立案侦查的案件，撤销案件以后，又发现新的事实或者证据，认为有犯罪事实需要追究刑事责任的，可以重新立案侦查。"

（二）提请恢复侦查报告

根据《检诉规则》第4条、第302条规定，本文书是检方侦查部门在职务犯罪侦查过程中，认为需要对已中止侦查的案件恢复侦查时，所填制的侦查工作文书。因此，本文书落款为承办人两名以上，不加盖单位公章；文书制成后，层报检察长审批；正式打印件及领导审批件均应存于检察内卷；具体内容和格式如下样式223所示：

______人民检察院

提请恢复侦查报告

检　复侦〔　〕号

犯罪嫌疑人……（犯罪嫌疑人姓名，性别，出生年月日，身份证号码，出生地，民族，文化程度，职业或工作单位及职务、职级，政治面貌，如是人大代表、政协委员，一并写明具体级、届代表、委员及代表、委员号，现住址，前科情况。案件有多名犯罪嫌疑人的，应按涉嫌犯罪情节轻重逐一写明）

犯罪嫌疑人×××涉嫌××犯罪一案，……（写明案由和案件来源，案件来源具体为自首、单位或者公民举报、上级交办、有关部门移送、本院其他部门移送以及办案中发现等）。×年×月×日，经检察长决定，我院依法立案侦查；经我院决定，×年×月×日，由××公安局对××执行刑事拘留（写明采取其他强制措施情况或者犯罪嫌疑人潜逃的具体时间）；经检察长决定，于×年×月×日因××原因中止侦查。

经前期侦查查明：……（围绕刑法规定的犯罪构成要件，具体叙述犯罪嫌疑人涉嫌的主要犯罪事实）

上述事实，有……证据证明，……（写明证据状况）

在侦查过程中，……［写明犯罪嫌疑人长期（两年以上）潜逃后采取有效追捕措施被缉拿归案、投案自首或者因病愈而恢复诉讼行为能力等事实依据］

<table>
<tr><td colspan="2">综上所述，我们认为，犯罪嫌疑人×××（根据刑法规定的犯罪构成要件简要描述某一个罪名的罪状，如属数罪，应当分别描述），其行为已触犯《中华人民共和国刑法》第××条之规定，涉嫌××犯罪。鉴于……（写明恢复侦查的法定理由）根据《检诉规则》第二百四十一条之规定，提请恢复侦查。
（如果犯罪嫌疑人因投案自首归案或者因病愈而恢复诉讼行为能力的，承办人应当视具体情况一并提出采取或者变更强制措施的意见并说明理由）
当否，请领导批示。
承办人（两名以上亲自签名）：______、______
年　月　日</td></tr>
<tr><td>侦查部门负责人审核意见</td><td>年　月　日</td></tr>
<tr><td>检察长批示</td><td>年　月　日</td></tr>
</table>

样式223：提请恢复侦查报告格式样本

第十节　赃款赃物处理文书的填制要领与格式

一、赃款赃物处理文书

所谓赃款赃物处理文书，是指检方在侦查职务犯罪过程中，依法处理赃款赃物时而依法填制的侦查文书的总称。常见的有：涉案款物处理一览表，追缴违法所得意见书，处理违法所得决定书，扣押、追缴、没收物品估价委托书、鉴定意见书，启动违法所得没收程序决定书，没收违法所得意见书，销毁清单，侦查终结财物、文件处理清单等。而填制时，除应遵循《刑事诉讼法》、《文书样本》、《人民检察院扣押、冻结涉案款物工作规定》外，根据《检察规范》、《检诉规则》规定，还应遵循以下法律规定：

1. 公诉部门审查案件时，应当对侦查机关（部门）随案移送的查封、扣押、冻结涉案财物清单、处理意见进行审查；对账实不符的，应当要求侦查机关（部门）进行核实、更正；经审查认为不应当查封、扣押、冻结的，公诉部门应当提出处理意见，报检察长批准后解除查封、扣押、冻结，返还原主或者被害人。

2. 查封、扣押、冻结的涉案财物，诉讼程序终结后，经查明属于犯罪嫌疑人、被不起诉人以及被告人的合法财产的，应当及时返还；领取人应当在返还财物清单上签名或者盖章。返还清单、物品照片应当附入卷宗。

3. 追缴的财物中，属于被害人的合法财产，不需要在法庭出示的，应当及时返还被害人，并由被害人在发还财物清单上签名或者盖章，注明返还的理由，并将清单、照片附卷；追缴的财物中，属于违禁品或者不宜长期保存的物品，应当依照国家有关规定处理，并将清单、照片、处理结果附卷。

4. 犯罪嫌疑人在审查起诉中死亡，依照刑法规定应当追缴其违法所得及其他涉案财产的，参照《检察规范》第十编第三章的规定办理；对于冻结的犯罪嫌疑人存款、汇款、债券、股票、基金份额等财产需要返还被害人的，可以通知金融机构返还被害人；对于查封、扣押的犯罪嫌疑人的违法所得及其他涉案财产需要返还被害人的，直接决定返还被害人。

5. 处理查封、扣押、冻结的涉案财物，应当由公诉部门提出意见，报请检察长决定；公诉部门会同负责保管查封、扣押、冻结涉案财物的管理部门办理相关的处理手续。

6. 对于应当返还被害人的查封、扣押、冻结涉案财物，无人认领的，应当公告通知；公告满 1 年无人认领的，依法上缴国库。

7. 公诉部门处理查封、扣押、冻结的涉案财物，应制作查封、扣押、冻结涉案财物处理决定书并送达当事人或者其近亲属，由当事人或者其近亲属在处理清单上签名或者盖章；当事人或者其近亲属不签名的，应当在处理清单上注明。处理查封、扣押、冻结的单位涉案财物，应由单位有关负责人签名并加盖公章，单位负责人不签名的，应在处理清单上注明。

8. 检察院作出撤销案件决定的，侦查部门应当在 30 日以内对犯罪嫌疑人的违法所得作出处理，并制作查封、扣押、冻结款物的处理报告，详细列明每一项款物的来源、去向并附有关法律文书复印件，报检察长审核后存入案卷，并在撤销案件决定书中写明对查封、扣押、冻结的涉案款物的处理结果。检察院撤销案件时，对犯罪嫌疑人的违法所得应当区分不同情形，作出相应处理：①因犯罪嫌疑人死亡而撤销案件，依照刑法规定应当追缴其违法所得及其他涉案财产的，按照《检诉规则》第十三章第三节的规定办理；②因其他原因撤销案件，对于查封、扣押、冻结的犯罪嫌疑人违法所得及其他涉案财产需要没收的，应当提出检察建议，移送有关主管机关处理；③对于冻结的犯罪嫌疑人存款、汇款、债券、股票、基金份额等财产需要返还被害人的，可以通知金融机构返还被害人；对于查封、扣押的犯罪嫌疑人的违法所得及其他涉案财产需要返还被害人的，直接决定返还被害人；④撤销案件时，对查封、扣押、冻结的犯罪嫌疑人的涉案财产需要返还犯罪嫌疑人的，应当解除查封、扣押或者书面通知有关金融机构解除冻结，返还犯罪嫌疑人或者其合法继承人。

9. 处理查封、扣押、冻结的涉案款物，应当由办案部门提出意见，报请检察长决定。负责保管涉案款物的管理部门会同办案部门办理相关的处理手续。

二、涉案款物处理一览表

本文书是检方在职务犯罪侦查过程中，依法处理涉案款物时而填制的侦查工作文书。具体内容和格式如下样式224所示：

______人民检察院
涉案款物处理一览表

案由：　　　　　　　　　　　　　　犯罪嫌疑人、被告人姓名：

编号	名称	数量	单位	处理情况
承办人（亲自签名）：________ 年　月　日				

样式224：涉案款物处理一览表格式样本

三、追缴违法所得意见书

本文书是检方对符合撤销案件条件的犯罪嫌疑人的违法所得，需要依法追缴报经领导审批时，所填制的侦查工作文书。因此，它以追缴的部门或人为单位制作，每一部门或一人一份，存检察内卷；具体内容和格式如下样式225所示：

______人民检察院
追缴违法所得意见书

犯罪嫌疑人的基本情况	
案由、侦查过程及强制措施情况	
侦查中认定的违法所得事实和证据	
追缴违法所得的理由和依据，对违法所得的处理方式	
承办人意见	年　月　日
侦查部门负责人审核意见	年　月　日
检察长批示	年　月　日

样式225：追缴违法所得意见书格式样本

四、处理违法所得决定书

本文书是检方对符合撤销案件条件中的犯罪嫌疑人的违法所得决定依法予以追缴时，所填制的侦查工作文书。因此，它以决定追缴的部门或人为单位制作，每一部门或一人一份，存侦查内卷；具体内容和格式如下样式 226 所示：

______人民检察院

处理违法所得决定书

检　处〔　〕　号

经研究，本院决定对犯罪嫌疑人（姓名）____ 涉嫌（案由）______ 一案中的违法所得（金额）依法予以追缴，上交（国库或有关主管机关）处理，如对本处理决定不服，可以申请复议。 （××检察长名章） 年　月　日 （××人民检察院名章）

样式 226：处理违法所得决定书格式样本

五、扣押、追缴、没收物品估价委托书、鉴定意见书

根据国家计划委员会、两高一部《扣押、追缴、没收物品估价管理办法》（1997 年 4 月 22 日）规定：

1. 法院、检察院、公安机关各自管辖的刑事案件，对于价格不明或者价格难以确定的扣押、追缴、没收物品需要估价的，应委托指定的估价机构估价。案件移送时，应附有扣押、追缴、没收物品估价鉴定意见书（具体内容和格式如下样式 227 所示）。

扣押、追缴、没收物品估价鉴定意见书

委托机关（名章）：______________________

委托事项：______________________________

结论时间：______________________________

估价机构（名章）：______________________

估价范围和内容	
估价依据	
估价方法和过程要述	
估价结论	
其他需要说明的问题及有关材料	
鉴定人员：	负责人：
注：委托机关如对本意见有异议，应按《扣押、追缴、没收物品估价管理办法》第十五条办理。	

样式227：扣押、追缴、没收物品估价鉴定意见书格式样本

2. 公安机关移送检察院审查起诉和检察院向院提起公诉的案件，对估价结论有异议的，应当由提出异议的机关自行委托估价机构重新估价。

3. 委托机关在委托估价时，应当送交扣押、追缴、没收物品估价委托书。其应当包括以下内容：估价的理由和要求；扣押、追缴、没收物品的品名、牌号、规格、种类、数量、来源，以及购置、生产、使用时间；起获扣押、追缴、没收物品时其被使用、损坏程度的记录，重要的扣押、追缴、没收物品，应当附照片；起获扣押、追缴、没收物品的时间、地点；其他需要说明的情况。委托机关送交的扣押、追缴、没收物品估价委托书必须加盖单位公章。

4. 价格事务所在完成估价后，应向委托机关出具扣押、追缴、没收物品估价鉴定意见书，其应当包括以下内容：估价范围和内容；估价依据；估价方法和过程要述；估价结论；其他需要说明的问题及有关材料；估价工作人员签名。价格事务所出具的扣押、追缴、没收物品估价鉴定意见书（具体内容和格式如下样式228所示）必须加盖单位公章。

扣押、追缴、没收物品估价委托书

<table>
<tr><td>估价机构（名章）</td><td colspan="3"></td></tr>
<tr><td>委托事项</td><td colspan="3"></td></tr>
<tr><td>委托时间</td><td colspan="3"></td></tr>
<tr><td>委托机关（名章）</td><td colspan="3"></td></tr>
<tr><td colspan="4">填报说明：根据《扣押、追缴、没收物品估价管理办法》第八条规定填列如下内容：（一）估价的理由和要求；（二）扣押、追缴、没收物品的品名、牌号、规格、种类、数量、来源，以及购置、生产、使用时间；（三）起获扣押、追缴、没收物品时其被使用、损坏程度的记录，重要的扣押、追缴、没收物品，应当附照片；（四）起获扣押、追缴、没收物品的时间、地点；（五）其他需要说明的情况。</td></tr>
<tr><td>内容要述</td><td colspan="3"></td></tr>
<tr><td>委托机关经办人</td><td></td><td>联系电话</td><td></td></tr>
<tr><td>估价机构意见</td><td colspan="3">（估价机构名章）
年　月　日</td></tr>
</table>

样式228：扣押、追缴、没收物品估价委托书格式样本

5. 委托机关对价格事务所出具的扣押、追缴、没收物品估价鉴定意见书有异议的，可以向原估价机构要求补充鉴定或者重新鉴定，也可以直接委托上级价格部门设立的价格事务所复核或者重新估价。

六、启动违法所得没收程序决定书

根据《刑事诉讼法》第280条规定，本文书是检方为犯罪嫌疑人逃匿或者死亡，认为可能符合《刑事诉讼法》第280条第1款规定条件，检察长依法决定启动违法所得没收程序进行调查时，而填制的侦查法律文书。因此，它共二联，第一联统一保存备查，第二联附卷；具体内容和格式如下样式229所示：

______人民检察院
启动违法所得没收程序
决定书
（存根）

检　没启〔　〕　号

犯罪嫌疑人基本情况：______________
批 准 人：______________
承 办 人：______________
填 发 人：______________
填发时间：______________

第一联统一保存

……………（　　）字第　　号……………

______人民检察院
启动违法所得没收程序
决定书

检　没启〔　〕　号

根据《中华人民共和国刑事诉讼法》第二百八十条的规定，本院决定对______启动违法所得没收程序进行调查。

（××检察长名章）
年　月　日

第二联附卷

样式229：启动违法所得没收程序决定书格式样本

七、没收违法所得意见书

根据《刑事诉讼法》第280条规定，本文书为检方侦查部门认为应当没收犯罪嫌疑人的违法所得，移送公诉部门审查时，而依法填制的侦查法律文书。因此，它落款为侦查部门，加盖侦查部门印章；文书制成后，连同其他案卷材料，一并移送本院公诉部门审查；一式两份，存检察卷、检察内卷各一份；具体内容和格式如下样式230示：

人民检察院

没收违法所得意见书

检　没移〔　〕　号

犯罪嫌疑人……（写明姓名、性别、出生年月日、出生地、户籍地、身份证号码、民族、文化程度、职业或者工作单位及职务、住址、曾受到行政处罚、刑事处罚的情况）

犯罪嫌疑人×××涉嫌××罪……（写明案由和案件来源）。犯罪嫌疑人×××于××××年××月××日逃匿。本院于××××年××月××日决定通缉，至今不能到案。（如果死亡的，写明于××××年××月××日死亡。）

对犯罪嫌疑人XXX的违法所得及其他涉案财产，现已调查终结。

经依法调查查明：……（概括叙写经检察机关调查认定的的犯罪事实，依照刑法规定应当追缴的违法所得及其他涉案财产的来源、种类、数量、所在地以及查封、扣押、冻结等情况。）

写明犯罪嫌疑人的近亲属或者其他利害关系人的姓名、住址、联系方式及其要求。

认定上述事实的证据如下：

……（针对上述犯罪事实和违法所得，分别列举证据）

上述犯罪事实和违法所得事实清楚，证据确实、充分，足以认定。

综上所述，犯罪嫌疑人×××涉嫌××罪，逃匿一年后不能到案（或者于××××年××月××日死亡）……（概述其违法所得及其他涉案财产的来源、种类和数量等）。根据《中华人民共和国刑事诉讼法》第二百八十条、《人民检察院刑事诉讼规则》第××条的规定，移送没收违法所得意见书。扣押的款物随案移送。

此致

××人民检察院公诉部门

（××人民检察院侦查部门名章）

年　月　日

附：

1. 通缉令或者死亡证明书。
2. 违法所得及其他涉案财产清单以及查封、扣押、冻结的情况。
3. 随案移送案件材料、证据。
4. 其他需要附注的事项。

样式230：没收违法所得意见书格式样本

八、销毁清单

根据《刑事诉讼法》第234条规定，本文书为检方侦查终结时依法销毁物品时，而填制的侦查法律文书。因此，它应当附卷移送；具体内容和格式如下样式231所示：

______人民检察院

销毁清单

编号	名　称	数量	特征	来源	销毁理由	备注
批准人：______ 年　月　日		办案人（亲自签名）：______ 年　月　日			监销人（亲自签名）：______ 年　月　日	

样式231：销毁清单格式样本

九、侦查终结财物、文件处理清单

根据《刑事诉讼法》第234条规定，本文书为检方侦查终结时制作的记载办案过程中收集、调取、查封、扣押的物品、文件处理情况的侦查法律文书。因此，它与涉案款物处理一览表大同小异，是一个汇总检查表，并应附卷；具体内容和格式如下样式232所示：

______人民检察院
侦查终结财物、文件处理清单

编号	名称	数量	特征	来源	处理情况	备考
（××人民检察院名章）：__________				办案人（亲自签名）：__________ 年　月　日		

样式232：侦查终结财物、文件处理清单格式样本

第十一章　与职务犯罪侦查相关文书的填制要领与格式

第一节　侦查呈备文书的填制要领与格式

一、侦查呈备文书

（一）概念和种类

所谓侦查呈备文书，是指检方在职务犯罪侦查过程中，下级检察院依法向上级检察院呈报备案职务犯罪案件侦查材料时，而依法填制的侦查工作文书。

实践中，常见的侦查呈备文书有：备案审查表，立案备查登记表，纠正（案件决定）错误通知书，要案线索备案、移送表，举报要案线索备案表，大要案补助经费申请表，大要案补助经费使用情况表，贪污贿赂等大案要案案犯潜逃、脱逃报告表等。

（二）法律规定

根据《刑事诉讼法》、《人民检察院组织法》，以及高检院《检诉规则》、《关于加强上级人民检察院对下级人民检察院工作领导的意见》、《关于健全职务犯罪侦查工作一体化机制的若干规定》和《关于加强检察机关内部监督工作的意见》（2011年12月5日）、《〈关于省级以下人民检察院立案侦查的案件由上一级人民检察院审查决定逮捕的规定（试行）〉的补充规定》（2011年11月9日）、《关于强化上级人民检察院对下级人民检察院执法办案活动监督的若干意见》（2010年12月15日）、《关于省级以下人民检察院立案侦查的案件由上一级人民检察院审查决定逮捕的规定（试行）》（2009年9月4日）、《人民检察院执法办案内部监督暂行规定》（2008年3月3日）、《补助地方查办职务犯罪大要案办案经费管理暂行办法》（2007年7月3日）、《关于省级以下人民检察院对直接受理侦查案件作撤销案件、不起诉决定报上一级人民检察院批准的规定（试行）》（2005年9月29日）、《人民检察院直接受理侦查案件立案、逮捕实行备案审查的规定（试行）》（2005年9月23日）、《关于严格执行重大事件报告制度的通知》（2004 年 2 月 16 日）、《关于加强案件管理的规定》（2003 年 5 月 27 日）、《关于报送渎职侵权案件备案材料的通知》和《关于加强备案审查工作的内部规定》（2003 年 5 月 16 日）、《关于对危害国家安全案件批捕、起诉和实行备案制度等有关事项的通知》（1998 年 1 月 12 日）、《关于要案线索备案、初查的规定》（1995 年 10 月 6 日）、《关于认真做好贪污贿赂等大案要案案犯潜逃、脱逃备案工作的通知》（1994 年 5 月 11 日）、《关于进一步加强大案要案查处工作的通知》（1993 年 11 月 4 日）、《关于对携款潜逃的贪污、贿赂等案犯及时立案、报告的通知》（1992 年 6 月 18 日）、《关于执行备案审查制度有关问题的答复》（1983 年 9 月 3 日）、《关于重申执行〈关于建立报告请示制度的规定〉的通知》（1980 年 12 月 25 日）等，特别是《检察规范》规定，填制侦查呈备文书时应遵循以下法律规定：

1. 对检察长的回避，由检委会作出决定并报上一级检察院备案。

2. 检察院对于直接受理的要案线索实行分级备案的管理制度。县、处级干部的要案线索一律报省级检察院举报中心备案，其中涉嫌犯罪数额特别巨大或者犯罪后果特别严重的，层报高检院举报中心备案；厅、局级以上干部的要案线索一律报高检院举报中心备案。要案线索的备案，应当逐案填写要案线索备案表。

3. 解除指定居所监视居住或者变更强制措施的，下级检察院侦查部门应当报送上一级检察院备案。

4. 采取以事实立案方式侦查的案件，应分别在作出立案、终止侦查和侦查终结决定后的 3 日以内报上一级检察院备案，重大案件报省级检察院备案，特大案件层报高检院备案。

5. 省级以下（含省级）检察院办理直接受理侦查案件决定立案的，应当报上一级检察院备案审查。由案件承办部门填写立案备案登记表，连同提请立案报告和立案决定书，一并报送上一级检察院备案。

6. 省级检察院侦查指挥中心在所辖区域内组织实施专项侦查工作，应当报高检院侦查指挥中心备案；分、州、市检察院侦查指挥中心在所辖区域内组织实施专项侦查工作，应当报省级检察院侦查指挥中心备案。

7. 外国人、无国籍人涉嫌《检察规范》第 5 · 8 条规定以外的其他犯罪案件，决定批准逮捕的检察院应当在作出批准逮捕决定后 48 小时以内报上一级检察院备案，同时向同级人民政府外事部门通报。

8. 下列审查逮捕案件，应当报上一级检察院备案：（1）批准逮捕（包括不批捕）的危害国家安全案件、批准逮捕的外国人犯罪案件；（2）省级检察院办理的直接立案侦查案件；（3）依据《检察规范》第 5 · 40 条批准或者决定逮捕的案件；（4）人大代表涉嫌犯罪的案件。上一级检察院对报送的备案材料经审查发现错误的，应当依法及时纠正。

（三）填制要领

1. 要了解并掌握上述有关侦查呈备工作的法律规定、要领，做到有的放矢。

2. 从广义上说，无论备案审查表和纠正（案件决定）错误通知书，还是要案线索备案、移送表和贪污贿赂等大案要案案犯潜逃、脱逃报告表等侦查呈备文书，都属于公文报送范畴。因此，还应遵循高检院《公文处理办法》及其《实施细则》、《关于下级检察院向最高人民检察院报送公文的规定》（2002年4月22日）的相关规定。

3. 要依法规范填制侦查呈备工作文书中的犯罪嫌疑人基本情况等事项。

4. 尽管目前缺乏侦查呈备法律文书，但本院、本地区、本省检察院应保持侦查呈备工作文书格式的规范、统一。当然，其中的许多文书，例如，请示、报告、答复、批示等，通常，可以参见侦查公文中的请示、报告、答复格式填制。

二、备案审查表

根据《人民检察院组织法》第10条第1款规定，本文书是下级检察院向上一级检察院呈报备案材料时，而填制的侦查工作文书。因此，它一式两联，第一联留下存档，第二联报送上一级检察院，处理意见与呈备事项相同；具体内容和格式如下样式233所示：

＿＿＿＿人民检察院

备案审查表

检　　呈备〔　〕　号

<table>
<tr><td colspan="2">上一级检察院名称</td><td colspan="8"></td></tr>
<tr><td colspan="2">案由</td><td colspan="2"></td><td>案件来源</td><td></td><td>受案时间</td><td></td><td>处理意见</td><td></td></tr>
<tr><td colspan="2">犯罪嫌疑人姓名</td><td colspan="2">性别</td><td>籍贯</td><td></td><td>出生年月日</td><td></td><td>身份证号</td><td></td></tr>
<tr><td>民族</td><td></td><td>文化程度</td><td></td><td>政治面貌</td><td></td><td>工作单位、职务或职业</td><td></td><td>住址</td><td></td></tr>
<tr><td colspan="2">简要案情</td><td colspan="8"></td></tr>
<tr><td colspan="2">呈备事项</td><td colspan="8">（逮捕、不起诉、初查、不起诉、撤销案件等）</td></tr>
<tr><td colspan="2">呈备材料</td><td colspan="8">[提请批准逮捕书、批准逮捕决定书或不批准逮捕决定书（副本），不起诉意见书（副本），撤销案件决定书（副本）等]</td></tr>
<tr><td colspan="10">（××人民检察院名章）
年　月　日</td></tr>
</table>

样式233：备案审查表格式样本

三、立案备查登记表

根据《人民检察院组织法》第10条第1款规定，本文书为下级检察院将立案管辖的部分案件，立案后层报上一级检察院备案时，所填制的侦查工作文书。因此，它需在立案后10日呈报；具体内容和格式如下样式234所示：

________人民检察院

立案备查登记表

编号：

<table>
<tr><td>办案单位</td><td colspan="4"></td><td>犯罪嫌疑人姓名</td><td colspan="2"></td></tr>
<tr><td>性别</td><td></td><td>年龄</td><td></td><td>民族</td><td></td><td>文化程度</td><td></td></tr>
<tr><td>政治面貌</td><td></td><td colspan="3">工作单位、职务</td><td></td><td>住址</td><td></td></tr>
<tr><td>代表、委员</td><td colspan="7"></td></tr>
<tr><td>案件来源</td><td colspan="4"></td><td>受案日期</td><td colspan="2"></td></tr>
<tr><td>受案案由</td><td colspan="7"></td></tr>
<tr><td>初查日期</td><td colspan="4"></td><td>立案日期</td><td colspan="2"></td></tr>
<tr><td>立案案由</td><td colspan="4"></td><td>损失情况</td><td colspan="2"></td></tr>
<tr><td>是否数罪</td><td colspan="4"></td><td>强制措施</td><td colspan="2"></td></tr>
<tr><td colspan="5">犯罪嫌疑人对强制措施的意见</td><td colspan="3"></td></tr>
<tr><td>潜逃日期</td><td colspan="4"></td><td>上网通缉日期</td><td colspan="2"></td></tr>
<tr><td>抓获日期</td><td colspan="4"></td><td>是否投案自首</td><td colspan="2"></td></tr>
<tr><td>自杀、死亡日期</td><td colspan="7"></td></tr>
<tr><td>案情摘要</td><td colspan="7"></td></tr>
<tr><td colspan="5">立案（逮捕）的理由及法律根据</td><td colspan="3"></td></tr>
<tr><td>附注</td><td colspan="7"></td></tr>
<tr><td>填报人</td><td colspan="4"></td><td>报出时间</td><td colspan="2"></td></tr>
</table>

样式234：立案备查登记表格式样本

四、要案线索备案、移送表

根据《人民检察院组织法》第10条第1款规定，本表是下级检察院接受重要举报线索材料后，向上一级检察院备案、移送该举报线索材料时，而填制的侦查工作文书。它一式两联，第一联留下存档，第二联报送上一级检察院；具体内容和格式如下样式235所示：

________人民检察院
要案线索备案、移送表

检　　呈备〔　〕　　号

上一级检察院名称									
案由		案件来源		受案时间		处理意见			
犯罪嫌疑人姓名		性别		籍贯		出生年月日		身份证号	
民族		文化程度		政治面貌		工作单位、职务		住址	
呈备、移送材料									
备注									
（××人民检察院名章） 年　　月　　日									

样式235：要案线索备案、移送表格式样本

五、贪污贿赂等大案要案案犯潜逃、脱逃报告表

根据《人民检察院组织法》第10条第1款规定，本表为下级检察院向上级检察院呈报贪污贿赂等大案要案案犯潜逃、脱逃情况时，而填制的侦查工作文书。因此，它与要案线索备案、移送表大同小异；一式两份，正本报送上一级检察院，副本本院存档；具体内容和格式如下样式236所示：

________人民检察院
贪污贿赂等大案要案案犯潜逃、脱逃个案报告表

检　　呈备〔　〕　　号

上一级检察院名称										
犯罪嫌疑人姓名		性别		年龄		民族		政治面目		照片
文化程度		有何特长		单位		职务		家庭住址		
立案时间		潜逃时间		脱逃时间		携款数额		潜逃阶段		
脱逃阶段		持有何国护照								
潜逃方向	境外			境内						
使用强制措施及时间		通缉时间								

（续表）

<table>
<tr><td colspan="2">简要案情</td><td colspan="2"></td></tr>
<tr><td rowspan="2">社会关系</td><td colspan="2">家庭主要社会成员情况及分布</td><td></td></tr>
<tr><td colspan="2">主要亲属情况及其分布</td><td></td></tr>
<tr><td>备注</td><td colspan="3"></td></tr>
</table>

样式236：贪污贿赂等大案要案案犯潜逃、脱逃个案报告表格式样本

六、举报要案线索备案表

根据《人民检察院组织法》第10条第1款规定，本表是下级检察院接受重要举报线索后，向上一级检察院备案时，而填制的侦查工作文书。因此，它与要案线索备案、移送表大同小异；一式两联，第一联留下存档，第二联报送上一级检察院；具体内容和格式如下样式237所示：

______人民检察院

举报要案线索备案表

<table>
<tr><td>填表日期</td><td colspan="3"></td><td>受理日期</td><td colspan="3"></td></tr>
<tr><td>被举报人姓名</td><td></td><td>性别</td><td></td><td>民族</td><td></td><td>籍贯</td><td></td></tr>
<tr><td>文化程度</td><td></td><td>单位</td><td></td><td>职务</td><td></td><td>住址</td><td></td></tr>
<tr><td>案由</td><td colspan="7"></td></tr>
<tr><td>简要案情</td><td colspan="7"></td></tr>
<tr><td>处理情况</td><td colspan="7"></td></tr>
<tr><td>备注</td><td colspan="7"></td></tr>
</table>

样式237：举报要案线索备案表格式样本

七、大要案补助经费申请表和使用情况表

根据财政部、公安部《中央补助地方侦办经济犯罪大要案办案经费管理暂行办法》（2003年1月25日）、高检院《补助地方查办职务犯罪大要案办案

经费管理暂行办法》规定，本表是检察院申请查办职务犯罪大要案办案经费时，① 而填制的侦查工作文书。因此，填制时应注意以下问题：

1. 按照“分级管理，分级负担”的原则，各级检察机关所需包括查办职务犯罪大要案办案经费在内的各项办案经费应由本行政区域内同级财政部门负责予以保障，各级财政部门要切实负起责任，确保公安机关办案经费落实到位。

2. 查办职务犯罪大要案办案经费费重点用于补助承办大要案件的重点地区和财政困难地区，以案件承办成效和办案经费实际开支为主要依据，包括办案差旅费、侦查活动费、协助破案费、并案会审费、出境办案费、特情耳目费等，不得用于检察人员个人的奖励。

3. 申请查办职务犯罪大要案办案经费，由省级财政、检察机关联合提出专题申请报告，上报财政部、高检院，各地、各部门不得越级上报。

4. 申请经侦办案补助经费需一案一报、说明案件办理、经费开支情况以及申请经费的理由，并附《大要案补助经费申请表》和《大要案补助经费使用情况表》。

5. 本表一式一份，具体内容和格式如下样式 238、239 所示：

______人民检察院
大要案补助经费申请表

申请单位：××省（自治区、直辖市）人民检察院

项目	内容	备注
案件名称		
案件类别（侦查、审查逮捕、审查起诉）		
案件承办单位		
案件办理时间		
案件办理进入程序		
经费开支情况		
申请理由		

① 其中，职务犯罪大要案件是指中央领导批示交办，并由地方检察机关承办的职务犯罪案件；查办职务犯罪大要案办案经费是指由中央财政安排的专项用于补助地方检察机关查办职务犯罪大要案件的办案经费。

（续表）

项目	内容	备注
申请补助数额（万元）		
高检院业务厅局建议意见		
高检院计划财务装备局意见		
审核意见		
高检院领导审批意见		

样式238：大要案补助经费申请表格式样本

＿＿＿＿＿人民检察院
大要案补助经费使用情况表
（　　年度）

申请单位：××省（自治区、直辖市）人民检察院

补助总额（万元）		累计支出总额（万元）	
补助单位（个）		补助案件个数（个）	
经费使用情况			
经费使用效果			
省级检察院财务部门经办人签字	年　月　日		
省级检察院财务部门负责人签字	年　月　日		
备注			

样式239：大要案补助经费使用情况表格式样本

第二节　侦查交（督、参、催、提）办和个案指导文书的填制要领与格式

一、侦查交（督、参、催、提）办和个案指导文书

所谓侦查交（督、参、催、提）办和个案指导文书，是指在职务犯罪侦查过程中，上级检察院对下级检察院，或者举报、案管中心等部门对反贪、反渎等部门，依法进行交办、督办、参办、催办、提办、个案指导职务犯罪侦查工作时，而填制的侦查工作文书的总和。因此，它包括侦查交办、侦查督办、

侦查参办、侦查催办、侦查提办、个案指导文书6种。

而填制时，除应遵循《人民检察院组织法》、《刑事诉讼法》，以及高检院《关于检察机关反贪污贿赂工作若干问题的决定》、《关于加强渎职侵权检察工作的决定》、《人民检察院职务犯罪大案要案侦查指挥中心工作暂行规定》、《关于进一步加强大案要案查处工作的通知》、《专项督查工作规定》（2005年10月28日）、《关于加强上级人民检察院对下级人民检察院工作领导的意见》等规定外，根据《检诉规则》、《检察规范》还应遵循以下法律规定：

1. 上级检察院在必要的时候，可以直接立案侦查或者组织、指挥、参与侦查下级检察院管辖的案件，也可以将本院管辖的案件指定下级检察院立案侦查。

2. 控告检察部门或者举报中心可以向下级检察院交办控告、申诉、举报案件，交办举报线索前应当向有关侦查部门通报，交办函及有关材料复印件应当转送本院有关侦查部门。控告检察部门或者举报中心对移送本院有关部门和向下级人民检察院交办的案件，应当依照有关规定进行督办。

3. 对信访受理数据、群众反映强烈的突出问题、重大紧急信访事项以及催办、交办、督办情况和有关问题的整改落实情况应当及时报告检察长。

4. 检察院应建立检察长接待群众来访、阅批群众来信的工作台账，做好记录、登记、交办和催办工作，对批示执行情况加强督促检查，办理结果要及时报告接待的检察长。

5. 对于上级检察院交办的信访事项，承办部门应当将办理情况和结果报分管检察长审批后，制作《交办信访事项处理情况报告》，连同有关材料移送控告检察部门，由控告检察部门以本院名义报上一级检察院控告检察部门。《交办信访事项处理情况报告》应当包括下列内容：信访事项的来源；信访人反映的主要问题；办理的过程；认定的事实和证据；处理情况和法律依据；开展化解矛盾、教育疏导工作及相关善后工作的情况。

6. 上级检察院举报中心可以代表本院向下级检察院交办举报线索；交办重要举报线索，应当报分管检察长审批；交办前应当向有关侦查部门通报，交办函及有关材料复印件应当移送本院有关侦查部门。

7. 上级检察院对辖区内具有重大社会影响的案件，可以发函督办或者直接派员督办。

二、案件交办函

本文书是上级检察院对应由本院管辖的案件，交由下级检察院查处时所填制的侦查工作文书。因此，填制时应注意以下问题：

1. 上级检察院通过对下级检察院交办案件的形式，统一调度了侦查力量和侦查装备，使侦查一体化机制得到高效、有序地运转。

2. 由于交办关系到管辖权限，因而必须由检察长批准或决定。

3. 共两联，第一联为存根联，由侦查部门统一保管；第二联为正本联，送达下级检察院承办案件部门，两联之间以骑缝连接。其中，存根联正文依次为：线索（案件）来源；被举报人姓名、单位及职务；举报内容（涉嫌罪名）；交往单位或部门、批准人、承办人：指先行承办初查、侦查的本级检察院侦查人员，如未经初查、侦查，承办人不确定，可不填写；填发人；填发时间；具体内容和格式如下样式240所示：

________人民检察院

案件交办函

检　交〔　〕　号

<table>
<tr><td colspan="3">××下级人民检察院名称</td><td colspan="5"></td></tr>
<tr><td>被举报人姓名</td><td></td><td>性别</td><td></td><td>民族</td><td></td><td>籍贯</td><td></td></tr>
<tr><td>文化程度</td><td></td><td>单位</td><td></td><td>职务</td><td></td><td>住址</td><td></td></tr>
<tr><td>举报方式</td><td colspan="3"></td><td>举报时间</td><td colspan="3"></td></tr>
<tr><td>交办人姓名</td><td></td><td>单位</td><td colspan="3"></td><td colspan="2">职务</td></tr>
<tr><td>主要内容</td><td colspan="7"></td></tr>
<tr><td>检察长批示</td><td colspan="7"></td></tr>
<tr><td colspan="8">（××上级人民检察院名章）
年　月　日</td></tr>
</table>

样式240：案件交办函格式样本

三、交（督）办案件通知书

本文书是上级检察院交办、督办下级检察院职务犯罪侦查工作时，所填制的侦查工作文书。因此，它共两联，第一联为存根联，由业务部门统一保管；第二联为正本联，送达下级检察院承办案件部门；两联之间以骑缝连接；具体内容和格式如下样式241所示：

________人民检察院

交（督）办案件通知书

检　交（督）〔 〕　号

（下级人民检察院名称）________：

根据《人民检察院刑事诉讼规则》第××条规定，现将________涉嫌________一案案件材料移交你院________________查处，并于____年____月____日前向我院书面报告调查情况和处理结果。

（××上级人民检察院名章）

年　月　日

样式241：交（督）办案件通知书（正本）格式样本

四、参办案件通知书

本文书是上级检察院参与下级检察院侦查工作时，而填制的侦查工作文书。因此，它一式两份，一份由书面请求参办的下级检察院归档，一份报送上级检察院备案；具体内容和格式如下样式242所示：

________人民检察院

参办案件通知书

检　参〔　〕号

（下级人民检察院名称）：

根据《检诉规则》第××条、《检察规范》第××条规定，经研究决定，我院选派同志参与对涉嫌________罪案（线索）的查办工作。

（××上级人民检察院名章）

年　月　日

样式242：参办案件通知书格式样本

五、催办案件通知书

本文书是检方在职务犯罪侦查过程中，交办单位催办被交办单位所交办工作加快进展时，而填制的侦查工作文书。因此，它共两联，第一联为存根联，由侦查部门统一保管；第二联为正本联，送达下级检察院承办案件部门；两联之间以骑缝连接；具体内容和格式如下样式243所示：

________人民检察院
催办案件通知书
（存根）

检　催〔　　〕　号

申 诉 人：________________
交办单号：________________
催办期限：________________
发往单位：________________
填 发 人：________________
批 准 人：________________
填发日期：________________
备　　注：________________

________人民检察院
催办案件通知书

检　催〔　　〕　号

________：

我院于____年____月____日以____号案件交办单向________________一案，请在____年____月____日前将审查情况报告我院。

（××人民检察院名章）
年　月　日

样式243：催办案件通知书格式样本

六、提办案件请示

本文书是下级检察院对重大复杂案件向上级检察院请求提办时，所填制的侦查工作文书。因此，本文书一式四份，两份由请求提办的下级检察院归档并附卷，两份报送上级检察院备案；具体内容和格式如下样式244所示：

人民检察院

提办案件请示

检　提〔　〕　号

________：

根据《人民检察院刑事诉讼规则》第××条等规定，拟将我院办理的________涉嫌________一案移交你院查处。

以上请示当否，请批复。

（××人民检察院名章）

年　月　日

附件：

案件（线索）卷宗____册

样式244：提办案件请示格式样本

七、提办案件通知书

本文书是上级检察院对下级检察院侦查的案件，根据案件需要，提由本院进行侦查时所填制的侦查工作文书。因此，它共两联，第一联为存根联，由业务部门统一保管；第二联为正本联，附诉讼正卷，并复印一份送达下级检察院原承办案件的部门；两联之间以骑缝连接；具体内容和格式如下样式245所示：

人民检察院

提办案件通知书

检　提〔　〕　号

________：

根据《人民检察院刑事诉讼规则》第××条规定，请你院将________涉嫌________一案的案件材料，于____年____月____日移交我院查处。

（××人民检察院名章）

年　月　日

样式 245：提办案件通知书格式样本

八、个案（专项）指导意见书

本文书是上级检察院对下级检察院就个案（或专项）查办中遇到的问题出具书面指导意见时，所填制的侦查工作文书。因此，它一式二联，第一联送下级检察院，第一联的复印件及第二联送交上级检察院备案；具体内容和格式如下样式 246 所示：

人民检察院
个案（专项）指导意见书

单位：　　　　　　　　　　　　　　　　　　　　　　　　编号：

案件名称		办案阶段	
督导协办意见			
督导员的意见			
部门负责人意见			

样式 246：个案（专项）指导意见书格式样本

第三节　侦查协作文书的填制要领与格式

一、侦查协作文书

（一）概念和种类

所谓侦查协作文书，亦称侦查协助文书，是指检方在职务犯罪侦查过程中，检方与检方、检方与其他单位依法进行侦查协作时，而依法填制的侦查工作文书的总称。其中，侦查协作（或协查）有广狭两义。狭义的是指检察机关及其内设侦查部门之间在职务犯罪侦查过程中，所进行的协调、配合和合作；广义的是指检察机关及其内设侦查部门之间，检察机关与其他国家机关（如行政执法机关）、单位（如商业银行）、个人（如证人）之间，以及国内检察机关与我国港澳台乃至国外执法机关以及国际组织之间，在职务犯罪侦查过程中，所进行的协调、配合和合作。因此，它有以下特点：①其请求方必须是检察机关，而协作方既可是含检察机关的侦查机关，也可不是，甚至可以是个人或我国港澳台、国外有关执法机关。②其发生于检方进行职务犯罪侦查过程中。③其目的，既包括通过协作而适用询问、讯问、勘验、检查、查询、鉴定、通缉等专门调查工作而查清犯罪事实，也包括通过协作而适用拘传、取保候审、监视居住、拘留、逮捕等强制性措施而查获、控制犯罪嫌疑人。

而实践中，常见的侦查协作文书有：答复行政执法机关通知书、追究有关人员责任建议书、移送函、（提请）协查函、请求侦查协查表、协查案件登记表、司法协助请求书、提供司法协助笔录等。例如，在薄熙来案中，就有如下记载："公诉人向法庭出示中央纪委暂予扣押、封存涉案款物登记表、移交登记表"；"公诉人向法庭出示第一组证据，该组证据有司法部出具的情况说明、翻译骆某某等人的资质证书，证实对外文证据材料、外籍证人承担翻译任务的单位及人员具备翻译的资质：1. 出示司法部政治部 2013 年 5 月 24 日出具的《情况说明》；2. 出示司法部《司法部司法协助交流中心主要职责内设机构和人员编制规定》；3. 出示最高人民检察院 2012 年 12 月 26 日《委托书》；4. 出示司法部司法协助交流中心 2013 年 1 月 4 日《说明》；5. 出示王某某英语二级笔译、骆某某法语翻译副译审证书。"①

（二）法律规定

填制侦查协作文书时，除应遵循《刑事诉讼法》，《人民检察院组织法》，《中华人民共和国行政监察法》（1997 年 5 月 9 日），国务院《行政执法机关移送涉嫌犯罪案件的规定》（2001 年 7 月 9 日），中办、国办《转发国务院法制办等部门〈关于加强行政执法与刑事司法衔接工作的意见〉的通知》（2012 年 8 月 17 日）外，从宏观上说，根据高检院《关于健全职务犯罪侦查工作一体化机制的若干规定》规定，一是强化检察机关相互之间的侦查协作，形成纵向指挥有力、横向协作紧密、运转高效有序的侦查工作一体化机制；二是查办贪污贿赂、渎职侵权犯罪案件的侦查协作，依照高检院《关于人民检察院侦查协作的暂行规定》进行；三是办理案件过程中需要香港、澳门特别行政区有关部门协查或者司法合作的，依照高检院《关于办理涉港澳刑事个案协查和司法合作的有关规定》办理；四是地方各级检察机关在办理案件过程中，对确有证据证明犯罪嫌疑人逃往境外的，应及时层报高检院备案；对犯罪嫌疑人去向不明的，应层报省级检察院备案；需要在全国范围内通缉或者采取边控措施的，由省级检察院报请高检院办理。从微观上讲，还应遵循以下 6 方面法律规定：

1. 有关检察机关内设侦查部门之间侦查协作法律规定。主要有高检院

---

① 参见《8 月 22 日薄熙来案庭审记录》，载《人民网》2013 年 8 月 27 日。

《关于人民检察院办理直接受理立案侦察案件实行内部制约的若干规定》、《关于调整人民检察院直接受理案件侦查分工的通知》等。

而此类侦查协作主要内容有：协助受理、呈备案件线索；协助确定管辖；协助受理证据材料；协助采取强制措施和侦查措施等。

2. 有关检察机关之间侦查协作的法律规定。主要有：高检院《关于健全职务犯罪侦查工作一体化机制的若干规定》、《关于加强上级人民检察院对下级人民检察院工作领导的意见》，以及《关于检察机关之间联系工作和函调材料的通知》（1980 年 1 月 5 日）、《关于转发四川省人民检察院〈关于检察机关办案人员到外省外县执行搜查任务应当同当地检察机关取得联系的请示〉的通知》（1986 年 6 月 21 日）、《关于重申检察机关赴外地办案的几项规定》（1992 年 9 月 12 日）、《关于人民检察院侦查协作的暂行规定》（2000 年 10 月 12 日）等。

而此类侦查协作的内容包括两个方面：一方面，是上下级检察院之间的侦查协作，包括：①两者之间的移送管辖；②上级检察院的指定管辖、交办、督办、催办和提办；③下级检察院的侦查呈备等。

另一方面，是同级检察院之间的侦查协作，包括：①协助举报、受理案件线索和证据材料；②协助采取强制措施和侦查措施；③进行司法协助等。

3. 有关检察机关与其他执法执纪机关之间侦查协作的法律规定。[①] 主要有：高检院《关于进一步加强刑罚执行监督工作的通知》（2001 年 1 月 20 日）、《人民检察院办理行政执法机关移送涉嫌犯罪案件的规定》（2001 年 12 月 27 日），以及高检院等《关于党的纪律检查委员会与国家检察机关建立联系制度的通知》（1988 年 11 月 21 日）、《关于纪律检查机关与法院检察院公安机关在查处案件过程中互相提供有关案件材料的通知》（1989 年 9 月 17 日）、《关于加强检察、公安机关在查办刑讯逼供案件中密切配合的通知》（1993 年 1 月 6 日）、《关于纪检监察机关和检察机关在反腐败斗争中加强协作的通知》

---

① 另据 2013 年 3 月 25 日出版的《检察日报》报道，经过近一年的努力，宁夏回族自治区银川市检察院“行刑衔接”网络信息平台目前已与全市 28 家行政执法单位中的 24 家顺利实现网络对接，各行政执法单位已将 2012 年 1 月以来所办理的行政处罚在 2000 元以上的 589 件案件全部录入消息平台实现信息共享。同时，该院采取四项措施，促进“行刑衔接”信息平台规范工作：一是定期查询网络信息平台数据，一旦发现涉罪线索，及时到行政执法机关调卷审查；二是加大对行政执法机关移送线索的审查力度，对拖延不处决、不移送及违法不立案的行为及时纠正；三是每年选取 10 家到 15 家行政执法单位进行抽查，防止瞒报、错报和漏报情况发生，保证信息平台数据的真实性；四是建立与各行政执法单位定期和不定期的联席工作制度，确保相互间及时通报信息。

（1993 年 11 月 5 日）、《关于在严厉打击骗取出口退税犯罪活动中加强协作的通知》（1995 年 8 月 1 日）、《关于严肃追究扰乱财经秩序违法违纪人员责任的通知》（1998 年 1 月 19 日）、《关于在查办渎职案件中加强协调配合建立案件移送制度的意见》（1999 年 12 月 30 日）、《关于建立案件移送和加强工作协作配合制度的通知》（2000 年 3 月 23 日）、《关于在税务系统中共同做好预防职务犯罪工作的通知》（2001 年 4 月 30 日）、《关于共同做好国有企业中贪污贿赂犯罪预防工作的通知》（2001 年 7 月 18 日）、《关于在金融系统共同开展预防职务犯罪工作的通知》（2001 年 8 月 10 日）、《关于加强行政执法机关与公安机关、人民检察院工作联系的意见》（2004 年 3 月 18 日）、高检院等《关于严格依法履行职责切实保障刑事案件办案质量的通知》（2004 年 9 月 6 日）、《关于在医药卫生领域职务犯罪系统预防工作中加强联系配合的通知》（2005 年 7 月 24 日）、《关于在行政执法中及时移送涉嫌犯罪案件的意见》（2006 年 1 月 26 日）、《关于加强行政机关与检察机关在重大责任事故调查处理中的联系和配合的暂行规定》（2006 年 2 月 23 日）、《关于建立和完善执行联动机制若干问题的意见》（2010 年 7 月 7 日）、《关于审查逮捕阶段讯问犯罪嫌疑人的规定》（2010 年 8 月 31 日）、《关于认真学习贯彻〈关于加强行政执法与刑事司法衔接工作的意见〉的通知》（2011 年 2 月 18 日）、《关于加强工商行政执法与刑事司法衔接配合工作若干问题的意见》（2012 年 12 月 18 日）等。

而此类侦查协作的主要内容有：一是相互移送案件管辖；二是相互移送案件线索、材料；三是相互协助采取强制措施等。

4. 有关检察机关与港澳台地区执法机关之间侦查协作的法律规定。主要有：大陆和台湾地区签订的《金门协议》（1990 年 9 月 12 日），以及高检院《关于同港澳地区司法机关进行案件协助调查取证工作程序的规定》（1993 年 2 月 6 日）、《关于进一步规范涉港澳个案侦查协作工作的通知》（1999 年 4 月 12 日）和公安部《关于加强对内地公安机关赴港澳调查取证工作管理的通知》（2000 年 6 月 16 日）等。

而此类侦查协作的主要内容有：①协助管辖移交；②协助调查取证；③协助送达刑事诉讼文书；④协助通知证人或鉴定人出庭作证；⑤协助执行刑事判决；⑥协助赃款赃物的追还和移交；⑦协助遣返刑满释放者等。

5. 有关检察机关与外国执法机关、国际组织之间侦查协作的法律规定。主要有以下 4 种：

（1）此种侦查协作主要靠国际条约（包括双边和多边国际条约），尤其是刑事司法协助、引渡条约支撑。例如，我国与菲律宾签署有《中华人民共和国和菲律宾共和国关于刑事司法协助的条约》（2000 年 10 月 16 日）、《中华人民共和国和菲律宾共和国引渡条约》（2005 年 7 月 1 日）。另据有关资料统计显示，截至 2008 年 10 月底，我国已与 61 个国家签订了 102 项司法协助条约。其中，67 项条约已生效，包括 42 项民商事司法协助条约、22 项引渡条约和 3 项被判刑人移管条约；① 截止到 2003 年 3 月 24 日，我国已经参加的多边国际刑事司法协助公约包括：《联合国打击跨国有组织犯罪公约》（2003 年 9 与 29 日）和《联合国反腐败公约》（2003 年 12 月 10 日）等近 20 个。

（2）此种侦查协作的主要方式，即国际刑事司法协助。既包括诉讼文书的委托送达，委托勘验、检查、鉴定、搜查和扣押，代为询问证人、鉴定人、传唤证人和鉴定人出庭等初级合作，也包括引渡、诉讼移管、承认与执行外国的刑事判决等高级合作。

（3）根据我国《引渡法》规定，一是办理引渡案件，可以根据情况，对被请求引渡人采取引渡拘留、引渡逮捕或者引渡监视居住的强制措施。二是外国向我国提出的引渡请求必须符合法定条件，才能准予引渡。三是请求国请求引渡应当出具请求书，请求书应当载明：请求机关的名称；被请求引渡人的姓名、性别、年龄、国籍、身份证件的种类及号码、职业、外表特征、住所地和居住地以及其他有助于辨别其身份和查找该人的情况；犯罪事实，包括犯罪的时间、地点、行为、结果等；对犯罪的定罪量刑以及追诉时效方面的法律规定。四是请求国请求引渡，应当在出具请求书的同时，提供以下材料：为了提起刑事诉讼而请求引渡的，应当附有逮捕证或者其他具有同等效力的文件的副本；为了执行刑罚而请求引渡的，应当附有发生法律效力的判决书或者裁定书的副本，对于已经执行部分刑罚的，还应当附有已经执行刑期的证明；必要的犯罪证据或者证据材料。请求国掌握被请求引渡人照片、指纹以及其他可供确认被请求引渡人的材料的，应当提供。

（4）根据高检院《关于检察机关办理司法协助案件有关问题的通知》（1997 年 4 月 23 日）、高检院反贪污贿赂总局《人民检察院反贪污贿赂部门开展境外缉捕、追赃及取证工作程序概述》（〔2005〕高检院反贪发第 139 号）等规定，一是有关业务部门收到移送的案件后，就案情及适用法律提出审查意见，与外事局会签后报请主管检察长审批。经主管检察长审批同意后，由有关业务部门以最高人民检察院函的形式交有关省级检察院办理，函件同时抄送外事局。二是省级检察院接到最高人民检察院交办司法协助案件函后，可直接办理案件，也可指定下级检察院办理。在案件办结后，由省级检察院将案件材料

① 参见赵阳：《我与 61 国签司法协助条约被判刑人移管合作从无到有》，载《法制日报》2009 年 1 月 5 日。

及报告书上报最高人民检察院交办部门。交办部门对案件材料进行审查，制作答复请求国的文书，送外事局会签。三是会签的答复文书呈报主管检察长审批同意后，由外事局将有关材料译成请求国文字或条约规定的文字，转交请求国有关部门。四是最高人民检察院有关业务部门办理的案件，需请求外国司法机关提供司法协助的，应制作请求书，连同调查提纲和有关材料送外事局审核。

6. 根据《检察规范》、《检诉规则》填制侦查协作文书时，还应遵循以下法律规定：

（1）狭义侦查协作规则：

①办理职务犯罪案件的检察院，遇有与侦查相关的事宜，确有必要请求有关检察院予以协助的，可以请求侦查协作；侦查协作应当遵循依法配合、快速有效、保守秘密、各负其责的原则。

②检察院提出侦查协作请求，应当具备以下条件：一是法律手续完备，包括立案决定书、请求协作函件及法律规定采取强制措施等必需的法律文书和手续；二是协作事项具体明确，包括协查目的、协查要求、协查对象、协查内容等。

③需要进行侦查协作的案件，应由案件承办人书面提出协作请求，部门负责人审核，报分管检察长批准，并加盖院章。

④侦查协作一般由办理案件的检察院（请求方）直接向负有协作义务的检察院（协作方）提出请求函件，并填写请求侦查协作表；涉及厅级以上领导干部、省级以上人大代表（政协委员）的侦查协作事项，应当通过省级以上检察院予以安排；涉及担任实职的县（处）级领导干部的侦查协作事项，应当通过分、州、市以上检察院进行安排。

⑤协作方检察院收到侦查协作请求后，应当依据法律和有关规定进行程序审查，并分别作出以下处理：符合侦查协作条件，法律手续及有关材料完备的，应当予以协作；法律手续及有关材料不完备的，应当告知请求方予以补充；对不符合侦查协作条件的，应当说明理由，不予协作，并将有关材料退回请求方。

⑥请求方办理案件遇有紧急事项需要请求协作，无法及时办理有关请求协作手续的，可以商请协作方紧急协作，但是有关请求协作手续必须及时予以补办；请求方派员到异地协助公安机关执行拘留、逮捕的，原则上应由请求方检察院与当地公安机关取得联系后，通过公安协作渠道办理。必要时协作方检察院也要予以配合。

⑦提供侦查协作一般应当在收到侦查协作请求后 10 日以内完成；情况紧急的，应当及时完成并反馈结果；情况复杂的，可以适当予以延长。由于客观

原因无法提供协作的，应当在10日以内通知请求协作的检察院。

⑧请求侦查协作事项办理完毕后，协作方应当将情况和材料及时向请求方反馈；协作事项属上级检察院交办的，协作方和请求方均应向各自的上级检察院报告。

（2）涉港澳刑事个案协查规则：

①内地检察院提请香港、澳门特别行政区有关部门进行刑事个案协查的事项包括：查找和辨认有关人员；向有关人员录取证言；安排证人和鉴定人出庭作证；查询银行账户等有关文件；交换犯罪情报、法律资料、提供有关司法记录；其他需要协查的事项。

②地方各级检察院办理的案件需要向香港、澳门特别行政区有关部门提出个案协查请求的，应当提出报告书，逐级上报至高检院国际合作部门；刑事个案协查请求应当一案一报；案件同时涉及香港、澳门两地区的，可以同时报告。

③报告书应当包括以下内容：犯罪嫌疑人或被告人基本情况；主要犯罪事实和法律依据；是否采取强制措施；提出请求的理由；请求协助的事项；已经掌握的被调查人的姓名、性别、国籍、住址、联系电话、身份证号码或港澳居民往来内地通行证号码、被调查单位的名称、地址、电话等，以及其他有利于查找的线索资料；提出请求的人民检察院联系人和联系电话；请求派员赴港澳调查取证的，列出拟赴港澳人员名单。报告书应当附详细调查提纲和有关法律文书复印件。

④省级检察院应当对下级检察院的个案协查请求进行审查，符合规定的，报送高检院国际合作部门，同时抄送高检院有关业务部门；材料不齐全的，退回提出请求的检察院补充材料；不符合规定的，退回提出请求的检察院，并说明理由。

⑤高检院国际合作部门收到省级人民检察院报送的个案协查请求报告后，应按照下列情形分别处理：一是请求香港、澳门特别行政区有关部门协助查询简单事项的，由国际合作部门负责人签发个案协查请求书，由高检院际合作部门将案件材料转香港、澳门特别行政区有关部门；在得到香港、澳门特别行政区有关部门的答复后，回复有关省级检察院；二是对于请求派员赴港澳调查取证的，应立即征求有关业务部门意见。

（3）涉外刑事司法协助规则：

①开展对外刑事司法协助工作，应当严格依照我国缔结或参加的双边或国际条约进行；没有双边或国际条约的，应遵照国际惯例进行。

②对于犯罪嫌疑人已经潜逃出境，需要进行境外缉捕的，承办案件的检察

院应当迅速查明犯罪嫌疑人的个人基本情况、主要犯罪事实、出逃时间、出逃时所持的出入境证件号码、可能逃往的国家（地区）境外居住地址、电话以及犯罪嫌疑人在境外的亲友等情况，以便开展境外缉捕工作。

③需要通过国际刑警组织缉捕犯罪嫌疑人的，承办案件的检察院应当填报红色通缉令申请表，并备齐相关法律文书、犯罪嫌疑人的身份证明、涉嫌犯罪的主要证据等材料，以本院名义层报最高人民检察院，商请国际刑警组织中国国家中心局办理。

④检察院开展境外缉捕工作，可以根据我国与犯罪嫌疑人所在国签订的引渡条约进行引渡。承办案件的检察院应当按照引渡法规定，以本院名义通过省级检察院向高检院提出引渡请求书，并附相关法律文书、犯罪嫌疑人的身份证明、涉嫌犯罪的主要证据等材料以及经过公证的译文，由高检院会同外交部审核同意后，由外交部向犯罪嫌疑人所在国提出引渡请求。对于犯罪嫌疑人逃往国与我国尚未签订引渡条约的，高检院可通过外交、国际刑警组织或者被请求国同意的其他途径，请求犯罪嫌疑人所在国对犯罪嫌疑人先行采取强制措施，保证对个案进行引渡。

⑤对于犯罪嫌疑人携款潜逃境外或将赃款、赃物转移到境外的，承办案件的检察院应当尽快查清赃款、赃物的去向。赃款、赃物去向不明的，可以商请外汇管理部门、金融机构以及发案单位进行协查；可以商请省级公安机关或省华侨机构协查。必要时，层报省级检察院，由省级检察院书面报高检院，商请外交部通过我国驻外使领馆或商事机构协查；或商请国际刑警组织中国国家中心局、司法部，通过国际刑事司法协助渠道进行协查。

二、答复行政执法机关通知书

根据《行政执法机关移送涉嫌犯罪案件的规定》、《人民检察院办理行政执法机关移送涉嫌犯罪案件的规定》、《关于在行政执法中及时移送涉嫌犯罪案件的意见》规定，本文书为检方对行政执法机关建议进行立案监督，反馈处理结果时而填制的侦查工作文书。因此，它共三联，第一联和第二联附卷，第三联送达行政执法机关；具体内容和格式如下样式247所示：

______人民检察院
答复行政执法机关
通知书
（存根）

检　建〔　〕号

建议机关：______
建议事项：______
处理情况或审查意见：______
送达机关：______
批 准 人：______
承 办 人：______
填 发 人：______
填发时间：______

第一联统一保存

______人民检察院
答复行政执法机关
通知书
（副本）

检　建〔　〕号

______：

你____于____年____月____日以____号建议我院对犯罪嫌疑人____涉嫌______一案进行立案监督。现该案公安机关已于____年____月____日立案侦查（向我院说明了不立案理由，经审查公安机关不立案理由成立）。

（××人民检察院名章）
年　月　日

第二联附卷

______人民检察院
答复行政执法机关
通知书
（副本）

检　建〔　〕号

______：

你____于____年____月____日以______号建议我院对犯罪嫌疑人______涉嫌一案进行立案监督。现该案公安机关已于____年____月____日立案侦查（向我院说明了不立案理由，经审查公安机关不立案理由成立）。

（××人民检察院名章）
年　月　日

第三联送达行政执法机关

样式 247：答复行政执法机关通知书格式样本

三、追究有关人员责任建议书

根据财政部、审计署、监察部、高检院《关于严肃追究扰乱财经秩序违法违纪人员责任的通知》（1998 年 11 月 19 日）规定，本文书是检方在职务犯罪侦查过程中，建议行政执法机关追究其有关人员责任时，所填制的侦查工作文书。因此，具体内容和格式如下样式 248 所示：

________人民检察院
追究有关人员责任建议书

年第　　号

________：

___年___月___日至___年___月___日，我单位对________检查，查处较为严重的违法违纪问题。按________第___××条有关规定，建议对该单位直接负责的主管人员和其他直接责任人员给予必要的追究。

（××人民检察院名章）
年　月　日

附件：主要违法事实

回执

________：年第　号《追究________责任书》收悉。经进一步核实，我们认为________________。

（××行政执法单位名章）
年　月　日

样式 248：追究有关人员责任建议书格式样本

四、移送函

根据《人民检察院办理行政执法机关移送涉嫌犯罪案件的规定》规定，本文书是检方对发现或受理的举报线索材料进行初查后，认为不构成犯罪，但需要追究涉案人党政纪责任的，向其主管机关移送时所填制的侦查工作文书。因此，本文书一式两份，一份由受理案件线索的检察院附卷；一份发送涉案人的主管机关；具体内容和格式如下样式 249 所示：

________人民检察院
移 送 函

检　　发〔　〕号

________（涉案人的主管机关）：

由我院受理的________涉嫌________一案的线索，经初查认为，其行为尚不构成犯罪，决定不予立案。但其________行为已违反有关规定，需追究党政纪责任。根据《人民检察院办理行政执法机关移送涉嫌犯罪案件的规定》第××条之规定，特将________移送贵单位处理，请将处理结果函告我院。

此致

____

（××人民检察院名章）

年　月　日

样式249：移送函格式样本

五、（提请）协查函

根据《人民检察院侦查协作的暂行规定》第5条规定，协查函亦称提请协查函，是指在职务犯罪侦查过程中，市、县检察院查办的案件需要请求外省（市）检察院协查案件时，按照有关规定报省、市检察院请求出具协查函时所填制的侦查工作文书。因此，填制时应注意以下问题：

1. 本文书是检察机关在查处职务犯罪案件中对涉及区域管辖和级别管辖范围以外的有关事宜，通过上下级检察机关内部协调，取得侦查协作的一种侦查工作文书，也是取得异地单位侦查协作的依据。

2. 本文书的作用在于规范了侦查协作工作程序，有利于协查工作的顺利开展，加强上级检察院对下级检察院的协调和支持。

3. 检察机关需要请求外地侦查部门协助拘留、逮捕犯罪嫌疑人、侦查取证的，应向本省、省辖市检察院请求出具本文书。

4. 请求协查的侦查部门应提供合法的法律手续（如协查函、立案决定书等）报省级或地市级检察院侦查部门。

5. 本文书共两联，第一联为存根联，由业务部门统一保管；第二联为正本联，送达下级检察院承办案件部门；两联之间以骑缝连接；具体内容和格式如下样式250所示：

________人民检察院
（提请）协查函
（存根）

检函〔　〕　号

犯罪嫌疑人姓名：________单位及职务：____________

要求协查的内容：____________________

办案单位：____________________

协查单位：____________________

送往单位：____________________

批 准 人：____________________

承 办 人：____________________

填 发 人：____________________

填发时间：____________________

第一联统一保存

________人民检察院
（提请）协查函
（存根）

检函〔　〕　号

根据《人民检察院侦查协作的暂行规定》第五条规定，由我院立案侦查的____涉嫌________一案，请你院帮助协助调查____________事宜，并将调查结果及时书面通知我院。

联系人：________

联系方式：________

（××人民检察院名章）

年　月　日

附件：

请求侦查协查表

第二联送达下级检察院承办案件部门

样式250：（提请）协查函格式样本

六、请求侦查协作表

根据《人民检察院侦查协作的暂行规定》第 5 条规定，作为（提请）协查函的附件，本表是请求其他检察院给予侦查协作时所填制的侦查工作文书。因此，它一式一份，存侦查内卷；具体内容和格式如下样式 251 所示：

＿＿＿＿人民检察院

请求侦查协作表

<table>
<tr><td>请求方</td><td></td><td>经办人</td><td></td></tr>
<tr><td>协助方</td><td colspan="3"></td></tr>
<tr><td>请求侦查协作事项</td><td colspan="3"></td></tr>
<tr><td>案由</td><td></td><td>犯罪嫌疑人基本情况</td><td></td></tr>
<tr><td>立案时间</td><td></td><td>强制措施及时间</td><td></td></tr>
<tr><td>请求侦查协作具体要求</td><td colspan="3"></td></tr>
<tr><td>承办人意见</td><td colspan="3">年　月　日</td></tr>
<tr><td>侦查部门负责人意见</td><td colspan="3">年　月　日</td></tr>
<tr><td>检察长批示</td><td colspan="3">年　月　日</td></tr>
<tr><td>备　注</td><td colspan="3">（××人民检察院名章）
年　月　日</td></tr>
</table>

样式 251：请求侦查协作表格式样本

七、协查案件登记表

根据《人民检察院侦查协作的暂行规定》第 2 条规定，本表是指检察院侦查部门协助辖区外检察机关在核实案情、调查取证、采取强制措施等与侦查相关的事宜时，所填制的侦查工作文书。因此，本表以案为单位填写，按协查案件的先后顺序编号；一式两份，一份由请求方附卷，一份送达协助方；具体内容和格式如下样式 252 所示：

________人民检察院
协查案件登记表

检　协登〔　　〕　号

请求协查单位				人员	
请求方式				联系电话	
案由				犯罪嫌疑人	
请求协查事项					
领导批示					

<table>
<tr><td rowspan="2">协查情况及结果</td><td>派员</td><td>工作</td><td>协助取证</td><td>协助拘捕</td><td>协助抓逃</td><td>协助追赃</td></tr>
<tr><td>人</td><td>日</td><td>份</td><td>人</td><td>人</td><td>万元</td></tr>
<tr><td>备注</td><td colspan="6"></td></tr>
<tr><td colspan="7">（××人民检察院名章）
年　月　日</td></tr>
</table>

样式252：协查案件登记表格式样本

八、司法协助请求书

根据《刑事诉讼法》第17条、《检诉规则》第681条规定，本文书是检方在在职务犯罪侦查过程中，需要请求外国提供司法协助时所填制的侦查工作文书。例如，在薄熙来案中，就有如下记载："下面公诉人宣读德某某（法国人德威尔）2012年8月6日亲笔证词译文节录：大概在1999年，谷开来决定送其儿子薄瓜瓜到英国留学。他母亲也尽量为他安排好在国外的生活。在2000年期间，开始有了在法国南部购买一处房产的想法。在谷开来的要求下，我开始寻找一处能够满足他们短期度假需要的房子。在找房过程中，我更清晰地意识到：要一个有出租潜力的、能够获得后期维护和持有费用平衡的房产……"；而《中华人民共和国政府和法兰西共和国政府关于刑事司法协助的协定》（2006年4月29日）第一条第二款则明确规定："协助应当包括符合本协定目的并且与被请求方法律不相抵触的所有形式，特别是：（一）辨认和查找人员；（二）送达司法文书；（三）提供、出借或者移交证据、物品或者文件；（四）执行搜查和扣押的请求；（五）询问证人和鉴定人，讯问被指控犯罪的人；（六）临时移送在押人员以便出庭作证；（七）提供有关人员的犯罪记录；（八）查找、冻结和没收犯罪所得和工具。"① 因此，本文书一式两份，一份送省检察院，一份存侦查内卷；具体内容和格式如下样式253所示：

________人民检察院
司法协助请求书

检发　字〔　〕号

立案侦查案件的概况	
犯罪嫌疑人基本情况和案情介绍	
涉及境外的犯罪事实和证据	
需要请求外国提供司法协助的具体要求	
（××人民检察院名章） 年　月　日 附件： 调查提纲、相关文件及其译文	

样式253：司法协助请求书格式样本

第四节　人民监督员文书的填制要领与格式

一、人民监督员文书

所谓人民监督员文书，是指检方在职务犯罪侦查过程中，依法接受人民监督员监督时而依法填制的侦查文书的总和。常见的有：拟撤销案件意见书，拟撤销案件决定书，补充移送材料通知书，人民监督员回避事项告知书，回避决定书，人民监督员监督案件审查表，人民监督员监督案件通知书，人民监督员表决票，确定参与案件监督人民监督员意见表，人民监督员评议记录，人民监督员会议记录，人民监督员表决意见书，人民监督员监督案件处理结果通知书，人民监督员提请复核意见书，复核决定书，受理意见、建议登记表，人民监督员工作笔录等。

而填制时，根据高检院《关于实行人民监督员制度的规定》（2010年10月26

① 参见薄熙来案8月23日庭审实录，载《新华网》2013年8月23日。

日，以下简称《人民监督员》)、《检察规范》规定，还应遵循以下法律规定：

1. 人民监督员对人民检察院办理直接受理立案侦查案件的下列情形实施监督：应当立案而不立案或者不应当立案而立案的；超期羁押或者检察机关延长羁押期限决定不正确的；违法搜查、查封、扣押、冻结或者违法处理查封、扣押、冻结财物的；拟撤销案件的；拟不起诉的；应当给予刑事赔偿而不依法予以赔偿的；检察人员在办案中有徇私舞弊、贪赃枉法、刑讯逼供、暴力取证等违法违纪情况的。

2. 省级以下检察院承办的案件具有《检察规范》第12·77条第4、5项情形的，承办部门应当在提出拟处理决定之日起3日以内将拟处理决定、主要证据目录、相关法律规定等材料通过本院人民监督员办事机构或者专人报送上一级检察院，并做好接受监督的准备。

3. 人民监督员认为检察院办理直接受理立案侦查案件具有《检察规范》第12·77条第1、2、3、6、7项情形，要求启动人民监督员监督程序的，人民监督员办事机构或者专人应当进行审查，并在3日以内提出拟办意见报检察长批准。

4. 省级以下检察院相关部门承办《检察规范》第12·80条规定情形的，应当在收到人民监督员办事机构或者专人移送的相关材料之日起30日以内将拟处理意见、主要证据目录、相关法律规定等材料通过本院人民监督员办事机构或者专人报送上一级检察院，并做好接受监督的准备。

5. 人民监督员办事机构或者专人收到案件承办部门移送的有关案件材料后，应当及时审查。对于材料不齐备的，应当要求承办部门补充移送。

6. 参加案件监督的人民监督员，应当以随机抽选的方式确定；参加案件监督的人民监督员确定后，人民监督员办事机构应当及时通知参加案件监督的人民监督员和案件承办部门，并告知监督案件的时间和地点。

7. 案件监督工作应当依照下列步骤进行：一是人民监督员办事机构向人民监督员提交拟处理决定（意见）书、主要证据目录、相关法律规定及有关材料；二是案件承办人向人民监督员介绍案情，说明拟处理决定（意见）的理由和依据；三是案件承办人回答人民监督员提出的问题；四是人民监督员进行评议和表决。

8. 人民监督员应当推举一人主持会议，并根据案件情况独立进行评议和表决；人民监督员在评议时，可以对案件事实、证据和法律适用情况、办案程序、是否同意检察机关拟处理决定（意见）及案件的社会反映等充分发表意见；人民监督员在评议后，应当形成表决意见，制作人民监督员表决意见书，说明表决情况、结果和理由；人民监督员进行评议和表决时，案件承办人和其他工作人员应当回避。

9. 人民检察院应当根据案件诉讼程序、办案期限等实际，及时组织人民监督员进行监督，不得因人民监督员的监督而超过法定办案期限；犯罪嫌疑人在押的，不得因人民监督员的监督而超期羁押。

10. 组织案件监督的人民监督员办事机构应当及时将人民监督员评议情况和表决意见移送承办案件的检察院。

11. 承办案件的人民检察院应当对人民监督员的表决意见进行审查；检察长不同意人民监督员表决意见的，应当提交检委会讨论决定；检委会应当根据案件事实和法律规定，全面审查、认真研究人民监督员的评议和表决意见，依法作出决定。

12. 组织案件监督的人民监督员办事机构应当在检察长或者检委会作出决定之日起两日以内，将检察长或者检委会决定告知参加监督的人民监督员；检委会的决定与人民监督员表决意见不一致的，应当向参加监督的人民监督员作出必要的说明。

二、拟撤销案件意见书

根据《人民监督员》第 17 条规定，本文书是侦查部门将拟撤销的案件依法移送本院人民监督员办公室接受监督时，而依法填制的侦查工作文书。因此，填制时应注意以下问题：

1. 它应在侦查终结报告的基础上填制，内容应比侦查终结报告简明、概括；落款为侦查部门并加盖侦查部门印章。

2. 完成后层报主管检察长审批，连同案件材料移送人民监督员办公室，副本由侦查部门附卷（领导审批件存于检察内卷）。

3. 具体内容和格式如下样式 254 所示：

________人民检察院

拟撤销案件意见书

（移送人民监督员办公室时使用）

犯罪嫌疑人……［犯罪嫌疑人姓名，性别，出生年月日，身份证号码，出生地，民族，文化程度，职业或工作单位及职务、职级（作案时在何单位任何职务），政治面貌，如是人大代表、政协委员，一并写明具体级、届代表、委员及代表、委员号，现住址，犯罪嫌疑人工作简历及前科情况。案件有多名犯罪嫌疑人的，应按涉嫌犯罪情节轻重逐一写明。］

<table>
<tr><td colspan="2">犯罪嫌疑人×××涉嫌××犯罪一案，系……（案件来源），本院于×年×月×日立案侦查，……（采取强制措施的情况）。
现查明：犯罪嫌疑人×××……（简要叙述涉嫌犯罪的事实、危害后果或者应当撤案的其他事实依据）。认定上述事实的证据如下：
……（针对上述犯罪事实，分列相关证据）
……（撤案理由：依据《中华人民共和国刑事诉讼法》第十五条规定；没有犯罪事实的；刑法规定不负刑事责任和不是犯罪的；证据不足、不能证明犯罪事实系犯罪嫌疑人所为的等）。根据……（具体法律依据）不构成犯罪（或者为：不应当追究刑事责任），现拟撤销此案。

（××人民检察院侦查部门名章）
年　月　日

附件：
1. 随案移送的案件材料、主要证据目录；
2. 本案适用的法律及相关司法解释。</td></tr>
<tr><td>检察长批示</td><td>年　月　日</td></tr>
</table>

样式254：拟撤销案件意见书格式样本

三、拟撤销案件决定书

根据《人民监督员》第17条的规定，本文书为检方侦查部门拟撤销案件时，而依法填制的侦查法律文书。

另据高检院《人民监督员工作文书格式（样本·试行）》（2004年9月9日，以下简称《样本·试行》）规定，本文书落款为侦查部门，加盖侦查部门印章；文书制定后，连同案件相关材料移送人民监督员办公室，副本由侦查案件部门附卷；具体内容和格式如下样式255所示：

四、补充移送材料通知书

根据《人民监督员》第25条的规定，本文书为人民监督员办公室依法通知承办案件部门补充移送案件相关材料时，而依法填制的侦查法律文书。另据《样本·试行》规定，本文书共三联，第一联统一保存备查，第二联送达承办案件部门，第三联由人民监督员办公室存档；具体内容和格式如下样式256所示：

________人民检察院

拟撤销案件决定书

犯罪嫌疑人……〔犯罪嫌疑人姓名，性别，出生年月日，身份证号码，出生地，民族，文化程序，职业或工作单位及职务（作案时在何单位任何职务），政治面貌，如是人大代表、政协委员。一并写明具体级、届代表、委员，现住址，犯罪嫌疑人简历及前科情况。案件有多名犯罪嫌疑人的，应按涉嫌犯罪情节轻重逐一写明。〕

犯罪嫌疑人×××（姓名）涉嫌……（罪名）一案，系……（案件来源），本院于×年×月×日立案侦查……（采取强制措施的情况）。

现查明：犯罪嫌疑人×××（姓名）……（简要叙述涉嫌犯罪的事实、危害后果）。

认定上述事实的证据如下：

……（针对上述犯罪事实，分列相关证据）

……（撤案理由：依据《中国人民共和国刑事诉讼法》第十五条规定；没有犯罪事实的；刑法规定不负刑事责任和不是犯罪的；证据不足、不能证明犯罪事实系犯罪嫌疑人所为的等）。根据……（具体法律依据）不构成犯罪（或者为：不应当追究刑事责任）。现拟撤销此案。

（××人民检察院侦查部门名章）

年　　月　　日

附：1. 随案移送的案件材料、主要证据目录。

2. 本案适用的法律及相关司法解释。

样式255：拟撤销案件决定书格式样本

________人民检察院
补充移送材料
通知书
（存根）

检补移通〔　〕号

案由：________
犯罪嫌疑人：________
性别：________年龄：________
工作单位：________
是否人大代表、政协委员：________
羁押地：________
送达部门：________人大代表。
批准人：________
承办人：________
填发人：________
填发时间：________

第一联统一保存

检补移通（　）号

________人民检察院
补充移送材料
通知书

检补移通〔　〕号

________：

你部门移送人民监督员办公室的犯罪嫌疑人________涉嫌________一案，经审查认为案件相关材料不齐备，根据《最高人民检察院关于实行人民监督员制度的规定》第二十五条的规定，请补充移送下列材料。

……（列出所需材料）。

年　月　日
（人民监督员办公室印）

第二联送承办案件部门

检补移通（　）号

________人民检察院
补充移送材料
通知书

检补移通〔　〕号

________：

你部门移送人民监督员办公室的犯罪嫌疑人______涉嫌______一案，经审查认为案件相关材料不齐备，根据《最高人民检察院关于实行人民监督员制度的规定》第二十五条规定，请补充移送下列材料。

……（列出所需材料）

年　月　日
（人民监督员办公室印）

第三联由人民监督员办公室存档

样式256：补充移送材料通知书格式样本

五、人民监督员回避事项告知书

根据《人民监督员》第 26 条、第 27 条的规定，本文书为检察院告知人民监督员自行回避以及告知当事人及其法定代理人依法有权要求人民监督员回避时，而依法填制的侦查法律文书。另据《样本・试行》规定，本文书送达人民监督员、当事人及其法定代理人，送达回证由人民监督员办公室存档；具体内容和格式如下样式 257 所示：

________人民检察院

人民监督员回避事项告知书

经排序（随机抽取）确定，人民监督员________为犯罪嫌疑人________涉嫌________一案的监督员，根据《最高人民检察院关于实行人民监督员制度的规定》第二十六条、第二十七条之规定，参加监督工作的人民监督员具有下列情形之一的，应当自行回避，当事人及其法定代理人也有权要求其回避：

一、是本案的当事人或者当事人的近亲属的；

二、本人或者其近亲属与本案有利害关系的；

三、担任过本案的证人、鉴定人、辩护人、诉讼代理人的；

四、与本案有其他关系，可能影响公正履行案件监督职责的。

出现前款规定的情形之一，本人未提出回避或者当事人及其法定代理人未要求回避的，人民检察院应当决定其回避。

人民监督员的回避由检察长决定。

（××人民检察院名章）年　　月　　日

样式 257：人民监督员回避事项告知书格式样本

六、回避决定书

根据《人民监督员》第 25 条、第 26 条的规定，本文书为检察长依法决定人民监督员回避时，而依法填制的侦查法律文书。另据《样本・试行》规定，本文书批准人一栏填检察长姓名；共三联，第一联统一保存备查，第二联告知申请回避人后附卷，第三联送达被决定回避人。具体内容和格式如下样式 258 所示：

________人民检察院
回避决定书
（存根）

检督避〔　〕号

案由：________________
犯罪嫌疑人：________________
被决定回避人：________________
回避原因：________________
申请人：________________
批准人：________________
批准时间：________________
承办人：________________
填发人：________________
填发时间：________________

第一联统一保存

……检督避（　）号……

________人民检察院
回避决定书

检督避〔　〕号

________：
根据《最高人民检察院关于实行人民监督员制度的规定》第二十六条、第二十七条的规定，经本院检察长决定，人民监督员________对犯罪嫌疑人________涉嫌________一案予以回避。

年　月　日
（检察长印）

此决定于____年____月____日向我宣布。
申请人：________
宣告人：________

第二联告知申请回避人后归档

……检督避（　）号……

________人民检察院
回避决定书

检督避〔　〕号

人民监督员________：
根据《最高人民检察院关于实行人民监督员制度的规定》第二十六条、第二十七条的规定，经本院检察长决定，你对犯罪嫌疑人________涉嫌________一案予以回避。

年　月　日
（检察长印）

第三联送达被决定回避人

样式258：回避决定书格式样本

七、人民监督员监督案件审查表

根据《人民监督员》第 28 条的规定，本表是人民监督员依法监督案件终结时，根据监督情况，如实填写监督结果和意见时，而依法填制的侦查工作文书。因此，本表一般由人民监督员主持人根据监督结果填写，在监督终结报告时使用，留人民监督员办公室保存备查；人民监督员监督案件所依据的有关书面材料以及审查监督过程中形成的书面材料可在表格中注明；具体内容和格式如下样式 259 所示：

________人民检察院

人民监督员监督案件审查表

案件来源		犯罪嫌疑人	
监督时间		承办人	
拟处理意见		处理结果	
监督程序前	犯罪嫌疑人基本情况		
	移送认定事实主要证据及适用法律		
监督程序后	工作情况		
	审查后认定的事实		
	审查后主要证据及适用法律		
	审查结论及处理意见		
主持监督人			
备注	本表可附相关材料		

样式 259：人民监督员监督案件审查表格式样本

八、人民监督员监督案件通知书

根据《人民监督员》第 27 条的规定，本文书为人民监督员办公室确定参加案件监督的人民监督员并通知其开展监督工作的时间、地点及通知承办案件部门时，而依法填制的侦查法律文书。另据《样本 · 试行》规定，本文书共四联，第一联统一保存备查，第二联送达人民监督员，第三联由人民监督员办公室存档，第四联送达承办案件部门；具体内容和格式如下样式 260 所示：

第一联

______人民检察院
人民监督员监督案件
通知书
（存根）

检督通〔 〕号

案由：______
犯罪嫌疑人：______
性别：______年龄：______
工作单位：______
是否人大代表、政协委员
______
监督事项：______
参加案件监督的人民监督员
______
承办人：______
填发人：______
填发时间：______

第一联统一保存

检督通（ ）号

第二联

______人民检察院
人民监督员监督案件
通知书

检督通〔 〕号

人民监督员______：
根据《最高人民检察院关于实行人民监督员制度的规定》第二十七条的规定，确定你参加有关案件的监督。
请于____年____月____日____时来我院参加监督工作。

年 月 日
（人民监督员办公室印）

第二联送达人民监督员

检督通（ ）号

第三联

______人民检察院
人民监督员监督案件
通知书

检督通〔 〕号

人民监督员______：
根据《最高人民检察院关于实行人民监督员制度的规定》第二十七条的规定，确定你参加有关案件的监督。
请于____年____月____日____时来我院参加监督工作。

年 月 日
（人民监督员办公室印）

第三联由人民监督员办公室存档

检督通（ ）号

第四联

______人民检察院
人民监督员监督案件
通知书

检督通〔 〕号

______（厅、处、局、科）：
根据《最高人民检察院关于实行人民监督员制度的规定》第二十七条的规定，请你部门办理______一案的承办人于____年____月____日____时在本院______向人民监督员介绍案情，出示主要证据并说明与案件相关的法律适用情况。

年 月 日
（人民监督员办公室印）

第四联送达承办案件部门

样式260：人民监督员监督案件通知书格式样本

九、人民监督员表决票

根据《人民监督员》第30条的规定，本文书是人民监督员依法以无记名投票方式进行表决时，而依法填制的侦查法律文书。另据《样本·试行》规定，本文书由人民监督员办公室统一保存；具体内容和格式如下样式261所示：

________人民检察院

人民监督员表决票

年　　月　　日

犯罪嫌疑人		涉嫌罪名	
表决事项	拟维持原逮捕决定（拟撤销案件、拟不起诉）		
表决结果	同意		不同意
说明	同意打“√”，不同意打“×”		

样式261：人民监督员表决票格式样本

十、确定参与案件监督人民监督员意见表

根据《人民监督员》第30条的规定，本表是指在对职务犯罪案件实施监督过程中，人民监督员办公室按照有关规定在本院人民监督员中提出参加具体案件监督人民监督员名单时，而依法填制的侦查工作文书。因此，本表的具体内容和格式如下样式262所示：

________人民检察院
确定参与案件监督人民监督员意见表

<table>
<tr><td>案件来源</td><td></td><td>收案时间</td><td></td></tr>
<tr><td>人民监督员基本情况</td><td colspan="3">（姓名性别年龄民族职业）</td></tr>
<tr><td>监督案由拟或已处理意见（结果）</td><td colspan="3"></td></tr>
<tr><td>案件基本情况</td><td colspan="3"></td></tr>
<tr><td>分管检察长批示</td><td colspan="3">年　月　日</td></tr>
<tr><td>人民监督员办公室意见</td><td colspan="3">年　月　日</td></tr>
<tr><td>主持监督人</td><td colspan="3"></td></tr>
<tr><td>备
注</td><td colspan="3"></td></tr>
</table>

样式 262：确定参与案件监督人民监督员意见表格式样本

十一、人民监督员评议记录

根据《人民监督员》第 30 条的规定，本文书是对人民监督员在参与监督案件过程中，依法发表的对案件进行评议时，而依法填制的侦查工作文书。因此，其具体内容和格式如下样式 263 所示：

________人民检察院
人民监督员评议记录

会议年次	年　第　次
会议时间	年　月　日　时　分
会议地点	
出席人	
主持监督人	
其他人员	
记录人	
议题表决结果	

样式 263：人民监督员评议记录格式样本

十二、人民监督员会议记录

根据《人民监督员》第30条的规定，本文书是人民监督员在实施个案监督程序中，依法就有关问题进行讨论、决议、评议时，而依法填制的如实记载人民监督员监督程序和意见的文字记录。因此，它能客观、全面地反映人民监督员履行监督程序的全过程；它属于侦查工作文书，具体内容和格式如下样式264所示：

________人民检察院

人民监督员会议记录

会议年次	年　第　次
会议时间	年　月　日　时　分
会议地点	
出席人员	
主持监督人	
其他人民监督员	
案件承办人	
其他人员	
列席人员	
记录人	
议题	

样式264：人民监督员会议记录格式样本

十三、人民监督员表决意见书

根据《人民监督员》第30条的规定，本文书为人民监督员按少数服从多数的原则形成表决结果并说明表决意见时，而依法填制的侦查法律文书。因此，其具体内容和格式如下样式265所示：

______人民检察院
人民监督员表决意见书

案由：______
犯罪嫌疑人：______
表决事项：______
人民监督员：______
表决结果：______
表决意见：______

______
______
______
______
______

人民监督员签名：　　年　月　日

样式265：人民监督员表决意见书格式样本

十四、人民监督员监督案件处理结果通知书

根据《人民监督员》第30条的规定，本文书为检察院通知人民监督员监督案件处理结果时，而依法填制的侦查法律文书。另据《样本·试行》规定，本文书共四联，由承办案件部门填写，第一联统一保存备查，第二联承办案件部门保存，第三联送人民监督员办公室存档，第四联送人民监督员办公室转交人民监督员；具体内容和格式如下样式266所示：

________人民检察院
人民监督员监督案件处理结果通知书
（存根）

检督结〔　〕号

案　由：________________
犯罪嫌疑人：________________
性别：________年龄：____
工作单位：________________
是否人大代表政协委员
____
羁押地：________________
监督事由：________________
处理结果：________________
批准人：________________
承办人：________________
填发人：________________
填发时间：________________

第一联统一保存

……检督请核（　　）号……

________人民检察院
人民监督员监督案件处理结果通知书

检督结〔　〕号

人民监督员____________：

犯罪嫌疑人________涉嫌________一案，人民监督员评议认为__________。根据《最高人民检察院关于实行人民监督员制度的规定（试行）》第二十五条的规定，本院决定____。

特此通知。

年　月　日
（院印）

第二联承办案件部门保存

……检督请核（　　）号……

________人民检察院
人民监督员监督案件处理结果通知书

检督结〔　〕号

人民监督员________：

犯罪嫌疑人________涉嫌________一案，人民监督员评议认为__________。根据《最高人民检察院关于实行人民监督员制度的规定（试行）》第二十五条的规定，本院决定____。

特此通知。

年　月　日
（院印）

第三联送人民监督员办公室存档

……检督请核（　　）号……

________人民检察院
人民监督员监督案件处理结果通知书

检督结〔　〕号

人民监督员________：

犯罪嫌疑人________涉嫌________一案，人民监督员评议认为__________。根据《最高人民检察院关于实行人民监督员制度的规定（试行）》第二十五条的规定，本院决定____。

特此通知。

年　月　日
（院印）

第四联送达人民监督员

样式266：人民监督员监督案件处理结果通知书格式样本

十五、人民监督员提请复核意见书

根据《人民监督员》第 34 条的规定，本文书为参加监督的多数人民监督员对检察院的决定有异议，提请上一级检察院复核时而依法填制的侦查法律文书。另据《样本·试行》规定，本文书共四联，第一联统一保存备查，第二联由案件承办部门附卷，第三联由承办案件部门送上一级人民检察院，第四联由人民监督员办公室保存；具体内容和格式如下样式 267 所示：

十六、受理意见、建议登记表

根据《人民监督员》第 17 条至第 19 条的规定，本表为人民监督员办公室受理、移交人民监督员依法提出的意见、建议时，而依法填制的侦查法律文书。另据《样本·试行》规定，本表的具体内容和格式如下样式 268 所示：

十七、人民监督员工作笔录①

所谓人民监督员工作笔录，是指检方为提高执法水平和办案质量，在接受人民监督员对查办职务犯罪案件的监督过程中，案件承办人向人民监督员介绍案情，说明与案件相关的法律适用情况，案件承办人接受人民监督员提问，人民监督员对案件独立评议、表决等情形时，而依法填制的监督、评议案件全程情况真实记录的侦查笔录。因此，人民监督员监督案件笔录与检察机关在查办职务犯罪案件过程中使用的案件调查笔录、询问笔录、讯问笔录、讨论案件记录等文书有相似之处，但更有其特殊性。

1. 结构要求。本文书由首部、正文、尾部 3 部分组成。

首部包括：①填制笔录的检察机关名称。例如，北京市东城区人民检察院。②监督案件笔录的名称：人民监督员监督案件笔录。③时间：记载监督案件会议的年月日及起止时间。例如，2009 年 4 月 8 日 8 时 30 分开始，11 时 30 分结束。④会议名称：按该次会议监督、评议的案件类别记载。例如，监督评议犯罪嫌疑人×××不服逮捕一案……⑤地点：记载会议的具体地点。⑥主持人：人民监督员监督、评议案件主要分案件承办人汇报和人民监督员独立评议两个阶段，因而要分阶段记载。例如，第一阶段主持人张三，第二阶段主持人李四。⑦记录人也要分阶段记载。⑧参加会议人员：分层次记载。例如，参加会议的院领导：×××；人民监督员：×××、×××；检察员：×××、×

① 参见易继华：《人民监督员监督案件笔录的填制》，载东方法眼网，访问日期：2008 年 5 月 12 日。

××。⑨承办部门：记载承办案件的部门。⑩承办人：×××。⑪案由：按罪名记载。⑫犯罪嫌疑人：×××。⑬监督评议类别：按该次会议监督、评议的案件记载。例如，犯罪嫌疑人不服拟不起诉等。

正文主要记载人民监督员监督、评议案件具体内容。正文是人民监督员监督案件笔录的核心，要真实记录以下内容：①第一阶段主持人宣布人民监督员案件监督小组成员和承办案件的人员名单，宣布回避的规定（遇有回避对象，将回避对象姓名、理由等基本情况真实记录在案；无回避对象，也应注明无回避对象），分发案件承办部门对所评议案件的意见书、主要证据复印件、法律条款摘录等相关资料（所发资料会后及时收回）。②由参加会议的人民监督员推举其中一人主持评议和表决并将其姓名记录在案；③第一阶段主持人向人民监督员介绍进行监督的程序和步骤：案件承办人向人民监督员全面介绍案情并出示主要证据；案件承办人向人民监督员说明与本案有关的法律适用情况；人民监督员对本案承办人提问等。④第一阶段结束后，参加会议的检察人员离开会场，转入第二阶段。第二阶段由人民监督员推举的主持人主持，参加会议的人民监督员对案件进行独立评议和表决，由该主持人指定其中一名人民监督员继续担任会议记录，真实记载人民监督员独立评议和表决具体情况。

尾部主要包括参加会议人员签名。人民监督员监督、评议程序结束后，人民监督员办公室工作人员应将人民监督员监督案件笔录交参加会议的人民监督员、案件承办人、其他参会人员核对，确认该笔录无误后签名。

2. 填制要领。除掌握一般侦查笔录的添置要领之外，还应注意以下问题：

（1）会前按“三个掌握”准备相关资料，即掌握案情、程序和记录技巧。

（2）会中按“三个规范”抓住重点记录，即书写、语言和反映案情规范。

（3）会后按档案标准及时整理归档。会议结束前，人民监督员办公室负责人要全面审查笔录，看笔录是否符合客观事实，有无记录不准确、不完整的地方，如果存在这些问题，要及时采取措施更正。会议结束后，人民监督员办公室工作人员要及时整理会议资料，将人民监督员监督案件笔录及时归入人民监督员办公室的工作案卷中存档。

________人民检察院
人民监督员提请复核意见书
（存根）

检督请核〔　〕号

案由：____________
犯罪嫌疑人：__________
性别：______年龄：____
工作单位：__________
是否人大代表、政协委员：
____
处理结束：__________
人民监督员意见：________
____
人民监督员：__________
____
填发人：____________
填发时间：___________

第一联统一保存

检督请核（　）号

________人民检察院
人民监督员提请复核意见书

检督请核〔　〕号

________人民检察院：

我们对________人民检察院关于犯罪嫌疑人________涉嫌________一案________决定有异议，根据《最高人民检察院关于实行人民监督员制度的规定》第三十四条的规定，特提请你院复核。

人民监督员：
年　月　日

第二联由承办案件部门附卷

检督请核（　）号

________人民检察院
人民监督员提请复核意见书

检督请核〔　〕号

________人民检察院：

我们对________人民检察院关于犯罪嫌疑人________涉嫌________一案________决定有异议，根据《最高人民检察院关于实行人民监督员制度的规定》第三十四条的规定，特提请你院复核。

人民监督员：
年　月　日

第三联承办案件部门送上一级人民检察院

检督请核（　）号

________人民检察院
人民监督员提请复核意见书

检督请核〔　〕号

________人民检察院：

我们对________人民检察院关于犯罪嫌疑人________涉嫌________一案________决定有异议，根据《最高人民检察院关于实行人民监督员制度的规定》第三十条的规定，特提请你院复核。

人民监督员：
年　月　日

第四联由人民监督员办公室保存

样式267：人民监督员提请复核意见书格式样本

________人民检察院
爱理意见、建议登记表

<table>
<tr><td>登记人</td><td colspan="2"></td><td>受理时间</td><td></td></tr>
<tr><td>来源</td><td colspan="4"></td></tr>
<tr><td>简要内容及材料</td><td colspan="4"></td></tr>
<tr><td>人民监督员办公室意见</td><td colspan="4">年　月　日</td></tr>
<tr><td>检察长意见</td><td colspan="4">年　月　日</td></tr>
<tr><td>处理结果</td><td colspan="4">年　月　日</td></tr>
</table>

样式268：受理意见、建议登记表格式样本

第五节　其他侦查文书的填制要领与格式

一、侦查安全防范文书

（一）概述

所谓侦查安全防范文书，是指检方在职务犯罪侦查过程中，依法防范侦查安全时，而依法填制的侦查文书。常见的有：看护值班交接登记表、安全防范工作预案、安全防范预案审批表等。而填制时，除应遵循《刑事诉讼法》、《人民检察院组织法》、《人民警察法》，以及高检院《检诉规则》、《关于人民检察院在办理直接立案侦查案件工作中加强安全防范的规定》（2003 年 10 月 10 日）、《关于进一步加强检察机关办案安全防范工作的意见》（2004 年 8 月 20 日）外，根据《检察规范》还应遵循以下法律规定：

1. 检察院办理直接立案侦查案件安全防范工作，坚持“谁领导谁负责，谁办案谁负责，谁看管谁负责”的原则；检察长、分管检察长和办案部门负责人对办案安全防范工作负有组织保障和监督检查的领导责任；案件承办人和负责传唤、拘传、提押、看管等工作的人员负有直接责任。

2. 办理直接立案侦查的案件必须根据个案的具体情况制定安全防范预案，报经检察长或分管检察长批准后实施；办案部门必须确定一名负责人负责安全防范工作。

3. 立案前确需公开进行初查或者接触初查对象的，应当报经检察长或分管检察长批准，并采取严密的安全防范措施。

4. 讯问在押犯罪嫌疑人必须在看守所进行；因侦查工作需要，需要提押犯罪嫌疑人出所辨认或者追缴犯罪有关财物的，经检察长批准，可以提押犯罪嫌疑人出所，并应当由两名以上司法警察押解，同时通知人民检察院驻看守所检察室对提押活动实施监督；辨认或者追缴犯罪有关财物活动结束后，应当立即还押；在执行提押任务中，应当采取严密的安全防范措施；异地押解过程中需要住宿的，必须把犯罪嫌疑人交由当地看守所羁押。

5. 检察院在看守所同步录音录像讯问室讯问在押职务犯罪嫌疑人，应当严格执行看守所有关规定；严禁在同步录音录像讯问室安放床铺留置职务犯罪嫌疑人，一般情况下不得在夜间提审，确需在夜间提审的应当严格履行审批手续，确保职务犯罪嫌疑人的合法权益和办案安全。

6. 传唤、拘传、提押、看管等工作应当交由司法警察负责，严格执行看审分离制度；司法警察力量不足的，应当安排其他办案人员专门负责，不得看审不分，不得脱管或由一人看管。

7. 在搜查时，确需押解犯罪嫌疑人到场的，必须采取严密的安全防范措施，防止发生自杀、脱逃等安全事故。

8. 开展询问、讯问前，应当了解初查对象、犯罪嫌疑人、证人的身体状况；对患有严重疾病的应当采取必要的医疗保障措施，并与当地医疗机构建立办案医疗保障协作机制。

9. 办案中发生涉案人员死亡事故的，应当在 12 小时以内层报高检院；发生自伤、自残、脱逃等其他重大安全事故的，应当在 24 小时以内层报高检院。

（二）看护值班交接登记表

根据《检察规范》第 4 · 371 条规定，本表的具体内容和格式如下样式 269 所示：

________人民检察院

办案看护值班交接登记表

办案单位名称：

<table>
<tr><td rowspan="3">犯罪嫌疑人基本情况</td><td>姓名</td><td></td><td>性别</td><td></td><td>年龄</td><td></td></tr>
<tr><td>工作单位</td><td colspan="3"></td><td>职务</td><td></td></tr>
<tr><td>采取强制措施情况</td><td></td><td colspan="3">身体状况</td><td></td></tr>
<tr><td>看护地点</td><td>排班班次</td><td>接班时间</td><td>值班人签字</td><td>交班时间</td><td colspan="2">接班人签字</td></tr>
<tr><td></td><td>第一班</td><td></td><td></td><td></td><td colspan="2"></td></tr>
<tr><td></td><td>第二班</td><td></td><td></td><td></td><td colspan="2"></td></tr>
<tr><td></td><td>第三班</td><td></td><td></td><td></td><td colspan="2"></td></tr>
<tr><td></td><td>第四班</td><td></td><td></td><td></td><td colspan="2"></td></tr>
<tr><td></td><td>第五班</td><td></td><td></td><td></td><td colspan="2"></td></tr>
<tr><td>备注</td><td colspan="6">1. 值班人员不得少于两人；
2. 值班安排应合理，防止出现值班人员长时间疲劳值班的情况，防止办案安全事故发生。</td></tr>
</table>

样式 269：办案看护值班交接登记表格式样本

（三）安全防范工作预案

根据《检察规范》第 4 · 363 条、《关于人民检察院在办理直接立案侦查案件工作中加强安全防范的规定》第 2 条规定，本文书为检方侦查部门依法需要开展初查（如调查、查询、调取证据等）、侦查工作时，而依法填制的侦查工作文书。因此，填制时应注意以下问题：

1. 落款为承办人两名以上，不加盖侦查部门公章。

2. 制成后，连同提请初查报告、初查计划或提请立案报告、侦查计划层报检察长审批。

3. 承办人应结合案件的实际情况填制本文书，并充分考虑到具体办案中可能存在安全隐患的方方面面（如办案场地、提押或押解路途、犯罪嫌疑人的身体状况等），拟定有针对性的防范措施，切忌流于形式。

4. 安全防范工作预案内容不同，应分别根据样式中的格式行文，不可同时填制，也不能将两个文书合二为一。

5. 本文书为叙述式侦查工作文书，一式一份，具体内容和格式如下样式 270 所示：

________人民检察院
安全防范工作预案

一、初（侦）查工作中的安全防范措施

（一）初查工作中的安全防范措施

1. 在特殊情况下，必须接触犯罪嫌疑人的安全防范措施；

2. 对证人的安全防范措施；

3. 对协助调查人员的安全防范措施；

4. 办案场所的安全检查工作；

5. 其他应当注意的安全问题。

（二）侦查工作中的安全防范措施

1. 对犯罪嫌疑人的安全防范措施

（1）传唤、拘传犯罪嫌疑人的安全防范措施；

（2）传唤、拘传期间讯问犯罪嫌疑人的安全防范措施；

（3）在看守所讯问犯罪嫌疑人的安全防范措施；

（4）提押犯罪嫌疑人到看守所外的安全防范措施（限辨认、取赃、提取证据等特殊情况）；

（5）押解犯罪嫌疑人的安全防范措施。

2. 对证人的安全防范措施；

3. 搜查工作中的安全防范措施；

4. 对有关协助调查人员的安全防范措施；

<table>
<tr><td colspan="2">5. 办案场所的安全检查工作；
6. 其他应当注意的安全问题。
二、安全防范工作力量安排
（应根据拟定的安全防范措施，明确每一项措施的具体责任人员）。
承办人签名（两名以上亲自签名）：________、________
年　月　日</td></tr>
<tr><td>部门负责人意见</td><td>年　月　日</td></tr>
<tr><td>检察长批示</td><td>年　月　日</td></tr>
</table>

样式 270：安全防范工作预案格式样本

（四）安全防范预案审批表

根据《检察规范》第 4 · 363 条规定，本文书是检方侦查部门拟定安全防范预案后，依法报请本院检察长审批时，而依法填制的侦查工作文书。因此，它的具体内容和格式如下样式 271 所示：

________人民检察院

安全防范预案审批表

<table>
<tr><td rowspan="3" colspan="2">犯罪嫌疑人情况</td><td>姓名</td><td></td><td>性别</td><td></td><td>年龄</td><td></td></tr>
<tr><td>单位</td><td></td><td>涉嫌罪名</td><td></td><td>职务</td><td></td></tr>
<tr><td colspan="2">人大代表或政协委员</td><td></td><td>健康情况</td><td colspan="2"></td></tr>
<tr><td rowspan="11">办案安全防范工作主要事项</td><td>讯（询）问地点</td><td></td><td colspan="2">讯(询)问室是否安全</td><td colspan="3"></td></tr>
<tr><td>拘传人员或法警</td><td></td><td colspan="3">主要讯（询）问人员</td><td colspan="2"></td></tr>
<tr><td>看守法警或专职人员</td><td></td><td colspan="3">看守人员值班安排</td><td colspan="2"></td></tr>
<tr><td>急救药品急救措施</td><td></td><td colspan="3">对嫌疑人及携带物品搜查人员</td><td colspan="2"></td></tr>
<tr><td>工作餐地点</td><td></td><td colspan="3">讯(询)问对象就餐餐具是否安全</td><td colspan="2"></td></tr>
<tr><td colspan="2">饮水工具是否安全</td><td></td><td colspan="2">卫生间地点</td><td colspan="2"></td></tr>
<tr><td colspan="2">拘传嫌疑人时间</td><td></td><td colspan="4">询问证人时间</td></tr>
<tr><td colspan="2">宣布拘留、逮捕参与人员</td><td></td><td colspan="4">配合公安机关执行拘留、逮捕人员</td></tr>
<tr><td colspan="3">特殊情况押解犯罪嫌疑人出所参与人员或法警</td><td colspan="2"></td><td colspan="2"></td></tr>
<tr><td colspan="3">其他安全防范措施</td><td colspan="2"></td><td colspan="2"></td></tr>
</table>

（续表）

本案安全责任人			直接领导		直接责任人		主办人员		安全监督员	
预案审批	局长意见				检察长批示					

样式 271：安全防范预案审批表格式样本

二、侦查纪律文书

（一）概述

根据《人民检察院组织法》、《检察官法》、《人民检察法》，以及高检院《关于在全国检察机关实行“检务公开”的决定》（1998 年 10 月 25 日）、《人民检察院“检务公开”具体实施办法》（1999 年 1 月 4 日）和《关于进一步深化人民检察院“检务公开”的意见》（2006 年 6 月 26 日），《检察官职业道德基本准则》（2010 年 12 月 6 日）、《检察人员纪律处分条例》（2007 年 5 月 14 日）、《人民检察院错案责任追究条例（试行）》（1998 年 7 月 17 日，以下简称《追责条例》）、《对违法办案、渎职失职若干行为的纪律处分办法》（1998 年 5 月 25 日）规定，所谓侦查纪律文书，是指检方在职务犯罪侦查过程中，告知并恪守职业纪律时，而依法填制的侦查文书。常见的有：办案告知卡、廉洁自律卡、回访监督卡等。

（二）办案告知卡

本文书由检方办案人员填写，主要记录办案人员在办案中是否告知案件当事人的权利、义务和应遵守的纪律、规定等情况。例如，在案件首次讯问时，办案人员向被讯问人告知其在案件诉讼中的权利、义务和办案人员在办案中应遵守的办案纪律，让被讯问人对办案人员执行告知、纪律的情况写明意见，并签字或盖章；告知权利和义务的程序应在讯问笔录上体现。同一办案人员对同一被告知人再次讯问时，不再重复告知，但需填写对办案人员遵纪情况的意见（在不影响案件侦查的情况下、一案多人的也可以只在一张卡上签字，但如有意见的则另填卡），此卡由办案部门负责人审签后存入检察内卷备查。其具体内容和格式如下样式 272 所示：

________人民检察院
办案告知卡

办案部门		办案人员		案由	
被讯问人姓名及住址电话					
年　月　日 讯问	是否向你告知过你的权利、义务和办案纪律？ 被讯问人其亲自签名：		办案人员是否有侵权和违纪行为？ 被讯问人其亲自签名：		
年　月　日 讯问	办案人员是否有侵权和违纪行为？ 被讯问人其亲自签名：				
办案部门负责人审签	签名：　　　　　　年　月　日				

样式272：办案告知卡格式样本

（三）廉洁自律卡

本文书由参与案件侦查、审查批捕和起诉的主要办案负责人一人一卡填写，适用于办案人员自我监督。其内容主要填写自己在办案中是否公正执法、依法办案、文明办案、廉洁办案和执行办案纪律、规定的情况；具体内容和格式如下样式273所示：

________人民检察院
廉洁自律卡

办案部门及承办人		案　由	
案件当事人住址及电话			
受（立）案时间		结案时间	
案件处理结果			
维护当事人合法权利和执行办案纪律等情况	承办人亲自签名： 年　月　日		
抵制说情、送礼请吃、请玩等情况	承办人亲自签名： 年　月　日		
侦查部门部门负责人审签	侦查部门负责人亲自签名： 年　月　日		
备注			

样式273：廉洁自律卡格式样本

（四）回访监督卡

本文书是检方纪检监察部门监督考察案件主办部门或办案人员在办案中执法执纪情况时，而依法填制的侦查工作文书。因此，它由检察环节案件诉讼终结部门办案人员填写后，交本院纪检监察部门对该案件进行回访监督，并填写回访考察情况和意见，送有关院领导审签后，反馈给办案部门存入检察内卷；具体内容和格式如下样式 274 所示：

________人民检察院

回访监督卡

办案部门及承办人		案由及当事人姓名	
简要案情			
是否决定回访的审查意见	被回访人亲自签名： 年　月　日		
回访监督情况	共回访____人；单位____个；召开座谈会____次；形成考察材料____份。 回访案件当事人及发案单位名单： 回访人亲自签名：________ 年　月　日		

样式 274：回访监督卡格式样本

三、侦查过错、责任追究文书

（一）概述

根据《人民检察院组织法》、《检察官法》、《人民检察法》，以及高检院《检察官职业道德基本准则》、《检察人员纪律处分条例》、《追责条例》、《对违法办案、渎职失职若干行为的纪律处分办法》规定，所谓侦查过错、责任追究文书，是指检方在职务犯罪侦查过程中，依法追究检察人员过错责任时，而依法填制的侦查文书。常见的有：调查违法行为审批表、执法过错线索移送函、执法过错线索受理登记表、执法过错责任调查报告、执法过错责任认定书、不追究执法过错责任决定书、无执法过错责任决定书等。而根据《检察规范》规定，填制时还应遵循以下法律规定：

1. 执法办案（含职务犯罪侦查活动）内部监督的主要内容：在执法办案

活动中遵守法律规定的情况；在执法办案活动中遵守检察纪律和规章制度的情况；在执法办案活动中履行法定职责的情况。

2. 检察院在执法办案内部监督中，应当重点监督下列案件：初查后决定不立案的具有较大影响的职务犯罪案件；对犯罪嫌疑人、被告人变更强制措施的职务犯罪案件；侦查机关或者侦查部门持有异议的不予逮捕或者不予起诉的刑事案件；犯罪嫌疑人、被告人被逮捕后撤销案件、不起诉或者撤回起诉的刑事案件；人民监督员提出不同意见，或者在检察院内部存在重大意见分歧的职务犯罪案件。

3. 检察院在执法办案内部监督中，应当重点防止和纠正下列行为：侵犯举报人、控告人、申诉人合法权益，或者泄露、隐匿、毁弃、伪造举报、控告、申诉等有关材料的；违法违规剥夺、限制诉讼参与人人身自由，或者违反办案安全防范规定的；非法搜查，违法违规查封、扣押、冻结追缴款物，或者违法违规处理查封、扣押、冻结追缴财物及其孳息的；违法违规采取、变更、解除、撤销强制措施，或者超期羁押犯罪嫌疑人、被告人的；刑讯逼供、暴力取证，或者以其他非法方法获取证据的；违法使用警械警具，或者殴打、体罚虐待、侮辱诉讼参与人的；隐匿、毁弃、伪造证据，违背事实作出勘验、检查、鉴定意见，包庇、放纵被举报人、犯罪嫌疑人、被告人，或者使无罪的人受到刑事追究的；违反法定程序或者办案纪律干预办案，或者未经批准私自办案的；私自会见案件当事人及其亲友、辩护人、代理人，或者接受上述人员提供的宴请、财物、娱乐活动的；为案件当事人及其亲友、代理人打探案情、通风报信，或者泄露案件秘密的；越权办案、插手经济纠纷，利用执法办案之机拉赞助、乱收费、乱罚款，让发案单位、当事人报销费用，或者占用发案单位、当事人的交通、通讯工具的；违法违规剥夺、限制当事人诉讼权利，或者妨碍律师参与刑事诉讼的；具有法定回避情形而不申请回避的；其他不履行或者不正确履行法律监督职责的。

4. 执法办案内部监督工作的责任主体是各级检察院的检察长、分管检察长、监察部门、执法办案部门负责人及其检察人员。其中，检察长、分管检察长在执法办案内部监督中承担以下职责：对执法办案内部监督工作实施领导，提出任务和要求，研究解决工作中的突出问题；对本院执法办案部门和下级检察院的执法办案活动进行监督；对本院其他领导班子成员、执法办案部门负责人、上级检察院检察人员和下级检察院领导班子成员履行执法办案职责的情况进行监督；织查处本院和下级检察院发生的执法过错案件，并责令纠正；完成上级检察院交办的其他执法办案内部监督任务。监察部门在执法办案内部监督中承担以下职责：对执法办案内部监督工作进行归口管理，研究制定有关工作措施和规章制度，对本院执法办案部门和下级检察院执法办案内部监督工作进行指导、督促和检查；对本院检察人员和下级检察院的领导干部履行执法办案职责的情况进行监督；受理、核查、处理在执法办案内部监督中发现的执法过错和违纪违法线索；向本院领导和上级检察院监察部门报告执法办案内部监督工作的情况，对执法办案活动中存在的问题提出监察建议，并督促落实；完成上级检察院交办的其他执法办案内部监督任务。执法办案部门负责人在执法办案内部监督中承担以下职责：组织制定本部门和下级检察院对口部门执法办案内部监督的工作制度，明确岗位职责、办案流程和纪律要求；对本部门和下级检察院对口部门的执法办案活动进行监督；对本部门其他检察人员、本院领导班子成员和上级检察院对口部门检察人员履行执法办案职责的情况进行监督；协助有关部门调查处理本部门和下级检察院对口部门发生的执法过错案件，并责令纠正；完成上级检察院交办的其他执法办案内部监督任务。执法办案部门检察人员在执法办案内部监督中承担以下职责：对本院检察长、分管检察长和上级检察院对口部门检察人员履行执法办案职责的情况进行监督；对本院和下级检察院对口部门检察人员履行执法办案职责的情况进行监督；时向上级检察院或者有关部门反映所发现的执法过错问题；完成上级检察院交办的执法办案内部监督任务。

5. 监督措施和监督方式包括：

（1）检察长、分管检察长、执法办案部门负责人履行执法办案内部监督职责时，可以在其职责范围内组织采取下列措施：参加或者列席执法办案工作会议，审查和调阅有关文件、案件材料、办案安全防范预案、审讯同步录音录像资料及其他相关材料；察看办案现场，旁听开庭审理，或者通过局域网对执法办案活动进行网络监控；听取有关机关、部门或者人民监督员的意见，向发案单位或者诉讼参与人了解情况；组织检务督察和专项检查；要求相关单位和人员就监督事项涉及的问题作出解释或者说明；责令相关单位和人员停止违反法律、纪律或者规章制度的行为；建议或者责令相关人员暂停执行职务，建议或者决定更换案件承办单位、案件承办人员；符合有关规定、不影响办案工作正常进行的其他措施。

（2）检察院监察部门履行执法办案内部监督职责时，可以采取《人民检察院监察工作条例》规定的各种监督措施；经检察长授权后，也可以采取《检察规范》第 12・47 条规定的各项措施。

（3）检察院各内设部门的检察人员可以采取下列方式对其他检察人员履行执法办案职责的情况进行监督：在相关的会议及案件管理、案件评查、执法检查等活动中，对其他检察人员的执法过错行为提出纠正建议；对其他检察人员不履行或者不正确履行执法办案职责的行为予以告诫、提醒；向主管领导或者有关部门反映其他检察人员不履行或者不正确履行执法办案职责的问题；符合有关规定、不影响办案正常进行的其他方式。

6. 追究执法过错责任，应当遵循实事求是、主观过错与客观行为相一致、责任与处罚相适应、惩戒与教育相结合的原则。同时，应当根据执法过错责任人的过错事实、情节、后果及态度，作出下列处理：

（1）批评教育。包括责令检查、诫勉谈话、通报批评、到上级检察院检讨责任；

（2）组织处理。包括暂停执行职务、调离执法岗位、延期晋级晋职、责令辞职、免职、调离检察机关、辞退；

（3）纪律处分和刑事处理。执法过错构成违纪的，应当依照检察纪律的规定给予纪律处分；构成犯罪的，应当依法追究刑事责任。以上方式可以单独适用，也可以同时适用。

7. 检察人员在执法办案活动中，故意实施下列行为之一的，应当追究执法过错责任：包庇、放纵被举报人、犯罪嫌疑人、被告人，或者使无罪的人受到刑事追究的；刑讯逼供、暴力取证或者以其他非法方法获取证据的；违法违规剥夺、限制当事人、证人人身自由的；违法违规限制诉讼参与人的诉讼权利，造成严重后果或者恶劣影响的；超越刑事案件管辖初查、立案的；非法搜查或者损毁当事人财物的；违法违规查封、扣押、冻结涉案财物，或者违法违规处理扣押、冻结涉案财物及其孳息的；对已经决定给予刑事赔偿的案件拒不赔偿或者拖延赔偿的；违法违规使用武器、警械的；其他违反诉讼程序或者执法办案规定，造成严重后果或者恶劣影响的。

8. 检察人员在执法办案活动中不履行、不正确履行或放弃履行职责，造成下列后果之一的，应当追究执法过错责任：认定事实、适用法律错误，或者案件被错误处理的；重要犯罪嫌疑人或者重大罪行遗漏的；错误或者超期羁押犯罪嫌疑人、被告人的；涉案人员自杀、自伤、行凶的；犯罪嫌疑人、被告人串供、毁证、逃跑的；举报控告材料或者其他案件材料、扣押涉案财物遗失、损毁的；举报控告材料内容或者其他案件秘密泄露的；矛盾激化，引起涉检信访人多次上访、越级上访的；其他严重后果或者恶劣影响的。

9. 检察人员执法过错线索由检察院监察部门统一管理；没有设置监察部门的基层检察院，由政工部门统一管理。

10. 检察院检察长、分管检察长及内设部门通过下列途径发现执法过错线索后，应当在职责范围内进行初步审查或者初步核实，认为需要进一步调查和追究执法过错责任的，应当及时移送执法过错线索管理部门处理：受理来信来访和办理申诉、赔偿案件中发现的；执法办案内部监督和部门间相互制约中发现的；检务督察、专项检查、案件管理和业务指导中发现的；通过其他监督途径发现的。

11. 执法过错线索管理部门收到执法过错线索后，应当及时填写执法过错线索受理登记表，并在1个月以内审核完毕，分别情况作出以下处理：

（1）认为需要对执法过错线索进行调查的，报主管领导或者检察长批准后进行调查，也可以报请检察长另行指定部门进行调查；

（2）认为没有执法过错或者具有《检察规范》第12·65条规定情形之一的，提出不予调查的审核意见，报主管领导批准后回复提供线索的部门或者人员。

12. 调查部门在调查核实执法过错线索的过程中，可以采取以下方式：查阅有关案件卷宗及其他相关资料；要求被调查人员就调查事项涉及的问题作出解释和说明；与相关知情人员谈话、了解情况；查看执法办案现场，走访相关单位；符合法律规定的其他方式。

13. 检察长办公会对检察人员涉嫌执法过错的事实、证据研究确认后，应当分别情况作出以下处理：

（1）执法过错事实清楚、证据确实充分，需要追究执法过错责任的，作出追究执法过错责任决定；

（2）执法过错事实不清、证据不足的，退回调查部门补充调查，必要时，也可以另行指定部门重新调查；

（3）虽有执法过错事实，依照本规范规定不应当追究执法过错责任的，作出不追究执法过错责任决定；

（4）不存在执法过错事实的，作出无执法过错责任决定。

（二）调查违法行为审批表

本表为检方侦查监督部门发现侦查人员有违法行为而提请本院检察长批准进行调查时，所依法填制的侦查工作文书。因此，本文书为侦查监督部门内部文书，连同违法行为调查报告附卷；具体内容和格式如下样式275所示：

________人民检察院

调查违法行为审批表

检　究移字〔　〕　号

案件线索来源					受理日期	
涉案人	姓名	性别	年龄	工作单位及住址	涉嫌违法行为	
主要违法行为						
承办人意见	年　月　日					
部门负责人意见	年　月　日					
检察长批示	年　月　日					
处理结果						

样式 275：调查违法行为审批表格式样本

（三）执法过错线索移送函

本文书是依法移送侦查过错线索时，而依法填制的侦查工作文书。因此，其具体内容和格式如下样式 276 所示：

________人民检察院

执法过错线索移送函

检　究移字〔　〕　号

________：

根据《检察人员执法过错责任追究条例》第十六条之规定，现将涉嫌执法过错线索的材料移送你处，请适时将处理结果反馈我们。

（移送单位或部门名章）

年　月　日

附件：

相关材料　　份　页

样式 276：执法过错线索移送函格式样本

（四）执法过错线索受理登记表

本文书是检方监察部门依法受理执法过错线索时，而依法填制的侦查工作文书。因此，其具体内容和格式如下样式 277 所示：

________人民检察院

执法过错线索受理登记表

编号：

嫌疑人姓名		职务	
所属单位或部门			
线索来源			
涉嫌事实（可另附页）			
承办人意见	年　月　日		
部门负责人意见	年　月　日		
主管领导审批意见	年　月　日		

样式 277：执法过错线索受理登记表格式样本

（五）执法过错责任调查报告

本文书的具体内容和格式如下样式 278 所示：

________人民检察院

执法过错责任调查报告

检　　究处字〔　〕　　号

被调查人基本情况	
线索来源及调查过程	
被调查人的申辩意见及采纳情况的说明	
被调查人所在单位或者部门的意见	
调查结论及处理意见	
承办人意见	年　月　日
部门负责人意见	年　月　日
主管领导审批意见	年　月　日
备注	

样式 278：执法过错责任调查报告格式样本

（六）追究执法过错责任决定书

本文书的具体内容和格式如下样式279所示：

________人民检察院

追究执法过错责任决定书

检　　究处字〔　〕　　号

被追究人的基本情况	
调查认定的执法过错事实	
执法过错责任追究的依据及追究方式	
（××人民检察院名章） 年　月　日 本决定书一式（　）份。	

样式279：追究执法过错责任决定书格式样本

（七）不追究执法过错责任决定书

本文书的具体内容和格式如下样式280所示：

________人民检察院

不追究执法过错责任决定书

检　　究不字〔　　〕号

被追究人的基本情况	
调查认定的事实	
调查结论意见	
（××人民检察院名章） 年　月　日 本决定书一式（　）份。	

样式280：不追究执法过错责任决定书格式样本

（八）无执法过错责任决定书

本文书的具体内容和格式如下样式281所示：

________人民检察院
无执法过错责任决定书

检　　究无字〔　〕　　号

被追究人的基本情况	
调查认定的事实	
调查结论意见	
（××人民检察院名章） 年　月　日 本决定书一式（　）份。	

样式281：无执法过错责任决定书格式样本

第六节　通用侦查文书的填制要领与格式①

一、复议决定书

根据《刑事诉讼法》第90条、第175条、第562条规定，本文书为检方在侦查机关认为不批捕、不起诉或者通知撤销案件决定有错误，而依法向作出决定的检察院要求复议，复议后作出复议决定时，而依法填制的侦查法律文书。因此，它共三联，第一联存根，统一保存备查；第二联附卷；第三联送达侦查机关；具体内容和格式如下样式282所示：

二、复核决定书

根据《刑事诉讼法》第90条、第175条、第562条规定，本文书为检方在侦查机关认为不批捕、不起诉或者通知撤销案件决定有错误，向作出决定的检察院要求复议，意见未被接受，向上一级检察院提请复核，上一级检察院对此作出复核决定时，而依法填制的侦查法律文书。因此，它共四联，第一联存根，统一保存备查；第二联附卷；第三联送达下级侦查机关；第四联送达作出决定的下级检察院；具体内容和格式如下样式283所示：

① 所谓通用侦查文书，既包括检察工作所通用的检察文书，也包括职务犯罪侦查活动各阶段都适用的检察文书。常见的主要有：复议决定书、复核决定书、纠正案件决定错误通知书、纠正违法通知书、检察意见书、检察建议书、驳回申请决定书、阅卷笔录、案件讨论笔录等。

________人民检察院
复议决定书
（存根）

检　议〔　　〕　号

案由：____________________
犯罪嫌疑人基本情况：__________
复议决定内容：______________
送达单位：________________
批 准 人：________________
承 办 人：________________
填 发 人________________
填发时间：________________

第一联统一保存

________人民检察院
复议决定书
（副本）

检　议〔　　〕　号

你____对本院____号____书要求复议的意见书收悉。经本院复议认为：________。根据《中华人民共和国刑事诉讼法》第____条的规定，本院决定____________。

此致

（××人民检察院名章）
年　月　日

第二联附卷

________人民检察院
复议决定书

检　议〔　　〕　号

你____对本院____号____书要求复议的意见书收悉。经本院复议认为：________。根据《中华人民共和国刑事诉讼法》第____条的规定，本院决定________。

此致

（××人民检察院名章）
年　月　日

第三联 送达侦查机关

样式282：复议决定书格式样本

________人民检察院
复核决定书
（存根）

检　核〔　　〕　号

案由：________________

犯罪嫌疑人基本情况：________________

复核决定内容：________________

送达单位：________________

批 准 人：________________

承 办 人：________________

填 发 人：________________

填发时间：________________

第一联统一保存

________人民检察院
复核决定书
（副本）

检　核〔　　〕　号

你____对________人民检察院________号书提请复核的意见书及案件材料收悉。经本院复核认为：________。根据《中华人民共和国刑事诉讼法》第____条的规定，本院决定________。

此致

（××人民检察院名章）

年　月　日

第二联附卷

________人民检察院
复核决定书

检　核〔　〕　号

你____对____人民检察院____号书提请复核的意见书及案件材料收悉。经本院复核认为：________。根据《中华人民共和国刑事诉讼法》第____条的规定，本院决定________。

此致

（××人民检察院名章）

年　月　日

第三联送达下级侦查机关

________人民检察院
复核决定通知书

检　核〔　〕　号

________人民检察院：

________对你院____号________书提请本院复核。经本院复核认为：____________。根据《中华人民共和国刑事诉讼法》第____条的规定，本院决定____________。

特此通知

（××人民检察院名章）

年　月　日

第四联送达作出决定的下级检察院

样式283：复核决定书格式样本

三、纠正案件决定错误通知书

本文书是检方在职务犯罪侦查过程中，上级检察院依法纠正下级检察院办案错误决定时，而依法填制的侦查法律文书。因此，它一式两份，一份送达下级检察院，一份附卷；具体内容和格式如下样式284所示：

________人民检察院
纠正案件决定错误通知书

检　　纠通〔　　〕号

________（下级人民检察院名称）：

你院办理的×××（写明犯罪嫌疑人或被告人的姓名及案由）一案，经本院审查认为：……（以下依次写明下级人民检察院所作的案件决定错误之处，结合应当正确认定的案件事实、情节、证据、适用法律，写明纠正错误的理由）。

经本院检察委员会研究决定：撤销你院对×××（写明犯罪嫌疑人或者被告人的姓名）的×××（写明有关决定及其文号），请你院予以纠正。请即遵照执行。

（××人民检察院名章）
年　月　日

样式284：纠正案件决定错误通知书格式样本

四、纠正违法通知书

根据《刑事诉讼法》第98条、第168条、第265条规定，本文书为检方依法纠正侦查机关、审判机关、执行机关的违法活动时，而依法填制的侦查法律文书。因此，它一式两份，一份送达发生违法行为的单位，一份附卷；具体内容和格式如下样式285所示：

________人民检察院
纠正违法通知书

检　　纠违〔　　〕　号

一、发往单位。

二、发现的违法情况。包括违法人员的姓名、单位、职务、违法事实等，如果是单位违法，要写明违法单位的名称。违法事实，要写明违法时间、地点、经过、手段、目的和后果等。可表述为：经检察，发现……。

三、认定违法的理由和法律依据。包括违法行为触犯的法律、法规和规范性文件的具体条款，违法行为的性质等。可表述为：本院认为……。

四、纠正意见。可表述为：根据……（法律依据）的规定，特通知你单位予以纠正，请将纠正结果告知我院。

（××人民检察院名章）
年　月　日

样式285：纠正违法通知书格式样本

五、检察意见书

根据《刑事诉讼法》第173条第3款规定，本文书为检方向有关主管机关提出对被不起诉人给予行政处罚、行政处分（在向有关机关提出对被不起诉人给予行政处罚、行政处分时，应与不起诉决定书一并送有关主管机关）或向其他有关单位提出纠正意见及其他检察意见时，而依法填制的侦查法律文书。因此，它一式两份，一份送达有关机关，一份附卷；具体内容和格式如下样式286所示：

________人民检察院

检察意见书

检　意〔　　〕　号

一、发往单位。

二、案件来源及查处（审查）情况。

三、认定的事实、证据、决定事项（认定结论）及法律依据。

四、根据法律规定，提出检察意见的具体内容和要求。

（××人民检察院名章）
年　月　日

样式286：检察意见书格式样本

六、检察建议书

本文书为检方在职务犯罪侦查过程中，对有关单位在管理上存在的问题和漏洞建章立制，加强管理，以及认为应当追究有关当事人的党纪、政纪责任的，向有关单位提出检察建议时，而依法填制的侦查法律文书。

另据高检院《人民检察院检察建议工作规定（试行）》（2009 年 11 月 17 日）规定，填制检察建议书时还应遵循以下法律规定：

1. 提出检察建议，应当立足检察职能、结合执法办案工作，坚持严格依法、准确及时、注重实效的原则；检察院结合执法办案（含职务犯罪侦查）工作，可以向涉案单位、有关主管机关或者其他有关单位提出检察建议。

2. 提出检察建议应当有事实依据，并且符合法律、法规及其他有关规定，建议的内容应当具体明确，切实可行。检察建议一般包括以下内容：问题的来源或提出建议的起因；应当消除的隐患及违法现象；治理防范的具体意见；提出建议所依据的事实和法律、法规及有关规定；被建议单位书面回复落实情况的期限等其他建议事项。

3. 检察院在检察工作（含职务犯罪侦查）中发现有下列情形之一的，可以提出检察建议：预防违法犯罪等方面管理不完善、制度不健全、不落实，存在犯罪隐患的；行业主管部门或者主管机关需要加强或改进本行业或者部门的管理监督工作的；民间纠纷问题突出，矛盾可能激化导致恶性案件或者群体性事件，需要加强调解疏导工作的；在办理案件过程中发现应对有关人员或行为予以表彰或者给予处分、行政处罚的；人民法院、公安机关、刑罚执行机关和劳动教养机关在执法过程中存在苗头性、倾向性的不规范问题，需要改进的；其他需要提出检察建议的。

4. 检察院可以直接向本院所办理案件的发案单位提出检察建议。需要向发案单位的上级单位或者有关主管机关提出检察建议的，办理案件的检察院应当层报被建议单位的同级检察院决定并提出检察建议。

5. 提出检察建议，应当按照统一的格式和内容制作检察建议书，报请检察长审批或者提请检察委员会讨论决定后，以检察院的名义送达有关单位。检察建议书应当报上一级人民检察院备案，同时抄送被建议单位的上级主管机关。

6. 检察院应当及时了解和掌握被建议单位对检察建议的采纳落实情况，必要时可以回访；被建议单位对检察建议没有正当理由不予采纳的，检察院可以向其上级主管机关反映有关情况；检察长对本院提出的检察建议，上级检察院对下级检察院提出的检察建议，认为确有不当的，应当撤销，同时及时通知有关单位并作出说明。

7. 各级检察院办公室统一负责检察建议书的文稿审核、编号工作，各承办部门负责检察建议的跟踪了解、督促落实等工作。同时，应当加强检察建议的分类统计，定期对发送检察建议的情况进行综合分析和评估。

因此，本文书一式四份，一份附卷，一份送达受文单位，一份送达受文单位的上级主管部门，一份送本院预防部门；具体内容和格式如下样式287所示：

________人民检察院
检察建议书

检　建〔　　〕　号

一、写明主送单位的全称。

二、问题的来源或提出建议的起因。

三、写明本院在办理案件过程中发现该单位在管理等方面存在的漏洞以及需要提出有关检察建议的问题。

四、提出检察建议所依据的事实。

此部分为提出检察建议所依据的事实。对事实的叙述要求客观、准确、概括性强，要归纳成几条反映问题实质的事实要件，然后加以叙述。

五、提出检察建议的依据和建议内容。

检察建议引用依据有两种情况，一种情况是检察机关提出建议的行为所依据的有关规定；另一种情况是该单位存在的问题不符合哪项法律规定和有关规章制度的规定。

检察建议内容应当具体明确，切实可行。要与以上列举的事实紧密联系。

六、要求事项。

即为实现检察建议内容或督促检察建议落实而向受文单位提出的具体要求。可包括：

研究解决或督促整改；

回复落实情况，可提出具体时间要求。

（××人民检察院名章）
年　月　日

样式287：检察建议书格式样本

七、驳回申请决定书

根据《刑事诉讼法》第28条、第29条、第30条、第31条、第91条规定，本文书为检方依法驳回回避申请、取保候审申请、变更或者解除强制措施申请时，而依法填制的侦查法律文书。因此，它共三联，第一联统一保存备查，第二联附卷，第三联送达申请人；具体内容和格式如下样式288所示：

________人民检察院
驳回申请决定书
（存根）

检　驳申〔　　〕　号

案由：________
犯罪嫌疑人：________
申 请 人：________
与案件关系：________
申请事项：________
驳回原因：________
批 准 人：________
承 办 人：________
填 发 人：________
填发时间：________

第一联统一保存

________人民检察院
驳回申请决定书
（副本）

检　驳申〔　　〕　号

________：
本院办理________一案时，你提出因________，要求________。本院经审查认为________，决定驳回申请。

（××人民检察院名章或检察长名章）
年　月　日

第二联附卷

________人民检察院
驳回申请决定书
（副本）

检　驳申〔　　〕　号

________：
本院办理________一案时，你提出________，要求________。本院经审查认为________，决定驳回申请。

（××人民检察院名章或检察长名章）
年　月　日

第三联送达申请人

样式288：驳回申请决定书格式样本

八、阅卷笔录

本笔录是检方在职务犯罪侦查过程中，依法阅卷时，而依法填制的侦查笔录。因此，填制时应注意以下问题：

1. 阅卷是填制准备阅卷笔录的基础。在填制阅卷笔录前，必须通读原材料，以熟悉案情和案件材料的基本情况；在通读原卷材料，了解基本案情和案件材料基本情况的前提下，进行逻辑归纳，统筹分类。

2. 分类包括对案件事实的分类和对案件证据材料的分类。在通常情况下，对复杂的案件，可先以案件性质分类；在同一性质下，再以事件分类；在同一事件下，还可按情节发展阶段再进行分类。在对案件事实分类后，在每一事实类别下以事系证。所系证据材料内容，也应当分类。其中，犯罪嫌疑人、被告人的供述和辩解，与其他证据内容应当分列。其他证据材料，也应归纳分类。摘录是具体实施阅卷笔录的表现，是在通读案卷材料，对案件事实和案卷材料进行分类后，边仔细阅卷边摘录材料内容的活动。

3. 摘录的方法，是根据分类先摘认定的案件事实，再分列证据材料内容。如果是审查性的阅卷笔录，先摘录原承办案件机关的认定意见；如果是确认性的，如出庭时填制的阅卷笔录，可先列确信的事实，在事实材料内容下，再以事系证。摘录证据内容时，应当载明证据的名称和证据来源；犯罪嫌疑人供述和辩解的内容，应按每次供述的先后时间顺序排列，并应注明供述和辩解的具体日期。如果数次供述不一的，应当分别摘录，以便分析、判断前后供述不一的原因，供述与辩解的真伪和可信的程度，也便于其他证据互相印证、比对。摘录证据材料和犯罪嫌疑人的供述与辩解的内容时，除审查批捕时尚未编页码的原卷材料，其他的都必须注明其在原卷中的出处，以备随时查对、引用和回答查询，为出庭而填制的阅卷笔录，尤应注意。

4. 摘录的案卷材料内容，则应符合下列要求：

（1）客观、全面。填制阅卷笔录时，阅卷人不能先入为主，不以带倾向性，应忠实于原卷材料。无论是有利于指控犯罪、定案的，还是不利于指控犯罪、定案的，不利于被告人的，还是有利于被告人的，也无论是认定有罪的证据还是否定有罪的证据，被告人的供述还是辩解，都应有客观地、全面地如实摘录，以便客观地分析、判断案件材料情况。切不可主观认定有罪，但只摘认定有罪的证据，而不摘否定有罪的证据。

（2）准确、清楚。摘录原卷材料内容，文字一般可以概括、归纳，但内容必须符合原材料内容而不得有出入。在归纳或概括原卷中的材料内容时，语义要清楚。

（3）重点突出，详略适当。阅卷笔录摘录原卷材料内容时，必须突出重点。例如，关键性情节；证据与证据、证据与供述或辩解、前后供述等有差异或矛盾的；犯罪嫌疑人、被告人的第一次和最后一次的供述与辩解；证据之间不能结成锁链的；原认定中未予认定而从原卷材料中发现有新的犯罪事实或新的犯罪人的；从原卷材料中发现在疑点的；原卷材料中的证据，收集手段不合法的或侦查人员等有违法行为的等，都应详细摘录。与此同时，对重点内容应详细摘录，有的则应原文摘抄，如供证人不一的，各证人证言不一的，前后供述不一的。而对其他内容可以概括摘录。

（4）摘录材料，必须抓住要点，概括提炼，力求简明扼要。阅卷笔录既要中心明确，重点突出，又要避免带有倾向性地摘录，做到系统而全面。

（5）阅卷笔录摘录的材料要注明出处即在摘录的每一条材料后面要括号加注出处，指明卷宗和页码，以便于日后查阅。

（6）阅卷笔录是办案人员对案件证据梳理过程的记载，也是办案人员对证据把握的证明。

5. 阅卷意见，是阅卷人在阅卷后对案件事实及案卷材料情况作的分析、评论意见。阅卷意见不属于摘录内容，由于填制阅卷笔录是为办案服务的，是为了方便办案。因此，阅卷意见又是阅卷笔录不可缺的组成部分。它一般应包括对案件事实上的认定情况的分析意见、对证据材料的分析意见和工作意见。其中，对案件事实认定情况的分析意见，应说明可以确认析事实及根据；应予否定的事实及其理由；尚难确定的事实及其原因；发现何种新的犯罪事实或新的犯罪人及其依据；发现何种新的疑点及其情况等。对案件材料情况的分析意见，主要是对证据间、供证间、供述间有无矛盾、差异、疑点、漏洞、虚假等情况提出的看法。在审查批捕、审查起诉、复查申诉等环节上，对阅卷中发现的侦查、审判人员有无违法情节的，也应提出意见。

6. 工作意见，主要是对尚需进行哪些工作和应作出何种诉讼决定，提出建议意见。

7. 阅卷笔录应由阅卷人签名，并具明阅卷结束时间，以示笔录结束。在每一程序上，一般填制一份，也可根据案件具体特点和案卷材料情况，从不同角度再填制辅助笔录和补充笔录。阅卷笔录附检察内卷存查。

8. 本笔录属于叙述式侦查文书，应载明案由、犯罪嫌疑人情况、阅卷人、阅卷时间以及正卷中的主要证据等；本笔录存检察内卷，具体内容和格式如下样式 289 所示：

<table>
<tr><td colspan="4">______人民检察院
阅卷笔录</td></tr>
<tr><td>犯罪嫌疑人基本情况</td><td></td><td>案由</td><td></td></tr>
<tr><td>立案检察院</td><td></td><td>立案时间</td><td></td></tr>
<tr><td>强制措施及时间</td><td></td><td>阅卷人</td><td></td></tr>
<tr><td>阅卷时间</td><td></td><td>阅卷结果</td><td></td></tr>
</table>

第　页

样式289：阅卷笔录格式样本

九、案件讨论笔录

根据《人民检察院组织法》第3条第2款，以及高检院《人民检察院检察委员会组织条例》（2008年2月29日）、《检诉规则》第4条规定，案件讨论笔录抑或讨论案件笔录，是指检察机关根据办案程序填制，针对职能部门或检察委员会等集体讨论案件、集体审查案件活动的客观文字材料。因此，填制时应注意以下问题：

1. 检委会讨论决定重大案件和其他重大问题。检委会的主要职责是：审议、决定在检察工作中贯彻执行国家法律、政策和本级人民代表大会及其常务委员会决议的重大问题；审议、通过提请本级人民代表大会及其常务委员会审议的工作报告、专题报告和议案；总结检察工作经验，研究检察工作中的新情况、新问题；审议、决定重大、疑难、复杂案件；审议、决定下一级检察院提请复议的案件或者事项；决定本级检察院检察长、公安机关负责人的回避；其他需要提请检委会审议的案件或者事项。

2. 检委会讨论的议题，由承办部门或者承办人员提出议题草案、书面报告，经分管副检察长同意并报检察长批准后，提交检委会审议。

3. 检委会会议由检察长主持召开。检察长因故不能出席时，应当委托一名副检察长主持；受检察长委托主持会议的副检察长，应当在会后及时向检察长报告该次会议作出决议和决定的情况。委员意见分歧较大的，应当报告检察长决定。

4. 检委会实行民主集中制，遵循少数服从多数的原则；检委会会议必须有全体组成人员过半数出席，才能召开；必须有全体组成人员过半数同意，才能作出决定；委员意见分歧较大的，检察长可以决定不付表决，另行审议。

5. 检委会在讨论决定案件时，检委会委员具有法律规定的应当回避的情形的，应当申请回避并由检察长决定；本人没有申请回避的，检察长应当决定其回避；检察长的回避由本院检委会决定。

6. 地方各级检察院检察长在讨论重大案件时不同意多数检委会委员意见的，可以报请上一级检察院决定；在讨论重大问题时不同意多数检委会委员意见的，可以报请上一级检察院或者本级人大常委会决定。在报请本级人大常委会决定的同时，应当抄报上一级检察院。

7. 下级检察院对上一级检察院检委会的决定如果有不同意见，可以提请复议。上一级检察院应当在接到复议申请后的 1 个月内召开检委会进行复议并作出决定。经复议认为确有错误的，应当及时予以纠正。

8. 各级检察院应当设立检委会办事机构或者配备专职人员负责检委会日常工作。

因此，本文书是检察机关内部工作文书，不属于诉讼文书，除办案人员可查阅外，对其他人员不予公开，案件当事人、诉讼参与人等也无权查阅；本文书应载明会议时间、地点、名称、主持人、参加人、承办人、记录人、案由以及讨论内容等；存检察内卷，而具体内容和格式如下样式 290 所示：

________人民检察院

案件讨论笔录

案由：________________________________

犯罪嫌疑人姓名：________________________________

讨论时间：________年________月________日________时至________时

讨论地点：________________________________

会议名称：________________ 主持人：________________

参加人：________________________________

承办人：________________ 记录人：________________

讨论情况记录如下：________________________________

会议参加人的发言：________________________________

结论意见：________________________________

与会者亲自签名：________________________________

第　　页

样式 290：案件讨论笔录格式样本

第十二章　职务犯罪侦查公文的填制要领与格式

一、侦查公文概念、特点和种类

（一）公文

在我国，“公文”一词，较早见于《三国志·魏·赵俨传》：“（荀）报曰：‘辄白曹公，公文下郡，绵绢悉以还民’。”但“公文”出现的时间，并不能反映公文本身存在的时间。事实上，作为国家管理公务、临民治事的工具、载体，公文是伴随着语言文字和国家的出现而产生的。从最原始的彩陶文字和甲骨文书，到大批秦简、汉简的出现，莫不验证着公文的出现及其成熟。换言之，公文最迟在 3500 年前即已形成。

“公文”一词，在各朝各代有着不同的名目、别称。殷商称“典册”，周称“中”，秦称“典籍”，汉称“文书”、“文案”，三国称“公文”，唐宋称“文卷”、“案卷”，元称“文卷”、“簿籍”，明称“文牍”、“案牍”，清称“牌子”、“本章”，近代多称“文牍”、“文书”、“应用文”，而现当代则多称“文书”、“应用文”。

秦王朝的建立和文字的统一，为公文的发展、完善提供了契机，并形成一套完整的公文体系。

辛亥革命后，南京临时政府废除旧公文的名称、格式。1928 年 11 月 15 日，颁行《公文程序条例》第 1 条规定：“凡称公文者，谓处理公务之文书，其程序依本条例之规定”；第 2 条规定：“公文之类别如左：一、令：公布法令任免官吏及有所指挥时用之。二、训令：上级机关对于所属下级机关，有所谕饬或差委时用之。三、指令：上级机关对于所属下级机关，因呈请而有所指示时用之。四、布告：对于公众宣布事实或有所劝诫时用之。以上属于国民政府经国务会议议决者，由主席及五院院长署名，盖用国民政府之印，其例行之训令指令由主席署名，盖用国民政府之印，属于其他机关者，由各该机关之长官或主席或常务委员署名，盖用各该机关之印。五、任命状：任命官吏时用之。甲、特任官及简任官任命状，由国民政府主席及五院院长署名，盖用国民政府之印。乙、荐任官任命状由国民政府主席及主管院院长署名，盖用国民政府之印。丙、委任官任命状由各该机关长官署名盖用各该机关之印。六、呈：五院对于国民政府或各院所组织之机关对于各该院及其他下级机关对于直辖上级机关或人民对于公署有所陈请时用之。七、咨：同级机关公文往复时用之。八、公函：不相隶属之机关公文往复时用之。九、批：各机关对于人民陈请事项分别准驳时用之。”

新中国成立后，1951 年 9 月 29 日，政务院颁行《公文处理暂行办法》。1955 年 1 月 17 日，党中央批准《中国共产党中央和省（市）级机关文书处理工作和档案工作暂行条例》；1957 年 10 月 3 日，国务院秘书厅印发《关于对公文名称和体式问题的几点意见（稿）》；1981 年 2 月 27 日，国务院办公厅颁布《国家行政机关公文处理暂行办法》（随后于 1987 年 2 月 18 日修正）把公文分为 9 类 15 种；1993 年 11 月 21 日，国务院办公厅颁布《国家行政机关公文处理办法》（2000 年 8 月 24 日修正直至 2013 年 2 月 22 日废止）；2013 年 2 月 22 日，中办、国办联合下发《党政机关公文处理工作条例》；而全国人大常委会、两高、国务院各部委以及各地各部门也相继颁布实施了本系统、本单位的“公文处理办法”。其间，1995 年，高检院颁行《最高人民检察院机关公文处理规定》（后经 1998 年、2000 年修正）；2005 年 10 月 28 日，高检院颁行《最高人民检察院公文处理办法》及其《实施细则》，并适用至今。

（二）侦查公文的概念、特点和种类

顾名思义，侦查公文是指在职务犯罪侦查过程中，所制作的公文。而何谓公文？见仁见智。而取其中共识——公文乃公务活动的产物和工具，是公府所作之文，也是公事所用之文。进言之，现在的公文是各级各类国家机构、社会团体和企事业单位在处理公务活动中有着特定的效能和广泛的用途的文书。

作为公文的一种常见形态，侦查公文是指由检方填制的、在职务犯罪侦查过程中形成的、具有法定效力的公文。因此，它既有公文之特点，也有侦查文书之特征。而根据划分标准的不同，可将其分为许多种类：

1. 据侦查公文地位的不同，可将其分为法定和非法定侦查公文两种：前者专指高检院《公文处理规定》中所列的议案、报告、决定、公告、通告、条例、规则、规定、细则、意见、办法、通知、通报、请示、批复、命令、函、会议纪要 18 种侦查公文；后者是指除前者之外的侦查公文。例如，备案审查表、立案备查登记表等。

2. 据使用范围的不同，可将其分为通用和专用侦查公文两种。前者如公告、报告、请示，后者如检方的案件请示审查意见、案件请示批复。

3. 据行文方向的不同，可将其分为上行文、下行文和平行文侦查公文 3

种。其中，上行文侦查公文是指下级检察机关、部门向上级检察机关、部门报送的侦查公文。例如，请示；下行文侦查公文是指上级检察机关、部门向所属的下级检察机关、部门发送的公文。例如，命令、决定、批复、通知等；平行文侦查公文是指向平级机关、部门或无相互隶属关系的机关、部门之间发送的侦查公文。例如，函等。

4. 据侦查公文内在属性的不同，可将其分为规范性、指令性、指导性、知照性、公布性、商洽性、报请性和记录性等侦查公文。

5. 据办理时间要求的不同，可将其分为特急、紧急和常规侦查公文 3 种。

6. 据机密程度的不同，可将其分为绝密、机密、秘密和普通侦查公文 4 种。

二、侦查公文填制要领

总的来说，在填制侦查公文时，应当坚持实事求是、精简、高效的原则，做到合法、规范、准确、及时、安全。

（一）要了解并掌握侦查公文种类及其适用范围

根据《公文处理办法》第 7 条规定，侦查公文主要包括以下 11 种：

1. 议案。适用于根据法律规定，依照法定程序，向人大及其常委会提请审议事项。例如，《检察规范》第 1 · 81 条第 2 款规定："检察委员会审议议题的范围包括：……（二）审议贯彻执行本级人民代表大会及其常务委员会决议，拟提交本级人民代表大会及其常务委员会的工作报告、专项工作报告和议案（含有关职务犯罪侦查的议案）。"

2. 报告。适用于向领导机关和领导同志汇报工作，反映情况，提出意见和建议，答复质询。例如，《检察规范》第 4 · 67 条规定："对犯罪嫌疑人决定在指定的居所执行监视居住，除无法通知的以外，人民检察院应当在执行监视居住后二十四小时以内，将指定居所监视居住的原因通知被监视居住人的家属。无法通知的，应当向检察长报告，并将原因写明附卷"；第 4 · 83 条规定："担任县级以上人民代表大会代表的犯罪嫌疑人因现行犯被拘留的，人民检察院应当立即向该代表所属的人民代表大会主席团或者常务委员会报告。"

3. 决定。适用于对重要事项做出决策和安排，奖惩有关单位和个人，变更或者撤销下级机关不适当的决定事项。例如，《检察规范》第 4 · 73 条规定："人民检察院决定对犯罪嫌疑人监视居住，最长不得超过六个月。"

4. 公告。用于向国内外宣布重要事项或者发布司法解释。例如，《检察规范》第 4 · 243 条规定："对于应当返还被害人的查封、扣押、冻结财物，无人认领的，应当公告通知”。

5. 意见、办法。用于对重要问题提出见解和处理办法。例如，《检察意见》第4·44条规定：“对犯罪嫌疑人取保候审，应当由办案人员提出意见，部门负责人审核，检察长决定”；第4·401条规定：“押解犯罪嫌疑人除武装押解外，在特殊情况下可以采用秘密押解的办法。”

6. 通知。适用于发布规定；传达领导机关和领导同志指示，下发领导同志重要讲话、重要工作报告；转发有关文件材料；交办工作；传达需要周知或者执行的事项；任免人员。例如，《检察规范》第4·47条规定：“向犯罪嫌疑人宣布取保候审决定后，人民检察院应当将执行取保候审通知书送达公安机关执行。”

7. 通报。适用于通报表彰、批评，传达重要精神和情况。例如，《检察规范》第4·113条规定：“对于属于错告的，如果对被控告人、被举报人造成不良影响的，应当自作出决定之日起一个月以内向其所在单位或者有关部门通报初查结论，澄清事实。”

8. 请示。适用于向领导机关、领导同志请求指示、批准。例如，《检察规范》第4·262条规定：“在办案过程中需要使用特殊侦查措施的，应当提交相关请示资料，经部门负责人审核，报检察长批准并履行有关审批手续后，交有关部门办理。”

9. 批复。适用于答复具体案件和事项，包括检察工作中具体适用法律的问题。例如，《检察规范》第4·289条规定：“上一级人民检察院审查下级人民检察院报送的拟撤销案件，应当于收到案件后七日以内批复。”

10. 命令。适用于对机关和下级检察院发布带强制性质的领导性、指挥性文件。例如，《检察规范》第12·62条第3款规定：“承办人员因执行主管人员的错误命令、决定造成执法过错的，由主管人员承担责任。”

11. 函。适用于同不相隶属机关之间商洽工作，询问和答复问题，提出请求批准事项等。例如，《检察规范》第4·208条第2款规定：“必要时，可以向证据所在地的人民检察院发函调取证据。”

（二）要了解并掌握侦查公文格式

根据《公文处理实施细则》规定，填制侦查文书格式（如下图24所示）时，应遵循以下规定：

1. 侦查公文中涉及国家秘密及检察工作秘密的应当标明密级和保密期限，密级一般分为绝密、机密、秘密三个层次，保密期限根据实际情况确定；如需标识密级，用3号黑体字，顶格标识在版心左上角第1行；如需同时标识密级和保密期限，密级和保密期限之间用“★”隔开，如：标注形式为“秘密★1年、机密★1年、绝密★1年”等（如下图24所示）。

2. 侦查公文的紧急程度标识用3号黑体字，顶格标识在版心左上角，按紧急程度分别标明“特急”、“急件”。如已标识秘密等级和保密期限，其位置不变，紧急程度标识下移一行，即顶格标识在侦查公文版心左上角第2行。

3. 发文机关标识一般由发文机关全称或者规范化简称组成，也可以由发文机关全称或规范化简称加“文件”组成（如下图24所示）。

4. 发文字号由发文机关代字、发文年度和发文顺序号组成（如下图24所示）。发文字号标注于发文机关标识下方，下空2行，用4号仿宋体字，居中排布；发文年度、发文顺序号用阿拉伯数码标识，发文年度应标全称，用六角括号“〔 〕”括入，发文顺序号不编虚位（即1不编为001），不加“第”字，如“高检发〔2004〕1号”。发文字号之下4mm处印一条与版心等宽的红色反线。

5. 签发人。上报的侦查公文应当标注签发人姓名，发文字号与签发人姓名平行排布，发文字号居左空1字，签发人姓名居右空1字，“签发人”三字用4号仿宋体字标识，后标全角冒号，冒号后用4号楷体字标识签发人姓名。

6. 侦查公文标题。红色反线下空2行，用2号宋体字，居中排布，可分行；回行时，要做到词义完整，排列对称，间距恰当；侦查公文标题应当准确简要地概括侦查公文的主要内容，一般由发文机关名称或规范化简称、侦查公文主题和文种三部分组成（如下图24所示）。

7. 主送机关。在侦查公文标题下空1行，左侧顶格标识，回行时仍顶格，最后一个主送机关名称后标全角冒号。

8. 侦查公文正文。主送机关下1行，从左至右横排，每自然段左空2字，回行顶格，数字、年份不能回行（如下图24所示）。

9. 附件。在正文下空1行，左空2字，用3号仿宋体字标识“附件”，后标全角冒号和名称。附件如有序号，使用阿拉伯数码（如“附件：1. ××××”），附件名称后不加标点符号。

10. 发文机关署名。应当在正文下空2行署名，右空4字，并与下行成文日期错行排布（如下图24所示）。

11. 成文日期。在发文机关署名下1行，右空2字，用汉字将年（用四位数）、月、日标全，“零”标识为“〇”，如“二〇〇四年一月一日”（如下图24所示）。“〇”不得用英文字母“O”或阿拉伯数码“0”代替。

12. 印章。加盖印章应当上距正文2～4mm，端正、居中，盖于成文机关署名、成文日期上，印章用红色（如下图24所示）。

13. 抄送机关。侦查公文如有抄送，左空 1 字，用 4 号仿宋体字标识“抄送”，后标全角冒号；抄送机关间用逗号隔开，回行时与冒号后的抄送机关对齐（如下图 24 所示）。如主送机关移至抄送机关之上，标识方法同抄送机关。抄送机关应按机关规范顺序依次排列。

14. 印制版记（如下图 24 所示）应当置于侦查公文最后一页，版记的最后一个要素置于最后　行。主要包括：抄送、内部发送、印发单位和印发时间。版记各要素之下均加一条反线，宽度同版心。

15. 二维条码（亦称二维码，[①] 如下图 24 所示）：（1）对于没有版记的侦查公文，条码印制在侦查公文最后一页的版心右下角位置（以版心右下角为参照点）；如侦查公文带有版记，条码则印制在版记下方右侧，与版记空开 3mm，与版心右边缘空开 5mm；（2）条码大小：建议尺寸宽 50mm，高大于 10mm、小于 25mm，可容纳 350 个字节（175 个汉字）的内容；如果内容超过 350 个字节，条码可以适当加宽，但高度不能超过 25mm，加宽后，条码的容量最多不能超过 500 个字节（250 个汉字）；（3）条码内容必须与相应侦查公文内容一致。

16. 侦查公文页码。用小四号半角阿拉伯数码标识，置于版心下边缘之下一行，数码左右各放一条小四号一字线，一字线距版心下边缘 7mm，如“－ 1 －”。单页码居右空 1 字，双页码居左空 1 字。空白页不标识页码（如下图 24 所示）。

---

① 所谓二维码，亦称二维条形码，最早发明于日本，是用某种特定的几何图形按一定规律在平面（二维方向上）分布的黑白相间的图形记录数据符号信息的，在代码编制上巧妙地利用构成计算机内部逻辑基础的 0、1 比特流的概念，使用若干个与二进制相对应的几何形体来表示文字数值信息，通过图像输入设备或光电扫描设备自动识读以实现信息自动处理。它具有条码技术的一些共性：每种码制有其特定的字符集；每个字符占有一定的宽度；具有一定的校验功能等。同时还具有对不同行的信息自动识别功能、及处理图形旋转变化等特点。因此，它具有储存量大、保密性高、追踪性高、抗损性强、备援性大、成本便宜等特性，并被适用于表单、安全保密、追踪、证照、存货盘点、资料备援等方面。另据 2013 年 7 月 2 日出版的《检察日报》报道，近日，江苏省张家港市检察院在开展行贿犯罪档案查询工作上创新思维，制作了预防职务犯罪二维码，并向社会公布，扫一扫，预防网络就能在指尖流动，前来参加招投标的人员很快就能够了解到相关信息。该院把二维码在张家港日报、相关单位、社区的触摸屏上同时发布，居民只要对着二维码照一照，便可登录到该市职务犯罪预防网站，查看最新的预防职务犯罪动态。二维码中包括 QQ 号码和座机号码，市民有预防职务犯罪方面的问题，均可在线直接联系。

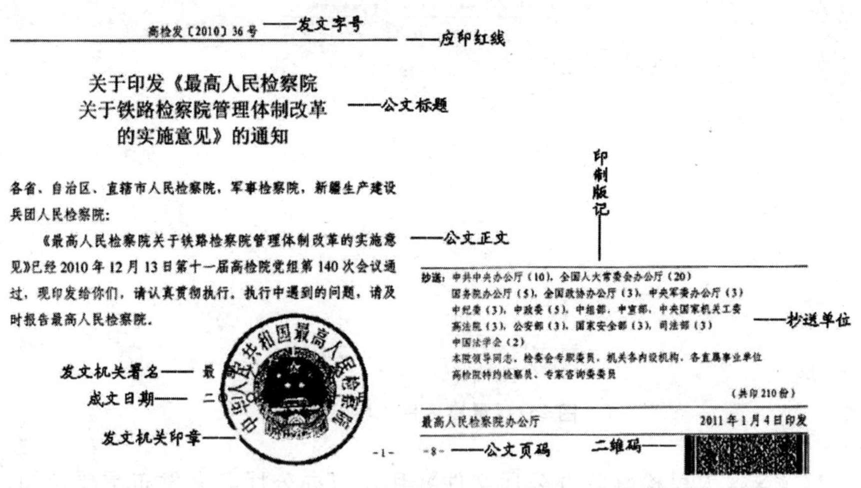
秘密★2年——密级

最高人民检察院文件——发文机关标识

高检发〔2010〕36号——发文字号

——应印红线

关于印发《最高人民检察院关于铁路检察院管理体制改革的实施意见》的通知——公文标题

各省、自治区、直辖市人民检察院，军事检察院，新疆生产建设兵团人民检察院：

《最高人民检察院关于铁路检察院管理体制改革的实施意见》已经2010年12月13日第十一届高检院党组第140次会议通过，现印发给你们，请认真贯彻执行。执行中遇到的问题，请及时报告最高人民检察院。——公文正文

发文机关署名——最

成文日期——二〇

发文机关印章——

-1-

印制版记

抄送：中共中央办公厅（10）、全国人大常委会办公厅（20）
国务院办公厅（5）、全国政协办公厅（3）、中央军委办公厅（3）
中纪委（3）、中政委（5）、中组部、中宣部、中央国家机关工委
高法院（3）、公安部（3）、国家安全部（3）、司法部（3）
中国法学会（2）
本院领导同志、检委会专职委员、机关各内设机构、各直属事业单位
高检院特约检察员、专家咨询委员——抄送单位

（共印210份）

最高人民检察院办公厅　2011年1月4日印发

-8-——公文页码　二维码——

图24：最高人民检察院文件

（三）要了解并掌握侦查公文版头的主要形式、格式和适用范围

根据《公文处理办法》及其《实施细则》规定，填制侦查公文时，应遵循下列版头规定：

1.《××人民检察院文件》用于传达贯彻党的路线、方针、政策，部署重要工作，下发带有全局性的重要决定、指示、通知、通报等。因此，填制时应注意以下问题：

（1）由侦查公文承办人起草，承办单位负责人签字，送办公厅检察长办公室审核，规范性文件、其他文件涉及法律适用的送法律政策研究室审核，报分管院领导同意后，由检察长或检察长委托的常务副检察长签发；侦查公文涉及其他院领导分管工作的，在报检察长或检察长委托的常务副检察长签发前，先由分管院领导批送有关院领导审阅。

（2）承办单位送办公厅秘书处编发文字号并加盖院章后送文印室排版。

（3）承办单位将侦查公文清样送办公厅秘书处进行技术性审核后，送文印室印制并发送。

（4）发文字号为：×检发〔20××〕×号；具体内容和格式如下图25所示：

机密★1年（三号黑体）

最高人民检察院文件

高检发〔20××〕×号（四号仿宋体）

标　题
（二号宋体）

正文
（三号仿宋体）

最高人民检察院（印章）
××××年×月×日
（三号仿宋体）

最高人民检察院办公厅　20××年×月×日印发
（四号仿宋体）

35

图 25：《最高人民检察院文件》

2.《××人民检察院办公厅文件》用于以办公厅名义发布重要通知、决定、通报、规定等。因此，填制注意问题与《××人民检察院文件》类似；具体内容和格式如下图 26 所示：

秘密★（三号黑体）

最高人民检察院办公厅文件

高检办发〔20××〕×号（四号仿宋体）

标　题
（二号宋体）

正文
（三号仿宋体）

最高人民检察院办公厅（印章）
××××年×月×日
（三号仿宋体）

最高人民检察院办公厅　20××年×月×日印发
（四号仿宋体）

38

图 26：《最高人民检察院办公厅文件》

3. 《××人民检察院办公厅》用于以办公厅名义向领导机关请示、报告工作，下发通知以及与有关部门商洽工作。因此，填制注意问题与《××人民检察院文件》类似；具体内容和格式如下图 27 所示：

秘密★（三号黑体）

最高人民检察院办公厅

高检办字〔20××〕×号（四号仿宋体）

标　　题

（二号宋体）

正文

（三号仿宋体）

最高人民检察院办公厅（印章）

××××年×月×日

（三号仿宋体）

最高人民检察院办公厅　　　　20××年×月×日印发

（四号仿宋体）

39

图 27：《最高人民检察院办公厅》

4. 《××人民检察院办公厅通报》用于印发院领导在有关会议上的讲话。因此，填制注意问题与《××人民检察院文件》类似；具体内容和格式如下图 28 所示：

秘密★2年（三号黑体）

高检院办公厅通报

第×期（三号宋体）

最高人民检察院办公厅　　　　20××年×月×日

（三号宋体）　　　　（三号楷体）

标　　题

（二号宋体）

正文

（三号仿宋体）

送：中共中央办公厅（65）、全国人大常委会办公厅（38）
　　全国政协办公厅（22）、中央军委办公厅（2）
　　中纪委（5）、中政委（5）、公安部、国家安全部、司法部
　　中共中央政策研究室综合研究局（2）
发：各省、自治区、直辖市人民检察院、军事检察院
　　新疆生产建设兵团人民检察院
　　本院领导同志、机关各内设机构、各直属事业单位
　　高检院特约检察员、专家咨询委员

（共印228份）

最高人民检察院办公厅　　　　20××年×月×日印发

（四号仿宋体）

40

图 28：《高检院办公厅通报》

5.《××人民检察院》用于机关各内设机构、各专门委员会就主管工作向对口部门发文。因此，填制注意问题与《××人民检察院文件》类似；具体内容和格式如下图29所示：

秘密★（三号黑体）

最高人民检察院

〔20××〕高检×发×号（四号仿宋体）

标　　题
（二号宋体）

正文
（三号仿宋体）

最高人民检察院×××（印章）
××××年×月×日
（三号仿宋体）

最高人民检察院办公厅　　20××年×月×日印发
（四号仿宋体）

41

图29：《最高人民检察院》

6.《××人民检察院命令》用于发布带强制性质的领导性、指挥性文件等。因此，填制注意问题与《××人民检察院文件》类似；具体内容和格式如下图30所示：

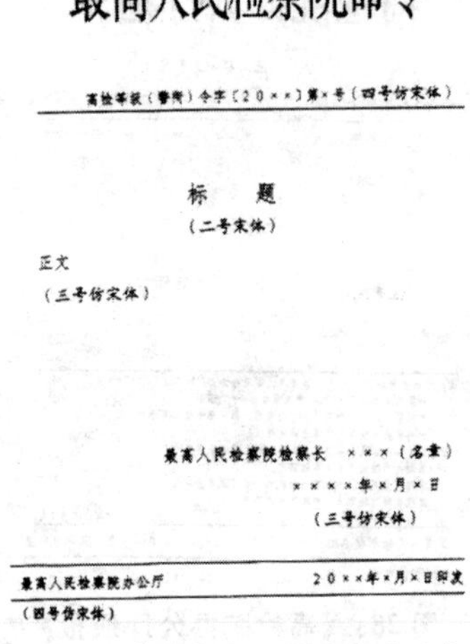

秘密★（三号黑体）

最高人民检察院命令

高检等級（警衔）令字〔20××〕第×号（四号仿宋体）

标　　题
（二号宋体）

正文
（三号仿宋体）

最高人民检察院检察长　×××（名章）
××××年×月×日
（三号仿宋体）

最高人民检察院办公厅　　20××年×月×日印发
（四号仿宋体）

图30：《最高人民检察院命令》

7.《××人民检察院各种会议纪要》用于记载会议主要精神和议定事项。因此，填制注意问题与《××人民检察院文件》类似；具体内容和格式如下图 31 所示：

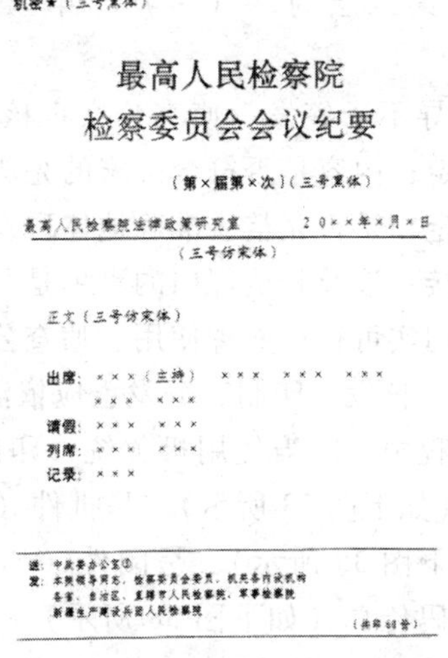

机密★（三号黑体）

最高人民检察院

检察委员会会议纪要

（第×届第×次）（三号黑体）

最高人民检察院法律政策研究室　　20××年×月×日

（三号仿宋体）

正文（三号仿宋体）

出席：×××（主持）　×××　×××　×××

×××　×××

请假：×××　×××

列席：×××　×××

记录：×××

送：中政委办公室①

发：本院领导同志、检察委员会委员、机关各内设机构

各省、自治区、直辖市人民检察院、军事检察院

新疆生产建设兵团人民检察院

（共印 68 份）

46

图 31：《最高人民检察院检察委员会会议纪要》

（四）要了解并掌握侦查公文的行文规则

根据《公文处理办法》规定，填制侦查公文时，应遵循下列行文规定：

1. 行文应当确有必要，注重实效，坚持少而精，行短文。

2. “请示”应当一文一事；一般只写一个主送机关，需要送其他机关的，应当用抄送形式，但不得抄送其下级机关。

3. “报告”不得夹带请示事项。

（五）要了解并掌握侦查公文的收文和发文办法

根据《公文处理办法》规定，填制侦查公文时，应遵循下列收文和发文规定：

1. 侦查公文收文办理主要包括：侦查公文签收、登记、分发、传阅、拟办、批办、承办和催办等程序。

2. 侦查公文发文办理主要包括：侦查公文的起草、审核、签发、登记编号、印制、用印和分发等程序。

（1）侦查公文的起草、草拟侦查公文应当做到：①符合国家宪法、法律和党的路线、方针、政策及有关规定；②情况确实，观点明确，条理清晰，文字精炼，用词和标点准确、规范；③文种应当根据行文目的、发文机关的职权和与主送机关的行文关系确定；④人名、地名、数字、引文准确；⑤应用、公布统计数据以统计部门的数据为准，必须使用国家法定计量单位；⑥结构层次序数，第一层为“一、”，第二层为“（一）”，第三层为“1.”，第四层为“（1）”。

（2）未经审核，院领导不予签发。侦查公文审核的内容是：是否确需行文；报批程序是否符合规定；内容是否符合国家的宪法、法律、法规和党的路线、方针、政策及有关规定，是否完整、准确地体现发文机关的意图，并同现行有关检察工作公文相衔接；涉及其他部门的事项是否经过协调并取得一致意见；所提措施和办法是否切实可行；文种使用、侦查公文格式是否准确规范。

（3）侦查公文的签发、核发、印制、分发也应依法、规范进行。

（4）侦查公文处理过程中，应当使用机关统一印制的发文纸（如下图32所示）、会签文件发文纸（如下图33所示）、呈批件（如下图34所示）、提交会议审议议题呈批件（如下图35所示）、呈阅件（如下图36所示）、密码传真（如下图37所示）、明码传真（如下图38所示）、电话记录单（如下图39所示）、××人民检察院会议决定事项通知（如下图40所示）、公文用纸（如下图41所示）等；应当使用蓝黑、碳素墨水书写；需要送请院领导阅批的传真件，应当复印后办理。

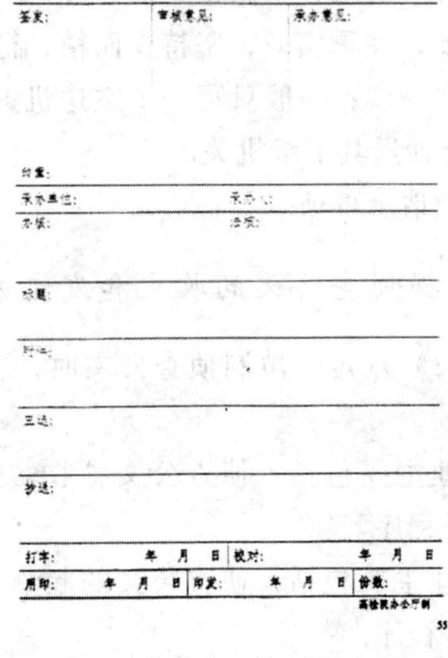

最高人民检察院发文纸

发文：　　号　缓急：　密级：　保密期限：

签发：　审核意见：　承办意见：

承办单位：　承办人：

标题：

附件：

主送：

抄送：

打字：　年　月　日　校对：　年　月　日

用印：　年　月　日　印发：　年　月　日　份数：

高检院办公厅制

图32：最高人民检察院发文纸

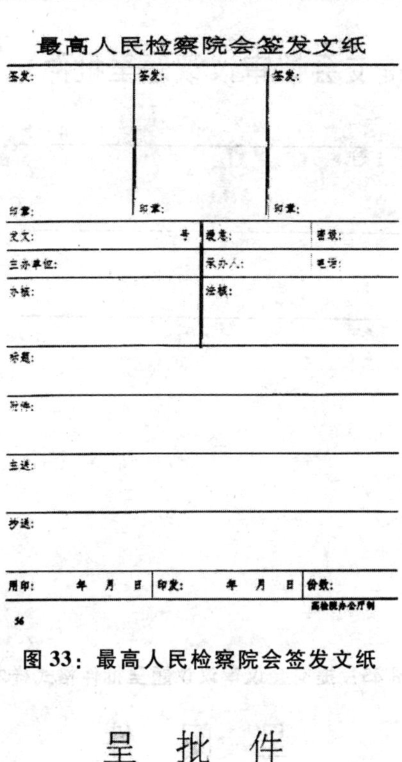

最高人民检察院会签发文纸

签发：	签发：	签发：
印章：	印章：	印章：

发文：　　　号	缓急：	密级：
主办单位：	承办人：	电话：
办核：	法核：	

标题：

附件：

主送：

抄送：

用印：　年　月　日	印发：　年　月　日	份数：

高检院办公厅制

56

图 33：最高人民检察院会签发文纸

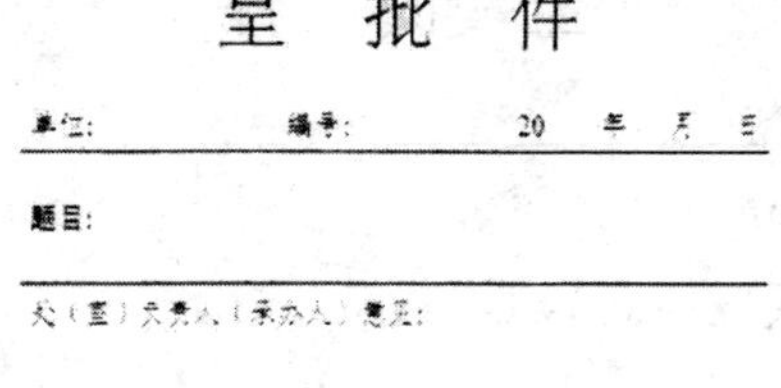

呈　批　件

单位：　　　编号：　　　20　年　月　日

题目：

处（室）负责人（承办人）意见：

厅（室、局）负责人意见：

院领导同志批示：

图 34：呈批件格式样本

提交会议审议议题呈批件

单位：　　　　　　　　　　　　　　　20　年　月　日

呈责检察长审定：

分管院领导意见：

拟提请　　　　会审议议题：

厅（室、局）

图 35：提交会议审议议题呈批件格式样本

呈　阅　件

单位：　　　　编号：　　　　20　年　月　日

题目：

处（室）负责人（承办人）意见：

厅（室、局）负责人意见：

院领导同志批示：

图 36：呈阅件格式样本

最高人民检察院密码传真

发送单位　　　　　　　　　　　　　　签发：

等级： 密级： 文号：	
发文单位：	承办人：
联系电话：	印章：
抄送单位	
文件标题	发文页数
阅批	
发送编号：	接收编号：
年 月 日 时 分发出	发送人：
年 月 日 时 分收到	接收人：
备注	审批意见

图 37：《最高人民检察院密码传真》

最高人民检察院明码传真

发送单位　　　　　　　　　　　　　　签发：

等级： 密级： 文号：	
发文单位：	承办人：
联系电话：	印章：
抄送单位	
文件标题	发文页数
阅批	
发送编号：	接收编号：
年 月 日 时 分发出	发送人：
年 月 日 时 分收到	接收人：
备注	审批意见

图 38：《最高人民检察院明码传真》

高检院电话记录单

单位：　　　　　　　　　　20　　年　　月　　日　　时　　分

部门领导意见：

院领导批示：

来话单位：

发话人（电话）：　　　　　　　　　　接话人：

图 39：《高检院电话记录单》

高检院会议决定事项通知

〔××××〕　号

：

现将第　届第　　次　　　会研究决定事项印发你们，请按会议决定抓紧落实，并于　　月　　日前将落实情况报办公厅。

办 公 厅

××××年　　月　　日

图 40：《高检院会议决定事项通知》

中华人民共和国最高人民检察院

图 41：中华人民共和国最高人民检察院公文用纸格式样本

（六）要了解并掌握侦查公文的管理、归档和销毁

根据《公文处理办法》规定，填制侦查公文时，应遵循下列管理、归档和销毁规定：

1. 绝密级侦查公文的管理，应当严格执行以下规定：①应将其存放于专用保密柜，并由专人严格管理；②按照文件规定的范围组织阅读和传达。特殊情况，需扩大阅读、传达范围的，按照有关规定请示办理；③非阅读、传达绝密侦查公文范围的同志，因工作需要须阅读绝密侦查公文，按照有关规定经请示批准，到机要阅文室阅读，阅读中不能抄录侦查公文内容；④禁止复制绝密侦查公文。

2. 侦查公文办理完毕后，承办部门或个人，应当按照检察机关档案管理有关规定将侦查公文的正本、签发稿及有关材料收集齐全进行整理、归档。

3. 应当归档的侦查公文，必须在办结后，次年 5 月底以前向档案部门移交，个人不得保存应当存档的侦查公文。

4. 销毁有密级的侦查公文或检察工作内部资料，应当严格履行登记手续，经主管领导批准后，至少由两人监销，保证不丢失、不漏销；个人不得擅自销毁侦查公文。

三、常见侦查公文的填制要领与格式

从宏观上说，本书分论（亦即第 6 ~ 12 章）所论及的侦查文书，都属于

侦查公文范畴。而从微观上讲，基于高检院《公文处理办法》第二章第七条有关侦查公文种类的限定——议案，报告，决定，公告，通告，条例、规则、规定、细则，意见、办法，通知，通报，请示，批复，命令，函，会议纪要，以及本书分论的相关论述，实践中，常见的侦查公文仅包括如下4类：

1. 报告类侦查公文。主要有：提请初查报告、初查要案线索报告、初查审查报告、提请延长初查期限报告、提请立案报告、提请补充立案报告、以事立案提请立案报告、确定犯罪嫌疑人报告、以事立案侦查终结报告、移送批准逮捕报告、提请通缉报告、秘密侦查报告、提请中止侦查报告、提请恢复侦查报告、执法过错责任调查报告等。

2. 函类侦查公文。主要有：商请配合调查函、案件交办函、移送函、（提请）协查函、执法过错线索移送函等。

3. 请示类侦查文书。主要有：外调请示、询问证人录音录像请示、侦查实验请示等。

4. 通报类侦查文书。主要有初查要案线索通报等。

至于上述常见侦查公文的具体内容、格式、样本和填制要领，可参见本书第6~12章相关内容，不赘述。

附录：本书所用法律名词及其简称对照表

最高人民法院、最高人民检察院、公安部、安全部、司法部，简称“两高三部”；

最高人民法院，简称“高法院”；

最高人民检察院，简称“高检院”；

最高人民法院、最高人民检察院，简称“两高”；

《中华人民共和国人民检察院组织法》（1983年9月2日修正），简称《人民检察院组织法》；

《中华人民共和国计量法》（1985年9月6日），简称《计量法》；

《中华人民共和国行政诉讼法》（1989年4月4日），简称《行政诉讼法》；

《中华人民共和国看守所条例》（1990年3月17日），简称《看守所条例》；

高检院《人民检察院制作刑事检察文书规定（修改稿）》（1993年），简称《文书规定》；

《中华人民共和国行政处罚法》（1996年3月17日），简称《行政处罚法》；

《中华人民共和国档案法》（1996年7月5日），简称《档案法》；

《中华人民共和国刑法》（1997年3月14日修正），简称《刑法》；

高检院《人民检察院错案责任追究条例（试行）》（1998年7月17日），简称《追责条例》；

《中华人民共和国立法法》（2000年3月15日），简称《立法法》；

《中华人民共和国国家通用语言文字法》（2000年10月31日），简称《国家通用语言文字法》；

《中华人民共和国引渡法》（2000年12月28日），简称《引渡法》；

《中华人民共和国民族区域自治法》（2001年2月28日修正），简称《民族区域自治法》；

《中华人民共和国检察官法》（2001年6月30日修正），简称《检察官法》；

高检院反贪污贿赂总局、渎职侵权检察厅《关于检察机关职务犯罪侦查部门以犯罪事实立案的暂行规定》（2002 年 10 月 23 日），简称《以事立案规定》；

《中华人民共和国宪法》（2004 年 3 月 14 日修正），简称《宪法》；

《中华人民共和国公务员法》（2005 年 4 月 27 日），简称《公务员法》；

高检院《人民检察院直接受理侦查案件初查工作规定（试行）》（2005 年 11 月 1 日），简称《初查规定》；

《中华人民共和国保守国家秘密法》（2010 年 4 月 19 日修正），简称《保守国家秘密法》；

两高三部《关于办理死刑案件审查判断证据若干问题的规定》（2010 年 6 月 13 日），简称《死刑证据》；

两高三部《关于办理刑事案件排除非法证据若干问题的规定》（2010 年 6 月 13 日），简称《证据排除》；

高检院《关于实行人民监督员制度的规定》（2010 年 10 月 26 日），简称《人民监督员》；

《中华人民共和国全国人民代表大会和地方各级人民代表大会代表法》（2010 年 10 月 28 日修正），简称《代表法》；

《中华人民共和国居民身份证法》（2011 年 10 月 29 日修正），简称《居民身份证法》；

《中华人民共和国刑事诉讼法》（2012 年 3 月 14 日修正），简称《刑事诉讼法》；

《中华人民共和国出境入境管理法》（2012 年 6 月 30 日），简称《出境入境管理法》；

《中华人民共和国民事诉讼法》（2012 年 8 月 31 日修正），简称《民事诉讼法》；

高检院《人民检察院刑事诉讼规则》（2012 年 10 月 16 日修正），简称《检诉规则》；

《中华人民共和国国家赔偿法》（2012 年 10 月 26 日修正），简称《国家赔偿法》；

《中华人民共和国律师法》（2012 年 10 月 26 日修正），简称《律师法》；

《中华人民共和国治安管理处罚法》（2012 年 10 月 26 日修正），简称《治安管理处罚法》；

《中华人民共和国人民警察法》（2012 年 10 月 26 日修正），简称《人民警察法》；

高法院《关于适用〈中华人民共和国刑事诉讼法〉的解释》（2012 年 12 月 20 日修正），简称《高法刑诉法解释》；

两高三部、全国人大常委会法制工作委员会《关于实施刑事诉讼法若干问题的规定》（2012 年 12 月 26 日），简称《六部委规定》；

高检院《人民检察院刑事诉讼法律文书格式样本》（2012 年 12 月 27 日），简称《文书样本》；

高检院《检察机关执法工作基本规范》（2013 年 2 月 1 日），简称《检察规范》。

高检院《全国检察机关统一业务应用系统使用管理办法（试行）》（2013 年 10 月 22 日，以下简称《应用系统》）

后　记

2013 年 11 月 14 日《职务犯罪侦查文书填制要领》2014 年版定稿。因“二胎顺产”，不仅未感惊喜，却平添了“革命尚未成功”的几多惆怅……

的确，今年写后记较多。1 月写了《中国检察文献研究》自印稿的，6 月写了《检察笔录制作方法与技巧》的，10 月写了《中国检察文献研究》出版稿的，今天又写了本书的……究其原因，一则中国检察出版社之动议，二则欲摧弥坚与“知天命”之境遇释怀，三则女儿读书之盘缠……

尽管立秋立冬已过，但怕热的我依然大汗淋漓。而臭汗也好，香汗也罢，都无法阻止白发的增添，也无法阻止春天的到来，因为这是自然。而“尚能饭否”？还需一个一个后记作出来！但愿本书也能为建设法治中国尽点绵薄之力。

付梓之际，感谢谋面与未谋面以及指出本书不足甚至错误的所有人，特别是对我无怨无悔、不离不弃的电脑和前人成果。

2013 年 11 月 30 日于京西